U0938607

中原大地奋进曲

20世纪90年代振兴河南的探索与实践

（上）

李长春

人民出版社
河南人民出版社

团结奋进
振兴河南

江泽民
一九九一年二月十日于郑州

1994 年 3 月 21 日，中共中央总书记、国家主席江泽民看望出席八届全国人大二次会议的河南省代表时发表讲话。右二为中共中央政治局委员、国务院副总理李岚清，右一为国务委员、国务院秘书长罗干。

1997 年 9 月 10 日，李长春陪同中共中央总书记、国家主席江泽民在北京展览馆参观“辉煌的五年——十四大以来经济建设和精神文明建设成就展”河南馆。

1994 年 5 月 17 日，李长春陪同中共中央政治局常委、中央书记处书记胡锦涛到沁阳市水南关村考察，听取村党支部书记买望真（右一）汇报。

1997 年 3 月 4 日，八届全国人大五次会议期间，李长春与中共中央政治局常委、国务院总理李鹏交谈。

1997 年 3 月 7 日，李长春与全国人大常委会原委员长万里交谈。

1997 年 5 月，李长春陪同中共中央政治局常委、全国人大常委会委员长乔石在焦作市考察。

1994 年 3 月 14 日，八届全国人大二次会议期间，中共中央政治局常委、国务院副总理朱镕基参加河南代表团讨论。

1996 年 6 月 29 日，李长春陪同中共中央政治局委员、中央书记处书记、国务院副总理吴邦国在洛阳轴承厂考察。

1996 年 6 月 8 日，李长春随同中共中央政治局候补委员、中央书记处书记温家宝出访欧洲三国时合影。

1997 年 11 月 30 日，李长春陪同中共中央政治局原常委宋平在商丘市考察。图为宋平为商丘市梁园区解放村题词。

1996 年 6 月 24 日，李长春在机场迎接来河南考察的中共中央政治局常委、中央军委副主席刘华清。

1997 年 3 月 4 日，八届全国人大五次会议期间，李长春与中共中央政治局委员、国务院副总理李岚清交谈。

1994 年 8 月 1 日，李长春在洛阳友谊宾馆与华国锋交谈。

1993 年 4 月 28 日，李长春陪同原国家主席杨尚昆考察开封龙亭。

1996 年 4 月 8 日，李长春陪同原中顾委副主任宋任穷听取郑州高新技术产业开发区情况汇报。

1991 年 8 月 24 日，李长春和国家副主席王震在飞机上合影。

1991 年 11 月 17 日，李长春与河南省委书记侯宗宾（右二）陪同中共中央政治局委员、国务院副总理田纪云考察郑州粮食批发市场。

1991 年 7 月 9 日，李长春陪同中共中央政治局委员、国务院副总理吴学谦在河南省考察。

1996 年 10 月 26 日，李长春陪同中共中央政治局委员、国务院副总理钱其琛在开封大相国寺考察。

1991 年 9 月 14 日，李长春与河南省委书记侯宗宾（前排右一）陪同中顾委常委李德生（前排右二）、中顾委委员乔晓光（前排右三）参观少林寺。

1992 年 9 月 13 日，李长春陪同中顾委常委段君毅（右三）、河南省委原书记刘杰（右四）考察郑州高新技术产业开发区。

1991 年 11 月 2 日，李长春陪同全国政协副主席谷牧在河南省考察。

1994 年 5 月 5 日，李长春在河南省军区与中央军委副主席张震、河南省军区原司令员张树芝交谈。

1992 年 11 月 21 日，李长春向国务委员王丙乾汇报河南省旱情。

1991 年 11 月，李长春陪同国务院副总理邹家华出席鹤壁联营电厂发电剪彩仪式。

1995 年 5 月，李长春陪同全国人大常委会副委员长王光英在信阳地区考察。

1992 年 9 月 7 日，李长春陪同中共中央政治局委员、国务委员李铁映在焦作市温县出席首届太极拳年会。

1997 年 9 月 10 日，李长春陪同全国政协副主席、民革中央主席何鲁丽在北京展览馆参观“辉煌的五年——十四大以来经济建设和精神文明建设成就展”河南馆。

1991 年 12 月 22 日，李长春陪同全国政协副主席钱正英（右一）到信阳地区淮滨县考察。

1991 年 4 月 19 日，李长春与河南省委书记侯宗宾（前排右七）陪同全国政协副主席马文瑞（前排右五）、王恩茂（前排右六）出席第九届洛阳牡丹花会开幕式。

1993 年 4 月 17 日，李长春与全国政协副主席马万祺在嵩阳书院前合影。

1996 年 9 月，李长春陪同新加坡前总理李光耀夫妇参观黄河景区。

奋进中的河南

安阳市
鹤壁市
濮阳市
新乡市
焦作市
济源市
三门峡市
洛阳市
郑州市
开封市
商丘市
许昌市
平顶山市
漯河市
周口市
南阳市
驻马店市
信阳市

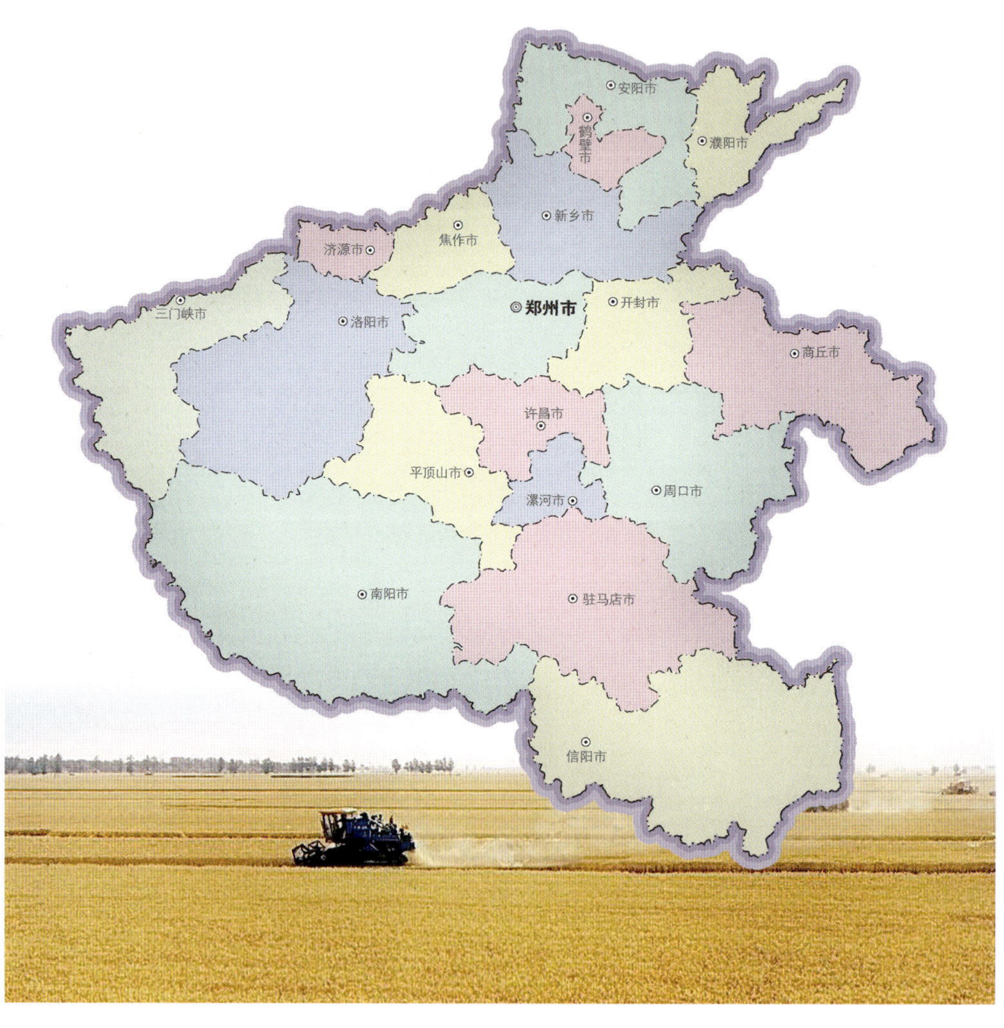

红旗渠总干渠一角。

2001 年竣工时，黄河小浪底水利枢纽鸟瞰。

扩建后的连霍高速公路广武至刘江段路面双向八车道。

亚洲最大列车编组站——郑州北站。

郑州至洛阳高速公路鸟瞰。

京九铁路在河南省境内跨陇海铁路而过。

郑州新郑国际机场。

郑州新郑国际机场高速公路入口。

中国一拖集团有限公司厂区一角。新中国第一台拖拉机就是由该厂生产的。

双汇集团生产线。

郑州商品交易所外景。

郑州期货交易大厅原貌。

欣欣向荣的郑东新区。

1.5 HOURS
3 HOURS
阿拉山口
乌鲁木齐
哈密
嘉峪关
二连浩特
兰州
西安
北京
天津
大连
太原
石家庄
济南
青岛
郑州
连云港
合肥
上海
宁波
武汉
重庆
长沙
厦门
广州
深圳
图例
高速铁路主线
高速铁路次线
普通铁路
郑欧班列
高速公路
规划郑欧班列
莫斯科
新西伯利亚
阿克托比
汉堡
阿姆斯特丹
伦敦
布达佩斯
拉各斯
开罗
迪拜
孟买
曼谷
吉隆坡
新加坡
雅加达
墨尔本
悉尼
内罗毕
拉各斯
安克雷奇
北美
旧金山
洛杉矶
芝加哥
纽约
亚特兰大
东南亚、澳洲
巴西利亚
圣保罗
图例
现状货运航线
规划货运航线
现状客运航线
规划客运航线
海运

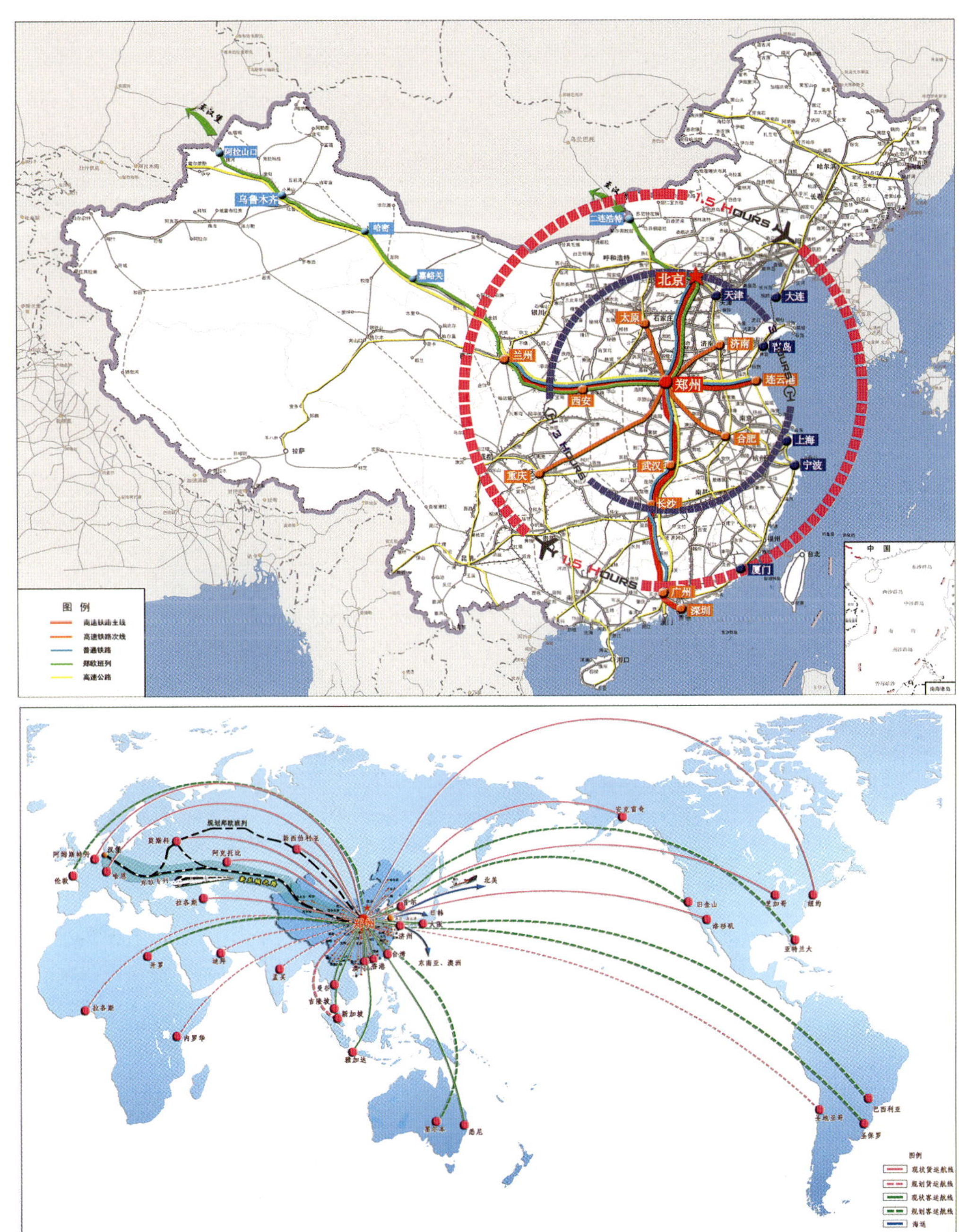

郑州陆港、空港示意图。

目　录

（上）

解放思想　团结奋进
加速振兴河南步伐

进一步深化改革
增强社会主义市场经济活力

强化农业基础地位
加快农村经济社会全面发展

发挥中心城市作用
带动城乡发展

抓住城乡结合的中心环节
闯出县域经济发展新路子

出版前言

载着党的十一届三中全会以来改革开放的丰硕成果，历史的脚步迈进20世纪90年代。以邓小平同志1992年南方谈话和党的十四大为标志，我国改革开放和现代化建设事业进入了一个新阶段。

好雨知时节，当春乃发生。随着改革开放的持续推进，古老的中原大地再次焕发出勃勃生机，河南人民求改革、谋发展的愿望越来越强烈。1990年，中央从全国工作的大局出发，对河南省委主要领导同志进行了调整，决定侯宗宾同志任河南省委书记，李长春同志任河南省委副书记、代省长，吴基传同志任河南省委副书记。1992年，李长春同志担任河南省委书记，马忠臣同志担任省长。在新的省委领导班子的带领下，河南广大干部群众高举邓小平理论伟大旗帜，认真贯彻中央决策部署，解放思想，实事求是，转变观念换脑筋，普遍增强了加快发展的责任感、危机感和紧迫感，“团结奋进，振兴河南”成为广大干部群众的共识，“一高一低”（在提高经济效益和整体素质的前提下，经济发展速度要高于全国平均水平，人口增长速度要低于全国水平）成为90年代河南经济社会发展的战略目标。经过超常规、大跨度奋进和科教兴豫、开放带动、可持续发展三大战略的实施，全省团结干事的大环境初步形成，干部群众的思想观念有了明显的转变，河南发展进入新阶段，生产总值翻两番，综合实力大幅提升；农业的基础地位进一步加强，河南成为国家粮食安全的重要保障；基础设施建设十大工程、二十项振兴工程相继建成并初见成效，传统的农业省份崛起了现代工业，国民经济上了一个新台阶；城乡面貌明显改善，人民生活水平不断提高，社会政治基本稳定。90 年代成为河南历史上最好的时期之一，河南也成为内地欠发达地区奋进崛起和跨越发展的成功实践者。

从1990年到1998年，李长春同志先后在河南省担任代省长，省长，省委书记，中共中央政治局委员兼省委书记。作为这一时期河南改革开放、奋发进取、实现中原崛起的直接参与者和重要组织者，李长春同志和省委领导班子一起，总揽全局，谋划发展，团结带领河南 9000 多万干部群众，高举邓小平理论伟大旗帜，深入贯彻落实中央的方针政策和战略部署，结合河南实际，走出了一条具有河南特点的改革发展道路。1991 年 2 月 10 日，江泽民同志在河南视察时，亲笔题写了“团结奋进，振兴河南”八个大字。“团结奋进，振兴河南”，成为贯穿 20 世纪 90 年代河南改革发展全过程的强劲主旋律。经过历届省委班子的共同努力，在中原大地奏响了豪迈的奋进曲。本书书名就生动地体现了这一历史时期的鲜明特征。

《中原大地奋进曲——20 世纪 90 年代振兴河南的探索与实践》一书，收录了李长春同志在河南工作期间的一些重要文稿和照片，真实地反映了河南的新变化新成就、新风貌新气象，生动地展现了中原人民改革开放、团结奋进的辉煌篇章，留下了那个时期中原大地加快发展的诸多特殊历史印记。

第一，坚持高举邓小平理论伟大旗帜，启动思想观念这个“总开关”。作为中华民族发祥地之一，河南历史悠久，在中华民族的发展进程中曾经创造过灿烂的文明。但是，作为一个农业大省、人口大省，新中国成立以后，河南的发展长期受到人口多、底子薄、基础差、灾害多等省情的困扰，属于欠发达省份。一些干部群众长期受“左”的思想影响和小农经济旧观念的束缚，“一‘左’一旧”的思想影响曾经使河南丧失了多次发展良机。河南的改革开放要进一步深化，河南的现代化建设要跟上全国的步伐，当务之急是必须找出思想观念上的差距。李长春同志在河南工作期间，始终高度重视解放思想对于推动改革开放事业的重要性。他在《冲破思想禁锢，实现中原崛起》（1993 年 1 月）一文中深刻指出，“思想是行动的先导。从某种意义上说，思想解放的程度，决定着改革开放步伐的大小，决定着经济发展的快慢。经济要上新台阶，思想观念必须先上新台阶。”他强调，要用中国特色社会主义理论促使中原大地固有的中华民族的优秀传统和改革开放的现代意识相结合，启动思想观念这个“总开关”。具体来说，就是要做到“五破五立”：一是破除抽象的姓资姓社的思维定式，树立以“三个有利于”为衡量全部工作标准的观念；二是破除自然经济、计划经济体制下形成的旧观念，树立社会主义市场经济的新观念；三是破除一切靠本本的旧习惯，树立解放思想和实事求是相统一，一切从实际出发，敢闯、敢试、敢于创新的新观念；四是破除传统封闭的内陆意识，树立扩大对外开放，以开放促改革、促发展的新观念；五是破除消极畏难、无所作为、小进即满、小富即安的小农经济思想，树立自力更生、艰苦奋斗、开拓进取、干大事业、求大突破、上大台阶的新观念。要通过“五破五立”，在中原大地奏响“团结奋进，振兴河南”的主旋律。实践证明，思想观念这个“总开关”一启动，整个中原大地有如春风扑面，干部群众精神面貌为之一新，各项事业迅速打开了局面，出现了一派欣欣向荣的景象。

第二，坚持抓住建立社会主义市场经济体制这一主线，不失时机地深化经济体制改革，增强经济发展活力。20 世纪 90 年代，随着社会主义市场经济体制的不断推进和改革开放的不断深入，中央提出要加快实现两个根本性转变，一是经济体制的转变，二是经济增长方式的转变，这为我国经济发展提供了新的历史机遇。作为一个农业大省，河南长期以来以农为主，工业基础比较薄弱，怎样抓住这难得的历史机遇就显得尤为重要。李长春同志和省委一班人一道，足迹踏遍中原大地，深入农村、企业进行调研，反复论证，科学决策，大胆破题，提出发展河南经济总的战略思路：全面实施强农兴工、以城带乡、全方位开放、高起点发展的战略，走优势资源开发和深度加工增值的发展道路，变资源优势为经济优势，促使全省经济逐步从高耗低效的粗放型经济向集约型经济转变，从资源的低层次开发向资源的综合利用和深度加工转变，从以初级产品输出为主向高附加值产品输出为主转变，从“小而全”“大而全”条块分割向专业化分工、社会化生产转变，使国民经济逐步走上长期持续、稳定、协调发展的轨道（《冲破思想禁锢，实现中原崛起》，1993 年 1 月）。这一战略思路，为河南经济在 20 世纪 90 年代实现跨越式发展提供了明确的方向和实实在在的规划。

在推动河南经济发展的过程中，李长春同志和省委一班人始终保持头脑清醒、思维敏捷，坚持走强农兴工的路子。李长春同志一再强调，河南既不能走发展工业、牺牲农业的歪路，也不能只满足于农业大省而丧失工业化的机遇。要在为国家的长期发展稳住河南这个大粮仓的同时，加快工业化进程，走出一条“围绕‘农’字上工业，上了工业促农业，强农兴工，协调发展”的农业省份实现工业化的新路子。通过大力倡导“公司＋基地＋农户”，实现农业产业化，把千家万户的分散经营和千变万化的大市场连接起来，形成一批贸工农一体化、产加销一条龙的农业龙头企业，创出一大批名牌产品。随着河南农产品加工业的壮大，工农业协调发展，农业基础地位得到巩固。国有企业是国民经济的支柱，虽然改革开放以来河南的国企改革一直在稳步推进，但不少企业资产负债率高，活力不足，生产经营困难，国企改革仍然是河南整个经济体制改革的薄弱环节。李长春同志走访了许多工厂企业，创造性地提出了一系列国企改革的新思路，书中的多篇文章，如《推进国有企业改革和发展》《兼并重组，优势互补》等，都是他深入调研、深刻思考与大胆实践的结晶。此外，关于探索乡镇企业发展新机制、大力发展第三产业、发展县域经济等问题，李长春同志都有深入的调研和深刻的阐述。特别是他在深入调研的基础上，结合河南实际，提出要大力发展县域经济。1992 年，河南省委确定了 18 个改革、开放、发展特别试点县（市），形成了“十八罗汉闹中原”的生动局面，一批经济强县（市）脱颖而出，带动了河南经济整体发展。从本书所收的《“十八罗汉闹中原”意义重大》《开创县域经济发展新局面》《“十八罗汉”要再上新台阶》等文章中，我们仍然可以感受到当年中原大地上那种龙腾虎跃、你追我赶的热烈场面。

第三，坚持以开放促改革促开发促发展，闯出内陆省份对外开放的新路子。以开放促改革促开发促发展，实施“优化环境，外引内联，四面辐射，梯次发展”的开放战略，全方位推动河南经济，是李长春同志和省委一班人一直坚持的重要思想。在河南工作期间，他针对内陆省份有没有条件搞开放、怎样开放等诸多新课题作了广泛深入的调查研究，提出了一系列新认识和新举措。他强调，“不开放，不大力引进资金、技术，我们的产品既无法占领国内市场，更无法进入国际市场”，“不开放只能坐吃山空、束手待毙，等靠要是没有出路的”。他指出，内陆城市搞开放同样可以大有作为，关键是要比沿海地区的思想更解放一些，紧迫感更强一些，干劲更大一些，工作效率更高一些，一切都得加上“更”字才行（《闯出一条内陆省份加快对外开放的路子》，1990 年 11 月 1 日）。他强调，郑州要发挥“中”与“通”的优势，即地处中原、四通八达，下大力气改善投资环境，形成大交通、大流通、大市场格局，以开放促开发、促改革、促发展（《充分发挥郑州中心城市作用》，1990 年 11 月 1 日）。在他和省委一班人的直接推动下，郑州航空港加快建设，以“郑汴洛”高速公路为代表的高速公路网加速形成；郑州建设内陆海关，货物在省内封关，在深圳、连云港等沿海口岸直接出海；全国第一家粮食期货交易所在郑州建立。郑州、开封、洛阳、漯河、焦作、南阳、鹤壁等城市明确定位，找准了各自在区域经济社会发展和现代化建设中不可替代的独特作用，加大对外开放力度，形成了一个以省会郑州为龙头的中原城市群。他还带队远赴日本、韩国、新加坡、澳大利亚、香港、澳门等国家和地区推介河南，逐步改变了河南作为内陆省份保守、封闭的形象。这一系列对外开放的新举措，大大拓展了河南改革开放的天地，有效提升了河南经济发展的活力和质量。

第四，坚持带领群众扶贫开发，艰苦创业奔小康。河南是农业大省，贫困面比较大，能否尽快改变落后面貌、脱贫致富奔小康，在很大程度上取决于贫困地区经济发展的快慢。李长春同志和省委一班人心系贫困地区群众。在河南工作期间，李长春同志多次到信阳、驻马店、南阳、洛阳、三门峡、濮阳等市地的贫困县考察扶贫工作，田间地头、农家庭院处处留下了他与乡亲们亲切交谈的身影，他因此获得了大量第一手材料。通过深入调查研究，李长春同志提出了河南贫困落后地区脱贫致富的基本思路：一是要把增加农民收入和集体收入作为工作的立足点和落脚点，真正把经济工作转到以提高效益为核心的开发性扶贫的轨道上来；二是要把脱贫致富转到以改革促发展、以开放促开发的轨道上来；三是要把贫困地区开发转到依靠科学技术和提高劳动者素质的轨道上来；四是要把贫困地区的开发转到自力更生、艰苦奋斗，以内因为主、外援为辅的轨道上来（《脱贫致富要有新思路》，1994 年 4 月 15 日）。他特别强调，要以豫西人畜吃水工程为突破口，改善贫困地区的生存环境。在国家大力支持下，实施了为期 5 年的豫西人畜吃水工程，极大地改善了这些地区的生产生活条件。经过不懈努力，河南贫困地区的面貌逐步得到改变。不少贫困地区立足资源优势，扎扎实实开展“富民工程”，乡镇企业蓬勃兴起，庭院经济遍地开花，祖祖辈辈种地吃饭缺钱花的农民赶上了产业化发展的快车，勇敢地闯进了大市场，走上了致富的康庄大道。

第五，坚持“两手抓、两手都要硬”，弘扬优秀传统，提供精神动力。在推进河南改革开放、经济建设工作的同时，李长春同志和省委一班人高度重视精神文明建设工作，始终坚持物质文明和精神文明“两手抓、两手都要硬”。他多次强调，河南是华夏五千多年文化的发源地之一，对中华民族的发展和繁荣作出过巨大贡献。在历史发展的长河中，河南人民形成了热爱祖国、重视教育、吃苦耐劳等民族精神和优秀文化。在社会主义建设时期，河南又涌现出了焦裕禄、史来贺、吴金印等先进典型，产生了自力更生、艰苦创业、团结协作、无私奉献的红旗渠精神。因此，在建立社会主义市场经济体制的新时期，一定要把弘扬河南优秀传统文化与学习焦裕禄、弘扬红旗渠精神等先进典型的革命精神结合起来，展示河南党员干部的良好形象和河南人民吃苦耐劳、积极向上的精神风貌，激发全省人民干事创业、振兴河南的热情，以此带动全省的两个文明建设跃上一个新台阶。在《弘扬焦裕禄精神》（1994 年 5 月 13 日）一文中，他语重心长地提醒大家，“要大力提倡干事创业、积极进取的精神，反对和克服无所作为的懒汉懦夫思想；大力提倡自强不息、开拓创新的精神，反对和克服故步自封、裹足不前的思想；大力提倡艰苦奋斗、勤俭节约的美德，反对和克服讲排场、比阔气、铺张浪费的不良倾向。”在《弘扬红旗渠精神有重大现实意义》（1991 年 4 月 27 日）一文中，他高度称赞“红旗渠精神是我省人民自己的创造，看得见，摸得着，学起来有亲切感”。他亲自倡导在全省开展以加强农田水利建设、改善农业生产条件为主要内容的“红旗渠精神杯”竞赛活动，号召党员干部以一张蓝图绘到底、不变面貌不罢休的气概，把共产党人全心全意为人民服务的宗旨，落实到改变山河面貌上来。这些论述具有很强的针对性，对促进河南两个文明建设发挥了重要作用，为推进河南改革开放事业提供了强大精神动力。

第六，坚持加强党的建设特别是领导班子建设，大力倡导讲团结、讲大局、讲党性，营造干事创业的良好政治环境。建立社会主义市场经济体制是一项前无古人的开创性事业，加强干部队伍建设，不断提高领导水平和执政水平，对推进河南改革开放事业至关重要。李长春同志在河南工作期间，和省委一班人一道始终高度重视党建工作。他多次强调，各级领导干部要加强理论学习，特别是要学好建设有中国特色社会主义理论，掌握强大思想武器，以更好地指导和推动实际工作。他非常重视领导班子的民主集中制建设，强调要正确处理集体领导与个人分工负责、班长与委员、个人与组织等方面的关系，形成团结、融洽、理解、信任的良好气氛和环境。他和省委一班人在工作中始终倡导防止主观主义、官僚主义、形式主义，说实话、办实事、鼓实劲、求实效的“三防四实”工作作风。在他和省委一班人的大力倡导和共同努力下，河南各级领导班子的面貌发生了很大变化，团结协作、干事创业的良好风气渐成主流。他十分关注党群关系问题，始终把基层党组织特别是农村基层党组织建设摆在重要位置，强调各级领导班子和领导干部都要把真心实意为群众谋利益作为工作的出发点和落脚点。他对坚决治理乱收费、乱罚款、乱集资，对城市困难职工再就业等关系群众切身利益的问题高度重视，深入调查，制定措施，切实加以解决。这些思想和实践，在本书收入的《一要团结，二要工作》《县委班子建设要上一个新台阶》《关心爱护乡镇干部》《怎样当好农村党支部书记》《开封市实施“城市困难职工再就业工程”的调查》等文章中，都有全面生动的反映。李长春同志和省委一班人旗帜鲜明地反对腐败，他在许多场合都明确要求“每一个党员干部特别是领导干部都要加强党性修养和锻炼，自觉抵制那些错误腐朽的东西，绝不允许在思想上政治上不加设防，听任错误腐朽的东西侵蚀我们党员干部和群众的思想”（《强化对党员干部的思想政治教育》，1995 年 2 月 18 日）。“我们还是要按共产党的规矩来交往，决不允许搞腐朽庸俗的那一套。今天不好意思拒绝，就是为明天挖掘‘坟墓’”（《领导干部要带头自律》，1997 年 2 月 18 日）。李长春同志设身处地、谆谆告诫，这些讲话春风化雨、语重心长，对确保河南干部队伍思想稳定、形成良好的政治生态、营造干事创业的大环境起到了至关重要的作用。

河南是中国的缩影，河南人民团结奋进的进程就是展示中国人民摆脱贫困走向富裕的窗口，中原大地繁荣发展的过程就是中华大地焕发生机活力的鲜明写照。《中原大地奋进曲》一书，忠实地记录了党在社会主义初级阶段的基本路线、基本理论、基本经验，特别是邓小平同志南方谈话，是怎么样变为河南广大干部群众建设中国特色社会主义的自觉行动；记录了河南人民是怎么样依靠自己的力量，砸碎套在脖子上的贫困枷锁，在古老的中原大地奏响了奋进曲；记录了李长春同志和河南省委一班人一道团结干部群众，坚持改革开放干事创业的艰辛历程：8 年间，他们每年平均深入基层调研达 110 多天，走遍了河南的山山水水，始终心系河南人民，在大别山区、豫西山区、淮河两岸、黄河滩区，为解决大旱之年老百姓人畜吃水困难奔波操劳，和农民一起参加劳动，下大力气解决公路“三乱”问题，怀着深厚感情努力减轻农民负担过重问题，关心受灾群众，为贫困农民送去党的温暖和致富的思想。在推进实际工作中，他们善于把党和国家的方针政策与河南省情紧密结合起来，善于进行调查研究，善于运用典型推动工作，善于创造性地开展工作，既继承了党的优良传统，又继往开来、不断创新，展现了我们党的各级干部践行党的全心全意为人民服务、在党中央的领导下努力探索中国特色社会主义道路的历史画卷。2015 年 11 月 23 日，李长春同志在郑州召开座谈会，听取对本书的意见时特别强调，“这本书收录的虽然是我个人的讲话、文章，但体现的是省委省政府集体的智慧，是广大干部群众的实践创造。”从书中收录的李长春同志的讲话、文章当中，我们可以看到古老的中原大地在传统文化和现代文明摩擦、撞击和结合之中逐步走上振兴之路的峥嵘岁月，更加深切地感受到只有中国共产党才能领导中国人民走上国家富强、人民幸福的康庄大道，只有中国特色社会主义才能发展中国，才能实现中华民族的伟大复兴。

潮平两岸阔，风正一帆悬。党的十八大以来，以习近平同志为总书记的党中央提出并形成了“四个全面”战略布局，确立了新形势下党和国家各项工作的战略目标和战略举措，为实现“两个一百年”奋斗目标、实现中华民族伟大复兴的中国梦提供了理论指导和实践指南。我们高兴地看到，河南在取得经济社会发展重要的阶段性成果的基础上，进入新世纪以来，历届省委领导班子都承担起自己的历史使命，一张蓝图绘到底，一届接着一届干，不断开拓创新，形势喜人，无论是农村还是城市，无论是经济建设还是社会建设，都驶入了快速发展的轨道，呈现出政治稳定、经济发展、社会和谐、文化繁荣、人民群众安居乐业的良好局面。一个加快发展、富有生机、充满自信的河南正展现在世人面前，古老的中原大地必将焕发出更加绚丽的风采。

人民出版社　河南人民出版社

解放思想　团结奋进
加速振兴河南步伐

高举“团结奋进，振兴河南”的旗帜*

（1990 年 9 月 4 日）

> 团结就是要讲大局、讲党性、讲贡献、讲风格，调动一切积极因素，加速河南的振兴；奋进就是要奋发图强，奋勇前进，克服一切困难，带领 8500 万中原父老，加速振兴河南的步伐；振兴就是要坚持“一个中心、两个基本点”，努力开创各个方面工作的新局面。

最近，省委提出了“团结奋进，振兴河南”的指导方针。我们省政府在工作中要高举这面旗帜，努力做好当前的工作。我认为，团结就是要讲大局、讲党性、讲贡献、讲风格，调动一切积极因素，加速河南的振兴；奋进就是要奋发图强，奋勇前进，克服一切困难，带领 8500 万中原父老，加速振兴河南的步伐；振兴就是要坚持“一个中心、两个基本点”，努力开创各个方面工作的新局面。实现这个目标，关键是干部。政治路线确定之后，干部就是决定的因素。我们河南的干部，通过这两个多月的接触，我认为这个

---

* 这是李长春同志在河南省政府第三次全体会议上讲话的一部分。

队伍是好的，绝大多数同志是好的。我们河南是焦裕禄[1]精神的诞生地，焦裕禄精神一直激励和鼓舞着我们干部的成长。省委提出来要凭党性干工作，看政绩用干部，并且具体化为要正确地识别五种干部。一是党性强、干实事、有政绩的，要表彰，要重用。二是党性强、干实事、有成绩但也存在错误的，我们既教育又保护，教育他们总结经验，吸取教训，以利再战，保护他们开拓创新的积极性。当然，这个错误不属于反对四项基本原则和以权谋私、贪污腐化，而是工作上的失误。三是不在干实事上下功夫，热衷于维持好各个方面的关系，在这上头下功夫的干部，也要教育，要使他们把主要精力转到干实事上来。四是不干实事，热衷于拨弄是非、搞“小地震”的干部，要坚决调开，严重的要严肃处理。五是以权谋私、贪污腐化的干部，要坚决查处。希望政府机关的干部，特别是我们在座的各位政府成员都能够成为第一种干部。侯宗宾书记、吴基传副书记，我们几个人来河南时都不认识，也没带一个人来，有不大方便的地方，不熟悉干部嘛，工作开展就有困难。我们靠的就是大家的支持。但是也有一个有利的条件，就是超脱，可以重新识别干部，在工作中识别干部，在“团结奋进，振兴河南”中识别考核干部，不带框子。

当前我省的形势总的来讲是好的，是安定团结、安居乐业的，秋季丰收在望，人心思定，各行各业都在以实际行动迎接省党代会的召开。但是也有困难，突出的就是工业生产回升缓慢，经济效益不理想，亏损企业还比较多，市场疲软还没有得到缓解。面对这样繁重的任务，当前我们政府机关的同志一定要稳定思想，坚守岗位，恪守职责，努力工作。前一段有些同志反映，我们机关干部的思想不太稳定，感到对省里领导层，中央进行调整了，

1991 年 2 月 9 日，李长春陪同中共中央总书记、国家主席江泽民在开封市兰考县焦裕禄纪念馆参观。

是不是要层层进行大面积调整。这个问题 6 月 30 日侯宗宾书记在干部见面会上已经讲了原则，叫“基本稳定，个别调整，完善结构，提高素质”。可能有的同志感到，说是基本稳定，可这一段也调整不少啦。这个问题省委是十分慎重的，只是针对这两种情况作了调整：一种是与筹备党代会有关的人事调整，不做不行，我们新的一届省委要产生，谁做委员谁不做委员，需要调整。第二种就是严重不齐不力的，开展当前工作有困难的，现在的班子领导不了，再不调整就影响工作了。在对这两种情况作调整的过程中，可能会涉及不属于这两种情况的部门和干部。即使这样，省委在研究这个问题时，也尽量把调整面缩小到最小的范围，以便于我们有足够的时间在“团结奋进，振兴河南”这个旗帜下来认识干部、考核干部。因此，我们希望在座的同志要对机关的干部加强思想政治工作，不要等待，努力做好工作。

作为我个人，根据中央干部交流的决定来到河南，当然来之前是没有思想准备的，但是中央决定了，我还是愉快地接受了。通过这一个多月的了解，感到河南的条件很好，也感到，不到类似河南这样的省份工作不算了解中国的国情。因为河南在我们中国国内的位置，实际上就是我们中国在世界的一个缩影，情况非常相似。特别是我们河南的能源、原材料、农产品等资源条件很好，很多是沿海省市不可比拟的。我们交通条件也是很好的，陇海、京广还有焦枝铁路贯通河南，特别是连云港到鹿特丹的欧亚大陆桥的贯通，给我们河南的对外开放和经济振兴带来了许多新的课题和新的机遇。我们河南是有着灿烂历史文化的地区，有勤劳勇敢的人民。我下去调研时沿路看到农民在晒粮食，因为粮食水分含量高了，粮食部门不收，农民就自觉晒粮，我们河南的农民是很好的。关键是我们各级干部怎么样团结一致，对 8500 万父老乡亲负责。我到这里来工作也没有什么特别的招法，就是靠在座的同志，大家团结一起共同奋斗，努力开创河南经济社会发展新局面。

注　释

〔1〕焦裕禄（1922—1964 年），山东淄博人。1962 年 12 月起，任河南省兰考县委书记。他带领全县干部群众，同内涝、风沙、盐碱等自然灾害进行顽强斗争，使兰考贫困面貌大为改观。最后身患肝癌，牺牲在工作岗位上，被群众誉为“党的好干部”。

开展“五破五立”思想教育，把解放思想与改革开放有机结合起来*

（1990年12月10日）

破除因循守旧、僵化保守思想，树立改革开放、开拓进取观念；破除自然经济、小农经济、产品经济思想，树立有计划的商品经济观念；破除自我封闭、自成体系的思想，树立互惠互利、发展横向联合、全面对外开放的观念；破除消极畏难、无所作为的思想，树立自力更生、艰苦奋斗、勇于拼搏、敢打必胜的观念；破除故步自封、盲目自满的思想，树立学先进、找差距、努力改变落后面貌的观念。

当前，我省上下要围绕“团结奋进，振兴河南”，进行广泛深入的学先进、找差距、订措施、促转变的思想发动，有针对性地进一步解决干部群众的思想认识问题。

---

* 这是李长春同志在“学习先进经验，加速振兴河南”报告会上讲话的一部分。

1990 年 11 月，在中共河南省委五届一次全会上新当选的省委常委，从左至右分别为：胡悌云、郑增茂、吴光贤、宋照肃、吴基传、侯宗宾、李长春、林英海、刘广祥、于友先、宋国臣。

要牢固树立以经济建设为中心的指导思想，始终如一地集中精力把经济建设搞上去。江泽民同志最近指出，90 年代是建设有中国特色的社会主义非常关键的十年。这十年的工作做得好不好，政治上能不能保持稳定，经济上能不能实现邓小平同志提出、中央已经确定的第二步战略目标，并为下世纪实现第三步战略目标打好基础，使我们的综合国力有明显的增强，关系到中国共产党和中华民族的安危，关系到社会主义事业的兴衰成败。今后五年、十年，对河南来说，更是非常关键的时期。全省上下都要以强烈的责任感、压力感、紧迫感、使命感，牢固树立以经济建设为中心的指导思想，集中精力，瞄准先进，借鉴其他省份的成功经验，总结和推广我省的先进典型，把我省的经济工作搞上去。在任何时候、任何情况下，决不放松经济工作，决不动摇把经济搞上去的决心。方方面面的工作都要更加自觉地服从于、服务于这个中心。

要进一步进行广泛深入的解放思想、转变观念的思想教育活动。要紧密结合各地干部群众的思想实际，以不断增强改革开放意识为主线，深入进行以“五破五立”〔1〕为主要内容的解放思想的教育活动。即破除因循守旧、僵化保守思想，树立改革开放、开拓进取观念；破除自然经济、小农经济、产品经济思想，树立有计划的商品经济观念；破除自我封闭、自成体系的思想，树立互惠互利、发展横向联合、全面对外开放的观念；破除消极畏难、无所作为的思想，树立自力更生、艰苦奋斗、勇于拼搏、敢打必胜的观念；破除故步自封、盲目自满的思想，树立学先进、找差距、努力改变落后面貌的观念。通过“五破五立”，为进一步改革开放和经济建设打下坚实的思想基础，使解放思想与改革开放有机结合，相互促进。

要广泛深入地开展团结、稳定的教育，创造良好的政治环境和社会环境。目前，我省形势总的来说是稳定的，排查和消除不安定因素的工作很有成效，但仍然存在着一些不安定的因素。社会治安形势依然比较严峻，边界纠纷、经济纠纷、民事纠纷、宗教纠纷、民族纠纷增多，集体上访、群体性械斗连续发生；部分企业经济效益下降，有些地方停产半停产企业还不少，职工思想不稳；待业率上升，劳动就业压力大；等等。要保持全省政治稳定、社会稳定，任务还十分艰巨。对此，我们要有清醒的认识和足够的估计，一定要把稳定放在压倒一切的位置，积极主动地做好稳定政治、稳定经济、稳定社会的工作；做好过细的思想政治工作，化解矛盾，消除各种不安定因素；做好社会治安的综合治理，继续严厉打击各种严重刑事犯罪分子和经济犯罪分子，深入开展“扫黄”和“除六害”斗争〔2〕，尽可能创造良好的社会秩序，使人民群众有安全感、稳定感。

针对河南历史上的教训和新形势下可能出现的一些新情况、新问题，要进行团结起来向前看、同心协力图振兴的思想教育，使广大干部群众都能充分认识到加强团结对我省有着特殊重要的意义。没有团结，就谈不上振兴。没有团结，就谈不上发展。团结就是力量，团结才能奋进。要自觉珍惜、维护和发展安定团结的政治局面。要旗帜鲜明地、理直气壮地支持干的，批评看的，处理捣乱的。

要广泛深入地开展弘扬红旗渠精神的活动，鼓舞干部群众的

1990 年 11 月 8 日，李长春主持中共河南省第五次代表大会开幕式。

士气，增强振兴河南的信心。在长期的战天斗地和山区开发建设中，我省形成了以林县红旗渠为代表的、具有鲜明时代特色的“自力更生，艰苦创业，团结协作，无私奉献”的红旗渠精神。在“团结奋进，振兴河南”中，亟须发扬光大这种精神。要立足于依靠自己的力量，不等不靠，自强不息。要通过弘扬红旗渠精神，激发广大干部群众艰苦奋斗、发奋图强、拼搏进取的热情和干劲，以高昂的士气，加速振兴河南的进程。

思想发动的方法可以多种多样。可以组织报告会、讨论会，开展群众性大讨论；组织干部到先进地区学习考察；个别后进单位也可以派工作队；注意把农业战线十面旗帜〔3〕等本省的先进典型与其他省份的成功经验结合起来，在各级各部门各行各业开展学先进、找差距、订措施、促转变的活动。要努力在全省形成一个人心思团结、人心思稳定、人心思改革、人心思开放、人心思振兴、人心思发展的大气候。

注　释

〔1〕“五破五立”，从1990年开始，河南省委在全省上下广泛开展以“五破五立”为主要内容的解放思想的思想教育活动。随着这一活动的持续深入开展，“五破五立”的内容也在不断丰富和发展，逐步表述为：破除抽象的姓资姓社的思维定式，树立以“三个有利于”为衡量全部工作标准的观念；破除自然经济、计划经济体制下形成的旧观念，树立社会主义市场经济的新观念；破除一切靠本本的旧习惯，树立解放思想与实事求是相统一，一切从实际出发，敢闯、敢试、敢于创新的新观念；破除传统封闭的内陆意识，树立扩大对外开放，以开放促改革促发展的新观念；破除消极畏难、

无所作为、小进即满、小富即安的小农经济思想，树立自力更生、艰苦奋斗、开拓进取、干大事业、求大突破、上大台阶的新观念。

〔2〕“扫黄”，是指扫除黄色淫秽书刊、音像制品和电子出版物，扫除卖淫嫖娼等非法行为的执法活动。“除六害”，是指自 1989 年 10 月开始，在全国范围内开展的一次扫除卖淫嫖娼、制作贩卖传播淫秽物品、拐卖妇女儿童、私种吸食贩运毒品、聚众赌博和利用封建迷信骗财害人等六害的统一行动。

〔3〕农业战线十面旗帜，在社会主义建设和改革开放的实践中，河南省农业战线涌现出一批先进典型，创造了一些可贵经验，其中比较突出的有：新乡县刘庄村坚持发展壮大集体经济，坚定不移地走共同富裕的社会主义道路；巩县竹林村坚持两个文明一起抓，建设社会主义新农村；林县的自力更生，艰苦创业，团结协作，无私奉献的“红旗渠精神”；新乡县小冀镇东街五组的“京华道路”；扶沟县的发展农业集约经济；灵宝县寺河乡的一张蓝图绘到底、历届班子接力赛，改变了贫困面貌；信阳市金牛山的注重经济、生态效益，搞好山区综合开发；林县石板岩供销社的“扁担精神”；延津县小店乡农技站以科学技术积极为农业生产服务；荥阳县开展的争创“十星级文明农户”活动。这些先进典型，体现了社会主义制度的优越性，有效地促进了农村两个文明建设，1991 年 1 月 5 日，河南省委省政府决定，把它们树为全省农业战线的十面旗帜，在全省广泛开展向这十面旗帜学习的活动。

促进各级干部观念转变，为振兴河南而团结奋斗*

（1991年2月28日）

振兴河南经济，必须首先解决好各级干部的观念转变问题。各级政府要紧密结合当地干部的思想实际，以改革开放为主线，以省内外先进典型为榜样，进一步深入开展以“五破五立”为主要内容的解放思想的教育活动。

当前，我们面临的任务十分繁重艰巨，新的形势对我们政府工作提出了新的更高的要求。我们要高举“团结奋进，振兴河南”的旗帜，切实转变作风，改进政府工作，更好地团结和带领广大干部群众奋勇前进。

要进一步解放思想，转变观念。振兴河南经济，必须首先解决好各级干部的观念转变问题。各级政府要紧密结合当地干部的思想实际，以改革开放为主线，以省内外先进典型为榜样，进一步深入开展以“五破五立”为主要内容的解放思想的教育活动。

---

* 这是李长春同志在河南省七届人大四次会议上所作政府工作报告的一部分。

通过“五破五立”活动，努力改变不适应社会主义有计划的商品经济发展的思维方式，为振兴河南打下坚实的思想基础。坚持“团结奋进，振兴河南”的指导思想，鼓励和支持广大干部干事创业。要紧紧抓住增进团结和振奋精神这两个关键，引导广大干部群众团结起来向前看，同心协力图振兴，真正把思想和行动统一到“团结奋进，振兴河南”上来，把一切力量凝聚到“团结奋进，振兴河南”上来。要认真贯彻凭党性干工作、看政绩用干部的原则，坚决扶正压邪、排除干扰，鼓励支持干的，批评教育看的，严肃查处捣乱的，努力创造一个引人奋发向上、干事创业的社会环境。

要立足于服务，切实转变政府管理职能。各级政府及其部门要牢固树立为经济建设服务，为企业、为基层服务的思想，寓管理于服务之中，通过服务搞好管理。我们的政府部门要急企业、基层所急，想企业、基层所想，自觉主动地为企业、为基层排忧解难。政府部门对经济的管理，要由直接管理为主转向直接、间接管理相结合；由主要依靠行政手段，逐步转向以经济、法律手段为主，辅之以必要的行政手段。经济管理部门要逐步弱化分钱分物的职能，把主要精力放到注重调查研究，理清发展思路，制定政策，调控经济运行，为基层和企业搞好服务上来；要减少办事层次，提高工作效率。要坚持分级管理、分级负责的原则，凡是适宜于下边办的事情都要将权力、职责一起交给下边去办；凡是属于企业的自主权，任何部门和单位都不得以种种借口收回或截留。转变职能，要首先从省政府各部门做起。省直各部门要从大局出发，以有利于搞活经济、促进经济和社会发展为原则，实现职能的真正转变，为全省带个好头。

1991年2月28日，李长春在河南省七届人大四次会议上作政府工作报告。

要努力做到科学、正确决策，提高政府决策水平。正确的决策，是我们取得成功的必要前提。在现代经济社会活动中，每一项重大决策所涉及的范围越来越广，所包含的不确定因素越来越多，对领导者的决策水平要求越来越高。要保证决策的正确，首先，各级领导者要树立正确决策的意识，有高度的责任感，时刻不忘对人民负责，对党的事业负责。每项决策都要做到慎之又慎，决不草率拍板。其次，决策者要加强学习，努力提高自己的理论素养和业务水平，善于运用正确的方法论去分析问题，认识问题，解决问题；善于把握全局，科学预见事物发展的趋势，增强决断和应变能力。其三，加强综合调研力量，重视发挥各种咨询研究机构在决策中的作用，特别是要认真听取有声望有影响的专家、学者和经验丰富的老同志的意见，切实搞好决策前的研究论证工作。今后，各级政府的重大决策都要争取做到：不经过深入调查研究的不决策，不进行论证的不决策，没有两个以上方案比较的不决策，没有经过民主决策程序的不决策。同时，还要注意防止拖拉推诿，久拖不决，不讲效率的不良作风。

要树立“四实”作风，狠抓工作落实。各级政府的工作都要突出一个“实”字，把树立“四实”作风作为改进工作的主要内容，在政府系统形成抓落实、鼓实劲、干实事、求实效的良好作风。要继续实行目标管理责任制，并进一步完善提高。我们的各项工作，都不能停留在一般号召上，不能满足于开了多少会，讲了多少话，发了多少文件，而必须做到任务落实、责任落实、措施落实。要有布置，有检查，有反馈，凡是看准了的事情、决定了的事情，就要一抓到底，切实抓出成效。各级领导要下决心走出“文山会海”，深入基层，深入实际，实实在在地为基层和群众办实事，解决困难和问题。要坚持凭党性干工作、看政绩用干部的原则，坚决反对弄虚作假、摆花架子、搞形式主义、做表面文章的恶劣作风，大力支持和表彰那些踏踏实实干实事的好干部，努力促进“四实”作风的形成。

要增强各级政府领导班子的团结。干部队伍的团结，特别是各级领导班子的团结，是我们搞好各项工作和现代化事业成功的重要保证。每个领导干部都要坚持党的原则，识大体、顾大局，自觉维护班子团结，做到不利于团结的话不说，不利于团结的事不做，时时处处用“团结奋进”的精神要求自己，争做团结的模范。领导成员之间，要坦诚相处，紧密配合，取长补短，协调一致，相互理解，相互支持，努力把各级政府领导班子建设成为团结、坚强的领导集体，增强凝聚力、战斗力，形成团结奋斗的良好风气。

强化五个意识，推动经济发展*

（1991年4月25日）

农业地区“五破五立”，关键是要强化科技意识、工业意识、商品经济意识、开放意识和人均意识。

解放思想是我们加速振兴的前提，省委提出“五破五立”，对整个河南的发展有着鲜明的针对性。农业地区“五破五立”，关键是要强化五个意识，就是科技意识、工业意识、商品经济意识、开放意识、人均意识。

第一，强化科技意识。农业地区都面临着加速从传统农业向现代化农业的转化，这个转化的关键是要依靠科技。生产力的发展，必然进一步促进生产关系的变革。目前，在生产关系上我们实行的以家庭联产承包为主的责任制，是比较适合现阶段生产力发展水平的。在这个基础上可以搞一些规模经营的试验。想短期在生产关系上有个重大突破，以此来推动农业生产力的发展是不现实的。关键是要依靠科技，通过全面地大规模地推广实用

* 这是李长春同志在南阳地区考察时讲话的一部分。

技术，使农业生产力在90年代再上一个台阶，这是最根本的途径。要结合本地区的实际，鲜明地提出推广几大技术，如大力推广优良品种、快速育肥、模式化栽培、旱作农业技术等。南阳地区提出“科技兴宛”这个口号非常好，简单明了地概括了本地区的意图，体现了省委省政府的要求。科技的后盾就是教育。在教育上，省委提出要以大力发展职业技术教育为突破口，加速调整中等教育结构的步伐，使职业教育的比重更大一些，到1995年要达到50%以上。目前南阳是46.79%，在全省还是比较先进的。希望你们在贯彻“科技兴宛，教育为本”方针的过程中，继续为全省提供经验。

第二，强化工业意识。农业地区要增强农产品加工增值的观念。要紧紧围绕“农”字上工业，这既是加速农业地区工业化进程的必由之路，也是强化农业基础的重要措施。我们的经济发展已经进入了一个新的阶段，农村温饱问题基本解决了，下一步是向大规模的商品经济发展，如果我们还像过去那样满足于提供原材料和初级农产品，就不适应现阶段经济发展形势的需要。现在，我们就已经感受到了农业生产的困境，农产品除棉花外已没有什么短线产品了，加上市场竞争激烈，如果还只卖初级产品，既不容易卖出去，卖出去也挣不着钱，造成农业产区财政困难，农民收入增幅趋缓，将直接影响对农业投入的良性循环。农产品必须要加工增值，上工业。通俗点来讲，如果只满足于停留在原来那种仅仅是提供原材料和初级产品阶段，最后就只能是个温饱水平。只有实现工业化了，才能进一步解决小康、富裕问题，才能建立农业投入的良性循环机制。这个问题，谁认识得早，谁的决心大，谁的魄力大，谁就主动。所以，要有强烈的工业意识，加速工业化进程。南阳提出围绕“农”字做文章，围绕“矿”字做文章，完全符合地区实际，希望在这方面积极探索实践，为全省农业地区提供经验。

第三，强化商品经济意识。商品经济是对应自给自足的自然经济、小农经济和产品经济来讲的。我们过去总体上是以自然经济、小农经济为主体，一定程度上也受产品经济影响的这样一种经济形态。要从这种经济形态转向社会主义有计划商品经济新体制，首先必须在思想上增强商品经济意识。商品经济与自然经济、产品经济最大的差别是两条：一条是商品经济面向市场，市场需要什么就生产什么；另一条就是充分按价值规律办事。现实生活给我们提出了十分紧迫的任务，要求我们树立商品经济意识。过去的农业生产是为了填饱肚子，解决量的需要，是为了完成上级下达的计划。现在温饱解决了，就要求上质量、上品种、上水平，而不只是填饱肚子的问题。现在，一方面省内小麦积压在仓库里卖不出去，另一方面国内生产高档面包的企业需要进口小麦。这就说明我们农业生产必须树立商品经济意识，没有这个观念，农业生产就很难发展。价值规律就是要体现等价交换。所以，我们提出来，像蚕茧的生产和销售，外贸部门必须同企业签合同，合同以外的允许人家搞深加工，不能画地为牢，你出的茧不管多少都是我的，这是传统的产品经济，不是搞商品经济的办法。

第四，强化开放意识。开放意识是同商品经济联系在一起的，商品经济本身就是开放的经济，是面向国内国外市场的，必然需要有强烈的开放意识，没有开放意识就搞不了商品经济。南阳地区大搞国外、国内的合作，请外地的科技人员，找大专院校、科研单位作自己的依托，努力开拓国内外市场等等，体现的就是一种开放意识，应该进一步增强。在这方面，就是要像省委省政府提出来的，优化环境，外引内联，四面辐射，梯次发展。优化环境，就是有关部门应该有强烈的开放意识，努力创造好的投资环境。善于考虑长远的利益、全局的利益、根本的利益，不要算小账，要算大账，不要怕吃小亏。没有好的投资环境，人家是不来的。投资环境第一位的还是交通和通讯。进出不方便，或者来了却打不出电话，就没有人来投资。外引内联，就是扩大开放，我们内陆省是双向开放，既对国外开放也对沿海地区开放，对国内兄弟省市开放。四面辐射，就是同东西南北、周边国家、亚太国家广泛地合作，广泛地开辟市场。梯次发展，就是郑州、洛阳是第一梯队，南阳算第二梯队。你有自营出口权，这就比其他市地条件好，应该在开放方面搞得更好一点。

第五，强化人均意识。就是一定要有人口忧患意识。无论如何要控制住人口，要严格按照人均水平进行考核。

总之，在上述五个方面，都希望南阳地区继续创造经验，在全省带个头。

冲破“一‘左’一旧”十种思想观念的束缚*

（1992 年 2 月 29 日）

对“左”的影响和小农经济旧观念如果不下决心加以解决和克服，就不可能在改革开放上做到思想更解放一些，胆子更大一些，步子更快一些，效果更好一些；就不可能搭上 90 年代经济大发展这班车。要在全省进行一次思想大解放、大发动。

邓小平同志南方谈话，是邓小平同志在我国社会主义现代化建设的关键时刻发表的一篇重要文献。谈话从把马克思主义基本原理同我国改革和建设实践相结合的高度，认真总结了党的十一届三中全会以来改革开放的经验，是对建设有中国特色社会主义理论的深化和发展，是进一步解放思想的强大武器，是掀起新的改革浪潮的动员令，是经济发展再上新台阶的进军号，不仅对当前的改革和建设，而且对整个社会主义现代化建设事业具有重大

* 这是李长春同志在河南省委常委会议学习邓小平同志南方谈话精神专题会上讲话的一部分。

而深远的意义。我们认真学习贯彻邓小平同志南方谈话精神，就是要紧密结合河南实际，进一步解放思想，转变观念，抓住机遇，加速改革，推进开放，加快实现“一高一低”的战略目标。

回顾河南社会主义建设和改革开放的历程，我们深切地感到，河南人民是勤劳的，广大干部是努力工作的，有图振兴、求发展的强烈愿望。但为什么我们在一些方面总是跟不上全国的发展步伐，改革开放总是迈不开较大的步子，一个重要原因，就在于我们改革开放的意识不强，在思想观念的许多方面，还没有完全冲破“左”的思想禁锢和小农经济旧观念的束缚。早在50年代，毛泽东同志在河南视察时就对乡镇企业（当时称社队企业）寄予殷切希望，他指出，“伟大的、光明灿烂的希望也就在这里”[1]，但我们相当多的地方直到今天尚未端起工业这个饭碗；许多改革开放政策在外省、外地不仅行得通，而且用得足，用得活，但在我省有些地方却是这也不行，那也不行；我省涌现出来的一些改革的新事物、好典型，能够在省外开花结果，而在本地却不能推广开，有的甚至受到非议和责难；有些单位和地方内耗严重，干事的得不到支持，甚至不干事的整干事的，看的指责干的，广大干部不能放开手脚大胆工作，形不成干事创业的好环境。这些情况表明，“左”的思想和小农经济旧观念在我省的影响是根深蒂固的，有很深的历史根源和社会根源。应当肯定，这些年来，全省广大干部和群众为冲破“左”的思想禁锢和小农经济旧观念的束缚进行了不懈的努力，取得了很大进步。但是，思想观念的转变不是一朝一夕的事情，在现实工作中，特别是在改革开放中，“一‘左’一旧”的思想影响还不时地表现出来，不同程度地成为我们前进的障碍。这些思想观念，主要表现在以下十个方面：

一是一些干部存在着抛开解放生产力和发展生产力看问题的老观念，对社会主义的本质认识不清，对以经济建设为中心的思想树立得不够牢固，摆不正经济建设这个中心同其他工作的关系。坚持以经济建设为中心的自觉性不高，讲什么就强调什么重要，形不成围绕中心的合力。思想不够解放，把本来就不是社会主义所固有的、而是应当革除的弊端当作正确的东西，守着不放。“三铁”〔2〕明明束缚生产力的发展，背离了社会主义按劳分配的原则，但是，破“三铁”总是战战兢兢，犹犹豫豫，迟迟迈不开步子。

二是有的干部受封闭保守的老观念影响很深，不敢大胆吸收和借鉴资本主义发达国家的先进经营方式和管理方法。对公有制经济占主导地位和国家政权掌握在我们手里这个根本优势认识不足，对引进外资、发展“三资”企业〔3〕，心里不踏实，行动不积极。

三是把计划经济同市场经济对立起来，认为计划经济就是社会主义，市场经济就是资本主义。总是拿计划来排斥市场，排斥价值规律的作用，把企业当成政府的附属物，思想观念和领导方法停留在单一计划经济的水平上。顾虑重重，前怕狼后怕虎，不敢把企业推向市场，该放开的放不开，只讲管理，不讲服务，习惯于用行政手段直接管理企业，不会用经济和法律的手段间接管理经济，宏观调控不力，微观干预过多。企业许多应有的自主权得不到落实，有一些被截留了；有一些名义上下放给了企业，但附加了许多条件，企业根本不敢用；对企业乱收费、乱摊派、乱检查、乱罚款，屡禁不止，干扰了企业的正常经营活动。种种弊端，制约了市场作用的发挥，阻碍了企业自主性有效发挥，使经济发展缺乏应有的生机和活力。相反，政府该管的事情管不好，该为企业服务的不服务，使企业不能自主公平地参与市场竞争。

四是“一大二公”〔4〕的影响还束缚着一些干部的头脑，对个体经济、私营企业不是看作社会主义经济的有益补充，而是把它们视为异己力量；对家庭联产承包责任制不是看作集体经济的新的经营形式，是一项必须长期坚持的基本制度，而认为是权宜之计；对一部分地区和一部分人先富起来的政策，不是嘀嘀咕咕，就是摇摇摆摆。看到已经富裕起来的群众，轻者害“红眼病”，重者“劫富济贫”。不承认当前分配领域的主要倾向是平均主义，一讲共同富裕就想吃“大锅饭”。

五是不善于把本本、条条和本地实际结合起来创造性地工

1993 年 4 月 9 日，李长春陪同辽宁省委原第一书记郭峰（左二）、全国人大常委会原委员杨克冰（右二）在郑州高新技术产业开发区考察。

作，认为本本可靠，条条安全。本本、条条上有的，也不看是否符合本地实际，就照搬照抄；本本、条条上没有的，就这也不准干，那也不能干，不敢越雷池一步；有些本本、条条已经落后于现实生活，甚至是改革开放以前的，但仍然被当作标准，裁判已经变化了的新情况、新问题，束缚了人们的思想，阻碍了改革开放。

六是把发展工业同发展农业对立起来，把粮食生产同多种经营对立起来。有些地方就农业抓农业，种植业结构和农村产业结构得不到合理调整，“双高开发”、粮食生产所必须增加的投入没有来源，且长期得不到解决，既影响了整个农村经济的发展，又影响了农民脱贫致富。

七是缺乏抢抓机遇、加快发展的紧迫感。对自己的发展潜力和优势认识不清晰，发挥不充分。经过努力，可以取得的效益和速度，也不去争取，结果耽误了时间，失去了发展机会。

八是一些干部改革意识淡漠，习惯于老体制、老观念，对改革开放中涌现出来的先进典型和新生事物，缺乏满腔热情的支持。对成功的经验不是看其代表的方向和精神，而是强调自己的客观条件，找不学习的理由。有极少数人把自己摆到改革的对立面，不仅自己不改革，而且还阻挠别人改革。人家干好了，他说这是早该如此；出了差错，他说这在预料之中，总是一贯正确，自己不干反而总是批评别人。

九是有些干部安于现状，不思进取，满足于步子不快年年走、成绩不大年年有，小进即满、小富即安，盲目骄傲、故步自封。只守业不创业，宁可不改革，也不担风险。有了这种思想，总是跟在别人后边学步，甚至别人已经干出来了，自己还不敢干，有些就是有了“尚方宝剑”也不试验不探索。对于坚持党性、敢于改革的人，认为是“冒失鬼”，是政治上不成熟，有了成绩，不鼓励、不表扬；有了失误，不是热情帮助，而是当事后诸葛亮，求全责备。

十是有的班子不团结，急需改善干事创业的环境。有的干部只琢磨人、不琢磨事，无事生非、造谣惑众，喜欢打小报告、写匿名信、告刁状，不干事、搞窝里斗，把封建官场上的恶习带到我们党内来，严重影响干事创业的积极性。有的干部不是把心思用在干事创业上，而是热衷于经营“椅子”，热衷于搞关系、跑门子，投机钻营，不学无术，当一天和尚撞一天钟，自己不干事，也不让别人干成事。有少数干部视同志为对手，当面一套，背后一套，私下里夸大别人的缺点，甚至造谣、诋毁，工作上故意掣肘，设障碍，抓辫子。少数人置工作于不顾，相互争斗，甚至直接对着干，你赞成的我否定，你反对的我支持，划小圈子，搞拉帮结派。凡此种种，都是个人私心杂念在作祟，是不以党的事业为重、个人主义膨胀的必然表现，与党的宗旨严重不符。

经过十多年的改革，上述这些“左”的思想影响和小农经济的旧观念仍然反映在我们的工作中，一方面说明克服僵化、陈旧观念的艰巨性和复杂性，另一方面也说明我们克服这些观念所作的努力还不够。应当承认，我们对于实事求是这一马克思主义的精髓，对于认识来源于实践，并在实践中接受检验和发展的基本原理理解不深，进行创造性工作不够。对“左”的影响和小农经济旧观念如果不下决心加以解决和克服，就不可能在改革开放上做到思想更解放一些，胆子更大一些，步子更快一些，效果更好一些；就不可能搭上 90 年代经济大发展这班车。因此，要按照中央的要求，在全省进行一次思想大解放、大发动。要继续开展“五破五立”，真正使我们的思想从小农经济旧观念和“左”的禁锢中解放出来，牢固树立以经济建设为中心的指导思想，树立社会主义不仅要发展生产力，而且要解放生产力的观念，坚持以是否有利于社会主义社会生产力的发展、有利于社会主义国家综合国力的增强和人民生活水平的提高为标准，检验政策，判断事物，指导行动。我们说要解放思想，就是要朝着这个方向来解放。要牢固树立有计划商品经济的观念，增强运用价值规律的自觉性。发展有计划商品经济，核心问题是按价值规律办事。要牢固树立实践第一的观念，自觉坚持党的实事求是的思想路线。不唯书，不唯上，一切从实际出发，做到敢闯、敢冒，敢为天下先，走出一条改革开放的新路子。

注　释

〔1〕1959 年 2 月 27 日—3 月 5 日，毛泽东在郑州主持召开中共中央政治局扩大会议。毛泽东在会上指出：“目前公社直接所有的东西还不多，如社办企业”，“虽然如此，我们伟大的、光明灿烂的希望也就在这里”。1975 年 9 月 27 日，毛泽东在邓小平报送的关于社队办企业的三份材料上批示：“小平同志：请考虑，此三件（两封信及一篇报导）可否印发在京各中央同志。”“一篇报导”，即《河南日报》1974 年 12 月 15 日登载的《光明灿烂的希望——巩县回郭镇公社围绕农业办工业、办好工业促农业的调查》。这篇报导，作为会议文件印发中央 1975 年 9 月 23 日—10 月 21 日召开的农村工作座谈会。

〔2〕“三铁”，即“铁交椅”“铁工资”“铁饭碗”。

〔3〕“三资”企业，指中外合资企业、中外合作企业、外商独资企业。

〔4〕“一大二公”。1958 年 8 月，中共中央政治局扩大会议通过《中共中央关于在农村建立人民公社问题的决议》，决定在全国开展人民公社化运动。人民公社的显著特点就是“一大二公”。“一大”，指人民公社的规模要大，并小社为大社;“二公”，指人民公社公有化程度要高。

努力担负起党交给的重任*

（1992年12月7日）

领导经验的获得，不是多念几年书所能解决的，也不是听几次报告、看几本书能解决的，是长期工作实践的积累。

中央任命我为省委书记的决定，体现了组织上对我的信任、班子内外的同志及广大干部群众的支持。作为一名共产党员，能够得到组织的信任、同志们的支持，这是最大的幸福。借此机会，对各级干部、广大群众给予我的帮助和支持表示衷心的感谢。我一定不辜负党中央的信任、同志们的期望，努力担负起党交给的重任。

另一方面，我也深感担子很重，力不从心。河南人口多、底子薄、基础差，现在全国各地是千帆竞发、百舸争流，压力实在太大。侯宗宾同志担任书记时，我当助手还可以大树底下好乘凉，现在没有依靠了，实感担子沉重。再有我本人能力有限，尽管也做

* 这是李长春同志在河南省直机关领导干部大会上讲话的一部分。

1992 年 10 月 13 日，李长春在中国共产党第十四次全国代表大会河南代表团小组会上。右一为河南省委副书记林英海。

过大市的党的工作，但较长时间是做政府工作、行政工作，主持一个省党的工作，很多东西是生疏的，还需要重新学习。当然，党委的工作也要以经济建设为中心，但工作方式有很多不同，需要从活动方式、工作内容、工作方法等方面实现一系列转变。特别是作为一个省的主要负责同志要有丰富的领导经验，领导经验的获得，不是多念几年书所能解决的，也不是听几次报告、看几本书能解决的，是长期工作实践的积累。尽管我经历了各个台阶，做了一些年省级领导的工作，但与老同志相比还在许多方面有所不及。面对这种情况，我想起了毛泽东同志的教导，“我们共产党人好比种子，人民好比土地。我们到了一个地方，就要同那里的人民结合起来，在人民中间生根、开花”。我一定按照中央的要求，紧紧依靠党中央的领导，紧紧依靠同志们的支持，紧紧依靠广大人民群众，努力学习，大胆实践。首先要学习理论，认真学习马列主义、毛泽东思想，学习建设有中国特色社会主义理论，自觉贯彻执行党的路线、方针、政策。同时要向实践学习，注重调查研究，边干边学。向群众学习，尊重群众的首创精神，善于发现总结群众创造的新鲜经验，加以升华，丰富自己的认识，指导面上的工作。向老同志学习。我们省长期是革命根据地，有一大批革命老同志，他们是我们事业的宝贵财富，除了在政治上、生活上关心他们外，还要很好地向他们学习，学习他们坚强的党性，学习他们几十年如一日为革命艰苦奋斗的精神。向班子里的同志们学习，模范地遵守民主集中制，听取各种建设性意见，特别是反面意见，集中集体的智慧，弥补个人的不足。同时，也要向机关的同志们学习，他们熟悉各方面的情况，有丰富的工作经验。希望同志们本着对党的事业高度负责的态度对我多加帮助，在我们之间建立起同志式平等互助的关系。

冲破思想禁锢，实现中原崛起*

（1993 年 1 月）

思想是行动的先导。从某种意义上说，思想解放的程度，决定着改革开放步伐的大小，决定着经济发展的快慢。经济要上新台阶，思想观念必须先上新台阶。

河南地处中原，作为一个内陆大省，90 年代能否加快改革开放步伐，推动经济尽快再上新台阶，不仅是关系到河南在本世纪末实现小康的一件大事情，而且对全国经济发展第二步战略目标的实现也有着重要的影响。

一、发挥天时地利人和之优势，促使中原重新振兴、崛起

河南历史悠久，是中华民族发祥地之一，在长达几千年的社

* 这是李长春同志发表在《走出封闭——中国内陆省份改革开放大思路》一书中的文章。

会发展史中，曾经有过辉煌的一页。北宋之前，河南长期处于我们国家的政治、经济、文化中心，先后有 20 个王朝在此建都。全国七大古都，河南占其三。九朝古都洛阳，北魏盛极一时，当时有书记载谓：“四海晏清，八荒率职”，“百国千城，莫不欢附，商胡贩客，日奔塞下”，“天下难得之货，咸系在焉”。可见繁荣之景象。八朝古都〔1〕开封，北宋时有 20 多万户，人口逾百万，商贾云集，舟车堵塞，是当时中国乃至世界最大的都市。北宋以后，由于战乱频繁，天灾人祸，河南逐渐衰落下去，到新中国成立前，反而成了全国最贫穷落后的省份之一。1949 年，全省国民生产总值〔2〕仅 26.2 亿元，人均 62.8 元。

新中国成立后，河南发生了翻天覆地的变化。尤其是党的十一届三中全会以来，河南广大干部和人民群众在党中央、国务院的正确领导下，在邓小平同志建设有中国特色社会主义理论的指引下，坚持以经济建设为中心，坚持四项基本原则，坚持改革开放，国民经济有了突飞猛进的发展。1992 年，在邓小平同志南方谈话和党的十四大精神的鼓舞下，我省国民经济开始进入高速发展时期，国内生产总值比上年增长 13%，工业总产值增长 26%，乡镇企业总产值增长 50%，出口创汇增长 25%。目前，全省在整体上已基本解决了温饱问题，开始向小康目标迈进。

我国是一个幅员广阔、多民族的社会主义国家，无论是从经济还是从政治角度考虑，都必须加快中西部经济的发展。80 年代以来，沿海地区利用得天独厚的地理位置，利用中央赋予的比较宽松的政策，加快改革开放步伐，经济迅速增长。沿海经济的发展对内地无疑起到了很大的推动作用，带动了内地能源、原材料和加工工业的发展，为内地企业输送了比较先进的技术、设备、管理方法以及信息等，并为内地省份的对外开放提供了许多宝贵的经验，开辟了更为广泛的对外联系渠道。但是也必须注意到，十多年来，沿海的发展速度大大高于内地经济的发展速度，两者的差距逐渐拉大。以河南与广东、山东对比为例，河南经过 14 年改革开放，国民经济虽然取得长足的发展，但是与广东、山东相比，一些主要经济指标的增长速度本来就存在差距，现在更有进一步拉大的趋势。河南省在 1978 年时，国民生产总值分别相当于广东和山东的 80%和 70.9%，到 1991 年，仅分别相当于这两个省的 55.8%和 63.3%。根据我国国情，东部、中部和西部是一个有机的经济整体，只有做到优势互补、取长补短，才能促进整个国民经济的健康协调发展。因此，从全国一盘棋的战略出发，为促进东、中、西部经济的协调发展，必须加快中原的振兴和崛起。

河南加快经济发展和对外开放有四大突出的优势。

第一，地上地下资源丰富。河南是我国主要农业大省，种植业和养殖业在全国占有重要位置。1992 年，粮食总产量达 3109.6 万吨，居全国第三位，其中小麦产量居第二位；棉花、烤烟产量均居第二位；油料产量居第三位；大牲畜头数居第一位。全省森林覆盖率为 14.8%，泡桐产量居全国第一位。河南地下矿产资源也十分丰富。已发现各类矿产 106 种，探明储量的矿产 74 种，已开发利用 70 种；有 50 种矿产储量居全国前十位。丰富的农产品资源和地下矿产资源为河南工业发展提供了充足的原料和能源保证。

第二，初步形成了结构比较合理、门类比较齐全的工业体系。河南经过 40 多年的建设、发展，具备了一定的工业基础。

目前，全省乡及乡以上工业企业有2.02万家，其中国有大中型骨干企业418家。机械、纺织、食品、化工、冶金、建材、能源、电子等行业均在全国占有重要位置，一些主要工业产品的产量居于前列。

第三，地理位置居中，交通运输发达。河南承东启西，连南接北，虽不临海、不邻边，但由于京广、陇海、焦枝三大铁路干线纵横交会，公路运输四通八达，因此，东可以接连云港，南可下广州、深圳，西可出新疆，北可达天津、二连浩特。尤其是第二条欧亚大陆桥的贯通，正在修建的京九铁路〔3〕的逐步完工，以及郑州国际机场的即将建成，对处于交通枢纽位置的河南，无疑将在经济发展和对外开放方面有很大的推动作用。

第四，历史悠久，古迹众多，具有发展旅游业的广阔前景。我国历史上各朝代的文物遗存灿若繁星，遍布中原大地。如洛阳的龙门石窟、白马寺，开封的龙亭、铁塔、大相国寺，安阳的殷墟，巩县的宋陵，南阳的武侯祠等。全省有主要旅游点100多处，其中国家级旅游景点17处。国家级重点风景名胜有嵩山、鸡公山和洛阳龙门等，省级重点风景名胜有黄河游览区、嵖岈山风景区等。这些风景名胜不仅是丰富的旅游资源，而且也是吸引外商投资的经济资源。

河南加快经济发展和改革开放还有许多有利条件。一是党的十四大总结肯定了改革开放14年来的基本经验，精辟阐述了邓小平同志建设有中国特色社会主义的理论，明确确定了坚持党的“一个中心、两个基本点”的基本路线一百年不动摇，明确确定了经济体制改革的目标是建立社会主义市场经济体制，这就给我们指明了前进的方向。二是河南省第五次党代会确立了“团结奋进，振兴河南”的指导思想，随后又制定了90年代经济再上新台阶的目标、任务、措施，并围绕新时期的目标任务，进一步加强了党的思想建设、组织建设和作风建设。目前全省广大干部群众人心思团结、人心思奋进，形成了一个干事创业、开拓进取的好环境、好局面。三是14年的改革开放，为经济的进一步振兴、腾飞奠定了良好的基础，积累了丰富的经验。一批先进单位和企业成功的实践经验在全省正逐步推开，并不断地完善和发展。四是外商投资出现了从沿海向内地扩展、延伸的新趋势。由于内地自然资源丰富，劳动力成本低，随着投资环境的逐步改善，内地对外商的吸引力越来越大。1992年以来，外商向河南投资的热情明显高涨，来豫洽谈项目络绎不绝，发展势头很猛。

天时地利人和，河南拥有经济振兴的有利条件。在党的十四大精神指引下，中原一定能再度崛起。

二、冲破“一‘左’一旧”思想禁锢，实施“一高一低”发展战略

（一）抓住机遇，迎接挑战。随着邓小平同志南方谈话和党的十四大精神的贯彻，一个新的改革开放大潮又在全国蓬勃兴起。沿海、沿边地区利用优越的地理位置，改革开放迈开了更大的步伐，广大内陆省份也奋起直追，犹如千帆竞发，百舸争流。地处中原的河南面对着东西紧逼、南北夹击之势。形势喜人，形势逼人；既是挑战，又是机遇。我们深切感到，河南经济发展起点较低，基础较差，如果认不清形势，仍按常规走路，就势必进一步拉大同全国的差距；如果能够紧紧抓住这次前所未有的好机

遇，积极利用十分有利于发展的国际国内环境，充分利用国家提供的比较宽松的条件和政策，超常规、跨越式、大跨度奋进，河南的改革开放和现代化建设就一定能够出现一个崭新的局面。我们肩负着改变河南面貌、实现河南振兴的历史重任，必须切实增强历史责任感、危机感和紧迫感，牢牢抓住稍纵即逝的历史机遇，拼命往前赶。要有一种不把经济搞上去就坐不住、吃不下、睡不好的劲头，付出比别人更大的努力，把改革开放和各项建设事业搞好。

（二）破除内陆意识，更新思想观念。思想是行动的先导。从某种意义上说，思想解放的程度，决定着改革开放步伐的大小，决定着经济发展的快慢。经济要上新台阶，思想观念必须先上新台阶。河南人民勤劳、朴实，有图振兴、求发展的强烈愿望，但是，一些干部群众由于长期受“左”的思想影响和小农经济旧观念的束缚，在改革开放中“一‘左’一旧”的思想影响还不时地表现出来。我们认为，要克服“一‘左’一旧”的思想影响，必须在进一步深化“五破五立”上下功夫。一是破除计划经济体制下形成的旧观念，树立社会主义市场经济的新观念；二是破除姓社姓资的思维定式，树立以“三个有利于”〔4〕为标准的新观念；三是破除一切靠本本、条条的旧习惯，树立实事求是、一切从实际出发，敢闯、敢试、敢于创新的新观念；四是破除传统封闭的内陆意识，树立扩大对外开放、以开放促发展的新观念；五是破除消极畏难、无所作为、小进则满、小富即安的小农经济思想，树立艰苦奋斗、开拓进取、干大事业、求大突破、上大台阶的新观念。

（三）理清发展思路，明确战略目标。根据国家经济发展的总体部署，结合河南实际，我们确定了全省经济发展的总的战略思路：高举“团结奋进，振兴河南”的旗帜，坚持党的“一个中心、两个基本点”的基本路线，全面实施强农兴工、以城带乡、全方位开放、高起点发展的战略，走优势资源开发和深度加工增值的发展道路，变资源优势为经济优势，促使全省经济逐步从高耗低效的粗放型经济向集约型经济转变，从资源的低层次开发向资源的综合利用和深度加工转变，从以初级产品输出为主向高附加值产品输出为主转变，从“小而全”“大而全”条块分割向专业化分工、社会化生产转变，使国民经济逐步走上长期持续、稳定、协调发展的轨道。

90 年代河南经济发展的战略目标是：在提高经济效益和整体素质的前提下，经济发展速度要高于全国平均水平，人口增长速度要低于全国平均水平，简言之，就是“一高一低”。要努力使“八五”计划的主要经济指标提前 1 年实现，10 年规划提前 3 年实现，坚决把人口控制在原定计划内；到本世纪末，使主要人均经济指标接近或赶上全国平均水平，国内生产总值在 1990 年的基础上再翻一番半，全省基本实现小康。我们坚信，在党的十四大确定的路线、方针指引下，全省广大干部群众发奋图强，埋头苦干，一定能够实现河南国民经济协调、有效益的高速发展，一定能够实现“一高一低”的战略目标。

三、加快改革开放步伐，推动河南经济再上新台阶

河南要走出内陆，冲出封闭，尽快把经济搞上去，必须坚持从省情出发，依据自身自然资源、交通枢纽的优势和较好的工业

基础，加大改革力度，加快开放步伐，以改革促开放，以开放促发展，走一条具有河南特点的改革、开放、发展之路。

（一）努力转换企业经营机制，发挥大中型企业在经济再上新台阶中的主力军作用。河南工业基础在全国居中等偏上水平，但是，由于技术和管理水平比较落后，企业的市场竞争力比较差，产业优势和产品优势并不明显。特别是传统运行机制的束缚，严重地影响和制约着企业的发展。为适应经济建设和改革开放的需要，充分发挥国有大中型企业的骨干作用，必须把深化企业改革，加快转换企业经营机制作为建立社会主义市场经济体制的首要任务来抓。要坚决落实企业生产经营决策、进出口、投资决策和劳动人事管理等 14 项自主权。今后政府对企业只管“三个

1991 年 5 月 1 日，李长春在郑州市接见优秀工人代表。右二为河南省委副书记吴基传。

一”，即一个法人代表（或领导班子），一个承包合同，一个工效挂钩系数。企业的生产经营活动完全由企业自主决定。积极探索企业多种资产经营形式，进一步理顺产权关系，把国有资产保值增值的责任落实到企业，同企业包括经营者和职工的利益更加紧密地联系起来。继续完善承包经营责任制，适当延长承包期，增强承包经营责任。要把实行股份制作为转换企业经营机制的主要途径，采用多种形式，积极试点。省里选择一批产品有发展前途、技术改造任务重的国有大中型企业，争取在上海、深圳等地上市。积极推行嫁接制，鼓励国有大中型企业与外商搞合资、合作经营。选择一批条件具备的企业仿照“三资”企业的办法进行管理，积极推动企业进行联合与兼并。对因经营不善而长期亏损或微利的中小企业进行拍卖。认真搞好以干部、劳动人事、分配三项制度改革为主要内容的企业内部机制转换，坚决破除“大锅饭”“铁饭碗”，真正做到干部能上能下、职工能进能出、工资能升能降，通过转换企业经营机制，进一步把企业推向市场，使企业真正成为自主经营、自负盈亏、自我发展、自我约束的商品生产者和经营者。在转换企业经营机制的同时，继续努力搞好大中型骨干企业的技术改造，把一批有实力的企业推向国际市场。

（二）以实现小康为总目标统揽农村工作全局，全面发展农村商品经济。河南是农业大省，农业人口占总人口的87%。发展农村商品经济，把农业推向市场，是加快河南经济发展的基础工程。根据新的形势，我省确定了90年代农村工作总的指导思想，即：以实现小康为总目标、总任务统揽农村工作全局；以深化改革、逐步壮大集体经济实力、全面发展农村商品经济为奔小康的基本途径；以大力发展社会化服务体系为农村改革和发展的突破口；以加强村党支部为核心的基层组织建设为组织保证，大力推进社会主义物质文明和精神文明建设，努力建设有中国特色的社会主义新农村。

按照上述指导思想，今后农村重点抓好以下几项工作：一是扎扎实实搞好小康村建设。河南到本世纪末能否实现小康，关键在农村，农村实现小康的关键在于抓好千万个行政村。开展小康村建设，必须从实际出发，以发展生产力和提高农民生活水平为目的，充分调动起蕴藏在广大干部和农民群众中的求富致富积极性和创造性，做到层层有规划、有措施，具体落实到富村、富民项目上。鼓励一部分地区和一部分人通过诚实劳动、合法经营先富起来，争取全省每年都要有一批行政村达到小康水平。二是以市场为导向调整农村产业结构，努力开发“一优双高”农业。我省农业初级产品多，“原”字号产品多，出售的多是原粮、原棉、原油，农民往往增产不增收，农村产业结构和产品结构都亟待优化。必须搞好农业综合开发，在保持粮棉油稳定增长的前提下，大力发展林牧副渔各业，努力提高二、三产业的比重。种植业要走优质高产高效、集约经营的路子；畜牧养殖业要追求规模效益，努力提高商品率和市场覆盖率；林业生产要以发展经济林为重点，尽快建成一批名优果品生产基地；要大力发展庭院经济，这方面的潜力很大，必须作为一项重要的富民措施来抓。要通过农业的综合开发，提高农业的整体经济效益。三是以建立健全农村社会化服务体系为突破口，继续深化农村改革。以帮助农民排忧解难、增加收入、促进商品生产为目的，以经济合同和利益机制为纽带，以县专业化服务实体为主导，乡村集体经济组织的综合性服务为基础，户办、联户办和农户互助服务为补充，逐步建成纵横交错的社会化服务体系。按社会化分工和商品经济的内在联系，积极组建贸工农或科农贸一体化、产供销一条龙的系列化服务公司，其触角伸向国内外市场，龙尾摆向千家万户，形成公司加农户的利益共同体。四是大力发展乡镇企业。这是农村步入小康，实现农村工业化、农业现代化的根本途径。要重点抓好乡村集体工业，积极发展农民股份合作企业，继续鼓励户办、联户办企业，在不断提高经济效益和管理水平的前提下，努力保持一个较快的发展速度。要通过发展乡镇企业，加速县域经济振兴。选择 18 个经济基础较好的县（市），作为改革开放特别试点县，赋予省级管理权限，借鉴先进发达地区的经验，实行特殊政策，争取用 5 年时间，率先跃上一个新台阶。五是加快贫困地区脱贫致富的步伐。通过资金、物资、技术等方面的扶持，不断提高贫困地区经济开发能力和经济自给能力，努力改变生产、生存条件，充分发挥资源优势，注重发展区域性支柱产业，尽快改变贫困落后面貌。六是搞好农村计划生育工作，有效地控制人口增长。

（三）发展大流通，建设大市场，推动第三产业的全面兴起和蓬勃发展。加快发展第三产业是优化产业结构、提高国民经济整体素质的迫切要求，对于推动我省经济再上新台阶具有十分重要的战略意义。发展第三产业要以培育和健全统一的社会主义市场体系为总目标、总任务，坚持国家、集体、个人一齐上的方针，依靠市场机制、依靠社会力量、依靠政策引导，围绕培育大市场，走贸易开路、金融活体、基础配套的路子，以第三产业牵动第一、二产业，逐步形成以郑州为中心，以沿黄城市群为依托，城乡贯通，辐射中原，面向全国的商贸、金融、信息中心，为河南经济全方位进入市场服务，为河南经济的振兴、崛起服务。

发展第三产业，必须加快培育和发展市场体系。要在进一步完善消费品市场的同时，大力发展生产资料市场，积极培育生产要素市场，建立开放、畅通、高效、可调控的市场体系。金融、保险业要以形成开放、竞争、高效的资金市场为目标，逐步建立健全多元化、多渠道的金融体系和多项服务的保险市场。在继续发展传统第三产业的同时，大力兴办房地产、旅游、信息咨询等新兴行业，优化第三产业内部结构，为经济和社会发展提供高质量的服务。

为了推动第三产业的发展，必须采取切实有效的政策措施。鼓励国有企事业单位、集体和个人，以资金、房产、设备、技术、劳务等形式投入第三产业，广泛吸引外资发展第三产业。要运用财政、税收、金融等多种经济杠杆，大力扶持第三产业的发展。各级政府、各个部门都要搞好第三产业的规划、协调、指导、服务工作，把一些经实践证明切实有效的政策规定，尽快形成法规，进一步明确第三产业的行业规范，保证第三产业健康、协调发展。

（四）优化环境、外引内联、梯次发展，促进全方位对外开放。加速对外开放，大胆参与国际经济技术合作与市场竞争，是实现经济跨越式发展，推动经济再上新台阶的强有力的加速器，也是深化经济体制改革的催化剂。90 年代河南对外开放的目标和要求是：大力加强基础设施建设，创造一个良好的投资环境；沿黄城市群要具有较强吸引力，率先对外开放，建成一批规模较大的“三资”企业，利用外资数额有较大幅度增长。通过努力，逐步形成以新的欧亚大陆桥为主线，分三个层次推进全方位开放的新格局。第一个层次是郑州、洛阳。郑州市要利用内陆开放城市的优惠政策和交通枢纽优势，加快商贸城、航空港建设，大力发展第三产业，成为我省进行国际国内交流和城乡交流的中心。洛阳市要凭借大中型企业多和科技力量雄厚的优势，以国际市场为导向，大胆利用外资，积极开发高新技术产品，大力发展外向型经济。第二个层次是以郑州为中心，包括洛阳、开封、焦作、新乡、三门峡、濮阳在内的沿黄城市群及许昌、平顶山、安阳等市。发挥其工业基础好、矿产和旅游资源丰富的优势，建设一批具有现代化水平的能源、原材料和技术装备基地，形成吸引力、辐射力、外向力较强的经济区。第三个层次是沿铁路干线、公路国道的市县和其他地区。利用交通便利和农副产品、矿产资源丰富的优势，积极引进外资，大力发展劳动密集型产业和出口创汇型农业，逐步形成整体对外开放格局。

按照这一目标和要求，必须抓好三个方面的工作。一是下大决心改善河南的投资环境。在硬环境方面，重点加强能源、交通、通讯等基础设施建设，加紧已经确定的郑汴洛高速公路等十大基础工程〔5〕建设。在软环境方面，进一步完善涉外政策法规体系，制订鼓励外商投资的优惠办法，简化审批手续，提高办事效率和服务水平。对利用外资项目的审批做到“三个一”，即对申请立项和可行性报告及合同章程一次性提出修改意见，一星期内发出批复文件，对符合条件的项目一天内发给证书。二是主动出击，快速行动，瞄准国际上有实力的财团或跨国公司，大规模开展对外招商和经贸洽谈活动。努力办好一年一度的洛阳牡丹花会、开封菊花花会和郑州国际少林武术节，以花为媒，以武会友，武术搭台，经贸唱戏。进一步扩大外商的投资经营范围，积极引进外资发展房地产、商业、交通运输、旅游等行业。三是进一步深化外贸体制改革，调动各地和企业出口创汇的积极性。外贸企业必须实行政企分开，所有权与经营权分离。各级外贸公司要与上级公司和同级财政脱钩，向实体化、集团化、国际化发展，逐步在全省形成大外贸、大外经的新格局。

（五）认真实施“科技兴豫、教育为本”的战略方针。要使我省经济跃上一个新台阶，必须认真贯彻落实科学技术是第一生产力的思想，建立和完善科技与经济结合的体制和运行机制，大力提高科技进步因素在国民经济增长中的贡献份额，走出一条投入少、效益高的路子。继续深化科技体制改革，积极推进科研机构企业化、科技成果商品化、成果转让市场化，把科学技术推向

1992 年 10 月 12 日，李长春在中国共产党第十四次全国代表大会开幕前接受记者采访。

市场，推向经济建设的主战场。进一步放活科研机构，放活科技人员，大力培育科技市场和人才市场，充分调动各类科技人员的积极性和创造性。

经济再上新台阶，抓好教育是根本。在普及九年制义务教育的同时，加快中等教育结构调整，集中力量办好职业技术教育，加快各种应用型人才的培养。以全方位筹资、多形式办学为途径，扩大职业技术学校的规模和数量，“八五”末，要使职业技术教育占高中阶段在校人数的一半左右。

（六）转变政府职能，搞好机构改革，建立精简、高效的管理体制。上层建筑必须与经济基础相适应。按照建立社会主义市场经济新体制的要求，必须实现政府职能由直接管理转向间接管理、由微观管理转向宏观管理、由行政手段为主转向经济和法律手段为主。其根本途径是政企分开，关键是企业的所有权与经营权相分离。要使政府从繁杂的微观经济活动中解脱出来，把主要精力放在宏观调控上，搞好统筹规划、掌握政策、信息引导、组织协调、提供服务、检查监督。要把经营权还给企业。今后，除国家下达的指令性计划和省里暂时不能取消的几种产品的指令性计划外，其余的指令性计划全部取消，市地、县及各部门均不得向企业下达指令性计划。除国家管理的商品价格外，省管商品价格原则上全部放开，由企业自主定价。劳动部门不再给企业下达招工计划，不再办理招工手续，企业在坚持面向社会、公开招收、全面考核、择优录用的前提下，自主决定招工的时间、条件、方式和数量。

为了尽快转变政府职能，必须精简机构。要把一些在产品经济体制下建立的、不适应社会主义市场经济需要的部门整建制地转为经济实体；一些暂时还需要保留部分行政管理职能的经济技术部门，可分流人员去办第三产业或开发性经济实体；在市场经济体制下仍然发挥作用的行政部门，其富余人员也要分流出去。整个机构改革工作要有计划、有组织、有步骤地推进，真正达到转变职能、理顺关系、精兵简政、提高效率的目的。

（七）紧密围绕党的基本路线加强党的建设，充分发挥各级党组织在改革开放和现代化建设中的领导核心作用。要保证改革开放和经济建设的顺利进行，关键在于加强和改善党的领导，在于努力不断地提高各级党组织的执政水平和领导水平。必须加强党的思想建设，用邓小平同志建设有中国特色社会主义理论武装全党，进一步解放思想，在警惕右的同时冲破“左”和旧的思想观念的束缚，把有利于发展社会主义社会的生产力，有利于增强社会主义国家的综合国力，有利于提高人民的生活水平作为我们各项工作总的出发点和检验标准。坚持实事求是，一切从实际出发，善于把党的路线方针政策同本地区本部门的具体情况紧密结合起来，勇于探索，大胆实践，创造性地开展工作。

要搞好各级领导班子建设，按照凭党性干工作、看政绩用干部的原则，积极推进干部人事制度改革。坚决克服论资排辈、求全责备的错误观念，注意把那些拥护并自觉贯彻执行党的基本路线、改革开放政绩突出、群众拥护的干部选拔到各级领导班子中来。在全社会形成支持改革者、鼓励探索者、帮助失误者、惩办腐败者、追究诬告者的大气候，使勇于开拓进取干实事的同志解除顾虑，放开手脚大胆地开展工作。要切实加强党的基层组织建设，按照“四个一”的要求，即：选配一个好支书，建设一个好支部，建立健全一套好制度，理出一条奔小康的好思路，把基层党组织真正建设成为坚强的战斗堡垒，充分发挥他们在带领群众脱贫致富奔小康中的积极作用。继续抓好党风和廉政建设，集中力量纠正群众反映突出的行业不正之风，严肃查处以权谋私、贪污受贿和严重官僚主义失职渎职等违法违纪案件。进一步加强法制建设和社会主义精神文明建设。切实搞好社会治安综合治理，坚决打击各种犯罪活动，对恶性暴力案件、企业深化改革中的报复伤害案件以及威胁群众安全的突出治安问题，要坚决依法进行打击，为改革开放和经济发展创造一个稳定的社会政治环境。

90 年代是十分关键的 10 年。努力把经济搞上去，尽快缩小与沿海先进省份的差距，达到小康目标，这是河南广大干部群众的迫切愿望。真正实现这一愿望，使理想变为现实，必须脚踏实地工作，必须付出辛勤的劳动和汗水。河南人民具有吃苦耐劳、勤奋进取的优秀品质，河南干部中曾出现了焦裕禄这样的好榜样，有邓小平建设有中国特色社会主义理论武装头脑，有党的十四大确定的路线、方针的指引，只要全省上下同心协力，团结奋进，艰苦创业，真抓实干，就一定能够实现中原的振兴、崛起。

注　释

〔1〕八朝古都。历史上，夏朝，战国时期的魏国，五代十国时期的后梁、后晋、后汉、后周，以及北宋和金，先后定都开封。

〔2〕国民生产总值(英语缩写 GNP)，指一个国家（或地区）所有常住单位在一定时期内收入初次分配的结果。亦称“国民总收入”，是收入概

念。国民生产总值和国内生产总值（英语缩写 GDP）在过去相当长时期内是混用的，随着经济全球化深入发展，资本和劳动等生产要素在国际间流动越来越快，国民生产总值已经无法准确衡量一定区域内的生产总量。1993 年，联合国、世界银行、国际货币基金组织、经济合作与发展组织和欧盟五个国际组织联合制定国民账户体系（英语缩写 SNA），决定用国内生产总值取代国民生产总值作为国民经济核算的新指标。1992 年 8 月，国务院办公厅发出《关于实施新国民经济核算体系方案的通知》，正式确立我国以国内生产总值核算为核心的新国民经济核算体系。

〔3〕京九铁路，北起北京，南至深圳，连接香港九龙，全长 2536 公里。1993 年 5 月 2 日全线开工建设，1995 年 11 月 16 日全线贯通，1996 年 9 月 1 日正式运营。京九铁路的开通，对缓解我国南北运输紧张状况，加强内地与港澳地区联系，开发沿线地区经济，具有重要意义。

〔4〕“三个有利于”，是邓小平提出的判断改革开放各项措施的标准。1992 年初，邓小平《在武昌、深圳、珠海、上海等地的谈话要点》指出：“改革开放迈不开步子，不敢闯，说来说去就是怕资本主义的东西多了，走了资本主义道路。要害是姓‘资’还是姓‘社’的问题。判断的标准，应该主要看是否有利于发展社会主义社会的生产力，是否有利于增强社会主义国家的综合国力，是否有利于提高人民的生活水平。”

〔5〕十大基础工程，20 世纪 90 年代，为改善河南省投资环境，使经济再上新台阶，河南省集中力量建设了交通、能源、通信、物流、文化等一大批基础设施工程，其中最重要的有郑汴洛（郑州—开封—洛阳）高速公路、郑州航空港、郑州火车站改造、公路铁路联运、38 万门程控电话、400 万千瓦电力建设、郑州物贸中心和中原博览中心等大型交易设施、河南省博物馆、十大文物及旅游景点开发、城市环境工程等十大基础工程。这些工程的实施，对改变河南经济发展环境，增加经济发展后劲，扩大对外开放，起到了巨大的推动作用。

狠抓思想观念转变，为深化改革提供思想保证*

（1993年6月9日）

各级领导干部一定要吃透中央精神，紧密联系河南各地实际，创造性地贯彻执行，防止脱离实际的一刀切，防止“新瓶装旧酒”。要根据抓住机遇、珍惜机遇、用好机遇，又快又好地发展国民经济的总要求，从实际出发，不刮风，不埋怨，不争论，有什么问题就解决什么问题。

克服经济生活中的困难，保证改革和建设的顺利进行，各级党委和政府必须加强对经济工作的领导，不断研究新情况，解决新问题，进一步转变思想观念，牢牢掌握经济工作的主动权。

必须振奋精神，增强克服困难的勇气。在当前遇到暂时困难的情况下，要解放思想、实事求是，积极探索、勇于创新，始终发扬创业精神，始终保持良好的精神状态，坚持“抓住机遇，加快发展”的主旋律不动摇，坚持90年代实现“一高一低”的奋

* 这是李长春同志在河南省经济工作会议上讲话的一部分。

斗目标不动摇，坚持深化改革、扩大开放不动摇。要迈开双脚到群众中去请教，在实践中学习，增强克服困难的勇气。越是困难的时候，越是对我们各级干部的考验。困难时期往往是发现勇于开拓创新干部的最好时机。

必须自始至终抓观念的转变，为深化改革提供思想保证和舆论支持。发展社会主义市场经济必然与我们几十年形成的“大锅饭”“铁饭碗”的旧体制相撞击，与旧体制下形成的官本位相撞击。党的宣传思想工作的首要任务，就是要为建设有中国特色的社会主义提供精神动力、思想保证和舆论支持。各方面都要为深化改革、转换经营机制大开绿灯，鸣锣开道。党校、社科院等理论研究部门要加强这方面的理论研究和教育，新闻媒体要开辟专栏、专题，进行有关知识的普及教育。要通过办学习班、专题讲座、理论研讨会等来推动广大干部群众思想观念的转变，增强改革意识。省直机关要抓紧组织改革的理论和实践报告会，各市地都要组织研究进一步增强广大干部群众改革意识的有效办法。

必须不断提高领导水平，改进领导方式和方法，增强驾驭社会主义市场经济的本领。对于当前经济生活中的问题，各级领导干部一定要吃透中央精神，紧密联系河南各地实际，创造性地贯彻执行，防止脱离实际的一刀切，防止“新瓶装旧酒”。要根据抓住机遇、珍惜机遇、用好机遇，又快又好地发展国民经济的总要求，从实际出发，不刮风，不埋怨，不争论，有什么问题就解决什么问题。在继续抓好国有企业深化改革的同时，努力培育新的经济生长点，狠抓薄弱环节。乡镇企业的发展潜力很大，要通过股份合作制和农村发展基金制加快乡镇企业的发展。要抓住当前的有利时机，落实好省委省政府关于城镇集体经济的各项政策，积极地把乡镇企业推向国际市场，使其尽快成为吸引外资、出口创汇的生力军。要把离退休的科技人员发动起来，鼓励党政机关的科技人员分流出来，用股份合作制的办法，大办民办科技实体。同时要为个体、私营和“三资”企业等多种经济成分创造良好的外部环境，使其快速发展。县营经济是我省的一个薄弱环节，亏损面大。要区别不同情况，有的搞股份制，有的搞股份合作制。对于亏损和微利企业要公开招标租赁或出售给集体、个体经营。

必须切实改进工作作风，在“实”字上狠下功夫。目前，改革已从总体上的探索阶段进入了有目标有规划有组织的攻坚阶段，要取得突破，必然涉及利益和权力结构的调整，正如逆水行舟，不进则退。因此，各级党委和政府的主要领导要亲自抓改革，不能使改革停留在一般号召上。郑州、洛阳、漯河三个市的共同经验，就是“一号领导”亲自抓“一号工程”。主要领导同志对改革的理论和实践要真正钻进去，取得领导改革的主动权。要使改革落到实处，抓出成效，还必须有一个把企业分期分批推向市场的具体计划。我们不仅要有十项基础工程、二十项振兴工程，还要有“改革工程”，就是分期分批把企业推向市场，用不同方式转换企业经营机制的方案。哪些企业可以用股份有限公司的方法转变其组织形式，哪些企业可以成为上市公司，哪些企业可以采取租赁制，哪些企业可以拍卖，等等。对每一种方式都要具体指导，情况要明，思路要清，不能以其昏昏、使人昭昭。要使改革落到实处，还要提高试点的水平。在改革过程中，各级党委和政府都要敢于碰硬，敢于触及矛盾，解决实际问题，当前企业的困难比较多，各级领导要深入实际，调查研究，一方面要发现问题，帮助企业和基层研究解决的办法和措施，另一方面要善于发现群众的创造，及时总结带有规律性的经验，以点带面，指导全局。各部门都要为基层服务，为经济建设服务，为企业转换经营机制服务。

当代中国马克思主义的精华*

（1993 年 11 月）

社会主义革命取得胜利之后，社会主义制度还需要有一个不断自我完善的过程，在这个过程中，对生产关系和生产力、上层建筑和经济基础不相适应的方方面面进行全面改革，以充分显示社会主义制度的优越性。十五年的伟大实践充分证明，改革开放是我国现代化的必由之路。把握了这一点，就把握了建设有中国特色社会主义理论的特色和灵魂。

一、《邓小平文选》第三卷的历史地位、重要意义

《邓小平文选》第三卷开篇是党的十二大的开幕词，尾篇是南方谈话，计 119 篇。其历史跨度正是中国共产党领导全国各族人民进行改革开放和现代化建设的伟大实践，取得了令世人瞩目

* 这是李长春同志撰写的一篇学习《邓小平文选》第三卷的体会文章，部分内容曾发表在《人民日报》上。

的成绩，积累了十分丰富经验的重要历史时期，也是国际局势经历了巨大变动的重要历史时期。作为我国社会主义改革开放和现代化建设总设计师的邓小平同志，在这一重要历史时期的主要著作出版，意义十分重大。

第一，《邓小平文选》第三卷阐述的建设有中国特色社会主义理论，不论是对我国的社会主义建设，还是对当代的国际社会主义事业，都具有重大的理论指导意义。

邓小平同志完整地、系统地阐述了建设有中国特色社会主义的理论，是全党几十年来建设有中国特色社会主义伟大实践的科学总结，是社会主义建设时期马克思列宁主义同中国实际相结合的最新成果。邓小平同志从马克思主义的基本原理出发，结合我国社会主义建设的实际，第一次比较系统地回答了在中国这样一个经济文化比较落后的国家如何建设社会主义，如何巩固和发展社会主义等一系列基本问题。正如毛泽东同志把马克思主义同中国实际相结合，找到了农村包围城市、武装夺取政权的正确道路，取得新民主主义革命的胜利，进而确立社会主义制度，实现了马克思主义同中国革命实际相结合的第一次飞跃一样，邓小平同志建设有中国特色社会主义的理论，标志着马克思主义与我国实际相结合的第二次历史性飞跃，是对毛泽东思想的继承和发展，是当代中国的马克思主义。

邓小平同志建设有中国特色社会主义的理论，也是把马克思主义基本原理同我们所处的时代特征相结合，赋予马克思主义以鲜明的时代气息的社会主义理论。近些年来，特别是 1989 年到 1991 年，国际风云变幻，苏联解体，东欧剧变，国际社会主义遇到了挑战。正是在这样的历史背景下，邓小平同志以一个伟

这是李长春学习《邓小平文选》第三卷心得体会手稿。

大的马克思主义者的理论勇气和力挽狂澜的气魄，既坚持马克思主义基本原理，又不拘泥于某些已有的条条框框，既继承前人，又大胆突破陈规，形成了完整的科学思想体系。邓小平同志建设有中国特色社会主义的理论，回答了当代马克思主义者、共产党人所关心的马克思主义还灵不灵、社会主义还行不行等一系列问题，从而使马克思主义升华到新的境界，极大地鼓舞了马克思主义者坚持共产主义、坚持社会主义道路的信心，因此它也是马克思主义发展史上的重要里程碑。如果说马克思、恩格斯的伟大功绩在于揭示了历史发展规律，使社会主义从空想变为科学；列宁的伟大功绩在于把科学社会主义理论变为在世界上建立了第一个社会主义国家的现实；毛泽东同志的伟大功绩在于找到了农村包围城市的新民主主义革命道路，在中国这样一个半殖民地半封建的国家取得了新民主主义革命和社会主义革命的胜利；邓小平同志的伟大功绩就在于他成功地找到了在中国这样一个贫穷落后的国家建设社会主义的道路，这不但在占全世界人口四分之三的第三世界走出了一条振兴之路、光明之路，更重要的是向全人类表明社会主义是必由之路，社会主义优于资本主义。从马克思列宁主义到毛泽东思想，到邓小平同志建设有中国特色社会主义理论，是马克思主义发展史上的重要里程碑。因此，建设有中国特色社会主义理论也是马克思主义发展史上的一次新飞跃。

第二，《邓小平文选》第三卷不仅有重大的理论指导意义，而且还有鲜明的“实”的特点。它不仅系统阐述了建设有中国特色社会主义的理论，具有鲜明的理论高度和严密的逻辑体系，而且进一步阐述了这一理论指导下确立的党的基本路线，以及贯彻落实这一基本路线的重大方针、政策，因此具有很强的可操作性，对我国改革开放和现代化建设具有重要的实践指导意义。

《邓小平文选》第三卷用“一个中心、两个基本点”的简明语言，概括了党在社会主义初级阶段的基本路线，回答了建设有中国特色社会主义道路上关于政治、经济、文化、外交、科学、教育、军事、国防、党建等一系列重要方针、政策性问题，如一部分人和地区先富裕起来，再带动其他地区和其他人共同富裕的问题；“两手抓、两手都要硬”的问题；三步走的发展战略思想问题；用“一国两制”实现祖国统一的问题；军队要服从经济建设大局的问题；中国必须在世界高科技领域占有一席之地的问题等等。所有这些对于贯彻落实党的基本路线具有重要的实践指导意义。

第三，《邓小平文选》第三卷体现了邓小平同志作为老一辈无产阶级革命家、共产主义战士以及以他为代表的党的第二代领导集体，以高度的历史责任感对以江泽民同志为代表的党的第三代领导集体，对全党、全国人民所作的政治交代。因此，对中华民族的振兴，对我国的社会主义现代化事业，对我国的长治久安具有深远的历史意义。

政治交代的核心是邓小平同志所阐述的建设有中国特色社会主义理论和在这一理论指导下形成的党的基本路线，并且反复强调党的基本路线一百年不动摇，为我国面向二十一世纪指明了方向。

邓小平同志说：“要坚持党的十一届三中全会以来的路线、方针、政策，关键是坚持‘一个中心、两个基本点’。不坚持社会主义，不改革开放，不发展经济，不改善人民生活，只能是死路一条。”还说：“基本路线要管一百年，动摇不得。只有坚持这条路线，人民才会相信你，拥护你。谁要改变三中全会以来的路线、方针、政策，老百姓不答应，谁就会被打倒。”“我们一直坚持党的十一届三中全会以来的路线和各项方针政策，不但这一届领导人要坚持，下一届、再下一届都要坚持，一直坚持下去。”

邓小平同志还反复强调保证党的基本路线不动摇的组织措施：“中青年干部接班，最重要的是接老同志坚持革命斗争方向的英勇精神的班。”“要选人民公认是坚持改革开放路线并有政绩的人，大胆地放进新的领导机构里”。

所有这些，都是语重心长，体现了邓小平同志时时刻刻在关心国家的前途、命运。我们应该牢记这些教导，努力实践。

第四，《邓小平文选》第三卷通篇体现了邓小平同志的彻底的实事求是态度、非凡的理论勇气、不断开拓的创造精神、大无畏的革命气魄、国家和人民的利益高于一切的党性原则、卓越的政治智慧，堪称共产党人的楷模。对我们中青年一代共产党员把老一辈无产阶级革命家开创的事业继承下来，坚持下去，有着十分深刻的教育意义。

解放思想、实事求是，是邓小平同志理论勇气、创造精神的思想基础。一切为了国家和人民的利益，是邓小平同志大无畏的革命斗争精神的力量源泉。

邓小平同志提出的有中国特色社会主义的道路以及社会主义发展阶段的论述，对社会主义本质的精辟概括，对计划与市场的论述，社会主义经济体制的模式问题，社会主义发展动力问题，等等，都充分体现了邓小平同志的理论勇气和创造精神。特别是“一国两制”的构想，是邓小平同志的创造精神的杰作。

邓小平同志树起了一面社会主义与爱国主义相统一的伟大旗

帜。邓小平同志是一位伟大的马克思主义者，同时又是一位伟大的爱国主义者。他始终坚持马克思主义，并在实践中不断丰富和发展马列主义。他深深地热爱我们的祖国，热爱我们的人民，他所做的一切都是为了国家的富强、人民的富裕、民族的振兴。在有中国特色社会主义理论中，社会主义、爱国主义是紧密联系在一起的，使人更加坚信只有社会主义才能救中国，只有中国特色社会主义才能振兴中华的深刻内涵。

邓小平同志对坚持四项基本原则、反对精神污染、反对资产阶级自由化斗争的坚定态度，以及对西方制裁的斗争、在香港问题上的斗争，都体现了邓小平同志坚持革命原则，敢于斗争、善于斗争的大无畏的革命英雄气概。

所有这些，都是我们共产党人特别是中青年同志学习的榜样，都将成为鼓舞中华民族独立自强的巨大精神财富。

二、对《邓小平文选》第三卷主要内容、精神实质几个问题的认识

一个先进的政党要站在时代前列领导群众前进，就必须以先进的科学理论正确认识和分析形势，准确把握时代脉搏，据以制定正确的路线、方针和政策，邓小平同志创立的建设有中国特色社会主义理论，就是我们党在当代的理论思维和路线、方针、政策的集中表现，是指导我们前进的科学指南。《邓小平文选》第三卷对这一理论作了系统的阐述，江泽民同志在党的十四大报告中已科学地概括为九个方面，全面正确，博大精深，应全面领会，认真贯彻落实。在学习中，要特别注意领会其主要内容、精

神实质。以下几点我认为十分重要：

第一，通过《邓小平文选》第三卷的学习，准确把握建设有中国特色社会主义理论的精神实质。这就是坚持把马克思主义的基本原理与当代中国实际和时代特征相结合，解放思想、实事求是，走自己的路。这是建设有中国特色社会主义理论的哲学基础和逻辑起点，也是这一理论的精髓。它是我们党永葆蓬勃生机的法宝，也是我们中国共产党人历经艰辛、反复锤炼而形成的科学思维方法和创造精神。学习这一理论，就要深刻领会这一精神实质。在任何时候都要坚持马克思主义的一切从实际出发，实事求是的思想路线。要坚持解放思想和实事求是的统一，只有解放思想，才能实事求是；只有实事求是，才是真正的解放思想。正如邓小平同志指出的："解放思想，就是使思想和实际相符合，使主观和客观相符合，就是实事求是。今后，在一切工作中要真正坚持实事求是，就必须继续解放思想。"正是从这一马克思主义的辩证唯物主义立场出发，自党的十一届三中全会以来，我们国家实现了一系列的重大突破，为建设有中国特色社会主义理论的形成和"一个中心、两个基本点"的基本路线的确立，作出了历史性贡献。邓小平同志首先提出了要科学地、准确地掌握毛泽东思想体系，肯定了实践是检验真理的唯一标准，批判和纠正了"两个凡是"的错误观点，实现了党在思想上的拨乱反正；邓小平同志从社会主义本质、社会主义根本任务和我国社会的主要矛盾的科学论断出发，勇敢地结束了"以阶级斗争为纲"，确立了以经济建设为中心的党的基本路线，实现了政治上的拨乱反正；邓小平同志总结了国际国内社会主义建设正反两个方面的经验，指出照搬照抄别国的经验、别国模式，从来不能得到成功，提出了走自己的路，建设有中国特色的社会主义的命题；邓小平同志从国际形势的实际出发，结束了长期以来我们提出的战争不可避免的论点，提出了和平和发展是当代的两大主题，进一步丰富了独立自主的外交政策，为我国一心一意搞建设、实行对外开放创造了有利的国际环境；邓小平同志从国际国内形势的客观分析出发，提出“一国两制”的构想，为收复香港、澳门，进而实现祖国统一，取得了突破性进展。所有这些重大突破，都源于解放思想，实事求是，一切从实际出发这一精髓。学习这一理论，就要使解放思想、实事求是成为我们观察问题、认识问题、解决问题的思想基础。抓住了这个精髓，就抓住了领会建设有中国特色社会主义理论、路线、方针、政策的关键。在改革大潮汹涌澎湃的今天，从一定意义上讲，解放思想就是解放生产力，不突破某些传统的本本，不冲破陈旧的传统观念，建设有中国特色的社会主义的伟大事业就无法前进，党就会丧失生机和活力。当前，解放思想、实事求是，就是要把思想统一到建设有中国特色的社会主义理论上来，统一到“三个有利于”的标准上来。

第二，通过《邓小平文选》第三卷的学习，深刻领会什么是社会主义和怎样建设社会主义的重大问题，增强贯彻执行党的基本路线的自觉性和坚定性。邓小平同志建设有中国特色的社会主义理论是在总结国内外几十年社会主义建设正反两方面经验的基础上，特别是自党的十一届三中全会以来，党领导的波澜壮阔的改革开放和现代化事业十五年伟大实践的科学总结。因此十一届三中全会以来的十五年就成为这一理论形成和发展的时代背景和实践基础。十一届三中全会以来的路线、方针、政策，也是在这一理论的指导下逐步形成和完善的。党的“一个中心、两个基本点”的基本路线，体现了建设有中国特色社会主义理论的中心内容。建设有中国特色的社会主义理论成为党的基本路线的理论基础。这条路线是来之不易的，是伴随有中国特色社会主义理论的形成发展逐步完善的。毛泽东同志说，“认清中国的国情，乃是认清一切革命问题的基本的根据”。对国情的正确认识，是制定正确路线的基础。邓小平同志在建设有中国特色社会主义理论中，第一次提出了社会主义初级阶段的理论。当年马克思、恩格斯曾设想在几个发达的资本主义国家取得社会主义革命的胜利，列宁肯定了超越资本主义发展阶段的可能性。但是，对经济文化落后的国家在取得社会主义革命胜利后，应该经历什么样的阶段，是长期以来没有解决的问题。由于这个问题没有解决，一方面在社会主义建设中出现了急于向共产主义过渡的问题，即“左”的错误，另一方面又由于急于过渡而遭受到挫折，所以就导致了有人认为社会主义搞早了，甚至有人认为要补资本主义的课，即出现右的干扰。邓小平同志在有中国特色的社会主义理论中提出了初级阶段观点，驱除了人们思想上的迷雾，解决了既要坚持社会主义，又不能超越初级阶段的问题，这就使人们明白，在生产力落后，商品经济不发达的基础上建设社会主义，必须经历一个很长的社会主义初级阶段，这个初级阶段就是逐步摆脱贫穷、落后，实现社会主义现代化的过程。

邓小平同志在建设有中国特色的社会主义理论中，还根据马克思主义的唯物史观，第一次提出了社会主义的本质和根本任务的科学论断，即“社会主义的本质，是解放生产力，发展生产力，消灭剥削，消除两极分化，最终达到共同富裕”，确立了社会主义根本任务的普遍原则。

基于社会主义根本任务的普遍原则和我国处于社会主义初级阶段的特殊性，构成了党在社会主义初级阶段的基本路线的重要理论基础。基于这个理论，党在社会主义初级阶段的基本路线，只能是一个中心，而不是两个中心，是以经济建设为中心，而决不能以其他什么为中心；根据建设有中国特色的社会主义理论，党的基本路线必须是两个基本点，而不是一个基本点，不能把坚持四项基本原则同坚持改革开放两者对立起来，以一个基本点排斥或取代另一个基本点。为了防止对两个基本点的干扰，邓小平同志提出要“警惕右，但主要是防止‘左’”的思想倾向的正确原则，指出“右可以葬送社会主义，‘左’也可以葬送社会主义”，“右的东西有，动乱就是右的！‘左’的东西也有。把改革开放说成是引进和发展资本主义，认为和平演变的主要危险来自经济领域，这些就是‘左’”。坚持党的基本路线不动摇，就要及时地排除来自“左”和右的干扰，把两个基本点统一在建设有中国特色的社会主义实践中。学习领会有中国特色社会主义理论落实到行动上，就是要坚定不移地贯彻执行党的基本路线，坚定不移地以经济建设为中心，坚定不移地坚持发展这个硬道理。特别是在学习建设有中国特色社会主义的理论中，要通过对社会主义的本质、社会主义的根本任务、我们所处的社会主义初级阶段的再认识，明确任务，找准方位，正确掌握思想倾向斗争，警惕右，但主要是防止“左”，牢固地树立以经济建设为中心的意识和坚持党的基本路线一百年不动摇的坚定性。

第三，要牢牢地掌握建设有中国特色社会主义理论最鲜明的特色，即坚持改革开放。马克思主义认为，人类社会的基本矛盾是生产力和生产关系、经济基础和上层建筑的矛盾，正是这一基本矛盾运动推动着社会向前发展，当社会基本制度严重束缚和阻碍生产力发展的时候，必须通过社会革命的形式解放生产力。历史唯物主义为人们认识社会的基本矛盾，解决社会的发展动力提供了理论依据。当社会主义制度确立后，基本矛盾的性质就不同了。总体上，生产关系和生产力、上层建筑和经济基础是适应的，但是在一些具体制度上也有不适应的方面，社会主义要向前发展，通过什么形式去解放生产力呢？建设有中国特色社会主义理论中第一次提出改革也是社会主义发展动力的原理。邓小平同志在南方谈话中说，“革命是解放生产力，改革也是解放生产力”，这是对马克思主义关于社会发展动力理论的新发展。社会主义革命取得胜利之后，社会主义制度还需要有一个不断自我完善的过程，在这个过程中，对生产关系和生产力、上层建筑和经济基础不相适应的方方面面进行全面改革，以充分显示社会主义制度的优越性。十五年的伟大实践也充分证明，改革开放是我国现代化的必由之路。把握了这一点，就把握了建设有中国特色社会主义理论的特色和灵魂。当前改革和发展都处在重要的关头，深化对旧体制的改革已经成为我们解决经济发展中各种矛盾和问题的关键所在。要以学习《邓小平文选》第三卷为动力，抓住机遇，深化改革，树立以改革促发展的观点。

第四，认真学习社会主义市场经济理论。这是建设有中国特色社会主义理论最具创造性的内容，是对马克思主义的科学社会主义理论的重大发展。当年马克思、恩格斯根据当时的条件和当时的研究成果，曾指出社会主义经济是计划经济，在社会主义条件下，商品和货币都将退出历史舞台。因此，在过去相当长的时期内，人们把计划经济和市场经济对立起来，几十年实行计划经济的实践导致了企业和整个国民经济缺乏活力。邓小平同志以巨大的政治和理论勇气指出，计划经济不等于社会主义，资本主义也有计划；市场经济不等于资本主义，社会主义也有市场。计划和市场都是经济手段，计划多一点少一点不是社会主义与资本主义的本质区别。这就突破了把计划经济和市场经济作为判断社会制度属性的传统观念，澄清了人们的模糊认识，为确立社会主义市场经济体制奠定了理论基础，构成建设有中国特色社会主义理论最具创造性的内容之一。在改革中建立社会主义市场经济新体制，对于我们来说，不仅是一个长期艰苦实践的问题，而且是一个全新的重大理论问题。我们要通过学习社会主义市场经济理论，弄清社会主义市场经济的基本特征、主要内容、运行机制，要学会把国家宏观调控的有形之手和市场机制的无形之手两者紧密结合起来，保证社会主义市场经济的有序健康发展，不断提高各级干部特别是领导干部驾驭社会主义市场经济的能力。

第五，学习《邓小平文选》第三卷，要深刻理解四项基本原则是立国之本，是改革开放和现代化建设健康发展的政治保证。这是建设有中国特色社会主义理论的重要内容，是邓小平同志反复强调的重大政治原则问题。四项基本原则是我们党制定改革开放和现代化建设各项方针政策的出发点和立足点，是立国之本。改革开放是强国之路，我们实行的改革开放是以解放和发展生产力，实现社会主义现代化为目的的改革开放，这种改革开放是社会主义制度的自我完善和发展，而不是否定社会主义制度，两者在建设有中国特色的社会主义的伟大实践中得到了完整的统一。正如邓小平同志反复强调的“现在我们搞四个现代化，是搞社会主义的四个现代化，不是搞别的现代化。我们采取的所有开放、搞活、改革等方面的政策，目的都是为了发展社会主义经济”。因此，坚持四项基本原则本身，就是建设有中国特色社会主义理论的应有之义。同时，四项基本原则又是改革开放和现代化建设的政治保证，没有四项基本原则作为政治基础和精神支柱，整个民族、人民就不能凝聚起来，社会将出现混乱，什么现代化建设也是搞不成的。正如邓小平同志所说：“教育人民坚持四项基本原则，这就为我们事业的健康发展从根本上提供了保证。”诚然，随着改革开放和现代化建设的不断深入，也为四项基本原则赋予了新的时代内容。坚持马克思列宁主义、毛泽东思想，就是要坚持邓小平同志建设有中国特色社会主义的理论；坚持社会主义，就要坚持有中国特色的社会主义；坚持党的领导，就要不断改善党的领导；坚持人民民主专政，就要加强民主和法制建设。所以我们必须保持清醒的头脑，排除“左”的和右的干扰，毫不动摇地坚持党的基本路线，坚持两手抓的方针，认真开展反腐败斗争，密切党群关系，依靠广大人民群众，真正走好有中国特色的社会主义道路。

联系河南实际学习邓小平同志建设有中国特色社会主义的理论，首要的是解决换脑筋的问题。河南地处中原，资源丰富，人民勤劳朴实，曾经创造了灿烂的古代文明。但是在旧中国，由于战乱频仍，灾害频繁，人口众多，新中国成立初期已经成为少数最贫困的几个省份之一。经过四十多年的建设，特别是十五年的改革开放，河南也发生了巨大的变化，基本解决了八千多万人口的温饱，但是由于人口多，基础差，灾害频，仍是全国比较落后的省份。除了客观条件的原因之外，河南作为内陆省份，与沿海地区最大的差距首先是思想观念上的差距。邓小平同志南方谈话发表后，全省上下首先找了我们思想观念上的差距。由于几千年小农经济基础上形成的旧观念的束缚，以及从 1957 年下半年开始的“左”的错误，使河南成为重灾区。“大跃进”、公社化及历次政治运动对河南的影响都是较深的，至今在一些地方、一些干部的头脑中还存在着等上头、看风头、上得慢、下得快、一刀切、一风吹等形而上学的东西。这一“左”一旧的思想影响，使河南丧失了多次发展良机。所以用邓小平同志提出的有中国特色社会主义理论换脑筋是首要任务，即用有中国特色社会主义理论武装干部群众。十五年的改革开放和现代化建设的实践证明，思想观念是个“总开关”，不启动“总开关”一切都谈不上。通过学习建设有中国特色社会主义的理论，进一步认清社会主义的本质、社会主义的根本任务，深刻理解贫穷不是社会主义，发展才是硬道理。警惕右但主要是防止“左”，使各级干部增强率领群众改变贫困落后面貌的时代紧迫感和历史责任感，用有中国特色社会主义的理论促使中原大地固有的中华民族的优秀传统和改革开放的现代意识相结合，启动思想观念这个“总开关”。具体要“五破五立”：一是破除抽象的姓资姓社的思维定式，树立以“三个有利于”为衡量全部工作标准的观念；二是破除自然经济、计划经济体制下形成的旧观念，树立社会主义市场经济的新观念；三是破除一切靠本本的旧习惯，树立解放思想和实事求是相统一,一切从实际出发，敢闯、敢试、敢于创新的新观念；四是破除传统封闭的内陆意识，树立扩大对外开放，以开放促发展、促改革的新观念；五是破除消极畏难，无所作为，小进即满，温饱即安的小农经济思想，树立自力更生，艰苦奋斗，开拓进取，干大事业，求大突破，上大台阶的新观念。要把各级领导班子建设成为领导改革开放和现代化建设的坚强领导核心。在组织建设上，要按邓小平同志的教导，继续实行干部队伍“四化”方针，把那些政治上坚定，真正实行改革开放并有政绩的人，充实到各级领导班子。

正确认识发展社会主义市场经济中的几个问题*

（1993 年 12 月 13 日）

社会主义市场经济是同社会主义基本制度结合在一起的，国家宏观调控和市场机制作用都是社会主义市场经济的本质要求，二者相辅相成，缺一不可。要改革传统的计划经济体制，必须积极培育和发展市场体系，充分发挥市场在资源配置方面的基础性作用，但同时也要看到市场存在的自发性、盲目性、滞后性的消极一面。市场的这种弱点和不足，必须靠国家对市场活动的宏观指导和调控来加以弥补和克服。所以，加强和改善宏观调控的本质就是深化改革，它将为加快经济发展提供有力保证。

要弄清为什么选择市场经济体制作为我国社会主义条件下经济体制改革的目标模式，这是一个非常关键的问题。

中国选择市场经济体制，是社会主义的本质特征和根本任务

* 这是李长春同志在河南省八届人大常委会第五次会议上讲话的一部分。

所决定的。邓小平同志反复强调，社会主义的本质特征和根本任务就是解放和发展生产力，消灭剥削，消除两极分化，最终达到共同富裕。社会主义生产的目的就是不断满足人民日益增长的物质文化需要。社会主义只有创造出更高的劳动生产率才能最终战胜资本主义。计划经济在新中国成立初期曾经取得过令人瞩目的成果，但是，随着社会化生产的发展，建设规模的扩大，它忽视价值规律和否定市场作用的弊端也日益显露出来，必然导致资源配置不合理，经济效益低下，严重影响综合国力的提高，从而束缚社会主义的生机和活力。近年来，一些社会主义国家经济发展缓慢甚至停滞不前，政局发生急剧演变，原因固然很多，但从根本上看，都是与不改革僵化的计划经济体制或是改革的方向和方法严重失误分不开的。中国改革开放十多年来，国民经济为什么能够从“文化大革命”期间濒临崩溃的困境中走出来？为什么能够以较高的速度持续发展？为什么能够形成今天这样一种商品供应日益丰足和人民收入不断提高的局面？为什么能够经受住国际政治风云变幻的严峻考验，一直保持稳定并得到不断巩固，岿然屹立在世界的东方？原因当然是多方面的，但主要是与党的十一届三中全会以来，我们对高度集中的僵化的计划经济体制实行改革，增强了社会主义经济的活力分不开的。全国各地的大量事实也说明，凡是市场作用发挥比较充分的地方，经济活力就比较强，经济增长就比较快，经济效益就比较好，人民生活改善的幅度就比较大。这也充分证明了市场经济体制有旺盛的生命力。由此可见，在90年代的今天，我国选择社会主义市场经济体制是历史发展的必然，是十多年来改革开放实践的结果。

加快建立社会主义市场经济体制，要坚持以邓小平建设有中国特色社会主义理论为指针，以高度的时代紧迫感和历史责任感为动力，勇于探索，大胆实践。到本世纪末，初步建立社会主义市场经济体制，是中央向全党提出的严肃政治任务，是对马克思主义科学社会主义理论的继承和发展，是新时期我们这一代共产党人伟大的历史任务，是人类历史上前所未有的开创性事业，也是一场涉及经济基础和上层建筑许多领域的深刻革命。实现这一目标，我们必须坚持邓小平建设有中国特色社会主义的基本理论和党的基本路线，这是指引我们实现新的历史任务最强大的思想武器和最可靠的保证，在任何时候、任何情况下都不能动摇。在建立社会主义市场经济体制的过程中，必须解放思想、实事求是；要警惕右，但主要是防止“左”。这一点对我们河南来说尤为重要。历史上，我省吃“左”的苦头太多了，我们一定要吸取沉痛的历史教训，既要肯定这些年取得的成就，不妄自菲薄，理直气壮地宣传河南，树立河南的良好形象，又要承认差距，破除“左”和旧的思想影响，更换脑筋，抓住机遇，发展自己。积极探索、大胆实践，是建立社会主义市场经济体制的基础和保证，也是改革开放、发展经济、建立市场经济体制的内在要求。这不仅是因为对建立市场经济体制我们尚有许多未知的领域和课题，而且即使我们已经认识到了的东西，要想付诸实施，达到预期目的，仍有大量的问题需要探索和实践。在实践中探索，在探索中提高，既要善于继承借鉴，更要善于开拓创新。要始终坚持以是否有利于发展社会主义社会的生产力，是否有利于增强社会主义国家的综合国力，是否有利于提高人民的生活水平，来作为决定各项改革措施取舍和检验其得失的根本标准。

要正确处理改革发展稳定的关系，树立以改革促发展、促稳定的观念。改革开放、经济发展、社会稳定相互促进，相互统一。邓小平同志指出，“发展才是硬道理”，“问题的最终解决还是靠经济的发展”。只有经济发展了，创造的财富多了，国家才能富强，人民生活水平才能提高。发展需要改革，改革才能发展。改革和发展都离不开稳定，没有团结稳定的政治局面，什么事情也搞不成。不改革、不发展，或者发展慢了，社会矛盾就多，稳定也难以持久。

要正确处理加强宏观调控和发挥市场作用的关系。社会主义市场经济是同社会主义基本制度结合在一起的，国家宏观调控和市场机制作用都是社会主义市场经济的本质要求，二者相辅相成，缺一不可。要改革传统的计划经济体制，必须积极培育和发展市场体系，充分发挥市场在资源配置方面的基础性作用，但同时也要看到市场存在的自发性、盲目性、滞后性的消极一面。市场的这种弱点和不足，必须靠国家对市场活动的宏观指导和调控来加以弥补和克服。因为在当今世界，没有哪一个国家的市场经济是不受政府调控的。现在，我们正处在从传统计划经济向社会主义市场经济的过渡时期，宏观调控显得尤为重要。如果以为建立社会主义市场经济体制就可以不要宏观调控，或者可以削弱宏观调控，将两者对立起来，那是对社会主义市场经济的一个极大误解。宏观调控是社会主义市场经济体制极其重要的组成部分。加强和改善宏观调控的本质就是深化改革，它将为加快经济发展提供有力保证。

要坚持“两手抓、两手都要硬”。社会主义市场经济的发展，经济体制改革的深入，必然要改变旧体制固有的和体制转换过程中形成的各种不合理的利益格局，必然会带来人们生活方式、思维方式、价值观念的深刻变革。同时，我们还要看到，随着对外开放的扩大，随着商品经济的发展和金钱在社会生活尤其是经济生活中作用的增强，拜金主义、极端个人主义和腐朽的生活方式，会不断侵蚀我们的肌体。在这种情况下，一手抓物质文明建设、一手抓精神文明建设，就显得尤为重要。精神文明建设的目标是培养有理想、有道德、有文化、有纪律的“四有”新人。要广泛深入开展爱国主义、集体主义和社会主义思想的宣传教育，积极倡导在社会主义市场经济条件下，坚持正确的人生观和文明健康的生活方式，加强社会公德和职业道德的建设。要坚决抵制拜金主义、极端个人主义和腐朽的生活方式，旗帜鲜明地扶正祛邪。对各种经济犯罪和刑事犯罪活动，要坚决依法惩治。要切实加强社会治安的综合治理，加强廉政建设，反对腐败，在全社会造成浓厚的健康向上、积极进取的良好风尚。

进一步解放思想，抓住机遇，加快发展*

（1993年12月26日）

应当看到，建立社会主义市场经济体制，从经济运行主体到政府职能，从资源配置模式到分配体制，从经济基础到上层建筑，整个社会经济生活都在发生着一系列深刻变化，我们每个党员干部都面临着思想再解放、认识再提高的任务。特别是在改革进入深层次的攻坚阶段，如果没有思想观念的大转变，就不可能取得领导改革和发展的主动权，甚至有可能成为改革和发展的阻力。

当前，我省进入了改革开放和现代化建设的新阶段，我们正面临着新的、难得的发展机遇。这次省委全会传达学习了党的十四届三中全会精神，三中全会作出的《中共中央关于建立社会主义市场经济体制若干问题的决定》，是指引我们加快改革、加快发展的纲领性文件。认真贯彻落实中央全会的精神，我们应当

* 这是李长春同志在河南省委五届八次全体（扩大）会议上讲话的一部分。

具有强烈的历史责任感和时代紧迫感，进一步解放思想，更新观念，抓住机遇，加快发展。

确立“贫穷不是社会主义”“发展才是硬道理”的观点，坚持抓住机遇、加快发展的指导思想。有没有强烈的机遇意识，能不能抓住当前的机遇，是对我们各级党组织的考验。全省都要扭住经济建设这个中心不放，党、政、军、民、学各方面的工作都要围绕经济建设这个中心来开展，都要服从和服务于经济建设这个中心。现在我们的工作千头万绪，任务很多，但无论哪个部门哪个方面的工作，最终都要落实到经济发展和人民富裕上。邓小平同志关于“问题的最终解决还是靠经济的发展”“低速度就等于停步，甚至等于后退”的思想对于河南很有针对性。这两年尽管我们扭转了经济发展速度低于全国平均水平、人口增长高于全国平均水平的局面，但我们河南人口多、起点低、贫困面大，即使我们经济发展速度保持高于全国的平均水平，也很难在短期内改变经济实力和群众富裕程度在全国的落后状态。当前，我们要特别注意防止和克服借口河南条件差而不思进取、小进即满的落后意识，以免贻误时机，拉大差距。我们决不能有丝毫的松懈，应当按照中央的要求，充分利用本身的条件和现有基础，能快的还是要搞得快一些，使经济更快地再上一个新台阶；条件差一些的地区，也要选准优势，重点突破，找出加快发展的路子，全省都要抓住机遇，加快发展。

确立以改革促发展、以开放促开发的新思路，把加快发展的着力点放到深化改革、扩大开放上来。这是我们抓住机遇、加快发展的根本出路和关键所在。机遇意识、发展意识都要真正体现在改革开放拿出新举措、迈出新步伐、取得新进展上。加快发展

1991 年 4 月 3 日，全国人大、政协两会新闻中心在北京京广中心举行记者招待会，邀请新任河南省省长李长春介绍情况并回答记者提问。左一为河南省省长助理钟力生。

要着眼于增强经济发展的内在活力，调动广大干部群众的积极性和创造性，走出一条创造良好环境、维护公平竞争，实现经济又快又好发展的新路子；要充分发挥市场机制的作用，改变单纯依靠计划手段的旧模式；要着重运用经济手段，依靠利益机制促进发展，决不能继续沿用单纯行政命令，压任务、压指标的老办法。一句话，就是要充分发挥价值规律在整个经济运行中的作用，真正把经济发展转到以提高经济效益为中心的轨道上来。

坚持解放思想、实事求是的思想路线，抓住转变思想观念这个“总开关”，把“三个有利于”作为决定各项改革措施取舍和检验其得失的根本标准。这两年我们在解放思想上有了很大进步，但用《决定》精神来衡量，与我们担负的改革与发展的任务还不适应，思想解放的程度还远远不够。应当看到，建立社会主义市场经济体制，从经济运行主体到政府职能，从资源配置模式到分配体制，从经济基础到上层建筑，整个社会经济生活都在发生着一系列深刻变化，我们每个党员干部都面临着思想再解放、认识再提高的任务。特别是在改革进入深层次的攻坚阶段，如果没有思想观念的大转变，就不可能取得领导改革和发展的主动权，甚至有可能成为改革和发展的阻力。对此，广大党员干部特别是领导干部一定要有一个清醒的认识。要自觉破除抽象的姓资姓社的思维定式，以“三个有利于”为标准衡量全部工作；破除自然经济、计划经济体制下形成的旧观念，树立社会主义市场经济的新观念；改变一切靠本本的旧习惯，坚持实事求是、一切从实际出发，敢闯、敢试、敢于创新；破除封闭的内陆意识，走以开放促改革促发展的新路子；不断克服消极畏难、无所作为、小进即满、小富即安的小农思想，树立自力更生、艰苦奋斗、开拓进取，干大事业、求大突破、上大台阶的新观念。各级党委一定要紧紧抓住转变思想观念这一“总开关”，以新观念、新思路、新姿态，开创改革开放和现代化建设的新局面。

知河南、爱河南、建设河南*

（1993 年 12 月）

国情教育，是进行社会主义和爱国主义教育的基本内容，省情教育是国情教育的一个重要组成部分。要对青少年进行必要的省情教育，使他们不仅了解河南的历史沿革、地理环境、人口、资源、生态、工农业生产，而且了解改革开放以来的建设成就、今后的发展远景等；不仅了解河南进行经济建设的优势，也了解河南存在的差距和困难，以便日后更好地承担起建设河南的重任。

我省教育部门的同志组织编写的《河南的过去、现在和未来》，作为对全省中学生进行省情教育的读物，让中学生了解河南的过去、现在和未来的前景，激发他们对河南的热爱，从而立志建设河南、振兴河南，这是一件很有意义的事情。

河南历史悠久，是中华民族和中华文明的发祥地之一，在长达几千年的历史发展中，曾经有过辉煌的时期。北宋以前，河南

* 这是李长春同志为《河南的过去、现在和未来》一书所作的序言。

长期处于我国政治、经济、文化的中心，只是到了北宋以后，由于战乱频仍，天灾人祸，河南才逐渐衰落，成了全国贫穷落后的省份之一。新中国成立以后，河南发生了翻天覆地的变化。尤其是党的十一届三中全会以来，河南广大干部群众在党中央、国务院的正确领导下，在邓小平同志建设有中国特色社会主义理论的指引下，坚持以经济建设为中心，坚持四项基本原则，坚持改革开放，国民经济有了突飞猛进的发展，工业、农业总产值的平均年增长率高于全国平均水平，乡镇企业异军突起，人民生活水平显著提高。目前，全省在整体上来说已基本解决了温饱问题，开始向小康目标迈进。

河南地处中原，加快经济发展和对外开放有许多优势。一是地上地下资源丰富。河南是我国农业大省，种植业和养殖业在全国占有重要位置。小麦、棉花、烤烟、油料产量居全国前三位，大牲畜存出栏居第一位。地下矿产资源也十分丰富，已发现各类矿产 106 种，有 50 种矿产储量居全国前十位。丰富的农产品资源和地下矿产资源为河南经济的起飞提供了充足的原料和能源保证。二是初步形成了结构比较合理、门类比较齐全的工业体系。机械、纺织、食品、化工、冶金、建材、能源、电子等行业在全国占有重要位置，煤炭、石油、化肥、卷烟、平板玻璃、棉纱、水泥等一些主要工业产品的产量都居于全国前列。三是地理位置居中，交通运输发达。承东启西，连南接北，京广、陇海、焦枝三大铁路干线纵横交会，公路运输四通八达，尤其是新的欧亚大陆桥的贯通，正在修建的京九铁路的完工，以及郑州国际机场不久将建成，对处于交通枢纽位置的河南的经济发展和对外开放，无疑将有很大的推动作用。四是历史悠久，古迹遍布，具有发展旅游业的广阔前景。全省有主要旅游点 100 多处，其中国家级旅游景点 17 处，像洛阳的龙门石窟、白马寺，开封的龙亭、铁塔、大相国寺，安阳的殷墟，巩县的宋陵，南阳的武侯祠，登封的少林寺等，都是著名的旅游景点。这些古迹名胜既是丰富的旅游资源，又是爱国主义教育的好教材。

河南人民以吃苦耐劳、勤俭朴实著称。在河南省第五次党代会确立的“团结奋进，振兴河南”的思想指导下，人心思团结，人心思奋进，全省已经初步形成了一个干事创业、开拓进取的好环境好局面，全省人民正在为实现 90 年代河南经济发展的“一高一低”战略目标而努力奋斗。

河南的经济自改革开放以来虽然取得了较大发展，一些主要的经济总量指标居于全国前十位，但人均指标大多比较靠后，城市职工收入和农民人均纯收入低于全国平均水平。经济比较落后，又制约着各项社会事业的发展。因此，要实现河南经济的振兴、崛起，把河南建设成为具有社会主义高度物质文明、精神文明的现代化省份，需要一代又一代人坚持不懈地努力。青年是祖国的未来。现在的中学生是几年十几年以后从事社会主义建设的生力军。因此，要对他们进行必要的省情教育，使他们不仅了解河南的历史沿革、地理环境、人口、资源、生态、工农业生产，而且了解改革开放以来的建设成就、今后的发展远景等；不仅了解河南进行经济建设的优势，也了解河南存在的差距和困难，以便日后更好地承担起建设河南的重任。

国情教育是进行社会主义和爱国主义教育的基本内容，省情教育是国情教育的一个重要组成部分。希望全省各级教育行政部门和学校重视这项工作，在对学生进行国情教育时，认真对学生进行省情教育，并落实到教学当中。《河南的过去、现在和未来》一书会对中学生了解河南和正确认识河南给予有益的帮助。我们坚信，经过两代、三代人的努力，河南的振兴、繁荣，一定能实现。

防止片面性，多点辩证法*

（1995 年 5 月 8 日）

凤阁[1]同志：此文很好，特别符合我省广大干部的思想实际，对于正确认识我省的大局，在众说纷纭中牢牢把握大局，方方面面自觉服从大局，在大局下规范各自的言行，防止片面性，多点辩证法，避免历史上出现的翻烧饼、刮风波，是很好的思想武器，建议在《河南日报》上全文发表并加按语。

注　释

〔1〕凤阁，即杨凤阁，时任河南日报社总编辑。

---

* 这是李长春同志在《中共中央党校报告选》第 1 期刊登的《勤远略方能建大事——大局观浅论》上所作的批语。

对“团结奋进，振兴河南”的几点认识*

（1995 年 12 月 18 日）

实践使我们体会到，团结出凝聚力、出战斗力、出生产力，只有团结奋进才能振兴河南。对这一宝贵经验，我们应当倍加珍惜、永远坚持。

总结过去五年工作的经验，最根本的是坚持党的基本理论和基本路线，牢牢把握全党工作大局，正确处理改革、发展、稳定的关系，依靠各级党组织和广大干部群众，紧密结合河南实际，创造性地开展工作。我们体会比较深的主要有以下几点。

第一，始终坚持用邓小平同志建设有中国特色社会主义理论武装头脑，启动思想观念这个“总开关”。几年来，省委始终把解放思想、转变观念作为振兴河南的关键。特别是邓小平同志南方谈话发表以来，省委组织广大党员和干部群众认真学习、深刻领会谈话精神，深入进行解放思想大讨论，广泛开展学先进、找差距活动，进一步增强机遇意识、创新意识和社会主义市

* 这是李长春同志在中共河南省六次党代会上所作报告的一部分。

场经济意识，极大地调动了广大干部群众建设有中国特色社会主义的积极性和创造性。在工作中，坚持解放思想与实事求是相统一，以“三个有利于”作为衡量是非的标准，使我省的改革开放和社会主义现代化建设进入了新的发展阶段。实践证明，邓小平同志建设有中国特色社会主义理论是新时期指导一切工作的强大思想武器，只有坚持用这一理论武装头脑，不断地解放思想、转变观念，才能不断开创改革开放和现代化建设的新局面。河南作为经济欠发达的内陆省份，更要注重思想的解放、观念的更新，并坚持不懈地抓下去。

第二，始终坚持“团结奋进，振兴河南”的指导思想，努力营造干事创业的良好环境。省五次党代会明确提出“团结奋进，振兴河南”的指导思想，这是贯彻党的基本路线的重要体现，反

1995 年 12 月 18 日，李长春在中共河南省六次党代会开幕式上作报告。

映了广大党员和干部群众的共同愿望。五年来，省委始终坚持这一指导思想，不断加强各级干部特别是领导干部在党的基本路线基础上的团结，坚持以贯彻党的基本路线的实绩衡量干部，旗帜鲜明地支持改革者，鼓励探索者，帮助失误者，惩治腐败者，查处诬告者，把各方面的力量凝聚到振兴河南上来，形成了全省上下同心同德、团结实干、争先发展的好势头。实践使我们体会到，团结出凝聚力、出战斗力、出生产力，只有团结奋进才能振兴河南。对这一宝贵经验，我们应当倍加珍惜、永远坚持。

第三，始终坚持以经济建设为中心，努力实现“一高一低”的战略目标。河南基础差，人口多，主要经济指标人均水平比较低。从这一基本省情出发，我们提出在优化结构、提高效益的前提下，经济发展速度略高于全国平均水平、人口自然增长率略低于全国平均水平的战略目标，即“一高一低”。几年来，我们坚持发展才是硬道理的思想，把发展生产力作为根本任务，无论遇到什么困难，都紧紧扭住经济建设这个中心不放，不刮风、不争论、不埋怨，有什么问题解决什么问题，千方百计加快发展步伐。全省上下强化人均意识，抓计划生育工作不放松，严格控制人口过快增长。从几年的实践来看，提出“一高一低”的战略目标是符合河南实际的，抓住了我省经济社会发展的突出矛盾。任何时候任何情况下我们都要坚持党的基本路线不动摇，把加快经济发展与搞好人口控制作为两大战略任务，进一步抓紧抓好，努力缩小与全国平均水平的差距。

第四，始终坚持以改革开放为动力，把加快发展、提高效益的着力点放在深化改革、扩大开放上。几年来，我们把改革开放作为解放和发展生产力的根本措施，注重用改革开放的思路和办

1995 年 12 月 23 日，在中共河南省委六届一次全会上新当选的省委常委，从左至右分别为：董雷、黄晴宜、李成玉、王英洲、范钦臣、任克礼、李长春、马忠臣、宋照肃、郑增茂、林炎志、王全书。

法，解决经济生活中出现的新矛盾新问题。通过深化改革，努力革除传统计划经济体制的弊端，逐步建立社会主义市场经济的新机制，调动各方面的积极性，增强了国民经济的生机与活力；通过扩大对外开放，不仅引进了资金、技术和先进的管理经验，而且促进了思想观念的转变，带动了投资环境的改善和经济的快速发展。可以说，这几年我省经济社会发展之所以比较快，主要是得益于改革开放。改革开放是富民强省之路，是加快河南经济振兴的关键所在，我们必须以更大的气魄和胆略，把改革开放推向新的水平。

第五，始终坚持“两手抓、两手都要硬”的方针，促进经济和社会的全面进步。近几年，我们始终坚持一手抓经济发展，一手抓精神文明和民主法制建设，保持社会稳定；一手抓改革开放，一手抓党风廉政建设和反腐败斗争，扫除社会丑恶现象。实践使我们深深体会到，“两手抓、两手都要硬”是全面贯彻党的基本路线、建设有中国特色社会主义的必然要求，必须贯穿改革开放和现代化建设的全过程，在任何时候任何情况下都要认真坚持，毫不动摇。

第六，始终坚持“围绕发展抓党建、抓好党建促发展”，积极探索党建工作的新路子。适应改革开放和现代化建设的新形势，我们一方面坚持已被实践证明的成功经验，一方面积极探索党建工作的新思路、新方法。实践告诉我们，在新的历史条件下，只有不断加强和改善党的领导，才能保证改革开放和经济建设的顺利进行；只有把党的建设与经济建设紧密结合起来，才能使党建工作目标更明确、内容更充实，才能不断增强各级党组织的吸引力、凝聚力和战斗力。

启动思想观念这个“总开关”*

（1996 年 7 月 3 日）

这道理，那道理，加快发展才是硬道理。机遇孕育在克服困难之中，大发展小困难，小发展大困难，不发展更困难。大量实践证明，哪里改革开放搞得好，哪里就有新局面；哪里因循守旧，哪里就面貌依旧。我们必须进一步增强改革开放意识，只要符合“三个有利于”的标准，就要勇于探索，大胆实践。

学习先进找差距、抢抓机遇上台阶，首要的是进行思想发动，启动思想观念这个“总开关”。这些年来，我们坚持用邓小平建设有中国特色社会主义理论武装头脑，广大干部群众的思想观念确实发生了很大变化，促进了全省经济和社会的发展。但解放思想无止境，学习先进找差距，我们最大的差距仍然是思想观念上的差距。抢抓机遇上台阶，首先要解放思想，做到五个“进一步”。

进一步破除小富即安、小进即满的思想，牢固树立负重奋

* 这是李长春同志在河南省三级干部会议上讲话的一部分。

进、抢抓机遇、勇创一流的观念。“八五”时期，河南有了较大的发展。但是，我们决不能满足已有的成绩。纵向比进步很快，横向比差距很大。我们应当像张家港那样，“不争不抢是庸人，错过机遇是罪人”，树立抢抓机遇、善抓机遇、用好机遇的机遇意识，自加压力，负重奋进。这道理，那道理，加快发展才是硬道理。要确立不进则退、小进也是落后的思想，抓住机遇，加快发展，努力使河南成为中西部发展较快的地区之一。

进一步破除消极畏难、无所作为的思想，牢固树立艰苦创业、开拓进取、团结拼搏的观念。现在，前进的道路上确实存在许多困难和问题，特别是改革到了攻坚阶段，难度更大。但是，机遇孕育在克服困难之中，大发展小困难，小发展大困难，不发展更困难。面对困难，唯一正确的态度是，正视困难、克服困难，承认落后、不甘落后，承认差距、千方百计缩小差距。要以红旗渠精神激励全省干部群众，始终保持艰苦创业、开拓进取、团结拼搏的精神状态。

进一步破除因循守旧、自我封闭的思想，牢固树立勇于探索、大胆实践、深化改革、全面开放的观念。这些年的成就来自于改革开放，实现今后的宏伟目标，同样要靠改革开放。大量实践证明，哪里改革开放搞得好，哪里就有新局面；哪里因循守旧，哪里就面貌依旧。我们必须进一步增强改革开放意识，只要符合“三个有利于”的标准，就要勇于探索，大胆实践。要有敢为天下先的胆识，敢于解决改革发展中出现的问题，为了党的事业和人民的利益，不要怕风险，不要担心非议和责难，努力把改革开放引向纵深。

进一步破除传统的经济发展思路，牢固树立依靠两个根本性转变[1]加快发展的思想。加快两个根本性转变要求我们必须从传统思维方式的束缚中解放出来，从过去狭隘经验的束缚中解放出来，从小生产观念的束缚中解放出来，树立社会主义市场经济观念和注重提高经济运行质量的新观念。这是一次深刻的思想变革，必须确立公平竞争意识，优者胜、劣者汰；增强科技意识，依靠科技进步提高竞争能力；树立法律观念，重法制、讲信誉，建立良好的经济秩序；注重规模经营，强化质量和效益意识，为加快两个根本性转变奠定坚实的思想基础。

进一步破除忽视社会发展和精神文明建设的思想，树立两个文明一起抓、经济社会协调发展的观念。现代社会的各个方面是一个有机整体，坚持“两手抓、两手都要硬”已经成为领导现代化建设和改革开放的一个重要指导思想，是邓小平建设有中国特色社会主义理论的重要组成部分。这就要求各级干部特别是领导干部要不断提高思想政治素质，增强总揽和驾驭全局的能力，学会辩证地认识和处理经济与社会、物质文明同精神文明的关系，改变形而上学的思维方式和工作方法，增强可持续发展意识，实现经济、人口、环境、资源协调发展，科技、教育、文化等各项社会事业全面进步。

思想再解放、观念再转变，说到底是进行邓小平建设有中国特色社会主义理论的再学习、再教育。要对照先进，紧密结合思想和工作实际，真正使认识产生一次飞跃，思想来一次大的解放。要突出重点，增强针对性，特别是注重用改革开放实践中涌现出的先进典型来感染、熏陶、教育干部群众，真正使邓小平建设有中国特色社会主义理论入脑入心。要通过“学习先进找差距、抢抓机遇上台阶”活动，努力使全省干部群众的思想更加解放，认识更加一致，精神更加振奋，形成团结拼搏、埋头苦干、勇创一流的生动局面。

注　释

〔1〕两个根本性转变，指经济体制从传统的计划经济体制向社会主义市场经济体制转变，经济增长方式从粗放型向集约型转变。

贯彻落实党的十五大精神，抓住八件大事、做好八篇文章*

（1997 年 10 月 8 日）

贯彻落实党的十五大精神，从河南的实际出发，就是要“高举旗帜、解放思想、抓住机遇、加快发展”，集中精力搞好改革开放和现代化建设。

党的十五大，是在我国改革开放和社会主义现代化建设发展的关键时刻召开的一次承前启后、继往开来的大会；是高举邓小平理论伟大旗帜，坚定不移地沿着十一届三中全会以来正确路线胜利前进的大会；是动员全党和全国各族人民团结奋斗，把建设有中国特色社会主义事业全面推向二十一世纪的大会。十五大在我们党的奋斗史上，在我们事业的发展史上，在中华民族的振兴史上，树立起又一座光辉的里程碑。十五大的重大意义，可以从这么几个方面来认识。

第一，党的十五大是在世纪之交的重要时期召开的一次历史性会议。今年春天，邓小平同志不幸与世长辞。当前，又正处于

* 这是李长春同志在河南省委六届五次全会上讲话的一部分。

世纪之交的重要时期。我们党将以什么样的姿态进入二十一世纪，这是全党和全国人民十分关注的。正是在这样一个非常关键的时刻，我们党召开了第十五次全国代表大会。江泽民同志在十五大上所作的《高举邓小平理论伟大旗帜，把建设有中国特色社会主义事业全面推向二十一世纪》的报告，站在跨世纪的历史高度，高瞻远瞩，总揽全局，主题突出，内容丰富，既回顾了一个世纪以来我国人民的奋斗历史，展望了下个世纪五十年的发展前景，认真总结了党的十一届三中全会特别是十四大以来的实践经验，又全面、系统、深刻地回答了中国共产党人举什么旗帜、立什么纲领、走什么道路、树什么形象等一系列重大问题，对我国经济、政治、文化等各方面的建设和党的思想、组织、作风建设作出了新的战略部署，这个报告是全党智慧的结晶，是具有重大理论和实践意义的马克思主义的光辉文献，是我们党带领全国各族人民迈向新世纪的政治宣言和行动纲领。因此，认真学习和贯彻落实十五大精神，我们的事业一定能够从胜利走向新的胜利。

第二，党的十五大的最大贡献，是把邓小平理论确立为全党的指导思想。正像党的七大把毛泽东思想确立为全党的指导思想一样，十五大又把邓小平理论确立为全党的指导思想，并在十五大通过的党章中明确规定："中国共产党以马克思列宁主义、毛泽东思想、邓小平理论作为自己的行动指南。"这是党的理论建设的重要里程碑，是党经过近二十年改革开放和社会主义现代化建设的成功实践作出的历史性决策。这个决策充分表明了以江泽民同志为核心的党中央把邓小平同志开创的建设有中国特色社会主义事业全面推向新世纪的决心和信念，反映了全党全国人民的共识和心愿。旗帜就是方向，旗帜就是形象。高举邓小平理论伟大旗帜，在我们这个占世界人口近四分之一的大国坚定不移地推进社会主义现代化建设，无论是对中国的繁荣昌盛还是对世界进步事业的发展，都具有重大的现实意义和深远的历史意义。

第三，党的十五大在理论上有新意、有突破，对改革开放和现代化建设具有重要的指导意义。江泽民同志的报告，高举邓小平理论伟大旗帜，对当前改革开放和社会主义现代化建设中的许多重大问题，进行了精辟的分析，作出了新的理论概括。比如，报告第一次明确提出邓小平理论这个更加鲜明简洁的科学概念，并从开拓了马克思主义的新境界、对社会主义的认识提高到新的科学水平、对当今时代特征和总体国际形势作出新的科学判断、形成新的建设有中国特色社会主义理论的科学体系这四个方面，深刻地论述了邓小平理论是马克思主义在中国发展的新阶段，为我们进一步学习、掌握和运用邓小平理论指明了正确途径。又如，报告第一次系统、完整地提出并论述了党在社会主义初级阶段的基本纲领，进一步明确了建设有中国特色社会主义经济、政治、文化的基本目标和基本政策。这个纲领是党的基本路线在经济、政治、文化等方面的展开，是改革开放以来实践经验的总结，也是我们党在理论上的一个新概括。再如，报告提出了要全面认识公有制经济的含义，提出了公有制实现形式可以而且应当多样化，提出了非公有制经济是我国社会主义市场经济的重要组成部分，等等。这些基本观点，突破了一些阻碍改革和发展的教条，解决了长期困扰我们而在实践中又不可回避的难题，是对邓小平理论的丰富和发展，也是改革开放以来又一次思想解放，必将推动经济体制改革的新突破，经济建设和各项事业的新发展。

1997 年 9 月 29 日，李长春在党的十五届一中全会上参加投票选举。

第四，党的十五大选举产生了以江泽民同志为核心的新的中央领导机构，为党的事业的发展提供了坚强的组织保证。十五大选举产生了新的中央委员会，十五届一中全会又选举产生了以江泽民同志为核心的新的中央领导集体。这就使全党和全国人民高举邓小平理论伟大旗帜，推进建设有中国特色社会主义事业，有了坚强的领导核心。新的中央委员会中既有一批经历过革命斗争考验、有丰富领导经验、保持党的优良传统和作风的老同志，也有一批建国后成长起来的、经过长期党内生活锻炼、忠诚党的事业的中年干部，还有一批德才兼备、年富力强的年轻干部，充分显示了我们党新老交替与合作正在有序进行，我们党的事业兴旺发达，后继有人。党的十三届四中全会以来的实践证明，以江泽民同志为核心的中央领导集体，成熟坚强，奋发有为，求真务实，善于运用马列主义、毛泽东思想特别是邓小平理论解决我国经济、政治、文化、军事、外交等各方面的重大问题，完全有能力驾驭全局，把社会主义现代化建设事业胜利推向前进。每一个党员，特别是党员领导干部，都要坚定不移地在政治上、思想上、行动上同以江泽民同志为核心的党中央保持高度一致，自觉维护党中央的权威。

在十五大上，我省有六位同志被选为中央委员和候补中央委员，一位被选为中纪委委员。在十五届一中全会上，我被选入中央政治局。这不仅是中央对我个人的高度信任，更重要的是对河南省委、全省各级党组织以及全省人民的充分肯定，是对改革开放以来尤其是党的十四大以来河南现代化建设和各项事业所取得的成绩的肯定。我们一定要把党中央的关怀、信任和肯定作为动力，用贯彻落实好十五大精神和江泽民同志去年视察我省时所提要求的实际行动，来回报党中央的关怀。多年来，全省各级党组织、各个地方和部门以及全省人民对我的工作给予了很大的支持和帮助。在此，我向大家表示衷心的感谢，并希望大家在今后的工作中继续给予支持和帮助。我被选入中央政治局以后，感到压力很大，担子很重。今后要继续找差距，努力克服不足，以更高的标准严格要求自己，认真向大家学习，谦虚谨慎，诚恳待人，和同志们一道，共同把河南的工作做得更好一些。

贯彻落实党的十五大精神，从河南的实际出发，就是要“高举旗帜、解放思想、抓住机遇、加快发展”。具体地讲，要重点抓住八件大事、做好八篇文章。

（一）抓住学习邓小平理论这件大事，做好推动又一次思想解放这篇文章。一是要在社会主义初级阶段问题上进一步解放思想，坚持发展不动摇。河南省近几年虽然在经济建设方面取得了一定成绩，但人口多，底子薄，基础差，人均主要经济指标仍然低于全国平均水平，属于欠发达省份。我们要立足这个省情，来制定各项方针政策，排除各种“左”的和右的思想干扰，集中精力搞好改革开放和现代化建设。二是要全面认识公有制经济的含义，在公有制实现形式上进一步解放思想，大胆利用股份制、股份合作制等一切反映社会化生产规律的经营方式和组织形式。三是要在非公有制经济问题上进一步解放思想。我省原始资本积累不足，城乡劳动力后备军不断成长，农村剩余劳动力亟待转移，一定要大力鼓励和支持非公有制经济快速健康发展。四是要在改革开放和现代化建设的整个过程中，始终不渝地把“三个有利于”作为根本判断标准。要继续坚持不刮风，不埋怨，不争论，有什么问题解决什么问题的原则，只要符合“三个有利于”，都应该大胆地试，大胆地闯。

（二）抓住三年搞好大多数国有大中型骨干企业这件大事，做好深化国有企业改革这篇文章。一是加快建立现代企业制度的步伐。在认真总结全省 100 家企业改革试点工作经验的基础上，分期分批地对大多数国有大中型骨干企业实行规范的公司制改革，特别是要把股份制改造作为推行现代企业制度的重要途径，在实际工作中要有所突破。二是实行集团化战略。以资本为纽带，以名优产品为龙头，在全省着力培育 50 户带动辐射能力强的企业集团，重点扶持 10 户左右跨地区、跨行业、跨所有制、跨国经营的大型企业集团，使其成为全省国有经济的骨干。三是放开搞活国有小型企业。以推进股份合作制为主，采取改组、联合、兼并、租赁、承包经营、出售等多种形式，力争今明两年全省国有中小企业的改制有显著进展。四是在形成优胜劣汰机制上下功夫。今年列入全省兼并、破产和减员增效的 122 户企业，要力争完成任务。同时要做好明年兼并、破产计划的准备工作。五是把改革、改组、改造同加强管理紧密结合起来。六是积极推进各项配套改革。用三年左右的时间，使大多数国有大中型骨干企业经营状况有明显改善，是一项紧迫而又艰巨的任务。国有大中型企业的领导班子，一定要把加快推进企业改革作为一项义不容辞的政治责任，增强信心，振奋精神，勇于探索，大胆实践，务必使企业改革收到实效。各级党委政府和企业主管部门，要条块结合，分级负责、制定规划，分类指导，采取切实可行的措施，为企业改革创造良好的外部环境。同时，要注意正确引导，积极稳妥，循序渐进，不能用行政办法强制推行，一哄而起，搞一刀切。全省 5 个优化资本结构试点市和漯河、商丘、焦作等综合改革试点市以及18个综合改革试点县（市），要在改革中走在前列，闯出路子，为全省提供好的经验。

（三）抓住调整和完善所有制结构这件大事，做好以公有制为主体、多种所有制经济共同发展这篇文章。从全省的情况看，调整和完善所有制结构，一是从战略上调整国有经济布局，有进有退，集中力量，突出重点，增强控制力和竞争力。二是大力发展混合所有制经济。三是积极发展各种形式的集体所有制经济。集体经济是河南国民经济的重要支柱，也比较适合多数地区的生产力水平。我们要积极鼓励、支持和帮助城乡现有集体经济，重点是省里确定的100家骨干乡镇企业集团的发展。同时，引导城乡大力发展股份合作制经济，特别是以劳动者的劳动联合和资本联合为主的集体经济。四是放手发展个体、私营、外商投资企业在市场经济中的作用，为非公有制经济的发展创造平等竞争的条件和环境。

（四）抓住推进农业产业化这件大事，做好促进农村经济新发展这篇文章。各级党委政府要站在全省农村经济发展全局的高度，充分认识搞好农业产业化的重要性和紧迫性，在继续坚持家庭联产承包责任制，完善双层经营体制[1]的同时，进一步加强领导，制定规划，完善政策，强化措施，逐步推行农业产业化经营。推进农业产业化，最关键的是培育龙头企业，首先要抓好省里已定的50家农业骨干企业和20个高效农业示范园区。各有关部门要主动配合，研究政策，搞好服务，以推进农业产业化为突破口，促进全省农业和农村经济再上一个新台阶。

（五）抓住提高利用外资水平这件大事，继续做好实施开放带动战略这篇文章。要尽快形成全方位、多层次、宽领域的对外开放格局，特别是在利用外资上要有大的突破，为全省的经济建设注入活力。当前，不论是国有企业增资减债、加快技术改造步伐，还是推进农业产业化，突出的问题是资金从哪里来。除了我们千方百计搞活自有资金，学会资本运营，努力争取国家投资外，最现实的是积极、合理、有效地利用外资，提高利用外资的水平。现在外商向内地投资逐步增加，在利用外资方面，不论是工业、农业、商业或基础设施，都大有可为，关键是我们的工作要跟上来。当前，我们要重点抓好两个方面：一是努力改善投资环境，特别是软环境，提高服务水平，提高办事效率，增强对外商的吸引力。二是建立和完善项目库，提出经过论证的、有充分准备的合资合作项目，供外商选择。

（六）抓住依法治省这件大事，做好加强民主法制建设这篇文章。要把正在全省农村推行的村务公开、民主管理制度抓紧抓实。有条件的地方要进行村民直接选举村委会的试点，实施村民自治。要坚持和完善以职工代表大会为基本形式的企事业民主管理制度，组织职工参与改革和管理，维护职工合法权益。国有小型企业要随着股份合作制的改革，大力推行民主选举经营者；集体企业要全部实行民主选举经营者。认真落实依法治省五年规划。

（七）抓住实施“九五”精神文明建设规划这件大事，做好加强文化建设这篇文章。要按照十五大提出的文化建设的目标、任务和河南省“九五”精神文明建设规划的要求以及这次省委《决定》的意见，努力抓好落实。各级党委和政府要切实加强领导，搞好督促检查，每年都要有具体要求和进度，一步一个脚印地、扎扎实实地抓下去，不断取得新的成效。

（八）抓住加强领导班子建设这件大事，做好新时期党的建设这篇文章。能不能把十五大精神贯彻落实好，关键在于各级领导班子。我们要努力把各级领导班子建设成为坚决贯彻党的基本理论和基本路线、全心全意为人民服务、具有领导现代化建设能力、团结坚强的领导集体。当前摆在各级党委面前的一项十分紧迫的任务，就是要进一步解放思想，大胆选拔和破格使用能够跨世纪担当重任的优秀年轻干部。必须加强各级领导班子的作风建设。各级领导干部要坚持全心全意为人民服务的宗旨，继续发扬“三防四实”〔2〕的作风，深入实际调查研究，倾听群众的呼声，关心群众的疾苦，为群众办实事、办好事。要进一步加强党风廉政建设和开展反腐败斗争，增强拒腐防变的能力。要旗帜鲜明地支持改革者，鼓励探索者，教育失误者，批评空谈者，追究诬告者，惩治腐败者，努力创造一个良好的干事创业大环境，更好地带领全省人民去完成新的历史任务。

注　释

〔1〕双层经营体制，指党的十一届三中全会以后，我国农村改革实行的集体统一经营和农户分散经营相结合的经营管理体制。1982 年，中央 1 号文件提出农村联产承包责任制的基本原则，即“宜统则统，宜分则分，通过承包把统和分协调起来”。1983 年，中央 1 号文件进一步把联产承包责任制概括为集体统一经营与家庭分散经营相结合的双层经营体制，认为这种统分结合的原则，可以使集体优越性和个人积极性同时得到发挥。

〔2〕“三防四实”，为加强河南省各级党组织和干部作风建设，1990 年 11 月中共河南省第五次代表大会提出，在一切工作中必须防止主观主义、官僚主义、形式主义，说实话、办实事、鼓实劲、求实效。

进一步深化改革
增强社会主义市场经济活力

努力建设好郑州粮食批发市场*

（1990 年 10 月 2 日、12 日，11 月 10 日）

郑州粮食批发市场建立，是我国发展社会主义有计划商品经济，深化粮食流通体制改革的一项重要尝试，对于我们加强宏观调控，培育完善市场机制，合理开发和配置粮食资源，调节供求，稳定粮价，指导生产，引导消费，以及加强国际经济交流都有重要意义。

一

我们这个市场以小麦现货批发交易为主，同时也要考虑杂粮的批发交易，还要创造条件逐步向期货交易过渡。我们引进市场机制，就必须引入竞争机制。

我们办市场，要办就要努力办好。要研究如何增加市场的吸引力，靠吸引力来办好市场。解决会员的进场交易问题，只靠政府行政干预是不行的，不要指望政府一声令下，所有交易

* 这是李长春同志关于建设好中国郑州粮食批发市场三次讲话的主要内容。

都到这个市场来。市场首先要服务好，在运输、结算方面提供服务，使交易手续简单、方便。其次要建立一套保险体系，减少交易双方风险。第三，市场信誉要高，要提高合同的履约率，克服掺杂兑假现象。第四，要有一定的优惠政策。例如，在市场成交的粮油营业税是否可以减征。国家储备粮要和市场挂钩，要有一定的吞吐手段和措施，这些都是经济办法。这样做使销区，特别是长期缺粮省份，认为到市场来买粮有保障。市场要通过自身的吸引力、凝聚力，以求得生存发展。要允许多渠道，不要把别的渠道堵死。总之，市场要靠服务好、信誉好、形象好、设施好、政策配套来吸引客户，不断提高批发市场的吸引力、影响力。

国家按保护价收购粮食，本身是政府行为，和市场调节是有矛盾的。国家收购粮食的保护价应该和市场价格差不多，如果保护价高于市场价农民就把粮食都卖了，然后从市场买粮吃，甚至吃国家的返销粮。这个问题一定要注意。市场交易管理方面的问题，我们应该拿出个具体意见。如何和武汉专项储备粮工作会议精神衔接起来，如何使保护价和市场价衔接起来，都要考虑。

我们国家解放前搞小农经济，解放后搞产品经济，现在我们搞有计划的商品经济。我们的商品经济仍然处在初级阶段，商品经济发展初期的一些不可避免的现象，如掺杂兑假等，时有发生。我们除了学习国外的经验外，还要宣传商品经济知识和商品经济运作机制。请你们和新闻单位联系，搞点宣传报道。

新建的小麦贸易中心大楼，既然要与批发市场共用，关键是建设好交易大厅。要充分考虑批发期货交易的需要，不能再低于这个交易大厅的水平了。这是中国第一个粮食批发市场，国家很重视，国外也很关注，要办成具有国家水平的市场，不能搞省内水平，拿不出手。我们要真正重视这个事，视野要开阔一点，要有眼光，要有改革开放的意识，把它作为省内外、国内外交易的中心和窗口。

办好这个市场很重要，应该考虑从我国经济学家中聘请几位顾问，给市场当参谋。市场的工作人员要努力学习，一定要在理论与实践的结合上下功夫，并能有所建树，我希望能看到你们在报刊上发表具有理论水平的文章。市场的工作人员要不断提高自身的素质，要讲文明礼貌，服饰要整洁，把中国人的精神风貌充分体现出来。主要交易人员要学习点外语，和外界人一接触，使他们感到我们是新时代的交易人员，而不是过去的“牛经纪”。

1998 年 1 月，李长春在郑州商品交易所考察。

交易主持人和交易人员在国外是经过挑选和训练的，交易主持人的声音要清晰、洪亮，交易人员的手指要灵活。市场招收工作人员一定要坚持高标准，对走后门的，要坚决顶住。

郑州市的地理位置得天独厚，要办几家像样的批发交易中心，批发交易的辐射力大、范围广。粮食是特殊商品，我们要办好这个市场，以这个市场为基础，把郑州建成信息中心、商品交流中心、铁路航空中心、金融中心、旅游热线，使郑州的地理位置优势充分发挥出来。

（1990年10月2日考察中国郑州粮食批发市场时的讲话要点）

二

中国郑州粮食批发市场是经国务院批准，由商业部和河南省人民政府共同开办的第一个有组织、有限制、规范化的粮食批发市场。它的建立，是我国发展社会主义有计划商品经济，深化粮食流通体制改革的一项重要尝试，对于我们加强宏观调控，培育完善市场机制，合理开发和配置粮食资源，调节供求，稳定粮价，指导生产，引导消费，以及加强国际经济交流都有重要意义。郑州粮食批发市场，目前从事现货批发交易，包括远期合同，待条件成熟，逐步向期货市场过渡。

国务院决定把粮食批发市场建在郑州，是对我省的信任和促进。河南地处中原，交通便利，盛产小麦和多种杂粮、油料，经过两年多的研究、论证和筹备，已初步具备了开办批发市场的条件。我们决心和商业部通力协作，努力把粮食批发市场办好，不辜负国务院领导和社会各界的期望。

（1990 年 10 月 12 日在中国郑州粮食批发市场开业典礼上讲话的主要内容）

三

这个市场是国家的粮食批发市场，是经国务院批准的，全国独此一家。它不是省里的批发市场，不是小打小闹，是代表国家的，要通过批发市场的交易活动，引导全国的粮食交易、粮食价格。批发市场的建设要达到国家级水平，二十年内不落后；要充分引入市场竞争机制，使买卖双方交易活动公开、公平、竞争；批发市场是我国经济改革的一个窗口，在世界上影响很大，东欧、苏联都要来这里考察，通过这个市场，看中国实行政府宏观调控和市场调节相结合，作为最重要的商品——粮食改革如何前进。所以，我们要把批发市场办成国家级水平，充分利用河南地域辽阔、交通便利、资源丰富的有利条件，把河南建成全国物资流通的中心、内地的商贸中心，否则，就无法向中央交代，就辜负了国家的希望。

批发市场建设，核心是搞好交易厅，没有足够容量的交易大厅是不行的。现在仅二楼作为交易厅，面积太小，不理想，这是小农经济的贸易中心。要请北京的专家和大市场交易专家参与论证，要让设计人员到现场考察，到香港等地考察。要使交易厅的水平在二十年内不落后，面积要达到 4000 平方米左右。交易厅要有小麦、大豆、大米和玉米等各种杂粮及油料交易；要有完善的信息系统，要有国内、国外长途直拨电话和传真通讯设施，使交易人员能随时直接与其公司老板对话。要与国际国内重要媒体建立联系，及时传播“郑州价格”。在交易大厅建设上，除交易人员外，还应有参观人员参观的地方和休息场所。

你们工作有成绩，把批发市场争取到河南是一件好事。靖明玉同志关于试办粮食期货批发市场的材料〔1〕我看过了，写得很好，有理论性。你们早走了一步，有较好的基础，更应把这项工作做好。

（1990 年 11 月 10 日考察中国郑州粮食批发市场建设工地时的讲话）

注　释

〔1〕指河南省粮食局副局长、郑州粮油期货批发市场课题组组长靖明玉《关于国家在郑州试办粮食期货批发市场情况的汇报提纲》。1990 年 8 月 10 日，李长春在此材料上批示：“此事重大，意义深远，请抓紧组织实施。要在通讯、服务、信息等方面创办成国内一流的批发市场。”

努力提高企业经济效益*

（1990 年 12 月 10 日）

技术进步是企业提高劳动生产率、经济效益和竞争能力的主要手段。要以质量、成本管理为中心，围绕技术、设备、劳动等，强化基础工作，抓好现场管理，全面提高企业素质。

当前，我省部分企业经济效益不好，大都与产品结构、企业组织结构不合理，以及技术落后、管理不善、经营不活等密切相关。要解决经济效益问题，就必须强化效益观念、质量观念、市场观念，在结构调整、技术进步和企业管理上大做文章。产品结构决定了企业的方向。建立起符合市场需求的产品结构始终是企业的主题。技术进步和改善管理是提高企业竞争力的两个轮子，缺一不可。要认真落实国务院提出的“质量、品种、效益年”的各项要求，把调整产品结构、提高经济效益作为当前贯彻治理整

---

* 这是李长春同志在“学习先进经验，加速振兴河南”报告会上讲话的一部分。

顿方针的主要内容。不少企业的实践都证明，产品结构调整投资少、见效快。凡是认识早、抓得有力的企业，就能适应市场的变化，就能在市场疲软中做到产品不疲软，效益就有可靠保证；凡是在产品结构调整上被卡住了的企业，日子就越发难过。因此，每个企业都要抓紧制定调整方案，主动去适应市场的需求。为了促进产品结构调整，省计经委要在对产品普遍排队分析、评估论证的基础上，确定 100 个重点发展的优势产品，在贷款、能源、原材料、税收等方面实行配套的倾斜政策，把河南的省队培养起来。市地、县都要按照自己的实际情况，培养市地队和县队。经过 5 年的努力，争取创出一批享誉全国的名牌产品。

技术进步是企业提高劳动生产率、经济效益和竞争能力的主要手段。当前，调整产品结构，上质量上档次，增强竞争能力，

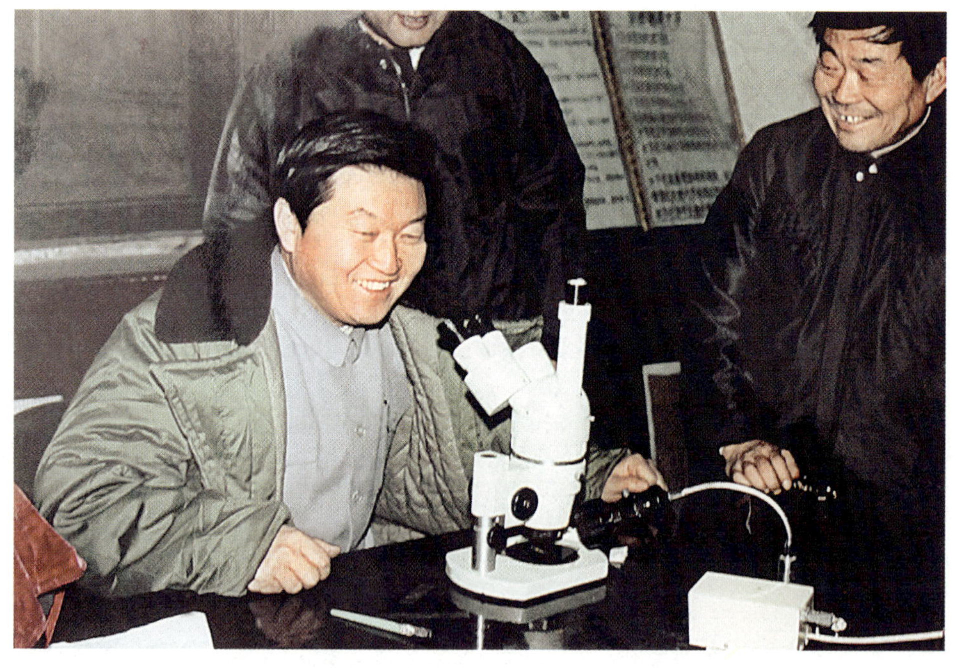

1991 年 1 月 13 日，李长春在许昌市长葛县黄河磨具厂考察。

提高经济效益，最有效的办法就是进行技术改造。我省不少工业企业设备、工艺落后，新增工业产值技术含量低，重要原因就在于技术改造的起点低、速度慢、规模小。全省要抓好一批大中型企业的技术改造，并从中选择100家骨干企业作为省改造的重点，通过地方财力支持、银行贷款、国外融资、向社会发行债券等办法，使其成为技术含量高、创汇能力强、产值上亿元、利税超2000万元的税利大户、创汇大户。要重点改造烟草、食品、纺织、电子等行业。对技改项目，要实行市长、县长、局长、厂长负责制，保证项目按期达产。要通过5年左右时间，形成一批装备先进、知名度较高的骨干企业，树立起河南工业形象。

企业管理水平是企业素质的标志。我省企业技术落后，管理更落后。目前多数企业的管理粗放，质量、财务、劳动、生产技术等方面管理的潜力很大，如果能达到国内同行业的先进标准，不需要增加任何投资，效益就可以成倍增长。加强企业管理，关键在厂长。厂长要懂管理、会管理、敢管理。要教育大家特别是企业的厂长、经理真正把企业管理作为一件大事来抓，向管理要效益、要质量。要教育全体职工不断增强主人翁意识，人人为提高企业效益作贡献。要全心全意依靠工人阶级办好企业。要以质量、成本管理为中心，围绕技术、设备、劳动等，强化基础工作，抓好现场管理，全面提高企业素质。要继续开展企业达标升级活动，制定严格的标准，进行严格的考核，不搞终身制。各地要制订企业达标升级规划，对不同类型的企业提出不同的要求，限期达标。

加快投资体制改革步伐*

（1990 年 12 月 10 日）

投资体制改革是经济体制改革的重要组成部分。加快投资体制改革的步伐，是促进我省国民经济发展的当务之急，这步棋走好了，有可能带动全局搞活。

投资体制改革，总的指导思想是从过去政府部门用行政办法向下分钱转向由经济组织用经济办法参股、控股或有偿贷款；从过去单纯靠财政投资搞项目转向多渠道筹集资金；从资金使用上的“大锅饭”转向公开、平等、竞争、择优的原则，提高投资使用效益；从等靠要转向形成大家都来找资金的机制。具体来说，就是：

一是把过去分散到各部门、用行政办法安排项目和资金转为集中财力用经济的办法安排。就省级来说，将省财政对各部门安排的基本建设、技术改造、扶贫资金、乡镇企业发展资金和各部门安排的生产发展资金都纳入省级投资公司和开发公司，有贷有还，周转使用；根据省里制定的产业政策，对各地项目有选择地

* 这是李长春同志在“学习先进经验，加速振兴河南”报告会上讲话的一部分。

实行参股、控股，对参股、控股企业实行“四分”，即分产品、分税金、分利润、分外汇，保证资金使用效益，使这部分资金越滚越大。二是为调动基层、企业吸引外资的积极性，对吸引外商直接投资的，实行配套人民币贷款，形成一个积极吸引外资的机制。三是进一步发挥市地发展经济的积极性，国家的扶贫贷款由市地包干使用，一定几年。由省定产业政策、产品目录，市地定项目。对过去省给的财政贷款，分出年限，按一定比例划给市地一部分，作为市地投资公司或开发公司的垫底资金，调动市地多收多贷、加速周转的积极性。四是改变目前财政的拨款办法，凡是有直接经济效益的项目一律取消财政无偿拨款，实行有偿贷款。财政给企业的亏损退库资金，由过去直接拨给企业变为财政拨给开发公司，由公司用信用手段贷给企业有偿使用。财政给生产、经营企业的价格补贴要逐年减少，直至取消，促使企业按价值规律办事。对公用事业的补贴也要逐步减少，理顺价格，增强公用事业单位自我发展的能力。五是鼓励市地、县和企业吸收横向资金，除国家专卖产品外，在完成省指令性计划的前提下，允许市地、县和省外联合投资，共同开发。六是鼓励企业从社会筹集发展资金，发行债券、吸收股份、设备租赁等，搞好债券公司、租赁公司的试点。七是办好办活城乡集体信用社，发挥人民保险公司、地方劳动保险公司短期融资的作用。八是充分发挥银行、投资公司在国内外融资和争取国家投资中的作用。

开源节流，搞好财税工作*

（1991 年 1 月 12 日）

减少财政补贴不仅仅是缓解一下当前的财政困难，更重要的是按照价值规律办事，逐步使经济步入良性循环轨道。这样才能从根本上摆脱我们这个地区长期低物价、低工资、低效益的恶性循环。

财税状况是经济状况的外在反映，是经济发展的晴雨表，因此，搞好财税工作不仅直接关系着国家及国家机关的正常运转，而且还肩负着发展经济、振兴全局的重任。结合目前我省实际，财税工作应以开源节流为中心，进行全面建设。

一是要坚持促进生产发展、培植财源税源这个基本点。洛阳市税务局的经验很好，就是要通过政策促产、智力促产、信息促产，坚持搞好多方面支持。巩县建立梯级税源的经验也很好。省里围绕着培养财源、培养税源，也提出了一些办法，诸如在全省深入开展“两扭两创”，即“八五”期间全省财政补贴县要扭补、

* 这是李长春同志在河南省财政局长、税务局长座谈会上讲话的一部分。

亏损企业要扭亏，全省要创财政收入大县、企业创税利大户。对122家税利大企业，通过政策扶持，重点帮助，尽快把企业搞上去。只有大力支持生产发展，培植财源，开辟税源，才能形成财政的良性循环。

二是要坚持依法治税，加强管理，把该收的税收上来，堵塞跑、冒、滴、漏。当前税收跑、冒、滴、漏还相当严重，特别是集贸市场，税收潜力还很大。按照搞活流通的要求，集贸市场今后还要大发展。为了加强对个体工商户的管理，第一，能否搞个集贸市场系统工程，把集贸市场纳入城市建设规划，建设多种形式的有形市场，解决经营者“满天飞”、税务人员“满街追”的问题。第二，要实行票据管理。要在商业的批发、零售环节同时实行售开票、购有票制度，把包括个体工商户在内的所有经营都纳入票据管理，使其管理有据，税收有据。第三，要建立一个主动纳税的机制。我们国家的税收主要来自国营企业，对个体经营者纳税问题研究不够。要研究建立一种激励机制，像储蓄摇奖一样，按税务票据号搞一部分摇奖，从税源里面拿出一部分作奖励，每个季度搞一次，促使消费者都去要发票，使票据真实化。这样可能投入不多，但得到的税源会大幅度增加。同时还要加强宣传教育，强化纳税意识，让个体经营者主动到税务机关纳税，可以搞试点，总结这方面的经验。第四，要加强质量和价格管理。个体经营者进场经营，摊位编号，可以让他们自费统一着装，建立起信誉观念、荣誉感和对社会的责任感，对消费者负责。第五，打击欺行霸市，完善批发市场秩序。现在有一部分人搞欺行霸市，控制零售市场，一头压了农民，一头坑害了消费者，自己获得高额利润。对此要坚决取缔。要有计划地把蔬菜批发市场、水果批发市场搞起来，对大宗商品实行科学的物价管理，从源头上完善交易秩序。总之，通过做好上面这些工作，加强集贸市场管理工程建设，这样既可以缓解社会分配不公的矛盾，又可以解决税收跑、冒、滴、漏的问题。

三是要紧缩财政，严格控制行政经费支出。第一，对社会集团购买力要重点控制，吃“皇粮”国税的党政机关，特别是补贴县、贫困县的党政机关更要从严控制。这既是密切联系群众的需要，也是缓解财政困难的需要。对不经批准购买小轿车的，该没收的要坚决没收、拍卖，拍卖款用于支持教育、引黄灌溉等公益事业。第二，对党政机关的会议费开支要加强管理，严格控制。第三，要严格控制行政人员增加。各级财政部门要会同编委和人事部门，制定处理超编人员的规定，对现有超编人员要限期处理。第四，要压缩财政补贴。这是解决财政问题的一个途径。财政补贴一个大头是外贸，一个大头是粮食，一个大头是其他物价补贴。减少财政补贴不仅仅是缓解一下当前的财政困难，更重要的是按照价值规律办事，逐步使经济步入良性循环轨道。否则，用行政办法筑起一个补贴“壁垒”，越筑越高，这个“坝”早晚是要被冲垮的。所以，每一步都要服从全国大局，都要自觉地遵循价值规律，这样才能从根本上摆脱我们这个地区长期低物价、低工资、低效益的恶性循环。要严格监督、审查粮食方面的补贴，粮食方面的政策性补贴往往掩盖着经营性亏损，掩盖着铺张浪费。要严格按照单亏定额进行补贴。要鼓励粮食企业搞深加工，利润可以留给企业一部分，但大部分要拿出来补亏损。

四是要深化财政改革，千方百计搞活财政。第一，要加强对财政资金的管理和监督。省里已经研究了改进省级各项事业费和专款的管理办法，以发挥各级财政部门的监督作用。第二，要改革财政拨款办法，凡是有直接经济效益的财政支出，一律取消无偿拨款，改为有偿使用。第三，要搞活财政信用。财政信用要以经济法人的形式出现，实行投资主体经济法人化，由政府行为转向经济行为，以提高财政信用的经济效益。

五是要强化财政预算管理。每年的财政收支预算由政府常务会议讨论确定，经人大批准后，财政部门执行，内部不准拨人情款。分配专项资金和追加支出，要规定一个限额，在多少金额以内由财政部门审批，超过多少金额由政府审批。审批支出，财政部门要召开相应会议，集体研究审定，要把拨款的决策行为组织化，不要个人化。

打击假冒伪劣产品，树立整体质量意识*

（1991 年 3 月 7 日）

如果说全社会各方面工作要以经济建设为中心，那么，经济建设又要以经济效益为中心。经济效益以什么为中心呢？要以质量、品种为中心来抓效益。不把质量抓上去，不把品种抓上去，就没有速度、没有效益。

我想结合展览，谈一谈怎样深入开展“质量、品种、效益年”活动。看了这个展览，感觉质量问题确实相当严重。原来只是一般性了解，现在看，假冒伪劣产品无孔不入，已渗入到国民经济和人民生活的各个领域，不论是生产资料还是消费资料，都有不少假冒伪劣产品。这就更加看出国务院决定今年开展“质量、品种、效益年”活动非常必要，特别是质量问题，已经到了非抓不可的程度。

一是要使全社会的整体质量意识有一个大的提高。河南是一

---

* 这是李长春同志在河南省弘扬名优产品、打击伪劣商品成果展览会上讲话的一部分。

个以农业为主的省份，受自然经济影响更深，商品经济不发达，工业化程度低，农产品长期供不应求，信誉观念、质量观念在一些企业和一些人心中相对比较淡薄。所以，对我们省来讲，通过开展“质量、品种、效益年”活动，在全社会树立整体质量意识，使大家对质量、信誉、品种、效益的认识有一个极大提高，是一件非常重要的事情。我省提出今后十年要实现“一高一低”目标，“一高”靠什么高？必须靠质量高，没有质量就没有速度，也就没有效益。如果说全社会各方面工作要以经济建设为中心，那么，经济建设又要以经济效益为中心。经济效益以什么为中心呢？要以质量、品种为中心来抓效益。不把质量抓上去，不把品种抓上去，就没有速度、没有效益。所以，质量、品种问题，绝不是一般性的业务问题，是关系到我省“一高一低”目标能不能实现的大问题。如果质量搞不上去，我省实现“一高一低”，加速振兴步伐、基本实现小康，都无从谈起。因此，一定要增强紧迫感、责任感，树立整体的质量意识。

二是在质量效益上的具体指标要有大的提高。今年的质量稳定率要达到88%，优质品率要达到22%，要创一批国优产品，占全国国优产品的比例要比上一年有所提高，获得国家质量管理奖的企业要比上一年有所增加。要开发一批新品种，而且是有一定水平的品种，甚至拿出一批在国内居先进水平的产品，少量的应达到国际先进水平。效益上，亏损企业要减少50%，创利税大户应增加。在确定的120多个建立财政良性循环的企业中，要通过提高质量、发展品种，尽快成为创利税大户。

三是要研究一套防止假冒伪劣产品进入流通、进入社会的机制。作为工厂，就要保证不合格产品不出厂、车间不合格零配部

1991 年 5 月 5 日，李长春参观河南省“兴豫杯”名优新产品展览会驻马店展厅。

件不出车间。必须建立这样一个制度和管理体系，强化企业的全面质量管理。如果说过去我们的全面质量管理仅停留在管理水平比较高的企业，那么今年要在所有企业普遍推广全面质量管理。流通企业要研究怎样防止假冒伪劣产品进入市场，企业内部要有一套管理办法，要有严格的购货质量责任制。现在有些业务员吃回扣，购进假冒伪劣产品，然后积压，到了一定时候，向政府提出报废，肥了个人，坑了国家，这是社会主义的蛀虫，也是我们原有经济体制下速度不高、效益低下的一个重要原因。通过“质量、品种、效益年”活动，要研究一套办法，流通企业内部不能简单地与销售额挂钩。还要研究与产品库存比例挂钩的办法，不能把好卖的都卖了，企业把奖金都拿去了，伪劣产品却甩到后边，最后统一报废，损失转嫁给国家，这个办法不行。要完善企业内部的承包责任制，防止出现假冒伪劣产品。社会监督要跟上，技术监督部门要采取措施，对省外的产品，凡是国优、部优，欢迎大量进来，我们不搞封锁；凡不是省优、部优的一般性产品，要从商业系统、批发环节建立抽查制度，定期进行抽检，特别是关系到国计民生的产品更要进行抽检，发现有伪劣产品进来的，对购进的企业要批评、警告，要公之于社会，进行曝光，公布是哪个批发部门进的。工商部门也要配合，管好个体户，对个体户的产品，配合技术监督部门来个普查。省内省外产品一视同仁。属于暂时的管理问题、技术水平的问题，要热情帮助，不要一棍子打死。属于那种昧着良心坑害国家、坑害群众的要坚决取缔。对假、冒、伪，要坚决取缔；造成劣有各种原因，要帮、要促进。为了完善机制，要发动流通企业、生产企业搞一次企业产品质量大检查，清理一批假冒伪劣产品，弄清是非，便于教育大家、建立制度。

四是要查处一批索贿受贿、吃回扣，给国家造成重大经济损失的案件。提高质量不光是工业系统的事，而且是全社会的事。公检法都要动起来，法院、检察院要配合技术监督部门、工商部门查处一批案件，进行公开处理，配合全社会树立质量意识。

弘扬名优产品、打击伪劣商品，不仅是工业系统，还涉及流通、消费、分配等领域。光搞集中行动不行，还要统一思想认识，解决机制问题。对假冒伪劣产品要曝光，要公之于社会。对典型案件要查处，一查到底。消费者协会也要发动起来。我建议，能不能把群众组织发动一下，工商联、消费者协会组织一个质量、品种的街头宣传，对企业产品进行新、老对比，宣传优质产品的优越性。企业内部也搞展览，采用多种形式揭露问题。工业、商业，包括检察机关，都要拿出强有力的措施来抓好这项工作。这里既有群众性的宣传发动，又有具体措施、机制和制度上的健全。概括地说，对“质量、品种、效益年”活动再来一次深入发动，重点就是要解决上面四个问题。

在“质量、品种、效益年”活动中，新闻媒体也要大力进行宣传，能不能把国家从开展评优活动以来，我们得金银牌的企业登登报，既是表扬，也是让群众监督。主管“质量、品种、效益年”活动的部门，要安排几个人负责搜集典型情况，配合新闻部门搞报道。这和用不正当竞争手段搞市场封闭不一样，这是必要的市场监督。打击伪劣商品，财政部门也要配合。企业物资报废是经营活动的一个组成部分，不要再由财政部门批，越是经财政部门批，企业越留着报废物资，最后就会要求抵销利税，把损失都转嫁到政府头上。要让报废成为企业的经营行为，影响盈利和职工奖金，这样才能够形成遏制假冒伪劣的机制。对重点部门、重点企业、重点地区，要加强指导，一定要让它们有一个明显的变化。对那些影响咱们河南形象的企业，要重点抓一抓，对假冒伪劣产品要狠狠打击。

把国有大中型企业推向市场*

（1991 年 10 月 16 日）

大中型企业调整产品结构要同发展外向型经济、出口创汇结合起来，通过引进、消化、吸收、创新，努力开拓国际市场，扩大出口创汇，拓宽利用外资和引进技术的渠道，提高企业管理水平和产品竞争能力。要加速落实“三个一”和“三个有”，即做到生产一代、储备一代、研制一代，有出口产品、有利用外资、有引进技术。

一、进一步改革政府对企业的管理体制，把国有大中型企业推向市场

目前，政府对企业直接干预过多、企业对政府过分依赖，仍然是搞活企业的主要障碍，也是企业经营机制难以转换的重要原因。要从根本上增强企业活力，必须进一步改革政府对企业的管理体制，坚持政企职责分开，所有权与经营权适当分离，使绝大

* 这是李长春同志在河南省委工作会议上讲话的一部分。

多数企业真正成为自主经营、自负盈亏、自我约束、自我发展的社会主义商品生产者和经营者，逐步建立起富有生机活力的国有企业管理体制和运行机制，推动国有大中型企业面向国际国内市场。

第一，坚持和完善企业承包经营责任制。企业承包经营责任制是现阶段规范政府与企业责权利关系的有效形式，“八五”期间要继续实行，并进一步完善。要进一步延长承包期，一般要由三年延长到五年。逐步完善承包指标体系，兼顾国家、企业和职工个人三者利益，解决企业包盈不包亏和企业留利过分向个人倾斜的问题，实行“两保一挂”，即保上缴任务，保资产增值，工资总额和经济效益挂钩，努力克服企业短期行为。有条件的企业要推行全员风险抵押承包，把企业和职工的命运紧密地联系起来，增强企业自我约束能力。财政、审计部门要采取有效措施，严格制止一些企业虚盈实亏的行为。

第二，要进一步减少指令性计划的品种和数量，扩大企业生产自主权和产品自销权。总的原则是，除了国家下达的指令性生产计划照转照列外，省里原则上不再增加指令性计划品种和数量。经济管理部门要善于运用经济的、法律的手段管理经济，对指令性计划也要逐步改为国家对企业合同订货的方式，通过经济契约的形式实现政府意志。

第三，加快价格改革步伐，理顺价格关系。除国家直接控制的少数商品和劳务价格外，省管商品和劳务的价格，原则上逐步放开，使绝大多数产品通过市场形成符合价值规律的价格；暂时放不开的，也要体现价值规律和供求状况，进一步调整理顺。

第四，要逐步放开对企业技术改造和小型建设的直接管理。

对符合国家产业政策、企业用自有资金进行的技术改造和小型建设，除限额以上项目需转报国家批准外，其他项目一律由企业根据市场需要自主决定。对项目设计、设备供应和施工管理，要引入市场竞争机制，政府部门不得用行政手段指定设计、施工和供货单位。对基本建设项目，要加强宏观管理，严格防止重复建设。

第五，加快市场体系建设。改革开放以来，市场在国民经济中的调节作用不断增强，但从总体上说，市场发育得还很不够，市场体系也不健全，规范化交易更少，迫切需要我们在市场建设上作出更大的努力。要继续深化流通体制改革，逐步建立开放、畅通、灵活、高效、可调控的流通体系。要努力扩大生产资料市场，积极培育资金、技术、劳务、信息等生产要素市场，试办产权交易市场。

1990 年 10 月 4 日，李长春考察安阳钢铁公司。左二为安阳钢铁公司经理、党委书记张世英。

第六，积极创造条件，使更多的企业走向国际市场，参与国际竞争。指令性外贸供货任务要以经济合同形式来实现，由外贸企业与生产企业按照互惠互利、风险共担的原则签订合同。供货企业在完成供货合同的前提下，允许自找客户，自找口岸，自找代理出口。对符合或基本符合自营进出口条件的企业，省经贸委要积极向国家争取自营进出口权，鼓励有条件的生产企业到海外设立办事机构、销售网点，开展售后服务，使更多的企业直接进入国际市场。

第七，进一步改善政府对企业的管理。今后政府对企业的管理主要是，保证监督党的方针政策和国家法规在企业的贯彻执行，管好企业领导班子，组织实施产业政策，搞好重要原材料、电力、资金的生产调度，落实国家指令性计划，为企业提供咨询、信息和协调服务，保证国有资产完整并不断增值。

二、统筹规划，在结构调整上取得实质性进展

调整结构，当前应以调整产品结构为重点，带动产业结构和企业组织结构的调整。产品结构调整近期内以适应性调整为重点，并与开发性调整和战略性调整相结合。适应性调整要按照区别对待、以销定产的原则，当务之急是对那些产品适销对路的企业，从能源、资金、原材料等方面给予倾斜，让这些企业“吃饱开足”；对产品销售不畅，但还有市场的企业，要强化销售力量，积极组织推销；对产大于销、积压严重的企业，要坚决限产，并积极开发新产品；对产品无销路的企业，要坚决停产。对重大产业结构调整、重点建设项目及其布点，实行政府决策和计划管理。

国有大中型企业要充分发挥自己技术力量强的优势，大力推进科技进步，改变在技术结构和产品结构上与中小企业趋同化的倾向，努力开发新产品，强化科技开发力量，成为带动我省工业产品结构调整的先导。大中型企业调整产品结构要同发展外向型经济、出口创汇结合起来，通过引进、消化、吸收、创新，努力开拓国际市场，扩大出口创汇，拓宽利用外资和引进技术的渠道，提高企业管理水平和产品竞争能力；要和我省发展高新技术产业结合起来，对高技术产品，要制订鼓励政策。要加速落实“三个一”和“三个有”，即做到生产一代、储备一代、研制一代，有出口产品、有利用外资、有引进技术。为了推进企业的科技进步，要制订鼓励科技人才到企业去的优惠政策。

坚持优胜劣汰，优化生产要素组合和企业组织结构。要积极发展企业集团，通过组织专业化生产协作或联合、兼并、参股、控股等方式，对资产存量进行合理组合。组建企业集团应坚持企业自愿、政府搭桥、法律部门公证、经济政策引导的方式，避免用行政手段“拉郎配”。要支持企业通过参股、控股和兼并等形式，发展跨地区、跨行业、跨所有制的企业集团。要坚决落实并进一步充实完善已有的鼓励发展企业集团的政策，允许企业集团统筹安排基建和技改项目，统贷统还；大型企业集团可以成立财务公司，融通资金；主体企业享有的外贸出口自营权，可以直接扩展到企业集团；对统一核算的企业集团内部一般可实行增值税。

要改变搞活企业就是所有企业都要搞活的观念，树立发展商品经济“有活必有死，有死才能活”的新观念，对那些资不抵债、救治无望、毫无发展前途的企业，下决心实行关停并转。各级党委政府态度要坚决，步骤要稳妥，配套措施要跟上，多采取经济和法律手段，辅之以必要的行政手段。要试办产权交易市场，加快社会保障体系的建设。要积极引导关停企业的职工开辟新的生产门路，大力发展第三产业，开展多种经营，并鼓励职工自谋职业。

三、深化企业内部改革，强化企业管理

深化企业内部改革，要以干部人事制度、劳动用工制度和分配制度的改革为突破口，做到干部能上能下、职工能进能出、收入能升能降，通过引入竞争激励机制，使企业职工有危机感和压力感，奋发向上、同心协力搞好企业。在干部人事制度上，对企业中层以下行政、技术干部要变任命制为聘任制，可以打破干部和工人界限，择优聘任，改变干部能上不能下的传统做法。在劳动用工制度方面，要实行优化组合、竞争上岗，并在试点基础上逐步推行全员劳动合同制，为实现职工能进能出创造条件。对裁减下来的富余人员，要以企业消化为主、社会调剂为辅，通过大力发展第三产业，厂内培训、厂际交流、自谋出路等多种途径妥善安置，各个方面都要予以保证。在企业内部分配制度上，要着重克服平均主义“大锅饭”弊端，切实贯彻按劳分配原则，现行工资标准作为“档案工资”，实行岗位技能工资制、浮动工资制，适当拉开收入档次，改变那种工资人人有、奖金平均发的状况。坚持工资分配向苦、脏、累、险岗位倾斜，向一线生产职工倾斜，真正把劳动报酬与劳动贡献挂起钩来，形成奖勤罚懒的激励机制。深化企业改革还要根据转轨变型的要求，改革内部组织机构和经营方式，逐步由传统的生产型向生产经营型进而向经营生产型转变。

大力发展第三产业*

（1991 年 12 月 27 日）

围绕搞好大中型企业，建立生产要素市场，完善市场体系。建立包括生产资料市场、劳务市场、资金市场、技术市场等生产要素市场。只有这些市场发展起来了，才能使企业从围绕政府转，转向围绕市场转。

我省第三产业在今后十年要有一个大的发展、新的突破，关键在于采取措施，真抓实干。发展第三产业应遵循“十六字方针”，即因地制宜，突出重点，深化改革，社会动员。

因地制宜。指思想上要统一认识，但是在行动上不能刮风，要从实际出发来制定第三产业的发展规划。整个第三产业面很广，过去欠的账又比较多，各地基本情况差别又很大，既有经济实力上的差别，也有地理位置、辐射能力、历史传统等方面的差别，所以不能搞一刀切，要坚持从实际出发，因地制宜。一般来说，对于大的经济中心城市，我们要求要高一些，譬如郑州和洛

* 这是李长春同志在河南省市场工作会议上讲话的一部分。

阳，这是一个档次，要求这两个市在为生产服务、为生活服务的深度和广度上，向国内的先进城市看齐，通过几年的努力，达到国内同等规模城市的先进水平。省内其他一些中等城市，也要在传统的第三产业和新兴的第三产业上有一个较大的发展。一些小城市和县城，有的交通不便，有的还没有形成较强的经济辐射能力，应主要在传统的第三产业上做文章，当然也要注意发展新兴的第三产业，根据本地的工农业生产和人民群众生活水平的实际需求，需要什么就发展什么。所有地区都要切实解决好人民生活中的难题，紧紧围绕解决劳动力后备军的待业问题，量力而行和尽力而为地发展第三产业。

突出重点。第三产业的面很广，目前应紧紧围绕三个方面加大工作力度。第一个是围绕方便人民生活大办第三产业，集中力量解决群众比较迫切的几大难题，然后再根据群众生活水平的提高，看还有什么新的问题需要解决，走先搞雪中送炭，再搞锦上添花的路子；第二个是围绕农副产品的卖难，搞活农产品的流通，促进农业生产发展；第三个是围绕搞好国营大中型企业，建立生产要素市场，完善市场体系。建立包括生产资料市场、劳务市场、资金市场、技术市场等在内的生产要素市场。只有这些市场发展起来了，企业才能实现“两分四自”〔1〕，才能使企业从围绕政府转，转向围绕市场转。

深化改革。要以改革的思路发展第三产业。一是要加快第三产业体制改革的步伐。由于历史原因，国营企业政企不分，吃“大锅饭”的现象比较严重，尤其少数带有垄断性的国营企业，并没有摆脱政府附属物的地位，也没有转换经营机制，营业制度死，服务质量差，官商习气重，经济效益差，很多流通企业成了财政的包袱。因此，我们必须高度重视搞好国营大中型流通企业的问题，它是关系到社会主义经济基础的大问题。解决这个问题的核心是改革，靠转换企业经营机制，增强企业活力。转换机制就要进一步简政放权，实行政企分开，使企业成为自主经营、自负盈亏、自我约束、自我发展的相对独立的商品生产者和经营者。我们作出的关于大力发展第三产业的决定，就是要把第三产业的企业推向商品经济的汪洋大海。省委工作会议确定的搞好国营大中型企业、深化企业改革的措施，原则上都适用于第三产业的企业。在企业内部要做到干部能上能下，职工能进能出，收入能高能低，破除"铁交椅""铁工资""铁饭碗"，广泛实行全员劳动合同制，择优上岗。对于新组建的大型流通企业，要推行由社会公股组成的股份制集团企业。公股就是由企业法人互相投资入股，

1991 年 6 月 5 日，李长春在驻马店地区西平县商贸中心考察。左三为驻马店地区行署专员杨金亮。

这种企业有利于“两分四自”。对于城市为人民生活服务的新网点，要多办一些集体所有制的企业，或搞股份合作制企业。新建的流通企业，要使企业成为投资的主体，由企业承担风险。过去我们建商业网点，全给商业部门，各商店把自己的孩子往里一安排，然后写个报告，财政再给垫底资金，最后经营还亏损。今后无论如何要改变这种做法。建好网点要定向使用，面向社会择优招标，谁有经营资金，谁按照要求来经营就给谁。没有垫底资金的，不能让其经营。要鼓励竞争，敞开城门，欢迎外地人前来开店办厂，与本地企业竞争，而且在生活上提供方便，经济上一视同仁。特别像郑州市应该成为国内商贾云集的地方，不要怕“肥水流入外人田”，不能搞封锁，用封闭的观念去办第三产业。

二是要灵活运用经济杠杆，促进第三产业发展。各级银行要从信贷上对第三产业网点建设给予支持。由企业自行贷款建设、还款确有困难的，财政和税务要给政策。投资主体转变了，政府要给政策，否则办不起来。当然给政策并不是说要政府拿钱，主要靠企业承担压力，靠企业经营创造价值，这完全符合“两分四自”的原则。物价部门要善于运用价格杠杆支持第三产业，凡是差率比较低的可适当调高。工厂、机关、学校的后勤设施要面向社会，方便人民生活的浴池、医院、托儿所等，在税收上要给予照顾，以调动社会方方面面办第三产业的积极性。

三是要多渠道地解决第三产业的场地问题。第三产业要纳入城市的总体规划。城市规划的指导思想要调整，过去是为城市规划而规划，我们现在提出城市规划要为创造良好的投资环境、工作环境、生活环境服务，这也体现了在城市规划方面以经济建设为中心的党的基本路线。

四是要多渠道筹集建设资金。国家贷款主要支持大型第三产业设施建设，以体现国营商业的主渠道作用，各地银行要支持一下，也可以以社会公股为主建设股份制企业集团。对于小型网点，要用好网点费，网点费一定要滚动使用，建一批，卖一批，要越滚越大，各市地经过几年，可以滚出一大笔网点发展基金。为个体户服务的设施，可以在自愿、受益、适当的前提下集资兴建，改善经营环境，逐步实现退路进厅。个体经营者过去占马路摆摊，现在进大楼了，这样他也有个光荣感，穿上工作服，编上号码，信誉观念也强了，市场也好管了，利国利民也利个人。有些小型的也可以搞些股份合作制。总之，对于在发展第三产业中遇到的种种问题，要用改革的思路去解决。

社会动员。概括起来就是“五个一起上”。一是“国家、集体、个人一起上”。凡是在国家政策许可范围内，对发展第三产业有利的都要鼓励。对于关系国计民生重要领域的骨干企业，发展全民所有制和集体所有制的第三产业，各级政府要支持，信贷要重点支持。同时，我们也鼓励个人自筹资金来发展第三产业。二是“大、中、小一起上”。现在第三产业的问题仍然是总量不足。我省要开放，面向中原，面向全国，要搞大流通，特别像郑州，将来铁路、公路、机场进一步发展起来，流动人口还会大幅度增加，要为其提供购物的环境。三是“各行各业一起上”。办第三产业不能独家垄断，要调动各行各业的力量和方方面面的积极性，要鼓励有条件的工业企业兴办第三产业，一业为主，多种经营。工厂还可以搞延伸服务，把工艺性车间、技术培训基地、技术咨询基地向社会开放，搞社会性的技术咨询、工艺性协作、技术培训，为生产服务。要鼓励科研、经济、技术等方面的事业单位兴办第三产业，使它们中有条件的单位从过去主要吃“皇粮”国税逐步转变为为工农业生产服务的实体。要鼓励农民在中心集镇兴办第三产业。四是“城市和农村一起上”。我们既要重视城市第三产业的发展，也要重视县城和小集镇第三产业的发展。在农村要大力发展社会化服务体系，解决一家一户分散经营中难以解决的实际困难，鼓励农民个人联合起来，兴办为农业生产服务的经济实体，通过发展农村的第三产业，一方面为农业生产提供系列化服务，另一方面吸引农民从土地中游离出来，提高农业劳动生产率。五是“传统的第三产业和新兴的第三产业一起上”。传统第三产业是基础，我们要在巩固、完善和发展消费品市场、生产资料市场、修理业、饮食业、服务业的同时，重点发展一批辐射范围广的大中型批发市场。在此基础上，根据商品经济发展需要，积极兴办新兴的第三产业，譬如劳务市场、科技市场、信息咨询业、旅游业、金融保险业等。

注　释

〔1〕“两分四自”，指政企职责分开，所有权与经营权适当分离，使企业成为自主经营、自负盈亏、自我约束、自我发展的生产经营主体。

培育和发展市场体系*

（1992年11月8日）

> 生产要素市场的发育是企业实现自主经营、自我发展的必要条件。要积极发展金融、技术、劳务、人才、信息、房地产和产权交易市场，促进生产要素的合理流动。

要建立社会主义市场经济体制，发挥市场对资源配置的基础性作用，就必须加快培育和发展市场体系。

目前，我省的消费品市场已经有了一定的规模，同时也建起了一些生产资料批发市场，但从整体上说，生产资料市场发育不快，各种生产要素市场才刚刚起步。因此，今后一个时期，我省市场建设的重点应是在进一步完善消费品市场的同时，大力发展生产资料市场，积极培育生产要素市场，有计划地兴办辐射力强、规范化的大型批发市场，加快建立统一、开放、畅通、可调控的市场体系。要多渠道筹集资金，包括引进外资，在郑州、洛阳等中心城市的黄金地段，建设一批具有全国先进水平的高档商

---

* 这是李长春同志在河南省委五届五次全会上讲话的一部分。

1996 年 8 月 28 日，李长春在中原国际博览中心广场出席第二届郑州全国商品交易会开幕式。

业设施；兴建新的商业中心，改造、扩建或新建一批工业品贸易中心。已经开业的九个国家级和省级高中级批发市场要加强经营管理，拓宽经营领域，逐步引入期货机制，提高水平，扩大影响，树立形象。正在筹建的其他大中型批发市场，要抓紧工作，限期开业。通过这些批发市场的建设，使我省成为中原地区乃至全国重要的商品交易基地，为发展社会主义市场经济作出贡献。

生产要素市场的发育是企业实现自主经营、自我发展的必要条件。要积极发展金融、技术、劳务、人才、信息、房地产和产权交易市场。在优先发展短期资金拆借市场，搞好跨地区、跨部门融资的同时，积极稳妥地兴办各类证券交易市场。建设常年固定的技术市场和专利市场，加快专利、专有技术和科技成果转让。坚持信息业的企业化、社会化、产业化方向，积极发展多种所有制形式和多种经营方式的信息咨询实体。放开劳务市场，建立就业双向选择机制，优化劳动力资源配置。房地产市场要坚持一级市场管住、二级市场放开的原则，鼓励境内外客商参与开发，搞活房地产交易，把房地产业培育成为我省的一个支柱产业。开办产权交易市场，鼓励优势企业兼并劣势企业，搞好破产企业产权有偿转让和企业闲置固定资产交易活动，促进生产要素的合理流动。

培育和发展市场体系，必须加快发展第三产业。发展第三产业要打破行业垄断，引入竞争机制，充分调动各方面的积极性，国有、集体、个体一起上。除少数确需由国家制定价格和收费标准的，第三产业的大部分价格和收费标准都要放开，解决第三产业长期存在的价值补偿不足问题。要放宽政策，简化审批手续，为第三产业的发展创造宽松环境。

完善宏观调控，防止经济过热[*]

（1993 年 1 月 7 日）

完善宏观调控要坚持解放思想，实事求是。在大好形势下，要防止经济过热问题的产生。我们与沿海地区差距很大，省内各个地区发展也不平衡，对经济形势的判断，各市地要具体问题具体分析，实事求是。就全省整体讲，要时刻注意保证经济沿着健康的轨道发展。

完善宏观调控，防止经济过热要处理好以下四个关系：

一是在工农城乡关系上，我们要自始至终坚持强农、兴工、活商的思想，特别是要防止淡化农业基础地位的倾向。必须通过强农兴工，实现工业化，用工业化促进农业现代化。在开发区的建设上，要实事求是、科学指导。对在建的开发区，要千方百计落实项目，力争建成一片开发一片、见效一片、滚动发展。对于个别没有充分利用的开发区，要抓紧让农民种上庄稼。今后新办开发区，要按国务院有关规定办理，确需开办的要经省政府批准。各地建设集贸市场、搞乡镇企业小区，要从当地实际出发，经过科学论证，与城镇规划紧密结合起来。

---

* 这是李长春同志与河南省计划经济工作会议代表座谈时讲话的一部分。

二是要正确处理外延与内涵扩大再生产的关系。外延再生产是要建立在搞好内涵再生产的基础上的外延，不能一方面出现现有的企业在大量亏损，另一方面又再铺新摊子，结果摊子越多，包袱越重；内涵是能够对外延起到带动、辐射作用的内涵，各地要处理好这个关系，保证我们的经济沿着健康的轨道发展。

三是下放权力、发动群众大家干和适当集中一部分财力物力，形成一批骨干企业、拳头产品之间的关系。现在从国家到地方，都在进一步下放权力，这次计划经济工作会议又下放了固定资产投资审批权限，限额以下的项目省里不再审批，就是要发动大家投资建设的积极性。几十年的经验证明，管得越死的地区，经济发展越慢。下放权力也有它的消极一面，容易出现一些规模小、低水平重复投资，重复建设，所以需要加强宏观调控，适当集中财力、物力，扶植一批拳头产品、骨干企业、支柱产业，特别是恢复关贸总协定缔约国地位以后，我们将面对更大范围的竞争，因此，建设项目必须达到合理的经济规模才行。对银行贷款要实行宏观调控，省里已经确定，留在市地的贷款余额，省不再上收，由市地自主使用，但国家新增贷款，省里要集中起来，用于重点建设，扶持振兴工程、支柱产业，各市地也可参照这个办法，处理好这个关系。

四是固定资产和流动资金的关系，或者说是搞活存量和扩大增量的关系。工业、农业、商业都需要流动资金，固定资产搞多大，也要综合平衡，不是越大越好，要把现有生产能力开动起来，运转起来，把存量盘活，在此基础上搞一些资金积累。去年有些地方集资多了一些，把流动资金和农采资金挤了，长期这样国家就会通货膨胀。要多利用一些外资，来解决我省建设资金不足问题。

努力提高郑州商品交易所管理水平*

（1993 年 5 月 24 日）

1. 同意安排意见，总之不要再搞什么复杂的仪式，因为我们是三年前就开业的批发市场，现在是完善提高，不是新办，要在办实事上下功夫。

2. 努力提高管理水平，要使省内外的会员对我们增强信心，而不是看不到长劲（其他有的市场就是这样）。一定要通过我们的实践，使全国各界看到河南人能干大事。请再检查一下其他几个市场，办一个要成一个。

3. 请郑州（铁路）局张局长过问一下运输问题，要重点保证。

4. 要在全国重要新闻媒体上定期报导郑州价格，引导市场。

---

* 这是李长春同志在中国郑州商品交易所推出期货交易准备工作情况和开业安排报告上所作的批语。

李长春书记：

为了顺利推出期货交易，李成玉副省长于五月十八日召开了由省直有关部门参加的办公会，同意郑州商品交易所于五月二十八日正式推出期货交易，并对有关工作进行了安排。李副省长指示我们将推出期货交易的准备工作情况向您作简要汇报，有关工作的安排意见请您审定。

李长春同志处
批文 659 号
93年5月24日

一、准备工作情况：

按五月二十八日正式开始期货交易，我们对各项准备工作逐日进行了安排。目前，交易厅交易设施安装完毕；大屏幕已吊装并与交易信息同步显示；交易和结算程序模拟运行正常；信息发布系统正在开通； 宏丰大厦的施工和装修工程已进入尾声；供电、通讯等相关部门正在协助开展工作。

省政府办公厅已定于五月二十四日下午召开新闻发布会，由鲁茂升秘书长主持，并介绍郑州市场两年多来现货交易的情况及推出期货交易的准备工作，省粮食厅郑州商品交易所的主要负责同志参加。

五月二十六日，交易所召开首次会员代表大会，并组建理事会。

五月二十八日上午九点，正式开始期货交易。

二、五月二十八日上午的工作安排意见：

宏丰大厦周围插彩旗，悬挂横幅，安排迎宾小姐和乐队，烘托隆重热烈的气氛。

李长春在中国郑州商品交易所推出期货交易准备工作情况和开业安排报告上的批示手迹。

要正确处理改革与发展的关系*

（1993 年 5 月 28 日）

要注意处理好改革与发展的关系，在推动经济不断发展的同时，不断地深化体制改革，使改革促进经济的发展，经济的发展又为改革创造良好的环境。

目前，我省经济发展形势是好的。在邓小平同志南方谈话和党的十四大精神的指引和鼓舞下，整个经济保持了较高增长的态势。但经济生活中也确实出现了一些值得重视的问题，集中反映在资金紧张上，其根源是改革滞后。要解决经济发展中存在的这些问题，除了采取一些具体措施外，目前最重要的就是要处理好改革与发展的关系，进一步加大改革力度。这个考虑，主要是基于这么几个认识：

第一，当前经济生活中出现的一些问题，其根本原因是改革滞后。当前经济发展中出现的矛盾和问题，从根本上讲，还

---

* 这是李长春同志在听取河南省经济体制改革委员会等单位汇报时讲话的一部分。

是经济体制问题。一方面原有传统体制缺乏约束机制和风险机制的弊端继续存在，还有待于从深层次上进行改革；另一方面市场在资源配置中发挥基础性作用的机制尚未形成，一些过渡性的办法和措施还在探索。也就是说，老体制的弊端还在起作用，新体制的长处还没有充分发挥出来。目前我们正处于新旧体制转轨、两种体制交叉的过渡阶段。那么，既然是一个体制问题，解决深层次的经济问题，就必须靠深化改革。比如资金紧张的问题，有些同志感到这与改革好像不沾边。如果单纯就资金而找资金，那是治标，只有深化改革才是解决资金困难的根本出路。

第二，从我省工作的实际情况来看，大家对发展的积极性较高，这是好的，但是改革的热度不够。如果我们不能把改革和发展两者紧密地结合起来，就可能影响到经济的顺利发展。即便目前看来经济发展还红红火火，但不会持久，因为在发展中有一个沿着什么体制走的问题。是继续沿着传统的计划经济体制发展呢？还是有力地改革传统体制的弊端，沿着社会主义市场经济体制发展呢？如果沿着计划经济老体制的方向，特别是它的弊端的方面发展，就必然经常带来投资效益低下，劳动生产率低下，其结果是欲速则不达，甚至经常带来国民经济阶段性的调整，就会出现通货膨胀；如果沿着社会主义市场经济的方向发展，就能够形成一个又快又好地向前发展的可喜局面，保证国民经济的健康发展。因此，我们要注意处理好改革与发展的关系，在推动经济不断发展的同时，不断地深化体制改革，使改革促进经济的发展，经济的发展又为改革创造良好的环境。

第三，解决深层次经济问题的关键在于深化改革，加大改革力度，向改革要效益。目前，金融形势严峻是我省各种经济矛盾的集中反映。一方面资金紧张，另一方面呆滞、死滞资金及逾期贷款却占40%左右。我省企业的三项资金占压呈增加的势头；固定资产投资效益不高，从我省的建设投资公司、经济技术开发公司资金回收期来看，建设投资公司资金回收期是15年，技术开发公司资金回收期是10年。这样一个体制本身就加剧了我们资金紧张的局面。所以，怎样挖掘这些潜力，就成为我们面临的突出问题。必须明确，我们不是没有潜力可挖了，不是资金紧张得没有一点出路了，而是潜力很大。表面看是资金问题，但其深层次问题是企业组织形式问题，是投资体制问题，是金融体制问题。解决资金问题，最好的办法就是改革，而且时机也很好。外界有压力，内部也有需求。所以，从这个意义上来讲，当前也是改革的好时机。

第四，目前我省经济形势虽然较好，但决不可盲目自满，沾沾自喜。现在全国各地改革的动作都很大，特别是沿海地区。如果我们改革的步伐跟不上，仅仅是重视发展，我们的好形势就不可能持久。因为我们的机制不行，主要是外在动力缺少、内在活力不足。现在，我们是有一些速度，也有一些效益，这主要是由于全国性的固定资产投资过猛所产生的需求拉动的结果，并不是我们内在活力增强的结果。从总体上看，一旦国家这种固定资产投资过猛、需求拉动的趋势减缓了，而我们整个经济运行机制的转换不够，内在的动力还没有搞活，我省经济发展的速度和效益就会很快地掉下去。目前，由于需求拉动的作用，水泥、钢材等建筑材料出现了供不应求的好形势，但企业真正的良性循环的局面并没有形成。面对激烈的竞争局面，凭企业目前的素质和应变能力，恐怕要掉下去。我们还有一些薄弱环节，比如全省流通企业亏损在增加，一些县属企业亏损严重，县财政十分困难等，其原因都是改革滞后。因此，我们不能因为目前有了一点速度，有了一点效益，就盲目骄傲自满、沾沾自喜。应该看到，从根本上来说，我们的机制还不适应经济发展的需要，正像国务院调查组在我省调查后所指出的，我省计划经济的成分太浓。同时，我们的观念还有很大差距，而且这种差距不是哪一个人的，而是普遍性的。

建立现代企业制度是国有企业改革的方向 *

（1994 年 1 月）

> 现代企业制度是市场经济和社会化大生产发展的必然产物，是人类的共同财富。我国所要建立的现代企业制度，是适应社会主义市场经济要求的产权清晰、权责明确、政企分开、管理科学的新型企业制度。

国有企业转换经营机制，是经济体制改革的中心环节，也是建立社会主义市场经济体制的关键。党的十四届三中全会通过的《中共中央关于建立社会主义市场经济体制若干问题的决定》（以下简称《决定》）明确提出，以公有制为主体的现代企业制度是社会主义市场经济体制的基础，建立现代企业制度是发展社会化大生产和市场经济的必然要求，是我国国有企业改革的方向。这就为国有企业改革向纵深层次发展指明了前进的方向。

现代企业制度是市场经济和社会化大生产发展的必然产物，是人类的共同财富。我国所要建立的现代企业制度，是适应社会

* 这是李长春同志发表在《奋进》杂志 1994 年第 1 期上的文章。

主义市场经济要求的产权清晰、权责明确、政企分开、管理科学的新型企业制度，其基本特征是：第一，产权关系明晰，企业中的国有资产所有权属于国家，企业拥有包括国家在内的出资者投资形成的全部法人财产权，成为享有民事权利、承担民事责任的法人实体。第二，企业以其全部法人财产，依法自主经营，自负盈亏，照章纳税，并对出资者承担保值增值的责任。第三，出资者按投入企业的资本额依法享有所有者的权益，承担有限责任。第四，企业按照市场需求组织生产经营，以提高劳动生产率和经济效益为目的，政府不直接干预企业的生产经营活动。第五，建立科学的企业领导体制和组织管理制度，调节所有者、经营者和职工之间的关系，形成激励和约束相结合的经营机制。

按照社会主义市场经济体制的要求，建立以公有制为主体的现代企业制度，应从以下几个方面努力。

一、建立新的企业产权制度

明晰产权关系，建立新的企业产权制度，是社会主义公有制在市场经济条件下实现形式的探索，是建立现代企业制度的基础，它不会像有些人所担心的那样会导致私有化。明晰产权关系，就是确认企业国有资产属全民所有，即国家所有，国务院代表国家行使财产所有权，不存在国有资产的分级所有，也不存在国有资产属于地区还是属于部门的问题。党的十四届三中全会《决定》明确规定企业拥有法人财产权，这也是一个很有新意的提法，过去没有这样提过。企业的法人财产权，指包括国家在内的出资者、合作单位的投资者投入企业资本形成的所有资产，包括有形资产和无形资产，构成企业独立的法人财产，企业成为法人财产的主体，并拥有相应的权利，包括占有权、使用权、支配权、处置权和收益权。企业独立承担财产责任，以全部法人财产自负盈亏。国有资产产权主体则以投入企业的资本额为限，对企业债务承担有限责任。国有资产的产权主体，依法享有其投入企业资产的收益权和最重要的处置权，依法对企业的经营权实行产权约束。在企业的正常经营过程中，产权主体不得随意抽回资本金，只能依法转让。

确立了企业的法人财产权，也就明确界定了所有者和企业法人在财产关系上的各种权利，有利于明确各自的权益和责任。对于所有者来说，其责任就是对投入的资本额形成的资产负有限责任。过去企业亏损，国家要给予补贴，要对企业负无限责任，所以是无底洞。现在明确了所有者的权利，国有企业无论亏损或者破产，国家只以投入企业的那部分资本额为限、对企业债务负有限责任，与国家其他财产没有连带关系。而对于企业法人来说，有了企业法人财产权，就要承担独立的民事责任。如企业和其他企业之间发生的债务纠纷，就是企业自己的责任。过去我们强调政企分开，国有企业要逐渐改造成为自主经营、自负盈亏的法人实体和市场竞争的主体，这是对的。但是不理顺产权关系，就难以做到。理顺了产权关系，政府作为所有者的责任清楚了，国家关心的是投入的这笔资产怎么保值增值，而不是去直接干预企业的经营管理活动。企业有了法人财产权，就可以自负盈亏，产权可以流动、重组，这就解决了我们多年来提出而没有解决的优化资源配置的问题。所以现代企业制度的核心内容就是把产权搞清楚，产权搞清楚了，权利和责任也就明确了，这样才能真正实现政企分开和经营机制的转换。

二、建立现代企业组织制度

按照市场经济的要求，现代企业的组织形式应按财产的组织形式和所承担的法律责任划分，而不应以所有制性质划分。国际上通常分为公司企业、独资企业、合伙企业。公司企业是现代企业组织中的一种重要形式，已经形成了一套完整的组织制度。其特征是：所有者、经营者和生产者之间通过公司的权力、决策、管理、监督机构，形成各自独立、权责分明、相互制约的关系，并通过法律和公司章程得以确立和实现。在公司的组织结构中，股东会是公司的最高权力机构；董事会是公司的经营决策机构；公司的总经理由董事会聘任，负责公司的日常经营管理活动，对公司的生产经营进行全面领导；监事会是公司的监督机构，由股东和职工代表按一定比例组成，对股东大会负责。国有企业实行公司制是建立现代企业制度的有益探索。规范的公司能够有效地实现出资者所有权与企业法人财产权的分离，有利于政企真正分开、转换企业经营机制，企业摆脱对政府行政机关的依赖，国家解除对企业承担的无限责任，也有利于筹集资金、分散风险。

公司可以有不同的类型，对国有企业进行改造也可从实际出发，采取多种形式。第一种是独资公司。具备条件的国有大中型企业，如生产特殊产品（造币、黄金加工等）的企业、军工企业，可依法改组为独资公司。实行这种方式的公司相对要少一些。第二种是有限责任公司。它是由法人持股的有限责任公司，不面向社会，也不面向自然人。今后相当多的大型联合企业特别是企业集团，主要应采取这种形式。第三种是非上市股份有限公司。它的股份构成中，一部分要面向社会募集。这种公司的股票不能上市交易，只能进行柜台交易，或在股东范围内转让。第四种就是股票上市的股份有限公司。这种股票上市的股份有限公司，要求比较高，而且数量很少。因为既然上市，就涉及股民的利益，如果企业不具备条件，最后会造成企业经济效益大幅度滑落，引起社会的动荡。所以，我们不要认为企业搞股份有限公司就都是上市公司。在国外，上市公司也是极少数。

三、建立现代企业管理制度

要改革和完善企业领导体制和组织管理制度。坚持和完善厂长（经理）负责制，保证厂长（经理）依法行使职权。实行公司制的企业，要按照有关法规建立内部组织和权力机构，要发挥企业党组织的政治核心作用，保证监督党和国家方针政策的贯彻落实。工会和职工代表大会要组织职工参加企业的民主管理，维护职工的合法权益。必须深化企业内部各项管理制度的改革，重点是对企业的人事、劳动、分配和财务会计制度进行改革，建立严格的责任制体系。企业的机构设置应按照市场经济的需要，由企业自主决定。要重点强化开发、质量、营销、财务和信息等管理系统，提高决策水平、企业素质和经济效益。企业依法享有用工自主权和工资分配自主权。要建立现代企业财务会计制度，建立与国际惯例相一致的企业财务会计制度体系。加强职工队伍建设，全面提高企业素质。培养职工优良的职业道德和奉献精神，树立团结协作、敬业爱厂、遵法守信、开拓创新的精神。

建立现代企业制度，必须坚持以公有制为主体、多种经济成分共同发展的方针。《决定》指出，就全国来说，公有制在国民经济中应占主体地位，有的地方、有的产业可以有所差别。这个提法很有新意，在中央和国务院过去的文件中历来没有过。这种新的提法，实际上是对现实情况的肯定，而且也给一些行业、一些地区结合自己的情况进行改革，留下了很大的探索余地。就全国来说，中央强调公有制要占主体地位，我们对此要坚定不移，但不同行业、不同产业、不同地区应该有所不同。比如经济比较落后的地区，就应该大力发展个体经济和私营经济。从道理上讲，应该是经济越不发达，越应该先发展个体和私营经济，但现在却是相反，原因是观念上存在差距，改革的阻力主要来自“左”和旧的思想影响。邓小平同志讲，“要警惕右，但主要是防止‘左’”。转变观念，克服“左”和旧，对于我们河南来说尤其显得重要。我认为，比较贫困的地区，应该先发展个体、私营经济，再搞股份合作。《决定》指出，公有制的主体地位主要体现在国家和集体所有的资产在社会总资产中占优势，国有经济控制国民经济命脉及其对经济发展的主导作用等方面。这也是一个全新的观念。过去我们常讲的是另外一种数量概念，就是讲产值，讲国有、集体、个体企业等各占多少产值。国有经济的主导作用，主要应该体现在控制国家的经济命脉，在整个国民经济中起主导作用。形象地说，国有经济的主导作用就是一种控制力、引导力和影响力。以后随着产权的流动和重组，财产混合所有的经济单位越来越多，将会形成新的财产所有结构，这是一个发展趋势。相应来说，完全由国家独资的企业会随着市场经济的发展而减少。当然，在一些特定的领域，还必须有独资公司，由国家垄断；在一些关系国计民生的重要行业，虽然产权是多元的，但国家必须控股。

千方百计帮助企业扭亏解困*

（1994年6月13日）

要树立正确的盈亏观和“生死观”。优胜劣汰是自然法则，更是市场经济法则。我们既要解决企业“生”的问题，又要研究解决企业“死”的问题；既要着力于亏损企业的扭亏解困，又要着眼于通过优胜劣汰的市场机制，使资源得到优化配置，促进优势企业迅速发展壮大，提高国民经济的整体素质。

全省预算内工业中的亏损企业，大体可以分为三类：一类是有市场、有效益，暂时亏损的企业；另一类是有一定技术、管理基础，由于市场变化，处在结构调整期，扭亏有望的企业；还有一类属于特困企业，即债台高筑、职工生活没有出路的严重亏损企业。根据这种情况，一方面，应当积极贯彻国家有关政策，从社会稳定的大局出发，千方百计帮助企业扭亏解困。另一方面，也是最根本的，就是要通过改革解决亏损企业的机制问题，做到

* 这是李长春同志关于企业扭亏解困问题调研报告的一部分。

标本兼治，治本为主。解决亏损企业的思路应当是：以建立优胜劣汰的竞争机制、优化经济结构、提高国民经济整体素质为目标，以解决特困企业为突破口，大力推进产权制度改革，积极探索多种资产经营形式，加快适应市场需求调整产品结构的步伐；辅之以社会保障体系建设和临时性、过渡性的政策措施。

第一，扭亏解困事关全省改革、发展、稳定的大局，务必引起高度重视。从调查情况看，我省国有预算内工业企业亏损、停产和开工不足的问题来势较猛，牵涉面大，趋势还不甚明朗，如不抓紧解决，就会直接威胁“一高一低”目标的实现。在当前农业和国有工业这两大工作重点中，国有企业的扭亏解困带有全局性，关系到能不能走出强农兴工的路子，全省经济能否保持持续健康发展；关系到全省财政状况的改善，影响社会政治稳定的大局。因此，各级党委和政府在当前工作指导上，必须把解决国有企业亏损问题提到重要议事日程，迅速采取得力措施，扭转国有预算内工业企业的亏困局面。

第二，要切实转变扭亏解困的思路。有思路才能有出路。首先，要认识到亏损的根源在于企业的经营机制没有得到根本转变，没有真正把工作的着力点放在解决亏损企业的机制问题上。其次，应当看到，随着经济市场化程度的提高，在劳动密集型产业上，在技术、质量要求不高的产品生产上，以及在小商品生产等竞争性较强的行业上，小型国有企业在与乡镇企业、“三资”企业及个体私营经济竞争中处于不利地位，必然有一批被淘汰。必须尽早采取果断措施，该租则租，该兼并则兼并，该卖则卖，该破产则破产，才能争取主动。这样，不仅有利于混合所有制经济结构和其他多种经济成分的发展，而且有利于国有经济在基础产业及其他关系国计民生的重要产业中发挥主导作用。它既符合党的十四届三中全会精神，也是发展社会主义市场经济的必然要求。其三，还要树立正确的盈亏观和“生死观”。优胜劣汰是自然法则，更是市场经济法则。我们既要解决企业“生”的问题，又要研究解决企业“死”的问题；既要着力于亏损企业的扭亏解困，又要着眼于通过优胜劣汰的市场机制，使资源得到优化配置，促进优势企业迅速发展壮大，提高国民经济的整体素质。

第三，要在企业改革上真抓实干，加大力度，强力推进。从调查情况看，扭亏解困既有一个办法和路子不太清楚的问题，也有一个改革力度不够、工作不够扎实的问题。有些地方、有些企业，改革还仅仅停留在会议上、文件上、口头上，没有真抓实干。因此，应在狠抓扭亏解困措施的落实上下功夫。当务之急，是要对亏损企业分类排队，摸清底数。特别是对于特困企业，要找准症结，一个一个研究改革方案，一个一个解决问题，实行强力推进。现在看来，深层次的改革涉及方方面面的利益，单靠企业自身难以取得实质性的进展，我们应帮助企业进行改革，推着企业进入市场。应当把扭亏减亏目标责任制落实到改革的具体任务和要求上，既要考核减亏的指标，更要落实改革要求；既要检查扭亏进度，更要检查改革进度，真正把扭亏解困的各项措施落到实处。

第四，扶危解困，为亏损企业转制提供社会保障。亏困企业的改革能否顺利进行，很大程度上取决于社会保障体系建设和作用的发挥。现在的问题是，越是亏困企业越交不起统筹保险基金。解决这个问题，除了采取临时性的救济办法外，优势企业在兼并、购买亏困企业，以及亏困企业破产时，都要优先安置好职工生产生活。但从根本上讲，是要加快社会保障体系的建立和完善。要采取多渠道筹集的办法，解决亏损企业保险基金不足的问题。我考虑，一是从批租土地级差收入中拿出一部分，二是出售一些中小型国有企业，三是从破产企业中划出一部分国有资产。

第五，立足现实，努力为亏损企业扭亏增盈创造外部条件。解决亏困企业问题要靠深化改革，转机建制，但这有一个过程，不可能一蹴而就。为维护大局稳定，帮助亏困企业渡过难关，还必须同时采取一些延续性措施。一是必须继续狠抓企业内部干部、劳动人事、分配三项制度改革，进一步贯彻落实好《企业法》，转变政府职能，把企业的各项权利和责任还给企业，还给经营者。对长期亏损的小型国有企业，企业经营者的任免办法要大大改革，现行的管理办法极不适应把这部分企业推向市场的要求。要坚决取消任命制，实行聘任制或选举制，把选择经营者的权力交给全体职工。二是必须在亏损企业大力开展“转机制，抓管理，练内功，增效益”活动，结合实际，抓出实效。三是制定解决亏困企业扭亏解困问题的速效措施，除了目前国家和省里已经采取的措施外，各市地尽快提出预算内工业企业扭亏解困的意见，在深化企业内部改革、强化经营管理，以及干部人事、劳动用工、内部分配、社会保障、激励机制等方面，为企业创造更加有利的条件，推动企业尽快走出困境。

许继电气的经验可贵*

（1995 年 1 月 5 日）

转河南日报，许继在“转机制，抓管理，练内功，增效益”方面效果很好，经验可贵。国有大中型企业实实在在落实好这 12 个字，就会有显著成效，关键是真抓实干，而不是等待、观望。

* 这是李长春同志在河南省委办公厅《工作信息》第 3 期刊登的《许昌继电气股份有限公司的成功之路》上所作的批语。

经济发展要处理好几个关系*

（1995 年 8 月 30 日）

在“九五”期间乃至今后河南经济发展中，我们要始终处理好以下六个关系。

第一，强化农业基础地位与加速工业化进程的关系。作为一个农业大省，河南迫切需要加速工业化进程。没有工业化就没有农业的现代化，就会长期停留在落后的传统农业上。就河南的实际来讲，我们必须围绕“农”字上工业，上了工业促农业，强农兴工，协调发展，走出一条农业省加快工业化进程的新路子。这条路子，既强化了农业基础，又找到了加速工业化进程的突破口。

第二，增量扩张与存量增效的关系。国家今年明确提出要改变经济增长的方式问题。我们一定要走依靠科技进步、集约经营、内涵扩大再生产的道路，改变以往粗放经营的方式，努力争取存量增效。河南是一个传统的农业大省，历史上投入严重不足，“八五”期间尽管我们采取措施争取各方面投资，但投入仍然严重不足，在“九五”期间，一定要继续积极争取投入，实现

* 这是李长春同志与河南省理论界部分专家学者座谈时讲话的一部分。

增量扩张，把存量增效和增量扩张结合起来。

第三，巩固、发展、提高传统产业与大力发展高新技术产业的关系。河南长期以来以传统产业为主，高新技术产业比重小。即便传统产业总量也不大，特别是人均占有量在全国更为落后。在今后的发展中，我们既要巩固发展各种劳动密集型的传统产业，又要大力发展高新技术产业，一些中心城市更要注重大力发展高新技术产业，使全省形成传统产业与高新技术产业并举的合理产业布局。

第四，加快发展大的中心城市与发展星罗棋布的中小城镇、带动县域经济发展的关系。目前，河南省尚缺少辐射力、吸引力强大的中心城市，"九五"期间，要加快郑州、洛阳的发展步伐，增强其中原辐射带动能力，各方面都要给予大力支持。同时，要加快县改市、乡改镇的步伐，大力发展星罗棋布的中小城镇，以带动县域经济的发展，把中心城市带动和小城镇辐射结合起来。

第五，自力更生、艰苦创业与开放、引进的关系。我们总结倡导林县人民艰苦创业精神，使之成为全省人民振兴河南的强大精神动力。弘扬这种精神，并不是自我封闭，万事不求人。从国内外欠发达地区实现超常规发展所走的道路看，都是立足于"引"，实行"拿来主义"，把人家的资金、技术以及市场"拿来"，为我所用。开放和引进搞好了，可以进一步增强我们自力更生、艰苦创业的能力。

第六，点和面的关系、先富和共同富裕的关系。河南省总体上经济发展水平不高，必须创造条件使那些能够发展快一些的地方尽快发展起来，在全省形成比、学、赶、帮的局面。另一方面，全省还有670万人没有稳定解决温饱问题，在抓一部分地区、一部分人先富起来的同时，还要抓好扶贫开发，用先富起来地区的经验及时指导贫困地区的发展。同时，搞好先富地区与贫困地区的对口帮带活动。

加快两个根本性转变，促进工业化和城市化进程*

（1995 年 12 月 2 日）

实现两个根本性转变，最关键的是深化经济体制改革，形成有利于节约资源、降低消耗、提高效益的企业经营机制，有利于自主创新的技术进步机制，有利于市场公平竞争和资源优化配置的经济运行机制。

《中共河南省委关于制定全省国民经济和社会发展“九五”计划和二〇一〇年远景目标的建议》(以下简称《建议》)，勾画了我省今后 15 年经济和社会发展的宏伟蓝图，时间跨度长，工作涵盖面宽。实施这个《建议》，必须把握经济和社会发展的时代特点、客观规律和发展趋势，抓住关键，突出重点，精心组织，确保各项目标任务的顺利完成。

第一，要着力实现两个具有全局意义的根本性转变。改革开放以来，特别是“八五”以来，我省改革开放和经济建设取得了明显进展，但还存在着诸多问题和困难。就改革开放来说，与建

* 这是李长春同志在河南省委五届十二次全会上讲话的一部分。

立社会主义市场经济体制的要求还相差很远，特别是企业改革缓慢，配套改革滞后。就经济发展来说，并未摆脱粗放型增长方式，未能克服高投入、高消耗、低产出、低效益的弊端。不论是解决当前的问题和困难，还是今后加快发展，缩小差距，都必须实现两个根本性转变。实现这两个根本性转变，最关键的是深化经济体制改革，形成有利于节约资源、降低消耗、提高效益的企业经营机制，有利于自主创新的技术进步机制，有利于市场公平竞争和资源优化配置的经济运行机制。形成上述三个机制，既要有紧迫感，也要认识到需要有一个过程。因此，要在深化改革、努力创造体制优势的同时，强调立足现有基础，以现有企业为依托，通过改革、改组、改造和加强管理，实现规模经营，降低消耗，提高资源利用效率、劳动生产率和经济效益。鉴于我省长期以来固定资产投资不足，在存量重组、提高效益的同时，扩大经济总量在相当长时间内是十分必要的。但是，新建项目必须注意经济规模，技术起点要高。我省资金不足，经济发展不平衡，又面临着人口和就业的较大压力，在高起点努力发展高新技术产业的同时，要继续发展那些有市场、有效益、投资少、见效快的劳动密集型企业。这种混合型经济的格局将是我省长时期的重要特点。我们要结合我省实际，坚定不移地靠实施科教兴豫战略，推动科技进步和劳动者素质的提高，加快转变经济增长方式的进程。

第二，要突出抓好国有企业改革这个中心环节。国有企业是国民经济的支柱，是我省社会主义现代化建设的重要物质技术基础。搞好国有企业特别是大中型企业的改革，加快发展，对增强我省经济实力，实现《建议》确定的目标，具有极为重要的意义。十多年来，我省国有企业改革是有成绩的。但从总体上看，企业改革仍然是整个经济体制改革的薄弱环节，还不适应国民经济发展和建立社会主义市场经济体制的需要。不少企业资产负债率高，活力不足，生产经营困难，效益较低，严重制约全省经济的发展。这些困难和问题，必须通过深化改革来解决。因此，我们要从战略高度认识搞好国有企业改革的重要性和必要性。各级党委和政府必须对搞好国有企业的改革和发展增强信心，按照中央有关搞好国有企业的要求和“搞好大的，放活小的”“分类指导”的原则，切实抓紧抓好。对国有大中型企业，以建立现代企业制度为目标，把国有企业的改革同改组、改造和加强管理结合起来。近期要集中力量抓好建立现代企业制度的试点，尽快起步。其他企业要加强管理，抓好内部干部、劳动人事、分配三项制度改革，做好各项基础性工作，大面积地提高经济效益。对于大量国有小企业，重在放开放活，通过联合、兼并、股份合作、租赁、承包、拍卖、破产等形式的改革、改组，明确产权，转换机制，使之真正具有自主经营、自负盈亏、自我约束、自我发展的能力。在国有企业改革问题上，早认识、早改革，就能够获得体制优势，掌握加快发展的主动权；如果认识迟、行动慢，就会一步被动、步步被动，丧失发展机遇。因此，必须下定决心，坚定信心，开阔思路，大胆试验，勇于探索，务求在重点和难点问题上取得突破。各地要结合实际，因地制宜，分类指导，配套推进。改革试点城市和试点地区要加快步伐，为全省提供经验。

第三，要大力推进工业化、城市化进程。工业是国民经济的主导产业和主要增长点，实现经济发展目标在很大程度上要靠工业的持续快速健康发展。从工农业关系看，加强农业的基础地位，增加对农业的资金投入，提供农业现代化所需要的技术和设备，扩大农产品市场需求，提高农产品的加工增值率，都需要大力发展工业。同时，从根本上改变财政困难局面，增加对各项社会事业的投资，也主要靠工业的发展和效益的提高。经过多年来的努力，我省工业有了相当的发展，但人均工业指标长期处于全国后列，而且从总体上看，工业技术和管理水平不高，产品结构不合理，名优产品和高新技术产品比重小，相当一些企业消耗高、质量低、效益差，甚至长期亏损。特别是广大农区，由于工业发展缓慢，农业大县、工业小县、财政穷县的状况长期得不到根本改变，以至在基础设施建设、社会事业发展等方面处于被动地位，农民收入难以大幅度提高。要加快我省经济发展，就必须在加强农业基础地位的同时，大力推进全省工业化进程，提高工业在国民经济中的比重和经济效益。加快工业化进程必须加快第三产业的发展和城市化进程。工业的发展不仅需要农业的支撑，需要第三产业的服务和支持，还需要通过城市化获得集聚效益和规模效益，克服过于分散对工业和第三产业发展的制约。要引导农民向非农产业合理转移，向中心城镇有序流动。我们必须进一步解放思想，扩大视野，正确把握一、二、三产业发展和加快城市化进程之间的相互关系，着力加快全省工业化、城市化进程，实现工农、城乡的协调发展和良性循环。要把工业发展战略和“抓大放小”的企业改革战略有机结合起来，省、市地和有条件的县（市）要一手集中力量抓大企业，上大项目，培育支柱产业，一手抓优化环境，放开放活，充分调动和发挥各方面发展工业的积极性、主动性。要进一步加快城市和小城镇的发展，增强其辐射力和吸引力。

把创名牌放在突出位置*

（1996年4月4日、13日）

要把培育名牌和发展企业集团放在经济工作的突出位置上，以名牌为龙头，以资金为纽带，组建跨地区、跨行业的企业集团。

一

要把培育名牌和发展企业集团放在经济工作的突出位置上。前几年，河南省纺织工业在比较困难的情况下，在全国的位次前移，形成了一些名牌产品，如白马牌纱、神马牌帘子布、白鹭牌粘胶纤维等。但总的看来，名牌产品还是太少，而且大多停留在原材料和初级产品上，最终产品的名牌基本上是个空白。纺织行业唯一的出路就在于大力开发名牌产品，尤其是高附加值的最终名牌产品，如服装等。然后，以名牌为龙头，以资金为纽带，组建跨地区、跨行业的企业集团，以拓展市场，增强企业承受原料

* 这是李长春同志关于推动纺织工业发展两次谈话的节选。

1996 年 4 月 4 日，李长春在鹤壁市淇县棉麻纺织厂考察。

价格上涨的能力。

（1996 年 4 月 4 日在考察鹤壁市淇县棉麻纺织厂时谈话的一部分）

二

为从根本上解决我省纺织工业的困难，纺织行业要解放思想，加快转换经营机制，解决好广大职工，尤其是经营者的思想观念问题。要加大改革力度。小型国有企业可以搞股份合作制；确实维持不下去的企业可以实行兼并。还要搞多种形式的风险承包、租赁经营，对经营者引入风险机制和民选机制。

应该看到，困难只是暂时的，目前纺织工业同样面临发展机遇。纺织品市场多年疲软，现在销售开始上扬。沿海纺织企业正在进行大的结构调整，生产能力开始向内地产棉区转移。国际纺织品市场看好。河南纺织工业要抓住这个机会，到沿海地区商谈横向联合，招商引资，利用外资搞好嫁接，多渠道筹集资金，搞好技术改造和结构调整，使河南纺织品由中低档向中高档推进，形成高、中、低的合理结构。

（1996 年 4 月 13 日在听取纺织工业汇报时谈话的一部分）

推进国有企业改革和发展*

（1996年8月16日）

国有企业改革躲不过、等不得，早改早主动，晚改就被动，不下决心及早突破，问题就会越积越多，解决的难度也将越来越大。因此，各级党委和政府一定要从关系整个经济发展，关系社会主义市场经济体制建立的高度出发，以强烈的时代紧迫感和政治责任感，坚定不移地把国有企业改革推向前进。

中央关于国有企业改革的基本方针已定。现在的关键是，要进一步解放思想，真抓实干，把改革措施落到实处，取得进展。

今年以来，我省的经济形势从整体上看是好的，但同时也出现了一些新的困难和问题，突出的是国有工业企业经济效益严重滑坡，生活困难职工的数量进一步增加。如果我们不下决心推进改革，扭转效益严重滑坡的局面，必将严重影响今年乃至整个“九五”目标的实现，甚至危及社会稳定。各级党委和政府一定

* 这是李长春同志在河南省委六届二次全会上讲话的一部分。

要有清醒的认识，把改革、改组、改造与加强管理结合起来，变压力为动力，在克服困难中抓住机遇，深化改革，加快发展。

一是坚持“三个有利于”的标准，解放思想，勇于探索。我们在实践中遇到一些问题，不能顾虑重重，迈不开步子，只要国有资产能够增值、企业能够增效、职工能够增收，就要大胆实践。

二是不等不靠，敢于触及矛盾，解决难点、热点问题。改革进入攻坚阶段，要解决深层次的矛盾和问题，情况复杂，难度很大，但我们决不能因此而裹足不前，消极等待。国有企业改革躲不过、等不得，早改早主动，晚改就被动，不下决心及早突破，问题就会越积越多，解决的难度也将越来越大。因此，各级党委和政府一定要从关系整个经济发展，关系社会主义市场经济体制建立的高度出发，以强烈的时代紧迫感和政治责任感，坚定不移地把国有企业改革推向前进。

三是要建立国有企业的扭亏责任制。必须明确，从整体上搞好国有企业，不仅是企业的事情，也是党委和政府的任务。因此，要按企业的隶属关系，哪一级企业哪一级党委和政府负责，一级抓一级。党委和政府的主要领导要亲自挂帅，及时协调解决改革和发展中的重大问题。党政领导要深入企业，抓好试点，指导全局。要按照今明两年50%以上的国有工业亏损企业完成各种形式的改制改组的要求，落实到企业，落实到具体人，分期分批组织实施。所涉及的部门和单位要主动配合协作，为深化企业改革作贡献。对于那些长期亏损而又迟迟不推进改革的要批评教育，严重的要采取组织措施。

四是要把改革热情和科学态度统一起来。既要有改革的决心和魄力，又要注意做深入细致的工作，从目标确定，方案设计，到组织实施，都要力求做到科学周密。要注意总结推广典型经验，以点带面。要高度重视、积极探索在市场经济条件下解决困难企业职工生活和再就业问题的有效途径，做好深入细致的思想政治工作，及时化解矛盾，保持社会政治稳定。企业党组织要在深化改革、提高效益中发挥政治核心作用。要全心全意依靠工人阶级，引导职工理解改革、支持改革，自觉投身到改革的实践中去。

加大结构调整力度，推动产业升级*

（1996 年 12 月 17 日）

调整和优化经济结构要突出三个重点：一是积极实施名牌战略，加大产品结构调整力度，较大幅度地提高名优产品的市场占有份额。二是积极实施集团化战略，加大企业组织结构调整力度，提高企业的市场竞争能力。三是积极培育新的经济增长点，加大产业结构调整力度，推进产业升级。

现代经济的增长，很大程度上表现为结构的不断优化和产业的不断升级。调整和优化经济结构，已经成为摆在我们面前的一项紧迫而重要的任务。这不仅是缓解企业生产经营困难、深化国有企业改革的需要，也是推进两个根本性转变、适应我国经济发展新阶段产业结构升级的要求，直接关系到河南跨世纪宏伟蓝图的实现。我们必须从现在起，把这项工作提到重要日程，下决心解决大而全、小而全、低水平重复建设问题。总的目标要求是：

* 这是李长春同志在河南省委工作会议上讲话的一部分。

突出三个重点、实行三个结合，逐步改变计划经济条件下形成的不合理的经济结构，建立起一个面向二十一世纪，以名优产品为龙头，以优势产业为支柱，以参与国内外市场竞争为目标，以增强经济技术实力为重点，产业结构合理，资源配置优化，生产要素有效利用，高效率、高效益的经济结构，保证国民经济协调快速持续发展。

当前，调整和优化结构的三个重点：一是积极实施名牌战略，加大产品结构调整力度，较大幅度地提高名优产品的市场占有份额。产品是企业的生命线。所有企业都要围绕开发适销对路产品，加大技术改造力度；产品紧俏的企业要在名牌上做文章，集中力量创名牌；大中型企业更要建立产品开发机构，做到生产一代、开发一代，储备一代、预研一代。各级政府要调查摸底，分类排队，加强财政、金融对技术改造的扶持，建立健全政策法规，支持和保护名牌。二是积极实施集团化战略，加大企业组织结构调整力度，提高企业的市场竞争能力。这要作为河南跨世纪发展的战略措施。企业组织结构调整的关键，在于存量资产的流动和重组。要大力推进企业的兼并与联合，积极鼓励优势企业对经营不善的企业实行托管经营；大力支持以名牌、名厂和名人为龙头的资产重组，把“三名”无形资产同有形资产的调整结合起来，达到资本扩大、结构优化、存量盘活的目的；积极培育以名牌产品为龙头、以产权关系为纽带的跨地区、跨行业、跨所有制的大型企业集团。三是积极培育新的经济增长点，加大产业结构调整力度，推进产业升级。培育新的经济增长点，是调整和优化经济结构的重要方面和必然选择，对于开拓市场、增强经济发展后劲，具有十分重要的意义，必须及早着手，尽快起步。综合考虑国家的整体布局和市场需求趋势，民用住宅业、农产品加工业、以电子信息和新材料为重点的高新技术产业，以及服务于人民群众生产生活的第三产业，市场需求量大、产业关联度高、带动作用强，有的我省已有基础，有的前景广阔，很有可能成为新的经济增长点。有关部门要尽快对这一问题进行深入研究，确定方向，制定方案，拿出扶持政策。各市地也要从实际出发，选择本地区新的经济增长点，发展有明显优势的特色经济。上述三个方面是一个有机整体，名优产品是龙头，集团化经营是途径，产业升级是结果。我们要抓住这三个重点，加大调整力度，使河南在未来发展中立于不败之地。

调整和优化经济结构是一项庞大而复杂的系统工程，在工作中一定要注重三个结合。一是把调整结构与开拓市场结合起来，重点是开拓农村市场和国际市场。这两个方面都有巨大潜力，关键是我们要适应国内消费需求结构和国际市场发生的变化，增强市场意识，切实把研究市场、开拓市场放到重要位置。所有企业都要在开拓市场上下功夫，努力开发新产品，提供新服务，创造新需求，不断为经济发展寻求新的动力。二是把抓好战略性调整与即期性调整结合起来。一方面，要充分考虑经济的长远发展，抓住国家支持和外商青睐基础产业和基础设施建设的机遇，推动我省农业、能源、交通、通讯等产业有一个大的发展。同时，以培育支柱产业为中心，抓好一批对我省经济发展具有长远而重大作用的骨干项目。另一方面，按照投资少、见效快、规模合理、滚动发展的原则，抓紧上一批“短平快”项目，增加和开发适应投资、消费需求的产品。三是把调整结构与深化改革结合起来，加快投资体制改革的步伐。一方面，要明确投资主体，把投资决策权由政府转向企业，使企业自行承担投资风险。另一方面，要建立健全投资监督机制和利益风险机制，使企业投资项目符合国家的产业政策，严格执行资本金制度。同时，对在建项目进行认真清理，对规模小、技术落后、先天不足、投产后必然出现严重亏损的在建项目，要坚决停下来。

完善建筑市场，规范市场行为*

（1997 年 1 月 18 日）

把建筑市场管理纳入法制化轨道，推动全部工程都必须进入统一的市场管理，以实现无形市场向有形市场、隐形市场向公开市场、无序市场向有序市场转变，建立起统一、开放、竞争、有序的建筑市场。

在计划经济向社会主义市场经济转轨的过程中，市场经济处在初期阶段，完善的规范的市场机制还未建立起来。建筑业是受传统计划经济体制影响最深、束缚最多的行业之一，加上改革不配套、法制建设滞后，监督管理不严，致使建筑市场运行秩序混乱，成了当前经济案件的高发区。因此，不能把建筑市场混乱简单地归结为经济问题，而要从政治的高度来认识这个问题。对此，我们不仅要从经济角度来抓紧完善规范化的市场经济体制，还要从加强党风廉政建设、反腐败斗争的高度，加强立法，标本兼治，堵塞漏洞。

---

* 这是李长春同志考察郑州建筑市场时讲话的一部分。

郑州的有形建筑市场是我们完善建筑市场体系、规范市场行为迈出的新的一步，是一个飞跃。目前已有四个城市建立了类似的有形市场，所有城市都要像郑州这样尽快把有形市场建立起来，完善市场机制，这对于清除腐败现象，保证高质量、高效率地完成各项工程建设任务，充分发挥投资效益，促进国民经济快速、持续、健康发展都具有十分重要的意义。省建设厅要把建立有形建筑市场作为整顿建筑市场、加强市场管理的杀手锏，通过抓有形建筑市场来规范工程承发包行为。

全省所有建设工程项目都必须全部进入建筑市场，实行报建、招标承包，进行公开、公平、公正交易。省人大常委会要研究立法，对不进入市场交易者视为非法交易。有形市场要立足于为市场主体的各方服好务，特别是简化手续，为建设单位提供一条龙服务。省建设厅要请省计委、省监察厅来这里检查指导，并要会同省计委、省监察厅认真研究，在人大没立法前先共同制定有关文件下发执行。同时还要加快立法步伐，全国已有二十多个省市制定了有关建筑市场管理的规范性文件。我省建筑市场管理条例也要尽快经省人大批准出台，把建筑市场管理纳入法制化轨道，推动全部工程都必须进入统一的市场管理，以实现无形市场向有形市场、隐形市场向公开市场、无序市场向有序市场转变，建立起统一、开放、竞争、有序的建筑市场。

建设工程从信息发布、标书发放、投标、标底审定确认、评标到揭标确定承包单位都要逐步采用微机管理，减少人为因素。招标及开标都要实行开放式管理，增加透明度，做到科学、合理和规范化服务。

要加快全省评标专家库建设，选择一批觉悟高、思想好、公正廉明、在技术上有一定权威的同志作为评标专家，要持证上岗，并要加强对他们评标资格的动态管理，搞好年度资格审查，行为不端的要坚决取消评标资格，并追究责任。要使这些同志感到，作为评标专家既是一种社会荣誉，也是一个重大的社会责任。各级领导干部不参加评标工作。

要抓好建筑市场的监督管理，完善市场各项规则，健全市场机制，建立运行有序的市场秩序。聘请监督员，加强对评标专家、中介机构、建设单位和施工单位的监督。规范市场行为首先应规范主管部门、主管领导的行为，正人先正己。

在规范建设单位行为的同时，建设行政主管部门对施工企业合同成交后的行为也要加强跟踪管理，充分发挥建设监理和工程质量监督的作用，认真听取用户的意见，改进工作。对施工企业的评价，还要包括社会行为方面的内容，如建文明企业、创文明工地等社会主义精神文明建设的内容，把施工企业的工程业绩和文明服务同招标投标结合起来。要大力振兴建筑业，使之尽快发展成为能够带动整个经济增长和结构升级的支柱产业。

推动企业向集约经营转变*

（1997 年 1 月 28 日）

在经济增长方式的转变上，要注重优化产品结构、企业组织结构和产业结构；注重科技进步效益，提高技术含量，增加技术附加值；注重规模效益，扩大市场占有率和覆盖率；注重管理，向管理要效益。

随着改革的深入，中央提出，“九五”期间我们的经济工作要加快实现两个根本性转变，一是经济体制的转变，二是经济增长方式的转变。当前，随着改革的深化，企业之间、地区之间、不同利益主体之间的格局正在发生变化，市场法则已经在更多的领域发生作用，那就是优胜劣汰。因此国有企业出现了空前的两极分化，一部分企业迅速地发展壮大，据说上海华谊集团公司去年的销售额超过 1000 亿，这在过去是不能想象的，但是同时也出现了大面积亏损，全国国有企业的亏损面达 40%多。一方面

* 这是李长春同志在河南省部分大企业集团厂长（经理）迎春座谈会上讲话的一部分。

要看到在两种体制转变中，这些都是不可避免的，不要大惊小怪，同时也要善于抓住这个机遇，为我所用。在两个转变中，中央提出来对国有企业要实行战略性改组，改革、改组、改造和加强管理，即“三改一加强”。在经济体制转换上，现代企业制度的十六个字指出了明确的方向，在经济增长方式的转变上，也有明确的四个内容，从粗放经营到集约经营，要注重优化产品结构、企业组织结构和产业结构；要注重科技进步效益，提高技术含量，增加技术附加值；要注重规模效益，扩大市场占有率和覆盖率；要注重管理，向管理要效益，这四条就是粗放经营向集约经营转变的内容。如何抓机遇？

第一，要紧紧围绕市场需求，加大技术改造力度，调整产品结构。这是最重要的，就是说，能不能有一个参与市场交换的产品，这是企业全部工作的基础，什么改革、管理，如果没有产品的基础，一切都谈不上。产品也是两个层次，一是解决适销对路，你得有一个适销对路的产品，一个或若干个能够看得住你饭碗的产品，才能够使你在市场中立足，找到你自己的位置；第二个层次就是拿出名牌，调整结构就是围绕这来进行。产品结构就两条，一是适销对路，二是名牌产品。调整产品结构的途径就是技术改造，技术改造是企业经营行为的组成部分，是持之以恒的事情，要不断地改造，不断地研制，做到生产一代，开发一代，储备一代，预研一代。我们国家引进照相机技术，体会就很深，人家转给的技术，起码压你五年，人家这五年新开发的技术都没有转给你，没有投向市场，转给你的一生产，人家新的东西就推向市场，一下子你就垮掉，所以要不断地开发新产品。

第二，要紧紧围绕名牌产品搞规模化、集团化。搞规模化、集团化靠的是什么？如果还是要靠传统的打个报告，请上级立项，给我贷多少钱，这个途径我们仍然要积极争取，但仅仅靠这个办法已经太落后了。企业发展要有新观念。要实现规模化、集团化，首先思想观念要转变，要转变产品有销路、企业有利润、职工能发奖就行了的观念，这种小进即满，小富即安的思想已远不适应形势了。企业在市场竞争中，如同百舸争流，不进则退。大中型企业经营者必须要有强烈的扩张意识，在市场经济面前，必须有航空母舰，联合舰队，才能压住风浪，必须树立这一观念。当前国有企业两极分化，拉开档次，一些企业没有生路，企业着急，职工着急，地方政府着急，在这种情况下，我们就用中央提出的对国有企业实行战略性改组的有关政策，千方百计盘活存量，用我们的实力去无偿划拨，吞掉你，资产总量不就壮大了吗？春都兼并的大连肉联厂，设备很好，职工素质也不错，就是没有名牌产品打不出市场，我们就把它兼并掉，利用我们的技术和配方，派人去管理，这样一下子就实现了市场战略。要走不花钱就扩大投资、扩大生产能力的路子，就是搞兼并、无偿划拨，这叫资本经营。现在国家非常支持兼并，在政策上，凡是110 个试点城市或者其中一方是试点城市的或者是列入国家重点企业的兼并，被兼并企业过去历史上的债务，利息全免，兼并以后银行贷款 7 年内还本。政策相当优惠。要改变我们单纯靠产品积累资金、积累利润再搞扩建的老观念，要学会搞资本运作，搞兼并联合、资产重组，搞股票上市直接融资，在国有企业之间搞无偿划拨。最近我看了三九集团抓住资产重组大好机遇，为集团二次创业开辟中原根据地的一个计划，已经兼并了我们十几个企业。他们提出靠产品积累搞扩建是老办法，靠资本运作是捷径，坚持以无偿划拨为主，现在已吸收兼并联合企业达 18 家，总资产超过 10 个亿。从我们这儿已经兼并了 10 个亿，正在进行兼并的企业有 7 家，总资产 7.2 亿，还有数十家要求被兼并的企业，正在重点考察、论证，涉及河南的洛阳、焦作、开封、新乡、南阳、郑州、周口、安阳、商丘 9 个城市。三九集团要在河南成立杜康酒业集团，兼并了我们的伊川杜康，要改为具有白酒、葡萄酒、啤酒、酒精、保健酒、饮料多元产品结构的专业化集团，现在阵势拉开，已是咄咄逼人。当然，人家来兼并，这是按照中央的要求，只要企业愿意，我们也不能不让人家兼并，今天这个企业座谈会，我要呼吁我们的大企业，尽快地警醒起来，首先兼并省内的企业，然后再打出省外。

再就是面向资金市场搞直接融资，当前也是绝好的机遇。随着国民温饱问题已基本解决，国民有一定的投资意识，现在每年的储蓄额增长幅度也很大，再加上物价形势好转，降低利率，居民储蓄热情淡化，有比储蓄利益还高的，他就要转向别的方面，那就是投资。国家确定增加股票市场的股值，逐步审批一些企业股票上市，这都是有条件的。在这个问题上，我省上市的企业量还少。股票上市等于无偿使用股民的资金，没有成本，实现利润以后再分红，而贷款是有利息的，加大了成本。股票上市还可以推动企业机制的转换。国有资产怎么来监督是一个大课题，过去传统的办法是上级主管部门来监督，部属企业靠部来监督，省属企业靠省来监督，股票上市，本身多了个社会监督，往往社会监督比上级行政监督更有效。你经营的好坏，接受金融评论家、股民的监督，他买股票，他就要知道那个企业经营得怎么样，一个动作弄不好，你的股值就下降，你在市场的形象就下降，大家都

1997年2月5日，李长春深入焦作矿务局朱村煤矿196米井下考察工作。

抢着抛售你的股票，最后，你就可能垮台，这是一个很大的监督。反过来，你搞得好，这比花几千万上亿的钱到中央电视台打广告效果还要好，看你的股票经营额始终保持在前几位，这就是很好的宣传。所以去年以来大家申报股票上市的积极性上来了，有二十几家，预选了8家，我们鼓励凡是有条件的大中型骨干企业都可论证上市方案。我们也在运作能不能再开辟另外的一个渠道，比如豫港公司，把它包装一下能不能在香港直接上市。扩张的第三个渠道就是利用外资。

第三，要紧紧围绕建立现代企业制度的试点，突破国有企业改革的难点，在难点上有所作为。就企业内部来讲有三个包袱，一个冗员，一个债务，一个企业办社会。对于解决冗员问题，煤炭行业创造了经验，煤炭行业过去也是亏损得一塌糊涂的，其中一个重要的原因，就是冗员太多。1992年朱镕基同志到河南来，就明确提出减人增效，分流转产，搞多种经营，改变亏损局面。1993 年我和俞家骅[1]同志专门召集煤炭行业座谈会，要求他们用 3 年时间实现两个超过，一个就是多种经营的产值要超过主业产值，一个是从事多种经营的人员要超过主业挖煤的人员。去年实现了两个超过，全行业实现扭亏。煤炭行业搞多种经营，比我们在座的企业搞多种经营要困难得多，因为职工的结构主要是挖煤出身的多，搞别的技术，反差太大，煤炭行业的企业很多不在中心城市，搞二、三产业的条件比较差，但他们实现了这个目标，特别是焦作煤矿，连续 23 年亏损，去年一举扭亏。他们拉长煤炭产品链条，搞电厂、办商业、搞报警器工业生产等等。焦作王封矿，矿井已经宣告枯竭，4200 人通过搞二、三产业顺利实现转业。现在看来，越是困难大的越是能逼出路来，煤炭行业困难大，已经逼出路来了。我们的国有企业应该学习焦矿先走出这条路子的经验。我们准备把煤炭行业的经验向军工、纺织、建筑行业推广，准备以省委省政府的名义转发煤炭厅和省委政研室的报告，学习焦矿扭亏经验，就是搞减人增效，你的产品定额用多少人，就用多少人，其他人坚决拿下来，暂时找不到门路就搞培训，也不要在岗位上混着，然后逐步开辟其他二、三产业。债务包袱，负债率高，企业创造的价值都转为利息了，没有实现利润，搞资产重组兼并一块，负债率就下来了；新增生产能力扩大一块，负债率就下来了；搞股票上市、搞吸引外商投资，负债率就下来了。企业办社会，短时间内同企业脱钩也是比较难的，我们社会化程度不高，另外这些单位的医院、食堂、学校都是非营利性的，政府也没有资金，第一步在领导体制上不变，还是你企业的一部分，把它推向市场，为企业内部服务和为社会服务结合起来，核定定额，剩下的靠扩大社会服务来解决，先把这步路子走出来，将来有条件再逐步分离，与企业脱钩。河南轮胎厂解决企业办社会搞得就比较好。我看企业内部主要是这三条。企业外部，主要也是三条：第一，社会保障体系，要继续完善。现在养老统筹和失业统筹的覆盖面已比较大了，医疗保险正在搞试点，不要急于扩大。目前，不少城市都动了起来，界定城市最低生活线，生活线以下是财政行为、政府行为，用所得税、个人收入调节税拨给民政搞救济，这些都搞起来了，下一步要加快再就业工程建设步伐，促使再就业机制的形成。第二，市场体系还不完善，特别是生产要素市场还不活跃。如产权交易市场。企业兼并，很多还是靠政府行为，兼并谁、怎么兼并都不清楚。今后，产权交易市场要成为重要的中介，要把双方的情况都输入电脑库，要主动地去开辟市场，去推销，去介绍。第三，国有资产的监督和运营这个问题还没有解决，这也是造成政企分不开的主要原因，还要抓紧探索。

注　释

〔1〕俞家骅，时任河南省副省长。

兼并重组，优势互补*

（1997 年 3 月）

企业兼并重组有许多好处。一是不会造成大批职工失业，社会震动小。二是可以使存量资产流动起来，用小的投入实现大的产出。三是可以实现资本集中，规模经营。四是有利于政企分开和机制转换。总之，走兼并重组之路，能使企业改制、改组和改造三者较好地结合起来。

推进国有企业之间的兼并重组，形成一批以优势企业为龙头的企业集团，当前是最好的时机。

目前，企业改革已进入攻坚阶段，国有企业出现了大分化，一批活力强、效益好的企业凭借在国内外市场的良好声誉更加强大起来，部分缺乏活力、经营困难的企业步履更加艰难。这是国有企业走入市场参与竞争的必然结果。

---

* 这是李长春同志在八届全国人大五次会议期间接受记者采访时谈话的一部分。

伴随着大分化，必然出现大改组。从优势企业看，由于有良好的市场，急需集聚生产要素，以扩大规模、壮大实力；从劣势企业看，市场萎缩，生产要素闲置，职工生活困难。把劣势企业的生产要素在全社会重新组合，形成以优势企业为龙头的企业集团，既可满足优势企业扩大再生产的需要，又解决了劣势企业的出路问题。

企业兼并重组有许多好处。一是不会造成大批职工失业，社会震动小。二是可以使存量资产流动起来，用小的投入实现大的产出，实现低成本扩张，不靠新的增量发展生产，不仅对抑制通货膨胀有利，且可提高整体经济效益。三是可以实现资本集中，规模经营，改变长期以来我国国企数量虽多，但大都处于分散、低水平重复的状况，要向适应社会化大生产要求的方向发展，即通过组建若干集团化大企业，辅之以众多中小企业的协作配套，形成“行星系”组织结构，从而增强企业的市场竞争能力，提高其整体素质。四是把靠各级政府帮助劣势企业扭亏、劣势企业躺在国家怀里等靠要的状况，变为靠政府、法规推动企业兼并重组的局面，有利于政企分开和机制转换。总之，走兼并重组之路，能使企业改制、改组和改造三者较好地结合起来。

推进企业兼并重组，应求实务实。政府可以当“红娘”，帮助企业在自愿的前提下兼并重组。由国家和省开办产权交易市场，发挥市场对资源合理配置的功能。有条件的地方可把行业管理部门改造成国有资产运营公司或新组建国有资产经营公司，从事资产经营，以此推动兼并重组。同时，要巩固和完善财税、金融体制等方面的改革，创造更有利于企业兼并重组的宏观环境。还应大力发展市场中介组织，为企业兼并重组提供更好的服务。

抓住关键，分类指导，推动国有企业改革发展取得突破性进展*

（1997年4月25日）

> 企业必须认真研究市场，既要研究国内市场，又要研究国际市场；既要研究现有市场，又要研究潜在市场。要把优化结构与寻求新的增长点紧密结合起来，注重高新技术、高附加值产品的开发，抢占市场制高点，掌握市场主动权。

党中央、国务院关于企业改革和发展的方针、政策、措施都已经十分明确，现在的关键是要集中精力，加大力度，真抓实干，务求取得突破性进展。各级党委和政府要对本地的国有企业进行一次全面的调查，吃透情况，分析原因，找准突破口，实行一厂一策，分类指导。

对有产品、有市场、发展前景广阔的国有大中型企业，要支持和鼓励它们抓住当前有利时机，以资本经营和产品经营相结

* 这是李长春同志在河南省学习煤炭行业扭亏增盈工作会议上讲话的一部分。

合，加速扩张，实现规模化、集团化。这要作为搞好国有企业工作的一个重点。我省有一批充满生机和活力的优势企业，要进一步发展壮大，必须实施名牌战略和规模化、集团化战略，从单纯营运产品转到营运产品与营运资本相结合，从靠单一的产品运营转向靠多元化的产业运营，从单纯追求扩大生产能力转向关心投入的回报率，把企业所拥有的一切有形和无形资产作为资本，通过流动、重组进行有效运营，最大限度地实现增值。应当看到，现在相当一部分企业经营困难、亏损严重，有的面临破产倒闭，这对优势企业来讲，正是低成本扩张、快速健康发展的好机会。双汇集团〔1〕最近几个月就在省内外收购了数家企业，仅投入 3300 万元，就使企业资产增加 1.4 亿多元，并且很快形成了生产能力。优势企业一定要审时度势，牢牢把握这一难得的历史机遇，破除自我封闭、小打小闹的思想，增强干大事、成大业的进取意识，主动出击，慎重取舍，快速扩张。各级政府要用足用好国家有关兼并联合的政策，并在项目安排、资金和电力供应、运输等方面实行重点倾斜，支持这些企业迅速实现规模化、集团化。

对人员多、负担重、困难大的行业和企业，要以减人增效、分流转产为突破口，努力走出困境。纺织、军工行业在历史上都有过辉煌的时期，为我省的经济振兴和国家建设作出过重大贡献，但近些年来，由于种种原因，许多企业经营困难、亏损严重。各级党委和政府要认真执行并协助行业主管部门和企业积极争取国家进行解困试点的有关政策，但从根本上讲，要摆脱困境，还要靠企业自身的努力。要结合自身特点，加大减人增效、分流转产的力度。一方面加快产品结构和生产力布局的调整，实现二次创业。军工企业要走出封闭，按市场需求组织生产经营活动，大力发展民品；纺织企业要大力开发适销对路产品和系列深加工产品，尽快创出自己的名牌。另一方面要积极培育新的经济增长点，大力兴办第三产业，分流安置富余人员。

对技术设备条件较好，但产品单一、老化，市场竞争力不强的企业，要紧紧围绕市场需求调整产品结构，扩大自己的生存空间。产品是基础，是关键。没有好的产品就没有市场，没有市场企业就不能生存。特别是现在科学技术日新月异，新的消费热点不断形成，没有过硬的叫得响的产品，企业就无法在市场竞争中立于不败之地。一拖集团〔2〕之所以能够在较短的时间内扭亏为盈，一个重要的原因就是对产品结构的调整抓得比较紧。他们在原来拖拉机系列的基础上，又发展了工程机械系列和农用汽车系列，并积极向重型汽车发展。新飞电器公司围绕市场调整结构，平均每两个月就有一个新产品投放市场，现在已发展到五大系列近百个品种，产量已跃居全行业前列，经济效益连续几年居全行业之首。许多企业的实践说明，企业必须认真研究市场，既要研究国内市场，又要研究国际市场；既要研究现有市场，又要研究潜在市场。要把优化结构与寻求新的增长点紧密结合起来，注重高新技术、高附加值产品的开发，抢占市场制高点，掌握市场主动权。

对面上的企业特别是管理混乱，跑、冒、滴、漏严重的企业，要以学邯钢〔3〕为契机，紧紧围绕降低成本、提高质量，在抓管理、练内功、增效益上狠下功夫。管理是企业的基本功，是永恒的主题。目前，确有一部分企业管理混乱，纪律松懈，漏洞很多，浪费严重。下功夫搞好管理，效益自在其中。要在学邯钢的同时，认真总结推广许继等我省一些先进企业科学管理的经验，围绕降低产品成本和提高产品质量，突出一个“严”字，做到“严”字当头，有“规”必依，执“规”必严，违“规”必纠，把严格管理贯穿生产经营全过程，严格劳动纪律，严格工艺要求，严格操作规程，严格产品检测，实行责任制，形成良好的厂风。

对广大中小企业，要以推行股份合作制为主，采取多种形式，切实放开放活。我省中小企业数量很多，大都因投资较少而设备陈旧、技术落后。对这些企业早放早主动，晚放就被动。商丘、许昌、漯河等地的实践告诉我们，企业改为股份合作制以后，经营者有了压力和动力，责任心大大增强；职工有了危机感，积极性也充分调动起来。对这类企业的改制要坚持一厂一策、因厂制宜；坚持科学评估、市场定价，防止国有资产流失。总之，要以“三个有利于”为根本标准，只要能够把企业搞活、国有资产能够保值增值、职工能够增收，就要勇于探索，大胆实践。

对产品无市场、严重资不抵债、救治无望的企业，要下决心兼并和依法破产。据国家有关部门统计，全国国有企业中应该被淘汰的企业约占全部工业企业的六分之一。我省基本上也是这种情况。建立社会主义市场经济体制，重要内容就是建立优胜劣汰的竞争机制，优者生存，劣者淘汰。近几年我省企业兼并破产的步伐明显加快，但整体上看，力度还不够大。总的要求是，按照国家有关法律和政策，进一步加大这项工作的力度。要破除地方和部门保护主义，这是实现全社会资产优化组合的关键。要从大局出发，从关心困难职工的利益出发，克服门户之见，加快兼并的步伐。妥善安排下岗职工，是能否顺利实施破产的前提。要把妥善安置下岗职工作为实施再就业工程的一个重要方面，通过多种途径保证其基本生活，并逐步实现再就业。

注　释

〔1〕双汇集团，是以肉类加工为主的大型食品集团，总部位于河南省漯河市。

〔2〕一拖集团，即中国一拖集团有限公司，原为东方红拖拉机厂，总部位于河南省洛阳市。

〔3〕邯钢，即邯郸钢铁公司，位于河北省邯郸市。

不断完善企业配套改革*

（1997 年 12 月 4 日）

企业改革需要一系列配套改革：第一项大的配套改革就是要建立和完善社会保障体系。第二项配套改革就是要建立和完善失业人员的“蓄水池”、再就业培训基地和规范化的劳务市场。第三项配套改革就是要完善国有资产的监管和运营，建立资产评估、交易机构，发挥市场配置资源的作用。

企业改革需要一系列配套改革，其中一项大的配套改革就是建立和完善社会保障体系。总的看，我省当前社会保险体系的覆盖面还比较大，不论是养老保险，还是失业保险都收支有余，社会保障能力是可以放心的，但是也有需要进一步完善的地方。社会保障怎么完善，我提几条建议：

其一，社会保险体系的组织机构，能不能形成分口指导、统一管理的体制。随着社会的进步，社会保障、社会保险越来越发

* 这是李长春同志在听取漯河市委市政府工作汇报时讲话的一部分。

展、越来越完善。当务之急是养老保险和失业保险尽快完善起来，进一步是医疗保险。就覆盖范围而言，首先要覆盖所有企业，还要逐步扩展到事业单位，起码是自收自支的事业单位。按照业务分工，这些险种分列在政府的不同部门，医疗在卫生部门，事业单位在人事部门，企业在劳动部门，部门林立，造成保险机构林立，各管一段，一个职工退下来了，要与好几个保险机构打交道。这也不行，怎么办？成立一个统一的社会保险机构，统一管理，不管哪一种险种，只要是社会基本保障的，不是商业保险的，都在这一个机构里面。然后，政府来指导这个保险机构，可以分口指导，涉及劳动部门管的内容、险种，接受劳动部门的指导，卫生部门管理的，接受卫生部门的指导，但是保险机构要统一搞起来，不能再分了。

其二，解决覆盖全社会的问题。社会保障现在主要是在公有

1997 年 12 月 2 日，李长春在漯河市召开的企业发展研讨会上讲话。

制企业也就是国有企业和集体企业进行，这个还不行。随着公有制为主体、多种经济成分共同发展格局的形成，职工的就业结构也会发生很大的变化，而且到非公有制单位就业的比重是一个增加的趋势。同时，职工的流动性也会比计划经济时大大增加，因为企业是优胜劣汰，企业跟着市场走，不可能要求企业职工不流动，肯定会有进有出，企业改革就是要形成能进能出的用人机制。当前下岗职工就面临着这个问题，原来的企业不行了，下岗了，那么哪个非公有制企业很红火，他就到哪里就业去了。但是现在由于社会保障没有覆盖全社会，就出现了隐性就业，下岗职工实际在别的地方干活，但是他不告知原单位，因为那里没有社会保障，还得挂在原单位，这样也不便于我们管理，隐性就业变不成显性就业，你弄不清多少人是真正的失业。所以，要把私营企业、外资企业、各种非公有制企业也统起来，形成覆盖全社会的社会保险体系。社会统筹保险要带有强制性，不管企业经营状况如何，你必须得交，就是亏损企业也得交，破产了，欠交的还要从你破产资产清偿中把这一块拿出来，只有这样，才能运作起来。

其三，社会保障要解决个人账户问题，建立个人账户。个人账户的资金来源，一块是社会统筹，有能力的个人也交一块，现在不管你个人有没有能力交一块，要把账户先搞起来。否则，现在是企业账户，那么个人一流动，就连不上了，所以一定要落到个人账户上，不论到哪里，让个人到保险机构一查计算机就可以了解他的保险金是多少。社会保险最好能够把账户号码与身份证号码一致起来，最好是实现计算机管理，否则工作量也是很大的。

第二个大的配套政策就是要建立和完善失业人员的“蓄水池”、再就业培训基地和规范化的劳务市场。失业人员的“蓄水池”，就是要把失业人员管起来。建议你们研究一下，用什么办法把失业人员管起来，如果人数不多，能不能够让社会保险机构搞劳动服务公司把他们管起来，让他们在找到新的工作之前，能够干点自食其力的活，找到了正式工作随时就可以走。再就业培训基地，70年代劳动部门都有知识青年培训基地，现在就要有下岗职工和失业职工的培训基地，为他们再就业培养技能。再就是规范劳务市场，变隐形劳务市场为有形劳务市场，把劳动力的供求信息集中在这个市场显示出来，这样就能够介绍服务，介绍就业、再就业，也防止人贩子坑害群众。在社会主义市场经济条件下，这些配套改革越来越重要，不容忽视，希望漯河市特别是市劳动局动动脑筋，在全省先走一步。

再一个重要的配套政策就是要完善国有资产的监管和运营，建立评估、交易机构，保证国有资产保值增值。这方面，漯河也前进了一步，企业的行业主管部门都已经不设了，成立了两个资产运营公司，一个是国有资产运营公司，一个是集体资产运营公司，这个要继续探索。今后不论是股权出让，还是提供信息进行兼并，都要按照公开、公平、公正竞价的原则，逐步从现在的政府推动转为让市场在资源配置上起基础性作用。要办好有形的产权交易市场，由它来担负“红娘”的作用，当然该归政府最后终审的还得终审。漯河如果把产权交易市场搞好了，辐射范围扩大了，其他几个市县企业卖股权也到你这里来交易，信息量越大，越有吸引力。现在我们没有有形的产权交易市场，长期靠行政办法，这不行。今天上午听舞阳县汇报，它们的企业就只在县里转让，外面的资本进不来，投资多元化就难以形成。只有在更大的范围内交易才能够实现市场机制配置资源，才能在市场机制作用下形成合理价格，范围越小越不能充分发挥市场机制作用，就存在个别劳动量代替社会必要劳动量，造成不合理的价格问题。资产运营公司怎么实现国有资产保值增值，国有资产在新的形势下怎么监管，也希望你们在这些方面进行新的探索，形成新的经验。

大力培育新的经济增长点*

（1997 年 12 月 31 日）

必须在思想和工作方法上来一个大的转变，由习惯于卖方市场转到适应买方市场上来，转到依靠两个根本性转变上来。要把买方市场的到来作为加快改革步伐，加快经济结构调整步伐，提高产品技术含量，培育新的经济增长点的一个绝好机会。谁在这个转变中认识得早、转变得快，谁就在又一轮的思想解放中抓住了机遇，就能在市场竞争中占据主动。

我国长期以来处于短缺经济状态。仅仅过了十几年，短缺状况就发生了改变，出现了一个不断增长的买方市场，这表明改革开放以来我们发展得相当快。买方市场的到来是绝好的事情，是改革开放和社会主义现代化建设取得阶段性成果的重要标志。社会主义生产的目的，就是满足人民群众日益增长的物质文化需要。但是，在卖方市场条件下生产比较好组织，主要是组织货

* 这是李长春同志在河南省委经济工作会议上讲话的一部分。

源、组织生产，在买方市场条件下组织生产很不容易，因为市场开发成为生产的前提。面对这种新的形势，我们必须在思想和工作方法上来一个大的转变，由习惯于卖方市场转到适应买方市场上来，转到依靠两个根本性转变上来。要把买方市场的到来作为加快改革步伐，加快经济结构调整步伐，提高产品技术含量，培育新的经济增长点的一个绝好机会。谁在这个转变中认识得早、转变得快，谁就在又一轮的思想解放中抓住了机遇，就能在市场竞争中占据主动。

关于怎样适应买方市场的到来，推动两个根本性转变，培育新的经济增长点，我讲几条具体意见。

第一，全省每年大约有1000亿—1200亿元的固定资产投资，这一部分就是新的经济增长点。如平顶山市的尼龙－66盐是替代进口、为帘子布生产提供原材料的项目，这样的项目一上来就是新的经济增长点。各地都要认真地将新项目排一排队，凡是能够早投产的，要加以完善，尽快形成新的生产能力。

第二，围绕市场需求，加快产品结构调整步伐，培植名牌产品和适销对路产品，使生产要素向名牌产品和适销对路产品倾斜。研究一下国内生产不了的进口产品还有哪些，在进口替代上下功夫。研究一下国家的新技术、新专利、新发明中有哪些投产后可能适销对路，加快发展一些适销对路的高新技术产品，如程控交换机、家庭电脑等。现在国产程控交换机的质量已经与进口的差不多了，国家为了支持民族工业，提高国产程控交换机的市场竞争力，也在开辟买方信贷和出口信贷。要组织企业申请国家的买方信贷，争取到了，就能使用户不交钱先装电话，逐步偿还。

1995 年 1 月 15 日，李长春考察洛阳市伊川县第二电厂。右五为河南省委常委、省委秘书长王全书，左二为洛阳市市长张世军。

第三，大力开发优势资源。要想办法进一步落实中原油田和河南油田生产的油在省内全部加工利用的问题，形成新的经济增长点。我省麦草资源丰富，小造纸厂很多。为了保护环境，我们关停了 1500 多家小造纸厂，影响今年的工业产值 3 个百分点。我们可以研究一下，能不能从中选择几家企业，申请贷款，让他们作为投资法人，建几个集中造浆点，然后向那些小造纸厂供应纸浆，使关停企业活起来。这样，既能解决环境污染问题，又能使我们的麦草资源得以充分利用。要利用我省煤炭资源优势，发展煤、电、铝联营，从沿海传统分工中拿回一块，在一个企业搞煤搞电，然后变成载能体，这就比沿海企业从电网买电的竞争力强。

第四，大力发展第三产业。在我省的国内生产总值中，第三产业所占比重仅为27%，低于全国平均水平4个百分点。我们的绝大部分群众已经实现了温饱，在服务消费上开始出现增长的势头。但是，现在一方面就业难，另一方面有些事儿却没人干。要把第三产业作为新的经济增长点，着力加以培植。

第五，加强外贸出口工作。要比以往任何时候都更重视外贸出口工作，因为多出口一种产品，就多一个新的经济增长点。

第六，清理短缺经济条件下的一些限制性政策。比如，过去由于电力供应不足，频繁拉闸限电，对装空调加收一定的初装费，对各单位核定用电指标，工厂增加用电量要交增容费。这些措施在短缺经济条件下是必要的，可现在情况就不同了，煤炭大量积压，电厂不能满发。要提倡节约用电，但不要再限制用电了。电厂满发，煤炭就能多销，全局就活了。像这样的政策各地都有一些，要抓紧清理。

以开放促改革
促开发促发展

发展河南经济，做好四篇文章*

（1990 年 9 月 1 日）

> 发展河南经济、振兴河南，要在紧紧围绕“农”字上做文章，在对外开放上做文章，在搞活财政、搞活金融上做文章，在搞活企业、搞活中心城市上做文章。

我来河南后，用将近一个月时间察看了黄河、淮河防汛情况。同时，在八个市地、十多个县的农村和厂矿企业做了一些调查研究。这里我就进一步发展河南经济、振兴河南，谈一些初步想法，主要讲怎样做好四篇文章。

一、在紧紧围绕“农”字上做文章

农业大省的省情决定了我们在考虑整个经济建设大局时，必须把农业摆在首位，紧紧围绕“农”字做文章。

要落实水利规划，扩大引黄灌溉。认真组织实施《河南省水

---

* 这是李长春同志在听取河南省部分厅局长汇报经济工作时讲话的一部分。

利建设十年规划纲要》，充分利用引黄灌溉的有利条件，加快引黄灌溉步伐，扩大引黄规模。除了现有引黄灌溉投资外，还要研究如何采取由政府贴息、农民还本的贴息贷款办法，加速引黄灌溉步伐。引黄灌溉有显著效益，保守计算，每季亩产可增收 100 多元，一年两季是200 多元，而引黄灌溉工程每亩约投资200元，当年就见效益。为调动农民引黄灌溉的积极性，可否采取分三年收回贷款办法，只让农民每年拿出增加收入的三分之一用于还贷即可。深入论证南水北调方案，本着先易后难原则，把现有水库灌渠的配套工程搞好，发挥效益。建设资金来源可考虑主要通过调整水价来解决，并尽可能把我省南水北调工程与国家南水北调方案结合起来，争取部分国家投资，还可争取世界银行贷款。

要进一步搞好黄淮海、豫西丘陵山区、江淮区农业区域综合开发。这既是当前发展农业的重大措施，也是为农业发展积聚后劲的必然要求，要努力实现规划，落实资金，提高综合生产能力，使河南成为几个主要农副产品的生产基地。

要大力发展支农工业。实现农业现代化必须依靠工业现代化的支持，否则就难以改变农业自然经济和传统农业的落后面貌。我们这么大一个农业省，要立足本省发展支农工业。我省农机工业有基础，化肥投产了濮阳大化，增加了高效化肥比例，还可加速小化肥厂的改造；农膜生产要解决原料问题。

要调整农产品收购政策。按价值规律办事，不能老靠“六大班子[1]一起抓，后面跟着公检法”那种行政手段或强迫命令的办法。农民越是忠厚老实，各级政府就越要主动考虑农民利益，尊重价值规律，兼顾国家、地方、农民三者利益，调动三方的积极性，缺一不可。要鼓励蚕丝深加工，不能由外贸都统死。国家对蚕茧实行专营，主要是解决“蚕丝大战”〔2〕问题，而不是挫伤蚕丝生产和加工的积极性。外贸也可以投资，地方也可以投资，产地也可以吸收外省投资，吸收方方面面的资金在蚕茧产区搞生产加工基地，发展蚕丝生产。调整棉花收购政策，由收支两条线调整为核定基数、超种自用的办法，在完成国家上调任务的基础上，让我们自己的棉纺厂“吃饱”。研究烟叶收购政策，既要保证完成国家任务，又要调动地方种烟叶的积极性。继续坚持粮食合同定购，搞好议价粮经营，实行双轨经营，恢复统购包销是不行的，议价粮经营不得纳入财政补贴范围。

要发展农副产品深加工。这方面河南有条件，也有好的典型和经验。我们要分级规划、分级负责，起点要高、步子要快，专题考察、引进设备，在全国形成一批有影响、成气候的农副产品深加工企业和产品。“八五”期间重点发展烟草工业和粮食、蚕茧、棉花、花生、桐木深加工。另外，鸡、鸭、鹅、猪、牛的系列加工以各市县为主，也要研究。

要大力发展乡镇企业，这是广大农民自己解放自己、朝着致富路上快跑的重要途径。乡镇企业要办成股份合作制的企业，必须遵循产业政策的指导，防止盲目性。对于基础好的地区，要瞄准国内先进水平和国际市场，成为加速我省工业化进程的生力军。

要贯彻好决不放松粮食生产、大力发展多种经营的方针，全面发展农村商品经济。我省农民人均耕地不到一亩四分，按目前的粮价和利润率，只能解决温饱，而且粮食生产的良性循环很难建立，要想致富，必须大搞多种经营。其中向荒山进军，向养殖业进军，大有可为。推广信阳地区金牛山经济开发区经验，向荒山进军，大搞林果、茶园。在一些不具备发展乡镇工业的地方，养殖业是最佳选择，可以促进粮食转化，提高效益。

二、在对外开放上做文章

对外开放不仅必要，而且也有可能。我们不是沿海地区，对外开放虽然存在一些不利条件，但也有许多有利条件。第一，资源丰富，是一些沿海省份不可比拟的。第二，地处中原，交通便利，特别是连云港至鹿特丹这条欧亚大陆桥基本形成，使我省有了一条向东西双向开放的大通道。第三，有灿烂的历史文化，对东方文化圈的国家和地区有吸引力。第四，台胞很多，近 40 万。总之，哪个地区对外开放认识早，哪个地区发展就快，我们应该进一步增强对外开放的紧迫感，奋起直追。

要努力改善投资环境。一是改善硬环境，主要是完善基础设施，解决交通、通讯和能源等问题。这个钱迟早要花，早解决早主动、早受益。对外开放城市包括一些对外宾馆，都要有国际直拨电话。郑州市应该建成现代化的空港，让外商坐支线小飞机、坐火车来河南投资，他们是不会有积极性的。抓住欧亚大陆桥给河南对外开放创造的有利条件，把郑州建成我国主要的铁路港。在建设 310 国道的同时，要抓紧论证建设郑汴洛全幅高等级公路。认真整治城市卫生，改变脏乱差，搞好城市上下水和交通设施，建设文明城市。二是改善软环境，主要是转变思想观念、增强开放意识、制定政策法规，自觉主动地适应对外开放的要求，向沿海地区学习，提高管理水平，提高服务水平，提高工作效率。

要按引进资金和技术要求逐步建立项目库。各级都要有项目库，在对外开放中拟上什么项目，拟采取什么形式利用外资，拟办成什么性质的企业等，都要事前论证，明确起来，逐步纳入项目库，储备起来。不能临时抱佛脚，现来现抓。特别要重视两种类型的项目：一种是利用国外资金和技术搞嫁接的项目，把对外开放和老企业改造紧密结合起来；另一种是资源开发加工型项目，解决我们只卖原材料、缺少深加工的问题。

要合理利用外资。引进外资的重点应放在外商直接投资和设备租赁上，同时积极争取优惠的政府贷款和国际金融组织贷款，严格掌握使用商业贷款。当前要把利用台湾和港澳资金作为重点。台湾有三个最大的同乡会，河南同乡会是其中之一，省统战、台联、对台办等单位要发动这些人员的亲属，把河南资源、开发项目及优惠政策传递过去，并邀请他们回河南探亲、考察投资。省里还可考虑鼓励基层找外资的政策，如每吸引一美元外资，省投资公司配套两元人民币贷款。

要发挥我省外贸公司、驻港机构及海外企业的对外窗口作用，为促进全省经济发展服务。外贸公司要从简单地从省内收购产品往外卖这种原始单一的经营活动，转向综合经营。要像广东那样搞活经营，建立自己的出口基地，开拓国外市场。通过政策和经济手段，促使省外贸公司同有自营权的市公司展开竞争，提高服务水平，降低经营费用。吸收外资建出口基地，发展代理制。采取灵活多样的补偿贸易、合作生产、合作经营及国际租赁等方式，加快我省外经外贸事业的发展。

要发展旅游事业。积极开发我省旅游资源，把知名旅游点与国家旅游热线连接起来，把我省打造成为全国旅游基地之一。通过发展旅游事业，提高社会效益和经济效益，提高知名度，加强对外交往，增强对外开放意识，促进基础设施完善。

要组织对外交流、洽谈与合作活动。一个地区只有通过不间断的对外活动，开阔视野，开放意识才能增强。要充分利用友好省、友好城市、友好企业的关系发展对外经济，充分调动台联、侨联、工商联和有海外关系的各界人士为我省对外开放服务。每年有计划地在郑州举办一些国际国内洽谈会、博览会和国际科技交流等活动。

要加强横向联合。既要对国外、港台开放，又要向发达地区开放，向沿海地区学习开放、搞活的经验，特别是山东、广东、江苏、浙江的经验。要发展同这些地区的横向联合，引进其资金、技术搞联合开发。

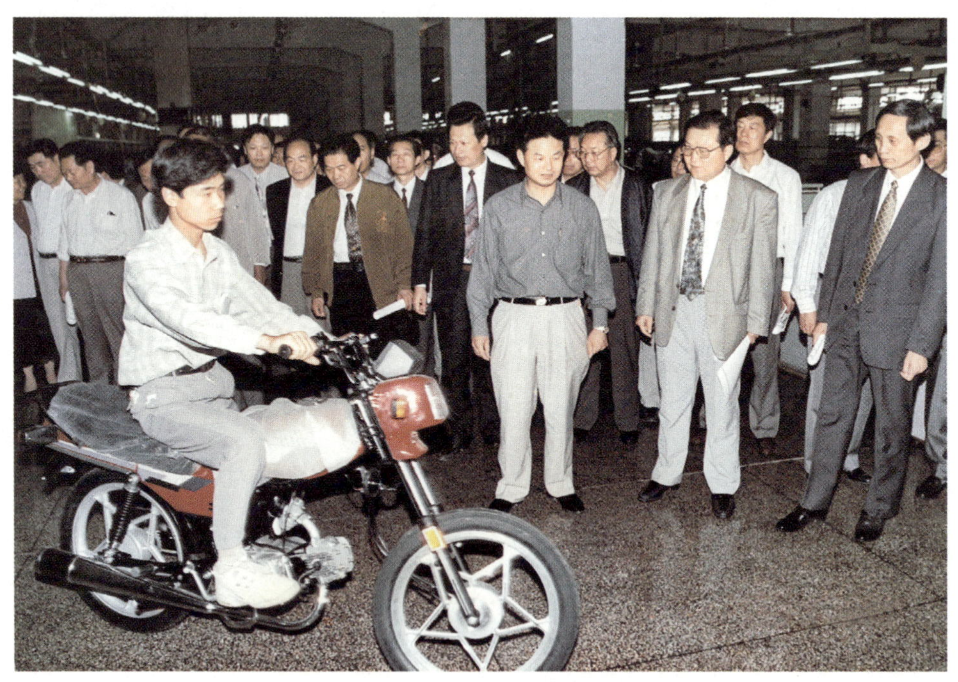

1996年5月，李长春率河南省党政代表团在江苏考察。右一为江苏省委副书记曹克明。

要加强对外宣传，使世界了解我们，让我们了解世界。增加对外宣传品和出版物。邀请港澳记者来我省采访。努力办好国际贸易展览会。设立经济电视台、广播电台，把它们建设成为传播海内外经济信息的好平台。

三、在搞活财政、搞活金融上做文章

要搞活财政。一是在有条件的地方发展以地方财政资金为基础的财政信用，提高财政资金使用效益。把各级机动财力、财政给企业的退库等资金，用信用手段有偿贷给企业使用，提高使用效益。今后凡有直接经济效益的工农商业项目，一律取消财政无偿拨款，实行有偿使用。在企业自愿的前提下，可用部分企业自有资金入股办成股份制财务公司，推动技术改造。要把这作为搞活地方财政的一项改革措施，在省内有计划、分步骤地推开。地方投资公司的职能范围，随国家宏观金融秩序的调整而增缩，环境宽松时职能扩大，环境紧张时职能收缩。可在省和几个经济发达市先试办。

二是为建立财政的良性循环要善于“放水养鱼”，择优扶持重点企业。全省要选择一百户左右的企业，围绕实现财政良性循环，通过税收支持、地方财力支持、银行贷款、国外融资、向社会发行债券等方法，千方百计把技术改造搞上去。今后给企业让税让利要和我省的产业政策、建立财政良性循环结合起来，有的放矢地“放水养鱼”。要通过加强个体税收征管和批发性公司、事业单位企业化管理单位的税收征管，给符合产业政策的工业企业以休养生息的机会。

三是加速改变财政补贴县的面貌。要根据省财力情况，采取对市地算账、落脚到县的办法，每年选择一些县提前拨补贴款，扶持他们加速生产发展，扭转长期吃补贴的局面。对补贴县的非生产性建设和社会集团控购要从严掌握，形成自觉摘补贴帽子的机制。

四是逐步减少财政价格补贴。今后省里一般不对生产资料产品价格补贴，除了粮、油、肉外，原则上也不轻易扩大补贴范围，原有的补贴，要逐步减少。特别是城市公用事业，待国家价格环境宽松后，要逐步理顺城市公用事业收费，取消补贴。这不仅可以减轻财政负担，更重要的是有利于遵循价值法则，增强经济内在动力和活力。

五是进一步完善各级财政包干体制。要本着事权与财权统一的原则，把各级的经常性经费包死。掌握在省各部门的事业性经费，属于对各市地分配的部分，原则下放给市地，弱化省直各部门不必要的分钱职能，真正做到分级包干、分级负责，分级制约、分级管理，抑制赤字蔓延。今后除了水利投资、扶贫资金、救济资金和大型建设项目省里适当支持外，其他项目各地一律按照各自的财政状况“可汤下面”。

要搞活金融。一是清理陈欠贷款，可以划定年限，采取谁清谁贷、不进笼子的办法，调动各级清理陈欠的积极性。二是搞好金融改革试点，研究在郑州搞些金融超前改革，允许开展国内租赁和债券交易等业务。三是发挥金融机构吸引外资的作用，特别是发挥中国银行的作用。扩大利用外资的步伐，办好省国际投资公司，以中资吸引外资发展中外合资企业。四是搞活外汇市场，支持经济建设所需外汇。五是主动和国家各投资公司开展经济合作，补充我省建设资金不足。

四、在搞活企业、搞活中心城市上做文章

在贯彻治理整顿、深化改革方针的过程中，在坚持治理整顿各项措施的同时，明年可适当加快改革的步伐。从我省情况看，重点是搞活企业，搞活中心城市。

要搞活企业。企业活力是经济活力的基础，政府各部门工作的指导思想应始终围绕如何增强企业活力来进行。主要抓两方面工作：一是贯彻《企业法》，落实企业自主权，把企业生产经营活动的环境放宽松些。针对目前市场疲软的新情况，要在继续坚持治理整顿方针的前提下，清理抢购、价格暴涨时采取的一些临时性政策措施，对一些限制生产力发展的政策措施，要研究新的办法来代替。比如前两年我们出台的限制棉纱、坯布外流政策，已不合时宜，必须改变。又如所有企业的指令性计划产品不准自销，但是有关协议订货单位迟迟不订货和提货，造成企业产品积压，资金周转困难。这类问题，能否研究作出规定，凡在限定时间未交款提货的指令性计划产品，经批准，企业可以自销，平议差价由企业记账，以后研究处理。对企业用自有资金搞技术改造的权限应扩大，把技术改造作为企业生产经营活动的重要组成部分。二是要增强企业自我积累、自我发展的能力。这方面主要通过搞好承包来解决。企业承包要和产业政策、产品结构调整及技术改造目标结合起来。省里为建立财政良性循环而重点扶持发展的企业，定承包基数时就要体现“放水养鱼”政策。对个别继续承包有困难的企业采取三种办法解决：一是现行合同顺延一年，二是利税分流，三是招标承包。为了保证企业发展后劲，要选择一些属于省队的企业集团，赋予省一级的技术改造权限。要对大

型企业集团制定些优惠政策和鼓励政策，促其成长，以加速企业组织结构的调整。要充分发挥军工企业在振兴河南中的作用，它们技术力量强，装备条件好，但普遍经济效益较低，潜力很大，要纳入地方统一规划，促其搞活，使其成为振兴河南的生力军。要继续深化企业内部改革，充分体现按劳分配，防止“大锅饭”重新抬头。实行工效挂钩的企业，只要效益上去了，不要怕消费基金增长。一个地区人均收入水平长期偏低，不利于生产发展。

要搞活城市。一个地区商品经济的发展，必须有经济中心城市带动。要赋予城市组织一个地区生产、生活的必要权限，特别是郑州、洛阳两市，在保证全省宏观控制的前提下，研究赋予其更大的权限。要加快培育市场，完善市场体系，特别在郑州市要加速发展生产资料交易市场、工业品交易市场、农产品交易市场、科技市场、劳务市场、资金市场，大力发展旅游业、信息产业、咨询业等。要加速改善城市基础设施，可以适时在郑州召开现场办公会议，专题研究解决郑州作为省会城市、全国铁路交通枢纽和中原重镇，如何充分发挥经济中心城市作用的问题。为了推动省会城市完善城市功能，省财政要考虑每年支持郑州市城市基础设施建设费，改善投资环境、工作环境和生活环境。通过若干年的努力，使郑州成为全国有吸引力、凝聚力的城市之一。一个地区经济的发展离不开人才，郑州市也要研究制定有利于吸引人才的政策，办好现有大学，特别是在几个专业上在全国树立形象。鼓励科研单位办科工贸实体，催生我省的高技术产业，增强对人才的吸引力。省直有关部门也要会同郑州市积极向国家争取，在郑州建成一批商品交易中心，如医药、烟草、小麦等交易中心。争取国家在我省多举办一些全国性的经济活动，争取中外各公司多设驻郑机构。要研究利用黄河两岸城市群，建立黄河经济带，使其成为振兴河南的龙头，带动全省经济的发展。

注　释

〔1〕六大班子，指省委领导班子、省人大常委会领导班子、省政府领导班子、省政协领导班子、省纪检委领导班子、省军区领导班子。

〔2〕“蚕丝大战”，此处指“蚕茧大战”，以 1987 年我国蚕茧主产区不断出现的抢购蚕茧风潮为典型代表。主要是当时缺乏统一经营管理条件下“放开”“搞活”，投机倒把者乘机抢购蚕茧而引发的。为了制止“蚕茧大战”、加强管理，1988 年 9 月国务院下达了关于茧丝收购和出口全部实行统一经营管理的通知。

闯出一条内陆省份加快对外开放的路子*

（1990 年 11 月 1 日）

内陆城市也要搞开放，不搞开放没有出路；内陆城市搞开放，条件是差一些，但通过主观努力，能够在一定程度上得到弥补，能够缩小同沿海地区的差距，同样可以是大有作为的。当然，要把这种可能变为现实，就需要我们比沿海地区的思想更解放一些，紧迫感更强一些，干劲更大一些，工作效率更高一些，一切都得加上“更”字才行。

内陆城市如何搞对外开放，近几年来各地都进行了探索，但总的来看，这仍然是探索中的问题，还没有取得突破。省里对这个问题非常重视，提出要闯出一条内陆省、内陆城市对外开放的路子。在内陆城市搞对外开放上，过去我们一些同志总是认为与沿海地区差距太大，没有办法相比，困难太多，国家又没有对外开放的优惠政策，所以没有信心。事实上也确实有这个差距。但

* 这是李长春同志在河南省委省政府郑州现场办公会上讲话的一部分。

是，现在我们面临的不是能不能搞对外开放的问题，而是必须加速并搞好开放的问题，这是由客观现实决定的。我们在经济振兴中遇到两个突出问题，一个是资金，一个是技术，当然在市场疲软情况下，还有个市场问题。现在我们的财政基本上是个“吃饭财政”，拿不出多少钱来搞建设，况且我们还有很多县不能按时发工资。银行敞开贷款的时期过去了，国家在总结正反两方面的经验，恐怕今后相当长时间内，金融作为国家实现宏观调控的重要经济杠杆，再也不会像过去那样敞开贷款了。贷款箱子内的，多半是带项目的，我们又不是重点地区，只能得到全国总规模的3.5%左右，即三十分之一，而我们的人口是全国的十二分之一。所以，如果靠传统的财政拿钱、国家贷款，我们的差距只能是越拉越大。技术上我们不和国际市场挂钩，水平就上不去，这也是事实。完全靠我们现有的技术力量去开发，力量有限，时间也来不及。要解决资金、技术问题，出路只能是开放、引进。

市场问题也是如此。不开放，不大力引进资金、技术，我们的产品既无法占领国内市场，更无法进入国际市场，最终必然是市场日益萎缩。这就告诉我们，不开放只能坐吃山空、束手待毙，等靠要是没有出路的。所以，形势逼迫我们必须走改革开放的路子，没有别的路可供选择。那么，我们内陆省份究竟有没有条件搞开放呢？认真分析一下，内陆省份搞开放，特别是像郑州搞开放，不能说全是劣势，实际上我们也是有很多优势的。我们的资源比沿海一些地区丰富得多，我们的地理位置可以向东西南北全方位开放，这就弥补了我们对外开放机会少的不足。沿海地区对亚太地区开放比较方便，而我们地处中原，北可够上苏联边贸，南可够上越南、缅甸的边贸，西边通过天山也可够上中亚、苏联边贸，同日本、韩国和港、澳、台发展贸易与经济技术合作也大有文章可做。在交通上虽然我们不是沿海，没有港口，但是，我们可以发挥陆路的优势，发挥欧亚大陆桥这个铁路枢纽的优势，还可以抓紧建设空港，通过航空来缩短我们同沿海、亚太地区的距离。我们还有灿烂的历史文化，这对东方文化圈的国家和地区有吸引力。至于政策上的差别，我们可以在省的权限范围内，努力给郑州市、给企业创造搞活的条件。因此，我们要排除思想障碍，就是说，内陆城市也要搞开放，不搞开放没有出路；内陆城市搞开放，条件是差一些，但通过主观努力，能够在一定程度上得到弥补，能够缩小同沿海地区的差距，同样可以是大有作为的。当然，要把这种可能变为现实，就需要我们比沿海地区的思想更解放一些，紧迫感更强一些，干劲更大一些，工作效率更高一些，一切都得加上“更”字才行。这是我们内陆省份能否搞好开放的关键所在，目前我们在这方面的差距太大了。

内陆城市的开放，首要的也是最重要的，就是要在创造良好的投资环境上狠下功夫。目前郑州市的投资环境，从硬、软环境来看，都不适应对外开放的要求，都有大量的工作需要做。在硬环境方面，第一，郑州地区急需改善交通条件，加速空港建设，加速火车站的改造，加速形成向周围城市辐射的高等级公路网。特别是空港建设迫在眉睫，在交通建设中是占第一位的。很多外宾就是因为不愿坐火车而放弃了到我们河南的机会，也有很多人因为不愿意坐小飞机（即支线飞机）而放弃了到我们河南的机会。所以，空港建设是当务之急，市里要组织专门班子，会同省里，把这项工作作为城市基础设施建设的一个重要组成部分，坚决迅速地抓上去。这是城市政府应尽的责任。第二，要积极改善通讯条件，使郑州市的出口企业，与外边有合作关系的企业，涉外单位，涉外宾馆，都能够实现国际联网、国际直拨。在此基础上，完善电传、传真等。第三，要继续完善商业设施和开展经济技术交流的设施。现在，在我们这里搞国外的设备展览、仪器仪表展览、小洽谈会，没有展厅，没有这个条件。有些设施也可以省、市合搞，或者同中央单位、外省市合搞。像国贸中心、国际技术交流的场馆建设要抓紧。第四，要继续完善城市的市政设施，即属于电、水、气、热这方面的条件。电一定要解决好，抓紧热电厂的建设。气一定要供应好，热力网一定要形成，要结合两台 20 万千瓦的热电站扩建，把郑州的热力网搞起来，实现冬季供暖、夏季装空调不受电的限制。还有开发区的投资环境要抓紧搞好，再就是城市市容。这些最基本的硬件，要搞个总体规

1992 年 7 月，李长春率领河南省政府代表团访问日本。

划，打它个总体战。软环境方面，首先是提高全民的开放意识，提高工作效率，提高服务水平，简化服务程序，开展联合办公。沿海地区的一条龙政务服务、一个公章解决问题等好经验，我们都应很好地学习一下，尽快把它搞起来，提高工作效率。要逐步完善经济法规，使外商有安全感。

推动开放的第二个重要问题，就是要在扩大出口创汇和引进资金、技术上做文章。出口创汇关系到对外经济联系的总能力、总规模。没有出口创汇，一切交换都将无法进行。郑州是一个有外贸自营权的城市，应该在对外贸易上以更积极的态度、更有效的措施、更富有成效的工作，开创出口创汇的新局面。要积极调整出口商品的结构，提高出口产品的档次，由主要出口原料性初级产品向主要出口制成品转变，由主要出口粗加工产品向主要出口深加工产品转变，努力增加纺织、机电、医药、化工产品和成套技术出口。郑州市要在改变出口结构上为全省带个好头，选择一批大型骨干企业，赋予它们直接出口经营权。郑州市和省里还可以抓紧申报一批有自营权的企业，并积极创造条件，帮助它们尽快跻身国际市场，跻身对外开放第一线。在对外经济交往中，要加快利用外资、引进技术的步伐。我们出口创汇的目的，是为了利用外资和引进技术，要在利用外资、引进技术上尽快开创新局面。首先要办好现有的“三资”企业，在此基础上，以各种形式利用外资。要利用中原古老文化的优势，积极发展旅游业，以旅游开路，推动“两引两出”，即引进技术、引进资金，出口产品、出口劳务。要每年都能在郑州市有计划地独办或联合举办一些国际性的洽谈会、博览会等国际交流活动，通过这些实践来增长才干，促进观念的转变，提高郑州市的知名度。在开放当中还要十分重视对沿海地区乃至全国的开放，这是我们内陆省份开放的一个重要特点，即双向开放。要制定一套有利于横向联合、有吸引力的经济政策，通过对内开放扩大同全国各地的联合，特别是同经济发达地区、沿海地区的联合与协作，学习它们的经验，吸引、利用它们的资金、技术。同时，也要积极地利用沿海沿边地区的窗口，像对苏贸易，怎么利用哈尔滨的窗口；每年的广交会，怎么利用广州的窗口；怎么利用大连的窗口发展对日韩贸易，以及怎么利用厦门的窗口发展对台贸易等，这些都需要我们很好地研究，富有成效地开展工作。

优化对外开放环境*

（1991 年 3 月 16 日）

省委省政府提出了“优化环境、外引内联、四面辐射、梯次发展”的对外开放战略，把优化环境放在第一位，特别是把改善河南对外的整体形象放到十分突出的位置，必须下决心抓好，方方面面都要为维护、改善河南在外界的整体形象而努力。要利用各种方式加强正面宣传，同时坚决克服我们的不足。要重质量、守信用，增强外界对河南的信赖感。在今后的对外交往中，各级经济监督部门要切实负起责来，严格监督合同的执行情况；各级工商部门对不执行合同、不守信誉和制售假冒伪劣商品的要严肃查处；各级外事外经领导小组要加强监督，对借外债赖账、协调不听的，除对当事人（含法人）依法追究外，还要追究当地负责同志的责任。必要时，可停止该市地利用外资的资格。在利用外资还款方面，要抓紧制订还款的内部措施，逐渐形成制度，对不守信誉、赖账不还、损坏河南对外信誉的坚决予以严惩，决不含糊。

---

* 这是李长春同志在河南省对外开放工作会议上讲话的一部分。

加快外贸企业改革步伐*

（1992 年 4 月 25 日）

衡量外贸企业改革是否成功，主要看干部和群众的积极性是否调动起来了，出口创汇是否大幅度增长了，经济效益是否明显提高了，全方位服务是否加强了。

当前外贸体制的改革迫在眉睫，搞不好要影响全省对外开放的步伐，影响我省“一高一低”战略目标的实现。这是因为在我们奔小康的征途中，所遇到的市场、科技、资金等问题，都要从对外开放中找出路。只有外贸企业改革步伐加快了，才能促进全省改革开放形势的发展。目前外贸系统已实行自负盈亏、自主经营的体制，农产品的价格放开了，流通渠道放开了，政府对经济的管理也逐步由直接转为间接，这种形势逼着外贸企业内部也必须实行改革。再者，随着我国对外开放的扩大，我省外贸企业不仅面临着同工贸企业、“三资”企业的竞争，还面临着同国外企业的竞争。因此，外贸企业要转变观念，痛下决心，跟上改革的

* 这是李长春同志在河南省土产进出口公司检查工作时的讲话要点。

步伐。外贸企业如何进行改革？

首先，要引进自负盈亏机制，彻底从官商转向自主经营、自负盈亏、自我发展、自我约束，使外贸企业真正成为相对独立的商品经营者。企业内部纵向横向都要有指标，这些指标要落实到每个人的头上。

其次，要实行两个脱钩。一个是全省所有的市、县外贸公司都要同上级公司脱钩，变上下级关系为经济伙伴关系。二是同财政脱钩。脱钩后，政府财政不再补任何外贸企业的亏损。

第三，搞好干部制度、劳动人事制度、分配制度的改革。关于干部制度改革，公司这一级干部由经贸委负责，要把党性强、有干劲、有开拓精神、有政绩的干部提拔到领导岗位上来，对打不开局面、又没有干劲的干部要进行调整。企业内部的中层干部由公司聘任。对企业的职工也要推行全员合同制，实行三岗（即上岗、试岗、待岗）制。在此基础上，要搞好分配制度改革，体现按劳分配，贡献大的收入要高，使南郭先生混不下去。但我们的政策还是要给出路，要给待业者以再创业的机会。总之，干部、劳动人事、分配三项制度的改革，各企业都要无一例外地进行。但要先行试点，逐步推广。企业内部的三项制度改革，要坚持群众路线，把领导同志提出的方案变成广大群众的自觉行动。

第四，要搞好四个结合。一是以外为主，内外贸结合。外贸走不通的可走内贸。对此，工商管理部门要开绿灯。二是贸工农结合。外贸企业要搞基地建设，集贸工农为一体，可以同企业搞联合或合作，还可以搞代理制。三是科贸结合。帮助企业引进技术，引进资金，实行全方位服务。四是进出结合。既要抓出口，又要抓进口。由单纯地追求出口创汇转向追求最佳的经济效益。

在深化外贸企业改革的外部配套措施方面，要进一步扩大外贸企业的经营自主权。政府主管部门对外贸企业只管一个班子、一个承包合同、一个挂钩系数。工商管理部门对外贸企业在内贸、办实业上，以及扩大经营范围上都要给以支持。对外贸企业职工的个人收入调节税可年底算账。

对外贸企业的改革要加强领导，首先是加强思想领导，要认真学习邓小平同志的讲话，把外贸系统的干部和职工的思想统一到邓小平同志的讲话精神上来。要坚持典型引路。要相信和依靠群众，改革方案要发动群众讨论。要实行民主评议干部制度，使各级干部都要有点压力。

衡量外贸企业改革是否成功，主要看干部和群众的积极性是否调动起来了，出口创汇是否大幅度增长了，经济效益是否明显提高了，全方位服务是否加强了。总之，要使我省的外贸企业出现生机勃勃的局面。

梯次推进全方位开放*

（1992 年 5 月 27 日）

全面实施“优化环境、外引内联、四面辐射、梯次发展”的开放战略，增强对外开放的紧迫感，克服消极等待和畏难情绪，从加强基础设施建设起步，因地制宜选准开放的突破口，筑巢引凤，以开放促开发，闯出一条内陆省份对外开放的路子。

扩大对外开放，是 90 年代河南经济再上新台阶的重要途径。目前，河南对外开放尚处于起步阶段，与加速经济发展的要求相比，差距很大，必须认真贯彻落实省委省政府《关于加强全省对外开放工作的决定》，全面实施“优化环境、外引内联、四面辐射、梯次发展”的开放战略，闯出一条内陆省份对外开放的路子，以开放促改革、促开发、促发展。通过 90 年代的努力，在全省创造出一个良好的投资环境，基本形成全方位开放的格局；在沿黄城市群建立具有较强国际竞争能力、高效、开放的经济体

* 这是李长春同志在河南省三级干部会议上讲话的一部分。

系和外向型经济运行机制；建成一批规模较大的“三资”企业，利用外资数额有较大幅度增长；外贸出口年均增长20%以上。

在推进河南全方位开放的过程中，要紧紧围绕沿“桥”开放，重点抓好三个层次。根据第二条欧亚大陆桥铁路全线贯通的新情况和各地的地理位置、投资环境、经济水平、发展潜力，本着梯次发展的要求，我们把对外开放的战略布局确定为：

以沿“桥”开放为主线，郑州、洛阳为开放的第一层次，沿黄城市群为第二层次，铁路动脉沿线市、县为第三层次。郑州、洛阳两市，要充分发挥在全省开放中的龙头、示范与辐射作用。郑州市要按照开放城市的要求，发挥省会和交通枢纽的优势，加快贸易城、航空港、公路港、铁路一类口岸建设步伐，加速金融体制改革，领先发展高新技术产业，大幅度提高第三产业的比重，成为河南进行国际国内交流和城乡交流的中心枢纽。洛阳市要发挥大中型企业多和科技力量雄厚的优势，以国际市场为导向，大胆利用外资加速老企业技术改造，积极开发高科技产品，建成高新技术产业基地，大力发展外向型经济。郑州、洛阳两个高新技术产业开发区，要吸取借鉴外省市成功经验，以全新的思维和工作方式，多渠道筹集建设资金，抓紧完善基础配套设施，建立符合国际惯例的管理方式和运行机制，办成河南省高新技术产业的先行区、综合改革的示范区、对外开放的窗口。

以郑州为中心，包括洛阳、开封、焦作、新乡、安阳、三门峡、许昌、平顶山等市在内的沿黄城市群，要发挥工业基础较好、矿产和旅游资源丰富的优势，调整、优化产业结构，建设一批具有现代化水平的能源、原材料和技术装备基地，大力发展资金技术密集、高附加值的深加工工业、新兴工业及旅游业，兴办

1991 年 7 月，李长春陪同国务院台湾事务办公室主任王兆国在三门峡市调研。右二为三门峡市市长张应祥。

一批技术档次较高、带动作用较强、规模较大的外商投资企业，扩大利用外资和出口规模，加快资源的开发利用步伐，形成吸引力、辐射力、外向力较强的经济区。焦作、新乡、开封、平顶山等中心城市，都要自筹资金，兴办高新技术产业开发区。

京广、陇海两大铁路动脉和焦枝铁路沿线的市、县，要利用交通便利和农副产品、矿产资源丰富的优势，积极引进外资，大力发展劳动密集型产业和出口创汇型农业，建成农业出口基地，同时积极发展资金技术密集型产业，提高工业现代化水平。上述市、县，可以结合城市发展规划，兴建外引内联的工业新区和农业技术开发区。特别是商丘地区，具有建设中的京九铁路枢纽、永城矿区、大电厂和农业大区等优势，是下个世纪初河南经济发展的后劲所在，所以开放步伐要迈得更大，利用开放促进大规模的开发与建设。

除了以上三个层次，全省其他市地、县也都要增强对外开放的紧迫感，克服消极等待和畏难情绪，从加强基础设施建设起步，因地制宜选准开放的突破口，筑巢引凤，以开放促开发。广大山区要充分利用老少边穷地区的优惠政策推进对外开放，加快经济发展。

为改革开放创造良好社会环境*

（1993 年 7 月 14 日）

应当看到，在社会主义市场经济条件下，群众对经济发展的信心，已经成为造就良好社会经济环境的重要因素。要使广大干部群众成为改革的主人，既不能怕影响稳定而在改革上裹足不前，继续走旧体制下恶性循环的老路子，又不能只靠少数人搞改革，造成因缺乏群众基础而影响稳定。要在改革上走群众路线，取得群众的理解和支持，尽量减少负面效应。

当前，随着中央加强宏观调控措施的贯彻落实，在经济生活中存在的问题和矛盾得到一定程度解决的同时，也会产生一些新的情况和问题。有一些企业可能停产或半停产，职工的生产和生活可能暂时会受到影响；一些基建项目可能停建或缓建，特别是一些开发区和房地产开发项目，可能会遇到困难，引起涉及土地

* 这是李长春同志在河南省委五届七次全体（扩大）会议上讲话的一部分。

及搬迁安置方面的纠纷；一些地方工资不能按时发放，医疗费用不能及时报销的问题，也可能进一步突出。同时，群众对不正之风、腐败现象、官僚主义反映强烈。对这些可能影响社会稳定的因素，各级党委和政府一定要高度重视，增强预见性，宁可把问题看得重些，也不能掉以轻心，麻痹大意。要做到有备无患，防患于未然。决不能在稳定方面出问题，影响中央加强宏观调控措施的贯彻执行，影响改革和建设的进程。

第一，深入细致做好群众工作。各级党委和政府一定要增强贯彻中央宏观调控措施的科学性和预见性，讲究策略，注意方法，务求把工作做深做细。一是要把握好舆论导向，做好干部群众工作。对领导干部主要是摆问题、揭露矛盾，以保持头脑清醒，促进工作；对群众主要是正面引导，多讲有利条件，以增强群众的信心。应当看到，在社会主义市场经济条件下，群众对经济发展的信心，已经成为造就良好社会经济环境的重要因素。注意舆论导向，增强群众信心，对改革和发展至关重要。要避免不正确的舆论导向引起群众不正确的心理预期，增加社会不稳定因素。二是要加强政策的宣传和思想政治工作。通过思想教育，一方面使广大职工群众认识到，加强宏观调控、深化改革体现了广大群众的根本利益；另一方面要使群众树立竞争观念，增强风险意识，提高对改革的承受能力。与此相联系，要加快社会保障体系建立的步伐，发展劳务市场，扩大就业渠道，为职工提供基本的生活保障和再就业途径。三是要坚持群众路线。对涉及广大群众切身利益的改革措施，要坚持事前论证、相互配套、试点先行、整体推进等行之有效的做法。要使广大干部群众成为改革的主人，既不能怕影响稳定而在改革上裹足不前，继续走旧体制下恶性循环的老路子，又不能只靠少数人搞改革，造成因缺乏群众基础而影响稳定。要在改革上走群众路线，取得群众的理解和支持，尽量减少负面效应。

第二，高度重视和解决新时期的人民内部矛盾，努力把问题解决在内部，解决在基层，解决在萌芽状态。现在我省经济社会生活中确实存在一些不稳定因素，个别地方甚至出现了事态扩大的苗头。对此，各级党委政府和有关部门要高度警惕。当前我们遇到的矛盾大量的是人民内部矛盾，要按照处理人民内部矛盾的原则，用民主的方法、说服教育的方法，依据有关法律和政策，把问题解决在萌芽状态，防止事态扩大。要认真排查不安定因素，加强各项专门工作特别是信息工作，做到心中有数。要按照“谁主管，谁负责”的原则，把责任明确到人，限期解决。对久拖不办、影响较大的问题，主要领导要亲自过问。对群众关心的热点问题特别是农民负担过重、农副产品收购“打白条”、亏损和停产半停产企业职工的生活、农村土地纠纷、拖欠教师工资等问题，各市地主要领导要亲自过问，做好工作。要发挥政治优势，加强信访工作，采取多种形式化解矛盾，下大力气防止群体性事件的发生。对因工作不力、推诿扯皮、久拖不决而酿成事端的，要追究有关领导人的责任。省委省政府就一些重要事件作出的裁决要坚决落实，加强纪律，强调民主集中制。一旦事件发生，党委和政府要高度重视，果断处理，防止矛盾激化，尤其注意不要被别有用心的人利用，酿成政治事件，造成恶劣影响。

第三，坚持严打方针，强化社会治安综合治理。目前我国正处于新旧体制转换时期，利益结构、价值观念都在发生急剧变化，诱发犯罪的因素相应增加，必须坚持严打方针，保持严打态势。对那些严重危害社会治安、威胁人民生命财产安全的犯罪分子，要坚决打击，从严惩处。负隅顽抗、持械拒捕的，要依法果断处置。要按照全省的统一部署，认真搞好打击车匪路霸、团伙犯罪、拐卖妇女儿童，查禁卖淫嫖娼，整顿公共复杂场所秩序的“三打一禁一整顿”斗争，落实安全防范措施。要从严治警，提高政法队伍的素质，增强免疫力和战斗力。

第四，整顿市场秩序，净化经济环境。要突出打击制售假冒伪劣商品和利用经济合同进行诈骗的违法行为，以治理“三乱”，即乱收费、乱摊派、乱罚款为重点纠正行业不正之风，维护河南形象。要克服地方保护主义，深入持久地开展打假治劣活动，严肃查处利用经济合同诈骗的违法行为。严格整顿和规范执法部门的罚没行为，继续纠正垄断行业的不正之风。执法监督部门要制定办法，并查处一些典型案件。

讲究商业信誉，维护河南形象*

（1994 年 7 月 29 日）

在市场经济中，尤其是在对外开放中，随着竞争的加剧，商誉和品牌愈来愈重要，这是一笔无形资产。因此，在商务活动中，一定要重合同、守信誉，以信誉赢得市场，决不能搞一锤子买卖。

一个企业的商誉如何、形象怎样，不仅关系着企业的生存和发展，而且关系着一个地方在对外交往中的整体形象。

近些年来，我省一些企业创出了一批名牌产品，走出了国门，赢得了国内外消费者的赞誉。但是，也有不少企业仍然不注意维护商誉和形象，个别的甚至以次充好、以假顶真，坑骗消费者，结果不仅砸了自己的牌子，也极大地影响了我们河南的整体形象。应该看到，在市场经济中，尤其是在对外开放中，随着竞争的加剧，商誉和品牌愈来愈重要，这是一笔无形资产。因此，在商务活动中，一定要重合同、守信誉，以信誉赢得市场，决不

* 这是李长春同志在河南省委五届九次全会上讲话的一部分。

能搞一锤子买卖。同时，各级党委和政府要从对外开放的大局出发，有什么问题解决什么问题，确保一方信誉。各级经济管理、监督、执法部门要从严肃法纪入手，努力维护正常的经济秩序和良好的企业形象。对不讲信用、坑害消费者的行为，一经发现要从严查处，决不姑息迁就、养痈遗患。要坚持不懈地开展打击制售假冒伪劣商品和各种经济诈骗活动。对出口产品，要严把质量关。通过扎实工作和不懈努力，使我们的企业乃至全省的整体形象有一个较大的改观。

要把对外宣传纳入对外开放的全过程。通过国内外各新闻媒体，多种渠道、多种形式地大力宣传河南的建设成就、资源优势、改革开放的重大举措，把我们的名牌企业、名优产品介绍给世界，增强河南产品在国际上的知名度和信誉，增强外商来我省投资办企业的信心。要引导广大群众热爱河南、热爱家乡，积极主动地为扩大对外开放作贡献。同时，也要及时反馈世界上的新技术、新产品和市场信息，帮助干部群众了解世界，帮助企业了解国际市场，不断促进河南与世界的联系。

对高速公路建设认识要高，措施要硬*

（1995 年 1 月 25 日）

从国际国内的发展经验看，现代经济最发达的地区往往有着现代化的交通线。郑州洛阳之间的这条线如果能尽快连起来，沿黄经济带就形成了，就会沿着高速公路线形成更发达的城市群，带动全省经济振兴。

第一，要统一思想认识。首先，从全国高速公路规划要求来看，迫切需要加快我省的高速公路建设。国家在本世纪末之前，要加速全国的高速公路建设，我省地处中原，对于完成国家的总体规划承担着重要任务。国家规划是在本世纪建成“双十字”大框架，这就要求我省要建成“小十字”架，总长达 1160 公里。到本世纪末，仅有 6 年时间，任务十分艰巨。我在辽宁工作期间，用 6 年时间修了 375 公里高速公路，那已经是全省很大的事情了。而根据全国规划的需要，我们河南要建 1000 多公里高速公路，任务更为艰巨。因此，开封至郑州、郑州至洛阳段高速

* 这是李长春同志关于加快郑州至洛阳高速公路建设讲话的一部分。

公路 1995 年年底前必须基本建成，只有这样才有可能完成国家规划。从 1991 年到 1995 年，我们用了 5 年时间，即使郑州至洛阳这一段路能拿下来，也才修了 250 公里高速公路，就是说后 5 年我们还要修 800 多公里，“八五”期间如果拿不下这 250 公里，以后的任务就很难完成。

其次，从郑州、洛阳在全省对外开放的位置来看，必须加速高速公路建设。现在洛阳工业基础比较好，有一个对外合作发展工业的高新技术开发区。但是由于交通条件限制，严重制约了洛阳的对外开放。郑州正在建设商贸城，要与国内外接轨。为了发挥郑州、洛阳在全省的带头作用，必须加强郑州和洛阳之间的交通联系。郑州的老机场现在已严重不适应目前的需求了，新机场还需要一段建设时间，而洛阳机场地处邙山，条件比较好，如果把这一段高速公路尽快建起来，能够使洛阳机场和郑州机场之间

1994 年 1 月，李长春在郑洛高速公路施工现场调研。右一为河南省副省长张洪华，右四为郑州市代市长朱天宝。

通过高速公路形成互补关系。由于郑州地区是个平原地带，雾比较大，它的起落保证不如洛阳，即使将来新机场建起来了，也需要两个市之间用高速公路连起来，以发挥洛阳机场的作用。郑州和洛阳早一天用高速公路连接起来，这两个城市在全省对外开放中的带头作用就能早一天发挥。我们就能逐步形成从郑州入从洛阳出、从洛阳入从郑州出的以交通促开放的新格局，从而真正发挥郑州和洛阳这两个城市在全省开放中的龙头带动作用，产生“一加一大于二”的增长效应。

再次，从国际国内的发展经验看，现代经济最发达的地区往往有着现代化的交通线。郑州洛阳之间的这条高速公路如果能尽快连起来，沿黄经济带就形成了。现在洛阳到郑州之间的几个县都已改为市，如果再用高速公路把它们联系起来，就会沿着高速公路线形成更发达的城市群，这对于加快建设省委省政府设想的以郑州为中心，包括洛阳、焦作、新乡、开封在内的沿黄城市群，带动全省经济振兴，具有重要作用。所以，这条高速公路的建设直接与沿线的经济发展密切联系在一起。各级党委和政府要统一认识，特别是郑州到洛阳沿线的各个市县区，要把这一段高速公路的建设作为自身发展的重大机遇来看待，抓住机遇，加快发展。

第二，要认真贯彻实行“政治动员，经济补偿，行政干预，各方支援”的建设方针。政治动员，即将在巩义市召开的郑州至洛阳高速公路实现 1995 年年底基本建成动员大会，是一次政治动员的会议。省委省政府要求沿线的各级党委和政府，要把人民群众发动起来，把郑州市路桥建设的经验运用到建设郑洛高速公路中来，要像革命老区当年支援前线那样支援这条高速公路建设。请郑州、洛阳市委主要负责同志把政治发动的任务担当起来。经济补偿，就是按照全省的补偿标准统筹安排，给予适当补偿。行政干预，是指高速公路是基础设施建设，不可能完全按照经济规律运作，特别是我们这样一个经济基础还比较薄弱的省，各级政府要进行强有力的行政干预。各方支援，就是方方面面都要为建设这条高速公路开绿灯，有政策的出政策，有资金的出资金，精神方面的支持也很重要。

第三，要保证工程质量。郑洛高速公路建设的工期要求很短，任务是相当艰巨的。在这种情况下，工程质量更为重要。高速公路是不允许长停、长修的。当前需要重点解决的，一个是路基问题，施工单位要加大人员设备投入，加班加点加快工程进度，监理要严格实施工序控制，按照工艺进行碾压，确保路基的质量；再一个是路面问题，没有先进摊铺设备的施工队伍不能进入工地，要千方百计保证路面的平整度。郑州市区到机场和郑州到开封的路面平整度就不够，还有待提高。为了确保工程质量，要实行质量保证金制度，要有必要的检测手段，有条件的可引进一些先进的检测设备进行检验。总之，百年大计，质量第一，一定要确保高速公路的质量。

加快航空口岸建设*

（1995 年 1 月）

这几年，河南民航事业发展很快，口岸事业也有较大发展。我们现在有了几个机场，有了自己的飞机。省里始终关心郑州至北京、郑州至上海等国内航线和郑州至香港航线的建设，各部门要不断找差距，力争取得新进展。当前，要重点抓好以下工作。

要不断改善经营水平，提高服务质量，把长沙机场作为我们赶超的目标。民航局既是管理部门，又是服务部门，不管是对南航河南分公司，还是对中原航空公司，都要大胆加强管理，同时做好与原驻地有关单位的联系工作，主动协调，把问题预测在前，解决在前。

要加强豫港旅游公司和口岸各联检部门之间的联系，民航局、口岸办要做好协调工作。口岸各联检单位，要在深化联检体制改革、提高服务质量上下功夫。机场安全检查从严是完全应该的，要为旅客安全问题着想，但服务要礼貌热情。海关、边检等单位要与国际惯例接轨，尽量简化手续，热情服务，给顾客以及

---

* 这是李长春同志在听取河南省民航局、口岸办等单位工作汇报时谈话的一部分。

1997 年 5 月，李长春参加新郑机场试航飞行。

迎送人员提供舒适的环境。各单位有什么问题，要及时同省口岸办联系，同省政府联系。要使郑州机场成为顾客满意、有吸引力的航空口岸。要抓紧郑州新机场建设，资金上要千方百计保证机场建设顺利进行。各单位要积极参与，当好参谋。在新机场的管理上，要采取经营权和所有权分离，原则上由省民航局来经营，现在的关键是抓好机场建设，确保如期投入使用。洛阳机场管理也要再加强，为地方经济发展、对外开放作贡献。

全面实施开放带动战略，努力开创对外经贸新局面*

（1995年6月）

大开放大发展，小开放小发展，不开放难发展，这已被许多经济快速发展的国家和地区的实践所证明。因此，要在警惕右的同时进一步破除“左”的和旧的思想影响，以“三个有利于”为标准，敢于把人类一切优秀文明成果拿过来，大胆引进国外反映社会化大生产客观规律的管理方法，推进改革的深化。

在我省第一次对外开放工作会议上，我们提出了“优化结构，外引内联，四面辐射，梯次发展”的16字对外开放指导方针。经过两年多来的实践证明，这一指导方针是正确的，推动我省对外开放有了显著进展。为此，在河南省委五届九次全会上又提出要在全省实施开放带动战略，以全面地贯彻落实中央提出的全党工作的大局，紧密结合省情，把扩大对外开放上升到振兴河南的战略高度，摆到经济工作的突出位置上，以开放促改革、促

* 这是李长春同志发表在《外向经济》杂志1995年第6期上的文章。

发展，促进和带动河南经济的全面振兴。

实施开放带动战略，是对 16 字指导方针的深化和发展，是省委在认真分析形势、总结经验，多次研究论证的基础上，提出来的一个大思路、大举措，是认识上的又一次飞跃。

一、把握开放带动战略的内涵，狠抓关键环节，把对外开放提高到一个新水平

进一步解放思想，树立崭新的发展观，这是实施开放带动战略的前提。以大开放促进大发展，这就要求我们必须改变过去在封闭的计划经济体制下利用一个市场、一种资源的单一发展模式，走出一条通过市场机制，充分利用国内国际两个市场、两种资源以加快经济发展的路子。

要破除“左”的和旧的思想影响，以“三个有利于”为标准，敢于把人类一切优秀文明成果拿过来，大胆引进国外反映社会化大生产客观规律的管理方法，推进改革的深化。破除小富即安、小进即满的内陆意识，以开放促改革。要敢于和善于学先进，赶先进，勇于进取，不能光同自己比，更要横向比，牢牢掌握发展的主动权。要破除无所作为、看摊守业的消极落后意识。决不能妄自菲薄，消极等待。有为无为，事在人为。善于创造条件，发挥优势，就能够抓住机遇，加快发展，改变落后面貌。

思想解放的程度，决定着对外开放的广度和深度。我们一定要以思想的大解放促进大开放，以大开放促进大发展的思路来组织经济建设，使国民经济在更大的范围、更广阔的领域和更高层次上得到又快又好的发展。

大力发展外向型经济，努力提高开放度，招商引资发展经济，这既是实施开放带动战略的目标要求，也是衡量取得成就大小的主要标志。提高开放度，其实质是加快市场的国际化进程。实施大开放，就是要加大开放力度，紧紧盯住国内外市场需求，全方位开拓国内外市场，努力提高我省产品在国内外市场的占有份额；要广泛地、多形式、多层次、多渠道地招商引资，努力提高我省资本投入中来自国际市场和省外的比重。全方位拓宽与世界经济生活和社会生活的联系和交往，不断提高我省对外经济技术交流与合作的规模，还要不断扩大国际旅游业，大幅度增加非贸易外汇占整个外汇收入的比重。

综上所述，集中到一点，就是大幅度提高经济生活的开放度，促使我省经济在国内外两个市场上展开，向更高的层次、更宽的领域发展。当前特别重要的：一个是在出口创汇上要实现“两高两超”，即高于我省国内生产总值的增长幅度和全国外贸出口的平均增幅；工贸公司、生产企业、“三资”企业出口创汇要超过全省平均增长幅度，非贸易创汇要超过商品出口增长幅度，逐步提高出口创汇额占国内生产总值的比重和在全国的位次。另一个是，要努力使实际利用外资占固定资产投资比重逐年有所提高。从省到各市地县都要围绕这两大目标，研究制定提高开放度的指标体系，并层层分解，纳入目标管理责任制，确保开放带动战略真正落到实处，取得实效。

第一，要广泛深入地开展多形式、多层次、多渠道的招商引资，这是实施开放带动战略的重点。实施开放带动战略，要突出一个“引”字，引进资金、技术、人才和先进的管理经验。要把企业推向对外开放第一线，发挥在招商引资中的主体作用，既要积极推动国有大中型企业通过合资合作，上水平、上档次、上规模；又要创造条件，鼓励支持城乡集体企业、乡镇企业和个体私营企业积极参与招商引资活动。要拓宽引资渠道，既要积极争取国外政府和国际金融组织的贷款，又要吸引外商直接投资；既要积极引进境外资金，又要注意吸引省外的投资。特别要注意发挥港澳台胞和海外侨胞的投资积极性及其牵线搭桥的作用。要采取请进来和走出去相结合，大型招商与重点引资相结合，举办文化、旅游活动与招商洽谈相结合，“筑巢引凤”与“引凤筑巢”相结合等多种形式。省、市、县都要拿出实际动作，上上下下，方方面面都要发挥优势，各显其能，积极为招商引资作贡献，迅速在全省形成一个形式灵活多样、措施行之有效的招商引资热潮。

第二，要坚持不懈地改善投资的软环境，这是实施开放带动战略的重要条件。外商来投资，把投资环境放在选择的第一位。因此，我们要把改善软环境贯穿于对外开放的全过程，决心更大一些，措施更有力一些，效果更好一些。省定的十大基础工程，要千方百计落实资金，抓紧进度。要下大力气搞好市容市貌，努力改善城市环境。要用足用好国家的有关政策规定，在招商引资中既坚持互惠互利，又不要把门槛垒得太高，让外商望而却步。我们在地理位置上与沿海相比不占优势，但一定要在努力改善软硬环境上下功夫，以弥补我们的不足。

第三，要改革干部人事制度，提高干部队伍素质、增强各级领导干部驾驭对外开放的能力，这是实施开放带动战略的组织保证。实施开放带动战略，能否真正贯彻落实好，关键在干部。要大力推进干部人事制度改革，通过竞争上岗，使一批党性强、熟悉对外经济工作的干部进入领导班子，并大胆启用一批懂外语、懂业务、有事业心、能打开局面的年轻干部。对企业的经理，要改委任制为聘任制，实行竞争上岗、目标管理、风险抵押、层层承包，促进企业经营机制转换。各级党委和政府一定要支持和保护改革者，鼓励探索者，为他们创造良好的工作环境。

实施开放带动战略，当前必须突出重点，在几个关键环节上实施突破。一是要在嫁接改造老企业上取得实质性进展。国有企业是国民经济的骨干，是社会主义的脊梁。要尽快把它们推向国内国际市场，一个重要途径就是通过合资、合作，进行嫁接改造。这不仅能够引进资金、技术、设备和先进的管理经验，推进技术进步，提高企业素质，而且有利于企业转机建制，是一举

1992 年 7 月 6 日，李长春在洛阳会见前来投资的菲律宾亚洲世界（国际）集团创始人郑周敏。

多得的好事情。因此，不仅要嫁接改造经营有困难的企业，而且要拿出一批有一定实力的企业和名牌产品进行嫁接改造，并与实施名牌战略、组建企业集团紧密结合起来，形成一批“航空母舰”和“联合舰队”，成为振兴河南的生力军。这对于吸引国际大财团和大公司来河南投资具有重要意义。各级各部门一定要进一步转变观念，有远见、有胆量、有气魄，推出一大批国有企业，进行嫁接改造。二是要在吸引外商包片开发上取得新进展。把土地使用权成片出售或租赁给外商，让业主去开发建设、招商引资，这就叫作“引凤筑巢”，以解决我们基础设施投资不足的问题。这种以地生财、以地聚财的办法，是沿海许多地方的成功经验。在这方面，我们的步子要迈得更大一些。要注意盯住海外的一些大财团、大公司，舍得拿出适宜的地块，包括最繁华的市区吸引他们去开发建设。要注意不得撂荒土地，不得占用被保护的永久性农田，不允许外商“炒”土地。三是要在外贸企业转换经营机制上取得突破。当务之急是实行政企分开，目标管理，竞争上岗，把企业推向市场，增强企业的活力。四是要在发展各路大军多元化出口创汇上取得明显成效。除了加快外贸企业转换机制、增强活力外，还要充分调动各市地、有进出口自营权的企业、“三资”企业和乡镇企业出口创汇的积极性，给以动力和压力，形成多层次、多渠道、各路大军齐创汇的新局面，这是当前扩大出口创汇最重要的措施和途径。经贸部门要会同各行业主管部门搞好协调服务。五是要在对外工程承包和劳务输出上迈出更大的步子。要充分认识劳务输出的重要意义，尽快改变我省劳务输出起点低、发展慢，劳务大省、输出小省的不协调状况。尤其是一些贫困县，要把劳务输出作为对外开放的一项重要内容，作为实现资金和技术原始积累的重要步骤，认真宣传好、组织好，使其尽快成为经济发展新的生长点。

二、加强领导，狠抓落实，努力开创对外开放新局面

对外开放事关全局、事关长远，各级党委和政府都要把这项工作列入重要议事日程，放在经济工作的首位。当前，各级党委的主要任务是，要抓好观念转变，提高全民的开放意识，积极发现、培养合格人才，搞好干部的使用。当务之急是要把各项目标任务落到实处，按照条块结合的原则纳入目标管理责任制和焦裕禄杯竞赛活动中去。要把对外开放、出口、引资的指标落实到部门、落实到人头。各级领导要深入到外贸企业、“三资”企业及重大洽谈项目中，发现问题、解决问题，取得领导对外开放的主动权。重大项目，领导同志要分工负责，跟踪服务。要把人大、政协以及各民主党派、工商联、台办、侨办等各部门、各方面的积极性都充分调动起来，形成对外开放的强大合力。要在全省进行加大对外开放力度的再发动、再鼓劲，加强对外开放知识的再学习、再教育。迅速在全省形成学开放、讲开放、关心开放、支持开放的大环境。

要切实改进工作作风，真抓实干，务求实效。一是努力转变政府职能，要进一步简政放权，努力提高服务水平，提高工作效率。各市可组建招商机构，实行“一条龙”服务，减少审批环节，简化办事手续，搞好全程服务。二是加强各部门之间的协作，相互支持、紧密配合，主动做好协调工作，形成扩大对外开放的合力，引进资金、技术、人才，出口创汇、劳务输

出都要讲实际效果、经济效益。不能只注意签约多少，审批多少，最重要的是看资金实际到位率、项目开工率和创汇率。“三资”企业，力争办一个成功一个。今后，对弄虚作假的，发现一个处理一个。

要讲究商誉，努力维护河南形象。一个企业的商誉如何、形象怎样，不仅直接关系着企业的生存和发展，而且影响着一个地方在对外交往中的整体形象。各级党委、政府要从对外开放的大局出发，确保一方信誉。对不讲信用，坑害消费者的行为，一经发现要从严查处，决不能姑息迁就、养痈成患。

坚持“两手抓、两手都要硬”的方针，确保对外开放沿着正确方向发展。越是加快改革开放，越是要防止“一手硬、一手软”的倾向。各级领导干部都要从自身做起，要教育广大党员、干部时刻牢记党的宗旨，使用好党和人民赋予的权力，满腔热情地为人民办实事，为中原大地改革开放作贡献，努力开创对外经贸的新局面。

下大力气改善投资环境*

（1996 年 6 月 26 日）

改善投资环境必须贯穿对外开放的全过程，各级党委政府要把坚持不懈地改善投资环境，作为落实“开放带动战略”的重要任务抓紧抓实，抓出成效。党政主要领导要亲自解剖几个案例，掌握改善投资环境的第一手资料。

我们要树立河南的良好形象，一个重要的方面就是在改善投资环境上下大功夫。

要对全省现有的“三资”企业进行一次大检查，企业有什么困难解决什么困难，有什么问题解决什么问题，下决心把现有“三资”企业办好。“三资”企业遇到的困难和问题，往往比较复杂，涉及方方面面。因此，要按照企业的隶属关系，对“三资”企业进行一次全面普查，属于哪一级的企业哪一级负责，一个项

* 这是李长春同志在河南省委省政府召开的改善投资环境座谈会上讲话的一部分。

目一个项目地分析研究。要通过普查，分析查摆本地区、本部门在投资环境方面存在的问题，分级制定改进措施，确保现有“三资”企业的正常生产和经营。

省直各有关部门，要在贯彻落实“开放带动战略”方面作出表率。省直行政执法部门、司法部门和带有垄断性的行业主管部门，要搞一次自查，找出还不适应对外开放需要、有碍投资环境改善的问题，提出进一步落实“开放带动战略”的措施和办法，并且以党组织的名义向省委写出报告。提出的这些措施和办法，要下发全行业遵照执行，有的要公开见报，增加社会透明度。要进一步重申方方面面的工作都要服从服务于经济建设这个中心，部门工作要服从全局，小道理要服从大道理。

要创造一个良好的法制环境。要把保护外商合法利益与对外商依法管理统一起来，把严肃执法与创造良好的投资环境统一起来。要加强执法队伍的自身建设，下大力气解决“三乱”问题，做到文明执法，要解决部门利益驱使执法扭曲的问题。党政机关对社会的服务必须是无偿的，法律法规明确要收费的，收取的费用必须全部上缴财政。对于执法人员的违纪违法行为，要严肃查处。要进一步完善法律服务，使外商投诉有门。在法律法规执行过程中，如遇到有些条款一下子把握不准的，要坚持“三个有利于”的标准，保护生产力。

要进一步加强各级政府对“三资”企业的协调、服务、管理。各级政府都要明确一个部门对“三资”企业进行全程服务，全程管理，各个部门都要积极进行配合。要重点在四个方面协调服务好：一是提高审批效率，二是解决好征地难，三是搞好基础设施配套，四是改善企业的生产经营环境。

要继续办好开发区。开发区要在思想观念、管理体制、工作方法、工作作风上形成“小气候”，真正使开发区成为新的经济生长点、综合改革的先行区、高新技术产业的示范区、现代化的新城区和对外开放的窗口。开发区管理委员会是同级政府的派出机构，全权实施管理，要改变多头管理的局面。要努力提高办事效率，提高服务水平，使开发区成为外商投资最有吸引力的地方。

要在突出改善软环境的同时，继续优化硬环境。十大基础设施工程要加大力度，要继续加快电力建设，加快郑州周围城市群之间高等级公路网的建设，加速十大旅游景点的开发。

改善投资环境必须贯穿对外开放的全过程，各级党委和政府要把坚持不懈地改善投资环境，作为落实“开放带动战略”的重要任务抓紧抓实，抓出成效。党政主要领导要亲自解剖几个案例，掌握改善投资环境的第一手资料。要把抓改善投资环境与抓反腐败、纠正行业不正之风紧密结合起来，对于在行政执法、司法过程中出现的腐败现象和不正之风，要严肃处理。各级政府都要建立外资协调领导小组。要有计划地组织行政执法人员、司法人员和涉外人员学习涉外法规和涉外知识。要坚持对外开放中的两手抓，一手抓吸引外资、创造良好的投资环境，一手抓打击黄赌毒。要加强对改善投资环境的监督，人大依法监督、政协民主监督、新闻界舆论监督和人民群众各种形式的监督都要强化起来。

开放的河南欢迎您*

（1997 年 3 月 21 日）

今天，有这么多的澳大利亚各界朋友光临我们的说明会，感到非常荣幸。我谨借此机会向多年来为发展河南省与澳大利亚的合作与交流作出努力和贡献的朋友们，向关心和支持河南省经济建设的同人们，表示由衷的感谢，并致以崇高的敬意。

河南省位于中国中部，地处黄河中下游，因大部分地区在黄河以南，故名“河南”。河南是华夏五千多年文化的发源地之一，历史上曾几度达到鼎盛时期，长期为中国的政治、经济和文化活动中心，对中华民族的发展和繁荣作出过巨大贡献。全省总面积 16.7 万平方公里，人口 9172 万，耕地 1.1 亿亩。素有“民族摇篮”之称的黄河横贯全省，流长 700 多公里。河南以其特殊的战略地位、丰富的农副产品资源、品种繁多的矿藏物产、四通八达的陆路交通、光辉灿烂的历史文化，成为中国重要的省份之一。从发展的观点看，河南拥有巨大的发展潜力，是开展国际经济技术合作很有前途的地带。河南的省情概括起来有四个明显特点：

* 这是李长春同志率河南省代表团访问澳大利亚期间在墨尔本市举办的河南省省情说明暨经贸洽谈会上的致辞。

一是自然条件优越。河南省地势西高东低，北、西、南三面环山，中部和东部为辽阔的平原。山区丘陵面积占 44.3%，平原面积占 55.7%。境内有黄河、淮河、卫河、汉水四大水系，地上地下水资源丰富。河南省南部属北亚热带，中部和北部属暖温带，四季分明。全省年平均气温为摄氏 13 至 15 度，年平均降水量 700 毫米。全年无霜期 200 至 236 天。土地肥沃，光照充足，雨量适中，气候温和，兼具南北之长，农业发展条件得天独厚。

二是资源丰富。河南山脉纵横、地域广阔，蕴藏着丰富的地下资源，现已发现矿产 107 种，初步探明储量居全国前十位的达 43 种。其中钼、铸型砂岩、天然碱、珍珠岩、蓝晶石、红柱石储量为中国第一，铝土矿、蓝石棉、天然油石、玻璃用凝灰岩、水泥用石灰岩为全国第二，钨、铯、电石灰岩、天然气、石油、镍、石墨、金、铷、石英岩、煤、云母、沸石等均居全国前列。

河南沃野千里，气候温和，适宜各种农作物生长，是中国重要的农副产品主要产区之一，小麦、玉米、棉花、烟叶和油料等农产品产量都在全国占有重要位置。林木资源比较丰富，畜牧业比较发达，大牲畜存栏居全国首位。新郑大枣、灵宝苹果、信阳板栗、豫西山区猕猴桃、豫北四大怀药[1]，以及南阳黄牛、泌阳驴、固始鸡和山绵羊等，在全国享有盛誉。

三是交通比较便利。河南地处中原，兼有陆路和空中交通之便，对外开放的立体通道正在形成。京广、陇海、焦枝、京九等铁路干线纵横交错，新开通的欧亚大陆桥横贯全省。省会郑州位于京广、陇海两大铁路干线的交会处，是连云港至荷兰鹿特丹欧亚大陆桥最大的客货转运站，郑州北站是亚洲最大的货运编组站，故海外的经济学家称郑州为中国的芝加哥。河南省公路通车里程近 5 万公里，国道、省道和城乡公路密如蛛网，洛阳—开封、郑州—许昌的高速公路已经建成通车，新乡—安阳、许昌—漯河的高速公路正在抓紧施工建设；航空事业进入新的发展时期，现有飞行航线 46 条，郑州、洛阳、南阳三个机场每周有 100 多个航班飞往北京、上海、广州等城市，有 8 个航班往返香港。郑州新郑国际机场正在建设之中，计划于 1997 年 5 月建成通航，届时将大大缩短河南同世界各国的距离。

四是历史悠久，具有丰富的旅游资源。自远古以来，中华民族的祖先就生息繁衍在中原大地上。远在四五十万年至一万年以前的旧石器时代即有人类在这里居住，距今一万年至四千年的新石器时代的文化旧址已发现 1000 多处。在浩瀚的历史长河中，这里是群雄角逐的战场，兵家必争的要地，先后有 20 多个朝代在此建都或迁都。中国的七个古都，河南就有三个，即洛阳、开封、安阳。各朝代的历史文化遗产灿若繁星，遍布中原大地，许多历史文物和古迹风韵犹存。河南地下文物居全国第一位，地上文物居全国第二位，馆藏文物约占全国八分之一。郑州的嵩山少林寺、大河村遗址、观星台、嵩阳书院、中岳寺塔，洛阳的龙门石窟、白马寺，开封的相国寺、龙亭、铁塔，南阳卧龙岗，安阳殷墟等都是名闻海内外的名胜古迹。河南的自然风光与博大精深的历史文化相融合，具有无穷的魅力。各位来宾不妨身临其境，一睹河南的风采。

改革开放以来，河南经济发展日新月异。1978 年至 1996 年的 18 年间，河南省国内生产总值以年均 10%以上的速度持续增长。1996 年，全省国内生产总值完成 3670 亿元。据中国社会科学院对全国各省市综合评价，改革开放以来河南的经济发展速度仅次于沿海省份，居全国第十位，在内陆省份名列前茅。以丰富的农副产品资源和矿产资源为依托，河南已形成了包括纺织、轻工、食品、煤炭、石油、电力、冶金、化工、建材、机械、电子等门类较为齐全的工业体系。有些工业品的产量如大型拖拉机、浮法玻璃、氧化铝、轴承、砂轮、巨型轮胎、味精等居全国第一位。河南商业发达，郑州商品交易所、亚细亚商场等现代化的商业设施日益崛起，正在成为全国重要的人流、物流和信息流中心之一。对外经济贸易日益扩大，已同一百多个国家和地区建立了贸易关系，在日本、美国、澳大利亚、泰国、香港等国家和地区设立了 40 多个经济贸易窗口。

近年来，河南省致力于改善投资环境，已经取得明显成效。经国家批准，郑州被确定为享受沿海开放城市各项优惠政策的内陆开放城市。郑州、洛阳建有国家级高新技术开发区，开封、漯

1997 年 3 月 21 日，李长春率河南省代表团在澳大利亚访问期间，主持召开河南省省情说明暨经贸洽谈会并致辞。

河、商丘等大部分市地也都建立起各种形式的经济开发区。省内已建立铁路、公路、航空九个口岸，开通了郑州至九龙直达集装箱专列，成为河南第一个出海口。国家在郑州设立了郑州海关、河南省进出口商品检验局。各地相继建立了外商投资咨询服务中心，随时为客户提供优质服务。能源、邮电、旅游服务等基础设施不断完善，截至目前，全省发电装机总容量 1000 多万千瓦，1991 年新开通程控电话 82 万门，17 个市地全部实现了国际直拨。邮政特快专递业务可通达 88 个国家和地区。全省电报电路全部进入全国自动传播网，微波通讯可通北京、上海、广州、成都等 36 个大城市。目前全省可供外宾下榻的涉外宾馆 50 多家，标准客房 7000 余间。

我们不仅具有了外商投资所需的硬件，而且还具有良好的软件。河南省根据国家政策，结合河南实际，制定了鼓励外商投资的行业和一系列鼓励外商投资和发展对外经济贸易技术合作的优惠政策。鼓励外商投资的行业为：（1）农业、农副产品加工业、畜牧养殖业、林产品加工业；（2）能源、交通、冶金、建材等基础设施和基础性产业；（3）高新技术产业、高效低耗产业；（4）教育、科技、医疗等公益性事业；（5）国家允许外商投资举办的第三产业；（6）特别鼓励外商投资兴办产品出口企业和先进技术企业。优惠政策主要包括：河南省政府保障外商投资企业的生产经营自主权，支持外商投资按照国际上先进的科学方法管理企业；外商投资企业可以根据生产经营需要，自行确定内部管理机构和人员数额；来河南投资者以及外商投资企业从境外聘请的技术人员、管理人员可以申请办理多次入出境有效签证，来去自由；外商投资企业在其投资总额内进口本企业所需的机器设备、零部件和其他物料以及进口用于生产出口产品的原材料、燃料、散件、零部件、元器件、配套件，免领进口许可证，由海关实行监管；外商投资企业生产的出口产品，除国家规定限制出口的以外，免缴出口关税和增值税；外商投资的生产企业在生产经营十年以上（包括十年），所得税从获利年份起享受两年免税、三年减半征税的优惠政策；外国投资者在河南举办企业的合法利润、其他合法收入和清算后的资金，可以汇往境外。

良好的投资环境吸引了众多的海外投资者，全省利用外资发展很快。截至目前，河南已兴办外资企业 5392 家，合同利用外资金额 62.34 亿美元，实际利用外资 19.6 亿美元。经国家批准，河南省利用国外投资贷款已签订贷款协议 90 余个，贷款金额 20 亿美元，其中双边政府贷款占 30%，国际金融组织贷款占 30%，国际商业贷款占 40%。这些资金主要用于工业领域和部分城市基础建设、环境保护、高速公路、农业开发、通讯、教育事业等方面。

“优化环境、外引内联、四面辐射、梯次发展”是我们的既定战略。全省实施开放带动战略，进一步加大了力度，我们打算以更好的服务，选择一批技术力量雄厚、产品在市场上有一定竞争能力的大中型企业引进外资和国外先进的企业管理经验，开展经济技术合作。此次我们推荐一批对外合作项目，供各位来宾选择。我们期待着合作的成功。

最后，我相信，通过双方的相互交流与了解，我们的合作将向更广泛的领域和更深的层次发展。让我们伸出诚挚之手，共谋发展大业。

注　释

〔1〕四大怀药，是指古怀庆府（地理范围大致相当于现在的河南省焦作市、济源市和新乡市原阳县所辖地域）所产的山药、牛膝、地黄、菊花四大中草药。

抓住香港回归机遇，推动河南对外开放*

（1997 年 6 月 23 日）

基本法的确定，使香港保持繁荣有了法律依据。所以，不论港人、大陆人和国际方方面面，对香港的繁荣稳定都增强了信心，香港作为国际上的金融中心、贸易中心、最大的转口基地的地位，将进一步得到巩固和新的发展。当前，世界的游资仍然集中在亚太地区，特别是香港地区，只要我们严格按照基本法办事，只要我国改革开放的政策坚定不移，香港作为国际金融中心的地位就不会动摇。因此我们要研究在香港回归之后，怎样更加有效地利用港资，除了一些传统的办法之外，要把香港作为我们省的一个重要的资本市场，加快筛选一批好的企业，经过包装到香港上市发行股票。我们也要加快研究我省在香港的窗口公司豫港公司，怎样进一步发挥窗口的作用。

要利用香港的特殊地理优势，加快我们的出口贸易步伐。我们要继续作为香港重要的“米袋子”“菜篮子”，发展创汇农业、创汇食品工业。与此同时，要充分利用香港作为世界最大的转口

---

* 这是李长春同志在“河南省迎香港回归、学习香港基本法”报告会上讲话的一部分。

贸易[1]基地，开展转口贸易。关于这个方面，当前有利条件也是很多的，我们已经运营了郑州铁路港、郑州公路港，除了每天有一列满载鲜活畜产品的火车运往香港之外，我们每周还有一列专列运送普通货物，而且由于郑州铁路港的确定，在郑州就地报验封关，可以直接开往香港。我们还有公路港，有 80 多台载重汽车是双牌照，有香港牌照和内地牌照，可以直接把我们的货物拉到香港。还要充分利用新郑国际机场即将投入使用的条件发展空运。要充分利用这些有利条件，扩大我们对香港的出口，充分利用香港转口贸易的优势。

要扩大旅游，使旅游业成为新的经济增长点。我们河南是中华民族传统文化的重要发祥地之一，香港回归之后，港人寻根的热情、爱国主义热情将会逐步高涨，再加上我们的条件正在改

1990 年 3 月，李长春与香港著名企业家曾宪梓交谈。

善，新郑国际机场已进入紧张试飞调校阶段，也为扩大对香港的旅游开辟了有利条件。目前，我省第三产业仍然是一个短项，比重占全省产业总值的27%，低于全国30%的平均水平，要通过旅游业来推动第三产业的发展。

注　释

〔1〕转口贸易，是指国际贸易中进出口货物的买卖，不是在生产国与消费国之间直接进行，而是通过第三国转手进行的贸易。

强化农业基础地位
加快农村经济社会全面发展

加速农业产业结构调整，健全农村社会服务体系[*]

（1990 年 12 月 10 日）

农村社会化服务体系建设，要以各种产品或行业的农工商公司作龙头，为种植业、养殖业、加工业提供产前、产中、产后系列化服务，其触角伸向国内外市场，其龙尾延伸到千家万户，形成以利益机制为纽带的经济实体。

作为农业大省，河南要振兴，必须继续强化农业的基础地位，这是不能动摇的。经过十多年改革，在大部分农民已经基本解决温饱的今天，我省农村经济进入了一个新的发展阶段，如何进一步发展农村生产力，保持农村经济持续稳定增长，使广大农民由温饱向小康过渡，确实需要理清思路，统一认识。借鉴其他省的经验，结合我省的实际，省委省政府认为，强化农业基础地位，发展农村经济，必须不断增加农业投入，继续加强农业基础

* 这是李长春同志在“学习先进经验，加速振兴河南”报告会上讲话的一部分。

设施建设，改善农业生产条件。同时还决定，在决不放松粮食生产的前提下，面向国内国外两个市场，狠抓农村产业结构的调整，全面发展农村商品经济，建立农业生产的良性循环。这是我省当前发展农村经济的关键，是富民富县的必由之路。我省人多地少，人均1亩多地，单靠粮食生产，只能是温饱水平，要实现由温饱向小康的过渡，必须加速农村产业结构调整的步伐。

首先，要调整种植业内部结构，在稳定粮食面积，抓好高产开发，提高粮食单产，保证粮食总产稳定增长的同时，积极发展以棉花为主的经济作物，争取用两三年的时间使棉花种植面积和总产量达到历史最高水平。这不仅关系到增加农民收入、发展农村经济，而且关系到我省棉纺工业的发展和出口创汇，必须下决心搞上去。其次，要在不断提高种植业水平的前提下，因地制宜地大力发展畜牧养殖业和林果业，实现农业的综合开发，全面发展农村经济。这方面我省的潜力是很大的。各地一定要从实际情况出发，向荒山进军，向水面进军，向生产的深度和广度进军，宜牧则牧，宜渔则渔，宜林则林。要大力发展从事种菜、养鱼、养鸡、养鸭、养猪、养牛、养羊、养蚕的专业户和重点户，并和大力发展庭院经济结合起来。庭院经济具有集约化程度高、充分利用剩余劳动时间和便于管理的优点，因此经济效益很高。要充分挖掘房前屋后的潜力，支持农民大力发展庭院经济。山区丘陵地区要结合山区开发和小流域治理大力发展林果业，并把这项工作与山区扶贫开发紧密结合起来，把生态效益和经济效益紧密结合起来，要动员方方面面力量重点支持，使林果业成为贫困山区的摇钱树。其三，要在强化农村第一产业的同时，大力发展第二、第三产业，推进农工商、农工贸、种养加一条龙发展。在第二产业上，要大力拓展农产品的加工增值，改变目前出售原料比重过大的局面。要充分发挥我省地处中原交通枢纽的优势，兴办大宗农副产品批发市场和交易市场，大力发展第三产业。各地要按照抓流通促生产、全面发展农村商品经济的要求，从抓农副产品市场起步，把历史上的商品集散地都发掘出来，采取有力措施建设市场，制定优惠政策，增强市场的吸收力和辐射力，搞好综合管理和配套服务，不断完善市场体系，逐步形成以农副产品生产基地为依托，以综合和专业批发市场为龙头，以国营、集体商业为骨干，以个体、联合体为补充的多渠道、多成分农副产品流通格局。

当前农村改革进入了一个新的发展阶段，是农村经济由自然经济、产品经济向商品经济转化的关键时期。围绕解决与发展有计划商品经济不相适应的问题，要在稳定完善家庭联产承包责任

1994 年 12 月 11 日，李长春考察安阳市汤阴县出口肉鸡加工厂。

制的基础上，抓住社会化服务体系建设这条主线，不失时机地继续深化农村改革。抓住了这条主线，就抓住了进一步解放农村生产力的关键，就可以带动整个农村改革的深化，促进生产力发展。

农村社会化服务体系建设，要以县的专业化服务实体为主导，以乡、村综合性服务为基础，以联户、专业户和农户的互助联合服务为补充，以利益机制为纽带，逐步形成纵横交错的县乡村三级配套的社会化服务网络。从我省大部分地区的实际情况看，目前应大力发展以县为单位的各种专业化服务实体，加速改革乡一级，健全村一级，鼓励发展民间服务组织。要以各种产品或行业的农工商公司作龙头，为种植业、养殖业、加工业提供产前、产中、产后系列化服务，其触角伸向国内外市场，其龙尾延伸到千家万户，形成以利益机制为纽带的经济实体。比如，果品农工商总公司、畜产品农工商总公司、肉食鸡总公司、蔬菜批发公司等。乡级是农村服务网络的中心环节，主要是以县级服务机构下伸到乡的站、所、社为依托，扩展服务组织，为农民提供村级力所不及的服务。因此，凡适合下放到乡的站、所、社，要下放到乡，并要加快这些站、所、社的改革，按照“立足服务办实体、办好实体促服务、搞好服务促发展”的要求，兴办各种服务实体，提供农业技术指导，供应生产资料，销售农产品，以及资金融通等方面的服务。要改变过去既无动力又无压力的“二机关”的性质和既不搞服务又不能发展的状况，由行政管理型逐步转变为管理经营服务型，在服务中求发展。村级是指导到田、服务到户的关键环节，对农户服务的好坏，最终都要通过村级体现出来。要按照各地的不同情况，经济条件比较好的村，组建服务型经济实体，提高服务水平；经济实力较差的村，从单项服务起步，在家庭经营的基础上搞好几个统一，如统一耕作，统一供应良种，统一施肥，统一防治病虫害，统一销售等，逐步建立起统分结合的经营机制。要经过几年坚持不懈的努力，逐步形成横向分层次、纵向分行业，上下联接、纵横交叉、成龙配套的服务网络，为农民提供信息、生产、加工、储运、购销、科技等多方面的系列化服务。要通过抓社会化服务体系建设，促进双层经营体制的形成和完善，促进集体经济的壮大，促进分工分业的进程，促进资金、劳务、资产积累机制的形成，促进干群关系的改善和基层政权的巩固。

强化土地管理，为振兴河南服务*

（1991 年 6 月 25 日、1997 年 6 月 2 日）

离开土地，人类就失去了生存的依托。没有土地，就没有农业；没有土地，工业和其他各项建设就没有基础和场所。因此，土地是人类最基本、最珍贵的生产资料，珍惜土地，就是保护人类的生存和繁衍。加强土地管理，珍惜每一寸土地，绝不是权宜之计，而是造福千秋万代的历史责任，是每个公民应尽的义务。

一

十分珍惜和合理利用每寸土地，切实保护耕地，是我国必须长期坚持的一项基本国策。为了保障这项基本国策的贯彻落实，1986 年 6 月 25 日，国家颁布了《中华人民共和国土地管理法》（以下简称《土地管理法》）。今年，国务院又确定 6 月 25 日为全国“土地日”。

---

* 这是李长春同志关于土地管理工作的文章和讲话的部分内容。

土地是人类赖以生存和繁衍的第一资源，为各种资源之首。马克思说：“土地是一切生产和一切存在的源泉”。人类从土地上获取生存所必需的衣、食、住、行等各种基本条件，并随着科学技术的发展，通过对土地资源的高度开发利用，获得巨大的社会财富，推动着人类社会的进步和繁荣。可以说，离开土地，人类就失去了生存的依托。没有土地，就没有农业；没有土地，工业和其他各项建设就没有基础和场所。因此，土地是人类最基本、最珍贵的生产资料，珍惜土地，就是保护人类的生存和繁衍。从这个意义上看，加强土地管理，珍惜每一寸土地，绝不是权宜之计，而是造福千秋万代的历史责任，是每个公民应尽的义务。

我国人多地少，耕地有限，土地资源十分宝贵。新中国成立42年来，在中国共产党的领导下，我们以占世界7%的耕地，养活了占世界22%的人口，这是很了不起的事情，引起世界各国瞩目。但是随着经济建设的发展，人口的不断增加，耕地的不断减少，这种逆向发展，带来了潜在的危险，长此下去，吃饭就成了问题。目前，全国实有耕地约19亿亩，人均不到2亩，只相当于全世界平均水平的一半。而我们河南省，到去年底实有人口8649万人，耕地1亿亩多一点，人均不足1.2亩。在过去的5年里，全省人口增加了800万，耕地减少了170万亩，这种趋势还在发展，到本世纪末，很可能人均耕地不到一亩。固然，可以通过对土地的深度开发利用，从增加投入和推广农业技术入手使单产和总产不断提高，以及严格地控制人口增长，以解决人们的吃饭问题。但这仍然是有限度的。况且，我省要用占全国1.74%的土地来养育占全国7.5%的人口，加之，土地利用率已近饱和，后备资源不足，控制人口需要长期艰苦的工作，压力是相当大的。因此，对于土地问题，必须警钟长鸣，一刻也不能放松。全省各级党政干部和广大人民群众，都应该有一种危机感，增强土地忧患意识，自觉珍惜每一寸土地，像爱护自己的眼睛那样爱护耕地。在土地问题和人口问题上增强自觉性、紧迫感、危机感，是关系到河南命运，关系到我们子孙后代生存的大问题。

《土地管理法》颁布五年来，我省在土地管理工作上做了大量工作，取得了很大成绩。不仅建立了各级土地管理机构，改变了长期形成的分散多头管理的局面，基本实现了城乡土地的统一管理；而且依据《土地管理法》的原则和国家的其他规定，制定了一系列符合我省实际的配套政策和地方法规，使全省土地管理工作逐步走上依法、统一、全面、科学管理的轨道。广大干部群众法律意识增强，乱占滥用土地的违法行为逐年减少，非农业建设用地得到有效控制，耕地锐减的势头开始扭转。1986 年耕地减少 59 万亩，1990 年下降到 16 万亩。并且，通过开发复垦，每年新增农用土地都超过 10 万亩，其中耕地占一半以上。全省各级政府和土地管理部门，为稳定我省耕地面积，增强农业后劲，促进国民经济发展作出了贡献。

但是，还应该清醒地看到，我省在土地管理工作上仍然存在着一些不容忽视的问题。相当一部分人土地观念淡薄，还没有真正认识到土地问题已经威胁到我们的生存，缺乏危机感；一部分干部群众由于法制观念淡薄，从眼前和局部利益出发，在土地利用上搞急功近利，致使有法不依、违法不纠的现象和不批就占、批少占多等违法占地案件时有发生；有些地方土地纠纷问题突出，已成为影响社会安定的一个重要因素。这些问题不仅直接阻碍着《土地管理法》的贯彻落实，而且也将制约着全省经济的更

1990 年 10 月 30 日，李长春在郑州新郑市农田基本建设工地参加劳动间歇就餐。左一为河南省委常委、纪委书记林英海，左二为河南省委常委、郑州市委书记宋国臣。

快发展，必须采取有效措施，切实加以解决。

值此《土地管理法》颁布五周年和国务院确定 6 月 25 日为全国“土地日”之际，全省各级政府和土地管理部门，要利用这一大好时机，大张旗鼓地进行一次再宣传、再发动。采取各种形式，广泛深入地宣传《土地管理法》和国务院确定“土地日”的重大意义，做到家喻户晓、妇孺皆知。大力表彰先进，揭露严重违法占地的典型案例。通过宣传发动，进一步增强全省广大干部和群众的法律观念，珍惜土地的意识，树立土地问题上的危机感、紧迫感和责任感，在全省形成自觉执行爱护土地基本国策的良好环境。各级政府要把加强土地管理作为一件大事来抓，进一步强化各类建设用地的计划管理，坚持合理节约用地的原则，在保证国家重点建设项目用地的同时，严格控制用地规模，切实保护粮田、菜地。特别要严格控制农村宅基地占用，继续坚持“节流”和“开源”并举的方针，有计划地开发利用土地资源，力争做到建设用地与新增耕地大体持平，以稳定现有耕地面积，使用有限的土地资源，更好地保证全省人民吃饭和建设的需要。要进一步加强法制建设，坚决制止乱占滥用土地的违法行为，尽快制定和完善我省地方性土地管理法规，做到有法必依、执法必严、违法必究。各级土地管理部门要加强自身建设，公允执法，树立清正廉洁的行业之风，自觉当好“土地卫士”。土地管理是全社会的共同事情，各部门、各行各业和广大人民群众都要密切配合，齐抓共管，齐心协力为子孙后代造福，在“团结奋进，振兴河南”的宏伟事业中作出应有的贡献。

（1991年6月25日为纪念《中华人民共和国土地管理法》颁布五周年发表在《河南日报》上的文章）

二

土地是十分宝贵的资源和资产，我们要十分珍惜和合理利用每一寸土地，要用十分严格的措施管理土地和保护耕地。

一、对现有耕地要严格规划使用，严禁无计划盲目侵占、乱占耕地。要进一步加强对现有耕地的保护，尤其要保护好已划定的1亿亩基本农田。这是我们的保命田、吃饭田，是给子子孙孙永远保护下来的遗产。同时，我们还要努力实现1.2亿亩耕地总量动态平衡的目标。要在这个前提下，充分发挥土地利用总体规划在合理配置和有效利用土地资源中的作用。各级党委政府要根据国民经济和社会发展规划、国家产业政策和土地利用总体规划的要求，按照国民经济和社会发展的编报程序，制定包括耕地保护、各类建设用地的征用、土地使用权出让、耕地开发复垦等项指标在内的年度土地利用计划，并严格执行。要处理好发展和管理的关系，把这两个方面统一起来，而不要对立起来。同志们可能会提出一个问题，1.2亿亩耕地要总量平衡，1亿亩基本农田要永久保护，那么我们还发展不发展？我们还加快城镇化进程吗？还加快工业化进程吗？还优化不优化农村经济结构？应该看到这两者是统一的，不是矛盾的。过去我们所强调的优化农村经济结构，强调的加快工业化、城镇化进程，加快小城镇建设，这都是按照中央的要求制定的，应继续坚持，不能动摇。那么，还要依法管理土地，保护耕地，两者怎么统一？我看要统一到“五按一平”上。“五按”就是按规划、按计划、按项目、按程序、按权限办理用地审批手续；“一平”就是努力实现耕地总量动态平衡的保护目标。从我们过去的实践看，真正是发展工业项目的用地微乎其微，大头在农村的宅基地，宅基地的管理跟不上。有一些村结合小康村建设加强了统一规划，实际上宅基地是节省的，不是进一步增加的。过去一些村子确实铺的摊子大，周围闲弃的耕地多，再加上宅基地的管理跟不上，而且很多宅基地又是占的好地，在这方面多做些工作，增加耕地的潜力是很大的。所以我们强调长远建设要按规划，这个规划既有土地管理的规划，又有城市发展的规划，也有农转非的规划。年度要按计划，每年我们对耕地的占用、征用、耕地的复垦都有计划，按计划办。我们不能总是85%的人口是农民，这个局面怎么能够跟上全国发展的步伐？但是要克服盲目的乱占，要按规划、按计划、按项目、按程序、按权限有序地进行。“五按”的结果是要在每个五年计划期间努力实现土地动态平衡。尽管我们后备资源不多，但是潜力还是有的。有很多同志到过日本，日本的农田一直到住宅房根上，到我们的农村看，地头地脑扔的多得是，所以还是大有潜力可挖的。我们要向废弃的、闲置的耕地要潜力，来加速农村经济优化的步伐和工业化、城镇化的进程。我们到农村看，挺好的一大片麦田，中间出了个乡镇企业，而且挺大的围墙，这显然是浪费土地。如果真正能够集中连片建设，统一搞基础设施，这个潜力就大得很。所以我们省里的文件还是按照中央的要求，鼓励成片建设，名字叫工贸小区还是工商小区你们可以自己定。无论工贸小区也好，工商小区也好，核心看你是不是滥批、滥占耕地，造成土地撂荒。真正都达到“五按”，按规划、按计划、按项目、按程序、按权限办理用地审批手续，把工贸小区、工商小区建设好，这恰恰是中央要求工业项目要集中连片建设的实践。所以在思想上不要搞片面性。土地管理部门要参与建设项目的论证和选址工作，这是我们多次强调的，对不符合规划、计划以及不符合土地管理法规的项目，不批准用地，对超出用地标准、不合理的用地，也要坚决核减。这是我们贯彻中央文件要解决的一个重点问题。

二、对城市土地要加强管理，坚决刹住炒买炒卖地皮风，严禁国有土地产权向小集体和个人转移。我省国有土地使用制度改革起步较晚，土地市场发育不完善，管理不规范，确实存在着国有土地资产通过个别关系人就流入小集体和个人手中，然后再炒卖地皮，造成全社会的分配不公，也使国有资产流失。因此，我们要通过贯彻中发〔1997〕11 号文件[1]，加强城市的土地管理。

要继续实行土地管理五统一，政府要把城市的土地管起来，要充分发挥土地部门在城市土地管理中的作用。加强城市的土地管理和进一步加快城市建设步伐也是统一的。凡是城市人均土地占有面积没有达到国家标准的，在搞城市建设中，首先要挖掘潜力。搞旧城改造，扩大承载能力确实没有潜力需要新发展的，还是要实行“五按”，把无序变成有序。要采取有效措施，完善城市的土地有形市场，充分体现公开公平、竞争择优的原则。过去的土地市场发育很不完善，是无形市场，造成国有土地资产流失，也容易给党风廉政建设造成漏洞。

三、各级政府要完善和提高土地管理水平，从制度上防止今后再发生乱批土地、乱占耕地、浪费土地的问题。特别是市、县政府处在城乡土地统一管理的第一线，贯彻落实中央的治本之策，责任重大。希望能够通过这次会议，通过贯彻中发〔1997〕11 号文件，按照中央的要求，把各级政府的责任加强起来，把各级行政首长负责制加强起来，把依法管理土地加强起来。

（1997 年 6 月 2 日在全省土地工作会议上讲话的一部分）

注　释

〔1〕中发〔1997〕11 号文件，即 1997 年 4 月 15 日中共中央、国务院下发的《关于进一步加强土地管理切实保护耕地的通知》。

充分认识发展乡镇企业的重要意义*

（1991 年 6 月 27 日）

发展乡镇企业是加速农业现代化进程，繁荣农村经济的必由之路。纵观国际社会发展历史，经济结构以农业为主转向以工业为主，由低收入的农业国发展为高收入的工业国，由多数人从事农业生产转向加速城市化进程、提高非农产业的人口比例，是普遍的发展规律。必须走城乡工业相结合的具有中国特色的工业化道路，走建设中心集镇的具有中国特色的城市化道路。乡镇企业特别是乡镇工业的发展，为实现有中国特色的工业化和城市化闯出了一条新路子。

近几年，我省乡镇企业有了较大的发展，取得了一定成绩。但从总体上看，我省乡镇企业还处在一个比较低的水平上，与先进省市相比，差距还很大。进一步统一思想，充分认识发展乡镇企业的重要意义，是加快我省乡镇企业发展的关键所在。

* 这是李长春同志在河南省乡镇企业工作会议上讲话的一部分。

第一，发展乡镇企业是加速我省农业现代化进程，繁荣农村经济的必由之路。农业现代化是我国社会主义现代化的重要目标之一。现在我们已经到了从传统农业向现代农业转变的关键时刻，到了从小农经济向大规模商品生产转变的新阶段。在这样一个关键时刻，抓什么，怎么抓，才能够促进我省农业现代化进程呢？应该说，乡镇企业和我省农业现代化有着最直接最密切的关系。首先，实现农业现代化需要大量的资金积累。在我国尤其在我省，这种积累单靠各级政府投资和第一产业来提供是不现实的。乡镇企业和农业有着天然的联系，但与农业相比又有较高的劳动生产率，可以用自身的积累以工补农、以工建农，为农业的发展提供资金。其次，农业生产发展到现在，出现了卖难问题，农业又面临着开辟市场的问题。怎样解决这一问题？搞农产品的加工增值，是解决这个问题的钥匙。搞加工增值，就要求我们大力发展乡镇工业。再次，农业现代化必须实现由传统农业向商品化、社会化、专业化的现代农业转变。停留在每户种几亩地、养八九只鸡、喂两三头猪的传统农业水平上，无论如何是建设不成现代农业的，必须研究探索使一大批农民从土地上转移出来、极大地提高农民的劳动生产率和规模经营水平的路子。而发展乡镇企业是实现农民从土地上转移出来，实现农业生产集约经营和规模经营的必由之路。所以，只有发展乡镇企业才能加速从传统农业向现代农业的转变。

第二，发展乡镇企业是加速我省工业化进程的重要途径。首先，纵观国际社会发展历史，经济结构以农业为主转向以工业为主，由低收入的农业国发展为高收入的工业国，由多数人从事农业生产转向加速城市化进程、提高非农产业的人口比例，是普遍的发展规律，是不以人的意志为转移的客观规律。目前我省的基本省情是人口多、底子薄，经济落后，8600多万人口中，7500万在农村。在这样的条件下，要实现工业化，由低收入的农业省转向高收入的工业省，不可能走工业向城市高度集中、农村人口大量涌入城市的道路。单靠国家投资办国营工业来安置数千万农村剩余劳动力也是办不到的，必须走城乡工业相结合的具有中国特色的工业化道路，走建设中心集镇的具有中国特色的城市化道路。乡镇企业特别是乡镇工业的发展，为实现有中国特色的工业化和城市化闯出了一条新路子。其次，发展乡镇工业是加速我省工业化进程的重要途径。乡镇工业从一开始就面向市场，比较彻底地实行了自主经营、自负盈亏、自我约束、自我发展的运行机制，这种机制富有生机活力，易于调动各方面办工业的积极性，投资少见效快，比较适合我省的情况。要在决不放松、努力争取

1992年8月26日，李长春考察驻马店市上蔡锅厂。

大中型骨干项目的同时，大力发展乡镇工业，这是加速我省工业化进程非常重要的一个方面。

第三，发展乡镇企业是我省实现小康目标的基本途径。小康目标，既是国家经济综合实力的反映，又是提高人民生活水平的标志，它是一个人均概念。在河南，农业、农村、农民问题是考虑一切问题的重要出发点。现在我们已经看得很清楚，单靠在人均一亩多耕地上做文章，无论如何是实现不了小康目标的。今后，进一步提高土地投入产出率，虽然潜力还有，但这个潜力不会很大。即使提高土地投入产出率，挖掘出一些潜力，如果还是卖原粮，或压在库里，还只能是温饱。单纯这样搞农村经济是没有出路的。潜力在哪里呢？潜力就在加工增值上。只有加工增值，才能大幅度提高农村的国内生产总值，才能把对土地的投入通过加工增值收回来，建立农村投入的良性循环。现在我省乡镇企业人均产值只相当于全国平均水平的60%，拖了全省经济发展的后腿。因此，农村实现小康的根本出路就是大力发展乡镇企业。

第四，发展乡镇企业，有利于深化经济体制改革。乡镇企业是党的十一届三中全会以来实行改革开放、深化经济体制改革的产物。同时，它又促进和推动了经济体制改革。从农村经济体制改革来说，当前我们要重点围绕三个方面进行：一是围绕进一步建立健全社会化服务体系、完善家庭承包责任制来深化农村改革；二是围绕调整农村产业、产品结构，全面发展农村商品经济深化农村改革；三是围绕流通解决农民买难卖难深化农村改革。所有乡镇企业搞得好的地区，都有一个共同的结论，就是只有搞好乡镇企业，才能最直接地促进农村经济体制改革，才能加速建立双层经营体制，才能增强乡、村对家庭联产承包的服务功能。

乡镇企业包括第三产业的发展，直接推动了农村经济结构的调整，对于城市经济体制的改革也具有很大推动作用。

第五，乡镇企业的发展，有利于缩小城乡差别，提高农民素质，促进农村社会主义精神文明建设。乡镇企业的崛起，彻底改变了农村农业、城市工业的传统经济格局，架起了一座城乡经济、科技、文化交流的重要桥梁，造就了一支农民产业大军，改变了几千年来农民面对黄土背朝天的传统生产方式，壮大了农村经济实力，加快了农村城市化的进程。乡镇企业把现代工业文明和商品经济意识带进了封闭落后的农村，有力地冲击着几千年来农民在传统的小农经济条件下形成的狭隘保守观念和安于现状的精神状态，使农民开阔了眼界，扩大了社会交往，激发了农民的致富愿望和创造力，造就了一大批农民企业家和专业技术人才，塑造着一代社会主义新型农民。农民政治思想、科学文化素质的提高，新的思想观念的确立，精神面貌的深刻变化，是一个巨大的历史进步。这种巨大的历史进步，与物质上的收获相比，有着更深远的意义。

第六，乡镇企业的发展，有利于发挥社会主义制度的优越性，有利于密切党群关系和社会的稳定，有利于加强党的基层组织建设和政权建设。实践证明，乡镇企业越发达，农村生产力水平越高，农民收入就提高得越快，人们的社会主义信念就更加坚定；乡镇企业越发达，集体经济实力就越强，农民负担就越轻，农村中各种困难和问题的解决就有了物质上的保证。这样，有利于增强农村基层政权和党组织的凝聚力，改善党群、干群关系，巩固农村基层政权，加强基层党组织建设。农民安居乐业，生活富裕，就必然人心稳定、社会稳定，社会治安自然也会好起来。

积极推广获嘉县“双高开发”经验*

（1991 年 8 月 28 日）

从获嘉县搞高产高效“双高开发”的实践看，有这么几条最基本的经验，值得我们研究学习。

一是获嘉县委县政府一班人保持了勇于探索、积极进取、不满足现状、拼搏向上的精神状态，这是十分可贵的。振兴河南，就需要有一批具有这样良好精神状态的干部，不能要只当官、只争权，就是不为老百姓办事的干部。我曾在几个场合多次宣传过林县。林县各级干部、林县人民有一种良好的精神状态，也可以叫红旗渠精神。有了红旗渠精神，我们在振兴河南的道路上，任何困难都可以克服。我看获嘉县在抓“双高开发”上，也有林县人民那种精神。我希望各市地、县都能够从他们的实践中有所启迪。要克服成绩不大年年有，步子不大年年走，温饱即安、小富即安甚至不富即安的小农意识，要树立获嘉县这种现代农业意识、商品经济意识。

二是获嘉县领导班子坚持科技兴农方针，十分重视依靠科学技术挖掘农业的潜力，促使农业上新台阶。他们善于建立自己的科技依托，请专家、教授长年在这里蹲点、搞讲座、培训干部。

---

* 这是李长春同志在河南省夏粮生产会议上讲话的一部分。

县委县政府把科学技术的推广摆上重要议程，重大的科技项目亲自抓，特别是注意推广能够大面积取得明显效果的实用技术，把科学技术从实验田、实验室转向大田，转化为生产力。这是一条十分重要的经验。

三是获嘉县从县到乡各级干部都有真抓实干的好作风，体现了省委提出的“三防四实”的要求。“双高开发”的目标一旦确定下来，他们就一抓到底，不见成效决不收兵。毛泽东同志讲过：“抓而不紧，等于不抓。”古人还有这么一句话：“无志之人常立志，有志之人立长志。”这里讲的都是作风问题。我们要围绕“团结奋进，振兴河南”总的指导思想，围绕“一高一低”的奋斗目标，结合各个市地、县的实际，立出一个志向来，坚持不懈地为之奋斗。

抓住大好时机，加快水利建设*

（1991 年 11 月 6 日）

从我省人口、经济、社会、自然地理状况来看，目前的水利设施远远不适应现实需要，必须增强紧迫感。如果我们这代人不抓紧，到下个世纪问题将更严重。发展水利、治服水患，是我省一项长期的战略任务，要有强烈的历史责任感和时代紧迫感，加倍努力工作。

治水是河南历届政府施政的一个重要方针。流经我省的大江大河可以概括为“四大流域”，地形气候特点可以概括为“两个过渡”。“四大流域”从北到南是海河、黄河、淮河和长江流域，而且我国两条易发生灾害的河——黄河、淮河均流经我省。“两个过渡”，一个是南北气候带的过渡，一个是由西到东从山区到平原的地形过渡带。这“四大流域”“两个过渡”，导致我省水旱灾害频繁。新中国成立 40 多年来，出现过类似或超过今年大

* 这是李长春同志在河南省治淮暨冬春农田水利基本建设会议上讲话的一部分。

水的有 10 个年头，较大的旱灾有 13 个年头，局部的水旱灾害更多，往往在一年内又涝又旱。对历史规律、自然规律，我们要有足够的认识，并充分发挥主观能动性去改造客观世界。

新中国成立以来，我省水利建设取得了巨大成就，但不能盲目骄傲、故步自封，要看到水利建设的基础还相当脆弱。第一，发展灌溉、抗御旱灾的任务十分艰巨。虽然大型水库有了，但灌区不配套，有些地方治水的紧迫感不够。甘肃通过几级提灌解决了高原灌溉问题，我们还没有这个能力，差距很大。虽然我省平原地区引黄灌溉条件较好，但还没有充分利用。第二，没有形成排涝体系，部分地区种植结构还不适应我省的气象水利条件。这次实地考察了信阳和驻马店后，认识就更深刻一步。这两个地区低洼易涝，三年两涝，一遇涝灾，就大面积减产，所以面临种植作物调整。作物结构调整又要和水利设施联系在一起，旱改水，就要解决水利工程。第三，我省的大江大河灾害还没有得到根治，仍然是心腹之患。黄河横贯我省全境，黄河的“豆腐腰”也全在我省，一直是潜在的威胁。淮河的最大支流沙颍河上游干流缺少控制工程，几条大的河流防洪标准低，排洪通道不畅，金堤河、卫河、安阳河、汾泉河、包浍河、唐白河都亟待治理。第四，山丘地区水土保持任务也很艰巨，这关系到生态环境，也是我们治山治水的重点。我省人多地少，人均耕地低于全国平均水平，这一情况要求我们土地保险系数要高，旱涝保收田的比重必须很高，可目前全省还达不到人均半亩旱涝保收田的水平。所以从我省人口、经济、社会、自然地理状况来看，目前的水利设施远远不适应现实需要，必须增强紧迫感。如果我们这代人不抓紧，到下个世纪问题将更严重。发展水利、治服水患，是我省一项长期的战略任务，要有强烈的历史责任感和时代紧迫感，加倍努力工作，务求在90年代使我省的水利设施再上一个新台阶。

90年代是我省水利建设的黄金时代。机不可失，时不我待，要抓住机遇，为子孙后代办实事。90年代之所以是我省水利建设的黄金时代，根由是党中央、国务院对水利建设十分重视。党中央、国务院下决心加速大江大河的治理，采取一系列重要措施，增加了对水利建设的投入。我省因为有“四大流域”“两个过渡”，在国家的治水规划里排在了比较重要的位置，一些大的工程列入了国家“八五”“九五”计划，淮河治理工程已列入国家的治淮计划。现在的问题是，我们的各级领导同志能不能充分认识这个机遇、能不能抓住这个机遇，能不能有一个好的精神状态、能不能有一个扎实的工作作风，把这项工作抓上去、把这个仗打好。现在不是客观条件的问题、不是上级重视不重视的问题，而是能不能把水利战线上的老同志那种事业心、干劲、责任感、好的工作作风学到手，能不能有更多的像焦裕禄那样的干部。所以我们一定要认清形势，抓住机遇，充分利用国家重视水利、增加投入的大气候，努力工作，加速前期准备，争取国家多给我们支持，努力营造我们省大兴水利的大氛围。

红旗渠精神是林县人民治山治水、改变贫困面貌创造的宝贵精神财富，是我们河南人民的骄傲。我们必须高高举起红旗渠精神这面旗帜，发扬“自力更生、艰苦创业、团结协作、无私奉献”16字的红旗渠精神，打一场水利建设的人民战争。开创水利建设的新局面，必须依靠群众、发动群众，善于把党和政府的

1991 年 11 月 26 日，李长春在信阳地区潢川县参加春河治理劳动，利用中午就餐时间和民工亲切交谈。

主张、规划变成广大群众的自觉行动。红旗渠精神也是在水利建设上发挥政治优势的高度总结。发挥政治优势就是要讲点精神，要有重新安排山河的气概，要有克服一切困难、艰苦创业的革命精神。红旗渠精神也体现了共产主义风格。治水必须团结协作、集中全省力量、突出重点，这有一个各地相互支援的问题，要提倡无私奉献。必须发动方方面面的力量支援水利建设。林县人民所总结的红旗渠精神，非常准确，非常宝贵。不仅对当年林县人民战天斗地建红旗渠有着重要的指导意义，对今天我们发展社会主义有计划商品经济，仍然是完全适用的。我们河南人民素有勤劳朴实的美德，也有大搞水利建设的传统。我省经济力量有限，但是劳动力资源非常丰富，搞水利建设有人力优势。

从我省实际情况出发，发扬红旗渠精神，有着重要的现实意义。大江大河的治理要纳入“红旗渠精神杯”竞赛中来，这不是一个普通的方法问题，不是一项一般的业务工作，而是要把河南人民在历届省委省政府领导下所创造的宝贵精神财富，继续发扬光大。

加快农村经济社会全面发展*

（1992年1月10日）

进一步优化农村产业结构，是提高农业效益的有效途径，是增强农村经济自我积累、自我发展能力的必由之路，是实现富民兴县向小康目标迈进的迫切需要。

党的十三届八中全会作出的《中共中央关于进一步加强农业和农村工作的决定》，对90年代建设有中国特色的社会主义新农村的基本原则和方针政策都提出了明确要求，我们必须全面贯彻执行。贯彻落实党的十三届八中全会精神，从我省实际出发，要以实现小康统揽农村工作全局，当前和今后一个时期内，着重抓好以下工作。

第一，坚持党在农村的基本政策，坚定不移地稳定和完善家庭联产承包责任制。党的十一届三中全会以来，我们党在领导农村改革的实践中，制定了一系列基本政策。这些基本政策，深受广大农

---

* 这是李长春同志在河南省委五届三次全体（扩大）会议上所作报告的一部分。

民群众的欢迎，必须长期保持稳定，并不断加以完善。这些政策的中心内容是实行以家庭联产承包为主的责任制、建立统分结合的双层经营体制。家庭联产承包责任制是我国农民在党的领导下的伟大创造，是集体经济的自我完善和发展。把家庭承包引入集体经济，形成统分结合的双层经营体制，可以容纳不同水平的生产力，具有广泛的适应性和旺盛的生命力。八中全会《决定》把家庭联产承包责任制和双层经营体制确定为农村集体经济组织的基本制度，对于稳定民心、建设有中国特色的社会主义新农村有着十分重要的意义。这一基本制度是我们党各项农村政策的基础，也是深化农村改革的基础。农村各项具体改革政策的出台，都要有利于稳定和完善这一基本制度。应当指出，个别地方一提发展集体经济，不是致力于发展乡镇集体企业和开发性生产，而是在农民承包的土地上打主意，用削弱家庭承包经营的办法来发展集体经济，甚至想“归大堆”，对这种做法必须及时制止和纠正。各级党委和政府必须充分认识家庭联产承包责任制、统分结合的双层经营体制，是我国农村集体经济组织的一项基本制度，决不是解决温饱问题的权宜之计，一定要坚定不移地长期坚持下去，决不能有任何的犹豫和动摇。

第二，以建立健全农村社会化服务体系为突破口，深化农村改革。积极发展社会化服务体系，是深化改革的一项重要任务，是调动社会各方面的力量、促进农村生产发展的一项重要措施。如果说 80 年代我们主要依靠家庭联产承包责任制调动了广大农民的积极性，基本解决了温饱问题，那么，大力发展社会化服务体系，就是 90 年代农业再上新台阶，实现小康的关键所在。对这个问题，哪个地方认识得早，工作就主动，就抓住了农村商品经济新的生长点；哪个地方认识得迟，工作就被动，就只能停留在自给半自给的小生产水平上。各级党委和政府要紧紧抓住这个农村改革和发展的突破口，力争“八五”期间在全省范围内建立起各具特色、形式多样、农民满意、富有成效的农村社会化服务体系。

第三，加快农产品价格和流通体制改革，促进农村商品经济发展。当前，农产品流通不畅已成为农村商品经济发展的严重制约因素。不搞活流通，农业生产就不能有效运行，农村商品经济就不可能有大的发展。各级党委和政府，必须紧紧抓住农产品流通体制改革这一关键环节，认真贯彻落实省政府《关于进一步搞活流通，加快市场建设若干问题的决定》，按照有计划商品经济新体制和计划经济与市场调节相结合的运行机制的要求，坚定不移地继续实行“三多一少”〔1〕的流通体制，逐步建立城乡通开、高效畅通的农产品流通体系。当前要重点采取以下四项措施：一是进一步调整农产品购销政策，缩小指令性计划的品种和数量，扩大市场调节的范围。总的原则是除国家定购和由政府指定部门统一经营的粮、棉、油、烟、茧和中药材外，其余全部放开经营，多渠道流通。其中，粮食、油料在保证完成国家定购任务的前提下，长年放开经营。二是按照价值规律和供求状况，积极稳妥地推进价格体制改革。原则上除国家管理的指令性收购价格以外，其他商品的价格一律放开。三是改革国营商业、物资、供销社、外贸和粮食企业管理体制。四是建立和完善农副产品市场体系，改善经营环境。充分利用我省优越的地理位置和农产品资源优势，有计划地发展各类农副产品市场。

第四，发动群众，精心组织，扎扎实实地搞好小康村建设活动。实现从温饱到小康的奋斗目标，是今后10年我们全党的一项宏伟而艰巨的任务，必须充分发挥蕴藏在人民群众中的积极性和创造性，把广大农民的致富愿望引导到小康村建设上来。要深入宣传八中全会精神，进行思想发动，开展小康村建设的大讨论。进一步破除温饱即安无所作为的自满自足观念，增强勤劳致富勇于争先的进取观念；破除小农经济的封闭保守观念，增强敢于竞争善于联合的开放观念；破除单纯依赖扶持救济的“等靠要”观念，增强自力更生艰苦创业的自立自强观念，在广大乡村形成以奔小康为目标的齐心协力建设社会主义新农村的热潮。各地要按照中央提出的实现小康总目标的基本内容，从当地实际出发，制定小康村建设规划，目标要明确、量化，措施要具体、有可操作性。小康村建设要坚持以发展生产力为基础，以提高农民生活水平为目的，经济、科技、教育、社会公益事业协调发展，物质文明和精神文明建设两手抓；坚持远近结合，既有长远奋斗目标，又有分年度任务。各地情况千差万别，要从实际出发，立足本地优势，选准富村富民项目。

第五，在狠抓粮食生产的同时，不断优化农村产业结构，全面发展农村商品经济。进一步优化农村产业结构，是提高农业效益的有效途径，是增强农村经济自我积累、自我发展能力的必由之路，也是实现富民兴县向小康目标迈进的迫切需要。农村产业结构调整，要以国内外市场需求为导向，以科技进步为动力，搞好农业综合开发，坚持在抓好粮食生产的前提下，大力发展以棉花为重点的经济作物，以畜牧养殖业、林果业为重点的大农业，以乡镇工业为重点的农村二、三产业，全面提高农村综合经济效益。

第六，把大力发展乡镇企业作为实现小康目标的战略措施来抓。发展乡镇企业，是繁荣农村经济、增加农业投入、转移农村剩余劳动力、建设社会主义新农村的战略措施。要继续贯彻执行

“积极扶持、合理规划、正确引导、加强管理”的方针，重点抓好乡村集体工业，积极发展农民股份合作企业，继续鼓励户办、联户办企业，在不断提高经济效益和管理水平的前提下，保持一个较快的发展速度。农村集镇是区域性的经济、技术、信息和物资交流中心，加强集镇建设对发展经济有重要作用。要以现有集镇为依托，把乡镇工业、集贸市场和中心集镇建设结合起来，在全省形成一批设施配套、交通便利、整洁卫生、经济繁荣的新型集镇和工业小区，加快农村工业化、城镇化进程。加强土地管理，严格控制非农占地，搞好资源、环境保护工作。

第七，多渠道增加农业投入，努力改善农业生产条件。水利是农业的命脉，是国民经济和社会发展的基础。振兴河南经济，必须下大决心兴修水利，这要作为各级政府的重要施政方针，作为全省的一项长期战略任务，坚持不懈地干下去。增强农业发展后劲，既要坚定不移地增加投入，又要不断深化改革，提高投资效益，建立起富有生机活力的农业投入新机制。要逐步建立健全国家、集体和农民个人相结合的投资体系。要拓宽投资渠道，改革资金管理办法，提高资金使用效益。农用工业要进一步调整结构，增强支农能力。

第八，坚持科教兴农的战略方针，真正把发展农业转移到依靠科技进步和提高劳动者素质的轨道上来。科学技术是第一生产力。要使我省由传统农业向现代农业迈进，实现小康目标，潜力在科技，希望也在科技。对此，我们要有足够的认识。要继续深化改革，建立科技与经济紧密结合的机制。要加速现有科技成果的推广应用和重大项目的联合攻关。同时，要采取有效措施，稳定壮大农业科技队伍。

第九，坚持以经济开发为主的方针，加快贫困地区脱贫致富步伐。经过“七五”时期的努力，我省大多数贫困户的温饱问题基本得到解决。但是，由于历史和自然条件等方面的原因，部分山区、滩区、低洼易涝区的温饱问题还没有得到解决。即使解决温饱的地方，也是标准低，不稳定，一遇灾害，极易返贫。要从根本上解决贫困地区的问题，任务还相当艰巨。“八五”期间，要围绕“两稳定”“两提高”，就是使贫困户稳定地解决温饱、有一个稳定的经济收入来源，使贫困地区提高经济开发能力、提高财政自给能力，加快贫困地区脱贫致富的步伐。贫困地区要发扬自力更生、艰苦奋斗的创业精神，努力改变生产生存条件，充分发挥资源优势，发展区域性支柱产业，尽快改变贫困落后面貌。

第十，深入开展农村社会主义思想教育，加强社会主义精神文明建设。按照中央的部署，我省集中进行社会主义思想教育已开展了一年，取得了初步成效，要坚持不懈地抓下去。根据八中全会精神，结合我省实际，村一级社教要着重抓好以下五个方面的工作。一要按照“四个一”的要求，着力加强村党支部建设。二要狠抓“问题突出、影响稳定”村的整顿。三要清理村级财务，加强财务管理。四要整顿农村社会治安。五要加强思想政治工作，推进社会主义物质文明和精神文明建设。

注 释

〔1〕“三多一少”，指多种经济成分、多条流通渠道、多种经营形式，少流通环节。

高起点发展畜牧养殖业*

（1992 年 3 月 7 日）

必须有一个触角伸向国际国内市场，龙尾摆向千家万户，农工商、牧工商一体化的经济组织，用经济契约的办法联结千家万户。我们把这个千家万户叫作“两户”，即专业户和重点户。随着商品经济的发展，我们希望能够催生一批专业户。什么时候农村各业都出一批专业户，农村的分工分业就大大前进一步了，这是农村商品经济发展的标志。

80 年代我省畜牧养殖业有很大的发展，但主要表现在总量上。因为我省农村人口多，总量在全国还不算落后，但是仔细分析，我省的畜牧养殖业生产方式还是落后的，基本上还是一家一户的小生产，自给自足的小农经济占主导。以养鸡为例，我们省规模养殖只占总量的 3%。多数户还是养一两头猪、三五只羊、

* 这是李长春同志在河南省畜牧养殖业现场经验交流会上讲话的一部分。

七八只鸡，“养猪为过年，养鸡为换钱”，再种几亩地，这是典型的自给半自给小农经济。尽管这些年来也建设了一些服务组织，但基本上是行政型的，是吃“皇粮”国税的事业单位，这方面的商品经济组织没有或者很少，更谈不上服务体系产业化。由于饲养方式落后，导致产品质量低，新的品种难以推广，新的饲养技术难以普及，传统市场面临着萎缩的危险。比如生猪生产，香港是我们的传统市场，在70年代以前，大家都是这种落后的生产方式的时候，不论是从饲养量上，还是价格上，我们还有明显的优势。但进入80年代，开始出现危机了。在香港市场上，过去国家每年给我省的配额是50万头，后来时兴瘦肉型，传统的猪不吃香了，逐步削减我们的配额，现在减到30万头，30万头我们还很难完成。广东买我们的饲料养瘦肉型猪，然后用我们的配额出口，连养猪的钱都让广东人挣了，但是没办法呀，我们养猪水平不行，还是一家一户养一两头，就是瘦肉型猪这么养，也养肥了。这就是很实际很现实的威胁。我们轻工电子不如广东，连养猪都比不过广东，这不是给农业大省抹黑吗？由于生产水平低，饲养方式落后，也必然带来经济效益差。还以养猪为例，虽然猪总量不少，但生猪出栏率仅有75.8%，而全国平均水平是88%，沿海一些地区一年出两圈。我们养的猪吃食时间长，在那浪费饲料，出栏的周期长，这怎么能有效益呢？我们的养鸡，单鸡产蛋量仅仅是先进省市的一半，也就是净吃食不下蛋，效益怎么能好呢？这首先有一个解放思想的问题，特别是对旧的习惯思维更得解放一下思想。现在包括流通领域的同志都讲，传统的养殖方法成本低、效益好，大规模又得搞设施，效益不好。说一家一户养一两头猪划算，吃点泔水汤就可以养猪了，实际上不是这么回事。如果说传统养殖和规模化养殖两个比较，规模养殖的劳动生产率远远高于传统养殖方法。汤阴那位养9000只肉鸡的小伙子，一年四批，每批9000只，每只净利润2元钱，这一年四批就是36000只，就是72000元，他谦虚地说也就六七万元钱吧。一个劳动力一年六七万元钱，什么传统养殖办法能比上这个呢？根本不能比的。农民用点剩饭、泔水汤就养了猪实际也不是那么简单。农户粮食是自己产的，商品经济意识差，也不计数，实际是让猪随便吃。仔细算起来就是零钱凑整钱，是个储蓄箱，根本没有多大效益。

集约经营是高投入高产出的，投入量是大一些，但它的产出也相当大，是任何传统经营方式所不可比拟的。所以我们的观念要有一个大的转变。洛阳肉联厂生产的春都牌火腿肠，已经占领了全国70%的市场，但是用的猪肉是四川的，什么原因呢，就是我们没有成规模的瘦肉型猪基地。这表明我们的畜牧养殖业已经到了非有一个大转变不可的时候了。怎么转变？这两天听了经验介绍，看了样板，也都有体会了，从他们的经验看，在从传统养殖向现代养殖过渡上，主要抓了这么几个环节。

第一个环节，必须有一个触角伸向国际国内市场，龙尾摆向千家万户，农工商、牧工商一体化的经济组织，用经济契约的办法联结千家万户。搞了经济组织，政府的推动是给经济组织创造外部条件，要征地协调征地，要贷款协调贷款，要政策协调政策，而不是代替这个经济组织。经济组织和千家万户是个经济关系，这个转化是一个非常重大的转化。过去政府下令发展多少猪多少鸡，这在解决温饱阶段是完全有效的，因为那时农副产品严重匮乏，生产多少国家收购多少，现在是要以开发国际国内市场为先导，经济组织是主体，汤阴叫牧工商联营总公司，淇县叫贸易食品公司，这个组织用经济合同与千家万户联结起来，这是一个关键环节。

第二个环节是方法。过去是行政的办法、行政命令，催耕催种，现在是用经济契约的办法联结千家万户，签订经济合同。合同规定，我给你怎么送饲料，给你什么价格，完了你把东西给我，我保证给你销售，做好产前、产中、产后服务。在汤阴看到一户，问他为什么自己不搞饲料？他说参加了联营公司，公司的饲料供得及时，质量好，价格便宜，所以没有必要自己搞，而且自己搞质量也没有人家的好。养的鸡出栏了，按照合同，到时候车就来取了，你送也行，人家还给你运费。这是经济的办法。过去的办法是行情好了，派民兵设卡，都得给我，行情不好了，一个不管，大家自己找销路，农民只好大起大落，这就是办法上的本质差别。

第三个环节是在公司和部门的关系上找到了一个妥善处理的办法。就是说联营总公司主要设施不能全部新买，要充分利用原有的，原有的又分布在各个部门，饲料分布在粮食部门，屠宰分布在食品部门，防疫、种畜分布在农牧部门，怎么解决这个问题呢？他们叫作所有权和经营权分离，经营权由公司统一经营，所有权不变，该哪个部门的还是哪个部门的。因为上面整个体制还没动，上面各部门手里还都掌握一些资金，他还得奔着上面部门支持呀，一刀切走没法支持了。在日常经营管理上弱化条条，强化公司，我看这是个好办法，完全适应现阶段管理体制。

第四个环节是发展专业户和重点户。前边提到的千家万户不是原来的那种传统养殖的千家万户，而是一种社会化服务的公司加农户。因此这个农户已经发生了质的变化，就是可以大规模养殖，接受先进科学技术传播了。我们把这个千家万户叫作“两户”，即专业户和重点户。随着商品经济的发展，我们希望能够催生一批专业户。什么时候农村各业都出一批专业户，农村的分工分业就大大前进一步了，这是农村商品经济发展的标志。

第五个环节是科技进步手段。由科技实体作为公司经营的一个组成部分，这跟我们原来那种技术推广性的公司有很大区别。原来的公司游离在产业部门以外，干得好坏没有办法检验，没有转化为生产力的尺度，现在进入企业集团，是经营的组成部分，这就能够加速科技成果向生产力的转化。

乡镇企业要抓住机遇上水平*

（1992年5月22日）

先进地区的经验证明，加速乡镇企业发展，必须抓住机遇上水平。

一是要坚持质量第一。质量是乡镇企业的生命。乡镇企业从诞生的那天起，就要靠质量站稳脚跟求发展。要克服小农经济意识，树立现代商品经济意识，而靠质量竞争就是现代商品经济意识的重要内涵，通过提高质量建立信誉。

二是要上规模、上批量，形成一批拳头产品和骨干企业。要给乡镇企业排排队，重点支持一批基础好、有竞争力的企业，迅速向大批量大规模方向发展，搞几个在全国有影响的大企业。

三是有条件的要搞外向型，使乡镇企业成为新的创汇生力军，成为引进国内外先进技术、引进外资的重要领域。现在外商对乡镇企业的灵活机制兴趣很浓，投资的愿望很高，乐于同乡镇企业打交道。如果把一部分乡镇企业搞成合资企业，就有了出口权，这样既解决了资金不足的问题，又解决了自营出口权的问题，还开拓了国际市场，一举多得，何乐而不为呢？

---

* 这是李长春同志在河南省乡镇企业汇报会上讲话的一部分。

四是要大力发展高新技术产业。我省一些地方完全具备了发展高新技术产业的条件。许多乡镇企业不但达到了一定规模，而且对高新技术极为敏感，不惜重金聘请人才、购买技术，完全有条件直接上高新技术项目。

力争粮食生产再上一个新台阶*

（1992 年 8 月 8 日）

农业是国民经济的基础，粮食是农业这个基础的基础。对于我省来讲，夏粮生产又是粮食生产的关键。夏粮生产搞好了，就可以稳定人心，稳定社会，振奋精神；夏粮生产长期徘徊就影响整个农业上新台阶。从粮食是稳定社会的特殊商品，夏粮生产是我省基本口粮的关键所在这个意义上讲，我们也必须下决心把夏粮生产搞上去，力争在一个较短的时间内上一个新台阶。

今年，我省夏粮生产是历史上第三个高产年，总产达到了 167 亿公斤。我们之所以没有用“丰收年”这个字样，是因为我们有些地方的灾情还很重，各地收成也很不平衡，有的乡、村因干旱绝收。但不管怎样说，大灾之年能够取得这样的好收成，确实来之不易，是全省人民克服重重困难，经过艰苦努力取得的成果，特别是长期工作在农村第一线的基层干部，付出了巨大的

* 这是李长春同志在河南省农业生产暨庭院经济工作会议上讲话的一部分。

努力。

今年的夏粮生产，有不少的市地都创造了比较丰富的经验，我感到最基本的经验有这样几条：一是从一开始抗灾夺丰收的思想树立得就比较牢。从去年的麦播到今春，在特别干旱的严峻形势下，各级领导坚持把抗旱抢种、抗旱保苗作为一个硬仗来打，对夏粮生产的领导始终没有放松，一环扣一环。这种高度的政治责任感和战天斗地、勇于拼搏的奋斗精神，是十分可贵的。我省地处南北气候、东西地形的两个过渡带，跨四大流域，旱涝灾害比较频繁，要夺取农业丰收，使农村经济上一个新台阶，必须牢固树立抗灾夺丰收的思想，始终保持和发扬这种精神，这也是我们今后指导农业生产的重要经验。二是紧紧地抓住夏粮生产的关键环节，努力探索夏粮生产的规律，对夏粮生产规律的再认识达到了新的高度。同任何事物一样，夏粮生产也有其自身的规律，要使夏粮生产再上一个新台阶，必须充分认识和掌握这些客观规律。近几年特别是去年以来，各地围绕夏粮亩产突破 250 公斤这个目标，狠抓了品种、播量、规范化种植、间作套种和田间管理等关键环节，成效非常显著。譬如，在品种上，优良品种面积有所扩大，有一些地区长期被传统品种所困惑，今年也试种了一些优良品种，取得了比较好的效果；在播量上，也是调整比较大的一年，农民普遍反映，头数虽然减少了，但是粒数增加了，千粒重增加了，小麦的质量大大提高了。总的说，效益远远好于往年。由此看出，只要我们认识到小麦的生产周期长，回旋余地大，遇到困难不灰心、不气馁，抓住关键环节不放松，小麦就能增产几十亿斤，否则就会少收几十亿斤，近两年的实际情况都证明了这一点。因此，如何根据每年不同的气候特点，及早地采取针对性的措施，是今后夏粮生产乃至整个农业生产需要不断研究和探索的问题。三是依靠科技进步，坚持“一优双高”开发。去年以来，各地都认真推广了获嘉的双高开发经验。省确定的11个双高开发试点县，其中10个县增产；全省亩产超过800斤的县由上年的2个增加到5个，亩产超过700斤的县由上年的9个增加到12个，各级领导抓的示范田、样板田，出现了不少亩产超千斤的高产典型。去年我在偃师县也搞了一个万亩丰产方，去研究过几次，最后实测万亩平均单产1042斤，在一万亩的大面积上能夺取超千斤的高产，也是很不容易的。实践证明，坚持科技进步，实行双高开发是今后发展夏粮生产，乃至整个农业生产的正确方向，是保证粮食生产、农业上台阶的一个重要途径，我们要坚定不移地坚持下去。当然，除此之外，各地还有很多独特的经验，希望大家认真总结，来更好地指导今后的粮食生产。关于下一步粮食生产，特别是夏粮生产再上新台阶的目标、要求，我再强调几点：

第一，要充分认识夏粮生产再上新台阶的重要意义。农业是国民经济的基础，粮食是农业这个基础的基础。对于我省来讲，夏粮生产又是粮食生产的关键。夏粮生产搞好了，就可以稳定人心，稳定社会，振奋精神；夏粮生产长期徘徊就影响整个农业上新台阶。从粮食是稳定社会的特殊商品，夏粮生产是我省基本口粮的关键所在这个意义上讲，我们也必须下决心把夏粮生产搞上去，力争在一个较短的时间内上一个新台阶。这个台阶上去了，对于我们加速农村产业结构的调整具有重要的意义。现在我省农村产业结构的调整从很大程度上说，取决于我们夏粮生产的水平。只有夏粮生产的水平提高了，才能在秋作物结构调整上步伐再大一点，使群众致富的步伐再快一点。同时，还应看到，夏粮生产是我省的一个优势产业。我省小麦产量在全国名列前茅，每年有 30 至 40 亿斤的商品粮，品种、质量也是有名的。这表明了夏粮生产在我省农业中所处的地位，我们必须占据这个行业制高点。我省在发展农产品深加工上，小麦是重要的食品工业原料。现在我省很多县、乡都在搞小麦深加工，通过加工增值，来富县富民，已经出现了好的势头。所以，对于夏粮生产一定要给予高度重视，要作为我们农业生产的命根子来抓，这是我们农业进一步发展的优势所在，是我们调整结构的本钱。

第二，夏粮生产再上一个新台阶，就要很好地总结现有的典型经验，加以认真推广。我们要在全省推广“一优双高”开发，

1997 年 6 月，李长春陪同中共中央政治局常委、国务院副总理朱镕基考察河南夏粮收购工作。左一为国家计委副主任曾培炎，左七为河南省委副书记范钦臣，右一为河南省常务副省长李成玉。

首先要在现有的 11 个试点县进行，使其夏粮生产再上一个新台阶，然后，通过 11 个县再向全省辐射推广。同时，在明年的夏粮生产上，还要把偃师县万亩丰产方的经验在全省加以推广。省政府对此已作了专门安排，并责成省科委、省农牧厅认真搞好大面积的科技承包，用承包的办法，把万亩丰产方的经验推广到全省。通过对万亩丰产方典型经验的剖析，我体会最深的也是最关键的是品种。在品种问题上，我们必须解放思想。现在我们有的市（地）、县仍是抱着老品种不放，这不是科学的态度，也是不行的，必须下决心抓紧调整。特别是单产水平还比较低的一些地方，更要好好研究一下明年的挂帅品种。

第三，要继续坚定不移地改善生产条件。要想使我们农业生产、粮食生产有一个好的生产条件，必须下决心大搞农田基本建设，而且这要作为各级政府的施政方针。在这方面，现在省里有几个大的动作：一是加速淮河流域治理步伐，包括淮干治理、大洪河的河道整治和几个恢复的水库工程。二是南部的旱改水工程。今年要坚决拿下 100 万亩的旱改水任务，目前工程进展不错。三是加速引黄灌溉步伐。目前沿黄各省都在设法用黄河的水。我们现在按照分配量，还有 20 亿到 30 亿立方的水，但是如果引黄灌溉上不去，用不到水，最后指标也就没了。1991 年初，江泽民总书记来我省视察的时候，给我们确定了一个专项引黄灌溉贷款，从去年到明年每年 5000 万元，共 1.5 亿元，在我省一直滚动使用到 1998 年，相当于四个多亿。我们再挤 1000 万，实际每年是 6000 万，这是十分难得的好机会，我们一定要把这个项目组织好、落实好。四是豫西西部综合开发工程。我们准备申请国家将此项工程纳入规划，争取亚行贷款，现在亚行贷款已初步给列1亿美元。还有一个有利条件，就是固县水库修复了，现在要下决心早上固县灌区，越早越主动，抓紧搞出固县水库的饮水方案。五是西部人畜吃水工程。我们计划用5年时间，解决西部296万人的严重吃水困难问题，目前已经解决了35万人的吃水。我们还要进一步搞好面上的农田基本建设，特别是西部地区，要进一步加速平整土地的步伐。这次朱镕基副总理来我省视察时，就对西部地区的土地不平整问题，给我们提出了明确批评。最近，我看到一个资料，1980年我省的水浇地面积就是5000万亩，现在仍是那么个水平，而实际上只有4000多万亩。这就表明，我们每年大量水利投入的效益，值得很好的研究，必须花一分钱就有一分钱的水浇地，该折旧的折旧，该大修的大修，谁维护管理的就得能够把它维护起来。否则，不断投入了大量的人力、物力，到本世纪末还剩下3000万亩，那就糟了。这个问题，提请我们各级领导都要高度重视，农业是经济范畴，要按经济办法加强管理，不能搞成“大锅饭”，管吃管添。要查一查你们历史上的灌区，该修复的修复，把责任落到实处。所以，在农业投入上确实还有一个转换机制的问题，在中小型农田水利设施的管理上要探索改革体制和机制。

第四，加强对夏粮生产的领导。夏粮生产上台阶不是自然而然地就上去了，需要大量的组织工作，这个工作跟催种催收不一样，要在优良品种、科学技术和典型经验上加以推动。我们讲改革开放，包括农业自身通过改革开放，强化农业这一基础。我们说调整结构，是在不断地强化农业基础的同时，大力发展第二、三产业，农业自身也有结构优化的问题，都需要利用对外开放的条件，去发展我们的农村经济，去强化我们的基础。所以，不能把改革开放和强化农业的基础对立起来，对农业的领导只能加强不能削弱。当然，对农业领导的方法必须改变，但这种改变是使农业生产更好地纳入商品经济的轨道，改变过去产品经济的办法，而不是放任自流。我们讲夏粮再上一个新台阶，也绝不是回到“以粮为纲”的老路上来，而是要在提高单产水平的基础上增加总产。因为单产水平上去了，标志着我们的生产能力上去了，随时可以根据市场的需求情况，调整品种结构，否则，就不能适应市场变化的需要。所以，在这个问题上，我们都应该坚持“两点论”。具体的怎样加强领导，我看一是各级领导要加强搞好科技承包，这需要政府出面做组织工作。二是组织好先进经验的推广，除了推广全省的经验外，各地还要总结推广本地的典型经验。三是领导同志要带头抓好示范田或联系田，而且要真抓实干，不能搞形式主义，真正通过解剖麻雀来取得指导面上的主动权，保证整个农业生产再上一个新的台阶。

大力发展庭院经济*

（1992 年 8 月 8 日）

> 庭院经济是投资少、见效快，不用油、不用电，家家户户都能干的一种产业。发展庭院经济是一项能迅速增加农民收入的重要措施。发展庭院经济要遵循商品经济的客观规律，坚持从实际出发，科学规划，突出重点，宜种则种，宜养则养，宜加工则加工，在普遍发展的基础上，逐步向专业化生产和适度规模经营方向发展。

大力发展庭院经济是群众依靠自己的力量走向富裕的有效途径。历史唯物主义的基本观点告诉我们，群众是历史的创造者，是真正的英雄。世界上没有救世主，全靠群众自己解放自己，靠群众自己砸碎套在脖子上的枷锁。现在我省 7500 万农民脖子上也有一个枷锁，这就是贫困。单靠国家投资和大幅度地提高农产品价格来解决农民致富问题是不可能的。国家财力有限，拿不出

* 这是李长春同志在河南省农业生产暨庭院经济工作会议上讲话的一部分。

那么多钱。价格也有限度，客观上还有个价值规律问题。马克思主义政治经济学上讲到，市场只承认社会必要劳动时间，不承认个别劳动时间，由于劳动生产率低而确定的高价格，市场不承认。我省的许多农产品由于价格局限，在国际市场缺乏竞争力。怎样使这么一大批农民解决致富问题，就得想法给每个农民在商品经济运行中找到他们各自的位置，这个位置光靠一亩多地是摆不下的。1985 年，河南农民人均纯收入在全国是 22 位，1992 年跌到第 26 位，退了 4 位，是什么原因呢？“七五”期间我省人口没有控制住，增长过快，而我省的农业结构又不合理，品种比较单一，土地的投入产出率很低。所以，农民的收入增长十分缓慢，增长速度比全国低 1.6 个百分点。在本世纪末基本实现小康，小康村的标准是人均收入 1500 元，全省人均收入要达到 1200 元，现在是人均 539 元，要达到全省平均 1200 元，还有 8 年时间。8 年的时间，700 元的差距，平均每年要增加 80 至 90 元才能达到。靠什么？最快的办法就是庭院经济。庭院经济是投资少、见效快，不用油、不用电，家家户户都能干的一种产业。发展庭院经济是一项能迅速增加农民收入的重要措施，是农村实现小康目标的一个重要途径。

大力发展庭院经济，有利于各种资源的优化配置和充分挖掘资源潜力，适合我省现阶段生产力水平，具有广阔的发展前景。河南是我国古代人民开发最早的地区之一，但相应的，农业后备资源严重匮乏，没有大量的荒地可开垦。要使我省农村经济跃上新台阶，就必须挖掘一切资源潜力。一方面，全省现有庭院面积 300 多万亩，加上村边、坑塘沿闲地，数字还要大一些，特别是东部地区的围村林面积很大，目前利用率只有 10%左右。而全国商品经济发达地区的经验证明，这类土地的产出率远远高于大田，也就是说它的集约化程度是相当高的。另一方面，全省农村剩余劳力约1000万人，农村劳力的剩余时间大约是三分之一，而目前消化的途径还不多。再一方面，我省还有很可观的资源潜力。我省的粮食、果菜、皮革资源十分丰富，由于加工、转化的能力很低，向市场提供的大部分还是“原”字号产品，河南的农产品加工转化率相当于全国平均水平的三分之二。这是我省贫困的一个重要原因。此外，我省的很多农业副产品也是重要的资源，如秸秆、饼粕等。全省每年可利用的秸秆200多万吨，目前作为饲料只用掉40%；饼粕资源有170多万吨，只有20%做了饲料。这几个方面的资源，是一笔巨大的社会财富，是农村经济上一个新台阶的潜力所在，而庭院经济恰恰是比较好地挖掘这些潜力的有效形式。因为庭院经济最大的特点是以家庭经营为单位，充分利用剩余劳力、空余时间和房前屋后、村旁坑塘沿的闲置空间，实现劳力、资金、资源等生产要素的优化组合。一旦这个潜力挖掘出来，就会变成巨大的物质财富。

大力发展庭院经济，有利于调整农村产业结构，促进农村的全面发展。近几年，我省农村产业结构调整虽然取得了一定成效，但与先进地区相比，农村商品经济的发展还不够快，效益也比较差。国家统计局公布的100个产粮大县河南占两个，100个产棉大县河南占18个，100个产油大县河南占7个。但是全国100个综合经济实力强县，河南只有一个巩义市，而且排在第79位。这种状况说明我省农村经济结构不优，效益还不高。从农村一二三产业的比重看，二三产业占54%，比全国水平低3个百分点，比山东、河北低9个百分点，比浙江、江苏低20个百分点。从以上的数字对比可以看出，要实现富民兴豫，缩小同全国的差距，必须加速调整产业结构，全面发展农村商品经济。而调整产业结构必须在动态中调整，也就是说粮食生产必须是在提高单产的基础上，保持总产稳定增长，在这个基础上加大发展其他各业的分量。决不能把粮食生产同全面发展农村商品经济对立起来，两者从根本上说是一致的，而且其他各业的发展有很多东西是以粮食为原料、为基础的。庭院经济既有种植业、养殖业、加工业，又有服务业等第三产业，集约化程度和商品率都比较高，只要大力发展，形成气候，必将对调整农村产业结构、繁荣农村商品经济起到重要的作用。

发展庭院经济可以为农村工业化奠定重要的基础。发展工业需要的资金量大，特别是比较落后的农区，大规模地发展工业，从资金上、人才上和信息上都会遇到很大困难。主要原因是广大农民群众还不富裕，城乡储蓄额上不去，缺少原始资本的积累。我省人均储蓄额只有 600 多元，是全国平均水平的 60%。如果有了比较发达的庭院经济，将为发展工业积累资金，提供经营人才，促进人才在商品经济中脱颖而出，使广大农民进入市场，得到信息，增加才干，为农村实现工业化奠定基础。同时，庭院经济的发展将进一步推动农村服务体系的建设。没有服务体系，庭院经济的发展是不可能的。因为庭院经济直接面对市场，需要提供产前、产中和产后等一系列社会化服务。这个服务要靠一大批经济组织。凡是庭院经济发展快的，必然也是有社会化服务体系相配套的，这也有利于实现小机关、大服务的改革，有利于基层站所的转轨变型。所以，发展庭院经济是一件利国利民的大事，有着非常广阔的前景，各级领导要从实现小康目标的高度，从解放和发展生产力的高度，从全面发展农村商品经济、保证经济再上一个新台阶的高度，充分认识发展庭院经济的重要意义，进一步增强责任感和紧迫感，像抓大田经济、抓乡镇企业那样抓庭院经济，力争在两三年的时间内，使庭院经济在我省遍地开花。

怎样加快我省庭院经济的发展步伐？第一，要因地制宜，突出重点，全面规划，把庭院经济纳入各地的小康村建设规划。庭院经济不同于过去的家庭副业，而是产业化了的地域经济。因此，发展庭院经济要遵循商品经济的客观规律，坚持走专业化生产和规模经营的路子，搞专业化、规模化、区域化。各地经济条件和工作基础不同，发展庭院经济一定要坚持从实际出发，科学规划，突出重点，宜种则种，宜养则养，宜加工则加工，在普遍发展的基础上，逐步向专业化生产和适度规模经营方向发展。各地要认真研究本地区庭院经济的发展问题，在总体布局上，要有一个好的思路和规划；在生产经营上，要立足本地优势，选准有市场需求、有发展潜力的项目，大力发展有地方特色的拳头产品；在工作指导上，要千方百计办好龙头，大力扶持专业村和重点大户，通过它们的辐射作用带动庭院经济蓬勃发展。第二，大力发展社会化服务体系，形成“公司 + 两户”（重点户和专业户）来带动庭院经济的发展，用若干个公司和两户联系起来，形成一个商品经济网络。庭院经济的最大特点是以家庭经营为主要形式，门类多、分布广。大力发展庭院经济，关键是抓好多层次、多形式的社会化服务，通过这条纽带，使千家万户的生产活动与国际国内大市场、社会化大生产联结起来。第三，要加强市场建设，进一步完善市场体系。庭院经济说到底是商品生产，不是“养牛为耕田，养猪为过年，养鸡为换盐”这样一种自给自足的小农经济。是商品经济就离不开市场，所以，要完善市场体系，进一步搞活农村的大流通。第四，发展庭院经济必须依靠科技，高起点地发展。庭院经济是科技成果转化为生产力最活跃的领域之一，只要有好的渠道，有提供信息的服务组织，完全有可能把庭院经济引到依靠科技发展生产力的轨道上来。第五，切实加强庭院经济的组织领导。庭院经济是一项重要的“富民工程”，涉及面广，任务艰巨，各级党委政府要摆上重要日程，切实加强组织领导。省直农口各部门和供销、商业等单位要结合本部门的职能，给予大力支持。发展庭院经济的主要任务在县乡，这两级一定要把庭院经济摆上重要位置，每年集中研究几次，并确定一名领导同志专抓。各级共青团、妇联和科协等群众组织，要积极协助党委政府做好这项工作，充分发挥青年、妇女和科技人员在发展庭院经济中的作用。

努力转变农村工作领导方式*

（1992 年 8 月 8 日）

用行政大军督战的办法，在解决温饱阶段是有效的，现在搞商品经济，使农民由温饱向小康过渡，这种行政办法恰恰变成了商品经济发展的障碍，会带来长官意志、与市场脱节、政企不分和部门经济等弊端。因此，要自觉转变政府职能，改进计划方法，从原来简单地管，简单地催种催耕，转向提供服务。

当前，我省农村形势很好，出现了一种空前的发展农村商品经济的热潮。我省农村经济正处在一个从温饱向小康过渡的关键时期。这个过渡本质上是从长期以来自给半自给的小农经济和高度集中的产品经济向商品经济转化的过程。在这个转化过程中，要求各级干部在指导农业生产上也要有一系列的转变，才能因势利导，推动农业和农村经济的发展。

一是观念上要进行转变。要从过去的小农经济观念和产品经

---

* 这是李长春同志在河南省农业生产暨庭院经济工作会议上讲话的一部分。

济观念转向商品经济观念。要自觉遵循价值规律，逐步理顺价格体系，建立价格由市场决定的新机制。要适应投资体制改革的新形势，由长期以来形成的无偿拨款转向学会运用有偿贷款，注重效益发展农业。要树立市场观念，改变过去就生产抓生产的传统做法，逐步转向善于进行市场调查，掌握市场需求、市场信息，然后组织生产、开发市场的全过程上来。要克服长官意志，从过去强迫农民服从国家计划的老办法逐步转向帮助农民自觉适应市场需求上来，树立效益观念。

二是管理体制上要进行转变。要逐步改变用庞大的行政大军督战的办法，建立“小机关、大服务”的体制，下放权力，转变职能，用给农民提供服务的办法去组织生产。用行政大军督战的办法，在解决温饱阶段是有效的，现在搞商品经济，使农民由温饱向小康过渡，这种行政办法恰恰变成了商品经济发展的障碍，会带来长官意志、与市场脱节、政企不分和部门经济等弊端。因此，要自觉转变政府职能，改进计划方法，从原来简单地管，简单地催种催耕，转向提供服务；要把我们有半政府性质的农业站所转轨变型，转为经营服务组织。

三是管理方法上要进行转变。要从过去的主要是行政办法转向主要运用经济办法，抓紧组织催生一批龙头伸向国际、国内市场，龙尾摆向千家万户的经济组织，用经济合同联结千家万户，引导农民生产经营活动，驱动农业经济运转。

四是在经济结构上要进行转变。要从过去比较单一的种植业结构转向农、林、牧、副、渔全面发展，由单一的农业转为一、二、三产业全面发展的经济结构，这样才能够提高农业的综合经济效益，才能繁荣农村商品经济。谁还抱着单一的种植业结构，谁就受穷，谁就落后。

五是要从自我封闭抓农业转向学会利用对外开放的条件抓农业。要积极引进技术，利用外资，发展创汇农业，掌握利用国内国外两种资源、两种资金、两个市场的本领，这是我们农业生产遇到的新课题。目前，国际形势对我们十分有利，再加上国内政治稳定，对我们利用外资发展生产提供了一个非常有利的时机。要抓住这个机遇，走出去积极引进外资，引进技术。就引进技术讲，目前我省农业技术比较落后，因而引进技术的潜力也很大。

总之，当前的改革开放的形势发展很快，我们必须不断地学习新的东西，研究新的问题，否则，我们指导农业站得就不高，看得就不远，还会长期停留在传统农业阶段。我们担负着领导8700万人的重任，站得不高，看得不远，一两年可能差别不大，五年、八年就会发现比人家又差一大截。这个责任不在基层群众，就在我们各级领导干部。我们80年代解决了温饱，农业战线的同志们都是有贡献的，那么90年代我们更要奋起直追，在商品生产上尽快赶上国内的先进地区，无愧于我们是一个农业大省这样的地位。

按照社会主义市场经济要求发展农村经济*

（1993 年 1 月 13 日）

发展农村商品经济，必须“反弹琵琶”，把开拓市场作为生产的前提来抓。这是农村经济向市场经济过渡的一个重大转变，各级领导干部的思想观念、工作方式方法必须随之转变。

当前，河南农村经济开始进入了一个新的发展阶段，即由单一种植业向农林牧副渔全面发展和工商建运服综合经营转变；农村经济开始由自给半自给的小农经济向社会主义市场经济转变；温饱问题基本解决，农民开始摆脱贫困，逐步向小康目标迈进。在这个新阶段有两个重要特征：一个是农村经济发展的目标，基本上不再是解决温饱问题，而是要走向富裕；另一个是整个农村经济要进入社会主义市场经济的运行轨道。根据河南农村经济新阶段面临的新情况、新问题和新任务，当前和今后一个时期，河南农业和农村工作要坚持党的基本路线，继续解放思想，转变观

* 这是李长春同志在河南省农村工作会议上讲话的一部分。

念，以实现小康为总目标、总任务统揽全局，深化改革，扩大开放，全面发展农村商品经济，大力推进社会主义物质文明和精神文明建设，努力建设有中国特色的社会主义新农村。在实际工作中，要把握好以下几个关系。

一是正确处理粮食生产与调整农业内部结构的关系，走优质高产高效的路子。按照市场需求，确保粮食生产的稳定增长，不断调整农业内部结构，是必须长期坚持的重要方针。在我国，粮食始终是一种具有战略意义的特殊商品。没有粮食的稳定增长，必然会影响整个经济的稳定增长。从河南来看，目前既有一个确保粮食稳定增长的问题，也有一个进一步调整农业内部结构的问

1995 年 3 月，李长春在周口农村考察小麦生长情况时，与小麦专家刘应祥（左一）交谈。

题，必须把这两个方面统一起来，使其相互促进、共同发展。只有确保粮食稳定增长，才能为调整农业内部结构提供前提；也只有不断优化农业内部结构，提高农业综合效益，才能满足农业投资需求，使粮食稳定增长成为可能。在这两者之中，前者是必要条件，后者是充分条件，缺一不可。既要让粮仓满，又要让农民钱包鼓。让粮仓满，决不能回到过去那种以粮为纲的老路上去，要把粮食稳定增长建立在依靠科技进步、提高单位面积产量的基础上。现在河南中低产田仍占耕地总面积的70%左右，如果有一半的中低产田能够上一个档次，河南粮食总产就会有一个较大幅度的增长。让农民钱包鼓，就是要调整结构，按市场需要发展农林牧副渔各业，做到宜林则林、宜牧则牧、宜渔则渔，市场需要什么、什么经济效益高就发展什么。把稳定粮食生产和调整农业内部结构两者统一到走优质高产高效的路子上来。

二是正确处理发展农业与发展工业的关系，坚持“围绕‘农’字上工业”，把发展乡镇企业作为振兴农村经济的战略措施。加强农业基础，不能和加速工业化进程对立起来。在人类文明史上，由农业文明向工业文明过渡，是社会发展的客观规律。很多资本主义国家实现工业化，是以农业破产、农民失业为代价的。我们是社会主义国家，又是一个农业大国，应当走出一条工农业相辅相成、相互促进、协调发展的工业化路子来。没有工业化，就没有农业的现代化。如果长期停留在单一的传统农业经济的基础上，不仅难以改变整个经济落后的状况，而且农业本身也会越来越困难。因此，在任何情况下都不能排斥工业化进程。现在河南不仅工业基础薄弱，而且又不具有沿海开放地区和经济发达地区发展工业的一些优越条件，稍有犹豫就会使工业化进程的差距拉大，整个国民经济的发展就会处于更加被动的地位。因此，下大力气加速工业化进程，是一项带根本性和全局性的战略任务。当然，没有坚实的农业基础，工业化也就成了空中楼阁，特别是农业大省实现工业化，必须首先立足于丰富的农副产品所提供的工业原料。所以，要坚持强农兴工的路子，把两者统一到“围绕‘农’字上工业”上，既加速工业化进程，也强化农业基础，使两者相互促进、有机统一。

三是正确处理发展农业生产和搞活流通的关系，抓住开拓市场这个“牛鼻子”，加速农村经济向市场经济的转变。生产、分配、流通和消费相互联系，缺一不可。社会主义市场经济与过去的产品经济有一个重要区别，就是不再是农民生产什么国家收购什么，农民的生产经营活动都要由市场来决定。从产品到商品这是一个“惊险的跳跃”，要实现这一跳跃，流通作为连接生产和消费的纽带，其作用尤为重要，在一定条件下具有决定性作用。因此，发展农村商品经济，必须“反弹琵琶”，把开拓市场作为生产的前提来抓。这是农村经济向市场经济过渡的一个重大转变，各级领导干部的思想观念、工作方式方法必须随之转变。领导农业的同志过去只围着地头转，现在要首先围着市场转。在自然经济情况下，总认为老老实实在家种地才是好农民，出去跑买卖那是不务正业。现在要千方百计鼓励农民跑市场、做买卖，支持农民离土又离乡。各级领导干部，特别是在农村工作的同志，要摆脱催收催种的烦琐事务，既要围着地头转，又要善于围着市场转，把注意力转向国内国际市场，实现由传统农业领导方式向适应市场经济的新型农业领导方式的转变。

四是正确处理发展农村经济与发展小城镇的关系，加速河南农村城市化的进程。在河南经济发展中，有一个十分重要的问题，就是大中城市发展水平不高，小城镇发展缓慢，对发展农村经济的带动辐射作用不够。城市是社会经济文化发展的产物，是人类文明的结晶，是生产力发展的标志和社会进步的动力。随着商品经济的发展，城市对农村经济的带动和辐射作用越来越重要。现在农村出现的诸如买难卖难、剩余劳动力转移困难、科技文化落后、信息不灵等问题，在很大程度上都与河南城市经济发展水平不高、小城镇发展缓慢有直接关系。城镇经济发展缓慢，一是直接制约对农副产品的需求；二是影响农村剩余劳动力的转移，制约农村分工分业的进程；三是在科技、信息、人才等方面对农村经济带动不力。沿海和内地一些经济发达地区，大中小城市星罗棋布，农村经济发展就比河南快，文明程度也比河南高。现在河南正在由温饱向小康过渡，乡镇企业的发展有了一定的基础，市场经济体制的逐步建立，已经为城镇建设和发展提供了条件和可能。河南完全可以走出一条发展星罗棋布的城镇，带动广大农村商品经济发展，促使农民从土地上转移出来的新路子。各级党委和政府都要增强城市意识，认清这个发展趋势，顺应经济发展的规律，不失时机地加快城镇建设。要因地制宜地依托原有小城镇、小集镇，发展工业小区和各类商贸园区，支持乡镇企业相对集中发展。这样可以统一解决通讯、交通、供电、供水等基础设施建设，降低投资成本，节约土地、能源，实现资金、技术的规模聚集，尽快发展一批具有更强辐射能力和更高知名度的明星城镇。在发展商品经济中，出现一些中心集镇，是好事而不是坏事，这是农村经济发展的标志，是社会进步的反映，各级政府要积极规划，大力发展。

五是正确处理发展经济与深化改革、扩大开放的关系，走以改革开放促发展的路子。90年代河南经济要上新台阶，出路就在于继续深化改革、扩大开放，加快社会主义市场经济体制的建立。要把发展农村经济的着眼点和立足点放在深化改革、扩大开放上。把农村经济推向市场，这一改革具有十分重大的意义，将产生巨大的内在发展动力。党的十一届三中全会以前，靠的是现场会、电话会，催种催收，这是一种行政动力。十一届三中全会以后，实行了家庭联产承包责任制，在解决农业发展的动力机制上大大前进了一步，把广大农民的积极性调动起来了，在短时间内解决了温饱问题。现在要把农业从过去的计划经济体制转向市场经济体制，这是农业经济内部能量的又一次释放，是农业经济动力机制的完善和发展，它必将进一步调动广大农民的生产积极性。在这一转变过程中，也像实行家庭联产承包责任制初期一样，许多同志需要进一步提高认识、解放思想。在计划经济体制下，政府一些部门手中都有一点钱和权，可以指挥下边，下边围着机关转。实行市场经济体制，政府部门掌握的生产要素要转为发育生产要素市场，原来的指挥要变成服务，下边要围着市场转，机关要围着下边转。实现这一转变必须淡化部门的权力。比如投资由过去行政部门各切一块改为建立投资公司，政府投资法人化，建立投资责任制；一些吃“皇粮”国税的人员要分流，一些事业单位要创办实体，把自身的利益和本地区经济发展紧密结合起来，改变过去部门利益同农民利益和当地经济发展相脱节的局面。把农业推向市场，必须对计划体制、价格体制、购销体制等进行一系列改革。市场经济必须有四个条件，第一是重塑自主经营、自负盈亏、自我约束、自我发展的相对独立的商品生产经营者这一市场主体，第二是培育市场体系，第三是转变政府职能，第四是完善市场法规。特别是市场主体问题，长期以来，农业上基本没有形成市场主体，当前急需解决家庭联产承包责任制条件下一家一户的生产经营同大市场的接口问题。发展市场经济，不可能让农民都到市场上摆摊，必须有接口。接口就是重塑市场主体，办法就是尽快催生一批触角伸向国际国内市场，龙尾摆向千家万户，用经济合同联结起来的贸工农一体化、产供销一条龙的经营服务实体。原来国家办的流通企业要改造成为自主经营、自负盈亏、自我约束、自我发展的经济实体。各级经济技术部门、事业单位都要朝着这个方向加速改革，分流人员，促使一大批人才到发展农村经济的第一线发挥作用。要大力扶持农民创办经营服务组织。发展市场经济没有一批市场主体不行，哪里搞得早，哪里的商品经济发展就快；哪里停留在催种催收的水平上，哪里商品经济发展就慢。各涉农部门思想要解放，靠原来各管一段的办法，搞不成商品经济，必须实行农工商一体化，才能打入国内国际市场。要积极支持经营实体的形成和发展，打破部门和所有制界限，大胆组织，谁有力量牵头就让谁牵头。

农技推广站所必须坚持改革*

（1993 年 3 月 1 日）

成玉[1]同志：1. 站所改革既要坚持，又要区别对待，区分公益属性还是经营属性，对于属经营性的，要坚决使其由计划经济体制下的"二机关"，转为市场体制下的服务实体，使自身的利益与其服务的数量和质量挂钩，与当地市场和农业发展水平挂钩。

2. 站所改革的意义不只在于减轻财政负担，因此不要急于在财政上开刀，要帮助其转换机制，这是问题的核心。在此基础上，对经费问题区别对待，有的确实很红火了，走上良性循环了，在一定期限内，可逐步减拨事业费；有的根据其性质，今后较长时间也得有定额补助；有的还可探索政府向服务实体购买服务，担负一定的公益性服务。总之，要使在站所第一线的科技人员通过改革先富起来，而不是先穷起来。

3. 按省委省政府的几次会议精神，帮助基层总结好经验，加以引导，要尊重基层和群众的首创精神，站所改革好坏的标志是

---

* 这是李长春同志在《省农牧厅关于当前农技推广部门几个突出问题的反映》上所作的批语。

活力是不是增强了，是不是促进市场和农业发展了。5月份，省委省政府在商丘开农村改革经验交流会，希望通过调查研究，拿出一批好经验加以引导，而不能走回头路。

注 释

〔1〕成玉，即李成玉，时任河南省副省长。

探索乡镇企业发展新机制*

（1993 年 6 月）

鼓励、支持农村中的能人和党员干部带头办乡镇企业，宜土则土，宜洋则洋，宜小则小，宜大则大，怎么起步快就怎么干。

一、因地制宜，分类指导，走出一条符合河南实际的乡镇企业发展道路

在发展战略上，一是突出抓好一批强县、强乡（镇）、强村、强企业，其中省直接抓了 18 个特别试点县。对“四强”在信贷、能源、物资等方面给予重点支持，实行政策倾斜，促其高起点、高速度地发展。到 1992 年底，按产值统计，全省出现郑州、焦作、新乡、洛阳 4 个百亿元以上的市，14 个 20 亿元以上的县（市），366 个亿元以上的乡（镇）。二是认真抓好基础薄弱

* 这是李长春同志发表在中共中央办公厅《工作情况交流》1993 年第 16 期上文章的一部分。

地区的起步工作。在努力增强农民群众商品意识的基础上，积极推广镇平县“个体起步，股份突破，小区开发，规模经营”的路子，鼓励、支持农村中的能人和党员干部带头办乡镇企业，宜土则土，宜洋则洋，宜小则小，宜大则大，怎么起步快就怎么干。省里还直接组织2500多个贫困村的党支部书记到新乡县刘庄、巩义市竹林镇[1]等6个乡镇企业发达的村进行集中培训，并安排科研单位、大专院校到培训点开展技术咨询和项目转让活动，收到良好效果。三是在乡镇企业的产业和产品结构上，坚持以市场为导向，大力发展优势产业和优势产品，已初步形成农副产品加工、矿产品开采加工、建材、机械制造和工艺美术品生产五大支柱产业。平原农区主要围绕“农”字做文章，大力发展农副产品加工业，走种养加一条龙、贸工农一体化、多层次转化增值的路子。近几年，通过积极引导，大力扶持，已初步形成粮油、棉

1992年12月7日，李长春在巩义市竹林镇考察工作。

麻、畜禽、林果、秸秆五大农副产品加工系列。城市近郊地区大力发展为城市工业配套的加工业及第三产业。根据河南人口多、劳动力资源丰富的特点，要注意发展建筑、刺绣、地毯、抽纱、手工艺品等劳动密集型产业，尽可能多地转移农村剩余劳动力。

二、大力发展股份合作企业，探索促进乡镇企业发展的新机制

近年来，乡镇企业在发展中遇到了一些新问题：一是为数众多的个体、私营企业逐渐暴露出势单力薄、抗御市场风险能力弱的不足；二是一些乡、村集体企业行政干预过多，原有活力弱化，投入不足，缺乏发展后劲；三是一些地方对乡镇企业搞所有制“升格”，个体转集体，小集体转大集体，越“升格”活力越小，效益越差。针对这种情况，我省总结推广了密县、汝州市等地大力发展农民股份合作制企业的经验。1989 年以来，我省因势利导，引导新办企业尽量实行股份合作制，引导原有的乡、村集体企业进行股份合作制改造，引导个体和联户企业向股份合作制过渡，使股份合作制企业得到很快的发展，涌现出集体企业改造型、集资入股新建型、个体联户演变型、双层经营组合型等各种形式的股份合作企业几十万家。实践证明，农民股份合作制企业能够较好地解决乡镇企业发展中的许多问题：一是可以促使消费资金、闲散资金向生产资金转化，有效缓解乡镇企业发展资金不足的困难；二是可以促进乡镇企业管理体制和经营机制的转换，减少行政干预，落实企业自主权；三是能够在较大范围内实现资金、劳力、技术、场地、设备等生产要素的合理流动和聚集，形

成规模经济。它适合我省农村大部分地区的生产力发展水平，深受农民欢迎，已成为乡镇企业中活力最强、发展最快的组织形式。

三、依靠科技进步，提高企业素质

这些年来，我省特别注意把乡镇企业的发展逐步转移到依靠科技进步和提高劳动者素质的轨道上来，使企业在发展中上质量、上档次、上水平。为此，省和各地都制定了一些优惠政策，比如，为到乡镇企业工作的科技人员提供良好的工作条件，鼓励和吸引科技人员下乡领办、承包乡镇企业，从大中型企业、科研教学部门选派技术人员到乡镇企业帮助工作等。近几年，全省乡镇企业从省内外引进各类科技管理人才5万多名，同时对200多万名乡、村集体企业职工进行了初步的岗位培训。我们还鼓励和帮助乡镇企业积极进行技术改造，引进先进设备和技术，仅1992年就新上技改项目3354家，新增“三资”企业200余家。同时，我们每年都筛选一批先进、适用的科技成果在乡镇企业推广，并结合实施“星火计划”[2]，建立了一批科技示范企业，还帮助一批产值在千万元以上的企业建立科研机构，狠抓新产品的攻关和开发，大力发展名优新产品、高附加值产品和拳头产品，努力提高产品的档次和技术含量。

四、大力发展工业小区，促进乡镇企业适当集中连片发展

河南省乡镇企业尚处于发展的初级阶段，村自为战、组自为

战、小打小闹、过于分散，不仅水、电、交通、通讯等基础设施建设的投资成本高，而且难以形成规模效益。为了改变这种局面，我省积极创造条件，引导乡镇企业走集中连片发展的新路子。主要做法是，以骨干企业和专业市场、交通要道、小集镇为依托，并与小康村建设、村镇规划紧密结合，统筹规划建设工业小区，统一解决场地、交通、水电、通讯、市场及文化娱乐、生活服务等设施。沁阳市沿太行山 10 公里的区域内，由 200 多家企业集结形成的玻璃钢工业小区，成为全国三大玻璃钢制品产地之一，被国家科委定为“星火计划”科技试验区。林县姚村乡以史家河、定角两个年产值近亿元的汽车配件厂为依托，形成了汽车零部件加工工业小区，被中国汽车总公司定为汽车零配件加工基地。工业小区的建设，促进了企业群体的形成和信息交流、质量竞争以及工艺水平的提高，增大了对客商的吸引力，促进了第三产业的发展，推动了小康村建设。

注　释

〔1〕竹林镇，原是巩义市一个贫困落后的山村。经过改革开放十多年的发展，由落后的山沟农村发展成为工业主导、经济发展、集体富裕的新农村，率先建成小康村，经济总量达到镇级规模。先后三次将周边 7 个村并入其中，带动贫困村共同致富，1994 年，竹林由村级组织改为镇建制。

〔2〕“星火计划”，是我国政府批准实施的第一个依靠科学技术促进农村经济发展的计划。1985 年 5 月，国家科委向国务院报告了《关于拟定促进地方经济的“星火计划”的请示》，建议在国家“七五”规划中，科技计划

部分分列一项“促进地方经济振兴科技开发计划”，命名为“星火计划”。同年8月，国务院办公厅批转国家科委《关于抓一批“短平快”科技项目促进地方经济振兴的请示》，标志着“星火计划”诞生。我国第一个“星火计划”示范区是纵贯华北和中原的太行山区。

走向市场经济，促进农业发展*

（1993 年 7 月）

发展市场经济，转变观念是关键。必须学会用市场经济观点看待农村形势，研究用改革的办法解决农村出现的新矛盾和新问题，把对农业的领导由主要靠指令、靠会议等行政推动，转向主要靠经济手段、靠市场机制调节。

一、抓好农业结构调整

坚持以市场为导向，抓好农业经济结构调整，关键是要落实农民的生产经营自主权。在社会主义市场经济条件下，农户是责权利相统一的生产经营单位，是独立的商品生产主体，应该享有充分的自主权。必须把农民应该享有的自主权全部还给农民，让农民在国家的宏观指导下，盯着市场进行生产经营，市场需要什么就生产什么，什么效益高就生产什么。关系国计民生的粮棉等

* 这是李长春同志发表在《求是》杂志 1993 年第 13 期上文章的一部分。

主要农产品，国家在实行定额收购时，也要与农民订立收购合同。与此同时，要探索土地有偿转让的途径，以便使耕地逐步向种田能手集中，实行适度规模经营。荒山、荒地、荒滩等可采取拍卖、承包、租赁等形式，让农民长期自主开发经营。应鼓励一部分农民从种植业分离出去，发展畜牧养殖业、水产业、林果业、加工业以及其他非农产业。

要有效地调整农业经济结构，还必须确立“市场形成价格”的机制，并发挥市场价格在调整农村经济结构中的作用。市场价格是市场需求的信号。市场价格的波动，是市场供求关系变化的反映。实践证明，市场价格信号往往比其他手段更能客观反映供求情况，更能准确引导农业优化结构。80 年代以来，我们相继放开了水产品、畜禽产品以及蔬菜、水果等农产品价格，逐步利用市场价格信号调节生产，使产量大幅度增加，价格也相对稳定，从而为我们全面放开农产品价格提供了经验。今后应该尽快把农产品价格全面放开，发挥价格及时调节产需的杠杆作用。

调整农业内部结构要正确处理粮食生产与其他生产经营的关系。高度重视粮食生产，确保粮食稳定增长，是我们的一项基本政策，无疑应当长期坚持，毫不动摇。但过去的实践证明，就粮食抓粮食，往往产生事与愿违的效果。农业经济结构不合理，农业综合效益不佳，就会制约粮食生产；而不断优化农业内部结构，提高农业综合效益，满足农业投资需求，才会使粮食的稳定增长成为可能。因此，我们既要“粮仓满”，又要让农民“钱包鼓”。要把粮食的增长建立在依靠科技进步、提高单位面积产量的基础上。现在河南的中低产田仍占耕地总面积的 70%左右，要通过改善生产条件，促使中低产田上一个档次，力争在粮田面积减少的基础上，使粮食总产量有较大幅度的增长，从而为优化农业内部结构创造条件。

二、积极发展联结生产与市场的中介组织

发展农村商品生产，繁荣农村经济，需要建立一批联结市场与分散农户的中介组织。长期以来，我国对主要农产品实行统购包销的政策，由国家指定的部门从事“购、销、调、存”，这在绝大多数农产品产销已经放开的情况下显得很不适应。过去农民的自主权不多，但有一定依靠，东西卖不出去，可以找县长、省长解决。现在农民自主权多了，但对种什么、不种什么无从把握，更担心生产出来的东西销不掉。他们迫切要求建立一批中介组织，为他们架起通向市场的桥梁。目前农村中的一项重要工作就是尽快形成一批联结农民与市场的中介组织，把分散的农民组织起来，使之顺利地进入市场，也使市场能够面对有组织的农民。就我省目前情况来看，最受农民欢迎、效果最好的，是那些贸工农一体化、产供销一条龙的经营服务组织。这种经营服务组织把触角伸向国际国内市场，龙尾摆向千家万户，用经济合同把生产者、加工者、经营者有机地联结起来，使农民种养有信息，生产过程有服务，销售产品有门路，减少了生产的盲目性，能较好地解决生产与市场脱节的问题。

我们可以采用多种途径和方法培植这样一批市场中介组织。首先，把国营流通企业改造成为自主经营、自负盈亏、自我发展、自我约束的经营实体，是一条比较现实的途径。这是因为，现有的国营流通组织在当前的经济体制转换过程中面临着深化改

革、转轨变型的任务，在组织机构、基础设施、购销网点等方面具有许多优势，易于尽快投入运转，还积存了一大批目前在农民中很难找到的经营人才，把他们的作用发挥起来，也是当前形势的迫切需要。其次，县、乡党政部门要通过干部分流，创办一批经营服务实体，把闲置在机关的人才推向发展市场经济的主战场。其三，原有体制下形成的涉农事业单位、“二机关”性质的乡级站所，要分清性质，区别对待。对于有经营属性的，要通过改革、改造，逐步转变为适应市场经济的服务经营型实体。其四，依托社区合作经济组织，通过完善其经营、服务功能，逐步发展成为与农户紧密联系的经营服务组织。同时还要大力鼓励和扶持农民当中的能人领办各类经营服务实体。通过以上措施，尽快构建一个适应市场经济发展需要的农业社会化服务体系，为形成市场机制创造必备的条件。

三、逐步完善农村市场体系

改革开放以来，农村各类市场随着流通体制的改革不断得到发展。目前，河南不仅有了4000多个农副产品初级交易市场，而且有了诸如郑州粮食批发市场、驻马店芝麻批发市场等一些中高级交易市场。但从总体上看，我省的市场发育水平还比较低，市场功能还很不健全，市场体系还很不完善，农产品流通不畅问题仍然比较突出，影响了农村经济的发展。因此，搞好市场建设，完善市场体系是当务之急。

首先，要扩大和完善农产品市场。在继续培育各类农产品初级市场的基础上，要有计划地兴建一批辐射能力强的大中型农产品批发市场，使之尽早成为农产品市场的骨干和主体，尽快建立健全以批发市场为主的农产品市场体系。必须注重开发利用现有批发市场的功能，积极开展中远期合同交易，并且尽快推出期货市场，通过期货市场比较准确地提供商品供求信息，平衡市场供求结构，指导农业的生产和经营。其次，要积极培育生产要素市场。没有生产要素市场，生产要素就不可能根据市场的供求状况自由流通、合理配置，生产经营者就不可能根据市场情况自主决策，市场机制也就不可能充分发挥作用。当前主要是着力培育资金市场、劳务市场、物资市场、技术市场、信息市场等。其三，我们还必须努力使国内市场同国际市场联系起来。发展现代化农业，有很多生产资料、技术要从国外引进，有很多农产品要到国际市场上销售，客观上要求互相交流，取长补短。我们要通过引进良种和新的生产技术，发展优质高产高效农业，通过引进资金、技术、设备、人才、管理经验，提高乡镇企业的素质和扩大再生产能力。同时要加强对国际市场的研究，根据国际市场的需要，发挥本地和企业的优势，积极发展出口创汇产业，生产在国际市场上具有竞争力的产品，并不断开拓国际市场，扩大出口份额，提高出口比重，有条件的还要力争到国外投资办企业、设网点。

为了建立完善的市场体系，必须加快小城镇建设的步伐。随着商品经济的发展，城镇对农村经济的带动和辐射作用越来越重要，城镇已成了各类市场的主要依托地和经济信息的重要集散场所。我们要依托小城镇，发展一批工业小区和各类商贸园区，支持乡镇加工业和第三产业相对集中发展，促进市场的形成，为农产品走向大市场提供更加便利的加工和集散场所。

四、进一步改善宏观管理

发展农村商品经济，还必须按照市场经济的要求，转变政府职能，改进政府对农业的领导方式，尽快建立起一套比较规范完善的农业宏观调控体系和管理制度。

目前政府对农业的调控主要是要处理好放活与管好的关系。我省已取消指令性种植计划，放开除棉花、烟叶之外的一切农产品价格，多辟流通渠道，鼓励农民收购、批发、贩运、加工，但真正落实还需下一番功夫。发展市场经济，转变观念是关键。广大干部必须学会用市场经济观点看待农村形势，研究用改革的办法解决农村出现的新矛盾和新问题，把对农业的领导由主要靠指令、靠会议等行政推动，转向主要靠经济手段、靠市场机制调节。

对农业实行放开、搞活政策，不等于一推了之，撒手不管。要探索和研究在市场经济条件下政府领导和管理农业的新途径。在这方面，主要应做好以下工作：一是通过立法建制，逐步把农业纳入依法管理的轨道。宏观调控需要有法律作为依据，我们应尽快制定、颁布农业方面发展市场经济的各种法律和法规，采取严格的法律手段，促进农业持续稳定发展，保护农民的切身利益；取消垄断性经营，打破种种封锁和壁垒，废除不合理的罚款、摊派和违法的行政干预，确保市场主体的各种权利，使市场的活动逐步规范化；防止和打击各种假冒伪劣种子、农药、化肥等产品的出现，建立和维护正常的市场经营秩序。二是通过制定正确的方针政策，对农业实行特殊的支持和保护。农业是一个特殊的产业，受自然条件的制约较大，没有特殊的支持和保护措施是不行的。我们要继续抓好大江大河的治理，兴修一批骨干水利

1990 年 10 月 30 日，李长春在新郑市参加冬季兴修水利劳动。

工程，继续抓好农业科研、教育和环境保护工作，搞好农业社会化服务体系建设，不断改善和优化农业生产的大环境。重点支持关系国计民生的大宗农产品特别是粮食和棉花这种特殊商品的生产，搞好产销综合平衡和余缺调剂。从今年开始，我省要通过建立粮食风险基金和粮油储备制度，建立粮棉收购保护价格制度，扶持粮棉生产大县发展经济等措施，调动各方面发展粮棉生产的积极性，促进粮棉生产稳定增长。三是充分利用经济合同衔接产销。要学会利用经济合同组织农业生产，这对于把农民引向市场具有重要意义。企业与企业、企业与农民之间发生经济关系，都要签订合同；经营一般的产品要订合同，经营国家专营的产品也要订合同。政府组织粮食、棉花、烟叶、蚕茧的生产，都要由商贸企业与农民签订产购合同来落实，把生产、经营双方的责任、义务规定明确，严格执行，保证兑现。四是搞好农情信息的搜集、整理、分析和发布，正确引导农业生产。当前要特别强化粮棉产销经济信息系统的建设，逐步建立起独立的抽样调查系统、科学的信息分析体系和规范化的信息发布制度。五是进一步发展农业保险事业，为农民走向市场承担更多的风险，尽可能使农民和农产品的经营者少受损失。农产品的自然灾害保险要进一步扩大险种和范围，同时还要试办一些农产品的市场风险保险，逐步建立起一个农产品生产与经营的社会保险安全体系。

加速农村城镇化进程*

（1994 年 1 月 9 日）

我省城镇化发展相对滞后，大量劳动力被禁锢在农村，不仅制约着农业的适度规模经营和生产率提高，而且影响非农产业的发展。因此，必须加速城镇化进程，走出农业省加快城镇化步伐的新路子。

要选择交通条件、资源条件较好，或历史上有集市传统的地方，以及结合县城新城区的建设，规划布局一批工贸小区，引导乡镇企业相对集中、连片发展，逐步形成规模，促进小城镇的建设。乡镇企业相对集中发展，可以节约资源、耕地和基础设施投资，有利于信息交流、商品流通和技术传播。尤其是偏僻地区和山区，水电、交通、通讯条件差，花大量投资去搞基础设施建设，既无实力，也不合算，更应该鼓励他们到条件好的城镇去经商办厂。经过一段时间的努力，逐步形成各具特色星罗棋布的小城镇，使农村城镇化和农村工业化有机结合起来。

要加快县改市和乡改镇的步伐。各县乡都要加快经济发展，增强综合实力，积极创造改市、改镇的条件。对现有的比较发达

---

* 这是李长春同志在河南省农村工作会议上讲话的一部分。

的村，可以核减其粮食定购任务，支持它们加快发展工商业的步伐；还可以在群众自愿的基础上实行村与村兼并，或组成经济联合体；形成了一定规模工贸小区的村，可以根据总体规划，有计划地改为小城镇。

鼓励农民到中小城市的各类经济技术开发区、工贸小区和建制镇从事二三产业。只要自购住房、自理口粮、自谋职业、交城市设施配套费，就可以办理定向迁入的户口，促使农民脱离土地，促进社会分工分业。

植树造林，美化环境*

（1994年1月16日）

造林绿化要重视经济效益和生态效益、社会效益的统一，继续加快调整林业产业结构，大力发展经济林，把发展林业同山区兴县和农民致富紧密结合起来。

1991年9月，我曾给全省山区经济林现场会写过一封信，希望山区理顺发展思路，加快造林绿化，大力发展经济林，走出一条山区脱贫致富的新路子。省政府先后批准实施了十年造林绿化规划和经济林发展十年规划。从近几年实施情况看，林业发展形势是好的。全省四年完成大面积造林一千余万亩，质量也在逐年提高。有林地面积、森林资源和林业产值都有较大增长，特别是经济林发展迅速，新增经济林面积320万亩，提前两年实现了"八五"期间300万亩发展目标，林果产品总产量1993年达到14.5亿公斤。林业已成为不少山区县、乡的支柱产业，如灵宝、新县、内黄等县市，林果业收入已占当地农民经济收入的40%

* 这是李长春同志致河南省林业工作会议的信。

以上。这是全省各级党委政府高度重视林业建设，全省人民艰苦努力的结果。

农业是国民经济的基础，林业又是农业的一项基础建设，我们重视农业，也要同样重视林业。目前，我省造林绿化任务还很艰巨，全省尚有一千多万亩宜林荒山没有绿化，一些地方水土流失仍很严重，生态环境恶化的局面并没有从根本上改变，相当一部分农民还没有摆脱贫困。平原地区全部实现绿化后，一些县有松劲情绪，绿化水平滑坡，进一步完善提高的任务还很重。

党中央、国务院把发展农村经济、尽快使农民富起来，作为当前各级党委和政府的首要任务。从全省国民经济发展的全局和改善自然生态环境、调整农村产业结构的需要出发，省委省政府提出了 1997 年基本绿化全省宜林荒山的奋斗目标。这是一项十

1991 年 3 月 12 日，李长春在郑州登封市送表乡刘楼北坡参加植树活动。

分艰巨的硬任务。各级党委和政府要认真落实造林绿化目标任务，动员全省人民迅速行动起来，地县两级党政领导、机关干部要包山头，发扬自力更生、艰苦创业的红旗渠精神，打一场绿化宜林荒山的攻坚战，确保按期实现绿化中州大地的宏伟目标。

造林绿化要重视经济效益和生态效益、社会效益的统一，继续加快调整林业产业结构，大力发展经济林，把发展林业同山区兴县和农民致富紧密结合起来。经过几年努力，争取提前实现山区丘陵区农民人均一亩经济林。这样，农民脱贫致富奔小康就有了希望。发展林业要讲质量、讲效益，也要走优质高产高效"一优双高"开发的路子。重视发展名优特稀品种，加快发展林产品深加工，提高林业的经济效益。

要继续深化林业改革，放宽、用活林业政策，鼓励和引导农民采取股份合作、承包、租赁等多种形式，造林办场，开发荒山，加快林业发展；要延长荒山开发的承包期，一般60年不变，可以继承。用政策把广大农民和各行各业发展林业生产的积极性调动起来。各级政府要搞好宏观指导和综合服务，帮助林农疏通产供销渠道，使农民千家万户的分散经营和社会化大市场紧密结合起来，走贸工农、林工商一体化的新路子，形成大基地、大市场、大流通。各级党委和政府在工作安排上要把植树造林放在应有的重要位置，加强领导，增加投入，加快我省造林绿化步伐，为全省经济发展奠定一个良好的基础。

公司加农户是农业走向市场的桥梁*

（1994 年 1 月）

龙头企业是公司加农户一体化经营的核心，具有开拓市场、引导生产、深化加工、提供服务、缓冲市场压力的综合功能，其经济实力的强弱和牵动能力的大小，决定着一体化经营的规模和效益。因此，尽快催生一批龙头性企业，对于带领农民走向市场，开发新的产业，具有十分重要的意义。

在稳定家庭联产承包责任制的基础上发展农村社会主义市场经济，一个重要问题是如何在农村培育市场主体，发展与市场经济相适应的经营组织形式，以解决一家一户分散经营与大市场的接口问题。最近一个时期，我在农村调查发现，这个问题在群众的实践中已经有所突破，一种新的经营组织形式——公司加农户，正在迅速形成和发展。

* 这是李长春同志发表在《学习·研究·参考》杂志 1994 年第 1 期上文章的一部分。

公司加农户是贸工农一体化经营的通俗说法。公司是农业的龙头企业，其触角伸向国内国际市场，龙尾摆向千家万户。公司与农户之间以资本为纽带或以经济合同相联结，组成贸工农一体化、产加销一条龙的经营组织。由公司用经济的办法，对农户实行产前、产中、产后全程服务，组成利益共同体，把千家万户的分散经营和千变万化的大市场有机联结起来，使之成为农业进入市场的市场主体。

公司加农户这种经营组织形式作为农村社会主义市场经济发展过程中的产物，尽管所经营的产品及组织形态、运作方式等各不相同，但都有共同的市场经济的特征。

有一个直接联系市场的实体作龙头。龙头一头连着国内外市场，一头连着千家万户，是农户与市场之间的中介组织，是农产品实现从产品经济向商品经济跳跃的跳板。因此，它是公司加农户赖以形成和生存的核心与支柱。龙头的经济实力、服务能力及质量决定着它对农户的辐射力和凝聚力，其经营活动的成败决定着整个公司加农户组织的兴衰存亡。往往办好一个实体，就出现一个龙头，拉出一条产业链，形成一片生产基地，带富一方群众。

不受行政区域和所有制的限制。公司加农户组织实质上是一种经济利益集团，加盟各方以经济利益最大化为共同追求的目标，必然要求冲破一切束缚生产力发展的桎梏，建立适应市场经济规律的新的经济关系和生产关系。许多一体化组织起始都是从某一小的范围、某一部门先搞起来，然后向相关部门、相关企业和邻近地区迅速扩展，而且往往是龙头在城，龙尾在乡，形成城乡通开之势。龙头一般都是市场竞争中的强者，不管是国营、集体、“三资”、私营、股份制企业还是个体，谁有能力谁当龙头。据我省22个县（市）统计，在现有2233个龙头组织中，国营占44.3%，集体占32%，股份合作占14.3%，个体占9.4%。

市场经济的运行机制。公司加农户产生于市场经济的环境之中，自主经营，自负盈亏，在竞争中求生存。因此它必须努力提高产品质量，降低生产成本，大力开拓市场，树立良好的信誉。在内部，也要按价值规律处理成员之间的利益关系。所有初级产品生产者、加工者、服务者在联合对外的同时，又是各自独立的产权所有者和经营者。而且各个经营环节要形成一个大体合理的利润率，如果哪个环节采取超经济的强制手段取得过高利润，必然损害其他环节成员的利益，导致一体化经营的解体。

广泛的适应性。公司加农户目前在我国农村具有广泛的适应性，在经济比较发达的地区能够发展，在经济相对贫困的地区也照样能够发展。地处大别山区的信阳地区，是全国有名的贫困地区。近年来，该地区改变过去扶贫工作撒“胡椒面”的老办法，由扶持一家一户生产转向扶持发展地区性的支柱产业和农副产品基地建设。全区围绕茶叶、红麻、柳编、桑蚕、林果、食用菌、水产、畜禽养殖等产业开发，建立起196个龙头性经营服务实体，形成了八大系列的产加销一条龙生产，把40多万农户引向了国内外市场，年创产值44.4亿元，人均年增收300多元。

公司加农户的经营形式，目前仍处于起步阶段，总体水平还不够高，带动面还不够广。按照建立社会主义市场经济体制的要求，必须不断完善和提高。一要加强龙头企业建设。龙头企业是公司加农户一体化经营的核心，具有开拓市场、引导生产、深化加工、提供服务、缓冲市场压力的综合功能，其经济实力的强弱和牵动能力的大小，决定着一体化经营的规模和效益。因此，尽快催生一批龙头性企业，对于带领农民走向市场，开发新的产业，具有十分重要的意义。要创造良好的政策环境、舆论氛围，鼓励和造就一大批从事农副产品流通和加工的企业家。要打破行业、地区和所有制的界限，本着“谁有能力谁牵头”的原则扶持龙头企业。对于已经建立起来但实力薄弱的龙头企业，要给予必要的扶持，或者通过组建企业集团、吸收农户入股等办法，增强其实力。对于纯购销性的龙头公司，应引导它们逐步增设物资供应、信息服务、产品加工储藏等经营项目，逐步向实业性公司发展。

二要按照市场经济原则完善经营机制。主要应注意两个问题：一是正确处理和规范一体化组织内部的利益关系。要按照价值规律妥善处理龙头企业与农户、龙头企业与其他服务组织、经营企业与加工企业之间的利益关系，做到互惠互利、荣衰与共。龙头企业应把扶持生产作为实现自身利益的经营之道，要从经营利润中划出一定比例的风险基金，以备在市场波动时进行自我保护并给农户以价格保护。一些靠行政手段组建起来的一体化组织，要强化经济措施，用合同保证商品生产诸环节的有机衔接、有序运行。无论哪种形式，都要尊重农户的生产经营自主权，支持和保护农民在遵守国家政策法令的前提下，按照利益最大化的原则，自主地决定参加或者不参加某个一体化组织，或者同时参加几个组织，参与某一环节的联合，或者参与生产经营全过程的联合，不能靠行政命令搞“拉郎配”。同时，要教育农民树立全新的市场观念，不断增强商品意识、竞争意识以及信誉意识、履约意识。

三要发展生产基地，为一体化经营打好基础。在基地建设上，要统一规划、合理布局、相对集中、连片开发，逐步向规模化、专业化方向发展。要有计划地发展一批专业村、专业乡以至以某一种产业为主导的县，逐步形成与资源特点相适应的区域化经济格局，改变粗放经营和小而全的传统生产方式。要组织龙头企业和其他社会经济技术部门及乡村合作经济组织在基地进行产品加工、农田水利、仓储、运输等配套设施的建设，发挥好基地的功能和效益。

四要积极发展个体私营企业，培育专业大户。要进一步解放思想，采取切实措施，帮助他们解决生产经营中的困难，促使其上水平、上规模、上档次，引导他们进镇、进城办厂开店，鼓励他们在扩大规模的同时带动更多的农户发展商品生产。

发展粮棉生产，保证有效供给*

（1995 年 3 月 22 日）

在发展农业生产的思路上，要从价值规律出发，调动生产者的积极性，调动农产区的积极性。没有这两个积极性，农业生产是搞不上去的。

粮棉生产始终是我省的基础产业和支柱产业，今后相当长的时期内仍将是农民的主要就业门路和重要的收入来源。中央对我省粮棉生产提出了更高的要求。国家计划到 2000 年全国粮食产量增加 1000 亿斤，要求河南承担十分之一的增产任务。也就是说，我省的粮食产量要在现在 650 亿斤的基础上，再上一个新台阶，达到 750 亿斤的生产水平。各级党委和政府都必须把确保粮棉增产作为硬任务，认真研究中央加强农业的重大决策及其带来的深远影响，结合实际，提出具体措施，抓紧贯彻落实，努力夺取粮棉丰收。具体要抓好以下几个方面的工作。

一是要继续坚持“稳定面积、主攻单产、增加总产”的方

---

* 这是李长春同志在河南省农村工作会议上讲话的一部分。

针。要抓住推广优良品种和加强农田水利基本建设两个重要环节，加快全省7000万亩中低产田的改造，这是全省粮棉生产再上新台阶的着力点和潜力所在。特别是豫东、豫南平原地区，要适应气候条件的变化，在继续搞好防洪除涝工程的同时，把水利建设的重点放到打井配套、提高抗旱能力、建设高产稳产农田上来。要加强对基本农田的保护，稳定粮棉种植面积。发展林果业要把重点放在山区、丘陵区，平原地区主要是搞好现有果林的品种改良，不再扩大面积。要积极推广先进实用技术，继续搞好优质高产高效的“一优双高”开发，努力提高单位面积产量。

二是要认真落实完善粮棉购销政策，努力探索适应社会主义市场经济体制的宏观调控体系。对粮棉等主要农产品，既不能撒手不管，放任自流，也不能一说管就回到计划经济的老路上。积

1995年2月7日，李长春陪同中共中央政治局委员、国务院副总理李岚清在河南考察郑州国家粮食储备库。右二为河南省省长马忠臣，右四为河南省委常委、郑州市委书记张德广。

极建立适应社会主义市场经济的宏观调控体系，关键是搞好粮食定购、建立粮食储备制度和粮食风险基金。定购粮是最基本的调控手段，也是农民应尽的义务和各级政府的责任，要保证完成。定购以外的粮食，要坚持不定价格、不定数量、随行就市、挂牌收购，城乡集贸市场要常年开放。粮食储备在现有基础上，近两三年内要按照中央要求的规模分级补足。省级粮食风险基金1994年已全部到位，各市地县也要相应建立，13个销区城市要先行一步。现在棉、油、烟等部分农产品，种植计划是指导性的，产量有波动，而国家又要掌握一定的收购量。要解决生产与购销之间的矛盾，必须由过去对农民实行惩罚转为扶持，调动农民的积极性。这也是解决基层干群关系紧张的一个重要途径。要尊重价值规律，想办法让农民获得合理的利益。有的产品定价权不在地方，可以搞些价外扶持和返补。如棉花，除完成省定任务外，产区政府可以从调拨补助款中给农民搞点返补。烟叶种植，要学习云南的办法，实行厂县挂钩，厂与基地挂钩，建立稳定的产销关系和生产基地，使基地能够得到加工业的返补。当地政府也要拿出一部分烟叶税去扶持农民。总之，在发展农业生产的思路上，要从价值规律出发，调动生产者的积极性，调动农产区的积极性。没有这两个积极性，农业生产是搞不上去的。

三是要以粮棉购销政策调整为契机，进一步优化农区产业结构。要根据粮棉自求平衡的政策和农产品加工业由沿海及大城市逐步向粮棉主产区转移的趋势，扶持粮棉大县发展粮棉加工，促进这些地方产业结构的调整。棉花自求平衡，国家又提高了价格，对我省棉纺业既是挑战，更是机遇。要抓住机遇，通过改革、改造、改组、联合，实现纺织工业的重新振兴。主产区要在完成省里调拨计划后，在坚持国家关于棉纺工业限产压锭产业政策的前提下，利用超产的棉花资源，吸引沿海地区和一些大城市以其技术、资金、设备、人才，前来办厂或联合办厂，对部分棉纺企业进行技术改造，逐步淘汰小纱厂的落后设备。要有计划地建立一批现代化农产品加工骨干企业，使之成为贸工农一体化的龙头，内联千家万户，外联国内外市场，把农户的小生产与大市场联结起来。

四是要切实增加对农业的投入。各级政府要努力用好现有的支农资金，落实好增加农业投入的政策。支农资金要更多地用在改造中低产田、增加有效灌溉面积上。各级财政要随着财力增长，逐步增加对农业的投入。要努力争取国际金融组织、外国政府的贷款、赠款，加快农业利用外资的步伐。要努力保证财政支农资金、农业信贷资金、农业基本建设投资比重逐年增长。

让千万农民进入大市场*

（1996 年 5 月）

要充分认识农业进入市场的深远影响。无论从现在看，还是从长远看，产业化最深远的影响就是大大提高了农产品的市场竞争力，这是我国农业发展的根本出路。

对于我国广大农区来说，农业产业化的发展并不平衡，有的开始进入“阳光地带”，有的还没搭上产业化这班载满农业希望的快车。从总体上看，我国农业产业化仍属起步阶段。产业化的核心是市场化，推进产业化一方面要提高农产品的市场竞争力，另一方面各地要根据当地市场的发育程度选择适宜的产业化模式。

第一，要解决好如何使小生产进入大市场问题。家庭联产承包责任制极大地调动了农民的生产积极性，解放了农村生产力，功不可没。目前我国正逐步建立社会主义市场经济体制，农业如何适应这一新体制？关键在于既要稳定家庭联产承包责任制，保护农民的积极性，又要克服一家一户分散经营所带来的小生产

* 这是李长春同志就“农业产业化问题”回答新华社记者提问的节选。

的弊端，使小生产和大市场接轨。从“八五”期间的实践看，河南省大力推进了“公司+基地+农户”的生产模式，搞贸工农一体化、产加销一条龙，目前全省已有这种一体化经营组织1.5万个，联结农户427万家，约占全省农户总数的23%，汤阴、淇县、汝州的肉鸡，南阳的黄牛，信阳的茶叶、蚕茧，灵宝的苹果，扶沟的蔬菜等都形成大面积基地，成为当地的支柱产业。

大批龙头企业的出现，成为农业产业化的重要载体。龙头企业上联国内外市场，下联千家万户，利用合同这个经济手段引导农民生产。他们和农民结成了利益共同体，为农民解决市场信息、技术服务、产品销售等难题，提供产前、产中、产后全程服务，这就使农业开始由小生产变为大生产，由社区性的行政推动变为产业驱动。从河南的发展现状看，龙头企业的产生主要有四种方式，一是涉农的国有企业经过改造形成龙头企业，如著名的春都、双汇集团就是国有肉联厂；二是结合县乡机构改革，分流干部创办龙头企业；三是农业基层服务组织创办经济实体；四是乡村集体经济组织以及农民个体、联合体创办龙头企业。

第二，要充分认识农业进入市场的深远影响。无论从现在看，还是从长远看，产业化最深远的影响就是大大提高了农产品的市场竞争力，这是我国农业发展的根本出路。产业化的组织模式给农业带来了科技进步效益、经营规模效益，农业本身和农产区还可以得到农副产品加工业的反哺，建立农区经济的良性循环。

第三，要解决好大宗农副产品产业化如何实施的问题。从各地的实践看，目前农业产业化程度高的产业主要集中在畜牧业、经济作物、林果业，而粮食、棉花的产业化推进较慢，原因是这两大农产品的市场化程度低。目前我国粮食的商品率只有20%

左右，棉花则是由国家统购统销。

这说明农产品市场化水平决定了农业产业化水平。许多发达国家是利用现代期货市场配套运作，进行套期保值〔1〕，回避农产品的市场风险，由于市场体系健全，其大宗农副产品的产业化水平也相对较高。我国人多地少的国情决定了粮食、棉花目前不可能完全放开，而期货交易又刚刚起步，仍处于探索阶段。

那么目前我国的粮食、棉花的产业化该如何搞呢？其一是加快农民向非农产业转移，大幅度提高粮棉生产的经营规模和劳动生产率，在每人一亩多地的生产方式上很难实现产业化；其二应该放在扶持“农”字号加工企业上，使大宗农副产品转化增值。在这方面，河南出现了一些亮点，比如被称为“中原第一村”的临颍县南街村是全国最大的方便面加工基地，每天 39 条生产线要吞进 480 吨小麦，一年要转化原粮 1.75 亿公斤，现在全省 30 多个县成为南街村的原粮供应基地。去年这个村食品加工业及配套工业产值达 11.7 亿元，利税 6800 万元。河南省是粮食调出大省，把原粮转化成方便面、味精、药品、饲料等高附加值的产品调出，这是河南食品加工龙头企业的方向。

注 释

〔1〕套期保值，指在现货市场和期货市场对同一种类的商品同时进行数量相等但方向相反的买卖活动，即在买进或卖出现货的同时，在期货市场上卖出或买进同等数量的期货，以回避或缩小汇率或产品价格波动风险而进行的买卖活动。

借鉴国外先进经验，加快农业产业化步伐*

（1996 年 7 月 1 日）

农业进入市场必须有市场主体，也就是说，必须催生一大批具有经济法人资格的农业企业，形成“公司＋基地＋农户”的产业化格局。可以说，农业产业化是农业从计划经济体制转变为市场经济体制的当务之急。

今天，请省委、省人大、省政府、省政协和省直有关部门的负责同志来，我把出访欧洲三国的情况向大家报告一下。6 月 5 日至 20 日，我随中共中央政治局候补委员、书记处书记温家宝同志访问了荷兰、比利时、芬兰三个欧洲国家。这次访问，对这三国的农业有机会作一次系统的考察，深入了解到了这些国家宏观上的一些情况。通过访问，加深了了解，增进了友谊，促进了合作，访问取得了圆满成功。有关整个访问的成果由中联部向中

* 这是李长春同志向河南省有关部门负责人所作的出访比利时、荷兰、芬兰三国情况的报告。

1996年6月13日，李长春随同中共中央政治局候补委员、中央书记处书记温家宝在荷兰访问。

央报告，我仅就与我省有关的农业问题向同志们报告一下。党的十四届五中全会提出了要实现两个根本转变的指导思想，河南作为一个农业大省，在农业上究竟怎样实现两个根本性转变？通过这次考察，对这个问题有了一些新的认识。利用这个机会把我的体会、思考向同志们作一下汇报，便于大家共同研究我们河南这个农业大省怎么样通过两个根本转变，加快振兴的步伐。

一、荷兰、比利时、芬兰三国的基本情况

荷兰、比利时和芬兰三国分别位于西欧和北欧。比利时在荷兰南部，处于荷兰和法国之间，北部讲荷兰语，南部讲法语。芬兰位于北欧，挨着俄罗斯，三分之一的领土在北极圈内。按人口说，这三个国家都是小国，荷兰有 1549 万人，相当于一个半南阳；比利时是 1002 万人，和南阳差不多；芬兰是 509.9 万人。三国的国土面积，荷兰是 4.2 万平方公里，大约是我们省的四分之一，其中，15%是水面；比利时的面积是 3 万平方公里；芬兰是 33.8 万平方公里，相当于两个河南省。这三个国家农业人口都比较少，荷兰的农业人口占 4.9%，比利时占 2.5%，芬兰占 7%。农业在整个国民经济中的规模也都很小，比重都不大。在国内生产总值中，荷兰的农业增加值占 4%，比利时占 1.9%，芬兰占 6%。这三个国家都是高度发达的国家，人均国内生产总值，荷兰是 25000 美元，比利时是 21160 美元，芬兰是 25000 美元。农业的经营方式都是以农户为单位的家庭农场，规模远没有美国那么大。最小的是比利时，经营规模每户 20 公顷（300 亩）左右。搞园艺的，每户 2 公顷（30 亩）左右。芬兰农业的经营规模同

比利时差不多。芬兰在农田之外，还有大片森林，国土面积的65%被森林覆盖，每户的林地面积比它的农田面积还多，少的有20公顷左右，多的有七八十公顷。布鲁塞尔是比利时的首都，也是欧洲的中心，是欧盟总部所在地。荷兰首都是阿姆斯特丹，国际法院设在荷兰的海牙。芬兰首都赫尔辛基也是重要的国际城市，经常有一些国际性活动。相对来讲，荷兰更发达一些。在西方国家里，除了7个工业国之外，就数荷兰，位列第8位，成为西方第8经济大国。这三个国家当前都面临着相同的困难。一是农产品过剩。这三个国家当前都加入了欧盟。欧盟为了保护其成员国农产品的价格，严格限产，要求每个农户要有20%的土地休耕，连续休耕5年的，给予财政补贴，休耕不到5年的不给补贴。当前，在农业上他们都面临着一个向区域组织以外的国家寻求市场的问题。二是高失业率，芬兰的失业率达到17%，比利时是14%，荷兰是7.5%。三是由于长期的高福利，财政难以为继。譬如芬兰，孩子念书从小学到高中全部免费，医疗除镶牙之类自己拿点钱以外，基本上也都是免费。过去工党执政时把福利一下子加上去了，现在执政党想往下拿也拿不下来，一拿就出事，就出现罢工。这个问题也是党派争论很激烈的问题之一。因为是高福利国家，所以，他们的产品、设备普遍价格高。我们在芬兰看到一台120马力的胶轮拖拉机卖30多万美元，相当于我们200万元人民币。但搞一些技术合作还是可行的。

今天我重点把荷兰的情况谈一下。荷兰虽然面积小，人口也不算多，但在对外贸易、对外投资、对外援助等方面却是大国：一是对外贸易大国。荷兰的进出口额，1994年是3250亿美元，占国内生产总值的90%，占世界贸易总额的3.3%，在世界排第

9 位，1995 年又升了一位，变成了第 8 位，在欧洲排第 5 位。二是对外投资大国。荷兰的海外投资总额达 1400 亿美元，占世界海外投资总额的 8%。仅 1994 年，对外投资额就达 214 亿荷兰盾，大约相当于 140 亿美元，居美、英、日、德之后，列世界第 5 位。三是对外援助大国。每年的对外援助额占国内生产总值的 0.8%，居世界第 7 位。大约有 30 亿美元的无偿援助。四是农业出口大国。1994 年荷兰出口农产品达 670 亿荷兰盾，相当于 400 多亿美元，占世界农产品出口总量的 10%，仅次于美国和法国，居世界第 3 位。其中，花卉出口占国际花卉贸易的 70%。奶制品、猪肉、蔬菜、土豆、鸡蛋的出口均居世界第 1 位。五是交通运输大国，交通运输总量占欧盟总量的 30%。鹿特丹是世界第一大港，1994 年的吞吐量是 2.92 亿吨，其中，转口部分占 60%，自己加工出口的占 20%，进口占 20%。阿姆斯特丹机场是欧洲第四大国际机场，1994 年的客运量是 2360 万人次，货运量是 83.8 万吨。六是水利大国。荷兰大约有三分之一的国土面积低于海平面，二分之一的国土仅高于海平面 1 米，有“低洼之国”之称。历史上荷兰受海潮侵袭的灾害很重，从 12 世纪起，就开始同大海作斗争，搞围海造田，一共围垦土地 7125 平方公里，占其国土面积的五分之一。本世纪围海是 1926 年到 1932 年，这次共围垦 1800 平方公里的土地，还有 2000 多平方公里的水面。荷兰本土没有石头，从比利时和德国进口石头。有一个内海围垦后，随着年年降雨，海水淡化，变成淡水湖，叫“须德海”。因此，他们有丰富的治盐碱地和排涝的经验。在过去没有电的年代，他们以风车为动力排水。因此，现在的风车成为荷兰的风情标志之一。他们的挖泥船是世界上性能最好的。荷兰每年用于水利的投资大约是45亿美元，人均300美元，是世界上水利投资最多的国家之一。

二、荷兰的农业情况

荷兰是没有山的国家，最高的地方海拔70多米，一马平川。20世纪50年代初，荷兰还没解决温饱问题，经过几十年的艰苦奋斗，已发展成为当今世界的农业强国之一。其农业的高度集约化、高度市场化，给人以十分深刻的印象。荷兰农业有以下几个特点。

（一）高效益的产业结构。由于国土面积小，荷兰十分重视农业的优化结构效益。荷兰的农业包括三大块：大田、畜牧业、园艺。大田（生产谷物作饲料用）占土地面积的40%，牧场占54%，园艺（蔬菜、花卉）占6%。从创造的价值看，大田占农业的10%，畜牧业占55%，园艺占35%。荷兰的农业方针是谷物靠进口，自己搞高附加值的畜牧业和园艺业。

（二）高产出的生产力。荷兰种植业单产水平居世界领先地位，高于欧盟国家，更大大高于我国的水平。大田主要种植小麦、甜菜、土豆。小麦单产每公顷8000公斤（欧盟每公顷6000公斤），每亩合530公斤左右，是我国的2.3倍，是河南省的2.1倍。土豆每公顷45000公斤（欧盟是28000公斤），每亩合3000公斤，是我国的3.3倍，是河南省的3倍。甜菜每公顷68000公斤，是我国的3.4倍。畜牧业的水平也很高。以1994年为例，荷兰全国共存栏160万头奶牛，平均每头牛每年产奶6500公斤（欧盟是4500公斤），我们大约是2000公斤。猪的年出栏率全国达 200% 以上，而河南省只有将近 100%。每头母猪，年生育胎数 2.25 胎，每胎产仔猪 13—15 头，我们是 10—11 头。荷兰的办法就是品种选育。母猪用中国的梅山猪，这种猪产仔多，与他们当地的公猪交配后，一代一代地选育。现在最低每胎产 13 头，一般产 15 头，平均 5 个月出栏一批。饲料和肉的转化率也大大高于我国，牛是 7∶1，猪是 2.8∶1，鸡是 2∶1。

（三）高水平的劳动生产率。荷兰、比利时、芬兰三个国家的土地经营都是以农户为单位的家庭农场。随着科学技术的不断发展，农场个数越来越少，每个农户的经营规模越来越大，因此效益成倍增长。比如农场规模，20 世纪 30 年代荷兰一个家庭农场大约经营 5 公顷土地，现在各种农场平均经营 18 公顷，其中大田种植的农场是 50 公顷，从事畜牧业的牧场平均是 35—40 公顷。农户的数量，1945 年是 65 万户，目前减少到 11.3 万户。农户数少了，农户规模相应扩大了。40 年代末，每个农民只能饲养 7 头奶牛，到 60 年代增加到 40 头，现在达到了 80 头。他们认为，最佳规模是一户饲养 80 头奶牛，40 公顷牧草，这样基本不用雇工，效益最好。目前荷兰的农业劳动者只占全国人口的 4%，但生产的农产品可供养 3000 万人，相当于两个荷兰的人口，一个劳动力生产的产品可以养活 80 个人。特别是在农产品生产过剩之后，农产品的价格涨不上去，他们用逐步扩大农户规模，使一部分农户从农业上转移出去的办法，保持每个农户每年收入的增长。由于高水平的劳动生产率，促成了高度的农产品自给率。以 1994 年为例，荷兰糖的自给率达到 150%，土豆 150%，奶制品 200%，牛肉 136%，小牛肉 513%，黄油 352%，奶酪 264%，农产品自给率很高，严重过剩，所以主要搞出口。

（四）高度的加工增值。一是高度重视畜牧业，努力扩大畜牧业在农业中的比重，使农产品实现了第一次增值。自己种的谷物，较少用于人吃，而是大量用于饲料。与此同时，还大量进口饲料，每年大约进口各种糠麸、饼粕400万吨。他们认为，从国际市场上用较便宜的价格进口谷物和饲料发展畜牧养殖业，是高效农业的路子。二是廉价购进一些农业的初级产品，经过加工增值后再出口，以获得最大经济效益。以牛奶为例，近年来荷兰本身牛奶是过剩的，但每年还花去1亿多美元，进口鲜奶90万—100万吨，加工成附加值高的奶制品后再出口，出口额高达20多亿美元。三是荷兰本国的种养业产品，全部经过加工才进入市场，其中三分之一的农产品经过深加工、精加工后才进入市场。荷兰初级产品和加工制成品价值比达1∶3。由于大搞加工增值，农产品加工占到了整个工业产值的28%，创造的效益占国民总收入的10%，成为荷兰国民经济中仅次于化工的第二大产业。

（五）高比重的出口创汇。1994年荷兰农产品出口646.36亿荷兰盾，相当于400多亿美元，以占国内生产总值4%的农业产值，创造了占全国出口创汇四分之一的奇迹。荷兰农产品出口量大约占50%—70%，除了前面提到的那几种农产品出口量占世界第一外，温棚技术、屠宰线的出口在世界上也享有盛誉。

三、荷兰农业的成功经验

荷兰农业为什么能够在短短几十年时间里取得这么大的成功？主要经验有以下几点：

（一）因地制宜，扬长避短，建立高效农业结构，取得了结构优化效益。荷兰发展农业有优势也有劣势。明显的劣势就是人多地少，每平方公里有 400 多人，密度比我国大得多，比河南省的密度差一点，河南每平方公里是 500 多人。土壤都是水淤沙土。因为纬度比较高（北纬 50 多度），光照比较少，每年只有 1600 个小时（我国是 2600 个小时）。这些条件都决定了它不适合发展传统的农业，特别是大田种植。但另一方面，荷兰地势平坦，降雨量充沛，年降水 775 毫米，而且比较均衡，水淤沙土又适合种植牧草、花卉、土豆。再加上荷兰海陆空交通十分方便，高速公路四通八达。所以，他们选择了降低大田谷物生产，将有效的土地资源用于畜牧业和园艺业这样一条发展农业的路子。他们建立高效农业结构的另一个特点，就是大搞加工增值。在很多发达国家，农业部叫农业及食品部，荷兰叫农业渔业及自然管理部，食品加工、环境保护、旅游都归这个部管。荷兰一共有 14 个大臣，农业大臣权限比较实，管一大片。所以，他们的农产品没有“原”字号直接进入市场的，都经过了加工。

（二）坚持家庭农场式经营，各项社会化服务成龙配套。荷兰没有搞过集体化，他们认为，农民自己经营、自己决策适应性强，积极性高，可以获得最佳效益。但是，荷兰的农民又不是单兵作战，而是比较好地解决了农户小生产与大市场之间的衔接，这要得益于完善的社会化服务网络为发展生产提供了强有力的保证。在各种服务组织中，最主要的形式是农业合作社。农业合作社是农民自己的组织，创立于 1887 年。最初的职能是向农民供应种子、肥料、生产工具等生产资料，统一销售农户生产的产品，相当于我们的村级集体经营的职能。后来不断发展，扩大到农产品集中存储、加工、咨询、科技服务等方面。目前全国共有

2000多个合作社，按照不同行业，分别归到25个中央合作社，11.6万个农户都参加了合作社。参加什么样的合作社，由农户任选，一户可以参加好几个，一般的农户参加3—4个职能不同的合作社，如供应加工方面的合作社、销售加工方面的合作社、拍卖合作社、信贷合作社等等。供应合作社专门从事种子、化肥等生产资料的采购、饲料的加工与供应。销售合作社专门从事牛奶、甜菜、土豆等农产品的加工、销售。拍卖合作社则负责农产品的竞价拍卖，一般用于鲜花和蔬菜。还有一些多功能的合作社，服务范围包括保险、金融财会、机械代耕、饲料烘干、牲畜人工授精、农业科技研究、技术咨询、人才培训等。合作社基本按照职能来设，不是按照行政区划来设。它有几个优势：一是农民用入股的方式自愿结合，形成风险共担、利益共享的利益共同体。从这一点看，像我们的龙头企业与农户之间的关系。二是解决了小生产与大市场的接口问题，既保留了农户经营的自主权，又形成了规模经济，能够开辟国际市场。三是全方位为农民服务，实现了贸工农一体化、产供销一条龙。有这样一个合理高效的经营体系，使农民能够集中精力搞好生产。四是不以营利为目的。合作社的各种服务收入除了留取必需的费用作为合作社的活动基金之外，其余全部返还给会员，农民能够真正从中受益。合作社提供的农产品市场占有率很高，85%的奶制品、40%的牛肉、63%的糖、73%的蔬菜、95%的花卉都是来自合作社。合作社对荷兰及其他发达国家农业走上产业化道路可以说功不可没。

（三）重视科教兴农，有力地促进了农业知识的传播和科技成果的转化。荷兰高度重视科学技术在农业中的应用，把建立农业知识网络和坚持合作社体制作为发展农业的两大支柱。农业知识网络由农民群众咨询组织、农业教育、农业技术推广和农业科研四部分组成。

第一，农民组织。有各种各样的地区性农业行业委员会、专业性商品委员会，还有技术性农民组织，如农民中心实验室。农民自己掏钱，几户联合搞一个中心实验室，聘请一个专家来服务。还有各种农民研究俱乐部、育种协会等。这是农民自己组成的知识网络。

第二，农业教育。农业教育、农业科学研究和农业技术推广机构，构成荷兰政府农业政策的三大支柱。这些都由政府负责，与我国相似。农业教育多种多样，有职前教育、中等教育、高等教育、实用技术培训教育、高等后农业教育等等。高等教育经费的 60%—70%来自政府，其余来自社会，通过项目合作而获得。在他们那里，农民业余时间都在学习技术，因为不学技术产量就上不去。

第三，农业技术推广服务网络。这个网络由四部分组成：一是农业技术推广服务组织（DLV），过去是政府的附属机构，按准公务员管理，经费由国家负担，类似我国的事业单位。从 1993 年开始，推行私有化、市场化，把这部分人推向市场，共雇用 600 多名农业专家，以地区小组的形式开展咨询服务。从 1993 年开始逐步削减经费，现在政府只拿 40%，其余是有偿服务，1997 年经费要削减到 20%。在原来的体制下，DLV 养了一些不能搞咨询服务的人，这与我国七所八站[1]遇到的问题差不多。后来他们就裁掉一半，留下来的每人订出十项指标，包括服务客户数量、咨询费收入、服务客户满意率、服务态度，等等。原来是政府花了钱，农民还不满意，现在是让农民拿了钱，农民还满意，这是改了机制的结果。二是社会经济咨询服务组织（SEV）。这个组织主要是为农民提供经营策略，提供理财、保险、乡镇规划、环境、专利和法律等方面的咨询服务，由200多个专家组成。各个地区的农民组织及有关农民企业可以到这个组织聘请专家，按照合同办事，是一种商业关系。三是农民组织提供的技术推广服务。在第一节中已叙述。四是农业企业的技术推广服务。这种服务形式是按产品的供应合同进行的，类似我们的农业龙头企业对农户的服务。除了上述形式之外，国家还设有国家咨询中心（IKCS），主要针对工作在全国各个岗位上的农业专家。通过这个组织，可以接受最新农业科研成果、专业知识和信息，使他们不断获得知识更新。荷兰的农业科技教育推广网络在西方国家是最完善的。

第四，农业科学研究。荷兰的农业科研也比较健全。基础研究一般由瓦赫林根农业大学承担，经费70%来自农业部，30%来自农业企业、卖专利、给海外的农业机构承揽研究课题等。应用研究分为战略基础研究和实用技术研究。战略基础研究由农业部下属的12个农业研究所承担，60%是政府出钱，40%是农业企业通过合作项目负担。题目到农业企业去找，研究谁的课题由谁出钱，从而保证了研究课题必须面向生产，保证了成果转化为生产力。实用技术研究由全国9个农业研究实验站（归农业部管）和35个地区性的农业研究中心来承担。地区性研究中心都是搞实用研究，其费用一半来自农业部，一半来自农业企业，包括农户。荷兰的农业科学研究、新技术的采用，在世界上是搞得比较好的国家之一。一是大力发展温棚技术。温室技术、人工阳光、人工控温、人工控湿、无土栽培，这几项技术同时在一个温棚里实现。过去我只在日本实验室看到过，大规模应用于农业生产还是第一次看到。我们到一个农民家参观，他有2公顷（30亩）温棚，有自己的锅炉房，烧北海的天然气，温度、湿度、日光都用计算机自动控制。温棚里种的辣椒有3米多高，无土栽培，能避免病虫害。营养液由各种管道送到根部，根扎在一块块的人造石棉体上。每平方米辣椒能产30公斤，肉很厚，约有一厘米，像小香瓜似的，运输中可防止挤破。我们还看了一个番茄温棚，番茄秧长30多米，反复盘旋地长，每平方米产60—70公斤。为了使番茄远途运输不被挤破，他们培植的番茄，里面都是肉。荷兰的人工温室占全国土地的0.5%，即10万公顷（150万亩）左右，到处是绿色玻璃屋子，温棚技术向世界各国出口。二是计算机技术已普及到荷兰农户家。温棚那么多参数都由计算机控制，计算机编程都是农民自己搞。我们看了一个养奶牛的农户，奶牛脖子上都套一个带子，带子上编有号码，每头奶牛的产乳情况、饲料情况在计算机里都有程序，按照程序保证奶牛处在最佳状态。奶牛圈内专门有个吃料的地方，牛头一伸，符号就反应到计算机里，计算机就按这头牛的“档案”控制饲料的开关系统，决定给它什么饲料、给多少，自动化程度很高。三是细胞组织培养广泛应用于生产。花卉大量繁殖，完全靠自然的有性繁殖是跟不上的。现在的办法是取一片花卉叶，用刀片在叶子上横向和竖向划成网格状，每个小格就是一片，放在一个碟里面，每格就培养出一棵株体，大大加快了花卉的单株繁殖。这项工作农户都能做。四是生物技术，即DNA的重组或转移已大量投入农业生产。譬如，抗病毒的马铃薯是1987年荷兰最先搞出来的。我们看的是抗病毒的黄瓜，转移一种抗病毒的基因，使黄瓜不长虫子，在实验室里已经成功，并开始投入生产。为了提高鱼的商品化程度，就把一个鱼子里边影响鱼长得大小的基因取出来，注入到其他的鱼子里，结果这批鱼长得都一般大，性格活泼程度和吃食量也都一样。荷兰重视可持续发展的研究。他们在农业发展中也遇到了一些突出问题，一个是牲畜的粪便过剩，一个是农药大量使用，这都造成了环境污染。他们用 DNA 转移重组的办法，搞一些抗病害的作物，以减少使用农药，也利用天敌解决虫害问题，即生物灭虫。为解决牲畜粪便过剩问题，他们进行了大量饲料研究，发展含矿物质少的饲料，使牲畜少拉屎。荷兰农民的文化程度平均是大专水平，而且经常到各种培训中心进行短期培训学习，农民的素质很高，能够掌握先进技术。正因为科教兴农在荷兰比较成功，所以促进了农业的高度发展。

（四）高效率的市场机制，推动了农业的产业化。荷兰的农业经济全部是市场导向，农产品的流通也是高效的，农产品价格是在市场机制下形成的。荷兰在流通上对世界有过两次大的贡献：一次是拍卖机制，产生于 1887 年，是荷兰人最先使用的。二是现在风靡世界的配售中心加超级连锁店。市场机制下的拍卖场，商品从生产者手里到消费者手里是个什么程序呢？就是生产者把产品送到拍卖场，批发商和综合连锁店的经营者在拍卖场里面竞争，产生价格，批发后，进入零售店和连锁店，最后到消费者手中。拍卖销售制度目前已成为荷兰农产品的主要销售方式。拍卖场由生产者建立和经营，不是政府搞的，具有合作社性质。只要你是这个拍卖合作社的成员，你就必须把所有产品提供给拍卖场。当然，会员以外的农户不受这个约束。为什么会员愿意加入这里搞拍卖？因为通过这种形式能够得到最好的价钱，而且拍卖场有义务销售所有会员的产品，对所有会员一视同仁。在拍卖场上，供求法则有效发生作用，通过平等、竞争、公开的原则，在市场机制作用下“发现”公平的交易价格。因此，拍卖场的功能：一是产生价格。二是成为农产品集散地。三是负责对农产品分级、分类、质量检验、包装和标准化管理。例如花卉，生产者把产品送到拍卖场后，先经过质量检验，划级划类。成交以后，用各种器具装好，再提供运输工具送到机场。四是提供各种储存设施和冷库服务。五是提供现代化的拍卖、销售设施，大屏幕信息显示和计算机系统。另外，拍卖场还担负市场研究、销售管理、海内外促销、销售信息服务、银行决算、交通运输服务、对政府进行农业政策咨询等职能。荷兰全国有 22 个拍卖场，全国 80%的果蔬类产品、92%的温棚产品都是经过拍卖场销售的。花卉拍卖场一共有 7 个，我们看的一个花卉拍卖场在全国居第 2 位。建这个拍卖场投资 7 亿荷兰盾，会员每人交 100 荷兰盾，另外三分之二资金依靠贷款。入会者必须把生产的花卉都拿来交易，成交之后，6%交给拍卖场作为交易费。这个拍卖场年交易额是 20 亿荷兰盾，相当于 100 亿元人民币。拍卖场构成了大流通，大流通促进了大生产，推动了农业产业化。

四、借鉴与思考

中央提出“九五”期间经济发展的重要思路是实现两个根本转变。农业究竟怎样实现两个根本转变？对我们这个农业大省是一个具有十分重要意义的课题。实现两个根本转变，一个是从传统计划经济体制向社会主义市场经济体制转变，解决经济的活力问题；另一个是经济增长方式由粗放型向集约型转变，解决经济效益问题。根据这两个转变的内涵，结合对荷兰、比利时、芬兰等三个欧洲国家的考察，我想谈几点思考，供大家研究。

（一）加速农业产业化步伐已经成为从传统农业向现代农业转变的关键。第一，社会主义市场经济体制呼唤农业产业化。中央提出到本世纪末要初步建立起社会主义市场经济体制。农业要转向市场经济体制，必须解决好市场经济三要素问题，就是培育市场主体、完善市场体系和改善宏观调控。市场主体，在工业上讲就是工业企业，要把企业真正变成自主经营、自负盈亏、自我发展、自我约束的经济法人。同样，农业进入市场也必须有市场主体，也就是说，必须催生一大批具有经济法人资格的农业企业，形成“公司＋基地＋农户”的产业化格局。可以说，农业产业化是农业从计划经济体制转变为市场经济体制的当务之急。长期以来我们实行的是“政府＋农户”的体制，没有一批农业企业，现在的农户只能算是个体户，不够经济法人。当然将来经营规模大了，有一部分农户可以转为经济法人。从严格意义上讲，我们现在的农业只有少数个别好的典型可以称为农业企业。从这个意义上讲，农业转向市场经济，呼唤农业企业，呼唤产业化。第二，农业要和国际接轨，也呼唤农业产业化。这次到欧洲三国考察，一个突出的感觉，是我们农业上利用外资、引进技术的潜力大得很，但我们现在的体制没办法操作。因为国外农业是高度产业化的，都是由经济法人来开辟国际市场，而在我们这里，缺少经济法人性质的农业企业，无法跟国外农业企业对等联系，只好由农业厅、农业局、外资处出面，但这些政府职能部门不能签订合同，签的合同也没有法律效力，所以农业企业之间的国际交流遇到了障碍。我们只能和政府打交道，搞政府贷款，但这是有限的，而企业间的生意是大量的。第三，国内经济体制的配套改革也呼唤农业的产业化。国内的配套改革，一个是投资体制改革，一个是金融体制改革。现在，我们的银行除了少数政策性银行，其他都转为商业银行。商业银行贷款的对象是自主经营、自负盈亏、自我约束、自我发展的经济法人。不是经济法人，就无法贷款。我们要引进国外新品种，如比利时的牛，只能以某某畜牧中心的名义去引进，这样筹集资金就遇到了困难。因为银行对“中心”是不贷款的，它不能自负盈亏，不能对银行负经济责任。投资体制改革也是这样，投资就要求有资本金，要求业主负责制。我们没有业主，过去的经济体制下，政府是业主。现在工业正在改革，农业还滞后一步，就是没有企业，处于这个阶段，你怎么适应投资体制改革？第四，科技兴农的形势要求农业产业化。我们在实践中都感到农业院校毕业生难分配，要么进党政机关，要么进吃“皇粮”国税的事业单位，即站所。凡是吃“皇粮”国税的部门，机构和人员都是有限的，都要严格实行编制管理的。我们又不可能使农户的生产水平提高很快，像发达国家那样使大学毕业生回家去搞家庭农场。所以，必须有一批农业企业为农业科技人员提供用武之地，成为传播农业技术的载体。否则，农业高等教育就很难发展，农学专业毕业生去向就很受局限。这样带来的问题就是，一方面我国农业还很落后，另一方面农业院校毕业生还无用武之地。荷兰等一些发达国家对农民的服务，最重要的组织形式是农业合作社。很多先进的技术、管理和产前、产中、产后服务，是通过合作社这个利益共同体传输给农民的。产业化上不来，必然阻碍科技的发展和应用。现在已到了加速农业产业化的关键时刻。农业产业化的目标模式是什么？概括起来就是“公司＋基地＋农户”，就是贸工农一体化、产供销一条龙的经济体系。这个体系要把触角伸向国际国内市场，把龙尾摆到千家万户。公司和农户之间的关系不是行政关系，是用经济合同结成的利益共同体。可以是贸工农型的，也可以是科农贸型的。要催生一批农业企业，第一，现有的国营农场加快改革步伐，改造成为能够起示范作用的农业企业。要转换机制，实行公司制。第二，涉农事业单位转制或创办农业企业。我主张搞试点。七所八站第一位是保证队伍不散，同时要保证他们的经费。在此前提下进行改革。改革可以先从畜牧和农机做起，这两个领域最具备进入市场的条件，要加速变成农业企业的步伐。不具备转制条件的可创办农业企业。当然，发达地方还可以多搞几个领域。第三，要鼓励从县乡机构改革中分流出来的干部办农业企业。第四，现有的涉农流通企业搞服务延伸，进行转制。如供销社可试点向农业合作社这个方向发展，农民入股，改造成为农民自己的经济组织。第五，乡村两级集体经济组织，有条件的发展成为农业企业，比如南街村“中原贸易集团公司”就是这种形式。第六，能人领办农业企业。建议也像抓工业企业那样，从“公司＋基地＋农户”的经济体系中筛选出50个左右比较成型的农业企业重点进行扶持，让它们成气候，真正带动一大片。但是要严格界定，不是说沾点农产品边的就都是农业企业，必须介入农业生产领域。

（二）加快完善农产品流通体系，努力形成适应社会主义市场经济要求的大流通格局。在农产品流通上，这几年我们做了大胆的尝试，如建立郑州粮食批发市场和郑州商品交易所。但是，由于粮食现货很大一块是计划经济，没有完全进入市场，粮食期货对现实生产的指导作用又有一定的局限性，所以，对于农产品的流通，我们没有冲出传统阶段，或者说还没有破题。当前在对品种质量不太复杂的大宗农产品继续进行期货试点的同时，要把现货交易摆到重要议事日程上，用拍卖机制扩大现货交易。现货交易可以在这么几个品种上做文章。一个是蔬菜。河南地处中原，有条件在蔬菜上搞活全国的大流通，以此推动我们的蔬菜大生产。第二个是烟叶。现在的烟叶还不是市场形成价格，而是政府定价。烟叶有个专卖的问题，可以探讨在专卖体制内用拍卖机制来解决流通的问题。再一个是棉花。我们要按照国家统一管理来办，但也要研究形成一个改进的意见并积极向国家汇报。现在纺织行业大部分亏损，农民喊卖棉难，供销社占压资金，连利息都负担不起，原因就在于我们还没有找到市场形成价格的机制和新的流通体制。在价格上，行政定价只能是“面多了加水、水多了加面”，只能升不能降，而且反应迟钝。为了与棉花不进入市场这个体制相衔接，我们搞拍卖机制也可以是定向的市场，不是什么人都来交易，要实行会员制，对会员进行严格审查。从收购棉花的县级棉麻公司、买棉花的大纺织厂中，选定若干会员，在这里竞价，产生价格，然后逐步完善服务设施。搞这项工作是季节性的，单独成立一套机构也不合算，我主张利用郑州商品交易所这套人马，把批发、拍卖、现货、期货都搞起来，干满点，上足班。现代流通体制改革要让有新思路的人来搞，特别是知识程度高的年轻人。我建议省政府在适当的时候，派一位副省长带领有关部门的同志再专门搞一次出国考察，连期货带现货，把棉花、烟叶、花卉、蔬菜市场以及芝加哥粮食批发市场再深入考察一下，把这个问题吃得透一点，再研究个方案。

以上两条建议都是属于第一个转变，即计划经济体制向市场经济体制的转变。产业化和市场体系这两个方面是我们农业进入市场的关键，我们必须充分认识。

（三）狠抓科教兴农的落实，追求科技进步效益。依靠科学技术振兴农业的潜力大得很，我们现在已经搞出的科技成果，包括我们自己搞出来的，外国搞出来我们引进的，不算太少，问题是怎么把它们应用到生产中去。可以像工业上搞高新技术开发区那样，先搞若干农业高新技术示范区，然后再普遍推广。同时，可以发动一些有文化的农民和一些站所退下来的同志，搞一些示范户。要确定我省在今后若干年内把多少种实用技术投入农业生产的规划，抓好对农民的培训。再就是我们省的科学研究要紧紧围绕应用技术来开展。荷兰也是国家搞基础研究，地方和企业主要搞应用研究。要列出一批重点应用性课题进行研究，做好跨世纪应用的准备。今后五年内我们推广些什么、研究些什么，要搞一个计划，把这项工作抓实，力求取得科技进步效益。

（四）抓住水利和良种两个关键，确保粮食生产稳定增长。这是我们能不能搞高效农业的前提。我们与荷兰不同，必须立足于自己增产粮食养活自己。因此只有搞好粮食生产，才能谈得上优化农业结构。省政府对水利建设已作了一些安排，包括平原上井群，扩大引黄延伸，这些措施都很好。现在我们小麦三个挂帅品种（豫麦 18、豫麦 21、豫麦 25）正在加大推广步伐，良种精播技术正在推广，已经开始见效。当前要精选好秋作物的优良品种，特别是玉米。希望农业部门、科技部门、生产部门今年秋天要评选几种，像抓小麦一样一步一步抓下去。现在我们水利建设

1992 年 11 月，李长春在兰考县三义寨引黄灌渠水利建设工地参加劳动。

的一大课题是如何解决豫西的干旱问题，在水利建设上研究一些根本性措施，搞节水灌溉。

（五）优化结构，发展高效农业。从粗放经营向集约经营转变，向优化结构要效益，要求在决不放松粮食生产的前提下，高度重视畜牧、园艺、农产品加工这三大领域。我们也要像荷兰那样，在注重产品数量的同时，注意研究产品价值量，向高效农业迈进。在畜牧养殖业方面，畜牧业占整个农业的比重，每年要以两个百分点的速度前进，到“九五”末力争接近 40%。发展畜牧业既是高效农业、速效产业，又可以为工业提供原料。畜牧业一上来，肉食加工、皮革加工、生物制药等一系列企业的原料就都有了，能带动一大批产业。所以要紧紧地抓住畜牧养殖业不放松。要大力发展温棚，虽然搞荷兰那样高水平的温棚还不符合河南目前的实际，但我们可以在郑州对特种蔬菜搞试点，搞1000平方米或800平方米的温棚，大量的就搞日光温室。再配合蔬菜拍卖市场，努力形成产业化大生产、大流通的格局。我再强调一下发展园艺业问题，特别是花卉问题。我在荷兰得知，云南继烟草之后正在把花卉培育成新的农业支柱产业。花卉占地不多、效益很好，我们很多鲜花都是从云南、广东引进的。这个问题可否着手研究论证一下，如果可以发展园艺的话，我建议调整粮食定购政策。园艺占地面积不大，我们即使搞到4%、5%，也就是四五百万亩，这些地方的粮食定购任务就把它拿掉，鼓励他一心一意搞园艺。粮食定购任务怎么办？在那些适合种粮的地方提高单产，用增加投入和增加定购粮挂钩的办法把这个数补上。农产品加工要有一部分龙头企业。“八五”初期，我们确定了33个“围绕‘农’字上工业”的大项目，现在看大部分都见效了，要再列出一批“九五”期间重点支持的企业，努力提高加工深度。

（六）进一步发展乡镇企业和小城镇，加快农民从土地中转移的步伐。现在看我们不扩大农民的经营规模，单靠农产品提价来增加农民的收入，这个路已经很有限了，而且越走越窄。我们的种植业，有些村的经营规模越来越小，因为土地就那么多，可人口增加了，孩子又要分家，要建房子，每户的规模在变小。实现农业从粗放经营向集约经营的转变，其中一个重要标志就是求得规模经营效益，没有规模经营，谈不上集约经营。现在扩大经营规模，一部分农民必然要从土地中转移出来，途径就是大力发展乡镇企业和第三产业。从土地上转移出来的农民，可以离土不离乡，还在村里搞乡镇企业，把土地让给别人耕种；也可以既离土又离乡，到小城镇去。农民进城，主要是到县以下的小城镇，个别偏远一点的小城市也可以进一点。用这个办法来扩大农户的经营规模，使得规模经营效益在农民收入中的增长份额不断增加。有条件的地方，在农民自愿的前提下，可以通过以土地入股、转租等多种土地流转形式，积极稳妥地发展适度规模经营。关于这个问题，我想能否在焦作搞一下试点。因为焦作乡镇企业比较发达，有可能推动进一步的社会分工分业，使得一部分人从土地中转移出来，形成户均百亩以上的大田规模。

（七）加快实施开放带动战略，以此推动农业两个根本转变的实现。农业上的开放带动战略，重点要放在引进新品种上。发达国家对于作物、畜牧动物品种的研究，花了几十年的工夫，品种确实好，我们可以有选择地引进。再一个领域，就是利用外资。现在国外农业企业有剩余资金没处消化，需要寻找出路。我们的农业也要像工业那样，建立对外经济合作项目库，也要像工业企业那样，赋予一部分农业企业对外经营权，让农业企业直接走向国际市场。对于农业科研单位，我们也要像工业科研单位那样，搞对外经营权的试点，譬如我们省农科院，可创办农业科技开发公司，因为对外经营权主体必须是企业，公司才能与国际跨国公司接轨。高等院校要加强同发达国家的联系，建立友好学校，互换研究人员，互换研究生，交流合作研究课题。

五、当前需要抓好落实的一些具体事项

（一）关于利用荷兰政府的农业贷款、援助和在我省搞农业示范工程问题。这次访问，在温家宝同志同荷兰农业大臣举行总结性会谈时，荷兰方面明确表示荷兰政府要对河南省进行农业贷

款。我们初步推荐了几个项目。他们的农业参赞来考察时，有关部门要协同作战，做好服务，一定要争取项目成功。再就是荷兰对我省提供援助和在我省搞农业示范工程问题。我同忠臣〔2〕同志商量，由张以祥〔3〕同志负责把这三件事都落实好。这几件事都需要我们的计委、外贸厅、农业厅、科委协同工作，要密切配合好，而且要以此为开端，不断扩大与荷兰在各个方面的合作。

（二）关于引进优良品种和农业技术问题。全国“九五”期间确定农业方面要引进 1000 项技术，国家拿出 1.2 亿元专款，帮助引进。我们要立即作出规划，积极向国家争取，力争“九五”期间多引进一些农业技术。

（三）关于引进比利时兰白花种牛的问题。兰白花种牛是优良品种，世界出名。我们省已经与比利时养牛协会签订了协议，引进 45 头种牛，其中 30 头母牛，15 头公牛。这次我们重点去考察了一下。有关部门要抓紧运作，争取早日落实。

（四）关于河南农业大学和荷兰瓦赫林根农业大学结成友好学校的问题。瓦赫林根农业大学是荷兰最权威的农业大学，也是一所国际性的大学。荷兰的农业科学研究在世界上处于先进行列。所以跟瓦赫林根农业大学搞好交往意义很大。我在那里已经跟他们的董事长、校长说好了，材料也带回来了。我回来后也和世英〔4〕同志说过了，这件事由他负责，马上回信，邀请他们大学校长明年春天来访问，签订友好交流备忘录。在这之前双方互相交换备忘录的稿子。使馆非常支持这件事情，荷兰农业部也非常支持。

（五）关于几个企业跟我们合作的问题。一个是比利时的赛格公司，这是个搞曾祖代种猪场的公司，要把他们的技术扩散到中国来。我向他们介绍了我们省祖代养猪场的情况，他们很感兴趣，愿意同我们进行合作。如果曾祖代做不成，就在祖代上进行合作。这个项目要抓紧联系。第二个是荷兰史德克公司，要跟我们的肉食加工企业搞合作。第三个是荷兰有个公司要跟我们搞蛋鸡合作。他们有蛋鸡的优良品种。一只鸡一年下 310 个蛋，15 个蛋 1 公斤，料蛋比是 2∶1。这几个项目都要抓紧落实。

（六）关于发挥金叶公司作用的问题。我们省在荷兰阿姆斯特丹有一个金叶公司，主要从事卖烟草、买烟草机械配件和过滤嘴的生意。省里派了三个人，当地又雇了三个人，已经形成一定规模了。现在的问题是怎么样发挥他们的作用，让他们多干点事儿。有关部门要进行研究。

（七）关于发展友好省关系的问题。现在看来，有个友好渠道对于加强合作还是很有好处的。我到比利时的瓦隆大区的让布鲁农学院时，他们讲，咱们省科委的许广先同志去考察过，他们也到我们这儿来过，因为我们省与瓦隆大区有个友好省区关系。我跟荷兰农业部以及咱们驻荷兰大使馆和驻芬兰大使馆都谈了这个问题，他们都很感兴趣。建议省外办积极运筹。还是要跟他们搞一个友好省的关系，通过这个渠道加强各个方面的合作。像西方国家的议会很重要，咱们省人大可以跟他们搞点交流，党委部门、政协部门有机会也可以带着企业一起出去。对外宣传、对外开放这方面的步子要大一点。

初步考虑以上几个问题供大家参考，各个部门可以结合自己的业务，各位领导同志可以结合我们省的实际，进行研究探讨。除了第五个问题讲的几件事需要马上落实之外，其他的都是需要探讨的问题。

注　释

〔1〕七所八站，指县市区及上级部门在乡村的派出机构，七和八是概数，非确数。这些派出机构主要分三类，第一类是乡镇直属事业站（所），包括房管所、农机站、农技站、水利站、城建站、文化站、计生站、广播站、客运站等；第二类是市区直属部门与乡镇双层管理的站（所），包括土管所、财政所、派出所、司法所、林业站、法庭、卫生院等；第三类是“条条管理”的机构，包括国税分局（所）、邮政（电信）所、供电所、工商所、信用社等。

〔2〕忠臣，即马忠臣，时任河南省省长。

〔3〕张以祥，时任河南省副省长。

〔4〕世英，即张世英，时任河南省副省长。

两个根本转变是农业再上新台阶的基本途径*

（1996年7月12日）

实现农业两个根本转变，要抓紧培育市场主体、完善市场体系、建立健全农业宏观调控体系，向结构优化要效益、向规模经营要效益、向科技进步要效益。

两个根本转变，一个是体制的转变，一个是增长方式的转变。农业要从计划经济体制转到社会主义市场经济体制，核心是增强农业机制的活力，使农业和市场接轨。研究农业工作，要特别注意从体制机制上去考虑，这是过去指导农业上的薄弱环节。在稳定完善家庭联产承包责任制的基础上，农村进一步改革的方向就是加速从计划经济向市场经济的转变。农业要转入市场经济体制，必须解决好市场经济三要素问题，即培育市场主体，完善市场体系和改善宏观调控。

第一，要抓紧培育市场主体。这个主体就是具有经济法人资

* 这是李长春同志在河南省贯彻落实江泽民同志视察河南重要讲话精神座谈会上讲话的一部分。

格的农业企业。农业企业是农业产业化的关键，大力发展农业企业，尽快催生成长一批贸工农一体化、产供销一条龙，触角伸向国际国内市场、龙尾摆到千家万户、用经济合同和农民联系起来的经济实体，是当前农村工作的重点。没有这么一大批经济实体，农业转向市场经济就是句空话。实行家庭联产承包责任制以后，虽然赋予了个体农户市场主体的地位，但是由于其掌握信息、开拓市场能力都很有限，所以是不完善的市场主体。什么时候有一大批农业企业，有一大批农业企业家，农业产业化水平就上来了。

第二，要完善市场体系。在农产品的流通上要从过去的行政办法购销调存转向用市场机制来分配资源。对河南来讲，当务之急是要尽快地建立和完善一批高中级的农产品批发市场。现在河南的粮食批发市场已经走到了全国前边，但是由于粮食体制还没有完全走向市场，一部分进市场了，一部分是计划，因此还有一定的局限性。即便如此，现在的“郑州价格”已经对国内外产生了很大影响。除了粮食之外，我省其他的高中级农产品批发市场还没有形成，还停留在传统的小流通上，还不能适应产业化的大流通，这方面还没有破题。我省要学习、借鉴国外的好经验、好做法，尽快把农产品批发市场有重点地搞起来。高中级批发市场以省、市地为主，初级市场、农贸市场各县都可以搞。河南作为农业大省，要争取在农产品高中级批发市场建设方面走在全国前列。郑州、商丘可以试办高中级蔬菜批发市场，既可以促进“菜篮子”建设，平抑市场物价，还可以向周围省份辐射。根据国际上通行做法，对于大宗的农产品搞期货交易，对于现货还可引进拍卖机制，由市场产生农产品的公平交易价格。

第三，要建立健全农业宏观调控体系。农业是弱质产业，比较效益低，自然风险大。要根据国家的要求，进一步建立和完善主要农产品的储备制度、风险基金制度、最低保护价制度等等。要建立和完善农业服务体系，逐步实现对农业强有力的支持和保护。

两个根本转变，另一个是增长方式上从粗放经营到集约经营转变。粗放经营向集约经营转变，核心是要追求三个效益，即结构优化效益、规模经营效益和科技进步效益。

一是向结构优化要效益。在决不放松粮食生产的前提下，要因地制宜，搞高效农业，大力发展畜牧养殖业、园艺业和农产品加工业。荷兰40%的土地用来搞谷物种植，54%的土地用来搞畜牧养殖，6%的土地搞园艺，它们创造的价值分别为10%、55%、35%，园艺的效益是最好的，而且水平也很高。河南在国内的位置类似荷兰在欧洲的位置，交通条件好，气候条件也可以，建议商丘、郑州、漯河、许昌、新乡、安阳等市地把蔬菜发展作为重点，把河南的蔬菜打到全国去。发展畜牧养殖业既是高效农业、速效农业，又可以为工业提供原料。畜牧业一上来，肉食加工、皮革加工、生物制药等一系列的原料都有了，带动一大批产业。因此，要紧紧抓住畜牧业不放松。

二是向规模经营要效益。不要把规模经营跟家庭联产承包两者对立起来。千万不能给家庭联产承包责任制泼冷水，应该深刻理解这是长期的基本方针。我省是多灾地区，近几年连续大旱，如果没有联产承包责任制，没有广大农民的积极性，很难想象农业上能连年丰收。搞规模经营，出路在扩大农户的经营规模，加快分工分业的进程和走区域化经营的路子。条件较好的焦作市可以搞这方面试点，发展一批户均经营规模在100亩左右的小型家庭农场。同时，也可以通过专业承包，来扩大农户的经营规模。区域化经营，就是形成一批专业村、专业户。发展规模经营要加速乡镇企业的发展，加速小城镇建设，加速农民向非农产业转移的步伐。

三是向科技进步要效益。要真正地把科教兴农落到实处，把现有的实用技术有计划地推广一批，在现有研究的基础上进行实用技术开发，为下一个五年计划向农民推广做准备。对农民的技术服务也是多途径的。农技推广组织不要在隶属关系上做文章，要在如何真正发挥作用上下功夫。要关心农技推广人员的工作和生活，调动他们工作的积极性。要稳住队伍，同时也要改革。要研究适应社会主义市场经济条件下的服务，推广固始县畜禽养殖经验，将畜牧站的服务收入与该地区的畜牧养殖业发展挂起钩来。在搞好站所服务的同时，充分发挥龙头企业的服务作用，真正把科技兴农落到实处。

以农兴工，以工促农*

（1997 年 3 月 6 日）

> 实施立足农业优势，围绕农业上工业、办好工业促农业，强农兴工，协调发展，大搞农副产品加工增值，加速全省经济发展的战略。实践证明，这一发展战略使我们找到了加速农业地区工业化进程和强化农业基础的最佳结合点，出现了工农业协调发展的良好开端，找到了农业省加快发展的新路子。

作为中西部地区的农业大省，河南有丰富的农业资源，粮棉油生产在全国处于重要位置，是少数几个商品粮调出省之一，这是河南的责任和荣耀。但长期的“原”字号外输，农副产品加工业滞后，农业经济水平低，财政困难，反哺农业的能力弱，导致农业缺“钙”、工业缺“钢”，相互制约，成了不良循环。在总结正反两方面经验教训的基础上，90 年代初，省委省政府实施立足农业优势，围绕农业上工业、办好工业促农业，强农兴工，

* 这是李长春同志接受人民日报记者采访时谈话的一部分。

协调发展，大搞农副产品加工增值，加速全省经济发展的战略。实践证明，这一发展战略使我们找到了加速农业地区工业化进程和强化农业基础的最佳结合点，出现了工农业协调发展的良好开端，找到了农业省加快发展的新路子。

从近几年的实践看，以“原”字号为主攻对象大搞加工业，既强化了农业基础，又找到了加快工业化进程的途径。河南目前围绕农业搞深度加工的企业已发展到24万多个，从业人员600多万，年工业总产值达到1400多亿元。“原”字号农副产品外输率由1990年的35%下降到19%以下。有些如生猪活牛、玉米高粱豆类，由于不够“吃”，还得从省外输入。这几年，以农产品加工为主的食品、医药、纺织等产业，总产值在全国的位次都有大的跃升，还应运而生了50多家辐射力、带动力强的龙头企业，

1997年2月12日，李长春在双汇集团考察工作。左一为漯河市市长陈全国，左三为双汇集团董事长万隆。

创出了双汇火腿肠、莲花味精、白马纯棉纱布等国内有影响的名牌。农副产品加工业的壮大，使一些县改变了虽然是粮棉大县，但却是工业小县、财政穷县的局面，出现了一大批财政亿元县和小康村。

由于农业得到加工业的反哺和加工业需求的拉动，农业基础地位得到明显加强。另一方面，农区加速工业化进程，以农产品加工为突破口，发挥了自己的优势。所以，大搞农产品加工，是把加速农业地区经济发展和稳定农业基础两者结合起来的最佳结合点，出现了工农业协调发展的良好开端。照这条路走下去，河南实现农业大省向经济强省的跨越就大有希望。

推动乡镇企业二次创业*

（1997 年 8 月 14 日）

乡镇企业实现二次创业，总的目标要求是：大力推进科技进步，提高管理水平，加快由数量速度型向质量效益型的转变；大力发展农业企业和农副产品加工业，在推进农业产业化和整个产业结构调整上取得较大进展；实施名牌战略和集团化战略，使企业的经营规模和市场竞争力有一个较大提高；积极推进以股份合作制为重点的多种形式的改革，在完善和创新经营机制上取得新的突破；大力开展外引内联，东联西进，在扩大开放、发展外向型经济上迈出更大步伐；坚持科学规划，连片发展，把节约土地、保护环境提到更加突出的位置，在实施可持续发展战略上取得更大成效。

乡镇企业实现二次创业，关键是推进两个根本性转变，提高经济运行的质量和效益。总的目标要求是：大力推进科技进步，

* 这是李长春同志在河南省乡镇企业工作会议上讲话的一部分。

提高管理水平，加快由数量速度型向质量效益型的转变；大力发展农业企业和农副产品加工业，在推进农业产业化和整个产业结构调整上取得较大进展；实施名牌战略和集团化战略，使企业的经营规模和市场竞争力有一个较大提高；积极推进以股份合作制为重点的多种形式的改革，在完善和创新经营机制上取得新的突破；大力开展外引内联，东联西进，在扩大开放、发展外向型经济上迈出更大步伐；坚持科学规划，连片发展，把节约土地、保护环境提到更加突出的位置，在实施可持续发展战略上取得更大成效。具体来说：

第一，加大改革力度，再创乡镇企业机制新优势，向深化改革要效益。今年以来的发展情况进一步告诉我们，乡镇企业不仅存在技术、管理、装备等方面的问题，也存在机制问题，特别是乡村集体企业的改革已到了非下决心不可的时候了。各级党委和政府，必须把乡镇企业特别是乡村集体企业的改革放到更加突出的位置。总的要求是，以“三个有利于”为标准，大胆探索，务求突破。重点是解决政企职责分开问题，使企业真正成为具有自主经营、自负盈亏、自我约束、自我发展能力的市场主体，决不能使乡村集体企业成为乡政府、村委会的附属物甚至小金库。具体形式可以多种多样，有条件的可以组建有限责任公司、股份有限公司、企业集团。对大量的集体企业，联户、个体、私营企业，要积极鼓励、支持、引导走股份合作制道路，这是当前和今后一个时期乡镇企业改革的重点。各地要提高认识，大力推进。今后新建的乡镇企业，包括农民自己联办的，农民与国有企业、城镇集体企业、外资企业合作办的等，原则上应实行股份制或股份合作制。转换经营机制是一项复杂而具体的工作，要先行试点，总结经验，逐步推开。对乡村集体企业应提倡增量扩股的做法，防止集体资产流失。要在全省范围内筛选具备条件的乡镇企业抓紧进行股份制改造，积极向国家申报，争取今明两年有一两家乡镇企业能够上市，为全省乡镇企业的发展起到示范带动作用。

第二，加大结构调整力度，大力发展农副产品加工业，向结构优化要效益。在当前市场竞争十分激烈的情况下，乡镇企业必须进一步加快结构调整的步伐。发展农副产品加工是提高农业综合效益的重要途径，是实现增粮增收双重目标的关键一环，要作为结构调整的重点。要鼓励兴办集约型农业，大力发展农副产品加工业和仓储、保鲜、运销业，实行种养加、产供销一条龙，农工商、贸工农一体化，在农民和企业之间建立起稳定的经济联系，形成利益共同体；在农户与市场之间架起桥梁，形成以市场牵龙头、龙头建基地、基地连农户的格局，带动农业的企业化、集约化和产业化。乡镇企业对农业的支持不仅表现为资金上的反哺，更重要的是要成为促进农业向市场化、现代化发展的带动力量。要加大现有企业的技术改造和新产品开发力度。集中力量培植名牌产品，开发名优特新产品，创出一批在全国有影响的名牌产品，逐步改变散、乱、小的状况，提高市场覆盖率。有条件的企业特别是城郊企业应面向国际国内两个市场，为大工业配套搞一些高技术产品或者出口创汇产品，改变低水平的重复建设。

我省是一个人均资源相对短缺的省份，耕地、森林、水资源人均占有量远远低于全国平均水平。珍惜资源、保护环境是全省人民根本利益所在。要教育乡镇企业广大干部职工认识到保护环境是一项基本国策，决不能再走先污染后治理的老路。今后凡是污染企业，没有治污措施的坚决不上。要把发展乡镇企业同小城镇建设结合起来，适当发展规模不等的工业小区，促使乡镇企业相对集中，连片发展，以节约耕地，保护环境，走可持续发展的路子。

第三，加快建立企业技术进步机制，更加重视人才的培育和引进，向科技进步要效益。现在市场竞争非常激烈，是加大技术投入的关键时刻。乡镇企业一定要居安思危，切实把有限的资金用到增强企业技术创新能力和发展后劲上，积极引进和广泛应用新技术、新设备、新工艺、新材料，更新设备，更新技术，提高企业的技术装备水平和产品的技术含量。要加强同科研院所和大专院校的联系，在全社会建立起技术依托。要十分注重人才的培养和使用，创造条件，引进企业所需要的各类人才。各级乡镇企业主管部门要把教育培训体系建设作为一项基础工作来抓，通过职业教育和技术培训，提高干部职工的文化技术素质。农业院校要为培养乡镇企业管理和技术人才服务。要培养和造就乡镇企业家队伍，提高企业的经营管理水平。要通过努力，切实把乡镇企业发展的着力点转到依靠科技进步和劳动者素质提高的轨道上来。

第四，紧紧围绕提高质量和降低成本两大目标，加强企业管理，向科学管理要效益。实施科学管理，既是现代市场经济的客观要求，也是乡镇企业自身发展壮大的迫切需要。从农业到工业、从小生产到社会化大生产，对乡镇企业来讲，是一次历史性跨越。随着市场形势的变化，加强企业管理，提高产品质量，已经成为乡镇企业面临的紧迫任务。要改变一些乡镇企业存在的粗制滥造、手工作坊式的生产方式，实现从质次价廉到质优价廉的

1996 年 5 月，李长春率河南党政代表团在江苏省江阴市华西村考察。左一为河南省委副书记宋照肃，左二为江苏省委副书记曹克明，右一为华西村党委书记吴仁宝。

转变。在这方面没有捷径可走，必须扎扎实实地下一番“笨”功夫，从各项基础性工作做起，推动企业管理逐步走向制度化、规范化、科学化。各级乡镇企业主管部门要把帮助乡镇企业提高管理水平作为一项重要工作，首先抓好一批骨干企业，推行现代化管理方法，带动全省乡镇企业提高管理水平。

第五，积极实施规模化、集团化战略，加快企业改组步伐，向规模经营要效益。目前我省乡镇企业普遍规模较小，在发展社会主义市场经济的新形势下，这意味着单位经营成本增大，在市场竞争中处于不利地位。尤其是对加工行业的企业来讲，没有规模，产品就没有较高的市场占有率，也很难获得好的效益。因此，一定要转变观念，积极实施大企业、大集团战略，选择一批市场前景好、发展潜力大的产品和企业重点扶持，在资金、技术、人才等方面予以倾斜，创造条件使之上规模、上水平。目前，我省相当一部分企业经营困难，亏损严重，这对优势企业来讲正是低成本扩张的好时机，有条件的乡镇企业一定要从单纯的产品经营转向产品经营和资本经营相结合，通过资产重组，扩大规模，迅速发展。各级党委政府要鼓励乡镇企业兼并和收购国有企业和其他经济成分的企业，发展混合所有制经济。这样既有利于国有企业和其他经济成分企业的发展，也有利于乡镇企业的不断壮大。要通过三五年的努力，形成一批在全国有影响的企业集团，带动全省乡镇企业的发展。

第六，努力开拓国际市场，积极发展外向型经济，向扩大开放要效益。有条件的地区和企业要时刻瞄准国际市场，调整优化产业结构，提高产品的质量和档次，培植一批有竞争力的拳头产品。有条件的出口企业要向集团化和跨国公司方向发展，以不断扩大自己的生存空间。全面实施东西合作工程，实现产业的联动升级。抓好乡镇企业贸工农出口商品基地建设，为更多的企业争取进出口经营权。香港是当今世界资本市场的重要集散地，经济结构正处于转换升级阶段。香港回归祖国后，资本向内地加大投资的趋势将愈加明显，产业向内地转移的步伐将明显加快。我省的乡镇企业所特有的劳动密集、资源密集的优势，与香港的资本盈余、制造业能力过剩具有很强的互补性，这方面大有文章可做，应抓住香港回归机遇，发挥优势，加快走向国际市场的步伐，推进外向型经济的发展。

农业产业化的关键是办好龙头企业*

（1997 年 10 月 16 日）

农业龙头企业就是农业进入市场最重要的市场主体，不培育市场主体，就谈不上市场经济，“政府 + 农户”的体制是进入不了市场经济的，必须把当前的“政府 + 农户”转向“公司 + 农户”，这是农业产业化经营的核心。

进一步提高农业综合效益，加快富县富民步伐，要一手抓粮棉生产，一手抓提高农民收入，进一步围绕“农”字办工业，拉长农业链条，提高农业综合效益。进一步加大办工业的力度，围绕农业上工业，办好工业促农业，强农兴工，协调发展，形成良性循环，走出农区加快发展的新路子，改变农业大县、工业小县、财政穷县的状况。要走改革的路子，把实施名牌战略与规模化、集团化结合起来。在农民这方面，要使他们尽快端起两个饭碗，一个是种好一亩三分地，一个是发展多种经营，走农业产业

* 这是李长春同志在周口市考察工作时讲话的一部分。

化之路。

一个地区，农业产业化怎样起步？就是立足优势资源，发展主导产业，创办龙头企业，建设商品基地，辐射带动农户。产业化经营关键是创办农业龙头企业。农业龙头企业就是农业进入市场的市场主体，不培育市场主体，就谈不上市场经济，“政府+农户”的体制是进入不了市场经济的，必须把当前的“政府+农户”转向“公司+农户”，这是农业产业化经营的核心。龙头企业的特点，就是触角伸向国内国际市场，龙尾摆向千家万户，企业与农民之间以资本和经济合同关系为纽带，结成利益共同体，企业和农户是一种契约关系，不像政府那样与农户是行政命令的关系。农民需要资金，由公司提供；农民需要技术，由公司负责培训，对农户实行产前、产中、产后全程服务，这样把千家万户的小生产与千变万化的大市场连接起来，形成“公司+基地

1993年1月1日，李长春在周口地区沈丘县农村调研。左二为周口地委书记王明义。

+农户”的经营方式，在农民和市场之间架起一座桥梁。农业企业也同其他领域的企业一样，是自负盈亏、自主经营、自我约束的企业法人。

龙头企业怎么形成？主要有这样几个方面：一是涉农的流通企业，如商业、粮食、供销，通过它的改革和延伸变为或创办龙头企业，比如有的地方粮管所办起养猪场，带动农民养猪，就属于这种形式的龙头企业；二是农口的七所八站在改革中创办领办龙头企业，像有的地方畜牧站办了种禽、种畜公司，它既是一个技术服务单位，也是一个经济实体；三是党政机关分流人员创办领办农业龙头企业；四是乡村两级有实力的经济组织创办领办龙头企业；五是个体大户也可以创办领办龙头企业；六是城市的大公司、大企业延伸到农村、农业上来，搞农业开发，成为龙头企业。

从领域上看，当前粮食和棉花还没有充分进入市场，搞产业化有局限性，但是可以在国家现行体制的框架内搞试点，如棉花的产业化可以由棉麻公司搞。粮食一部分是国家定购粮，在定购粮之外，还有很大余地，粮食部门也可以搞产业化。粮棉搞产业化要先试点，不能违反政策。其他领域，如畜牧种植业、园艺、水果、蔬菜等，都可以放手搞产业化。

发挥中心城市作用
带动城乡发展

充分发挥郑州中心城市作用*

（1990 年 11 月 1 日）

一个省形象如何，省会城市最具有代表性。一个省的政治形势是否稳定，经济发展水平的高低，投资环境的好坏，对外开放的程度如何，首先是看省会城市。一个省的经济发展，没有中心城市的带动不行，没有人才吸引力、资金吸引力不行。这个吸引力首先就表现在省会城市，省会城市没有吸引力，就谈不上一个省的吸引力。

城市是社会经济、文化发展的产物，是社会生产力水平在一定时间、一定空间存在的形式，是物质文明和精神文明的集中表现，是人类文明的结晶，是人类社会进步的标志和继续前进的动力。马克思、恩格斯对城市特别是大城市的作用都作了充分的肯定，他们对伦敦和巴黎这两个城市的中心作用都给予了高度的评价。马克思说："巴黎是 18 世纪唯一的世界城市"〔1〕。恩格斯说："只有法国才有巴黎，在这个城市里，欧洲的文明达到了

* 这是李长春同志在河南省委省政府郑州现场办公会上的讲话。

登峰造极的地步，在这里汇集了整个欧洲历史的神经纤维，每隔一定的时间，从这里发出震动全世界的电击……是世界的心脏和头脑。”〔2〕恩格斯在评价伦敦这座城市时说：“250 万人这样聚集在一个地方，使这 250 万人的力量增加了 100 倍；他们把伦敦变成了全世界的商业首都”〔3〕。列宁说：“城市是人民的经济、政治和精神生活的中心，是前进的主要动力。”〔4〕《中共中央关于经济体制改革的决定》指出：“城市是我国经济、政治、科学技术、文化教育的中心，是现代工业和工人阶级集中的地方，在社会主义现代化建设中起着主导作用。”城市作为一个国家或一定区域的中心，一般都具有工业集中、商业繁荣、人才荟萃、科技发达、交通便利、信息灵通、金融力量雄厚等优越条件。因此，相对地说，城市总是能够以较少的物化劳动和活劳动，创造出较高的经济效益；以较短的时间，组织大规模的商品生产和商品流通；以多种多样的生产资料、生活资料和必要的技术、信息、设备，支援和带动农业生产和乡村建设，从而促进整个国民经济的发展。我们要充分认识这一社会发展规律，自觉地发挥城市特别是大城市的中心作用，以城带乡，全面发展。

郑州是河南的省会城市，是中原重镇，是全省的政治、经济、文化中心，在“团结奋进，振兴河南”中居于特殊重要的地位。一个省形象如何，省会城市最具有代表性。一个省的政治形势是否稳定，经济发展水平的高低，投资环境的好坏，对外开放的程度如何，首先是看省会城市。一个省的经济发展，没有中心城市的带动不行，没有人才吸引力、资金吸引力不行。这个吸引力首先就表现在省会城市，省会城市没有吸引力，就谈不上一个省的吸引力。特别是郑州作为包括郑、汴、洛、焦、新在内的中原城市群的中心，又是我省黄河两岸所组成的黄河经济带的龙头，其发展关系到中原城市群的现代化进程，关系到黄河经济带的带动作用，对全省其他地区的发展也都将产生重大影响。从省委省政府抓经济工作的基本思路来讲，也是采取抓两头带中间的办法。抓两头，就是一头抓大的中心城市的振兴，使之尽快进入全国发达城市的行列，增强其凝聚力、吸引力、辐射力，通过中原城市群带动全省经济振兴；另一头是加快贫困地区和广大山区的发展，使之尽快地改变贫困落后面貌。按照这个思路，郑州应该是我省经济工作重点的重点。因此，省委省政府对郑州的经济发展和各项工作非常重视，非常关心，寄予厚望。

发挥郑州市的中心作用，加速郑州的振兴，不仅是必要的，而且也是完全可能的。我们赞成郑州市对自己优势和特点的分

1990 年 9 月，李长春考察郑州邮政枢纽。前排右一为河南省副省长刘源。

析，这些优势和特点归纳起来有五条：第一条，地理位置十分优越，处于中华之中，这是最大的优势。郑州是全国东、中、西三大经济地带的结合部，具有明显的区位优势，完全有条件逐步成为辐射面宽、沟通能力强的人流、物流、信息流中心。第二条，交通非常便利，是全国重要的铁路枢纽，全国邮政通信的一级干线枢纽，还是国家重要公路干线的枢纽。这就决定了郑州是个四通八达的地方。特别是随着欧亚大陆桥的开通，郑州最有条件建成全国最大的铁路港。第三条，有比较丰富的资源，不但自身资源丰富，而且全省资源都可以为郑州所利用。第四条，有丰富的历史文化，这是很有吸引力的特点。中华民族的母亲河——黄河的重要区段就经过郑州，围绕着黄河文化留下来很多丰富的历史文化名胜，如著名的嵩山风景区、少林寺等等。第五条，通过多年的建设，已经有一定的物质技术基础。郑州是全国七大棉纺基地之一，是全国最大的铝工业基地，在食品、机械、医药工业等方面也都具有一定的规模，还汇聚了一批高等院校、科研单位，具备一定的科技力量。所有这些条件，是我们省其他市所无法比拟的，有些条件也是我们周围一些省会所不能比拟的。这些条件决定了加速郑州振兴、充分发挥郑州市的中心与带头作用不仅必要，而且完全可能。只要我们指导思想正确，有一个明确的发展战略，充分调动各方面的积极性，急起直追，迎头赶上，实现郑州的振兴是大有希望的。郑州市在这次初步汇报的基础上，还可以进一步对全国各个省会城市以及与郑州比较类同的市作些统计分析，找到人家的长处，找出我们的差距，做到知己知彼，以便进一步发动群众，统一思想，加速郑州的振兴。

研究确定一个城市的发展思路，既要立足于本市的实际，搞准搞透市情特点，弄清优势、劣势、有利条件和制约因素，又要把本市的发展放到全省乃至全国经济发展的总格局中去考虑，正确认识自己在总格局当中所处的地位和作用，找出有利于自己发展的各种外部因素，然后制定出正确的发展目标，选准发展的突破口、侧重点和基本途径。基于这样的考虑，综合两天来大家发表的意见，我们原则上赞成郑州市所提出的发展思路。下面，我想再重申或明确三点：

第一，关于郑州市的发展目标，也就是郑州究竟应该建成什么样的城市。我们赞成要经过十年或再长一些时间的努力，把郑州市建设成为河南综合性的工业基地和科技中心，成为铁路、公路、航空、通信相互联结、方便迅速的全国重要的交通枢纽，成为我国中部地区最大的商业贸易中心、物资集散地和中原地区的金融信息中心，成为中原古老文化和现代文明相互交织的旅游城市和我省对外开放的示范窗口。我们提出这个目标不是没有根据的。如果把郑州放到全国经济发展总格局中去分析，在北京以南、西安以东、武汉以北、济南以西广大的中原地区，至今还没有形成一个多功能的、吸引力比较强的、辐射面比较广的大型城市。而郑州居于中原腹地，是省会城市，又是欧亚大陆桥上最有影响的中心城市之一，国内两条铁路大动脉在此交会，横贯东西，纵连南北，优越的地理位置和较好的现有基础，使郑州市最有条件建成具有较强吸引力、凝聚力、辐射力的大型城市，成为全省乃至我国中部地区的工业基地和商业、金融、科技、信息中心，发挥出内陆城市对外开放的示范作用。我们应该有这样的气魄和长远打算。凡是近期能够办到的，就要立即着手，办快办好；短期内难以办到的，也要从现在起，积极创造条件，打好基础。只要我们脚踏实地、坚定不移地朝这个方向去努力，我们的目标就一定能够实现。

第二，实现这一目标的基本途径。市里提出了一个思路，我们是赞成的。我想这个思路的基本点有三点：(1) 通过优化环境，推动全方位的对内对外开放。无论是一个国家还是一个地区，哪里开放程度高，哪里的经济发展就快。作为内陆省份，要想跟上全国的步伐，也必须首先使我们条件相对比较好的地区加快开放的步伐，而在这个进程当中，郑州是最有条件能够先行一步的。因此，对郑州市来说，就是充分发挥“中”(即地处中原)和“通”(即四通八达、九省通衢)的优势，下大力气改善投资环境，全方位地推动对内对外开放，是实现目标的一个重要途径。要通过开放促改革，通过开放促改造，通过开放促开发。由于我们是内陆省，我们的开放必须是双重含义，既对国外开放，也对全国包括沿海地区开放。而在对国内开放上，郑州有着更大的优势。(2) 以贸易开路，高起点发展郑州经济。要通过扩大国际国内贸易，搞活大市场、大流通、大交通，做到买卖兴隆通四海、财源茂盛达三江，在搞活贸易中引进技术，引进资金；依靠科技，振兴郑州经济，使郑州的经济结构具有更高的技术含量、更优的产业结构，在全省经济发展中起带头作用。(3) 市带县，城带乡，实现城乡一体化。我们河南有着广阔的农村，有着占总人口 80% 以上的农民，农业占有比较大的比重，这也是我们省的省情。我们要求郑州率先一步，起带头作用，其意义不只是在于郑州市本身的发展，更重要的是在于它对全省经济的带动作用，在于它对整个郑州地区包括所辖县的广大城乡的带动作用。因此，在郑州市的开放、振兴当中，要进一步搞好市带县、城带乡，推动城乡一体化。要以发展乡镇工业和“菜篮子”工程为纽带，带动广大乡村，建设现代化的郊区农业。

第三，实现这个目标近期要抓的各个方面工作的突破口和要着重抓好的几件事。市里在汇报当中讲到，振兴郑州的突破口是全方位开放。这抓到了点子上，我们完全赞成。近期要在城市基础设施建设方面抓 20 件事，我们很赞成。总的讲，我们赞成市里在汇报当中提出的主要工作措施。希望市里进一步选择好各方面的突破口。目标确定了，基本思路理清了，在这个基础上把各方面的突破口实事求是、因地制宜地进一步明确下来，然后全力以赴去抓落实。这样，郑州市的事情就一定能办得更好。

注　释

〔1〕《马克思恩格斯全集》第三卷，人民出版社 1956 年版，第 482 页。

〔2〕《马克思恩格斯全集》第五卷，人民出版社 1958 年版，第 550 页。

〔3〕《马克思恩格斯全集》第二卷，人民出版社 1957 年版，第 303 页。

〔4〕《列宁全集》第二十三卷，人民出版社 1990 年版，第 358 页。

把开封建成豫东具有辐射力的中心城市*

（1990 年 11 月 4 日）

以旅游开路推进全方位开放，以“农”字起家带动经济发展，以科技为先导加强管理，把开封市建成具有古都风貌和历史文化名城特色的、在国内外有较高知名度的旅游名城，建成豫东地区吸引力较强、辐射力较大的中心城市。

研究确定一个城市的发展思路，既要立足于本市实际，搞准搞透市情特点，弄清各种优势劣势、各种有利条件和制约因素，又要把本市的发展放到全省乃至全国经济发展的总格局中去考虑，正确认识自己在总格局中所处的地位和作用，找出有利于自己发展的各种外部因素，然后制定出正确的发展目标，选准发展的突破口、侧重点和基本途径。

根据这两天大家的发言，我考虑开封市的经济发展思路，可不可以概括为这么三个层次。第一个层次是以旅游开路，推进全

---

* 这是李长春同志在河南省委省政府开封现场办公会上讲话的一部分。

方位开放，发挥古都这个优势。第二个层次是以“农”字起家，带动经济发展。第三个层次，就是以科技为先导，加强管理，高起点地发展。通过这么三个层次，经过五年至十年的时间，把开封市建成我省甚至全国的轻纺、食品工业的名城，建成我省由传统农业向现代化农业转变的示范区，建成具有古都风貌和历史文化名城特色的、在国内外有较高知名度的旅游名城，建成豫东地区吸引力较强、辐射力较大的中心城市。为了实现这样一个目标，在具体工作上要紧紧抓住这么几个环节。

第一，要紧紧围绕“古都”做文章，大力发展旅游业，促进对外开放，促进城市面貌的改观，促进经济发展。开封是历史文化名城，八朝古都，知名度很高，有较多的国家、省、市级文物保护单位和比较丰富的旅游资源，有颇具特色的风味小吃、书画、手工艺品、传统民间艺术以及各种民俗活动等。这些古代文明不仅在今天，而且在今后仍然对世界各国尤其是东方文化圈的国家有很强的吸引力，完全可以以此来大力发展旅游业，把旅游业作为一个重要的产业去抓。我们决不要轻视这个资源，决不要简单地认为发展旅游业就是来几个外国人。旅游业，国际上称为无烟工业，是投入少、产出多的产业，是一个能带动一大片的产业，能带动信息业、商业、服务业、房地产开发业等，能够促进外界更加了解开封，因此能够促进引进资金、引进技术、引进人才。从世界各国的发展史来看，不少国家的城市，有的甚至整个国家，就是以旅游业带动经济起飞的。建议省旅游部门、城建部门组织专家，帮助开封论证怎样把开封办成旅游名城。要加速景点的改造，加速基础设施建设，加快文化产业发展，改善城市环境，有计划地开发古都的风味小吃、手工艺品、旅游纪念品。不仅开发国内旅游、省内旅游，也要开发国际旅游，把开封经济搞活。

第二，要紧紧围绕“农”字做文章，发挥农业基础的优势。农业在国民经济中的重要基础地位不言而喻，在开封的重要性更为突出，因为开封有400多万人，城市人口只有50多万，绝大部分在农村。开封能不能加速振兴，关键是农业能不能加速发展。开封要立足农业上工业，开封的农业发展了，也能给发展工业提供原材料，因此，开封任何时候都不能放松农业。经过多年的努力，开封市的农业生产条件有了很大的变化，农业生产有了长足的进步，为今后的发展奠定了一个较好的基础。围绕“农”字做文章，根据市里汇报的情况，可不可以力争经过五年或更多一点时间的努力，实现农业上的“小四化”：一是加快引黄灌溉和打井配套的步伐，五年左右基本实现水利化；二是紧紧依靠科技兴农，突出抓好良种化；三是围绕农业上工业，搞种养加一条龙，逐步实现农工商一体化；四是以养殖业为突破口，大力发展规模集约经营，带动社会服务系列化。

关于实现水利化问题。开封市在汇报中已经有了一个比较好的规划，这个规划是符合实际、切实可行的。除了国家和省市需要适当增加一些投入以外，一个重要的问题是要用政策引导，就是用申请国家专项贷款，省、市、县政府贴息，农民还本的办法，加速引黄灌溉的步伐，走出单纯靠财政引黄的老路子。这样可以加快步伐，提前受益。目前，仅靠我们的财力还不够。所以，现在就得研究个新的路子，请省农行抓紧向国家争取引黄灌溉的专项贷款。对下边也可以引入竞争机制，谁积极性高谁干，要打破保姆体制，引入竞争，逐步建立起水利建设的良性循环机制。

关于紧紧依靠科技兴农，突出抓好良种化问题。从开封的实践看，科技兴农需要抓的工作很多，把良种化突出出来，意义很大。在目前的生产条件下，抓好良种化，就能大幅度地提高农业的产量，做到投入少、效益高。不仅在种植业上要抓好小麦、玉米、棉花、花生等农作物的良种化，在养殖业上也要抓好良种化，养猪、养牛、养羊、养鸡都要推广优良品种。

关于紧紧围绕农业上工业，实现种养加一条龙、农工商一体化问题。要实现开封的振兴，必须发展工业。我认为，开封市发展工业的主要途径是围绕农业上工业，大力发展农产品的深加工，实现农产品的加工增值，这是当前最现实的选择。当然，开封市能够争取国家大项目，那也很好，但是，谈何容易。因为开封在资源条件上不占有优势，管理基础、科技力量也不占有优势，同时，开封是旅游名城，如果上很多高耗能、高污染的重工业，弄不好要犯历史性错误。但你们农产品资源比较丰富，搞农副产品加工，投资一般比较少，技术要求相对不很复杂，经济效益比较稳定，市场相对比较好开发，又能带动广大农民脱贫致富，是农业的延伸产业。搞食品加工业，你们不仅有农产品资源的优势，还有八朝古都传统食品、宫廷食品的优势，有的可以把它开发出来，变成工业化生产，搞种养加的一体化。还有你们的啤酒和泡桐也都有一定的基础和优势。棉花产量在全省比重也不小，可以发挥开封南北交会的区位优势，以服装为龙头，大力发展纺织工业。轻工产品的潜力也很大，可以发掘传统的手工艺品，发展文化产业，搞文物复制纪念品、旅游纪念品等，带动轻工业的发展。所以，要紧紧围绕“农”字上工业。

关于以养殖业为突破口，大力发展规模集约经营，带动社会服务系列化问题。从面上看，我省养殖业多数还是传统小生产的方式。开封农业面比较大，有条件搞集约规模经营，带动社会服务系列化。用大生产的办法搞养殖业，可以解决农民致富的问题，促进农村分工分业，提高农村商品生产的水平。特别是要大力发展规模经营的养猪、养鸡、养牛、养羊、养兔，催生一批专业户、重点户，能够养上百头猪、上万只鸡、几十头牛，经营几十亩水面这样一批专业户、重点户，商品量就上来了，社会化服务体系就上来了，就能够成为商品生产基地了，除了供应国内，还能够成为出口的基地。

第三，要充分发挥开封在豫东地区中心城市的作用，以贸易带动工业、农业和第三产业的发展。开封地处中原，是知名度较高的历史文化名城和以郑州为中心的郑、汴、洛、新、焦中原城市群中的一个重要成员，又是我省带动豫东地区、联结华东诸省的区域性中心城市，历史上就是重要的商品集散地，与华东沿海地区有较为密切的工贸联系。随着欧亚大陆桥的开通，洛阳—郑州—开封高速公路和郑州航空港的建设，开封在大力发展第三产业、繁荣市场、拓宽商品流通上大有文章可做。第三产业的大发展，可以促进农业、工业第一二产业的发展。因此，要经过五年或更长一些时间的努力，真正把开封建成依托郑州、带动豫东、联结沿海，有较强的辐射力、吸引力和凝聚力的区域性中心城市。实现这个目标，必须加快和完善市场体系，加强商业基础设施建设，健全服务功能，提高服务质量。向商业比较发达的城市学习，学习它们的先进经验。

第四，要紧紧依靠科技和管理，抓好现有企业的技术改造。

当务之急是把现有的企业办好，切实加强企业管理，提高经济效益。开封工业的发展，除了上面讲的紧紧围绕农业上工业、发展农副产品加工业外，还要认真抓好现有企业的技术改造和管理，调整产品结构，上等级、上水平、上质量，下大功夫改变产品档次低、名牌产品少、缺乏竞争力、经济效益差的局面。特别要利用社会上的科技力量，把全国同行业的先进企业和专家请来，搞一帮一，带动我们的企业，也可以利用外资和先进技术搞嫁接，改变当前的被动局面。现有企业是最现实的生产力，一定要把它们办好。

第五，要大力发展城乡集体经济、个体私营经济，以此为基本途径带动经济发展。这也是由开封的市情决定的。由于开封矿产资源比较贫乏，发展大工业的能源、原材料不足，国家不可能在这里摆更多的大工业项目，所以开封发展工业，就具有靠自己办工业的特点，必须得走这个路子，这条路子也比较适合开封的资源条件、生产力水平、管理水平。不要一搞就是“大全民”企业，我们没有条件，管理不好也容易吃“大锅饭”。因此我建议，今后无论是新建的农副产品加工业还是商业、服务业，无论是城市还是乡村，小规模的企业要多搞集体企业和个体私营企业，它们机制灵活，船小好掉头，可以调动各方面的力量。我认为，这应该成为开封经济发展中一个重要的指导思想，而且这个指导思想，对于我们省的许多市地，都是有普遍意义的。

加快洛阳经济振兴，促进城乡一体化*

（1990年12月19日）

> 发挥大的经济中心城市作用，带动县乡的发展，逐步地实现城乡一体化，是经济改革的必然趋势，也是社会经济发展的客观规律。经济中心城市要义不容辞地担负起这个责任来。

“八五”及今后十年，是洛阳经济发展的重要时期。要实现洛阳经济的振兴，必须根据市情特点理清发展思路，确定一个既鼓舞人心又切合实际的发展目标，并以此来动员全市人民和总揽整个经济工作。要经过五年或更长一点时间的努力，逐步把洛阳建设成为我省的重化工基地、高科技基地、机电产品出口基地，林果业、畜牧业、优质烟草基地和旅游胜地，打造成科技发达、经济繁荣、环境优美、古代文明和现代文明交相辉映的开放型、多功能、现代化的中心城市。按照这个思路，近期内要突出抓好以下几个方面的工作。

---

* 这是李长春同志在河南省委省政府洛阳现场办公会上讲话的一部分。

第一，要充分发挥大企业、大科研单位的优势，高起点发展洛阳经济，带动城乡经济的振兴。洛阳大企业实力雄厚，在我们全省各个市中是比较突出的。洛阳的52个大中型骨干企业，它所提供的产值、利税以及职工人数、固定资产原值分别占全市的70.4%、82%、57.7%和78%。洛阳全市拥有各类科研机构100多个，有9万多名专业技术人员，占全省科技人员总数的15.5%，也就是六分之一左右，比重也是很大的。洛阳有一批国家“156项重点工程”[1]，工业技术装备水平比较高，科技力量比较强，每万名职工拥有的科技人员是1488人，高于全国和全省的平均水平。

过去由于管理体制和政策上的原因，这些大企业和科研单位的作用没有充分发挥出来。在改革开放的今天，要制定政策，采取得力措施，调动这支队伍的潜力，发挥大企业和科研单位多的优势，高起点地发展洛阳经济，使它们成为振兴河南的省队，并努力成为国家队。当前这些单位首先要在“三上两提高”上起带头作用，就是上质量、上品种、上水平，提高竞争能力、提高经济效益。要通过加速老企业的技术改造，加速产品结构的调整，在提高质量、发展品种当中求效益。大中型企业都要加速科技进步的步伐，强化科技开发。在这52个大中型骨干企业里面，能不能用两年的时间，消除无科技开发机构、无科技开发规划、无科技开发基金的现象。要通过这些举措，确保这些企业在全国同行业的领先地位。制高点不能丢。原来是排头兵的，必须巩固排头兵的地位；原来不是排头兵的，在巩固地位的基础上，争取再往前迈一步。要发展高技术产业，开发高新技术产品。要大力开发新型材料、精密仪器、机电一体化、信息产业、微电子技术、生物工程等，这些洛阳都有条件，可以和高新技术开发区的建设结合起来。还要组织和鼓励大企业、科研单位带动地方工业的发展，大企业、大科研单位要和县区建立对口帮带关系，大力扶持县乡区工业的发展。市里组织好这些大企业，一个大企业帮带一个县区，明确帮带关系。要派出得力干部到所帮带的县区任工业和科技副县长、副乡长。县乡为了发展工业，培养骨干力量，也可以派人到大企业去，到车间，到班组，跟班培训。

第二，努力改变农业生产条件，促进农村经济发展，使贫困地区尽快脱贫致富。农业基础脆弱，生产条件差，农村经济薄弱，贫困面大，是制约洛阳经济发展的重要因素。我听到有个别的同志埋怨，让洛阳市带这么多贫困县，把洛阳拖住了。这种认识是错误的。发挥大的经济中心城市作用，带动县乡的发展，逐步地实现城乡一体化，是经济改革的必然趋势，也是社会经济发

1996 年 2 月 11 日，李长春在洛阳中国一拖集团有限公司调研。前排右一为洛阳市委书记李柏拴，前排左一为一拖集团有限公司董事长尹家喜。

展的客观规律。经济中心城市要义不容辞地担负起这个责任来。能不能在今后五年到十年的时间，使农村经济严重贫困这样一个局面有一个明显变化？具体来说，首先要下决心改变农业生产条件。改变农业生产条件，最关键的是要克服等靠要的思想，发动干部群众，宁愿苦干、不要苦熬，发扬红旗渠精神，在农村经济建设上走群众路线，发动群众，依靠群众，这是最根本的办法。当然，当前国家的整个经济形势还比较好，能够抽出一部分资金来支持农业，但这只是一个外部条件，根本的还是取决于内因。要更加广泛深入地开展农田基本建设活动，综合开发伊洛河流域200万亩中低产田，逐步解决粮食自给问题，加快陆浑水库、故县水库两大水库灌区的农田水利配套工程建设。要经过三五年的努力，使全市农村粮食达到自给，再经过若干年的努力，实现全市粮食的基本自给。我们提出的粮食自给决不是要回到以粮为纲的老路上去，仍然是要因地制宜，宜粮则粮、宜牧则牧、宜果则果。市里在安排的时候要从实际出发，不要层层提这个口号，千万别刮风，甚至从县到乡到村都要求粮食自给。还要实行山区的综合开发，搞畜牧养殖业、林果业、优质烟叶、矿业开发，以此作为发展农村经济、脱贫致富的基本途径。为了加速贫困地区的脱贫致富步伐，必须给贫困地区一些扶持政策。省里面的各种扶贫贷款，属于国家贷款部分，按照用向不变、切块到县、包干使用、承贷承还的原则，下放到县管理，省里不再直接管了。

第三，要把大力发展城乡集体经济和个体私营经济作为发展洛阳地方工业、振兴洛阳经济的战略措施来抓。洛阳发展地方工业，除了原有的地方工业加速技术改造和改扩建以外，主要是发展城乡集体和个体私营经济。集体和个体私营工业有很多优势：经营机制比较灵活，能比较彻底地实行自负盈亏；船小好掉头，比较容易适应市场变化；职工的积极性、主动性比较强，等靠要思想比较少；通过调动方方面面办工业的积极性，比较容易筹集资金；也比较适合多数地区生产力水平和干部的管理水平。发展城乡集体经济，洛阳市的优势更明显，特别是要充分发挥大企业多、大科研单位多的优势，利用它们的力量，为大厂配套生产零部件，或者是围绕“农”字做文章，搞农产品深加工，或者是围绕资源做文章，和开发矿业结合起来。城市的大中型企业，都要办好集体企业。特别是要鼓励这些大企业，到开发区办一个集体分厂，下个“蛋”。市属集体企业，要通过技术改造，调整产品结构，逐步形成一批骨干企业，力争形成一批产值过亿、利税过千万的地方骨干企业。还要发动市区、发动县乡发展区街企业、县乡企业和个体私营企业，要制定鼓励城乡兴办集体企业的政策。原来我们有这方面的政策，随着形势的发展，还可以制定一些更灵活的政策。

第四，以旅游业开路，带动全方位开放。洛阳对外开放的条件是比较好的，文物古迹、旅游景点比较多，城市基础设施建设和城市管理也有了一定基础。在振兴河南经济的过程中，洛阳要进一步加速对外开放的步伐，在对外开放上为全省起示范带头作用，为全省的对外开放作出贡献。要推动对外开放，进一步转变观念，进一步增强整体开放意识。如果整体开放意识上不来，就是你搞了洛阳牡丹花会这样的花为“媒”活动，这个“媒”也促进不了经济，久而久之很难坚持，方方面面思想就不容易一致。昨天跟几个大厂座谈，有人反映，建个宿舍几个月跑不下来手续，盖几十个章也解决不了问题，这样的环境谁还来投资呢？外国人来投资连门都摸不着，更跑不下来。这都是投资环境、整体开放意识的问题，必须相应地尽快改善，使人家感到这是一个投资环境良好的地区。

要进一步办好洛阳牡丹花会，为全省的对外开放提供舞台。要进一步搞好景点建设，完善基础设施，加强城市管理，改善投资环境。洛阳是全国旅游资源比较丰富的城市之一，可以开发的古文化和景点也比较多，但是根据目前的财力只能是实行重点开发。一定要排排队，实施步骤要稳妥。要紧紧围绕经济效益，抓好拳头旅游项目，特别是办好已经开通的旅游线路，完善现有景点，进一步增强吸引力。要突出古文化特色，经过几年的努力，再形成几个拳头旅游项目，逐步将洛阳建设成为具有独特风格、吸引力强的中原地带旅游中心城市。要进一步加强城市管理，优化环境，提高城市管理水平。要贯彻人民城市人民管的方针，发动机关、学校、厂矿企业的干部职工参加优化城市环境的义务劳动，这也是一个对群众增强开放意识、热爱家乡的教育过程。管城建的市长、区长要成为马路市长、马路区长，每天早晨要跑一圈、转一圈，看一看有什么问题，督促检查。一个城市的环境整洁不整洁，是这个地区市民素质的标志，也是市长包括管城建的市长文明程度的一个标志，无论如何要管好。

大企业、大科研单位要进一步增强开放意识，在对外开放中起带头作用。洛阳的 52 家骨干企业要改变无出口产品、无利用外资、无引进技术的状况。已有自营出口权的企业，要建立企业对外销售网络和服务网络，了解信息，搞好售后服务，努力扩大对外出口。要充分利用已有出口自营权的有利条件，扩大自营出口，争取到“八五”末期，全市的出口创汇能够突破一亿美元。

继续办好经济开发区。经济开发区成立以来，克服了很多困难，取得了一定的进展。但是，在内陆省办开发区，客观上难度确实很大，要采取“牌子不动，规划不变，方法调整，搞好结合”的方针。牌子不动，就是洛阳经济技术开发区是原来省委省政府决定设立的，对全省起示范作用也是必要的，原来定的我们都继续办。规划不变，就是总体上的设想规划也不变。方法调整，就是原定的从西往东发展的方法改成从东往西延伸，离城市更近一些，借助于城市的基础设施，走出一个投资少、见效快、吸引力强的路子。这更符合洛阳的实际。搞好结合，就是经济技术开发区要和城市的长远发展规划结合起来，要和开辟工业新区结合起来，要和高技术开发区的建设结合起来。在开发区的建设当中，希望我们的大科研单位、大专院校能够利用科技优势，都来开发区下个“蛋”，搞一些利用外资的项目。

第五，继续深化城市经济体制改革，增强经济活力。城市经济体制改革，还是要以深化企业改革、搞活企业为出发点和落脚点，特别是洛阳这样一个工业比较集中的城市，有这么一大批大中型骨干企业，更应该把深化企业改革、搞活企业的工作搞好。当前的一个具体问题，就是部分企业承包困难。承包经营责任制，对于保证上缴财政、保证企业的后劲是一个好的办法，是一个现实的最佳选择，我们还是要坚定不移地执行。从市里来讲，要千方百计考虑企业发展，给企业留后劲；从企业来讲，也要充分顾全大局。当前财政还比较困难，国家“八五”期间的方针是要提高两个比例，即提高财政收入占国民收入的比例，中央级财政占整个财政收入的比例。在这样的情况下，国家对我们河南体现了关怀，不再增加河南向国家上缴的部分，我们不能要求国家再给我们让一块，还是得顾全大局，也请方方面面都能够理解，互相支持。

当前特别要抓好企业内部的改革。要继续坚持企业干部制度的改革，变终身制、任命制为任期制、聘任制。要改革企业的劳动用工制度，实行企业内部优化组合，建立企业内部劳务市场，要继续搞好企业内部的层层承包，指标到人，划小核算单位。要继续深化分配制度的改革，完善工资总额和经济效益挂钩的办法，把现行的晋级制度作为档案工资。继续深化内部机构改革，精兵简政，充实生产第一线。对于企业外部来讲，要继续推进企业间的优化组合。以大企业为骨干，以名优产品为龙头，通过参股、控股、联合、兼并、承包、租赁等形式，形成一批企业集团。

在深化企业改革的同时，搞好其他各方面的配套改革。首先要简政放权，转变政府职能，落实企业的经营自主权、机构设置权、用工权。其次是科技体制改革，要继续坚持放活科研单位、放活科技人员的“双放”方针。科研院所在完成国家科研任务的前提下，要面向经济主战场，大力开发民品，组建民品开发的技术经营机构，开发性科研单位要逐步面向市场，增强自我发展能力，有条件的转变成自负盈亏、独立核算的科工贸结合的实体，并开拓国际市场。要继续鼓励大企业与科研单位的技术人员下乡领办、承包城乡集体企业。还要继续搞好投资体制改革，搞活资金，转变单纯依靠财政拨款和国家银行投资搞建设的老观念，学会多渠道筹集资金。要办好地方投资公司，搞好证券交易和设备租赁，用租赁的办法解决技术改造的资金，也可以把国内设备租赁和国外设备租赁结合起来，加快利用外资的步伐，积极创造条件试办交通银行，进一步改进财政拨款办法，充实投资公司，发挥其作用。要在银行指导下搞活城乡信用社，积极向社会筹资，用好债券，广泛实行横向联合，吸引发达地区的资金，实行联合开发，共同受益。除资金市场外，还要进一步完善各种生产要素市场，搞好生产资料市场、产权市场、劳务市场、技术市场，继续推进流通体制改革，完善市场体系，进一步发挥中心城市的作用。

注　释

〔1〕“156 项重点工程”。1953 年 5 月 15 日，李富春受中共中央委托，代表中国政府在莫斯科签署了《关于苏维埃社会主义共和国联盟政府援助中华人民共和国中央人民政府发展中国国民经济的协定》等文件，规定苏联援助中国新建和改建 91 个工业项目。加上 1950 年已确定援建的 50 个项目，共有 141 个项目。这些项目包括钢铁、有色冶金、煤矿、石油炼油企业，重型机器、汽车、拖拉机制造厂、动力机器及电力机器制造厂、化工厂、火力发电站等，还有若干国防工业企业。到 1954 年 10 月，苏联政府又增加了 15 个援助项目，由此形成我国“一五”时期苏联援助建设的“156 项重点工程”。这些重点工程，初步奠定了中国工业化的基础，以这些项目为核心，以 900 余个限额以上大中型项目配套为重点，中国初步建起了独立的工业体系。布局在河南的一些重点工程，如洛阳热电厂、洛阳拖拉机厂、洛阳轴承厂、三门峡水利枢纽等，都是 156 项重点工程完成较好的项目。

办好商丘试验区，探索深化改革新经验*

（1991 年 3 月 20 日）

努力探索政府管理由直接管理转向以间接管理为主，直接管理与间接管理相结合的路子；探索由过去管得过多过细转向抓全局、议大事、调查研究、制定政策、协调服务的路子；探索由过去包揽过多、财权与事权相脱节转向分灶吃饭、分级管理、分层次决策、分级制约的机制、财权与事权相一致上来；探索由单纯的“管”，转向寓管理于服务之中，积极热情主动地为基层服务。

要深刻认识开办商丘试验区的重要意义，增强搞好试验区工作的责任感。地区和省直各部门对商丘试验区的意义谈了很多很好的认识，概括起来有这么几条。

第一，在商丘开办试验区是落实省五次党代会和五届省委二

---

* 这是李长春同志在河南省委省政府商丘地区现场办公会上讲话的一部分。

次全会精神的需要。省五次党代会提出把“团结奋进，振兴河南”作为我省今后一个时期工作总的指导思想。五届省委二次全会为了贯彻落实好党的十三届七中全会精神和省五次党代会确定的指导思想，提出了“一高一低”的发展战略和“强农兴工，以城带乡，全方位开放，高起点发展，走资源开发和深度加工增值的道路，变单项优势为综合优势”的发展思路。在商丘地区搞深化农村改革、全面发展农村商品经济的试验，就是为了更好地贯彻落实省委省政府“团结奋进，振兴河南”的指导思想和一系列的具体决定。在商丘地区取得经验后，用商丘的经验更好地指导全省面上的工作。这也是毛泽东同志教导我们的工作方法，手中有典型，胸中有全局，以点带面，指导面上的工作。

第二，在商丘开办试验区，也是探索党政领导机关特别是政府管理机关怎么改进工作的需要。在商丘搞试验区，就是要研究推动省直机关在管理体制、指导思想、工作方法和工作作风上，更好地为基层服务，为企业服务，充分调动基层的积极性，进一步解放生产力。邓小平同志在 1978 年就指出，要以马列主义、毛泽东思想为指导，“正确地改革同生产力迅速发展不相适应的生产关系和上层建筑”，“否则不利于充分发挥国家、地方、企业和劳动者个人四个方面的积极性，也不利于实行现代化的经济管理和提高劳动生产率”。党的十一届三中全会以来，我们进行了一系列的改革。但是，目前我们的领导机关，特别是省直机关当中还存在着邓小平同志早就指出的问题，管了很多不该管、管不好也管不了的事情。这个状况不改变，基层的积极性就不能得到充分发挥，生产力就不能得到进一步解放。我们在商丘搞试验区，一个很重要的内容就是下放一些权力，把省级机关部分直接管理经济的权力，能够下放的尽量下放，给基层更多的自主权，使基层能够甩开膀子大干。通过这个试验，努力探索政府管理由直接管理转向以间接管理为主，直接管理与间接管理相结合的路子；探索由过去管得过多过细转向抓全局、议大事、调查研究、制定政策、协调服务的路子；探索由过去包揽过多、财权与事权相脱节转向分灶吃饭、分级管理、分层次决策、分级制约、财权与事权相一致的机制上来；探索由单纯的"管"，转向寓管理于服务之中，积极热情主动地为基层服务。这本身就是进一步调整生产关系和上层建筑，使生产关系和上层建筑更加适应生产力和经济基础，它本身既是经济体制改革的延伸，又是政治体制改革的重要内容。因此，从这个意义上来讲，搞好商丘试验区，不仅

1991 年 2 月 24 日，李长春与河南省委书记侯宗宾（左二）在商丘地区调研。

是商丘本身发展的问题，而且是使领导机关改进作风、提高服务水平，使生产关系更加适应生产力、上层建筑更加适应经济基础这个重大改革课题的探索。

第三，在商丘开办试验区，是探索经济体制改革特别是农村改革的重要实践。党的十三届七中全会提出，我国经济体制改革的目标，就是要在本世纪末初步建立起社会主义有计划的商品经济新体制，建立计划经济与市场调节相结合的经济运行机制。实现这个总目标，必须有计划分步骤进行，对一些改革措施，只能在点上取得经验后才能逐步推开。选择对全省冲击不很大的地区做一些超前改革的试验，对于推动我省经济体制改革，特别是农村经济体制改革，不仅是可能的，也是完全必要的。我们在商丘搞全面深化农村改革的试验，就是要为商丘地区提前进入社会主义有计划的商品经济新体制和计划经济与市场调节相结合的运行机制奠定基础。通过减少指令性计划、扩大指导性计划和市场调节的范围，建立一个使农业良性循环的发展机制，并且由农村起步，更好地运用价值规律，在深化农村改革的同时，进行计划、价格、物资、财税、金融、外贸、流通体制等项配套改革，加速新体制和新的运行机制的形成。这不仅对商丘地区的发展是个推动，同时对加速全省的改革步伐，也有重要的意义。

第四，在商丘地区开办试验区，是探索农产区兴县富民发展道路的需要。农区、农村、农业、农民的问题，一直是我省工作的重点。在目前工农业产品存在“剪刀差”的情况下，怎样强化农业这一基础，加速农产区工业化进程，加速农村的致富进程，是我省经济工作的重大课题。商丘地区是典型的农业区，要通过试验，探索如何进一步强化农业基础地位，加速农业综合开发，深化农村改革，加快农产区工业化进程，实现兴县富民的目标。特别是商丘地区处于我省的东部，是伸向山东、安徽、江苏的突出地带，最有条件吸取兄弟省的经验，也能使兄弟省的经验更好地向内地转移，对于我省学习、借鉴外地的先进经验，可以起到示范作用。

第五，在商丘开办试验区，是促进商丘经济发展、加速脱贫致富的需要。党的十一届三中全会以来，商丘地区跟自己比，确实有了很大发展，解决了历史上长期以来没有解决的温饱问题，这是一个了不起的变化。但必须看到，商丘地区目前在全省还是比较落后的地区。省统计局对我省 17 个市地 1989 年社会发展水平排序，商丘地区排在第 17 位。当前，加速商丘脱贫致富，已经是商丘 700 万人民的迫切愿望和强烈要求。搞好商丘地区全面发展农村商品经济的试验，就是为了促进这个地区的发展，加快脱贫致富步伐，实现兴县富民。

漯河经验的启示*

（1991 年 7 月 19 日）

一个地区、一个部门要把上级的部署和要求落到实处，把工作搞上去，都必须解决一个桥梁问题。这个桥梁就是坚持从本地的实际出发，善于在结合上做文章，扎扎实实抓落实，创造性地工作。

漯河的经验很宝贵，也很重要，各地应该对照漯河经验，全面认真地找差距。漯河的经验是从自己的实际情况出发探索总结出来的，各市地可以结合本地实际情况来制订具体方法，核心是要把漯河经验的实质学到手。我想，主要有三条经验给大家以启发。

第一，善于把干部群众改变贫穷落后面貌的强烈愿望，变为贯彻党的“一个中心、两个基本点”基本路线的自觉行动，方方面面都紧紧地围绕经济建设这个中心开展工作，都自觉地服从服

---

* 这是李长春同志在河南省委省政府漯河工业生产现场经验交流会讲话的一部分。

务于这个中心，真正做到了集中精力抓经济，把以经济建设为中心落实到行动上，而不是停留在口号上。漯河提出的“企业至上”，促进了党政机关把工作的指导思想转到为基层服务、为企业服务、为群众服务上来，体现了马克思主义关于发展生产力的基本原则，符合马克思主义关于生产力和生产关系、经济基础和上层建筑的基本原理，符合党的全心全意为人民服务的根本宗旨。企业是社会财富的创造者，是国民经济的基础，是产业工人的载体，企业兴则国家兴。特别是我们河南人多地少、经济基础薄弱、商品经济不发达，更应该增强发展经济的紧迫感，更应该把我们的企业搞得有生机有活力。

第二，善于把上级的要求同本地区的实际结合起来，坚持从实际情况出发，扎扎实实地抓落实，创造性地开展工作。漯河市这几年坚持稳定政策，从自己的实际情况出发，围绕“农”字上工业，大搞农副产品的加工增值；坚持企业走自主经营、自负盈亏、自我约束、自我发展的路子，使企业的规模不断壮大。所有这些都很好地体现了从实际出发、实事求是的思想路线。一个地区、一个部门要把上级的部署和要求落到实处，把工作搞上去，都必须解决一个桥梁问题。漯河经验的突出一点，就是较好地解决了这个桥梁问题。这个桥梁就是坚持从本地的实际出发，善于在结合上做文章，扎扎实实抓落实，创造性地工作。这也恰恰是同样在上级的政策指导和部署下，各地的工作效果不一样的原因所在。

第三，善于发挥政治优势，把经济搞上去。我们最大的政治优势是党的领导。漯河不断加强党对经济工作的领导，具体体现在这些方面：一是抓市委一班人和各级班子各级干部指导思想的转变，而且较好地实现了转变。就是按照中央的要求，把工作重心转向以经济建设为中心，经济建设转向以提高经济效益为中心，提高经济效益转向依靠科技进步和提高劳动者素质的轨道。正是因为在指导思想上有了较大的转变，统一了思想，才能够统一步调，这恰恰是我们作为一级党委，加强党对经济工作领导的关键。二是加强了各级班子的建设，为在漯河落实“团结奋进，振兴河南”的任务，提供了重要的组织保证。漯河市的一班人特别是市委一班人是团结坚强的。漯河市的企业有一大批政治上强、业务上精的企业家队伍，比较好地加强了基层党的建设，能够用共产党员的模范行动来保证市委市政府对经济工作重大部署的落实。三是注意抓思想发动，加强思想政治工作。鲜明地提出了“漯河精神”，各个企业提出各具特色的企业精神，把各级干部、广大群众凝聚起来，为改变贫困落后面貌而奋力拼搏。四是注意抓经济工作重大方针、政策的贯彻落实。坚持不懈地深化企业改革，把治理整顿和深化改革有机结合起来，并且适时加大改革的分量，加快改革的步伐。注重企业经营机制的转变，把一大批企业真正推到了市场竞争的汪洋大海中，使企业在市场中学会游泳，变企业围着计划转为围着市场转。重视科技进步，在调整产品结构中提出以技术改造为突破口，提高企业的科技水平。五是注意抓稳定，抓社会主义教育，抓社会治安综合治理，抓大环境的改善，保证了经济建设的顺利进行。

建设好郑州高新技术产业开发区*

（1992年4月14日）

开发区要出三个成果，即出产品、出经验、出人才。出产品，就是要出高新技术产品，在填补省内、国内空白和创汇上发挥作用；出经验，就是要在改革开放上出经验；出人才，就是要培养一批改革开放的人才，成为我们省深化改革、扩大开放的骨干力量。

一、郑州高新技术产业开发区要办成什么样的开发区

郑州高新技术产业开发区有三项职能：一要办成我们省高新技术产业的先行区；二要办成我们省对外开放的窗口；三要办成我们省经济体制改革乃至综合体制改革的示范区。

关于办成全省高新技术产业的先行区。为了加速90年代的振兴步伐，我们省提出要调整结构，提高效益，改变产业和产品

* 这是李长春同志在河南省委省政府郑州高新技术产业开发区现场办公会上讲话的一部分。

结构，就是要从过去主要是生产原材料和初级产品向优势资源的深度加工转化，从主要是传统产业向提高高新技术产业比重转化，尽快把一批科技成果转化为生产力。调整产品结构，各个市地、各个企业都要搞，但是，我们要有一块先行区。先行区就是要有一定的示范作用，要有一定的窗口作用，先行区就是我们这个高新技术产业开发区。通过高新技术产业开发区，把我们全省的大专院校、科研单位，军工企业和解放军驻豫大专院校、科研单位的力量都调动起来，把全国科研单位、大专院校的高新技术，以及国外的高新技术引到郑州高新技术产业开发区来，尽快形成高新技术产业。

关于办成全省对外开放的窗口。就是要在高新技术产业开发区建设外向型经济，办成一个窗口，特别是引进技术、引进资金和出口产品、出口技术的窗口，成为我们省一个重要的创汇基地。这也是省政府 1988 年批准郑州办的经济技术开发区的职能。现在，我们是在先搞的经济技术开发区基础上，由国家批准搞高新技术产业开发区。怎样处理好两者关系？为了能够联系起来，是不是采取“一套人马，两个牌子”，既是国家的高新技术产业开发区，又是我省的经济技术开发区。在政策上充分用好国家明确的高新技术产业开发区的政策，这个政策是很宽的，相当于沿海经济开发区的政策。要努力发展高新技术的项目，那么，不够高新技术的项目怎么办？特别是起步阶段，都要求有很高的技术，很困难，即使在沿海地区，也要有个过程。所以，一下子不具备高新技术条件，要发展外向型的项目，国家也有政策，就是出口达到 70%以上的，也能享受这个优惠政策。

关于办成经济体制改革乃至综合体制改革的示范区。示范区在管理体制上要克服传统体制的一些弊端，如机构臃肿，办事效率低下，程序复杂，互相扯皮，小而全、大而全等，在体制上蹚出小政府大服务的路子。政府就是管理委员会，是市政府的派出机构，要小而精。大服务就是要搞社会化、商品化、专业化，打破小而全。绿化要搞绿化公司，汽车搞出租公司，供气搞供气总站，供热搞热力站，都要商品化和社会化。资金的筹集要用股份制的办法。在开发区的企业，没有指令性计划，也不要谈计划内计划外，一律由市场调节，价格都是市场机制作用下的价格，是放开的。工作方法上，要强调经济的、法律的办法，辅之以必要的行政手段。因此，管理委员会要充分尊重企业自主权，精力要花在研究一些法规、制订一些办法上，研究用财政手段、税务手

1993 年 9 月 18 日，李长春考察郑州高新技术产业开发区。左一为河南省副省长张世英。

段调节经济的运行，为企业服务，创造一个好的生产经营环境。劳动人事制度也要按照国际惯例办，实行招聘制、合同制，按照新的机制运行。

总之，开发区要出三个成果，即出产品、出经验、出人才。出产品，就是要出高新技术产品，在填补省内、国内空白和创汇上发挥作用；出经验，就是要在改革开放上出经验；出人才，就是要培养一批改革开放的人才，成为我们省深化改革、扩大开放的骨干力量。

二、高速度、高质量、高效益建设开发区

现在形势发展很快，按部就班地搞不行，要以“三高”的要求来建设开发区。首先是高速度。我们要在内地也创造一个沿海的速度，为全省方方面面树立起一个好的形象，在全省各级干部和人民群众面前展现一种崭新的精神风貌。在商品经济中应该体现出“时间就是生命，效率就是金钱”这个观念。在基础设施建设上要日夜兼程，在办事效率上也要有一个大的提高。郑州开发区能不能创造郑州速度，给外商一个好印象？高速度要体现在企业的项目上，到 1995 年能不能把 3 平方公里都装满，能不能进入内陆地区开发区一流行列？从现在看，还有点按部就班，没有沿海的速度。第二是高质量，就是要建设好。首先在项目选择上，一是高技术，二是外向型，搞一批填补国内空白的项目，这样影响就更大了。要有紧迫感，但不要饥不择食。第三是高效益，就是要注重效益。我们搞开发区不是为搞开发区而搞开发区，不是搞出来给别人看的，一定要有好的实效。所谓效益，不

外乎社会效益和经济效益。社会效益，就是带动全省开放；经济效益，就是要把项目选择好，尽快进入良性循环。

三、认真解决好当前开发区建设中的若干问题

开发区需要解决的突出问题：一是权限问题。市政府已经明确，开发区管理委员会作为市政府的派出机构，享有市一级的经济管理权限。其中，主要是固定资产投资审批权，开发区定的项目，从立项、可行性报告，开发区定了就算数，固定资产投资影响市里规划的请市里协调；外资项目的审批权，包括立项、签约、合同审批权由开发区行使，省经贸委委托开发区管委会发证；注册登记由省里委托郑州市工商局，市工商局派人在开发区办理；劳动人事权方面，因管理委员会是市政府的派出机构，人员由市里确定，其余的劳动人事管理权都归管理委员会。除了经济管理权限以外，其他管理权限由市里定。二是开发区建设资金问题。我们省只有这么一个国务院批准的开发区，要集中全省力量搞起来。总的指导思想是各方支持，措施上也必须多渠道。对流动资金贷款，由在开发区的金融分支机构，实行多存多贷，年末再归笼子、算总账，归到省行。固定资产投资每年年初向省里报一次项目，或者一年两次。省几个银行协调一下，要千方百计支持。基础设施，包括三通一平，除了原来省里定的拨款外，要搞好房地产开发，可以吸收几个房地产开发公司同时展开。市里面各部门正常的资金渠道要延伸到开发区，市政道路建设、供水、电力要往开发区延伸，开发区的交通环境必须改善，现在运集装箱到开发区很费劲，这不行，必须把开发区和我们将来要搞

的高等级公路连接起来，高速公路在开发区要有出入口。9月份少林武术节，要搞个大的招商活动，对外宣传一下。再一个问题是完善政策法规，开发区管理委员会本身要有一个法规室，把外地好的东西，结合自己的情况先起个草案，然后报市里，凡是市里能定的市里定，定不了的报到省里。

焦作要为发展农村经济提供新鲜经验*

（1995年4月27日）

国荣〔1〕同志：焦作市是我省农村经济发达地区，可从实际出发进行一些超前性试验。如稳妥推进土地适度规模经营；小康县的试验、实现小康村之后的更高层次的试验（如称社会主义新农村）；农村小城镇建设；"一优双高"农业开发；农业走产业化道路等，为全省提供新鲜经验。

注　释

〔1〕国荣，即张国荣，时任焦作市委书记。

---

*　这是李长春同志在河南省委办公厅《工作信息》1995年第150期刊登的《积极引导土地合理流转，稳妥推进适度规模经营》上所作的批语。

总结推广南阳小城镇建设的经验*

（1995年5月30日）

南阳市近年来通过调整省际沿边小城镇政策，有力地促进了我省与鄂陕交界地区经济的发展。尤其在豫鄂边界初步改变了我省孟楼的落后面貌，形成了豫孟（河南的孟楼镇）和鄂孟（湖北的孟楼镇）比翼齐飞、竞相发展的局面。经验很好，可供各地借鉴。望各市、地和省直有关部门主要领导同志予以重视。

加快沿边地区经济发展的关键是要建设一批具有带动力的小城镇。这样可以迅速改变传统农业为主的经济格局，获得生产力增长的有力支点；可以使资源在按市场规律配置中向有利于我方流动，吸引邻省生产要素为我所用，以人之长、补己之短，创造出较高的效益；是学习外省好经验，加快沿边地区改革开放的一个窗口；对于提高沿边群众素质，尽快实现脱贫致富，至关重要。沿边地区情况特殊，搞些灵活政策既能促进这些地区经济发展，又不影响全局。

加快沿边小城镇建设，一定要吃透情况，制定好规划。可考

---

* 这是李长春同志在河南省委办公厅《工作通报》1995年第26期刊登的《加快省际边缘集镇建设，促进沿边群众致富步伐——关于邓州市孟楼镇及南阳市沿边集镇发展情况的调查》上所作的批语。

虑从毗邻交通要道、区位优势明显、经济比较发达的小城镇和传统集市中，如焦作的常平、邵原镇，三门峡的豫灵镇，南阳的孟楼、西坪、荆紫关、湖阳镇，信阳的陈淋子镇、三河尖、赵集、李家寨，周口的留福、白马镇，商丘的宋集、界沟镇、韩镇，濮阳的元村镇，安阳的都里、楚旺、任村镇等，选择一批作为市、地、县的特别试点乡、镇。在不违背中央规定的前提下，采取一些灵活的政策，赋予其一定的权限，加强基础设施建设，增强其吸引力、辐射力和凝聚力。

抓住京九机遇，振兴豫东经济*

（1995年9月13日）

就某种意义来讲，抓住了现代交通，就是抓住了发展机遇。在机遇面前，谁见事早、行动快，谁就能够争得主动，就能抓住战机，就能迎来经济的大发展。如果对机遇不敏感，抓不住，就会贻误战机。我们要尽快统一各方面的认识，增强抓住机遇、加快发展的使命感和紧迫感。

一、充分认识修建京九铁路的重大意义

修建京九铁路，为振兴河南特别是豫东经济提供了历史性机遇，我们一定要提高认识，牢牢把握住这个重大机遇。

要从现代交通对经济社会发展具有十分重大推动作用的高度，认识修建京九铁路的重大意义。自从有商品交换以来，交

* 这是李长春同志在商丘“抓住京九机遇，振兴豫东经济”座谈会上讲话的一部分。

通对经济和社会发展都一直起着十分重要的推动作用，推动着沿线产业带和中心城市的形成和发展。古代丝绸之路就给开封、洛阳、西安，一直到甘肃沿线带来了繁荣。《清明上河图》和敦煌壁画就是当时经济社会繁荣的真实写照。随着科学技术的发展，海运事业的开拓，特别是十四、十五世纪之后，丝绸之路逐渐为海上交通所代替，导致原来最繁荣的地区逐渐萧条起来。到了近代，航海技术更加先进，铁路、航空也都蓬勃发展，在沿海地区，仅仅 100 多年的时间就崛起了一批现代化城市，青岛、大连、上海都是如此。辽宁省辽西地区的北镇县，在清代为广宁府，是皇帝出关祭祖的重要通道，并建有皇帝的行宫，经济相当繁荣。后来由于修建铁路没有从北镇经过，而从偏僻的辽西走廊锦州、锦西通过，北镇就衰败了，随之而来辽西走廊很快就形成了一批新城市。孙中山在《建国大纲》里讲的五口通商中的牛口，即现在的营口，19 世纪许多国家在那里设有领事馆，因为它是辽河的出海口，顺着辽河可以深入腹地。后来由于上游带来了大量的泥沙，使得辽河不能行大船通商了，再加上这个地方冬天还有两个月的封冻，而这时修了中长铁路〔1〕，大连随之发展起来，形成了不冻的深水港，取代了营口。可见现代交通对中心城市的形成、对产业带的形成、对经济社会的发展是很重要的。前不久我们到韩国访问，韩国就是在汉城到釜山这条高速公路的沿线建起了一批工业基地，形成了带动产业经济发展的发达经济带。郑州原来是个小镇，由于陇海、京广线在此交会，使它在几十年的时间内成了百万人口的大城市。这些都证明了现代交通对经济社会发展有着至关重要的作用。所以，就某种意义来讲，抓住了现代交通，就是抓住了发展机遇。京九线是新中国成立以来投资最多、通车里程最长的南北大通道，经过我省 3 个地市，为我省经济发展提供了一个十分重要的机遇。我们应有这样一个现代交通的敏感性，增强机遇意识。

要充分认识到，京九线有利于加快我省东部地区的开发，缩小地区之间的差距。京九线经过我省 3 个地市 8 个县（市），都是欠发达地区。因此，京九线就是扶贫线，它的开通，将给豫东北、豫东和豫东南的一批贫困县带来加快脱贫的希望。京九沿线资源的开发、产业带的形成，以及沿线区域性中心城市和中小城镇的发展，可以促进整个豫东和豫东南地区脱贫致富。这是历史赋予的重大发展机遇，也是这些地区发动干部群众、加快振兴地方经济的强大动力。一个地区的工作要克服一般化，必须借助大机遇的东风，乘势而上。京九线的开通，为3个地市8个县（市）提供了绝好的机遇，要用它来凝聚人心、动员群众，这本身就是一种力量。

还要充分认识到，京九线的开通为全省振兴提供了新的经济增长点，为全省实施开放带动战略提供了新的重要机遇。京九线是从北京直通九龙，使我省又多了一个通往沿海的大通道，意味着缩短了我省和香港的距离。1997 年香港回归祖国后，仍会保持它的繁荣。京九通车本身就给我们实施开放带动战略创造了条件，我省发展国民经济过程中面临的瓶颈也将有很大的缓解。在国民经济发展中，有两个突出的瓶颈。一个是电力，据测算现在我省电力缺口在 20%左右；另一个是铁路运输，我省现在关键是向东南沿海运输线路少，不畅通。京九线开通后，将和陇海线在商丘交会，会增加我们向东南沿海运输的能力。国家“九五”计划和 2010 年远景规划，已经把京九沿线摆上了重要位置，提出要在京九沿线逐步形成新的经济发展带，必将对我国今后生产力的布局产生重要的影响，而目前京九线通过的各个省已经呈现出竞争的态势。从长远看，整个豫东能够逐步形成新的经济发展带，对于我省的协调发展至关重要。豫东整个都是农业地区，产业构成水平比较低，对外可交换的东西也比较少，比较贫困，一般正常的年景是温饱，没有钱，更谈不上什么经济实力。所以，不论是把豫东经济发展纳入国家的盘子里、纳入京九线发展带里，还是在和兄弟省的竞争中、在未来全国的市场经济格局中占据主动，都要求我们以更加积极的姿态，抓住京九机遇，加快振兴豫东经济。

综上所述，京九铁路的修建是我省豫东地区振兴的重要历史机遇。作为沿线的市地县，特别是商丘责任十分重大。同时我们要充分认识到，抓京九机遇，不仅关系到豫东地区经济能否迎头赶上，而且也是关系到全省振兴的大事；不仅关系到能否使豫东地区脱贫致富，也是关系到能否尽快实现全省人民共同富裕目标的大事。在机遇面前，谁见事早、行动快，谁就能够争得主动，就能抓住战机，就能迎来经济的大发展。如果对机遇不敏感，抓不住，就会贻误战机。我们要尽快统一各方面的认识，增强抓住机遇、加快发展的使命感和紧迫感。

二、抓京九机遇，贵在真抓实干

京九铁路通车，将给我们带来很大的历史机遇和希望。要抓好这次机遇不是一件容易的事情，我们面临很多困难。一是当前国家通货膨胀率比较高，信贷资金进一步抽紧，货币发行和基本建设规模进一步严格控制，国家宏观调控力度比较大。二是沿线3个地市8个县（市）经济基础都比较薄弱，一些县还欠发职工的工资，群众手里钱也很少。商丘仍然是全省农民人均收入最低的地区，信阳也是比较低的地区之一。所以政府没钱，群众没钱，经济实力比较差。因此，我们就要把强烈的机遇意识和科学态度紧密地结合起来，在真抓实干、务求实效上下功夫。不能全面开花，什么都想干，什么也都干不好，反而还挫伤了广大群众的积极性。要围绕增强经济实力，在打好基础上先起步，先做文章。一些非生产性的、锦上添花的，以后富裕了再考虑，现在我们还没有这个力量。今后要围绕以下几个问题真抓实干。

第一，要加快基础产业和基础设施建设，为今后的加速发展奠定基础。当前急需抓的一是引黄。商丘地下水资源贫乏，发展灌溉没有水，城市发展没有水，发展工业没有水，搞电厂也没有水，所以不解决水源一切问题都谈不上。水源主要靠引黄。1992年省政府已分析过商丘水的问题，决定开挖一条新的引黄灌渠——新三义寨引黄干渠。商丘于当年冬天发动几十万大军奋战在引黄工地上，现在看为抓京九机遇奠定了基础。但是这条渠远远没有达到年供饮水6亿多立方米的设计能力。要达到设计能力关键有两个问题：一个是干渠沿线塌方，需要砌好，这个问题已经定了，由省里投资，今明两年衬砌完；一个是商丘要加快引黄配套工程，要同抓京九机遇、城市规划、矿区规划、电厂规划结合起来，同时，也要增加自己的调蓄能力。建议你们和省里的衬砌工程结合起来，用两年时间把配套工程搞好，到1997年能够使引黄灌区达到设计能力。二是能源。能源主要是煤炭和电厂。煤矿建设要在省煤炭厅的领导下，你们密切配合，确保本世纪末达到

1992 年 11 月 14 日，李长春在新三义寨引黄工程建设工地参加劳动。右一为开封市委常委、兰考县委书记卢大伟。

1000 万吨的生产能力，这是抓京九机遇，振兴商丘的支撑项目。再就是 2×30 万千瓦的电厂，现在要抓紧论证，编写项目建议书上报，力争后年开工，“九五”完成。三是开商高速公路。抓紧勘测设计，抓紧落实资金，争取早开工，确保“九五”完工。我们这 5 年要把这四大重点工程搞上去，为下个世纪初加快发展打好基础。

第二，结合中低产田改造，搞好农业综合开发，把商丘建设成稳产、高产的粮棉油基地。作为农区，要加快经济振兴，首先还要立足于农产品资源的加工增值。所以，在引黄补源的基础上，要抓紧打井，保证粮棉生产的稳定增长，稳住 700 万人的吃饭问题。同时，调整种植业结构，发展经济作物，大搞创汇农业，进行农副产品深加工，提高农业综合效益。随着国家开发措施的落实，我们的各项工作都要跟上。

第三，大搞“富民工程”，使群众尽快摆脱贫困状态，实现原始资本积累。现在农业地区，即使国家安排几个大项目，固定资产投资由上级解决，配套资金和流动资金我们也解决不了，有了项目也搞不了。所以必须先使群众手里有钱，增加银行存款，增大资金存量，这样才能上项目。因此，要扎扎实实地把舞阳搞“富民工程”的经验落实到千家万户，这是一个对落后农区在比较短的时间内使群众摆脱贫困的好办法。有条件搞乡镇企业的要大力发展乡镇企业，没有条件的要家家户户搞庭院经济，实现原始积累。

第四，大规模地招商引资，大力发展“三资”企业，立足于“引”字，壮大我们的经济实力。招商引资不能等“九五”把这几个工程建设完了再搞。大项目不具备，中小项目也可以搞。招商引资也有个机遇问题。目前沿海地区正在进行产业结构调整，你错过了这个机遇，别的地方就抓去了。国家现在正搞东西部合作工程，如沿海的纺织工业由于没有棉花，一些纺纱设备就要内迁，这就是机遇。现在沿海地区一些外商在改革开放初期搞的一些劳动密集型产业，也在向内地迁移，要抓住这些机遇。还有一个利用外资的机遇，最近两年越南、马来西亚、印度、印尼都在大规模吸引外资，出现外资分流。但是现在总的看，中国利用外资的形势还是好的，世界游资总的还是向亚太地区流动，目前我国还是世界上吸引外资最多的国家，还是要抓住这个机遇，尽快地把外商投资小区规划起来，引进一批项目。

第五，真抓实干，还要注重在我们现有的企业上挖潜、革新、改造，特别是对一些优势企业、名牌产品加以扶持，上水平、上规模、上质量，使它们尽快成为拳头，这个来得快。在此基础上，不排除论证一些对国民经济全局影响大的项目，但要有一定的经济基础和较长的时间，眼前靠它还有困难。

第六，进一步搞好规划，特别是永夏矿区规划，商丘城市总体规划，在搞好规划的基础上逐步实施。当前要为促进永夏矿区的发展，实现1000万吨的生产能力和促进铁路枢纽的完善，积极搞好城区配套建设，搞好服务。

在这几个问题上，希望商丘也包括豫东其他几个地市要真抓实干，既要有强烈的机遇意识，又要千里之行，始于足下。不管是招商引资也好，基础设施建设也好，资金问题是主要矛盾，要加大“两个力度”、做好“一个依靠”。一个是争取国家各部支持的力度，另一个就是加大招商引资的力度，依靠以地生财。这是当前我们能不能真抓实干、起好步的关键。

三、要抓京九，促改革，加快建立社会主义市场经济体制

商丘是我省的综合改革试验区。现在有了京九机遇，也就是有了新的助推器，而且两者相辅相成，互相促进。只有加快建立社会主义市场经济新体制，才能够有助于抓住京九机遇，加快豫东经济的振兴。

第一，要千方百计地加快国有企业经营机制的转换，大幅度地提高国有企业的经济效益。按照“三个有利于”的原则，只要

是国有资产能增值、企业效益能提高、职工能增收，就大胆地探索，大胆地试验。要进一步解放思想，用足用活政策，“抓大放小”，对大中型国有企业，加快股份制改造的步伐，力争改造一家成功一家；对那些效益不好或长期亏损的中小企业，下决心选择一批进行租赁、兼并、拍卖，有条件的可改造成股份合作制企业，少数资不抵债的要依法破产。商丘肉联厂过去是亏损大户，现在搞得很好，今年扭亏了，靠的就是改革。要总结这样一些好的经验，加大改革力度。

第二，继续深化农村改革，特别是要研究用产业化的途径加快农业综合开发。以市场为导向，在稳定家庭联产承包制的基础上，积极探索土地流转制度的改革，扩大土地规模经营，提高综合效益，鼓励拍卖荒山、荒水、荒坡、荒滩的使用权，鼓励以股份合作方式进行农业开发，大力推进贸工农一体化、“公司＋基地＋农户”的经营方式，逐步实现区域化布局、专业化生产、社会化服务、企业化管理，为实现农业和农村经济产业化创造条件。

第三，加快市场体系建设。京九线的贯通给我们对外扩大商品交换提供了有利的条件，对于加快市场体系建设，也是个重要机遇。要紧紧依靠京九铁路，努力发展商品市场，尤其是要发展一批档次高、功能全的大型批发市场。着力发展生产要素市场，如资金市场、劳动力市场、房地产市场等，同时，要大力发展市场中介组织。

第四，按照转变职能和精简、统一、效能的原则以及“小机构、大服务”的要求，深化机构改革和干部人事制度改革，提高工作效率，激励机关干部，搞好分流，兴办实体，推动商品经济的发展。机构改革搞好了，一举两得，机关办事效率提高了，为发展商品经济增加了一批人才；搞不好，就是两害，机关臃肿，办事效率低下，财政负担重，甚至发不出工资，导致经营环境、投资环境恶化，“三乱”现象严重，影响商品经济的发展，所以要下决心抓这项改革。商丘作为综合改革试验区，要在机构改革、干部分流上为全省提供经验。

第五，大力发展个体经济和私营企业。要进一步解放思想，放手发展，能发展多快就发展多快，认真落实省委省政府有关政策。工商、税务等部门要积极支持，为经营者提供服务，排忧解难，促进个体私营企业的健康发展。

注 释

〔1〕中长铁路，即中国长春铁路，自哈尔滨西至满洲里、东至绥芬河、南至大连，形如“丁”字，总长 2400 多公里。抗战胜利后，我国东北地区原中东铁路和南满铁路合并，由中苏共管，统称中国长春铁路。1952 年 12 月，苏联政府将其所属中国长春铁路的一切权利以及该铁路的全部财产移交给中国政府后，分别改为滨洲铁路、滨绥铁路和哈大铁路。

鹤壁要总结好快速发展的经验 *

（1996 年 4 月 4 日）

鹤壁之所以呈现出生机勃勃、一派兴旺的景象，干部群众都有一个良好的精神状态，我看正像你们汇报时讲的，有这么几点。第一，始终坚持抓解放思想、实事求是，转变观念换脑筋，启动思想观念这个“总开关”，用邓小平同志建设有中国特色社会主义理论武装干部的头脑，而且确实见了成效。1990 年我来鹤壁，大家觉得困难很大，一筹莫展，1992 年就有了变化，这次变化更大。第二，我感到从市到县班子团结干事、勇于开拓、作风务实，能够从鹤壁的实际情况出发，把中央和省委的要求与本地实际情况紧密结合起来，创造性地开展工作。从淇滨经济开发区的论证、提出到决策；从在农业上选准的切入点——大搞粮食的转化增值，发展畜牧养殖业；从发展壮大工业的途径——跟沿海地区搞联合，跟大集团“小鱼串大串”，为大集团、大企业服务，千方百计练好内功，创造良好投资环境，都体现了你们工作的创造性。第三，鹤壁有一个发展经济的好思路。不论是在工业、农业、企业改革和对外开放，还是在城市基础设施建设方

* 这是李长春同志在听取鹤壁市委市政府工作汇报时讲话的一部分。

面，都有一个比较好的思路，并始终坚持，一步一个脚印地抓落实。总之，来鹤壁短短两天，感到鹤壁“八五”期间确实在各方面都上了一个台阶。希望鹤壁的几大班子、广大干部群众，都要进一步统一思想，对过去五年走过的路，很好地总结一下，进一步坚定信心。

我赞成你们提出来的“解放思想找差距，奋战‘九五’上台阶”的讨论活动，这样可以很好地总结一下过去走过的路。你们这种做法，始终坚持了启动思想观念这个“总开关”，不断用邓小平同志建设有中国特色社会主义理论来武装干部的头脑，坚持建设好各级班子，使各级班子成为建设鹤壁的坚强领导核心，制定一个符合鹤壁实际的发展思路，并进一步统一思想、求得共识，应该充分肯定。这些做法和经验，比搞具体的建设项目意义还要重大。鹤壁要进一步总结经验，推动经济社会加速发展。当然，也要看到存在的差距，所以你们提出“解放思想找差距”，这是很好的，是为了更好地前进。鹤壁经济社会过去比较落后，这是历史形成的，广大农村总体上还不算富裕，要考虑怎样在“八五”期间已经上了一个台阶基础上，把“九五”期间的工作做得更好。鹤壁经济规模小，但小有小的好处，往往容易形成统一意志，容易把情况吃得更透，一目了然，容易把大家凝聚起来，形成一个热气腾腾的局面，所以不要怕小。我赞成你们要在人均水平上走在全省前列的奋斗目标。1990 年以前，鹤壁的人均水平排在全省第十位，到了 1995 年是第五位，一年上一个位次，这是很快的。希望再用五年左右时间的努力，跃升为全省的先进。

新乡工作要再上新台阶*

（1996 年 7 月 26 日）

最近省委召开的三级干部会议认为，目前要注意两大问题：一个是在上半年经济工作遇到了新情况、新问题、新困难的情况下，继续使全省干部振奋精神，克服困难，保证“九五”开局之年开好头、起好步；一个是进一步统一思想，充分认识当前各个方面给我们提供的机遇，动员干部群众抢抓机遇。中央提出“九五”期间加快支持中西部地区发展的步伐，提出“九五”经济的发展要实现两个根本性转变。希望新乡市委市政府抓住机遇，在原有基础上把各方面工作提高到一个新水平。

要对纺织工业实现战略性改组，尽快扭转纺织行业的被动局面，在全省走在前面，为全省提供经验。新乡是我省纺织企业比较集中的城市之一，目前虽然也遇到了一些困难，但是比全省面上的情况要好一些。希望新乡加快调整纺织工业的产品结构和企业组织结构，在尽快走出困境上为全省创造经验。新乡染织厂在开发国际市场方面做了不少工作，能在日本建立一定的信誉，很不容易。现在全省染织行业比较困难，接不到订单。新乡要利用

* 这是李长春同志在新乡市检查工作时讲话的一部分。

自己的优势，一是拉长产品链条，生产服装，纺织行业不这样就没有前途。二是联合省内同行业企业，扩大色织布的规模和品种。通过横向联合、纵向延伸，逐步形成新的企业集团。新乡印染厂、华新棉纺厂生产宽幅布的条件比较好，要加快产品结构调整的步伐，大力开发床上用品和装饰布，使之在全国占有一席之地。针织行业困难较大，现在台湾、上海的一些名牌针织品充斥全国市场，我们棉花大省却拿不出名牌的针织品。问题就在于我们的针织企业在计划经济的外贸体制下，主要从事外贸加工，生产了几十年自己却没有牌子，没有牌子就没有市场，新乡要在这方面创名牌。因此，针织行业的发展要突出三个方面：一是发展最终产品，二是创名牌，三是扩大生产规模，扩大市场覆盖率。从整个纺织行业的情况看，现在表面现象是棉花价格高，企业吃不消，但实际上是由于外部条件的变化暴露出我们企业内部的不适应。名牌产品为什么有市场？就是它的附加值高，所以，问题的关键是产品结构。靠国家降低棉花价格是不可能的，必须调整结构，增加附加值，创名牌。创出名牌就有了无形资产。要通过调整产品结构，增加技术含量，来抵消棉花价格上涨的因素。现在全省纺织、军工行业最困难，希望新乡能创造出新经验。

要进一步总结新飞“三改一加强”搞活企业的经验，推动全市工业企业素质再上新台阶，为全省提供新的经验。新飞这几年的实践证明它走出了一条很成功的路子，但怎么把它的经验加以科学总结，这个工作做得还不够。邯钢的成功经验就是“模拟市场，成本否决”，概括得很精辟。新飞确实各方面都不错，狠抓质量、开发品种、降低成本、严格管理等都要加以科学的总结升华，这样才能指导面上的工作。从结果上看，新飞的“四个好”

是谁也否定不了的：一是有适销对路和较强竞争能力的好产品，这是企业改革、管理的基础；二是有适应社会主义市场经济体制的好机制；三是有一支思想素质、技术素质比较高的过得硬的职工队伍；四是有懂经济、善管理、全心全意为人民服务的好班子。这“四个好”是新飞成功的经验。要认真总结新飞的经验，在新乡掀起“远学邯钢，近学新飞”的热潮。省经贸委要组织人员同新乡一块对新飞经验进行总结。各级要有各级的学习对象，每个企业都要对照新飞找差距，分析自己面临的机遇，制订上台阶的措施。

要按照经济体制改革的要求，积极进行城市配套改革，走在全省前边。党的十四届三中全会决定建立社会主义市场经济体

1993 年 3 月，李长春在新乡县李台村考察。右三为新乡市委书记吉炳轩。

制，强调要建立三个制度、两个体系，即现代企业制度、社会保障制度、收入分配制度和市场体系、宏观调控体系。“八五”期间，我国在宏观调控方面进行了税收制度改革、财政体制改革、外贸体制改革、金融体制改革等等，社会主义市场经济的框架已经初步形成；现代企业制度改革通过试点也在逐步开展。除了国家的宏观改革和企业的微观改革，还有一个中观改革，也就是城市配套改革。中观改革的内容包括在国家统一指导下，落实好社会保障、国有资产的监管和运营、产业结构和企业组织结构的调整及完善和培育市场体系等方面的改革。

在社会保障方面，首先要尽快完善失业和养老的社会保险。这两个保险是企业深化改革的当务之急。养老保险是解决新老企业在一个起跑线上竞争的问题，失业保险是解决失业职工的生活保障问题，是使企业优胜劣汰、职工能进能出的重要配套改革。这些保障必须社会化。目前我们还没有做到社会化，要加快步伐。要学习沿海地区社会化的做法，并研究社会化之后的服务网点设立问题。医疗保险对全省来讲，可以晚一点，但最终也要走向社会化。新乡是全省 3 个医疗改革试点之一，要按照试点要求先走一步。其次要搞好解困和再就业工程。对城市居民要界定最低生活线，低于最低生活线以下的，无论如何要实行救济，这是政府行为。最近，省委省政府办公厅专门下发文件，要求财政部门从个人收入调节税中拿出一部分用于最低生活线的补助、救济，确保低收入职工的生活需求。没有落实的地方要迅速行动起来。各级劳动部门要努力办好劳动服务公司，这叫待业职工“蓄水池”，给待业职工或长期放假职工提供一个暂时自食其力的地方。过去财政上列的知青就业经费不要取消，要转向待业职工就业经费，可以用来支持劳动部门办好劳动服务公司，也可以用来建立再就业培训基地。此外，还要办好规范性的劳务市场，解决再就业的劳动力交易问题。

在国有资产的监督、管理和运营方面，要积极研究、探讨，搞好试验。过去我们政企分开之所以不成功，一个重要原因就是国有资产的监督、管理和运营问题没有解决。对国有资产的监督、管理是政府行为，而国有资产的运营是经济组织的行为。如何处理这种关系，如何保证国有资产的保值、增值，全国都在探讨。一些地方把工业主管局直接翻牌改成国有资产的运营机构，即控股公司。这种按行业配置控股公司的做法值得研究，企业有反映。是在国有资产管理局下边设一个跨行业的控股公司，还是搞其他的形式，可以做点探讨、搞点试验。在产业结构和企业组织结构调整方面，要加大力度。产业结构调整势在必行。纺织行业当前遇到了严重困难，其中预示着一个问题，就是历史上形成的“两纱两布”〔1〕在比较大的中心城市已经没有前途，必须进行产业结构调整。上海率先进行了产业结构调整，已经由300多万锭压缩到200多万锭，今年要压缩到150万锭。原来的纺织女工通过各种渠道，各得其所。由于“两纱两布”附加值很低，而大中城市地价越来越高，原有厂房腾出来搞房地产开发也比纺纱合算。因为搞市场经济就必须受经济规律的制约。再加上城市招收纺织女工越来越困难，而且纺织女工纺纱只能干到40岁，现在的平均寿命是70多岁。所有这些都带来一些新问题，产业结构的调整就得靠中观改革。企业组织结构的调整一下子还不能完全走向市场，当前还需要政府从中牵线搭桥，充当红娘，然后逐步走向产权市场。培育生产要素市场工作也需要政府按中央的要求去落实。

所有这些工作都是围绕着中观的，我们原来讲抓住大的，放活小的，重在配套，突破难点，国家宏观的框架已基本形成，企业微观的改革正在进行，现在突出的问题是中观改革上不去，因此影响了企业转制。希望新乡在中观改革方面能够走在全省的前面。

注　释

〔1〕“两纱两布”，两纱指棉纱、棉涤混纺纱，两布指棉坯布、涤棉混纺坯布。

许昌要抓住发展机遇*

（1996年12月26日）

近年来，许昌变化很大，经济发展快，干部群众的精神状态好，各项事业蒸蒸日上。目前，许昌确实面临着难得的发展机遇：一是这两年打下了良好的思想基础、政治基础和物质基础。人们的探索精神、开拓精神空前高涨，班子团结，工农业生产、整个经济工作的思路和招数都比较清楚，也有一批好的典型。所有这些为许昌今后发展提供了宝贵的财富。二是许昌区位优势日益突出。主要以高速公路通车、新郑机场即将运行为标志。这对吸引外资和国内合作，发展二、三产业，跻身国际国内两个市场都创造了好的条件。省内面临的良好条件，许昌也都有。国家在加强农业基础，我省是重点扶持主体，许昌是农区，又属中原城市群，集产区和销区为一体，是发展农业，特别是高效农业非常好的地方。现在，国家确定加大投入的项目，有不少许昌能挂得上。如黄淮海开发、平原井灌、农业综合开发等。三是党的十四届六中全会提出要把精神文明建设摆到突出位置，这同样为许昌的精神文明建设提供了机遇。因此，许昌面临着十分有利的形

---

* 这是李长春同志在许昌市调研时讲话的一部分。

1997年5月15日，李长春在许昌汽车站了解社会治安和民工外出务工情况。前排左三为许昌市委书记李长铎。

势，具备两个文明建设再上一个新台阶的条件，希望许昌在两个文明建设上走在全省的前列，为全省提供新鲜经验，在以郑州为中心的中原城市群和欧亚大陆桥经济密集区中发挥应有的作用。这是总的要求，是第一点。

第二点，农业上要创造出新鲜的特色，发展特色农业。一是在稳定粮棉面积、提高单产、增加总产的前提下，优化农业结构，发展高效农业。发展高效农业要集中在两个领域：一个是养殖业，一个是园艺业。畜牧养殖业，要既能构成中原城市群市场，又能辐射北到北京、南到武汉、东到上海等大城市。许昌本身有资源，有科技力量，有交通条件，有一定基础，要鸡猪牛并举，继续实现农业人口“人均一头猪”的目标，在集约化养牛上为全省提供经验。在园艺业上，我赞成你们发展国道经济的思路，沿着国道搞一批高水平的园艺基地。这一点郑州也可以搞，但郑州作为大城市，周围地价太高。与郑州相比，许昌是农区，地价低，投入产出效益会更好。细菜市场大得很，要引进些国外品种，搞一批细菜基地。许昌的温棚比较多，发展快，但单个县还比不上周口的扶沟县，几个县要大力发展。在吃的方面搞开发，使产品进入最终消费，这是朝阳产业。花卉是许昌的优势，但不能搞低标准。要研究一些办法，除木本花卉外，要搞些草本鲜花，打到大城市去。二是要继续办好高效农业示范园区，把高科技引进来，创造高效益。三是进一步抓好农业龙头企业，形成一批有影响力、有实力的企业。今后衡量农业水平高低，很重要的是看有没有一批农业龙头企业。许昌目前的势头很好，有可能在“公司＋基地＋农户”的探索与发展上走在全省的前面。

第三点，工业要在深化改革、提高效益上下功夫。这次省委工作会议继续重申名牌战略，重申集团化战略。许昌工业有一些好苗子，如黄河磨具、许继电气等，但有的规模太小，真正在全国成气候的还不多。要运用经济杠杆，引导一批中小企业向大集团靠拢，创名牌，以名优产品和资本为纽带发展集团。不能再走大而全、小而全、低水平、重复建设的路子，要形成一批以名优产品为龙头，以资本为纽带，跨地区、跨行业、跨所有制的企业集团。这个问题，谁认识得早，谁就主动，否则，一定会被市场无情地淘汰。没有大的企业集团，另起炉灶，扩大市场很难，做广告也做不起，贷款没有人担保，步步走不通。因此，许昌无论如何要拼命搞出几个有规模的集团。今后国家扩大企业直接融资，主要对象是国家抓的 1000 户，这是动态的，谁能挤进去，谁就能列入国家股票上市企业的后备军。股票上市，国有企业可以直接融资，对企业有好处，又必须接受社会监督，这比行政监督更有意义。许昌明年企业改制完成80%，这个步子不小，全省是50%。改制并不是就能解决一切问题，还是要加强管理，搞三改一加强。许继确实是机械行业的一枝花，应把它的经验全面推广开，争取使许昌成为工业经济效益比较好、发展比较快、名牌比较多、结构比较优的城市。

抓住城乡结合的中心环节
闯出县域经济发展新路子

发扬焦裕禄精神，实现兰考富民兴县*

（1991年5月26日）

继承焦裕禄同志的遗志，继续发扬自力更生、艰苦奋斗和当年治理风沙、盐碱、内涝“三害”的精神，努力完成“进一步改善农业生产条件，强化农业基础；大力发展工业；坚决控制人口增长”三项任务，实现富民兴县的目标。

关于加快兰考经济发展的思路，是经过省、市和县里共同论证提出来的。县里提出的稳定发展农业，振兴农村经济，重点发展工业，实现富民兴县的基本思路和发展战略是符合兰考实际的，也是切实可行的。希望兰考县委县政府率领全县人民继承焦裕禄同志的遗志，继续发扬自力更生、艰苦奋斗和当年治理风沙、盐碱、内涝“三害”的精神，努力完成“进一步改善农业生产条件，强化农业基础；大力发展工业；坚决控制人口增长”三项任务，苦干十年，在提高经济效益和优化经济结构的基础上，

* 这是李长春同志在兰考现场办公会议上讲话的一部分。

争取经济发展速度略高于全省平均水平，人口增长速度略低于全省平均水平，到本世纪末人均国内生产总值达到或超过全省平均水平，实现富民兴县的目标。兰考县的各级班子要像当年焦裕禄同志那样，下最大的决心，采取各种坚决有力的措施，动员全县人民坚决实现这三大任务。

第一个任务是进一步强化农业基础，主要抓好两个方面的工作。一个是改善农业生产条件，使农业的发展能够建立在稳固的基础之上；另一个就是调整农业结构，使兰考成为农、林、牧、副、渔各业全面发展的农副产品生产基地，为工业发展提供比较丰富的原料。改善农业生产条件，重点是大搞农田水利基本建设，达到旱能浇、涝能排，提高抗御自然灾害的能力。要发扬红旗渠精神，也就是发扬“自力更生、艰苦创业、团结协作、无私奉献”的精神，动员全县各级干部像当年焦裕禄带领群众治“三

1991 年 6 月 7 日，李长春在周口地区商水县农村帮助困难农户割麦子。

害”那样，大搞农田水利基本建设。要大力提倡焦裕禄精神，自力更生、艰苦创业，争取在两三年内使农业生产条件在现有基础上有一个较大的变化。调整农业结构，要从两个层次上展开：一是要在稳定粮食产量的基础上大力发展棉花、花生等经济作物，大力发展林果业、畜牧养殖业，使兰考成为棉花、花生、林果业、畜牧养殖业四大基地。二是要大力发展乡镇企业，明确以发展工业、以发展乡村两级集体经济为主，通过大力发展乡村两级集体工业，逐步壮大集体经济，促进全县经济实力的增强，使群众走上共同富裕的道路。

第二个任务是重点发展工业，加速工业化进程。发展工业首先是对现有企业加强管理，进行技术改造，挖掘现有企业的潜力，这是投入少、见效快、实现原始资金积累最现实的途径，也可以增强人们的信心。希望兰考在抓工业上首先把这些工作抓好，也希望有关部门在对口帮带活动中，帮助兰考把现有企业搞活，使这些企业摆脱被动的局面。其次就是要紧紧围绕“农”字做文章，有选择地新上一些农产品加工增值的大项目。在发展工业上，要大力发展城乡集体工业。发展城乡集体工业，有很多优越的地方，与尚待改革的全民所有制企业比较，经营机制比较灵活，比较彻底地实行了自负盈亏，比较容易筹集资金，有利于调动各个方面办工业的积极性，行业多，门路广，投资少，见效快，比较适合兰考的资源条件、生产力水平和管理水平。因此，兰考发展工业除了向国家争取搞重点项目之外，主要是发展城乡集体工业，打破部门的界限、行业的界限，各个部门都可以办，农民可以办，供销社可以办，外贸公司可以办，方方面面都可以办。

第三个任务就是控制人口增长，提高人口素质。兰考人口控制工作还没有进入全省的先进行列，人口这个分母太大，也是兰考相对贫困的一个重要原因。因此，兰考要把控制人口作为一个重要任务抓紧抓好，尽快进入全省先进行列。在控制人口的同时，要注意提高劳动者的素质，这是我们经济振兴的前提。提高劳动者素质，要加速中等教育结构的改革。要以职业教育为突破口，大力培养既有文化又有劳动技能的劳动者。要注意培养各个方面、各个层次的人才。要注意培训干部，特别是搞工业的干部。对口支援单位要在支持硬件的同时把智力支援作为一项重要内容，帮助兰考培养各种各样的技术工人。

“两扭两创”是富民兴县的重要途径*

（1991年11月7日）

围绕培养财源、培养税源，省五次党代会提出，在全省深入开展“两扭两创”，其主要内容是在“八五”期间，全省财政补贴县要扭补，亏损企业要扭亏，即谓“两扭”。同时，全省要创财政收入大县，分别为3000万元、5000万元、8000万元、1亿元；企业创税利大户，大中型企业分别创1000万元、3000万元、5000万元，中小型企业分别创100万元、300万元、500万元，即谓“两创”。

开展“两扭两创”，不仅关系到企业的发展，而且关系到农民的富裕、农业的发展，是加快我省广大农村经济振兴，实现兴县富民的重要途径。因此，各级政府都要把它摆到重要议事日程，坚决抓好。

实现县级财政创收扭补，要抓好几个关键环节。

一、要进一步加快县乡改革的步伐，增强各级、各个方面的活力，千方百计把工作搞上去。对县乡来说，当前改革要重点抓好两个方面：一是要以建立乡财政，实行县对乡的财政包干和进

* 这是李长春同志在河南省县级财政创收扭补协议签字仪式上的讲话要点。

一步对乡下放权力为突破口，加速县乡经济综合体制的改革。二是要加速县以下事业单位的改革，把一部分事业单位特别是企业化管理的事业单位变成独立的经济实体，使其服务的好坏同经济利益直接挂钩。

二、要立足于本地优势，加速对外开放的步伐。就是要从原来的封闭状态转向全方位开放，把自己的产品打出去，把所需的资金、技术引进来，自觉地参与到全国商品经济的大循环当中，实行广泛的国内经济联合，并努力跻身于国际市场，实行双向开放。

三、要因地制宜地选择发展经济的途径。没有发达的工业，就不可能有发达的县乡经济。农产区的县要真正富裕起来，必须实实在在地围绕“农”字做文章，抓好农产品深加工，拉长产品链条，走强农兴工之路。这是富县、富市、富省的必由之路。

四、要建立严格的责任制。要有“两扭两创”的负责人，有项目的负责人，明确责任，实行严格的奖惩。对于没有正当理由到期实现不了扭补的，要强行削减财政补贴，对责任人要进行批评，并酌情给予经济处罚。对按期扭补的，要实行奖励政策，补贴再继续一年。要把创收扭补纳入省政府对各市地目标考核的内容之中，财政部门要加强督促检查。

“十八罗汉闹中原”意义重大*

（1993年3月30日）

按照唯物辩证法的观点，整齐划一、消极平衡就缺乏活力，就没有竞争，其结果必然是大家都受穷。只有打破平衡，造成反差，形成势能，让有条件的县（市）先发展起来，给落后地区以压力感、紧迫感和新的动力，才能促进其发展。没有一部分地区先富起来，也就没有共同富裕。

1992年，省委五次全会确定了18个改革、开放、发展特别试点县（市）。这使“十八罗汉”[1]成为带动全省经济社会发展的排头兵，是省委省政府贯彻落实党的十四大精神，抓住机遇、加快发展所采取的重大举措，意义十分重大。

第一，它是从省情出发找到的发展经济的突破口。我省85%以上的人口在农村，是一个经济比较薄弱的传统农业大省。城市人口比重小，大的经济中心城市较少，完全靠现有城市的辐

---

* 这是李长春同志在河南省特别试点县（市）座谈会上讲话的一部分。

射力来带动全省经济的发展还很慢、还很不够，需要找出一个新的加快发展的突破口。我省经济上新台阶的难点在农村，潜力也在农村，没有广大农民的脱贫致富，没有广大农村的经济发展，全省人民实现小康是不可能的。县这一层次是城乡的结合部，是以城带乡、城乡一体化的衔接点，是带动广大农村全面发展商品经济的龙头，是承上启下、联结城乡、沟通条块的枢纽。县级机关也是党和国家领导农村工作的前沿指挥部。县这一层次具有以下几个显著特点：一是具有很大的覆盖性。全省 8862 万人口中城市人口包括县城只有 1100 万，7000 多万人口都生活在县级以下的乡村。县域经济的发展，对于占 85%以上人口的农村的富裕具有决定性作用。二是具有明显的衔接性。县这一层次一头是农村，另一头是城市，是将现代文明传递给广大农村的“辐射源”和“二传手”。县域经济发达不发达，对全省广大农村两个文明建设至关重要。三是具有很强的综合性。县级行政机构是麻雀虽小，五脏俱全，工、农、商、学、兵、党、政、财、文都有，充分利用所有的手段完全可以干出比较大的事业。四是具有一定的独立性。它与城市所辖的区不一样，区里没有的一些权力而县里有，因此，容易形成有利于改革的宽松环境和小气候。发挥县级的积极性和创造性，可以使农村改革在较大的范围内展开，并且可以由县通盘运筹，使各项改革配套联动，实现县域经济的综合体制改革，从而收到比较好的整体效益。五是在全省国民经济中具有突出的重要性。据统计部门提供的数字，全省 1992 年工农业总产值 2100 多亿元，县域经济就占一半以上；全省国内生产总值 1207 亿元中，县以下也占一半；全省城乡居民储蓄 500 多亿元中，县以下同样占一半；全省轻工业原材料的

70%—80%来自农村；全省煤炭工业，县以下占40%。六是县这一层次的经济构成决定了其运行机制具有灵活性。县一级的工业构成大多以乡镇企业为主体，即使有为数不多的国有企业也是中小型的，而且较长时间以来是面向市场的，受计划经济体制的影响较小，完全可以用集体企业的机制加速其机制转换，改革的难度相对来说要小些，容易成为全省经济中最活跃的因素，容易形成全省经济中的新生带。七是可以实现宏观与微观的有机结合和一、二、三产业的协调发展。因此，从我省实际情况出发，加速县域经济发展，是关系到振兴河南的大事，也是我们抓住机遇、加速发展的一个重要突破口。

第二，它是对全国改革大潮呼唤中原大地的积极响应，也是历史责任感与时代紧迫感的要求。改革开放14年来，特别是1992年初邓小平同志南方谈话发表之后和党的十四大的召开，全国出现了百舸争流、千帆竞发的形势，改革开放的浪潮一浪高过一浪。我省虽然也出现了可喜势头，但由于在开放上的时间、地域差异，加之人口多、底子薄，与沿海的差距有拉大的趋势。据省统计局统计，1992年全省初步实现了“一高一低”的战略目标，但同全国先进省份相比差距在拉大。形势喜人，形势逼人。怎样抓住机遇加快发展？省委经过再三研究，确定让一些有条件的、能发展更快的地方在全省带个头，让其各显神通，威震一方，影响一片。这18个特别试点县（市）有地区代表意义，如让项城县闯出一条豫东平原加速振兴的路子，让灵宝县闯出一条豫西山区加速振兴的路子，让镇平县闯出一条带有豫南特色的农区加速振兴的路子，让林县闯出一条豫北贫困山区加速振兴的路子，让巩义、密县、新郑、荥阳这些县（市）在沿黄经济带率先闯出一条振兴的新路来。

第三，它是“让一部分地区先富起来”的思想在我省的具体落实。在贯彻党的十四大精神中，我们总体上对邓小平同志“让一部分地区先富起来”的思想落实得还不够，胆子还不大，思想还不够解放。与沿海相比，我们省内的差距尚未拉开。学习沿海、打破封闭、加速发展不能搞大家齐步走。按照唯物辩证法的观点，整齐划一、消极平衡就缺乏活力，就没有竞争，其结果必然是大家都受穷。只有打破平衡，造成反差，形成势能，让有条件的县（市）先发展起来，给落后地区以压力感、紧迫感和新的动力，才能促进其发展。当然，这也可能暂时使县（市）与县（市）之间拉大距离，但平衡总是相对的，不平衡是绝对的，矛盾是对立统一体。今天的拉大差距，正是为了明天的共同富裕。没有一部分地区先富起来，也就没有共同富裕。所以，省委提出让沿黄城市群带动全省的振兴。这 18 个县（市）半数以上位于沿黄经济带和欧亚大陆桥沿线，完全有条件先发展起来。目前我省县级经济活力不足，有一半以上的县靠吃财政补贴，不能按时发工资，省政府到处“救火”。长期如此，就不能建立起全省经济的良性循环。为此，省财政厅提出“富省先富县，富县先富强县”，这个思路是完全正确的，“小河无水大河干，小河有水大河宽”，县富了，省力才能增强。正是基于这样的认识，我们才决定采取特殊措施，使 18 个县（市）尽快先富起来。

第四，它是新形势下运用毛泽东同志倡导的“抓典型带一般”工作方法的具体体现。改革开放以来，党中央紧紧抓住沿海特区、沿海开放城市、沿海开放地区，使其在全国先走一步，成为全国改革开放的样板，经过 80 年代的实践，90 年代在总结经验的基础上向全国推广。这是一条极为成功的经验，也极大激励了广大内陆地区加快改革、开放、发展的紧迫感，极大推动了广大内陆地区思想观念的转变。实践证明，榜样的力量是无穷的。把沿海地区经验首先在河南一些先进地区“河南化”，使其成为“二传手”，培养一批沿海改革开放经验的载体，影响和带动其他地区，在全省形成一批排头兵，促进全省各县（市）形成龙腾虎跃的局面，这正是体现毛泽东同志一贯倡导的“抓典型带一般”的工作方法。通过这种方法，克服我们一般化的工作方法，即善于突出重点，集中突破，树立典型，带动全局，以取得事半功倍的效果。事实上，我省已树立了一些典型，如在县乡机构改革上推广了三门峡市湖滨区的经验，在县级综合体制改革上推广了新郑县的经验。这些经验对于推动全省解放思想、更新观念都起到了较好的作用。但这些先进的经验还太少，社会影响力还不大，还不足以形成气候。如果我们能形成“十八罗汉闹中原”的局面，就足以形成振兴河南的大气候。

在此，提出三点要求和希望：

（一）增强机遇意识，突出加快发展这个主题。方方面面的工作都要服从、服务于这个主题。现在是我们加快改革开放、加快现代化建设很好的时机，这个时机能够持续多长时间很难预料。这就要求我们这 18 个县（市），要时时刻刻增强机遇意识，时时刻刻抓住机遇不放，展现出沿海先进地区的氛围来。这 18 个县（市）就是我们河南的“沿海”。因此，你们要千方百计抓住这个机遇，珍惜省委省政府给你们创造的机遇。关于试点县（市）所享受的权利，我们也提出不搞“终身制”。这也是吸取以前体改委搞的综合改革试点县（市）的教训，一两年要进行一次初步的考核，不行的就除名，好的还可以补充进来，18 个数不变。扛上这个牌子，如果被除名了，就不如当初不扛。所以，给你们这个牌子也是鞭策你们加快发展。

（二）努力实践高起点、超常规、大跨度、跨越式发展的要求。高起点是针对水平讲的。在硬件上，即项目上要有比较高的科学技术水平，不能停留在搞那些“砖瓦沙石”的水平上，用乡镇企业初级阶段的项目来充数。一些县（市）把国家的一流专家组织起来做顾问，成立研究机构，这些思路都很好。在软件上，就是加快建立社会主义市场经济体制。这就要求我们在体制上、管理水平上要高起点，率先按新机制运行。在这方面新郑还是不错的，他们比较注意以综合体制改革来推动全县商品经济的发展。18 个县（市）要切记还有一个综合体制改革的任务，也要在机制上、在管理体制上高起点。超常规，主要是讲途径、手段。如果循规蹈矩、按常规走路，那是不能率先上新台阶的。要用邓小平同志提出的“三个有利于”作为检验是非的标准，要发扬敢闯、敢试、敢冒的精神，敢为天下先，在改革开放和现代化建设中动作要大。在实践过程中可能有失败的地方，失败了、不对了，打个招呼改了就行了，总结教训，不追究个人责任。另外，看不准的东西允许在你们这 18 个县（市）先试验，不急于下结论，不完善的帮助你们完善，成功的帮助你们总结在全省推广。大跨度，讲的是速度。就是要在提高经济效益和有利于优化经济结构的前提下，走出高速度发展的路子，甚至可以超高速发展。高速度有多高，超高速有多高，要从自己实际情况出发，既要有先进性，还要有科学性。先进性就是必须跟面上的县（市）比明显要高，否则你这个试点就没意义了；科学性就是要有科学态度，把解放思想与实事求是结合起来。有一句话叫“跳起来摘桃子”，这句话我看是把先进性和科学性结合起来的形象说法。先进性就是桃子不能太低了，哈着腰就能摘到那叫什么先进？得有一定高度，高到你伸手都摘不着，必须跳起来才能摘着。同时又不能高不可攀，跳起来要能够得着。跨越式，讲的是目标，要隔几年跃上一个新的台阶。

（三）从本地实际出发，采取有效措施，加快实现特别试点县（市）的目标。一是必须解放思想，转变观念。思想观念是“总开关”。要用邓小平同志建设有中国特色的社会主义理论武装头脑，多换思想少换人，先换思想后换人，不换思想就换人。二是进一步深化改革，放开搞活。要围绕加速发展社会主义市场经济新体制，加大改革力度，加快改革步伐，以县级综合体制改革把各方面的改革来一个配套联动，如工业改革、农业改革、商业改革、教育改革、科技改革、干部人事制度改革、机构改革等等。经济领域改革，就是建立社会主义市场经济体制。上层建筑领域的科技、教育、文化等，也要建立与社会主义市场经济相适应的新体制。三是打破封闭、全面开放。要充分利用对外开放的有利条件，把“三胞”〔2〕眷属都发动起来，把各自的关系都建立起来，加速引进资金、引进技术、引进人才，扩大出口和劳务输出。省里没有多少钱可给，就是靠大家换脑筋去找钱，但决不允许向农民摊派。怎么办？就是到外边找资金，到国家各个部门找资金，请求上面投资。同时，自己的财政、银行要搞活自己的资金，用活自己的资金。四是要因地制宜，理清思路。就是各打各的优势仗。现在有的一些县（市）已经形成了自己鲜明的特点，比如镇平县的“个体起步，股份突破，区域开发，规模经营”，就构成了镇平经济发展的特色。项城的“围绕农业上工业，上了工业促农业，工农协调发展”的农区工业化路子也是很好的。林县振兴“三部曲”也很有参考价值。第一部曲，通过新修红旗渠解决生存条件，解决温饱，解决人畜饮水；第二部曲，十万大军出太行，大搞劳务，实现了“五子登科”，即饱了肚子，挣了票子，换了脑子，有了点子，走出了步子；第三部曲是在这个基础上实现了原始资本的积累，建立了全国的信息网络，开始大办乡村工业，而且他们的乡村工业起点高，都是高水平，也都是小区化。新郑县狠抓县级综合体制改革，筑巢引凤、借船出海，走出了改革、开放、发展紧密结合振兴县域经济的新路子。密县大搞优势资源的深度加工增值。所有这些都是从本县实际情况出发的，都是很有成效的，可供大家借鉴。五是要真抓实干，务求实效。18 个特别试点县（市）必须是全省真抓实干、务求实效的典范。前面强调解放思想，转变观念，这里强调把解放思想和实事求是结合起来，从本地实际情况出发，讲求科学态度，求得最佳的经济效益和社会效果。不是看你搞了几块开发区，搞了多少个大型活动，要看老百姓得到了多少实惠，要看你经济实力增强了多少，要看你经过五年努力对国家的贡献多大。我建议不要简单地层层往下压指标，要在制订规划、落实措施上狠下功夫，通过规划核算出指标；更不能搞形式主义，不能弄虚作假，如果在哪个县（市）发现搞形式主义，弄虚作假，就吊销特别试点县（市）的牌子。特别试点县（市）还要注意一、二、三产业全面发展，要在加快改革、开放、发展的过程中，不断地强化农业这个基础，促进传统农业向现代农业转化。现在我们的农业不是过关了，而是整体上仍然停留在传统农业这个水平上，是很难再上一个新台阶的。因此，18 个特别试点县（市）要优化农村经济结构，全面发展农村商品经济，尽快将农业的水平提高一步。从这一点讲，18 个特别试点县（市）也应该成为不断强化农业基础、率先从传统农业跃上现代农业的示范县（市）。

注　释

〔1〕“十八罗汉”。1992 年，中共河南省委决定选择巩义市、济源市、新郑县、偃师县、密县、辉县市、禹州市、长葛县、新乡县、林县、沁阳市、汝州市、荥阳县、镇平县、灵宝县、项城县、孟县、登封县等 18 个县（市），作为河南发展县域经济的特别试点县（市）。当时称之为“十八罗汉闹中原”。

〔2〕“三胞”，是对港澳同胞、台湾同胞和海外侨胞的简称。

发展县域经济需要研究的几个课题*

（1993 年 7 月 28 日）

当前，加快发展县域经济要把注意力集中到“深化改革、转换机制、优化结构、提高效益”的十六字方针上来。

深化改革、转换机制，关键是发展县域经济怎样具体化的问题，我看当前急需研究这么几个课题。第一，要大力发展各种形式的社会化服务体系，特别是发展公司加农户的体制，把农业推向市场。过去，农业的运作靠行政办法催种催收，靠具有一定行政权力的商、粮、供单位来购、销、调、存。这个体制在没有解决温饱的情况下是有效的，但在实现温饱之后向小康迈进的过程中，这样的体制已经不能适应生产力的发展。现在我们有一些地方之所以包袱沉重，就在于还是用行政办法限定农民干什么、不干什么，然后指挥商、粮、供这些单位搞购、销、调、存，这样只能使包袱越来越沉重。这种行政办法已经不适应形势发展的要求了，急需找到把农业推向市场的途径。从生产力的角度就是要调整农业结构，从生产关系的角度就是要形成公司加农户的体制，成立一批贸工农一体化、产供销一条龙的经济实体。这些公

---

* 这是李长春同志在平顶山市调研时讲话的一部分。

司和农户的关系不是行政命令的关系，而是经济合同的关系，是利益共同体的关系，这样的公司越发达，商品农业也就越发达。这次到平顶山，我看到鲁山县的食用菌开发公司，叶县的养鸡、养猪产业都开始起步了，但还不够完善。对每家每户农民，都要落实好两个“饭碗”：一个是种田，一个是多种经营。单靠种田不行，还要有一定规模的多种经营项目。这就要靠社会化服务体系来引导。

第二，要转换国有企业经营机制，搞活县营企业。县级国有企业是整个国有经济里面最不活的部分，原因是县营企业基本上属于中小型企业，没有大中型国有企业强大的技术开发力量，但却染上了国有企业“大锅饭”“铁饭碗”的毛病，再加上有的地方长期以来的封建思想意识作怪，雁过拔毛、层层设卡，哪个企业好，县里一些干部的孩子都涌进去了，吃光了再涌向另一个企业，就像蝗虫一般。所以县营企业多数是不好的，效益差、亏损面大。因此，要加快县营企业的改革步伐。对于工业企业要加快推行股份制、租赁制和转让、兼并、联合、破产的步伐，消灭亏损企业。县营的国有商业，包括商业、粮食、供销、外贸，经营不好的，已成为县里很重的一块包袱，有的县已经被这部分拖得难以为继了。要把这些企业推向市场，用人就上劳务市场。要把县劳务部门在用人上管企业的这只“手”斩断，除了国家统一分配的大中专毕业生和复转军人，不允许再向这些企业分配人员，企业有权拒绝塞人。在干部管理上，企业干部的任用要与效益联系起来，不要像党政部门那样使用企业干部，不能企业亏损了，干部调到其他地方照样当官。

第三，要加快党政机关转变职能和机构改革步伐，加快干部分流的步伐。现在，为什么有些县开工资困难，除临时性资金周转上的问题以外，从根本上说就是县里的经济基础承受不了庞大的党政机构。我在叶县了解到，县党政机关超编1000多人，一年增加经费240万元，都可以建个厂子了。所以，党政机构庞大，对经济发展是个很大的阻碍，它不仅不能实现良性循环，而且会加剧恶性循环。特别是发不出工资的县，干部分流的步伐要迈得更大些，要加大压力，让分流干部搞公司。有一些部门可以整体转业，也可以对接近离退休的干部实行内部退养；有一些单位可以搞小机构、大实体；面上的单位，都要减掉超编的人员。机构改革、精减人员是中央的既定方针，已经作出了决定，搞得越早越主动。搞得早些，就能在市场的竞争中找到应有的位置，搞得越晚位置越不好找，而且付出的代价也越大。实行干部分流，各级都要有优惠政策，给一些扶持。另外，对部分事业单

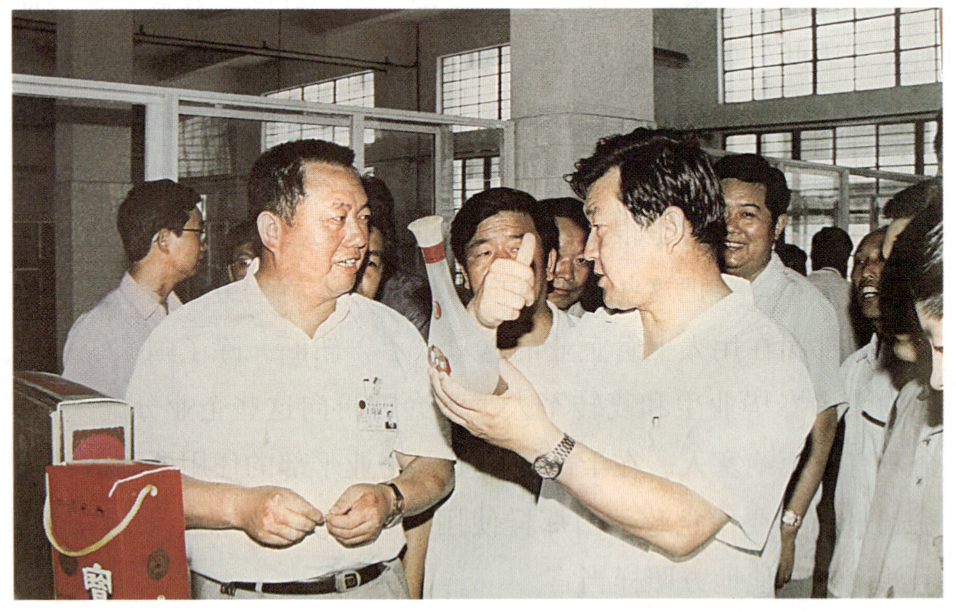

1993年7月28日，李长春在平顶山宝丰酒厂调研。前排左一为宝丰酒厂厂长余满仓。

位，特别是涉工、涉农、涉商、涉科等事业单位也都要实行转轨变型，由计划经济下的行政性的“二机关”转向市场经济下的经营服务型实体或服务经营型实体。

第四，要在不断巩固和完善家庭联产承包责任制的同时，完善双层经营体制，尽快把村一级的经营层次建立起来。这次在叶县看到这样一个例子，有一个村养肉食鸡，一年 3 万只，年收入 3 万多元。这样一来，村集体经济有了雏形，就有了进一步向农户服务的手段。要排一排，全市还有多少村没有集体经营层次，一个村一个村地进行落实。要把它同减轻农民负担结合起来，同完善社会化服务体系结合起来，作为完善公司加农户的桥梁，尽快地建立起来。

第五，要继续完善和发展农村股份合作制和合作发展基金制。合作发展基金制是发展农村经济的过程中，在体现国家银行主渠道的同时，建立起来的集体合作发展基金的办法。县、乡、村三级都要建立合作发展基金，这样可以把过去的统筹款、提留款结合起来，变成发展基金。乡镇企业要大力推行股份合作制。通过推行股份合作制和合作发展基金制，搞活农村经济。

优化结构、提高效益，首先要优化产业结构。从平顶山的县乡情况来看，总体上还是传统农业型，第二产业、第三产业处于刚刚起步的阶段。在第一产业中，主要是传统的种植型，林果业、畜养业刚刚起步。因此，要在大农业的层次上加快林果业、畜养业的发展步伐，要在整个农村经济中加快第二产业即乡镇工业的发展，第二产业发展到一定的水平，第三产业也就会有相应的发展。

其次要优化产品结构。要在保证粮食产量稳定提高的前提下，瞄准国际国内市场，什么效益好就干什么。在产品结构上有一个问题值得商榷，就是关于烟叶种植的问题。过去我的印象是农民都愿意种烟叶，对农民来说效益好，对地方财政效益来说也较好。但现在看来，效益最终要取决于有没有市场，没有市场就没有效益。我在叶县了解到，现在他们的烟叶还有50%积压在仓库里。收购烟叶没有资金，就靠向干部、农民集资，收了以后还调不出去，这实际上等于把信贷资金拿给财政先花着。因为还没进行销售，所以要收的烟叶税是个表面数字。如果资金不是用在烟叶上，而是用到别的好项目开发上，那效益会比这还好，因为没有销售的烟叶，其效益是一种虚假效益，实际上是信贷资金向财政资金转移。所以我想，在烟叶种植问题上，应该实行合同制，到底能销多少要搞清楚，不太适合种烟叶的，或者是管理上、效益上不太好的地方，可以转到别的种植业上。强迫种植的结果，必然要积压，一积压，整个地区的信贷资金就死了。产品结构还有一个问题是，现在多数乡镇企业是资源开发型，怎样才能拉长链条、提高效益，有的地方用焦炭炼铁，这样就把资源深加工一步了，就是要围绕“农”字上工业，围绕矿业搞加工。

其三要优化企业组织结构。参与市场竞争，如果完全是小家小户去竞争，就不容易占住席位，还是要搞一些企业集团。一个县有三四个有影响的集团公司，就可以把一个县的商品经济带起来。一个地区也是如此。特别是一些同类的地区，可以搞法人参股的股份有限公司，加快联合步伐，实现企业组织的优化。

其四要优化信贷投资结构。从总体上说，现在我们发展县域经济是个有利时机，但是也应该看到，国家加强了信贷规模的宏观管理。因此，怎样才能优化投资结构，求得最佳效益，是当前迫切需要解决的问题。对项目要排队，要保重点，做到有保有让，实现良性循环。

其五要改善资金结构，即从过去主要靠自筹资金和靠银行贷款，转向大胆利用外资，广泛招商，吸引沿海资金、海外资金。外资比自筹来得快，特别是在当前，可有效地弥补资金不足。

开创县域经济发展新局面*

（1993年11月19日）

> 发展县域经济要继续大力发展乡镇企业，发展优质高产高效“一优两高”农业，发展劳务输出，加快山区开发，推进县属国有企业体制机制转换，积极发展小城镇。

全省在发展县域经济方面进行了有益的探索，并已创造出了一批成功的经验。这些经验，为我们展示了县域经济发展的巨大潜力和广阔前景，也为我们开创县域经济发展新局面提供了有益启示。当前，要抓好以下工作。

一要继续大力发展乡镇企业。乡镇企业是县域经济的大头，也是最主要、发展最快的经济生长点。林县之所以能很快进入全省经济强县之列，就是因为乡镇企业产值4年翻了两番。由此可见，要加速县域经济的发展，不发展乡镇企业不行，发展慢了也不行。从全省大多数地区的实际情况看，发展乡镇企业在产业上要突出三点。一是要围绕农副产品和矿产品加工做文章，改变我

---

* 这是李长春同志在河南省县（市）委书记培训班上讲话的一部分。

省主要卖“原”字号产品的状况，提高农村经济的综合效益，解决农民的卖难问题。我省有一些围绕“农”字做文章办得很好的加工项目。如周口的味精厂一年加工玉米10万吨，项城全县的玉米还不够用。临颍县南街村生产食品一年加工小麦3亿斤，差不多相当于全漯河市小麦的商品量，那里就不存在卖粮难的问题。二是发挥河南劳动力资源丰富的优势，大力发展丝绸、抽纱、刺绣、地毯、编织、手工艺品等劳动密集型的项目，尽量提高吸纳农村剩余劳动力的能力。这对一些经济基础薄弱、资本原始积累尚处在初级阶段的地方非常适宜。三是对乡镇企业发展比较早、比较好、比较快的地方，要努力上规模、上档次，瞄准国际国内两个市场上一些高新技术产品。要发展企业集团，增强市场竞争能力。各级乡镇企业的管理部门要转变职能，以向农民提供市场信息和企业项目为主，搞好各种服务，解决农民不知道上什么项目好的问题。现在帮助农民兴办企业的咨询服务中心之类的机构不是太多了，而是太少了。乡村集体企业目前面临一个明晰产权、转换机制的问题，办法就是进行股份制改造。原有的乡村集体企业要逐步向股份合作制转变，对处于停产半停产、濒临倒闭的乡村集体企业，可以拍卖给个人经营。要大力支持和鼓励个体、私营企业的发展，特别是在一些贫困地区，要发动农村党员干部带头掌握致富本领，从个体企业起步，扩大资金积累，带动乡镇企业的发展。

二要大力发展优质高产高效“一优两高”农业。要尽快跳出传统农业和计划经济的圈子，变单纯追求产量的温饱型农业为“一优两高”的效益型农业。要面向市场，加大农业结构调整力度，在保证粮棉稳步发展的基础上，什么效益高就发展什么，什么赚钱就种什么。要在临近公路、铁路沿线的地区，发展高价值适销对路的经济作物。要在种植业上搞好两个“革命”，即大力发展林果业的“绿色革命”和大力发展塑膜栽培的“白色革命”。要在继续发展传统畜禽品种的同时，大力发展特种养殖。我省的二十项振兴工程，有一项是黄牛系列开发。黄牛浑身都是宝，既可以带动食品工业，又可以带动皮革加工、生物制药等产业。要以地区为单位，形成几大黄牛开发公司，进行系列开发，搞成一个大产业，使更多的村子“赶着黄牛奔小康”。搞“一优两高”开发，关键是如何把千家万户的分散经营与国内外大市场衔接起来。走公司加农户的路子，这是在坚持家庭联产承包责任制的基础上，把分散经营与国际国内两个市场相连接的一个好形式。因此，在发展各种社会化服务体系的同时，当前重点是要发展公司加农户。这是市场经济条件下的服务体系。一个县如果有几个在国内外市场树立起形象的公司，就把这个县的经济带起来了。

三要大力发展劳务输出。林县就是通过“十万大军出太行”，饱了肚子、挣了票子、换了脑子、有了点子、走出了致富路子，实现了“五子登科”。为了实现原始资金的积累，为实现工业化奠定基础，我们要大力发展劳务输出。各级劳动部门职能上要有一个大的转变，要从主要管理城镇职工转到为农村劳务输出服务上来。要搞好农民技术培训，组建劳务公司，形成全国性乃至国际性劳务输出服务网络，把农民组织起来输送出去。林县现在是13万人出太行，大约每年寄回四五亿元，平均每人3000多元。如果全省每年能输出1000万人，平均每人每年拿回1000元，就是100个亿的净收入。

四要加快山区开发。“十八罗汉”中的林县、灵宝县等都是山区，贫困县之一的淅川县既是山区，又是丹江口水库淹没区，近几年他们以公司加农户的形式组织群众大力发展草编、蚕丝、辣椒干、牛兔肉等出口产品，出口创汇连续5年位居全省之首，1992年出口交货值2.2亿元。信阳地区的一些县，近几年来围绕茶叶、桑蚕、林果、食用菌、畜禽等产业开发，也大大加快了脱贫致富的步伐。应当看到，山区开发有困难，但也有潜力、有路子，山区的同志要看到优势，增强信心，进一步加快开发步伐。

五要大力推进县属国有企业体制机制转换。目前我省相当一部分县属国有企业经营不佳、效益不高，其根本原因在于改革滞后。各个县在抓新项目的同时，一定要把现有的企业办好。如果现有的企业办不好，再去花很大的精力、财力建新的项目，就等于继续加重自己身上的包袱。办好县属国有企业，关键是深化

1991年6月，李长春在信阳地区商城县丝绸厂考察。

改革。一方面要落实企业的自主权，坚决清理和制止对企业的乱摊派、乱罚款、乱收费，净化县属国有企业外部经营环境。另一方面要加快股份制改造步伐。县属国有企业多数是小型企业，要搞股份合作制。对一些经营效益不好甚至严重亏损的企业，要果断地实行拍卖或租赁；对严重资不抵债的要依法破产。同时要把社会保障体系建起来，建立社会保险基金，以解决一些县属国有企业办不起、关不起的问题。今后县里办企业也要走新路子，要办集体、股份合作和“三资”企业，还要多发展一些个体、私营企业。

六要积极发展小城镇，加快农村剩余劳动力向非农产业的转移。现在农村人口比重过大，劳动力大量过剩，是制约农村经济发展的重要因素。因此必须积极发展小城镇，加快剩余劳动力的转移。要加速乡改镇的步伐。具备条件的乡要加快乡改镇的步伐，对于发展快的村，特别是一些明星村，可以实行村对村的兼并，小村变大村；也可以在明星村的基础上，建设若干个工贸小区，以工贸小区为核心，逐步发展成小城镇。要加快工贸小区、小城镇的建设步伐，使它们成为容纳农村剩余劳动力的载体。在户籍管理上，要不断改革和完善，鼓励一部分农民向小城镇二三产业转移。

实施率先突破战略，推动县域经济发展 *

（1993 年 11 月）

不少县之所以开工资都困难，从根本上说是由于经济基础已承受不了庞大的党政机构。更严重的是人多、企业少，哪个企业好一点，县里干部和有权有势单位的子女家属都往里涌。这样搞，县里的经济怎么发展？因此，必须下大决心，进行机构改革，精简机构，分流人员，提高机关的办事效率。

从目前情况看，河南各地在县域经济发展上存在着三种不同的思路：一种是消极等待的思路，即寄希望于将来沿海发达地区和城市大工业发展到一定程度时，再通过国家扶持、沿海产业转移和城市辐射带动自身发展；一种是急于求成的思路，超越本地区的客观条件和实际可能，盲目上项目，甚至为追求暂时的轰动效应搞形式、摆花架子，实际还是沿用计划经济的那一套来发展市场经济；还有一种是实事求是、积极进取的思路，即在充分认

* 这是李长春同志在安阳、平顶山、濮阳等地调研时讲话的主要部分。

识自身优劣势的基础上，从扩大开放、深化改革中寻求机遇，加快发展。结合河南实际和总结已有的实践经验，当前应着重从以下五个方面入手抓住机遇，深化改革，推动县域经济尽快迈上一个新的台阶，进而促进全省经济振兴。

第一，在进一步解放思想、转变观念的同时，大力倡导和弘扬不甘落后、自强不息的艰苦创业精神，为发展县域经济提供巨大的内在动力。地处太行山区的林县就是这样一个成功的典型。60年代，林县人民曾以修建红旗渠和培育自力更生、艰苦创业的红旗渠精神而闻名中外。改革开放十几年来，他们不仅没有丢掉这种精神，而且在各级党组织的带领下，把这种优秀的民族精神与新的市场意识、竞争意识、开放意识有机结合，又创出了新的经济奇迹，成了河南乃至整个中西部地区经济发展最快的县份之一。

1998年1月23日，李长春在濮阳市台前县调研。左二为濮阳市委书记张世军，右一为濮阳市市长黄廷远。

第二，打破平衡，突出重点，实施率先突破战略。全国加快开放的一个重要经验，就是选择条件好的沿海地区率先突破，然后逐步向沿江、沿边和内地辐射。而内地加快发展县域经济，同样不可能大家齐步走。只有打破平衡，造成反差，形成势能，让有条件的县市先发展起来，使落后地区感到压力，产生紧迫感，为其注入新的活力，最终才能实现全面发展。根据这一指导思想，1992 年，省委省政府经过充分讨论，确定了巩义市、密县等 18 个有条件发展更快的县（市）为全省改革、开放、发展特别试点县，在赋予它们特殊的经济管理权限和必要的优惠政策的同时，要求它们用综合体制改革推动商品经济发展，争取用 5 年时间率先登上经济新台阶，成为全省县域经济发展的排头兵。这一举措出台后，很快在全省形成了“十八罗汉闹中原”的喜人局面。

第三，打破城乡、工农、商农相互分割的二元经济结构，围绕把农民推向市场、优化产业结构，建立与社会化大生产相适应的公司加农户经营新体制，尽快形成富有本地特色的优势产业和产业群。起步较早的一些县，目前已经形成具有相当规模和较强市场竞争力的优势产业和产业群，如豫东项城的味精、鹿邑的皮革加工，豫南信阳的桑茧业，豫西灵宝的苹果及储藏、加工，豫北汤阴、淇县的肉鸡及加工制品等，都已初步展示出内地农区县域经济发展的广阔前景。

第四，进一步克服内陆意识，扩大对外开放，形成内部自我发展与外向带动相互作用的发展机制。河南地上地下资源，特别是农副产品资源十分丰富，剩余劳动力多，多数县交通也很方便，但由于经济、技术基础薄弱，单靠自身的积累加速实现工业化是相当缓慢和困难的。因此，必须抓住机遇，千方百计引进利用外资和技术。豫东平原的周口、商丘和豫南南阳盆地，原来都是比较封闭的内陆农区。但近几年，他们抓住外商投资由沿海向内地扩散的有利时机，充分发挥自身优势，主动出击招商引资，对当地资源进行深度开发，均取得了引人瞩目的成绩。这说明，内陆县扩大开放并非无所作为，关键要在全国开放格局中尽快找准自己的位置、选准自己的突破口。

第五，围绕搞活企业、搞活经济，全面推进县乡党政机关职能转变和机构改革，加速促进县乡财政经济进入良性循环。现在，不少县之所以开工资都困难，从根本上说是由于经济基础已承受不了庞大的党政机构。如有的地方一个县机关超编上千人，一年增加经费几百万元。更严重的是人多、企业少，哪个企业好一点，县里干部和有权有势单位的子女家属都往里涌，吃光了再涌到另一企业，就像蝗虫一样。这样搞，县里的经济怎么发展？因此，必须下大决心，进行机构改革，精简机构，分流人员，提高机关的办事效率，首先把超编人员减下来。

搞好县办企业的启迪*

（1994 年 6 月 10 日）

要在继续加强农业基础地位的同时，努力增强工业意识。实践证明，工业意识增强了，指导思想明确了，克服困难、解决问题的办法就会多起来。没有技术可以引进，没有条件可以创造条件，走出具有自己特色的县域经济发展路子。

县办工业没有国有大中型企业的技术、装备优势，却沿袭着大中型企业旧的经营机制，又处于乡镇企业和大中型企业竞争的夹缝之中，不少生产经营状况不好。这是一些县经济发展缓慢、财政紧张、工资不能按时发放的一个重要原因。如何扭转县办工业乃至整个国有工业亏损比较严重的局面？带着这个问题，我到新乡县进行了调查研究，获得一些启迪。

首先，要在继续加强农业基础地位的同时，努力增强工业意

* 这是李长春同志关于新乡县预算内工业企业连续三年无亏损调查报告的一部分。

识。新乡县的实践证明，工业意识增强了，指导思想明确了，克服困难、解决问题的办法就会多起来。没有技术可以引进，没有资金可以筹措，没有人才可以聘请和培养，没有条件可以创造条件，走出具有自己特色的县域经济发展路子。可以说，观念更新，思路明确，是新乡县综合经济实力在全省的位次逐步提高、实现健康快速发展的一个重要原因，也是许多地方搞好县办工业、加快工业化进程应该首先解决的问题。当前，我省农村经济已经进入一个新的发展阶段，正在由单一的种植业向农林牧副渔全面发展、工商建运服综合经营转变；由自给半自给的小农经济向社会主义市场经济转变；由温饱问题基本解决，农民开始摆脱贫困逐步向小康目标迈进。在这个新的发展阶段，要继续加强农业基础地位，实现奔小康的目标，就必须走强农兴工之路。在全省县（市）综合实力排序中，为什么有的县能够在短短几年中位次提前几位、几十位，相反，有的县却位次后移得很多，甚至于教师、干部的工资长时间拖欠，一个重要原因就是能不能跳出传统的发展模式，走强农兴工、一二三产业共同发展的路子。每个县都应当对这些年在全省的位次变化进行认真的对照总结，对全县经济发展情况进行认真的反思，充分认识加快农村工业化进程的重要意义，像新乡县那样，通过发展乡镇企业、搞好县办企业，促进农业的发展，促进县域经济的振兴。

其次，新乡县搞好县办工业的实践告诉我们，转换经营机制是基础，依靠科技进步是条件，新乡县的同志正是把这两点真正落到了实处。在新乡调查，我一直在思考怎样加快国有企业转换经营机制改革的步伐。现在看来，在这个问题上，我们既有一个路子、办法还需要探索的问题，也有一个改革力度不够、工作不够扎实、落实不好的问题。从路子、办法上来看，经营状况比较好的企业，就是要尽快建立现代企业制度。现在的关键是，那些经营状况不好，包括停产、开工不足企业和亏损企业等，如何深化改革的问题还没有解决。从新乡县的情况来看，要解决这个问题，就必须从明晰产权关系和探索资产经营方式入手，努力加大改革力度。要大力推行企业兼并，有的企业可以实行股份合作制，有的可以实行租赁或风险抵押承包，有的可以拍卖。对确实扭亏无望的，要采取果断措施，走依法破产的路子。通过以上改革措施，达到产权重组、资源优化配置的目的。要像新乡县那样，在狠抓深化改革和推进技术进步措施的落实上下功夫。一方面，县委县政府要有强烈的改革意识、科技意识，经常深入企业，一个一个解决问题，一个一个研究改革方案，实行强力推进。现在看来，深层次的改革涉及经营者、职工、部门等方方面面的利益，单靠企业自身难以取得实质性的进展。我们应帮助企业进行改革，推着企业进入市场。另一方面，要努力调动经营者和职工改革与发展的积极性。新乡县对经营者和科技人员采取激励机制，不仅给予物质奖励，而且给予一定的政治荣誉和精神鼓励，从而把企业的发展同经营者和职工的切身利益紧密地联系在一起，增强了经营者和职工投身于改革和技术进步的内在动力。这是国有企业能否具有活力的一个重要源泉。我们应当在这方面积极探索，大胆实践，努力开启这个源泉，使国有企业在社会主义市场经济中重新焕发生机和活力。

再次，新乡县的实践还告诉我们，有一个良好的外部环境，是搞好企业的一个重要的不可缺少的条件，因此要在政府转变职能、方方面面为企业服务上真抓实干。国有企业不应是任人宰割的“唐僧肉”，经营者也不应是见人就作揖的“小和尚”。但目前一些地方，不仅“三乱”屡禁不止，而且对企业的生产经营活动乱干预，乱插手，乱安排亲属子女，企业有苦难言。这种情况，越是贫困落后的县问题越突出，越是经济效益好的企业情况越严重，已经成为县办企业搞不好的一个重要原因。这说明，改革十多年来，县办企业作为政府附属物的地位仍然没有根本改变，政府职能转变滞后，思想作风还没有真正转到社会主义市场经济上来，停留在文件上，没有真抓实干。我们应该像新乡县那样，牢固树立企业是市场主体的意识，努力为企业搞好服务，为促进工业发展多作贡献。越是贫困落后的地方，越要注意在深化企业改革、转换经营机制上真抓实干，要不折不扣地贯彻落实中央要求，还权于企业，使企业享有充分的经营自主权。企业经营者也要善于运用法律武器，维护自身的合法权益。要通过上上下下的共同努力，为企业创造良好的运行环境。今后，省、市两级政府对各县企业经营环境、经济效益要作考核，现有企业办不好的，不要批准上新的项目，以促其尽快转换企业经营机制，推动县办企业乃至整个县域经济的持续、快速、健康发展。

“十八罗汉”要再上新台阶*

（1994 年 10 月 8 日）

“十八罗汉”的实践鼓舞了大家的士气，为河南争了光，对那种妄自菲薄、甘于落后、无所作为的错误思想是一个有力的批判，说明了蕴藏在人民群众中的社会主义建设积极性和改变贫困落后面貌的潜力巨大。只要我们解放思想、转变观念，充分尊重和发挥群众的首创精神，完全有可能发展得再快一点，再好一点，隔几年上一个新台阶。

自 1992 年省委五届五次全会确定 18 个特别试点县（市）以来，虽然仅两年时间，但成效显著。

第一，加快了试点县（市）经济和社会的发展步伐，促使 18 个县（市）驶上了经济发展的快车道。通过省里给牌子，下放一部分权力，特别试点县（市）各级领导增加了压力，把压力再转化为动力，转化为发动广大干部群众加快振兴的思想武器，

* 这是李长春同志在河南省特别试点县（市）座谈会上讲话的一部分。

推动了国民经济持续、快速、健康发展。据统计，试点县（市）比全省其他县的发展速度明显要快，群众的收入和生活水平大幅度提高，财政收入大幅度增长，综合经济实力明显增强。

第二，试点县（市）初步走出了振兴县域经济的路子，为全省县域经济的发展提供了宝贵经验。林县通过战太行、出太行、富太行振兴“三部曲”以及贯穿其中的艰苦创业精神，极大地鼓舞了全省人民团结奋进、振兴河南、改变贫困面貌的士气，成为我省加快振兴的宝贵精神财富。项城市作为一个平原农区，通过强农兴工，围绕“农”字办工业，办好工业促农业，走出了一条工农协调发展，加快振兴农村经济的路子。实践证明，只有围绕农业上工业，农业得到了加工业的补偿，有了财力去改善农业的生产条件，才能使农业的基础地位真正得到加强。济源、灵宝为全省提供了加快山区振兴的经验。济源以前曾是一个很不起眼的县，这几年经济发展速度很快。它们的财政收入增长之后，首先是强化农业基础，增加教育投入，市里自筹资金办的工业中专学校，水平较高，令人振奋。这说明只要立下愚公移山志，就一定能改变贫困落后面貌。巩义市在“十八罗汉闹中原”的过程中连续两年跻身于全国百强县的行列，也是京广铁路线以西全国唯一一个百强县，成为全省发展县域经济的排头兵。新乡县加快企业改革、转换经营机制、努力办好县营国有企业等，都是很宝贵的经验。

第三，试点县（市）改革开放发展的实践，起到了一石激起千层浪的作用，推动全省初步形成了发展县域经济、改变贫困落后面貌的比学赶帮超的热潮。目前，18 个试点县（市）之间出现了你追我赶的好势头，18 个试点县（市）以外，也出现了一批争当“罗汉”的无名“罗汉”。如中牟、渑池、鹿邑、临颍、永城等县（市），均不甘落后，都表示要学习试点县（市）的经验，借这个东风，加快振兴县域经济的步伐。

第四，通过“十八罗汉闹中原”，进一步推动了全省的思想大解放、观念大转变，为我们解放思想、实事求是，振奋精神、艰苦奋斗，尽快改变河南面貌树立了信心和决心。“十八罗汉”的实践鼓舞了大家的士气，为河南争了光，对那种妄自菲薄、甘居落后、无所作为的错误思想是一个有力的批判，说明了蕴藏在人民群众中的社会主义建设积极性和改变贫困落后面貌的潜力巨大。只要我们解放思想、转变观念，充分尊重和发挥群众的首创精神，完全有可能发展得再快一点，再好一点，隔几年上一个新台阶。

党的十四大以后，我国改革开放和经济建设进入了一个新的发展阶段，目前，国内外形势很有利，试点县（市）要进一步解放思想，抓住机遇，把各项工作搞上去。

要加大改革力度，在建立社会主义市场经济体制过程中走在全省的前列。试点县（市）今后的努力方向是在改革、开放、发展上。一是国有企业要加快转换经营机制，这是我们建立社会主义市场经济体制的一个中心环节。当前，最紧迫的问题是广大中小企业特别是县营的国有企业，经济效益不好，经营状况不佳，成为一部分县（市）财政收入增长缓慢、欠发教师工资的一个重要原因。要很好地学习新乡县的经验，加快企业经营机制的转换，努力办好县营企业。二是通过大力推行股份合作制，加快乡镇企业的发展。在当前国家实行宏观调控的情况下，乡镇企业的发展不能单纯地依靠银行贷款，而且原有的乡镇集体企业也或多或少地受到旧的经济体制的影响，同样也需要改革，最好的改革途径就是走股份合作制道路。所以省委省政府把推行股份合作制作为县域经济改革的一个重要内容。三是大力发展公司加农户的体制，把农业和农民引向市场。现在我省一些农产品水平低、档次低，停留在“原”字号上，根本问题是缺少龙头企业。要使我们的农产品大量地跻身国际国内市场，必须得走公司加农户的道路，办好一批龙头企业。要围绕市场搞开发，不是我们生产什么就强行向市场推销什么，一定要把这个观念扭转过来。要搞各种档次的包装，有各种档次的分类，以适应不同层次的需求。希望试点县（市）在这方面能够走在前面。四是加快干部分流、兴办实体的步伐。办公司对县域经济来讲，光靠农民不行，许多人才在党政机关，在农口所属的那些事业单位里。我们有个落后的观念，就是比较恋官场、恋官位，说商品经济的多，干商品经济的少。要加快党政机关的机构改革和干部人事制度改革。机构改革重点是转变职能，关键是消化人，要把机构改革和组建一批龙头企业紧密结合起来。要继续搞好干部人事制度改革。一般来说，越是基层，干部人事制度改革的步伐越应该大一些。五是加快发展小城镇，带动农村商品经济发展。小城镇作为广大农民转移出来从事二三产业的载体，既是农副产品的推销市场，又是科技、信息的辐射源。凡是小城镇发达的地方，农村的一二三产业就发展得快；凡是小城镇不发达的地方，农村经济就只能处于传统农业的阶段。所以要有计划地规划发展一批小城镇，不断地强化基础设施，吸引农民从土地中转移出来并和发展工业小区紧密结合起来。

要实施开放带动战略，以开放促改革、促发展。资料分析表明，18 个试点县（市）最大的不足仍是开放的步伐还不够大。开放带动战略本质上就是要我们学会运用两种资源、两种资金、两个市场的本领，扩大我们在资金、技术、市场等方面的国际化程度。现在看，我们出口创汇、跻身于国际市场的能力还不行；引进资金和技术方面，只能说是刚起步，还主要是依赖于银行贷款，也需要步伐再大一点。当然，有的县搞得也不错，如项城市通过对外开放，引进资金、引进技术，搞公路建设和其他一些项目，步伐还是不小。但从总体上看，对外开放仍然还是我们的弱项。从沿海地区的发展规律来看，一些大型的中外合资企业，往往是在县，而不是在大城市，因为县里框框少，领导重视，很容易在短时间内崛起一批大型的合资企业。广东顺德有好几个大型企业、名牌产品，有的是县里的，有的是乡镇企业，都是合资的。珠江三角洲一批明星县，就是靠走引进、合资的路子迅速崛起的。可见，我们要想在比较短的时间内超常规发展，就必须在“引”字上做文章、下功夫。

要保持经济持续、快速、健康发展的好势头，实现率先跃上新台阶的目标。目前，各个试点县（市）发展的势头还比较好，在今后经济发展的总体思路上要注意抓好以下几个结合：一是要坚持兴县和富民相结合，两者都不偏废。兴县，就是要围绕着增加全县的财力和总体经济实力，尽快上一批骨干项目。济源在短短的几年中，财政收入大幅度增长，一跃而居全省县（市）财政收入的前列，就是因为有一批县营骨干项目发挥了作用。如果这个层次分量不够，县财力就不行，农业的投入就没有资金来源，教育的投入也没有资金来源，同时，地方的企业也难成气候，整个县在市场经济中就缺乏地位、缺少形象。另一方面，要抓好富民工程，组织好农业的区域开发。农业的区域开发是和千家万户的利益紧密联系在一起的，发展的潜力很大。交通等条件比较方便的地方，要大搞温棚工程。各地都可以通过公司加农户大搞养殖业，搞粮食的就地转化。现在我省几个肉联厂向全国供应火腿肠，龙头企业已经为我们打开了市场，关键是养殖跟不上，生猪货源紧缺，供不应求。此外，像黄牛开发、特种养殖等，都可以通过公司加农户的办法搞起来。潢川县的特种养殖有了长足的进步，已成了北方最大的养鳖县。林果业的潜力也很大，既要上规模，还要上档次。特别是一些奇缺的果品，比如猕猴桃，被称为维生素 C 之王，不能光满足于样品阶段、品尝阶段，要拿出广西上芒果、广东上香蕉和荔枝的魄力，尽快地占领全国大城市的

1995 年 3 月，李长春在南阳市西峡县丹水镇猕猴桃种植专业村考察。

市场。苹果我们只是有一定的规模，档次不行，要快上。河南的枣要改变自然经济的状态，要拿到星级宾馆去，拿到北京的超级市场上去，闯大市场。这些都是与千家万户致富紧密相关的。漯河市在全市广大农村开展“富民工程”，效果很好，既发展了生产，富裕了群众，又密切了党群、干群关系，推动了精神文明建设，一举多得。那里的村党支部成员走家串户地帮助研究致富门路，解决资金、技术等问题。村里的养鱼池排一大片，一家一个，有养鱼的，养泥鳅的，养鳝鱼的，养鳖的。什么赌博的、迷信的、打架斗殴的全都一扫而光，没有那个时间。过去干部一到农民家就是要钱，没有人想见你，现在你帮他研究致富门路，他笑脸相迎地欢迎。“富民工程”深得人心，18 个试点县（市）在抓骨干项目的同时，也要抓好千家万户的“富民工程”。二是要把兴工和强农紧密结合起来。从多年的实践来看，就农业抓农业确实是没有出路的，越抓越穷，政府穷，农民更穷。所以，只有强农兴工，围绕“农”字上工业，上了工业促农业，工农协调发展，才能走出振兴农村经济的路子。我们要尽快把农副产品的深加工搞上去。工业上来了，财力上来了，一定不要忘记我们的本。我省 85% 以上的人口在农村，9000 万人的吃饭问题不能靠进口解决，必须靠自己，所以要切实加强农业的基础地位。希望 18 个特别试点县（市）都要制定一些强化农业基础的措施，在农业上也都进入全省先进县的行列。三是在抓项目和产品上，实行重点和一般相结合。作为一个县要加快发展，必须普遍发动，全面动员，使我们的致富项目、乡镇企业星罗棋布，在这个基础上，上规模、上水平、上档次，创名牌，即“三上一创”。各县都要有各县的特色，比如项城的味精形成了规模，上了档次，创出了牌子，成了享誉全国的名牌，市场形象好，占国内外市场份额大。但是，我们有一些县（市）还没有这个市场形象，有的“三上一创”还不全面，比如沁阳的玻璃钢，上了规模但没创出名牌，荥阳的阀门、温县的塑料鞋也存在同样问题。要下决心通过几年的努力，大创一批名牌，这对于一个地区的形象十分关键，十分重要。四是坚持先富和后富的结合。试点县（市）要尽快消灭贫困死角，包括无电村的问题、没有村级集体经营层次的问题，都要限期解决。决不允许富者愈富、贫者愈贫的情况长期共存。至于全省，目前主要是一部分地区、一部分人先富起来，出现一些差别，然后后进赶先进，先进再先进，比学赶帮超，形成一种创业气氛。在试点县（市）内，既要抓一批强乡、强村、强企业，同时还要注意带好后进的乡、后进的村，提高整体富裕的水平。

务必把工作抓实，确保18个试点县（市）沿着健康的轨道前进。省委在五次党代会上就提出全省各级党组织和各级干部都要加强“三防四实”的作风建设，防止主观主义、官僚主义、形式主义，说实话、办实事、鼓实劲、求实效。越是在广大干部群众改变贫困落后面貌的愿望非常迫切的时候，越是在改革开放发展步伐加快的时候，越要强调把工作做扎实。首先一定要把经济工作的指导思想转向以提高经济效益为中心的轨道。没有效益就是无效劳动。要使广大人民群众得到改革开放的实惠，使我省各级政府的财力实实在在地增长起来，使全社会的经济实力壮大起来，就不能搞图虚名、招实祸的事情。在工作作风上，必须尊重客观规律，尊重群众的首创精神，深入实际调查研究，坚持党的群众路线，正确地运用马克思主义的认识论，做到科学决策。在工作方法上，必须研究制订一套科学的统计考核办法，把广大干部群众的积极性引导好、爱护好、发挥好。各级统计部门要不辜负省委省政府的期望，不断地提高统计水平，给各级党委和政府当好参谋。各级党委和政府也都要建立一套科学的考核办法。对一级政府、一个干部政绩的考核，要全面地看，注重经济效益，切忌以产值论英雄，还要看是否坚持两手抓，看社会的全面进步，严防虚报浮夸，弄虚作假，一旦发现这类情况，要严肃处理，决不姑息。

中原大地奋进曲

20世纪90年代振兴河南的探索与实践

（下）

李长春

人民出版社
河南人民出版社

目　　录

（下）

实施科教兴豫战略
促进科技与经济紧密结合

带领群众扶贫开发
艰苦创业奔小康

解决好关系群众切身利益问题

加强社会主义精神文明建设

加强民主法治建设 促进社会和谐稳定

不断提高党的
领导水平和执政水平

结语篇
情系中原　服务人民

附　录

实施科教兴豫战略
促进科技与经济紧密结合

依靠科技振兴河南农业*

（1990 年 8 月 27 日）

> 鼓励科研单位、科技人员以农业生产第一线为主战场，积极推动农业技术体系建设和改革，鼓励和引导乡站兴办技农贸一体化的技术服务实体，试行走自我发展、自我完善、自我积累、自我壮大的路子。

科学技术是第一生产力，要持续稳定地发展农业，必须依靠科技进步。我省农业要上一个新台阶，单靠资金和劳动投入而没有科学技术投入是不行的。从我省的实际情况看，人口在增加，土地资源在减少，消费在增长，所有这些，都迫使我们走挖掘内涵、提高劳动生产率和土地产出率的路子。为此，各地必须牢固树立科技兴农的战略思想，在全省范围内大力开展科技兴农活动，努力推广现有的科技成果和应用技术。

要以农业推广部门为主，组织科研院所、大专院校同当地科技人员一起，开展区域性大面积科技集团承包或个人承包，并

---

* 这是李长春同志在河南省夏粮生产会议上讲话的一部分。

使之与农村家庭联产承包责任制有机地结合起来。鼓励科研单位、科技人员以农业生产第一线为主战场，深入实际，同农民相结合。财政金融和农业生产资料等相关部门要搞好配套服务。在承包中，实行包技术、包产量、包收入，科技与效益挂钩的“三包一挂”，使先进的农业科技成果尽快转化为生产力。要积极推动农业技术体系建设和改革，鼓励和引导乡站兴办技农贸一体化的技术服务实体，在科技承包当中，加速乡级站的改革，对经营性的站所，在政府经费不变的前提下，试行走自我发展、自我完善、自我积累、自我壮大的路子。

在粮食作物上要重点突破小麦、水稻、玉米的单产。由于小麦几乎占我省粮食产量的一半，我省又是全国小麦的主产区，在这三个作物中特别要把提高小麦的单产作为主攻的重点，争取尽快上一个新台阶。省里提出“5668 工程”，是就全省平均而言，小麦每亩单产突破 500 斤，红薯、玉米突破 600 斤，水稻单产突破 800 斤，以此作为我们农业近期的主攻目标，我完全赞成。单产上去了，总产再上一个新台阶就大有希望。通过大搞科学技术，搞规范化栽培，搞新品种推广，小麦单产突破 500 斤是完全可能的。现在已经出现了一大批以县为单位单产突破 500 斤的好典型。只要我们各级政府重视，加强领导，依靠科学技术，全省上下共同努力，实现这个目标是完全可能的。

努力把郑州大学建设成全国一流大学*

（1990 年 11 月 18 日、1996 年 9 月 15 日）

要进一步增强搞好高等教育的责任感和紧迫感，瞄准全国一流重点大学的目标，全面提高教育教学质量，不断提升研究能力和办学水平，面向河南和全国搞好社会服务，培养更多的现代化建设优秀人才。省委省政府“就是脱裤子当袄，也要把郑州大学办好”的态度是坚定不移的，我们共同努力把郑州大学建设成为全国一流大学。

一

刚才，我们看了郑州大学校园建设情况，对郑州大学有了一个更加全面的了解。我感到，郑州大学的一些实验中心特别是分析测试中心建设得很好，大部分仪器、设备都处于一流水平，但作用还需要进一步发挥好。要注意开发拓宽仪器、设备的用途，广泛宣传，让外界知道郑州大学分析测试中心技术水平及其先进

* 这是李长春同志在郑州大学两次考察时讲话的要点。

的仪器、设备，搞好对外服务，广泛参与河南经济社会发展的各项事业，力争做到教学效益、社会效益与经济效益多方面丰收。

河南是中华民族历史文化的摇篮，有着丰厚的文化底蕴，人杰地灵，曾为中华民族灿烂文化的发展作出了重要贡献。同时，河南有八千多万人，是人口大省，也是教育大省、生源大省。河南人民都很重视教育，盼望自己的儿女能学有所成。我觉得，河南应该通过一所重点大学，把全省教育水平带上去，为实施科教兴豫战略提供有力支撑。但目前，河南教育事业的发展仍相对滞后，尤其是高等教育还很薄弱，至今还没有一所国家级重点大学，与全国很多兄弟省份相比有很大差距，与河南省经济社会发展的实际需要相比还有很大差距，与地处中原、为五千年中华文明作出重大贡献相比很不相称。在这里，我们恳请国家教委多给

1992 年 8 月 31 日，李长春在郑州大学工科奠基仪式上接受郑州大学电视台记者采访。

河南省高等教育政策倾斜、人才和资金扶持，特别是要重点支持郑州大学建设成为“211 工程”重点大学，帮助河南省实现国家重点大学建设零的突破。

方才，李铁映同志与学校领导班子成员和教师代表一起合了影，这是对全校师生的鼓励和鞭策，定会使全体师生深受鼓舞、倍感振奋。这幅照片应该是郑州大学赶超重点院校的誓师照，希望你们进一步增强搞好高等教育的责任感和紧迫感，瞄准全国一流重点大学的目标，全面提高教育教学质量，不断提升研究能力和办学水平，面向河南和全国实际搞好社会服务，培养更多的现代化建设优秀人才，努力把郑州大学建设成为全国一流大学，为河南省高等教育和经济社会发展作出更大的贡献。我本人愿与你们一起为实现这个目标不懈奋斗，重点大学建设中有什么困难和问题，省里一定尽力给予帮助和支持。

（1990 年 11 月 18 日陪同李铁映考察郑州大学时的即席讲话）

二

现在来看，五届河南省委作出的有关重点建设郑州大学的决策，没有一项是落空的。建设好郑州大学这个事情，一定要办到。现在省里的财力还不够丰厚，但是我们说“就是脱裤子当袄，也要把郑州大学办好”，对于这一点，省委省政府是坚定不移的。

你们请我对学校 40 周年校庆写几句话，建议稿中有一句是“培养合格人才”，我特意把“合格”二字改成了“优秀”。培养合格人才是基本的要求，对郑州大学来说，培养合格人才还不够，要高标准、严要求，就是要培养优秀人才。

刚才看了看学校的田径场，很不错。校园绿化也搞得不错，很漂亮，教学楼、实验室建设也有一定基础。可以说，郑州大学的硬件有了较好的基础。希望全校教职员工努力工作，提高水平，把软件进一步搞上去。要明确，并不是增加几座大楼、增加一些设备就能办成重点大学了。当然，物质基础不可或缺，但更重要的是软件，包括人才、教学方法、教学管理、校园文化、吸引力、凝聚力、影响力等，既要有紧迫感，又要一步一个脚印，扎扎实实，日积月累。

今年10月份，郑州大学就要迎接“211工程”主管部门预审，时间很紧迫，这不仅是郑州大学自己的事情，也是关系河南教育事业和经济社会发展的大事，是全省人民的一件大事。实施“211工程”，是党中央、国务院实施科教兴国战略，提升高等教育质量和水平的一项重大决策。同样，对河南省来讲，也是一次重要的历史机遇。抓住这次机遇，就能够有力推动河南高等教育的发展、经济的腾飞和社会的进步。

对于郑州大学来讲，近年来整体实力迈上了一个大台阶，为河南经济社会发展作出了贡献，为进入“211工程”奠定了较好的基础。希望郑州大学全力做好迎接“211工程”预审工作，确保学校顺利通过预审，并以此为契机，进一步做好人才培养、科学研究、社会服务等各项工作，不辜负国家教委的关心支持，不辜负省委省政府和全省父老乡亲的厚望。

（1996年9月15日在郑州大学建校40周年庆祝
大会后考察校园时的讲话）

把科研机构和人员推向经济建设主战场*

（1992 年 4 月 5 日）

要创造一个对科技人员发挥才干有吸引力的社会环境，把优秀的大学毕业生、研究生吸引到大中型企业中来，逐步使企业成为技术进步的主体，成为吸引一流人才的地方；把科研机构和科技人员通过多种方式推向经济建设的主战场；引导和鼓励高等院校和企业相结合，提高科研成果转化为生产力的水平；鼓励和支持民办科研机构发展。

经济体制改革和科技体制改革是不可分割的，在进行经济体制改革的同时，要在科技体制改革上迈大步，建立一种促使企业自觉进行技术改造和主动吸纳科技人员的机制。我们一些地方落实知识分子政策，只注意了科研院所，而忽视了企业，致使企业科技力量匮乏，有的已经出现断层。要创造一个对科技人员发挥才干有吸引力的社会环境，把优秀的大学毕业生、研究生吸引到

* 这是李长春同志在河南省科技大会上讲话的一部分。

大中型企业中来，逐步使企业成为技术进步的主体，成为吸引一流人才的地方。把科研机构和科技人员通过多种方式推向经济建设的主战场，要鼓励和引导高等院校和企业相结合，提高科研成果转化为生产力的水平，当前需要采取以下几种措施。

一是开发型科研机构要坚持企业化的改革方向，逐步转化为科工贸、科农贸一体化的经济实体，做到自主经营、自负盈亏，在市场竞争中找到自己的位置，在为经济建设服务中寻求生存和发展之路。科研单位可以面向市场自办科技型企业，开发和经营科技产品；可以通过合资或技术入股等方式，与企业共同兴办科研生产联合体；可以直接并入企业或企业集团，成为挂靠企业的技术开发机构和中试基地[1]；可以利用技术和管理优势承包、租赁、领办和兼并企业。为了加快科研单位转轨，省里决定，要按照政事分开的原则，在三年内把25个省属开发型科研单位通过多种方式推向市场。明年首先对省纺织科研所、省化学研究所、省物理研究所、省商业科研所、省服装研究所、省冶金研究所、开封计算技术研究所等7个科研单位转企改制。1994年、1995年再先后转制18个科研单位。转制单位原来的事业费作为科技开发基金，变养人为干事。今年这些单位要做好进入新体制的各项准备工作。转制的科研单位实行一个机构两块牌子，既保留研究院所名称，又挂开发公司牌子，并取得经济法人资格。工商部门要进行注册登记、银行要开设账户。这些科研单位转制后拥有人财物、科技开发、经营管理自主权，科研单位内部实行劳动优化组合。劳动人事部门不再对其进行人员指标控制，允许人员自由流动。在科研经费上实行向政府申请和自筹相结合，由院（所）长作为法人代表向银行、投资公司贷款或面向市场投标、寻找课题。科研单位所取得的收入一律不向原主管单位上缴，大部分要用于科研开发，一部分用于科技人员的报酬和集体福利。科技人员报酬随开发效益浮动，上不封顶，下不保底。对经济自立的科研单位要在税收上实行优惠政策。省、市（地）所属其他开发型科研单位，也要参照上述改革办法制定规划和政策，在1995年以前分期分批地把开发型科研单位全部推向市场。开发型科研单位推向市场之后，也可能有一小部分办不下去。办不下去意味着什么呢？说明这样的科研单位在商品经济发展中找不到自己的位置，纯属按长官意志人为设置的机构。办不下去怎么办？由大企业或企业集团兼并它，办得好的科研单位，也可以兼并企业，究竟谁兼并谁，就要看自己的本事了。

二是对公益性科研单位要加大财政支持力度，同时也要积极扩大服务领域，有条件的可以发展科技咨询、情报信息等科技产业，通过有偿服务增强自我发展能力。对专业设置老化、业务方向不明、不适应经济社会发展需要的单位，要予以调整或撤并。有条件的单位可试行把目前按人头划拨事业费改为按科研项目和服务质量实行经费包干。

三是鼓励和引导高等院校以各种方式和企业相结合，提高科研成果转化为生产力的水平。推动产学研相结合，使高校、科研单位成为企业技术创新的重要社会依托。有条件的地方所属各类大中专院校要根据经济社会发展需要和人才、专业优势，自办或联办经济实体，也可以分流出一部分懂技术、善经营的科技人员创办高新技术企业和科技开发公司，鼓励他们成为科技企业家。推动大学和企业搞联合，用商品经济的办法支持企业搞技术开发，企业成为大学的实验基地、实习基地，用利益机制把两者结合起来。在这个问题上，认识越早，就越主动。

四是继续鼓励和支持民办科研机构的发展，坚持和完善“自筹资金、自愿结合、自主经营、自负盈亏、自我发展、自我约束”的运行机制，实行多种形式的科研、生产、销售、服务一体化经营。对民办科研机构，要实行与全民所有制科研单位相同的扶持政策。

注　释

〔1〕中试基地，是指进行中间性试验的专业基地。中试基地一般分为专业中试配套基地和综合性中试配套基地。专业中试配套基地，专门从事某个行业类项目的专业试验；综合性中试配套基地，以加工、生产一般工业产品为主要经营业务，同时承担同类技术项目和产业化配套协作服务。

坚决破除“保姆”体制*

（1992 年 11 月 25 日）

要把开发应用型科研院所推向市场，由在高墙深院里搞课题研究转向面向产业、企业；从管“吃”管“添”、不讲核算的“大锅饭”体制转向加强经营管理，树立投入产出观念；从等上面下达课题、拨经费，转向上市场找课题，向买主要经费；从“假戏真做”变为真刀真枪创造社会财富。

现在，一方面是企业产品老化、技术落后，另一方面是地方科研院所经费不足、科技人员没有事干，东南沿海地区经济发展如火如荼，内地科技人员大量外流，出现“孔雀东南飞”的现象，更加剧了我们中部省份的落后局面。怎么办？出路在科技体制改革。

地方科研院所的体制改革，不应是细枝末节的改革，而是一个根本性的改革。省科学院要发扬敢闯、敢试、敢冒的精神，为

* 这是李长春同志在河南省科学院调研时谈话的一部分。

全省科技体制改革闯出新路，创造经验。

对开发性研究机构，要坚决破除“保姆”体制，以多种形式投入经济建设主战场，在市场中找到自己的位置。要把开发应用型科研院所推向市场，由在高墙深院里搞课题研究转向面向产业、企业；从管“吃”管“添”、不讲核算的“大锅饭”体制转向加强经营管理，树立投入产出观念；从等上面下达课题、拨经费，转向上市场找课题，向买主要经费；从“假戏真做”变为真刀真枪创造社会财富。我们欠发达省的科学院的任务更应该是以研究实用技术为主，应该研究如何使全省的父老乡亲尽快富裕起来，基础研究由国家承担。省科学院要办成科工贸一体化的高新技术企业集团。科学院同研究所可以成为总公司和子公司的关系，可以成为两级法人。有的院所也可进入工业企业集团，成为其开发机构。

要抓住几个高新技术产品，千方百计把规模搞上去，成为集团公司的基础，然后再对有形产品和无形产品大规模地开发、出售。科研院所可以到郑州高新技术产业开发区去搞项目，也可以兼并几个公司，然后转让产品、派人管理。开发型研究机构转企改制过程中要坚持老人老办法、新人新办法。原有的财政性事业经费照拨，用于离退休人员安排。科委的三项经费要实行招标制，其中对于效益好的项目可试行拨改贷，有偿使用。各经济综合部门，银行、工商、税务等有关部门都要大力支持科研院所转为科工贸实体。

广大科技人员有着强烈的改革愿望和热情，现在的关键是我们各级科研管理部门和院所领导班子的思想观念怎么跟上改革大潮。有的地区和单位认识迟、行动慢，还习惯于老办法，使一些科技人员无用武之地。如果我们加快改革步伐，就能增强对人才的吸引力、凝聚力，就能有效抑制“孔雀东南飞”现象。

省科学院领导班子要抓紧研究制定组建高新技术企业集团的方案，争取明年迈出关键性步伐，尽快从行政管理型转向经营管理型，承担起承贷、承还、产品开发、技术转让、成果经营的重任，在全省的科技体制改革中出经验，并成为全省高新技术产业的先锋队。

科技教育文化要加快体制改革*

（1992年12月12日）

必须看到，我们目前的科技、教育、文化体制是在单一计划经济情况下形成的。其主要特点是上边“统管卡”、下边“等靠要”的保姆体制，没有活力。随着社会主义市场经济体制的形成，这些领域的改革也必须加速，使它们适应社会主义市场经济新体制的要求，要针对不同情况，探索从计划为主，转向以各种形式面向市场；从国家统包统管，转向社会办、民办，或国家、集体、个人一起上，形成以社会主义公有制为主体、多种经济成分共存的所有制结构；从自我循环、孤芳自赏，转向参与经济社会发展的大循环，为经济建设这个中心服务；从过去的政府给钱给物、管吃管添、输血型的保姆体制，转向区别对待、分类管理，把国家支持和增强自身活力结合起来的新体制新机制。

---

* 这是李长春同志在河南省政府办公厅《政府工作快报》第508期刊登的河南省财政厅副厅长杨万书谈开辟文化事业发展的新途径上所作的批语。

要为贫困学生排忧解难*

（1993年9月17日）

我们的教育是面向广大工农子弟的，我们还有很多农民的家庭仍很贫困，我们要使他们的孩子能有受教育的机会，因此要在纠正不正之风中，花力量解决一下教育战线对学生的乱收费乱集资问题。要规范一下九年制义务教育的学杂费和减轻计划内公费生的负担，用好学生奖学金，对困难学生实行贷款和生活补助，开辟勤工俭学渠道，用多种办法保证家庭困难子女不要因为经济原因中止学业。为了不断改善办学条件，除国家经费逐步增加外，学校要办好校办产业，不要在学生的收费上打主意，这不是件小事，是个办学方向问题，是教育公平问题，也是教育为什么人的大问题。

---

* 这是李长春同志写给河南省政府、省教委负责同志的信的一部分。

以改革为动力推进教育事业发展 *

（1994 年 9 月 15 日）

发展职业教育，是我省经济社会发展的客观需要，也是广大人民群众的迫切要求。群众说，“上了几年学，背了几年馍，回家去种地，还得从头学”。我们办教育要有群众观点，要和人民群众的富裕、幸福紧密结合起来，这样才能受到人民群众的欢迎和支持。脱离人民群众的愿望和需要，教育是没有出路的。

实现 90 年代河南教育发展的目标任务，解决教育面临的困难和问题，根本出路在改革。各级党委和政府以及广大教育工作者，都要解放思想，更新观念，加大改革力度，推进教育事业的发展。

以实施九年制义务教育为重点，大力推进基础教育改革。九年制义务教育是面向全体适龄儿童少年的国民教育，必须全面贯彻党的教育方针，全面提高教育质量，真正由应试教育转向素质

* 这是李长春同志在河南省教育工作会议上的讲话。

教育，这是今后一个时期基础教育改革的重点。首先，要转变教育思想，端正办学方向，坚决纠正片面追求升学率的错误做法。各级都不要给下级和学校压升学指标，不能以升学率的高低作为衡量干部政绩的标准，作为奖惩学校和教师的条件。要切实减轻学生过重的课业负担，调整教学要求，精减课程内容，改进教学方法，重视学生兴趣、爱好和特长的培养，使学生生动活泼地全面发展。要改革招生考试制度，加强对各种考试的管理，严格控制考试次数。在普及初中义务教育的地方特别是城市市区，从1995年起，都要实行小学毕业生免试划片入学。要加强薄弱初中建设，帮助这些学校充实师资力量，改善办学条件，提高管理水平。农村基础教育要扭转不同程度脱离农村经济建设的指导思想和办学模式，走出一条适合当地实际的办学路子。大力提倡农

1992年8月，李长春在济源市济源一中考察。右一为国家教委副主任柳斌。

科教结合，增加一些职业技能和实用科学知识的内容，把教育与生产劳动结合起来，使大部分学生毕业后都能运用所学技能和知识，在农村经济和社会发展中发挥作用。

以大力发展职业教育为重点，优化调整中等教育结构。大力发展职业教育，是这次全国教育工作会议突出强调的一个问题，也是我省教育改革和发展的突破口。发展职业教育，是我省经济社会发展的客观需要，也是广大人民群众的迫切要求。一些群众反映说，我们对集点资修建学校没有意见，孩子毕业后升不上学，我们也能理解，可是上了几年学，又没有学到啥技术，我们有意见。群众还说，“上了几年学，背了几年馍，回家去种地，还得从头学”。我们办教育要有群众观点，要和人民群众的富裕、幸福紧密结合起来，这样才能受到人民群众的欢迎和支持。脱离人民群众的愿望和需要，教育是没有出路的。各级党委和政府都要切实转变观念，认真做好组织协调工作，统筹规划，合理安排，下决心改办一批普通高中为职业高中，扩大职业学校招生，提高职业教育比重。鼓励企业、行业、社会团体和个人积极发展职业教育。可以在初中、高中教育的一定阶段实行分流，让没有升上高一级学校的学生，都能受到不同程度的职业教育和技术培训，成为振兴当地经济的新的生力军和致富带头人。

职业教育要面向市场，选准方向，服务社会，办出特色。坚持走产教结合、校企合一、自我发展的路子，采取灵活多样的办学形式，长班短班结合，职前职后沟通，全日制和业余并举。要按照当地经济社会发展的需要设置专业，按需施教，加强实践环节教学，提高学生动手操作能力。要加快职业教育师资队伍建设，改办几所高等师范院校为职业师范院校，普通高校也要承担职业师资培养培训任务。要鼓励职业学校文化课教师经过进修改教专业课，也可以聘请厂矿企业、科研单位、大专院校的科技人员和社会上的能工巧匠做兼职教师。成人教育要以岗位培训和继续教育为重点，不断提高广大从业人员的政治和业务素质。农村成人教育要大力扫除青壮年文盲，把学文化和学技术结合起来，脱盲和脱贫结合起来，为奔小康服务。

以提高质量和效益为中心，积极推进高等教育改革。高等教育要适应建立社会主义市场经济体制和产业结构调整的需要，加快专业结构的调整。今后，高校要以工科、财经为主，设置新专业，改造老专业，压缩和调整长线专业，不断拓宽专业口径，扩大服务范围。在招生计划安排上，要加大工科、财经方面的比重。农业院校要在专业结构调整上适应农业现代化的发展，树立为大农业服务的观念，努力培养面向农村商品经济和乡镇企业发展的实用人才。要充分发挥部属院校的优势，通过多种形式联合办学，提高我省工科等短缺专业的培养能力。要改变政府对高等学校包得过多、统得过死的体制，属于学校的权力坚决下放给学校，扩大学校的办学自主权，逐步形成政府宏观管理、学校面向社会自主办学的新格局。高等学校也要建立自我约束机制，严格执行国家和省下达的招生规模，按照招生的有关规定录取新生。调节性计划的委培生、自费生也要由高分到低分择优录取，鼓励捐资助学，但决不能以交费的多少来确定录取标准。高等学校实行学生缴费上学的制度，要引入竞争激励机制，通过建立奖学金、贷学金和贫困家庭学生资助金等，激励学生发愤学习。要加强学历文凭发放的管理，严禁任何高校和单位随意许诺发放毕业证。纪检、监察部门要加强这方面的检查监督工作，对乱发文凭造成高校秩序混乱的单位和主要责任者要严肃处理。毕业生就业制度要加快改革，除了保证国家需要和享受定向奖学金的毕业生以外，大部分毕业生都要进入人才市场和劳动力市场，公平竞争，自主择业。鼓励大专毕业生面向基层、面向企业、面向贫困地区就业，各市地、县要制定优惠政策，吸引他们投身当地经济建设。

要切实改进和加强德育工作。现在的青少年学生是跨世纪的一代，他们能不能成为合格的建设者和接班人，是关系到社会主义事业前途命运的大问题。各级各类学校必须全面贯彻党的教育方针，坚持社会主义办学方向，切实加强德育和思想政治工作。各级各类学校要密切联系社会现实和学生的思想状况，分层次地确定德育的任务和要求，积极改进思想政治工作的方法和政治课内容，使其更具有针对性，更富有成效。要重视和加强教师特别是青年教师的思想政治工作，教育他们热爱教育，教书育人，为人师表。对青年教师要满腔热忱、关心爱护，打破论资排辈的观念，为他们脱颖而出创造条件。同时也要教育引导他们深入实际、深入群众，从改革和建设的实践中汲取丰富的营养，走青年知识分子成长的正确道路。要坚持两手抓，加强管理，严格纪律，切实做好高校的稳定工作。党政领导干部特别是主要领导干部，要抽出时间同师生座谈，作形势报告，讲我国现代化建设取得的重大成就和改革开放以来的巨大变化，激发广大师生的爱国热情，使他们自觉地把实现自身的价值同祖国的命运联系在一起，自强不息，奋发进取，担负起振兴中华的历史重任。社会各个方面都要关心青少年学生，为他们的健康成长创造良好的环境。学校党的建设只能加强，不能削弱，特别是要把领导班子建设好。实行党委领导下的校长负责制的学校，重大问题要经过党委集体研究决定，同时，要保证行政领导充分行使自己的职权。实行校长负责制的学校，要发挥党组织的政治核心作用。

全面实施科教兴豫战略，大力促进科技与经济紧密结合*

（1995年7月21日）

科技体制改革的核心内容，就是要实现科技与经济的紧密结合。要把增强企业应用新技术的动力、建立技术创新机制作为重要内容，促使企业在国民经济中成为技术开发的主体，逐步形成以市场为导向、以企业为主体、产学研相结合的科技开发应用体系。总之，要使更多的科研机构和科技人员投入经济建设的主战场。这种转变，在我国科技体制上是一个重大转变。

实施科教兴豫的一个重要着力点，就是要大力促进科技与经济的紧密结合。长期以来，影响科技生产力解放和发展的主要障碍，就是科技与经济脱节，这也是我们国家传统经济体制的一个突出的弊端。党中央、国务院提出的深化科技体制改革的目标和科技工作的基本方针，其核心内容就是要实现科技与经济的紧密结合，抓住了问题的关键。

---

* 这是李长春同志在河南省科技大会上讲话的一部分。

从河南的情况看，一方面，科研院所总觉得人员多，经费不足，新技术成果产业化速度缓慢；另一方面，广阔的经济领域，包括农业和工业、农村和城镇，缺乏强有力的吸纳新技术成果的动力机制，生产经营活动的科技水平很低，因而社会财富积累慢，企业难以取得理想的经济效益。近几年，我们在加强科技与经济的结合上进行了一些改革和探索，取得了一些成效。但是从总体上来看，这二者的结合还差得很远。围绕科技和经济的结合，要在以下几个方面进行改革。

一是科技体制改革的核心内容，就是要实现科技与经济紧密结合。要把增强企业应用新技术的动力、建立技术创新机制作为重要内容，促使企业在国民经济中成为技术开发的主体。企业的科技体制改革，还要与企业转换经营机制紧密结合起来。同时，还要通过各级政府的政策引导和经济杠杆的驱动，逐步形成以市场为导向、以企业为主体、产学研相结合的科技开发应用体系。大中型企业和企业集团，要围绕名牌战略和引进技术的消化吸收，迅速建立和完善技术开发机构。广大中小型企业，也要建立自己的科技依托，加强与大专院校、科研单位、大中型企业的科技联姻。

二是农村科技体制改革，要把建立和完善社会化科技服务体系，与大力兴办龙头企业，通过“公司＋农户”的形式，向广大农民推广实用技术两者紧密结合起来，增强农业和农村经济发展的科技支撑能力，实现由传统农业向现代农业的转变。特别是畜牧养殖业和发展经济作物，用“公司＋农户”的方式来推广实用技术是比较成功的。

三是科研单位改革要按照“稳住一头，放开一片”〔1〕的方针，积极稳妥地进行结构调整和人才分流，促进适应社会主义市场经济发展的新型科研运行机制的建立。全国科技大会明确提出，科技工作要分三个层次展开，即技术开发与推广，发展高新技术及产业，加强基础性研究。对于地方上特别是像我们欠发达地区来讲，“放开一片”，即放开、搞活与经济建设密切相关的技术开发和技术服务机构，使其以多种形式、多种渠道与经济相结合。如有的成为科农贸、科工贸一体化的高新技术企业；有的直接进入大中型企业或企业集团，成为企业的技术开发机构；有的成为适应市场经济体制需要的社会化服务体系的组成部分；也可以其他形式走自负盈亏、自主发展的道路。要使绝大多数应用与开发型科研机构逐步由事业法人转变成企业法人。要鼓励高等院校和企业发展各种形式的合作。总之，要使更多的科研机构和科技人员投入经济建设的主战场。这种转变，在我国科技体制上是一个重大转变。我们的科技管理部门、科研单位，都要以饱满的政治热情、良好的精神状态，努力实现这个转变。

四是高新技术产业开发区在改革上要先走一步，积极探索。要在高新技术产业开发区建立起新型的管理体制和灵活高效的运行机制，使其真正成为综合改革的先行区、高新技术产业的示范区、新的经济生长点、现代化的新城区和对外开放的窗口。

五是要大力发展民营科技企业。社会上方方面面的科技人员是一支不可忽视的科技力量，要把这部分人的积极性创造性充分调动起来、发挥出来，为经济建设服务。要鼓励多种所有制并存，催生一批民营科技企业，使其成为壮大科技力量的新的生力军。

六是要建立适应社会主义市场经济需求的成果转化机制。要采取政府有计划推广和建立市场机制相结合的方法，充分发挥计划与市场的各自优势，促进科技成果向现实生产力转化。对于科技攻关中取得的关系全局、关系国计民生的重大科技成果，比如优良品种、节能技术、新材料的推广使用等，要由政府有计划地组织推广，保证其在生产实践中的应用。同时，要建立适应市场经济需求的科技成果转化机制，让大部分成果进入市场，作为有价商品在社会经济的大系统中流通，形成产业规模。为此，我们要努力把设在河南的国家中部地区技术贸易中心办好，并使其与全国乃至国际的技术信息网络联网，形成省内外多边流通的科技信息流，成为经济发展的助推器。在广大农村，要开辟“科技大集”，为农民群众提供技术和信息服务。总之，要使各个层次的技术市场真正成为科技成果转化的纽带和桥梁。

注　释

〔1〕“稳住一头，放开一片”，是我国为建立有助于科技进步的新型科技体制提出的一项重要方针。1993 年 11 月，党的十四届三中全会通过的《中共中央关于建立社会主义市场经济体制若干问题的决定》指出：“要改变部门分割的状况，推进科技系统的结构调整和人才的合理分流。实行‘稳住一头，放开一片’的方针”。“稳住一头”，就是要为基础性研究工作、高技术研究工作和重大攻关项目等提供充分的保障和支持；“放开一片”，就是要搞活技术市场、加强科技开发，使科技更好地为经济建设和社会发展服务。

贯彻实施《教育法》，促进教育改革与发展*

（1995 年 11 月 28 日）

科学技术是第一生产力，基础在教育。把教育摆在优先发展的战略地位，这不仅是经济建设的客观要求，也是加强社会主义精神文明建设，保证党的基本路线一百年不动摇的必然要求。

《中华人民共和国教育法》（以下简称《教育法》）于今年 9 月 1 日正式生效施行，标志着我国依法治教进入了一个新阶段。认真贯彻实施《教育法》，对于我省贯彻落实“科教兴国”“科教兴豫”战略，促进教育改革与发展，更好地为社会主义现代化建设服务，具有十分重要的意义。

一

党的十一届三中全会以来，党中央、国务院就教育改革与发

* 这是李长春同志在河南省贯彻实施《教育法》座谈会上的讲话。

展作出了一系列重大决策。国家先后制定了《义务教育法》《教师法》等法律法规，在依法治教上迈出了积极步伐。今年，国家又颁布了《中华人民共和国教育法》。这部关于教育的根本大法，对关系教育事业全局的重大问题，如教育优先发展的战略地位、国家的教育方针和培养目标、教育的基本原则、教育的基本制度、学校的法律地位及办学自主权、教育投入与条件保障等作出了明确规定。这对于深化教育改革，促进教育发展，将发挥有力的法律保障作用。

改革开放以来，我省认真贯彻执行党和国家关于教育工作的方针政策和法律法规，大力推进教育改革和发展。1990 年召开的省五次党代会，从河南现代化建设的全局出发，提出了“科技兴豫，教育为本”战略，各地也都提出了“科教兴市”“科教兴县”“经济要发展，教育须先行”等重要指导思想，并采取了许多切实有力的措施，促进全社会教育意识的增强和教育优先地位的落实。全省教育工作的面貌发生了深刻变化。各级各类学校坚持把造就千千万万社会主义“四有”新人作为根本任务，为社会培养了大量人才，对国家和我省的经济建设、科技发展和社会进步作出了积极贡献。这些成绩应当充分肯定。但是也应当看到，我省的教育改革和发展很不平衡，当前仍存在着一些突出困难和问题。比如，教育优先发展的战略思想在有些地方还没牢固地树立起来，教育体制与建立社会主义市场经济体制的要求还不相适应，教育结构不尽合理，教育的质量和办学效益还有待提高，等等。多年的实践表明，办好教育需要全社会的重视，更需要有完备的法制来规范和保证。《教育法》的颁布，为我们提供了一个良好的机遇，全省上下一定要认真学习、宣传和大力实施《教育法》，依法把教育改革与发展推向一个新阶段。

二

贯彻实施《教育法》，必须在抓落实、求实效上狠下功夫。

教育事业优先发展，是《教育法》的根本指导思想。贯彻实施《教育法》最重要的一条，就是要使教育优先发展战略在全省深入人心，变成人们的自觉行动。党的十四届五中全会提出，实现“九五”计划和2010年的奋斗目标，关键是实现两个具有全局意义的根本性转变，一是经济体制从传统计划经济体制向社会主义市场经济体制转变，二是经济增长方式从粗放型向集约型转变。实现这两个转变，具有决定意义的一条，就是要全面落实科学技术是第一生产力的思想，坚持教育为本，把科技和教育摆到重要位置，促进科技向生产力的转化，提高全省人民的科学文化素质，切实把经济建设转到依靠科技进步和提高劳动者素质的轨道上来。科学技术是第一生产力，基础在教育。把教育摆在优先发展的战略地位，这不仅是经济建设的客观要求，而且也是加强社会主义精神文明建设，保证党的基本路线一百年不动摇，保证我们国家长治久安的必然要求。因此，在整个社会主义现代化建设的过程中，教育优先发展的战略地位必须始终坚持，丝毫不能动摇。各级党委政府在贯彻实施《教育法》的过程中，要牢牢地把握住这一点，在落实教育优先上狠下功夫。在制定“九五”计划及2010年远景规划时，必须把教育放在国民经济和社会发展的全局中来审视和安排。有关部门在实际工作中都要体现教育优先的原则，为实施“科教兴豫”战略

1992 年 8 月 26 日，李长春考察驻马店地区遂平县褚堂乡八里刘小学。左二为驻马店地委书记刘心铭、左一为驻马店行署专员杨金亮。

多作贡献。

《中国教育改革和发展纲要》(以下简称《纲要》) 是《教育法》的政策基础，是教育改革与发展的行动纲领;《教育法》充分体现了《纲要》的基本精神，把《纲要》的主要政策规定上升为国家意志，二者的联系密不可分。因此，我们要把贯彻实施《教育法》同贯彻《纲要》有机结合起来。1994 年 9 月，我省制定了贯彻落实国家《纲要》的《实施意见》，这个《实施意见》对解决我省教育改革与发展中的重大问题具有很强的指导作用，要把继续抓好对《实施意见》的落实作为贯彻实施《教育法》的重要一环，切实解决好当前教育面临的突出问题。"两基"特别是普及九年制义务教育，是提高国民素质的奠基工程，要进一步完善分级办学、分级管理的体制，加大义务教育投资力度，多渠道筹措义务教育经费，为确保本世纪末 85%的人口地区实现普及九年制义务教育的目标创造条件。要加快扫除文盲步伐，争取到 1998 年基本扫除青壮年文盲。要继续调整中等教育结构，积极发展职业教育，使普通教育与职业教育形成合理的比例。2000 年前，职业学校招生和在校生占高中阶段招生和在校生的比例，农村要达到 60%左右，城市达到 70%左右。要深化高等学校、中等及中等以上职业学校招生、毕业生就业制度改革，在高等学校积极稳妥地进行招生“并轨”改革。到 2000 年，基本完成“包上学、包分配”到“自费上学、自主择业”的过渡，实行学生缴费上学，大多数毕业生自主择业的制度。要加强中青年教师队伍建设，着力培养引进一批中青年学科带头人，并为优秀人才的脱颖而出创造必要的条件。要进一步落实省委省政府《实施意见》中鼓励教师终身从事教育事业的有关优惠政策，提高和改善教师待遇，尽快彻底解决拖欠教师工资问题。要改变国家单一投资办学的局面，逐步建立起以政府办学为主，社会各界参与办学的体制，不断增加对教育的投入。各级各类学校都要按照《教育法》的要求，加强自我约束，规范教育行为，认真解决乱收费等问题。

三

《教育法》的贯彻实施，关系到教育的改革与发展和社会主义现代化建设的全局。因此，绝不仅仅是教育部门的事，而是全党全社会的共同责任。全省各级党委政府都要把贯彻实施《教育法》工作摆上议事日程，各级干部特别是主要领导干部，要带头学习和贯彻实施《教育法》，牢固树立尊重知识、尊重人才、“科教兴国”“科教兴豫”的思想，提高落实教育优先发展的自觉性，增强严格依法治教的观念。要注意研究和解决好教育改革与发展中存在的突出问题。各级人大要在保证《教育法》的顺利实施方面，进一步加大执法监督的力度。教育、计划、财政、人事、宣传、司法等部门，都要按照《教育法》的有关规定，密切配合，同心协力，为教育改革与发展服务，扎扎实实地为教育办实事，并要经常检查监督下一级部门贯彻执行《教育法》的情况。要把对《教育法》的宣传作为普法工作的一项重要内容，使之在全社会深入人心。总之，方方面面都要热情地关心教育，积极地支持教育，为教育的改革与发展创造良好的社会环境。

优化教育结构，提高办学水平*

（1997 年 11 月 13 日）

社会主义市场经济要使市场在资源配置中发挥基础性作用，这就对过去在计划经济体制下确定的教育结构、专业设置构成了一个很大的挑战。过去我们学校与计划经济条件下的工厂一样，也是我生产什么，你分配什么，现在市场经济是人才市场需要什么，你生产什么，关系得调整过来。提高教学质量和办学效益，首先就得向优化结构要办学效益，结构不合理是最大的浪费。

党的十五大报告提出，发展教育和科学是文化建设的基础工程，并对发展教育提出了很多具体任务，如普及九年制义务教育、扫除青壮年文盲、充分利用挖掘教育资源、提高办学效益等等。我们教育战线要乘势而上，结合实际贯彻落实好党的十五大提出的各项任务，进一步优化教育结构，提高高校的办学水平。

* 这是李长春同志与出席河南省第六次高校党建工作和中小学德育工作会议部分代表座谈时讲话的一部分。

随着社会主义市场经济体制的不断深入，以市场来配置人才资源，已经是越来越现实的课题。社会主义市场经济要使市场在资源配置中发挥基础性作用，这就对过去在计划经济体制下确定的教育结构、专业设置构成了一个很大的挑战。过去我们学校与计划经济条件下的工厂一样，也是我生产什么，你分配什么，现在市场经济是人才市场需要什么，你生产什么，关系得调整过来。这几年我们已经做了一些调整，但还远远不适应日益完善的社会主义市场经济体制的需要。一方面，宏观上我们建设社会主义的各方面人才都是缺的；另一方面，我们高等学校培养出来的学生又分配不出去，这个矛盾已经出现了。今年，我们高等院校的毕业生，供需见面对路的只占30%多，其他就得靠行政手段往下压，你要不要就是这个了。当然这里面不排除有少部分岗位需要人，但是由于岗位条件不好，学生自己不愿意去的情况，扣除这一部分，我看也很可能有50%左右不那么供需对路。所以，这个问题就比较严重了，一方面我们的教育经费紧缺，另一方面我们培养的人才有一半左右不能够供需对路，这不就跟工厂里生产的产品卖不出去积压在仓库，报个产值是一样的道理吗？这个问题值得我们深思。党的十五大报告提出，要优化教育结构，合理配置教育资源。提高教学质量和办学效益，首先就得向优化结构要办学效益，结构不合理是最大的浪费。我希望学校和教委能够上下结合，加速调整步伐。教委要把这几年毕业生就业的信息提供给大家，一定要改变过去学校在哪个领域有骨干教师，就只在哪个领域多招生的做法，不是说社会需要这个专业学生多我就多招生，而是我这方面有带头人我就多招生，这是典型的“以产定销”，要坚决调整过来，不管有多大的阻力。现在我省正在加速工业化的进程，正在立足于丰富的农产品资源，大搞加工增值，需要大量的学工程技术的人才。而目前我们工科的毕业生大约只能占40%，县一级基本上分配不到。有几个县委书记跟我讲，一个县一年能分100多个大学毕业生，一个学工科的也没有，学师范的、学中文的、学历史的比较多，县里安排很为难，需要学工科的却没有，然后这些大学生还得分到吃“皇粮”国税的事业单位。物质财富的生产领域，需要的人才没有，吃“皇粮”国税的专业要求县里要，这样怎么能建立良性循环呢？越弄越困难，这个做法不行。我建议当前要研究迅速增加工科的数量，拉长短线，压缩长线，稳定平线。什么短，什么长，上下结合一起排一排，要下决心解决这个问题。今后我们争取到的新增招生名额，一律用于短线，长线一个都不能给。而且今后对长线专业多、调整不力的学校，建议教委在安排教育经费上酌情减少，用经济办法来制约，来推动调整结构。社会办学要加强管理。现在社会办学有很多不搞什么投资，有个粉笔、有块黑板就开始办学，一弄就是文科班，太多了，这是不行的。当然我不否认有很多学文科的同志在工作岗位上钻研得不错，很快适应了。但从办教育的角度来看，要大家走这么一个弯路是不合算的，还是要紧密与人才市场需求结合起来，这是优化结构。

要向规模化、社会化要效益。我省过去高等教育院校的数量比较少，适当的发展是必要的。到今天已经有50多所了，我看数量是可以了，不要再增加数量，要选择基础比较好的学校扩大规模。现在每个学校的规模跟国外比，差得太多；跟国内比，有的差一点、有的差不多，总的规模还不行。不论是学校人数的规模，还是教职员工和学生的比例都还比较落后。现在企业正在搞规模化、集团化战略。因为这是市场竞争的需要，是加快国际化进程的需要。国内市场展开了国际竞争，人家外边来的都是大集团，我们都是小企业，怎么能够拼得过呢？高等学校现在同样也面临这个问题，因为人才也是脑力劳动者。党的十四届三中全会《决定》指出，要“改革劳动制度，逐步形成劳动市场”，劳动力是商品，包括从事体力劳动和脑力劳动的劳动力都是商品，不是劳动者是商品，劳动者是劳动力的载体，他的劳动能力是可以交换的，所以只有发挥规模效益的高校才有优势。我们要在现有的基础上，各个学科都列出一两所学校，在规模化上做文章，充分发挥教师的潜力、实验室的潜力、校舍的潜力。当前规模化遇到一个招生计划不足的问题，这个要争取，要专项争取。同时，我们也要利用全社会的资源，千万不要搞低水平的重复建

1996年3月，李长春陪同中共中央政治局常委、全国人大常委会委员长乔石接见郑州高校教师。

设，中央指出的经济战线低水平的重复建设在我们教育战线同样也是存在的，要提倡联合和协作，不要万事不求人，搞小而全。我们要统一规划，你这个学校重点搞好那几个实验室，我这个学校重点搞好这几个实验室，然后各个学校搞协作。仔细分析一下，一个学校把各种实验室搞全了，利用率并不高，而是很低的，没有必要大家都搞全。教师也是这样，你要上这门课，就到另一个学校请教师讲课，不仅质量上能保证，就是从效益上讲也划算。过去我们引进计算机，计算机本身的功能大得很，很多引进计算机的单位，只用了很少的一部分功能，而且运转时间也很少，多数是闲着，实际是很大一笔浪费。没有必要大家都搞，所以像这些问题我主张打破部门界限、所有制界限、区划界限，广泛开展横向联合和协作。

高等学校要通过提高技术产业来壮大自己。总体上高等教育是搞教育、搞科研的，但是能够抓住一两种、两三种有代表性的高新技术，自己直接把它产业化，也是一个重要的发展方向。因为国家今后从经费管理上，对事业单位分为三种：一是国家全供的事业单位，主要指的是中小学义务教育阶段；二是事业单位企业化管理，自收自支，政府不再拨款；再一种就是国家定补的事业单位，高等院校就属于这个范畴。现在一些发达地区，学校自己创收的部分已经超过一半，就是超过国家经费部分。我们省还不行，自己创收的还不到40%，国家拨款的部分是60%多。而且我到发达国家考察，也了解到他们的公立大学也不是国家全包的。我在荷兰考察时，到过一个农业大学，它是荷兰最好的农业大学，国家经费大约是60%，其他经费很多是靠承担欧盟的科研项目、大企业的科研项目来筹措的，也有社会上的基金，另外还吸收很多外国的留学生，多种渠道进行创收。我们这些学校并不是都没有条件，我觉得有利条件还是很多的。比如中医学院用现代的办法制造中成药，就是非常好的方向，完全具备生产的条件。所以，希望我们的高等院校能够在高新技术的产业化方面拿出一些有代表性的东西，为我们全省调整产业结构带个头，树个旗帜。有的如需要大量的厂房、地皮和资金，可以让你那个公司来兼并社会上的企业，搞存量资产盘活、重组，可以找地方大的、人少的这样的企业。最近省科学院在办高新技术园区，征了160亩地，搞了几个产品，这个方向也是很好的。因为你单纯卖科技成果，利润微乎其微，还是把它产业化好，这样既可以提高科研水平，又有助于提高市场形象，补充教育经费，改善教师的生活条件，一举多得。

带领群众扶贫开发
艰苦创业奔小康

加快山区经济林发展步伐*

（1991年9月21日）

林业系统要加速实现两个转变，即从单纯注重生态效益转向生态效益、经济效益、社会效益相结合，调整林业结构，因地制宜，大上经济林；从主要依靠上级投资发展林业的输血型体制，转向综合开发，多种经营，以林养林，注重效益，自我积累、自我发展的造血型体制。

党的十一届三中全会以来，河南省造林绿化事业取得了很大成绩。但从整体上看，山区造林绿化起点不高，发展不快，经济林比重偏少，同群众脱贫致富结合得不够紧密。省委省政府希望通过这次会议，提高大家对发展经济林重要性的认识，理顺思路，调整林业结构，加快山区经济林发展步伐，走出一条山区脱贫致富，促进山区经济发展的新路子。

发展经济林是集经济效益、生态效益和社会效益于一身的产业。投资少、风险小、见效快，一年栽种，长期受益，不受能源

* 这是李长春同志致在三门峡市召开的河南省山区经济林现场会的信。

和原材料限制，家家可以干。我省气候温和，经济林名优特品种多，山场广阔，发展经济林大有可为；山区一人达到一亩经济林，群众脱贫致富就有了着落。还为山区发展加工业提供了原料和门路。因此，它是山区兴县富民的重大措施。

发展经济林，要按照自然规律和经济规律办事。第一，要把经济林生产纳入技术进步轨道。结合自然特点和社会发展需要，突出重点，建立基地，规模经营，形成商品优势；选用优良品种，建立优良苗木繁育基地，保证发展需要；要通过改接换种和综合技术管理，加强低产园、低产林的改造，提高产品质量；要积极搞好干鲜果品的贮藏、加工、销售等系列开发，提高经济效益。

第二，要稳定林权，放宽政策。用政策调动各方面发展经济林的积极性，做到国家、集体、个人一齐上。小流域治理区，凡适宜的，都要种上经济林，国营林场要发展一定比例的经济林，以短养长，提高“造血”机能和自我发展能力。提倡乡、村、组三级兴办林果场，发展绿色企业，壮大集体经济，鼓励农民承包荒山，建立家庭林果场。要适当延长果树的承包期。

第三，要千方百计地增加对经济林生产的投入和扶持。各级政府、各有关部门掌握的农业开发资金、扶贫款、以工代赈款、小流域治理款、旱地农业发展资金以及征收的农林特产税都要拿出一定比例用于经济林生产，农行要为经济林生产安排专项贷款指标，各级政府要从计划中专列一部分化肥、农药、农膜等物资支持经济林生产，支持技术承包。经济林生产涉及面广，完成我省经济林十年规划，任务繁重，各级党委和政府必须切实加强组织领导。

省委省政府决定把经济林生产纳入省“红旗渠杯”竞赛内容，要层层建立主要领导任期目标管理责任制。林业部门、农业部门互相配合，在县政府的统一领导下，共同打好林果业的翻身仗，特别是林业系统，要加速实现两个转变，即从单纯注重生态效益转向生态效益、经济效益、社会效益相结合，调整林业结构，因地制宜，大上经济林；从主要依靠上级投资发展林业的输血型体制，转向综合开发，多种经营，以林养林，注重效益，自我积累、自我发展的造血型体制。

经济林生产是我省十年造林规划的一个重要组成部分。优先发展经济林，决不是可以放松山区造林绿化。要把两者统一起来，十年造林绿化规划，省人大作了决议，省委省政府作了决定，必须努力加快荒山绿化步伐，争取提前完成。省委省政府十分关心山区人民的脱贫致富，确定要通过发展经济林、开发矿业等富民兴县工程，使山区人民尽快摆脱贫困，走上富裕道路。山区各级党委政府、各有关部门、广大干群要高举“团结奋进，振兴河南”的旗帜，自力更生，艰苦奋斗，为发展山区经济，实现我省“一高一低”的战略目标，不断作出新的贡献。

给新安县北冶乡岭后村的一封信

（1992 年 2 月 3 日）

新安县北冶乡岭后村党支部、村委会：

来信及前不久的两封电报均已收悉。对你们在各级领导的关心下，日夜苦战，提前解决人畜吃水问题，特表示祝贺，并通过你们向为解决吃水而出大力、流大汗的同志们表示感谢！

过去，岭后村由于自然条件恶劣，造成经济发展缓慢，人民生活比较贫困的状况。如今，水的问题解决了，农业的基础条件有了，希望你们抓住这个机遇，以上级党委和政府的亲切关怀为动力，发扬自力更生、艰苦奋斗的优良传统，带领全村群众献计献策，理清思路，因地制宜地制定出你们村近期和长远规划。要认真贯彻落实党的十三届八中全会和省委五届三次全会精神，进一步深化农村改革，充分发挥党支部的战斗堡垒作用，农业上大搞麦果间作和荒山丘陵的经济林开发，工业上搞矿业开发，加速脱贫致富的步伐，向小康村的目标迈进。

你们有什么发展经济的想法和要求，可向当地政府反映，请他们组织农业银行、农村信用社论证，支持。

向全体村民问好并拜年，祝愿大家新春快乐，万事如意。

李长春

1992 年 2 月 3 日

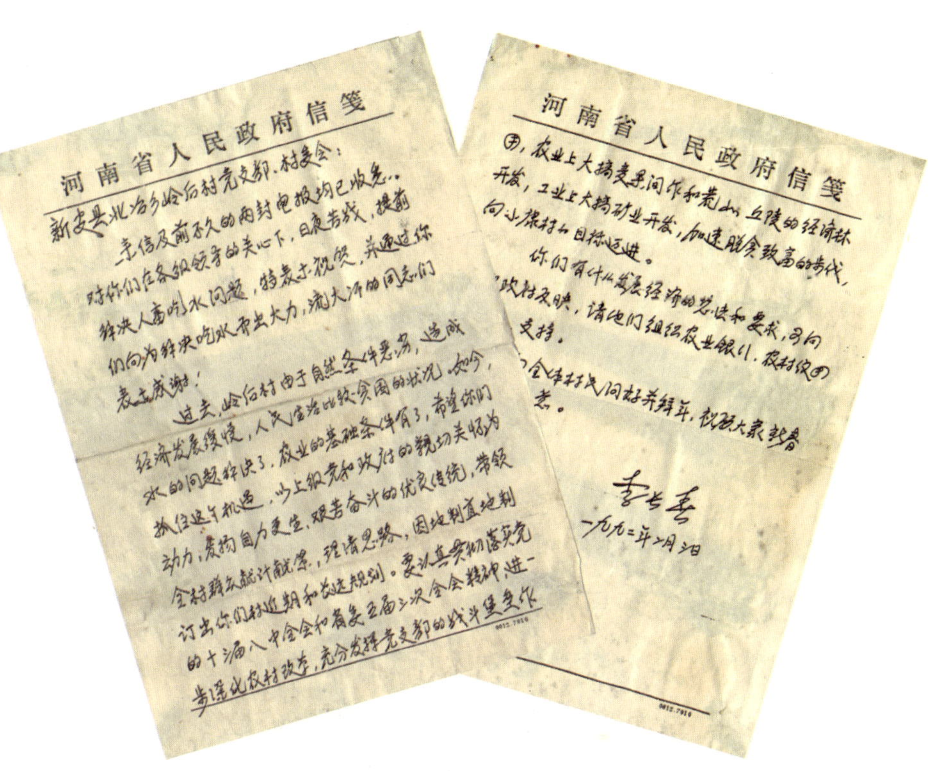

河南省人民政府信笺

新安县北冶乡岭后村党支部、村委会：

来信及前不久的两封电报均已收悉。对你们在各级领导的关心下，日夜苦战，提前解决人畜吃水问题，特表示祝贺，并通过你们向为解决吃水付出大力，流大汗的同志们表示感谢！

过去，岭后村由于自然条件恶劣，造成经济发展缓慢，人民生活比较贫困的状况。如今，水的问题解决了，农业的基础条件有了，希望你们抓住这个机遇，以上级党和政府的亲切关怀为动力，发扬自力更生、艰苦奋斗的优良传统，带领全村群众献计献策，理清思路，因地制宜地制订出你们村近期和长远规划。要认真贯彻落实党的十三届八中全会和省委五届三次全会精神，进一步深化农村改革，充分发挥党支部的战斗堡垒作

河南省人民政府信笺

㈠，农业上大搞立体间作和荒山、丘陵的经济林开发，工业上大搞矿业开发，加速脱贫致富的步伐，向小康村的目标迈进。

你们有什么发展经济的想法和要求，可向
政府反映，请他们组织农业银行、农村信用
支持。
全体村民问好并拜年，祝愿大家新春
意。

李长春

一九九二年二月三日

1992 年 2 月 3 日，李长春给洛阳市新安县北冶乡岭后村党支部、村委会的信。

下决心彻底解决好人畜吃水问题*

（1993 年 2 月 25 日）

我们就是要急群众之所急，想群众之所想，办老百姓之所盼。要教育我们的干部，增强为基层服务的思想，增强对农民兄弟的阶级感情。我们这儿工作早办一天，农民兄弟就少受一天罪，必须用这种感情来办好这件事情。

1992 年，在党中央、国务院和省委、省政府的高度重视与大力支持下，各级领导干部和广大干部群众真抓实干，解决了 68 万人、18.5 万头大牲畜的吃水困难，是我省历史上解决吃水困难人数最多、工程建设规模最大、工程投资最多、工程质量最好的一年，在百年不遇的大灾之年实现了中央提出的“不饿死一个人，不冻死一个人，不渴死一个人”的要求。这是我们为人民办实事的具体体现。人畜吃水问题，是最基本的生存需要，是人

* 这是李长春同志在河南省部分市地负责人解决人畜吃水问题座谈会上讲话的主要内容。

命关天的大事，刻不容缓、时不我待。人畜吃水工作做好了，就解决了世世代代困扰山区人民的一大难题，就会更加密切党群关系、干群关系，就会给党和政府增光添彩，是践行党的全心全意为人民服务宗旨最紧迫的任务。特别是豫西山区，世世代代解决不了的吃水问题现在解决了，群情振奋，为精神文明建设、小康村建设真正打下了坚定基础。

今年，这项工作安排得早，抓得紧，而且我们有了经验，这都是有利条件。今年还是要突出豫西这个重点，请各个方面顾全大局。因为国家给我们的这笔专款，明确就是支持豫西山区人畜吃水工程，而且豫西的问题还远远没有解决。全省人畜吃水最困难的地方、最集中的地方、面最大的地方还是豫西，所以要突出这个重点。将来哪个县人畜吃水解决了，要在最显眼的地方建个碑，让子子孙孙都记着。

今后工作中，除了继续按照过去行之有效的办法抓实抓好之外，还要注意以下几点。

第一，各地在银行安排好农副产品收购资金的基础上，以财政名义，暂时跟银行借一点，支持人畜吃水工程。缓解一下当前连续几季受灾、财政紧张、农民困难的矛盾。过两季农民收入增加了，财政也好转了，再还给农行。

第二，任务重的市，由市委、市政府决策，不搞行政摊派，搞点社会动员，支持人畜吃水工程。一般不让群众集资。动员银行、工厂、各个公司、个体户、私营企业搞点赞助，然后在报纸上进行宣传，让他们有光荣感。这样，既促进工农联盟，也增强党委、政府的凝聚力，体现共产主义风格，一方有难，大家支援。

1992 年春节前，洛阳市新安县北冶乡岭后村机井打成，解决了村民长期以来吃水困难问题，李长春亲笔题写“幸福井”。

第三，有人畜吃水任务的地方，县、乡干部对农民兄弟要有深厚的感情，别买小轿车了。一台小轿车就是一口井啊！一口井解决多少人吃水问题，一台小轿车才几个人坐？当然，为了改善投资环境，购买小轿车也不是没有道理，但要缓一缓，要先把农民吃水这个最紧迫的事情解决好，其他属于非生产性的建设，能压的就压，把资金千方百计用于解决农民的吃水问题。

第四，其他各种渠道的资金，能不能给倾斜一下，在基层把它们集中起来，突出重点。在缺水吃的地方优先搞水，带动经济全面发展。

做好人畜吃水工作，一定要加强领导。省委省政府把解决人畜吃水困难这项任务交给一线指挥部，指挥部要切实负起责任来，要有强烈的责任感和使命感。如果说我们党的宗旨、政府的宗旨是全心全意为人民服务，那么这件事情就是最好的、最集中的体现。我们就是要急群众之所急，想群众之所想，办老百姓之所盼。要教育我们的干部，增强为基层服务的思想，增强对农民兄弟的阶级感情。我们这儿工作早办一天，农民兄弟就少受一天罪，必须用这种感情来办好这件事情。各个方面都要支持指挥部的工作。谁在里面制造障碍，就把他撤走，调到基层去锻炼锻炼，到吃水最困难的县去任一段职，体验体验这种生活。我们的同志，应该从全心全意为人民服务的宗旨出发，从党和政府为人民办实事这个高度出发，在指挥部领导下，努力工作，改进服务，不准再出现不服从指挥部领导的事情。

人畜吃水困难的各市市委、市政府一班人，要下大决心，真正体现一鼓作气、乘胜前进的精神，把旱原上的丰碑矗立起来，不要光干个碑基就前功尽弃。只要市委市政府一班人痛下决心解决这个事情，就有办法。要换换脑筋，把思路拓宽一点，把农民吃水的问题解决好。

小康村建设要抓住关键环节*

（1993 年 3 月 31 日）

一个地区改变面貌，最根本的要靠这个地区的人民群众自己发动起来、觉醒起来，自力更生、艰苦奋斗，在外界的帮助下，砸碎套在自己脖子上的贫困枷锁。外因是条件，内因是根据。落后地区之所以落后，首先是人的思想观念落后。思想观念是“总开关”，不在观念上加以启蒙，改变贫困落后面貌是谈不上的。

最近，省委正式作出了在全省开展小康村建设的决定，明确提出要以实现小康作为总任务、总目标统筹农村工作全局，发动群众，精心组织，扎扎实实搞好小康村建设活动。

开展小康村建设活动必须抓好以下几个关键环节。

第一，抓思想发动，把各级领导干部的思想认识变为广大基层干部和农民群众的思想认识。要在思想观念上克服长期以来形成的“左”的和旧的思想影响，真正把“三个有利于”作为检验

* 这是李长春同志在河南省小康村建设座谈会上讲话的一部分。

工作成效的标准。要发扬敢闯、敢试、敢于冒险的精神，学习沿海地区的先进经验和我省一些先进市县的经验，在思想观念上有一个大的转变。对于经济还不发达地区的广大基层干部和群众，奔小康还要克服温饱即安、盲目乐观的思想情绪，克服没有信心、无所作为的落后意识，树立改变贫困落后面貌的信心和决心。一个地区改变面貌，最根本的要靠这个地区的人民群众自己发动起来、觉醒起来，自力更生、艰苦奋斗，在外界的帮助下，砸碎套在自己脖子上的贫困枷锁。外因是条件，内因是根据。落后地区之所以落后，首先是人的思想观念落后。思想观念是“总开关”，不在观念上加以启蒙，改变贫困落后面貌是谈不上的。要用邓小平同志建设有中国特色的社会主义理论来武装广大基层干部和群众的头脑，同时组织一部分骨干到先进地区去考察学习，解放思想，转变观念。

第二，摸清底数，制定规划，树立典型，分类指导，分级晋档，循序渐进地把这项活动开展下去。各地要从本地的实际情况出发，制定出科学可行的小康村建设规划。制定规划的过程，就是一个进一步发动群众的过程。规划不仅是个蓝图，而且是个动员令。一个好的规划，能起到凝聚人心、鼓舞斗志的作用。要坚持远近结合，既有长远奋斗目标，又有年度任务。对于现有的村子，要分类排队，摸清底数，登记造册，建立档案；由县、乡指导各村根据村里实际，认准档次，理清发展思路，确定每年上档晋级的目标，在各自的起跑线上隔几年上一个台阶。要坚持实事求是，分类指导，梯次推进，分步实施。各地之间，村与村之间，经济条件、工作基础、人口素质等都会有或大或小的差异，指导小康村建设切忌搞一刀切、一个模式。要针对各类不同地区和行政村的具体情况，依据市场需求，选准富村、富民项目，制定出相应措施。我省还有不少村至今仍处于贫困状态，全省大约还有5000个村农民年人均纯收入在300元以下。对这部分村，当前首要的任务是稳定解决温饱问题，可以不过早地对他们提出建设小康村的任务，但也不能撒手不管。凡是还有贫困村的市地，要坚持两手抓，一手抓小康村建设，一手抓扶贫工作。

第三，因地制宜，选准奔小康的突破口。小康村建设，基础是经济，必须从发展经济上着手。全省要坚持六条路子奔小康，即发展乡镇企业，发展优质高产高效农业，发展庭院经济，发展林果业，发展畜牧养殖业，发展第三产业。选择经济发展突破口，应因地制宜，坚持怎么来得快就怎么办。在产业选择上，不具备马上发展工业条件的地方，要从庭院经济、林果业、畜牧养殖业起步，什么能使群众富得快就干什么。在所有制形式上，一时还不具备搞集体经济条件的地方，首先要支持农民中的能人先起步，先富起来，集体经济组织给他们提供服务。对于广大农村特别是不发达地区，要下功夫培养一批专业户、重点户，使他们成为农村先进生产力的代表，先发展起来。就全省来讲，抓18个特别试点县（市）就是要使一部分地区先富起来。通过先富带后富，不断扩大生产规模，增加农民就业机会，进一步发展成股份合作制，带动农村商品经济尽快发展。要很好地吸取贫困落后地区办集体企业总是办不成功的教训，有些干部主观上是想为农民办好事，但超越客观条件，往往事与愿违。有的地方盲目从农民那里集资上集体企业，因为没有好的管理，结果亏损赔本，不仅没有使农民致富，而且欠银行的贷款又都分摊到农民头上，由大家还款，成了变相增加农民负担的又一种形式。对此，农民怨声载道。我们再也不能办这样的蠢事了。在比较贫困落后、缺少办企业经验的地区，就是要坚持走个体起步的路子，按照镇平县的做法，“个体起步，股份突破，小区开发，规模经营”。在贫困地区，共产党员带领群众共同致富，首先自己要带头勤劳致富，自己都不会富，怎么能带领群众共同致富呢？所以，党员要自己带头勤劳致富，带领群众共同致富。股份合作企业，群众开始不敢入股，党员要先入股。把股份合作制的企业搞起来，农民看到希望了，就会自动加入进来。在发展经济和其他各项事业的关系上，要突出经济建设这个中心；在经济发展起来的基础上，逐步发展各项社会事业。

第四，建设好农村党支部，选配一个好的支部书记。开展小

1993 年 3 月 31 日，李长春在新乡市召开的小康村建设座谈会上讲话。

康村建设，必须在建设好党支部特别是选出一个好的支部书记方面多下功夫。一是选择村党支部书记的眼界要放得再宽一些。特别是对那些班子软、懒、散，缺乏朝气和干劲的村，不能老是在原有的干部堆里打转转，选人的思想要解放一些，要勇于把村里村外的能人选上来。这个能人的条件关键是两条，一要政治思想好，二要有带领群众致富的本领。只要具备这两条，就要敢于使用，充分发挥作用。二是要从县、乡党政机关中选一批精兵强将下去任支部书记，并作为培养乡、局级领导干部的一个必备台阶。三是对村干部特别是支部书记，要逐步实行竞争上岗，建立淘汰机制。对在较长时间内改变不了村里贫困落后面貌的，要重新选择。要注意研究并建立一个选配支书的好机制，保证村支书能够把对人民群众负责和对上级负责统一起来。四是要大胆选配一些比较年轻、文化程度较高、思想比较解放、符合“四化”条件的人当支部书记。现在农村每年有大批的复转军人，也有一大批高中毕业生，为了使党的事业兴旺发达，要注意从这些年轻人中多发展共产党员。五是乡党委对村支部要加强检查和帮助，发现问题不能拖，一定要及时解决，保证每个支部始终处于良好工作状态。

战太行、出太行、富太行*

（1993 年 5 月 31 日）

林县振兴三部曲是何等的美妙！为什么能够奏出这么美妙的三部曲？就是有一种精神，民族精神、创业精神。有了这种精神，就能够随着党的中心工作的转变不断发展，就能够赋予不同的时代内容。

这次来林县看了三天，总的感觉是很受鼓舞。我感到林县认真实施“千村百万工程”，经过三年的努力已大见成效。很多工程项目都是在“千村百万工程”实施以后开始规划建设投产的，原来基础比较好的村子，都大大加快了步伐；原来是企业空白的村子，都上了项目，甚至前四五年还很贫困的村子在实施千百万工程以后，很快走上了富裕的道路。林县按照省委提出的高起点、超常规、大跨度、跳跃式发展的要求，作为“十八罗汉”之一，正在加速振兴的步伐。来到林县以后，看到到处都是一派生机勃勃的景象。我这是第四次来林县，前三次都是在 1991 年，

* 这是李长春同志在林县考察时的讲话。

而且时间都比较短，一次都只侧重某一个方面，这一次看的情况和前三次看的情况比较，发生了很大变化，一进入林县，就给人耳目一新的感觉。林县各级党组织、广大党员干部把解放思想和实事求是紧密结合起来，找到了加速振兴的路子，党组织的凝聚力、战斗力得到了进一步加强。所有这些都给我留下了很深的印象。

那么，透过这些变化，我感到这里面有一种精神，就是林县人民建设红旗渠过程中所创造的红旗渠精神的升华。我看可以概括为：自力更生、艰苦创业、自强不息、开拓创新、团结协作、无私奉献，即在你们原来概括的红旗渠精神之上加了八个字：自强不息、开拓创新。正因为有这么一种精神，林县在前进道路上，谱写了壮丽的三部曲。

第一部曲，就是在三年困难时期动手修建红旗渠。前后历经十年硬是在太行山上拦腰开凿了一条人工天河，把山西漳河水引入林县。这是一个改善生存条件的伟大工程，不仅使过去恶劣的自然条件和生存条件得到了很大的改善，而且为林县解决温饱，进而致富，奠定了重要基础，可谓战太行。

第二部曲，十万大军出太行。就是把在建设红旗渠过程中形成的红旗渠精神与培养出的能工巧匠的技能，两者结合起来，走向全国大市场。正因为我们有红旗渠精神，有搞建筑的本领，锻炼了一大批能工巧匠，所以我们在全国的建筑市场上建立了很高的信誉。以能吃苦、工期短、造价低而著称，通过输出劳务，带走了肚子，稳定地解决了温饱，这叫饱了肚子，挣了票子，换了脑子，有了点子，走出了路子，实现了“五子登科”，不仅解决了长期以来为之奋斗的温饱问题，而且还解决了进一步发展所必需的原始资金积累问题，使林县人均银行存款进入全省前列。还培养了各行各业人才，了解了国内外市场需求，找到了商机。这第二部曲同样也是十分壮丽的。

在这个基础上，林县人民正在谱写第三部曲。这就是从农业县向工业县过渡，实现工业化，成为一、二、三产业全面发展的建立社会主义市场经济新体制的欣欣向荣的新农村，即富太行。现在我们看到林县，县、乡、村各级都有自己的项目，都在大上工业，初步形成了一些工业小区、工业走廊，而且这些项目和十万大军出太行结合得很紧。建筑业极大地带动了工业的发展，建材产业已经成为振兴林县的支柱产业，林产品深加工也正在逐步成为振兴林县的支柱产业。有些工队长已经成为企业家，而且很多优秀的企业家就是经过了林县振兴的全过程，唱了第一部曲、第二部曲，现在正在唱第三部曲。

林县振兴三部曲是何等的美妙！为什么能够奏出这么美妙的三部曲？就是有一种精神，民族精神、创业精神。有了这种精神，就能够随着党的中心工作的转变不断发展，就能够赋予不同的时代内容。特别是在当前改革开放和现代化建设的新时期，林县人民使红旗渠精神得到了新的升华，为加快发展注入了新的动力，并且在全省成为发展比较好的县之一。这是我几次来林县一个突出的感受。再把它高度概括，就是这里凝聚着“民族魂”。

最后，提两点希望。一是希望你们紧紧抓住列入特别试点县的机遇，加快发展，再造一个“红旗渠工程”。省委根据邓小平同志要让一部分地区先富裕起来这一指导思想，确定了十八个改革开放发展特别试点县，叫“十八罗汉闹中原”，林县是其中之一。林县也从1990年在全省综合发展水平占第44位，上升到

1992年的第14位，前进了30位。省里要求这十八个特别试点县，要高起点、超常规、大跨度、跳跃式发展，来带动广大中原腹地加快发展步伐，这个任务是十分光荣而又艰巨的，希望林县人民的艰苦创业精神在90年代能够进一步发扬光大，能够在改革开放和现代化建设中再造一个“红旗渠工程”。

二是希望你们要狠抓薄弱环节，尽快使各项工作都能够成为我们省的先进典型。抓薄弱环节，一个是林县还有一些比较薄弱的乡和村，今天我到石板岩乡去看了一看，和东脑村支部书记谈了谈，到东脑村的一个农户看了看，感到我们还要尽快抓一抓薄弱环节。石板岩乡的自然条件确实差了一些，也比较封闭，但石板岩乡也有非常可贵的精神，那就是石板岩的“扁担精神”。当然，现在一路上已看不到挑扁担的，都是摩托车、汽车，条件有了很大改善，但是我们艰苦创业的精神不能丢，而且要把艰苦创业的精神落实到改革开放和现代化建设中去，落实到尽快脱贫、走向致富上来。要排出一批比较贫困的村进行专门扶贫攻坚。对于后进地区上边要支持，但更主要的是要自力更生、艰苦奋斗。再一个薄弱环节是计划生育。现在林县是98万人。我们全省人口自然增长率要控制在千分之十以下，千分之十对林县来讲，98万人净增不能超过9800人，就是这个概念。去年在计划生育全省表彰的名单里面，我使劲地找也没找到林县，希望你们在计划生育方面也要尽快进入全省先进行列。因为我们提的奋斗目标是“一高一低”，不仅经济建设要“高”上去，而且人口的增长要“低”下来。林县人有十分可贵的精神，这种精神用在什么地方，什么工作就能上去，这两个薄弱环节一定能够抓上去。

带领群众艰苦创业奔小康*

（1993年12月30日）

要在带领群众脱贫致富奔小康的道路上做到实干、奉献、创新。实干，就是要身先士卒，不怕吃苦，以自己的模范行动影响和带领广大党员和群众艰苦创业；奉献，就是要牢记为人民服务的宗旨，不怕吃亏，心里时刻想着大家，为民造福；创新，就是要用建设有中国特色社会主义理论武装头脑，善于借助科学技术的力量不断研究解决脱贫致富路上遇到的新情况和新问题，使经济建设和各项工作不断上台阶、上水平。

看了你们12月22日的来信，心中十分激动。我看了一遍又一遍，这哪里是一封普通的来信，这分明是63位基层党支部书记学习《邓小平文选》第三卷的心得体会，是学习林县创业精神的考察报告，是向上级党组织发出的改变贫困落后面貌的决心书。我深为你们通过培训取得的收获而欣慰，为有这样一批战斗在农村第一

---

* 这是李长春同志给河南省郑州贫困山区63名农村党支部书记的回信。

线、不改变贫困落后面貌誓不罢休的党支部书记感到欢欣鼓舞！

省委从抓住机遇、深化改革、扩大开放、加快全省经济发展的高度，从加强党的建设，增强农村基层党组织的凝聚力、吸引力和战斗力考虑，也是为进一步弘扬林县人民创业精神，在林县等几个地方的先进典型村举办了农村党支部书记培训班。从信中可以看出，你们的学习是很认真的，收获是很大的，培训工作是有成效的。林县原来也是一个自然条件很差的地方，30 多年来，林县人民在各级党组织的领导下，艰苦创业，顽强拼搏，从战太行修建红旗渠，到“十万大军出太行”，大力发展乡镇企业，实现富太行，谱写出了壮丽辉煌的创业“三部曲”，使一个偏远贫穷的山区县跃入全省先进县的行列。正如你们信中所说的，贫困并不可怕，可怕的是缺乏一种奋发向上的信心和勇气。人总是要有一点精神的，一个民族需要民族精神，一个时代需要时代精神，建设有中国特色社会主义的伟大实践，不但需要正确的理论、正确的路线作指导，同时还需要有一个良好的、勇于向上的精神风貌。林县人民能够创造出如此壮丽辉煌的成就和业绩，靠的就是在修建红旗渠过程中形成的、在改革开放新时期又不断丰富和发展的自力更生、艰苦创业精神。林县广大党员干部始终保持着良好的精神状态，这是林县能够不断开拓进取的重要保证和重要经验。林县人民能做到的一切，我们其他地方都应该做到，也一定能够做到。

邓小平同志讲过，贫穷不是社会主义，发展才是硬道理。通过培训，你们把压力和重负转化为催人奋进的动力，正视现实，找出差距，从而坚定了发展信心，理清了发展思路，明确了发展方向，提出了发展目标和措施，这是值得称道的。现在你们已经回到了各自的岗位上，重要的任务就是要把培训班上的收获变为

1991 年 11 月 26 日，李长春在信阳地区潢川县参加春河治理劳动时给民工拨饭。

广大农民群众的共同行动，落实到改革开放和发展经济的伟大实践中去。应该充分看到，广大农民群众有着摆脱贫困奔小康的强烈要求和愿望，他们之中蕴藏着丰富的经验和智慧，有着巨大的积极性和创造精神。作为领导者要善于按照党的基本路线和党的政策，把广大群众的积极性和创造精神调动起来，把群众的智慧集中起来，因地制宜，选准突破口，真抓实干，励精图治，从而实现摆脱贫困奔向小康的蓝图。

作为农村党支部书记，你们处在农村改革开放和现代化建设的第一线，起着联系群众、组织群众和引导群众的桥梁和纽带作用，工作难度大，也十分辛苦。特别是贫困地区的村党支部书记，由于经济上的暂时落后和不发达，面临的矛盾会更加突出，工作中的困难会更多，付出的劳动会更大。对此，省委是理解的，是始终关注和支持你们工作的。全省各界都应关心支持广大农村的基层干部，都要尽力为贫困地区的经济发展献计献策、贡献力量。同时，省委也希望你们和广大农村党支部书记意识到肩负的重任，不辜负党和人民的信赖。

我省是一个农业大省，经济基础较差，能否尽快改变面貌，在很大程度上取决于农村经济发展的快慢。社会主义市场经济和农村改革的深入发展，对农村党支部的工作提出了许多新的课题，对农村党支部书记也提出了更高的要求。广大农村党支部书记要加强政治理论学习，用邓小平同志建设有中国特色社会主义理论武装头脑，学会运用马克思主义的立场、观点和方法指导工作实践，正确贯彻执行党在农村的一系列方针政策；要学习市场经济知识，提高发展农村经济、脱贫致富的本领；要在带领群众脱贫致富奔小康的道路上做到实干、奉献、创新。实干，就是要身先士卒，不怕吃苦，以自己的模范行动影响和带领广大党员和群众艰苦创业；奉献，就是要牢记为人民服务的宗旨，不怕吃亏，心里时刻想着大家，为民造福；创新，就是要用建设有中国特色社会主义理论武装头脑，善于借助科学技术的力量不断研究解决脱贫致富路上遇到的新情况和新问题，使经济建设和各项工作不断上台阶、上水平。要发动共产党员带头勤劳致富，带领群众共同致富，在脱贫致富、两个文明建设中创建先进党支部。

1993 年已经过去，新的一年已经开始。1994 年将是我们抓住机遇、加快改革，推进经济发展极其重要、极其关键的一年。相信同志们在深化农村改革、打好扶贫开发攻坚战中，有所作为、有所创新、有所前进，为脱贫致富奔小康作出新的成绩和更大的贡献。

附：

全省农村党支部书记培训班63名学员给李长春同志和省委领导的一封信

敬爱的李书记并省委各领导：

首先感谢省委花这么大的人力、物力和财力给我们提供这么好的学习机会，感谢各级领导在学习、生活上对我们的关怀和体贴。培训班就要结束了，在即将离开林县的时候，我们来自郑州贫困山区的63名支部书记向你们汇报十几天来的学习收获和回去后的打算。

从进入林县那天起，我们的心情就没有平静过。十几天里，林县人民战天斗地的艰苦创业精神和林县经济腾飞的现实强烈地震撼着我们的心灵。林县人执着的追求和坚定的信念使我们看到了人生的价值，林县一批好的带头人使我们认清了农村党支部书记的地位、作用和责任。我们为大垴村人悲壮的生活情景和顽强的斗争精神感动得泪流满面。无私奉献的大垴村共产党人和支部书记许存山，是英雄的林县人的代表。英雄人民艰苦创业精神的象征——红旗渠，像一面鲜艳的红旗在我们心中飘扬！

我们多年来都是在压力和重负中度过。经济发达的村经常给群众发钱发物，而我们恰恰相反，经常向群众摊派、要钱，群众心中有气，我们脸上无光。同样是一名受党培养多年的共产党员，同样是一名群众信任、选举的支部书记，我们心里是非常难过的。现实使我们明白，经济越是不发展，各种矛盾就越突出，工作中的困难就越多，支部书记就越难当。贫困并不可怕，可怕的是缺乏一种奋发向上的信心和勇气，而林县人民在这方面为我们树立了楷模。在本村时，工作中的难点可列出十处百处，发展缓慢的理由可说上百条千条，而在林县人民面前都说不出口了。大垴村的天险我们没有，而他们战天斗地的创业精神和推动经济发展、社会进步的主人翁精神我们同样缺少。相比之下，深感惭愧和内疚，深感对不住省、市领导和上级组织的关怀和期望，辜负了身后仍然生活在贫困中的农民群众的厚望和重托。

痛定思痛。课上课下，饭前饭后，我们一起查找了贫困落后的原因，主要还是我们支部书记思想狭隘，只强调贫困的客观原因，走到哪里都以“山区、底子薄、基础差”为由，只要组织救济照顾，而没有发挥主观能动性；只拿自己和自己相比，群众今年人均多了几元钱，就认为发展了，进步了，胸无大志，满足现状，不求发展；境界不高，方向不明，目标不远，怕担风险，惧怕困难，瞻前顾后，畏首畏尾，患得患失，私心杂念严重。常言说：村看村，户看户，群众看干部。正是我们这样的思想基础和工作姿态，限制了本村的经济发展。

林县精神这面镜子，使我们看到了自己身上的致命弱点，理清了发展的思路，明确了今后努力的方向。我们决心像林县人民那样，树立自力更生、艰苦创业、求实进取的思想和工作作风，一言一行都以公道正派、廉洁自律、吃苦在前、乐于奉献为准则，从自身做起，当好社会主义市场经济条件下农村致富的带头人，真正使农民群众在我们身上看到党的农村基层支部书记的好形象，看到农村兴旺发达的希望。

我们回去后首先抓好这样两项工作：

一是把林县人民艰苦创业精神带回去，在我们村发扬光大。让村民知道林县经验的核心是自力更生、艰苦创业。用林县人民把中华民族艰苦创业的传统美德与改革开放和社会主义现代化意识结合起来，把物质文明和精神文明建设结合到一起的生动实践，教育广大党员和农民群众，使他们能够像林县人那样树立崇高的人生观。

二是把一切力量放在真抓实干上。我们每人都按照在培训班制定的近期规划和长远目标，力争在两个月内结合实际，因地制宜地调整好农业结构，新上二至三个养殖场，把养殖业和种植业有效地结合起来，明年见成效。在今冬明春，合理科学开发并利用好山坡地带，全村每户发展经济林一至三亩。鼓励、扶持庭院种植和养殖业，做到家家户户空中有葡萄，院里有鸡、鸭，前后有果树。支部抽出专门人力、物力为庭院经济发展搞好配套服务。抽出有一定工作经验和能力的干部努力完成培训班上选定的信息项目的考察、立项等工作，积极创造兴办企业的良好环境，力争明年在村办企业上创出成效。

为官一任，造福一方。我们绝不辜负省委领导的期望，艰苦奋斗，兢兢业业，尽职尽责，围绕全省经济发展的大目标坚定地向前走，为经济腾飞作出贡献，以优异成绩向省委领导报喜！

罗丙乾（登封县石道乡邵爻村党支部书记）

范扶州（登封县石道乡范爻村党支部书记）等

1993 年 12 月 22 日

人畜吃水工程是脱贫致富奔小康的基础*

（1994 年 1 月 19 日）

凡是解决了人畜吃水困难的村庄，不仅人民群众精神振奋、干群党群关系密切、社会治安好转，而且还发展灌溉、兴办企业、推动经济，取得了很好的社会效益和经济效益。

1993 年，我省人畜吃水工作，在党中央、国务院和省委省政府的关怀和支持下，广大干部群众发扬“自力更生，艰苦创业，团结协作，无私奉献”的红旗渠精神，克服困难，努力工作，建成人畜吃水工程 742 处，解决了 48 万人、12 万头大牲畜吃水问题。这是我省人畜吃水工作继 1992 年取得突破性进展之后，又一次取得的好成绩。从各地已建成的工程看，无论是质量标准还是管理水平，比以往都有新的提高。有的县市自来水入户率达到 100%，大部分县市也在 70%左右。已建成的人畜吃水工程，建立了管理责任制，按全成本征收水费，做到建一处成一

* 这是李长春同志致河南省人畜吃水工作会议信的主要部分。

处、管好一处、发挥效益一处，实现了人畜吃水工程的自我维持、自我发展的良性循环。凡是解决了人畜吃水困难的村庄，不仅人民群众精神振奋、干群党群关系密切、社会治安好转，而且还发展灌溉、兴办企业、推动经济，取得了很好的社会效益和经济效益。这是全省各级党委政府高度重视人畜吃水工程建设，山区群众克服困难、努力奋斗的结果。

1991 年至 1992 年，我省出现了持续大旱，不仅造成农业减产失收、中小学校停课、乡村企业停产，而且使郑州、洛阳、三门峡、安阳、鹤壁、新乡、焦作、许昌、平顶山、南阳、信阳和驻马店等 12 个市地山区人畜吃水发生极端困难。缺水人数由常年的 290 万人猛增到 430 万人。严重缺水直接影响山区群众的生产生活，制约了经济的发展。党中央和国务院非常重视人畜吃水工作。国务院决定从 1992 年起，连续 4 年，每年拿出 5000 万元

1997 年 8 月 18 日，李长春在洛阳市新安县北冶乡岭后村调研抗旱工作时与群众亲切交谈。右二为河南省委副秘书长、省委办公厅主任郭国三。

以工代赈专项经费用来解决我省山区人畜吃水困难，并要求我们发动群众，振奋精神，战胜灾害，从根本上解决山区群众吃水困难。各级党委和政府带领全体人民克服困难，战胜了灾害，做了一件很了不起的事情，奏响了一曲社会主义团结协作的凯歌。

1994 年是三年来任务最重的一年，也是我省“八五”期间解决 290 万人吃水困难问题最为关键的一年。各级党委政府要充分认识到，人畜吃水工程是我省西部地区脱贫致富奔小康的一项基础工程，是党和政府全心全意为人民服务宗旨的最实际体现，也是当前在农村密切党群关系、干群关系，调动广大群众积极性最好的途径之一。人民群众的困难就是我们各级党委政府工作的重点。所以，各级党委政府都要高度重视人畜吃水工作，在资金上给以倾斜，把它作为促进山区经济发展、振兴全省经济的战略大事来抓，动员全省山区人民抓住机遇，一鼓作气、乘胜前进，彻底解决山区人畜吃水困难问题，为实现全省“一高一低”的战略目标而奋斗。

脱贫致富要有新思路*

（1994 年 4 月 15 日）

贫困地区的开发，要把增加农民收入和集体收入作为工作的出发点和落脚点，真正把经济工作转到以提高效益为核心的轨道上来，转到以改革促发展、以开放促开发的轨道上来，转到依靠科学技术和提高劳动者素质的轨道上来，转到自力更生、艰苦奋斗，以内因为主、外援为辅的轨道上来。

第一个思路，要把增加农民收入和集体收入作为工作的出发点和落脚点，真正把经济工作转到以提高效益为核心的轨道上来。看一个地区脱贫致富步伐的快慢，不能仅以产值论英雄，应主要看农民的实际收入是不是增加了，财政收入是不是增加了。全部经济工作的出发点，都要坚持市场导向。要搞效益农业，培植支柱产业，搞规模效益，把兴乡和富民紧密结合起来，既要有乡的支柱产业，也要有每个村的“富民工程”。要按照经济效益

* 这是李长春同志在河南省第一期乡镇党委书记培训班上讲话的一部分。

的观念用好扶贫贷款，摒弃过去那种“大锅饭”的思想。省扶贫办和农行要研究对 34 个贫困县评定信贷信誉等级的问题，对信誉好、投资效益好、投资回收期短的，要多贷、多支持；效益差的，少贷或不贷，推动贫困地区把全部经济工作转到以提高经济效益为核心的轨道上来。

第二个思路，要把脱贫致富转到以改革促发展、以开放促开发的轨道上来。贫困地区的开发，不能再继续用老办法，要走深化改革、扩大开放、加快发展的路子。当前各个乡镇的改革，关键要抓住以下几条。

一要抓乡自身的精简机构、干部分流工作。现在很多乡都是百八十号人，但却没有像样的经济组织，说市场经济的人太多、干市场经济的人太少，人才都在乡机关，不从机关出来一些人干社会主义市场经济，商品经济怎么能发展起来呢？光压村、压农民，怎么能行呢？要按照中央提出的机构改革方案狠抓落实，贫困乡要先行一步，抓紧分流干部，去兴办实体。现在有的乡副乡级以上干部就达 20 多个，这就不叫班子了，而是“排子”了，这种状况是不行的。省委组织部要规范一下，哪些人可以享受这级待遇，但不能参加乡党委和乡政府的决策，哪些是老人老办法、新人新办法，把它大致界定一下。

二要进行干部人事制度的改革。过去乡里换一次领导就提拔一批人，结果把乡机关弄得越来越大。改变这种状况，就是要竞争上岗，择优录用，双向选择，合同管理。人的问题是最关键的，所以乡党委书记要敢于在干部人事制度改革上动“刀”，否则，只能是裹足不前。怕得罪人，最后就影响了党的事业，几年后一事无成，最终也得罪了人民群众。敢于得罪几个人，最后党的事业上去了，人民富裕了，最终党和人民会作出正确的评价。

三要进一步完善家庭联产承包责任制和双层经营体制。切实落实土地承包期，对于荒水、荒山、荒坡等，承包时间可更长些，还可以继承承包权，这样就把群众的积极性调动起来了。要把完善家庭联产承包责任制和完善双层经营体制结合起来进行。村这个层次，要从长期以来的催粮派款这种行政型转为经营服务型，村级集体经济必须限期搞起来，搞不起来的，支部书记就要撤换。

四要发展多种所有制形式。完全靠政府组织资金上项目有困难，因而要发展集体的、个体的、私营的、股份合作的、外资的等多种所有制形式，来挖掘一批能人，挖掘民间资金，带动商品经济发展。

五要大力发展公司加农户的形式。我在一些乡发现，乡里简单地向村里压产值，要求搞村办企业，但是整个乡域经济怎么发展、怎么辐射到千家万户，却考虑得很少。首先乡本身要组织几个龙头企业、组织起几个公司来，与乡发展支柱产业的规划结合起来，用经济办法向千家万户辐射。每个乡都有那么三五个像样的龙头公司，就把全乡的商品经济带动起来了，就把全乡的农民与大市场联结起来了。而且各种涉农的专业站都在乡这一层，都可以分流一部分人去搞公司、搞实体，向千家万户辐射。

以开放促开发，就是贫困地区的开发必须坚持全方位开放。贫困地区在较短时间实现跨越式发展的捷径，就是立足于“引”。完全靠自己去筹集资金，自己去开发市场，来得慢，困难多，而立足于“引”，引来人才、引来资金、引来产品，也同时引来了市场。很多贫困乡之所以谈工色变，就是过去市场没开发起来，搞起来就垮了，那么立足于“引”，自然就带来了市场，人家来合作，人家就去找销售渠道了，等于市场不用管了，这是非常难得的。立足于“引”，就要创造良好的投资环境。从软件上，要制定优惠政策吸引人家，不要怕吃亏、怕人家赚钱，吸引人家就得首先想怎么让对方赚钱，必须从怕人家赚钱转向一定让人家赚钱，这才能引来。从硬环境上，就是要把路、电、通讯搞好。有的贫困地区连修路、通电的钱也没有，怎么办呢？那就以地生财，给人家划块地搞开发，办法多得很。

第三个思路，贫困地区开发，要转到依靠科学技术和提高劳动者素质的轨道上来。贫困地区的开发一定要有超前意识，不要跟在人家后面走，要依靠科学技术。要闯各级科委找专利，闯科研院所、大专院校找成果，把最新的专利、最新的成果拿来搞开发，这才能够提高成功率，才能有比较好的效益。凡是有条件的贫困乡，最好选配一名科技副乡长，但决不要作为安排干部的一个出路自己配，主要是从科研单位、大专院校、大企业选配，他本身就是一个桥梁，能使贫困乡和这些单位挂上钩。各个乡也要根据自己的支柱产业需要，敢于花大价钱请人才。现在完全靠上边分配是不行的，分配去的往往专业不对口，不一定满意，被分配的人感到条件差，也不愿意去，去了也留不住，所以还是要结合发展自己的支柱产业去引进人才。上次我到周口市一个搞通讯电缆的乡镇企业调查，他们从西安电缆研究所请来了 15 位高级工程师，每家都住二层小楼。这些工程师舍弃大城市，到周口的一个乡镇企业来工作，就是因为专业能用上，条件优惠。所以说，不是请不来人，就看自己的科技意识怎么样。当然，省里还要对贫困地区扩大定向招生、定向培养。省里准备组织 18 个特别试点县（市）对口帮带18个贫困县，主要目的是帮助培训人才，贫困地区发展最关键的是人才，光靠给钱也还是办不成事，所以要派人到发达的县对口实习、对口培训，去了解信息。要加大中等教育结构改革的步伐，将一些普通中学改成职业中学，学点技术课，为贫困地区培养一批致富能手。只有大家都重视了科技，都重视了人才，贫困地区改变面貌的步伐才能加快。

第四个思路，贫困地区的开发，要转到自力更生、艰苦奋斗，以内因为主、外援为辅的轨道上来。脱贫致富等不来，靠上级扶持也扶不起来。凡是贫困落后地区迅速改变面貌的先进典型，都充分证实了这一点，林州是这样，淅川是这样，南召也是这样。上边会给予扶持、给予帮助，但是群众没有发动起来，干部的精神面貌没有振作起来，思想观念还很陈旧，是不可能脱贫致富的。要千方百计把群众发动起来，依靠群众的力量，来砸碎套在自己脖子上的贫困枷锁。所以，贫困地区的党组织要相信群众、依靠群众、发动群众，真正把立足点放在振奋精神、自力更生、艰苦奋斗上。

对口扶贫促进贫困县经济发展*

（1995 年 1 月 13 日）

做好扶贫工作，是省委省政府的重大决策，也是中央对我省的要求。做好对口扶贫工作，既是一项经济工作，又是一项政治任务，必须认真搞好。

省直机关在对口扶持贫困县中做了大量工作，取得了很大成绩，也探索了一些行之有效的好办法、好经验，值得总结推广。

一是帮助贫困县搞好规划，筛选好项目。这比光给几个钱的作用要大得多。省建行不仅对新安县进行资金扶持，而且还积极帮助筛选项目，如帮助县里上的电厂、瓷厂项目就选得比较好，其经济和社会效益都是很好的。二是选派干部到县、乡蹲点挂职扶贫，把扶贫工作落到实处。选派干部下基层挂职扶贫，既可以培养锻炼干部，密切党群干群关系，又可以把扶贫工作具体落到实处。三是省直单位在对口扶贫工作中，注重协调方方面面

* 这是李长春同志在洛阳市听取省直有关部门对口扶贫工作汇报时讲话的一部分。

的扶贫力量，如大企业对口帮带、18个改革试点县（市）对口帮带、国家各部门对口帮带等，形成了扶贫合力。四是帮助贫困县培训人才，加强智力开发，提高了贫困县的科技水平和干部职工的素质。五是帮助贫困县招商引资、开展横向经济联合，解决了贫困县资金短缺的问题。资金光靠省里解决有困难，解决资金的办法就是内引外联，招商引资，开展横向联合。对口扶贫单位在这方面积极出主意、想办法，加快了贫困县经济发展的步伐。

为了把全省对口扶贫工作更好地开展下去，今后要做好以下几方面的工作。

第一，要进一步提高认识，加强对口扶贫工作的领导。我省是一个农业大省，贫困面比较大，扶贫任务很重。重点贫困地区

1997年12月，李长春在洛阳市嵩县农村走访慰问。右二为河南省委常委、省委秘书长王全书。

主要分布在两山、两河，即大别山、伏牛山和黄河滩区、淮河沿岸。截至1994年底，全省没有解决温饱的贫困人口还有600多万。解决他们的温饱问题，是我省各级党委和政府的历史责任。1994年省委省政府作出了《关于到本世纪末稳定解决全省贫困人口温饱问题的决定》，制订了《河南省1994年至2000年扶贫攻坚计划》。做好扶贫工作，是省委省政府的重大决策，也是中央对我省的要求。做好对口扶贫工作，既是一项经济工作，又是一项政治任务，必须认真搞好。今后省委省政府要严格考核，加强对口扶贫工作的管理，好的要表扬，差的要批评。各单位要把对口扶贫工作当作一件大事来抓，一把手要纳入议事日程，要有一位副职具体抓。省直机关、科研单位，要按省里要求选派干部，组织对口扶贫工作队。大专院校、大中型企业、18个改革特别试点县（市），也必须有安排，有人抓，把这一工作切实搞起来。

第二，省直各单位在搞好对口扶贫工作的同时，要积极努力做工作，请国家对口部门来河南帮助搞好对口扶贫工作。目前，已经有9个国家部委局来河南开展对口扶贫，省有关部门要搞好协调，做好工作。对作出成绩的单位，要向中央有关部门反馈情况，新闻单位要搞好宣传报道。国家交通部原来只对口扶贫栾川县，1994年他们针对豫西交通落后的状况，扩大对口扶持洛阳市的7个贫困县，雪中送炭扶持交通，改变贫困县交通不适应经济发展的状况。省直有关部门要积极做工作，争取更多的国家单位能到河南对口扶持一个或几个贫困县。

第三，要从各部门实际出发，发挥部门优势，采取多种形式帮助贫困县办实事作贡献。省交通厅、建行、中行、黄金局都发挥了自己的优势，帮助县里办了大量实事、好事。不管钱、不管物的单位也可以办实事作贡献。各对口扶贫单位要积极做工作，不能只停留在规划、打算上，要积极付诸实施。

第四，切实做好对口扶贫工作的组织与管理。省对口扶贫工作牵涉部门多，工作量比较大，加强组织与管理十分重要。对口扶贫工作由省扶贫开发领导小组负责，省委组织部、省直机关工委、省经贸委要积极配合工作，共同做好组织、协调、检查、督促、落实工作。要注意总结交流经验，定期检查考评，表彰先进，督促后进，切实把这一工作抓紧抓好。

扎扎实实把“富民工程”开展起来*

（1995 年 4 月 13 日）

> 大量事实说明，贫困地区距离发展社会化程度比较高的大生产还有一段距离，现在不具备条件，原始积累不具备，观念、人才也不具备。所以，必须从农户的原始积累抓起，从进一步完善和发展家庭经营这个层次做起。对此，贫困地区的党委和政府要有一个清醒的认识，一定要把脱贫致富、加快发展的着眼点放在千家万户。

舞阳经验为我们探索了一条贫困地区打基础、快起步，发展社会主义市场经济的路子。这条路子可以概括为“三动一活”，就是以增加农民收入、促进农村经济和社会的全面发展为目标，通过县乡党委和政府的全面发动，龙头企业的服务带动，党支部和村委会的组织推动，激活农户这个经济细胞，加快走向市场、发展商品生产的步伐。

---

* 这是李长春同志在学习推广漯河市舞阳县实施“富民工程”经验座谈会上讲话的一部分。

激活农户细胞，使农民的腰包尽快鼓起来，是实施“富民工程”的出发点和落脚点。在比较贫穷落后的地区，由于社会历史原因以及受计划经济和自然经济的长期影响，农民群众的整体文化水平、思想觉悟水平、技术水平、管理水平都比较低，契约观念也比较淡薄，与现代市场经济的要求还有较大差距。所以，这样的地方发展社会主义市场经济想逾越家庭经营这个阶段是不现实的，马上搞起社会化程度比较高的乡镇企业也是有困难的。必须着眼于农户自身的原始积累，首先让农民的腰包鼓起来，再引导他们逐步向较大规模的商品生产发展。否则的话，超越农户原始积累阶段、脱离家庭经营这个基础，直接求大、求高，就会打断农户的原始积累过程，挫伤农民发展商品生产的积极性，严重的还会适得其反。我在豫东考察就发现，有一些贫困乡办的乡镇企业，许多都是由于没有人才、管理不善而垮掉了。垮了以后，就把欠银行的债务分摊到农民身上，反而成了加重农民负担的一个新的根源，结果好事办成了坏事。大量事实说明，贫困地区距离发展社会化程度比较高的大生产还有一段距离，现在不具备条件，原始积累不具备，观念、人才也不具备。所以，必须从农户的原始积累抓起，从进一步完善和发展家庭经营这个层次做起。尽管家庭经营有着明显的小生产特点，但在贫困地区还是不能逾越的阶段。舞阳县实施“富民工程”只有一年，农村经济就出现了快速健康发展的势头，社会比较稳定，农民群众情绪高昂，就在于他们顺应了这一客观规律，因此收到了事半功倍的效果。对此，贫困地区的党委和政府要有一个清醒的认识，一定要把脱贫致富、加快发展的着眼点放在千家万户。虽然单个农户看起来规模小、水平低，但是，由于面广户多、机制优越，再加上有计划地引导，就能够聚沙成塔、集腋成裘，使得一个区域相对地形成一个商品基地。因此，实施“富民工程”，一定要从农户容易做的项目抓起，各打各的优势仗。先把面铺开，逐步形成专业大户，形成一批有一定规模的养殖业、家庭手工业、林果业。现在每个地方包括很多贫困地区都有一些好典型，但与舞阳相比，有些县长期满足在“盆景”上，而舞阳则把“盆景”变成了满园春色。抓普及率，就是要看农户上项目的普及程度，也就是看有多少农民端起了传统农业和多种经营这“两个饭碗”；还要看专业户、专业村、商品基地的推广程度，把工作成效落脚到农民人均纯收入的增加和富裕程度的提高上。

围绕激活农户细胞、增加农民收入，县乡党委和政府周密部署、深入发动，是实施“富民工程”的关键。要深入调查，认真研究国内外市场情况、变化趋势，结合当地的资源和农户的技术、资金、管理等方面的实际，采取自下而上和自上而下相结合的办法作出科学规划，这是保证“富民工程”顺利实施并取得成效的前提条件。要组织干部深入农村，包乡包村，宣传发动，搞好服务，引导激励农户转变观念，拓宽视野，增强信心，积极选项目、筹资金，尽快上马，把规划落实到村户，转化为千家万户的经营活动。县乡干部包村、包乡可以和党的基层组织整顿工作队紧密结合起来。同时，还要制定相应的鼓励政策和鞭策办法，特别要注意减轻农民负担。

要发挥龙头企业的服务带动作用。在社会主义市场经济条件下，一定要解决农民的市场信息，特别是卖难问题，龙头企业在这方面的服务带动作用至关重要，是县乡党委和政府所取代不了的。过去的经验告诉我们，每当我们发动农民干什么的时候，农民首先问政府收购不收购。这就要求我们必须首先解决农民的卖难问题，即市场问题。在市场经济条件下，组织农民闯市场，最有效的办法就是培育龙头企业，形成公司加农户的体制，为农民提供产供销全程服务，这就解除了农民的后顾之忧。龙头企业是把千家万户的生产经营活动和大市场联结起来的纽带。因此，我们在实施“富民工程”过程中，要特别注意引导、培养龙头企业，形成一批触角伸向国际国内市场，龙尾摆向千家万户，用经济合同作为纽带，对农户实行产前、产中、产后全程服务的经济实体。这些龙头企业可以由原来的涉农部门和流通企业通过改革、改造来形成，可以结合县乡干部分流办实体来培育，也可以支持农业技术推广机构兴办龙头企业，还可以支持一部分有条件的村和专业大户逐步发展成龙头企业，发挥带动服务作用。

要充分发挥村党支部、村委会的组织推动作用，把“富民工程”同“两带一创”〔1〕活动结合起来。要鼓励党员干部带头勤劳致富，党员干部都要学习和掌握一两项实用技术和致富本领。同时，要带领群众共同致富，实行党员帮户活动。舞阳县张榜公布哪个党员帮哪几个农户、搞什么项目、什么时间搞起来、效果怎么样，既便于群众监督，又便于督促检查，这些做法都是可以借鉴的。在实施“富民工程”过程中，村级要逐步建立服务实体，解决双层经营不落实的问题。舞阳县李斌庄村，家家户户发展食用菌，村里就办了服务实体，叫食用菌开发总公司，支部书记任总经理，给大家买木料、搞加工、采购菌种、组织推销。随着群众生产的发展，服务组织也有了收入，提留款全部取消了。所以，在实施“富民工程”中，一定要把村级的经济组织发展起来。这样不仅有利于完善双层经营体制，而且有利于增加集体积累，减轻群众负担，促进党群干群关系进一步改善。

注　释

〔1〕“两带一创”，指党组织和党员带领并帮助群众发展商品生产，发展壮大集体经济，共同致富；带领并帮助群众执行党的方针政策，遵纪守法，共同进步；创物质文明和精神文明双文明户。

扶贫开发要树立四个形象*

（1995 年 5 月）

> 如期完成扶贫攻坚任务，必须始终保持良好的精神状态。要破除长期封闭、落后、保守的旧意识，树立改革开放的新意识，把传统的艰苦创业精神和改革开放的现代意识两者结合起来，树立团结奋进、艰苦创业、开拓创新、求真务实的形象。

我这次到信阳来，主要是就扶贫开发进行调查研究。从几天来了解到的情况看，信阳地区广大干部群众的精神状态是好的，上上下下形成了干事创业的好局面，通过“公司+农户”模式，建立起了商品基地，形成了一批支柱产业，摸索出了一些好经验，构成了贫困地区发展经济的鲜明特点，扶贫开发是有成绩的。但是就信阳地区乃至全省来说，脱贫致富、扶贫开发的任务还很艰巨。要如期完成扶贫攻坚任务，必须始终保持良好的精神状态，树立良好的形象。

---

* 这是李长春同志在信阳地区扶贫开发调研时讲话的主要部分。

一是团结奋进的形象。各级班子要坚持在基本理论、基本路线指引下同心同德，同广大人民群众团结一致。在事业顺利的时候要团结一致，在遇到了一些新情况新问题新矛盾的时候更要团结一致，克服困难，继续前进。要本着不刮风、不争论、不埋怨，有什么问题解决什么问题的原则来对待工作中出现的困难和问题。这个原则，是省委针对河南历史上正反两个方面的经验教训提出来的，就是要求大家都当主人，共同总结、共同提高、共同克服困难，继续前进，始终保持团结奋进的形象。

二是艰苦创业的形象。这几年，我省很多地区经济发展较快，各方面都发生了很大变化。但也必须看到，人口多、基础差、灾害频的基本省情，将长期制约我省经济发展，短时间是无法改变的。作为一个农业大省，靠引进点资金，靠上级给点救济，解决不了自己的问题。最根本的出路，是靠艰苦奋斗、弘扬林县人民的艰苦创业精神。广大党员干部要把弘扬林县人民艰苦创业精神，同学习孔繁森〔1〕事迹结合起来，艰苦创业，廉政为民。特别是各级领导班子，要做艰苦创业的典范。要使外界感到，一提河南，就是艰苦创业的形象，林县精神就是河南人的风采。

三是开拓创新的形象。新的历史时期，最鲜明的特色是改革开放。开拓创新，最重要的标志就是树立强烈的改革意识、开放意识。要破除长期封闭、落后、保守的旧意识，树立改革开放的新意识，把传统的艰苦创业精神和改革开放的现代意识两者结合起来。实践证明，哪里有改革，哪里就有新局面；哪里僵化保守、按常规的路子走，哪里的工作就没有突破。

四是求真务实的形象。求真务实，就是使各级干部、全体人民都有一个扎扎实实的作风，落实省委一再倡导的“三防四实”的要求。在发展社会主义市场经济过程中，个别地方出现了假冒伪劣产品、用经济合同进行诈骗的现象，跟求真务实的要求是相悖的。要坚持开展打假打诈，旗帜鲜明地反对虚报浮夸、搞形式主义。要从完善制度、完善办法入手，对于虚报浮夸的，发现一起查处一起，决不姑息。

总之，在当前广大干部群众改变贫困落后面貌的热情普遍高涨的时候，各级党委要加强思想领导，树立好以上这四个形象。

注　释

〔1〕孔繁森（1944—1994 年），山东聊城人。1979 年和 1988 年先后两次赴西藏工作，历时十年。勤政为民，政绩卓著，被国务院授予“全国民族团结进步模范”称号。1994 年 11 月在赴新疆考察途中因车祸殉职。1995 年 4 月被国务院追认为“全国先进工作者”。1995 年 6 月被中共中央组织部追授“模范共产党员、优秀领导干部”称号。

加大扶贫开发力度，顺利实现小康目标*

（1995 年 5 月）

要把扶贫开发与实施“富民工程”结合起来，使贫困地区农民尽快端起传统农业和多种经营“两个饭碗”。只有使贫困地区农民端起“两个饭碗”，才能打破农民单纯依赖传统农业、靠天吃饭的被动局面。

最近，我带着有关部门的同志到信阳、驻马店、南阳、洛阳、三门峡、濮阳 6 个市地 13 个贫困县进行了扶贫工作调查。经过这次调查，我们从群众的创造中看到了希望，坚定了扶贫攻坚的信心，同时也增强了责任感和紧迫感。河南省贫困县占全省 116 县（市）总数的近三分之一，面积占全省的 40%，人口占全省的四分之一，能否在 2000 年如期完成扶贫攻坚任务，是关系到奔小康的目标能否顺利实现、把一个什么样的河南带入二十一世纪的大问题。在总结推广成功经验的基础上，针对目前工作中

* 这是李长春同志发表在河南省委办公厅《综合与摘报》上的《扶贫调查报告》的一部分。

的薄弱环节，我们要进一步加大工作力度，确保扶贫攻坚计划按期实现。

要坚持不懈地抓好基础设施建设，尽快改变贫困地区生产生活条件。扶贫攻坚，首先要使贫困地区的群众具有安身立命的基本条件。当前最紧迫的是要解决水、电、路的问题，尽快解决人畜吃水问题，实现乡乡通公路，村村通机动车，户户通电灯。要把这三项基础工作作为硬任务，作出规划，明确责任，限期完成。同时要继续抓紧农田基本建设，这是解决温饱问题的基础。山区和丘陵地区，要发动群众开展坡改梯、河川造地、小型水利工程建设和小流域治理。豫东、豫南平原地区要在继续搞好防洪除涝的同时，以打井抗旱为重点，努力增加新的有效灌溉面积。黄河低滩区要加快避水台建设，使群众尽早有一个可靠的生活基地。个别条件特别恶劣、一方水土难以养活一方人的地方，要积极寻找异地开发和移民开发的出路。

要把扶贫开发与实施“富民工程”结合起来，使贫困地区农民尽快端起传统农业和多种经营“两个饭碗”。只有使贫困地区农民端起“两个饭碗”，才能打破农民单纯依赖传统农业、靠天吃饭的被动局面。先从农户容易做到的种植业、林果业、养殖业、家庭手工业抓起，逐村、逐户落实脱贫项目。我省有近2000万亩荒山、荒坡、荒滩、荒水等农业后备资源，相当一部分分布在贫困地区，这是贫困地区发展多种经营的宝贵财富。要把“四荒”资源与丰富的劳动力资源相结合，利用劳动积累工和以工代赈进行集中连片开发。

要把公司加农户作为扶贫开发的重要形式。以贸工农一体化、产加销一条龙为特征的公司加农户经营体制，是解决农户分散经营与大市场衔接问题的有效形式，也是扶贫与开发、富民与富县紧密结合的有效形式。发展公司加农户一体化经营，关键是要抓好龙头企业，通过龙头企业，承贷承还扶贫资金，开发国际国内市场，承担技术服务，把贫困户组织起来。围绕区域性支柱产业实施项目开发，把扶贫资金的使用效益落实到贫困户身上，同时提高龙头企业自身的经济效益。要通过经济实体，用经济手段组织扶贫活动。要鼓励农产品加工企业、国有商贸企业、涉农服务部门、社区合作经济组织、机关分流干部创办的经济实体、农村专业大户等向政府承包扶贫项目，逐步建成贸工农一体化、产加销一条龙的扶贫经济实体。凡是使用扶贫资金的企业，都必须承担具体的扶贫任务，要把使用扶贫资金的多少与带动贫困户

1993 年 3 月 29 日，李长春在焦作市小康村调研。左一为河南省委副书记任克礼，左二为焦作市委书记张国荣。

的数量挂起钩来，不能拿了扶贫款不办扶贫事。

要管好用好扶贫资金。目前，国家投向河南和河南自筹的扶贫开发资金累计已达20多亿元，每年新增3亿多元，这是一笔数量可观的资金，应最大限度地发挥效益。在调查中发现，在资金投放上目前还存在一些问题，主要是投资结构不合理，重富县轻富民；资金到位迟，使用期限不足；项目效益不高，贷款回收率低；个别的还有转移用途、挤占挪用等现象。如何管好用好这批资金、提高使用效益，是做好扶贫工作的中心环节。首先要在资金管理上发挥省、市和县的积极性，每年的增量部分，项目由省、市来定；存量收回再贷，放在县里流动使用，项目由县里来定。其次要把握投放重点，正确处理富县和富民的关系。扶贫资金应主要用于富民项目，不能投放到与扶贫没有多大关系的项目上。大型骨干工业项目，主要依靠招商引资和商业性贷款来解决。其三是要搞好组织协调，适当集中使用。不同性质的扶贫资金，要在政府统一规划下，共同围绕某一支柱产业，分工负责，配套投入。这样集中起来办大事，易于提高各项资金的综合效益。其四是要加强扶贫资金的审计监督。除了认真坚持定期审计制度以外，全省还要在适当时候对扶贫资金的使用情况进行一次全面的检查清理，以杜绝挤占挪用现象，确保扶贫资金用于扶贫。

要进一步加强对扶贫开发工作的领导。第一，把底数搞清，做到心中有数。省要掌握到乡，市地、县要掌握到村，乡要掌握到户。必须切实克服大而化之的毛病，把扶贫责任落实到各级党政主要领导、有关部门和扶贫单位，把扶贫成果落实到每家每户，逐步实现扶贫开发工作的制度化、规范化。第二，要集中力量，突出重点。贫困地区内部不平衡性很大，扶贫攻坚的重点对象是贫困县中的贫困乡、贫困乡中的贫困村、贫困村中的贫困户，要确保有限的扶贫资金用到真正的贫困人口身上，不能一顶贫困帽子大家戴，搞“利益均沾”。第三，进一步加强贫困地区领导班子和农村基层组织建设。为了保持工作的连续性，增强领导干部的责任心和事业心，贫困地区领导班子要保持相对稳定，但稳定不等于凑合，发现确实不胜任工作的要及时调整。要把扶贫开发同农村基层组织整顿和开展“两带一创”活动紧密结合起来，充分发挥农村基层党组织的战斗堡垒作用和党员干部的模范带头作用，继续加强对贫困村党员干部的培训工作。第四，要加强对对口扶贫工作的组织协调和监督管理。对口扶贫要作为一项政治任务，把责任落实到主要领导身上，把扶贫工作成效列为述职、考核的一项内容一包到底，不脱贫就不脱钩。

贫困地区要以开放促开发*

（1995年7月12日）

贫困地区扩大开放，首先要积极开展招商引资和对外合作。要摒弃自卑感和无所作为思想，破除担心肥水外流的观念和地方保护主义的藩篱，给外地投资者、合作者提供良好的投资环境。

实践证明，省委省政府制定的开放带动战略，对贫困地区不仅同样适用，而且更为必要。从某种意义上讲，越是贫困地区，越需要借助外力发展自己。发展经济，增加投入，仅仅盯住国家给的那点扶贫资金是远远不够的。必须打开“山门”，走以开放促开发的路子。贫困地区虽然搞开放的条件比较差，但也有不少优势，如丰富的劳动力资源、农业资源、矿产资源和旅游资源等。只要政策对头，措施得力，还是有很大吸引力，也是大有可为的。

贫困地区扩大开放，首先要积极开展招商引资和对外合作。

* 这是李长春同志在河南省扶贫开发工作会议上讲话的一部分。

要摒弃自卑感和无所作为思想，破除担心肥水外流的观念和地方保护主义的藩篱，给外地投资者、合作者提供良好的投资环境。要在省的权限范围以内，适当放权搞活，制定更有吸引力的政策。比如基建、技改、合资项目的审批，企业注册登记，开采难度大的矿产资源的对外合作开发，以及贷款、引资、集资建桥修路等，都要制定一些灵活的办法。

其次，要抓好小城镇建设。我省贫困地区特别是沿省边界地区，地处偏僻、交通不便、信息闭塞、商品流通不畅，许多生产要素难以形成现实的生产力，这也是贫困地区经济发展缓慢的重要原因。要有计划地在贫困地区特别是沿边地区建设一批小城镇，使之成为商品流通的重要渠道、借鉴外地经验和接受外部信息的窗口、与外地进行生产要素交流互补的媒介。各市地要搞好选点布局和规划，制定政策措施，省直有关部门要大力支持，争取今后几年有较快的发展。

再次，要组织好劳务输出。近些年来，各地劳务输出有很大发展，但大多数是自发的，存在相当大的盲目性。要加强对这一工作的领导和管理，努力扩大有组织、有计划的劳务输出，进一步提高社会效益和经济效益。要建立健全劳务市场和劳务输出经济组织，在劳务人员比较集中的地方设立派出机构，提供信息、介绍职业，同时加强对劳务人员的管理，教育他们遵纪守法，通过诚实劳动获得合法收入，维护河南的形象和信誉，增强我省的劳务竞争力。

贫困县要借鉴渑池经验*

（1995 年 11 月 7 日）

王进文同志的调查报告朴实无华、生动感人。渑池县是我省 34 个贫困县之一，自然条件也并不好，仅仅几年就能有如此变化，进一步说明了思想观念是“总开关”、领导班子是火车头的道理。希望我们所有贫困县的县委借鉴他们的经验，团结奋进、艰苦创业、开拓创新、求真务实，尽快改变贫困落后的面貌。请凤阁〔1〕同志阅，建议全文见报，配发评论。

注 释

〔1〕见第 83 页注〔1〕。

---

* 这是李长春同志在河南省广播电影电视厅王进文同志撰写的《渑池县近年来的情况报告》上所作的批语。

贫穷不可怕，苦干富路宽*

（1996年2月20日）

充分发挥基层党支部的战斗堡垒作用和共产党员的先锋模范作用，发动家家户户开展多种经营，使人人有活干，户户有项目，让农民稳稳地端上致富的饭碗。

郸城县委并赵可行、陈涛二位同志和王献忠、王德记二位乡亲：

来信收悉。得知郸城县汲冢、巴集两个重灾乡镇去年群众收入增加、生活水平提高、年货准备丰裕，我心里十分高兴。

郸城作为豫东平原的一个农业县，近几年在全省加快发展的大潮中落伍了，又加上1994年两季遭灾，一些群众生活出现困难。1995年初，我以私访的形式到郸城几户农家看了看，他们的生活确实艰辛。于是我先后三次到郸城调研，与大家一起商讨摆脱困境、兴县富民的办法。省委省政府会同周口地委、行署又专门在郸城召开现场办公会，研究确定了帮助郸城县救灾、扶贫、

---

* 这是李长春同志写给周口地区郸城县委，汲冢镇党委书记赵可行、镇长陈涛，巴集乡农民王献忠、王德记的回信。

发展的具体措施。从你们来信中反馈的情况看，在地委及县委的领导下，经过全县干部群众一年的辛勤努力，郸城县重灾乡村的经济有了较快复苏，这是值得欣慰的。在此向大家表示祝贺。

郸城一年来的发展实践再次证明，贫穷落后并不可怕，只要我们的各级党组织坚强有力，干部群众团结一致，就一定能战胜困难，改变贫穷落后面貌。贫困地区、灾区的各级党组织和政府，要把尽快使人民群众摆脱贫困作为首要任务，作为实践全心全意为人民服务宗旨的集中体现。郸城县一年的工作为群众脱贫展示了良好的开端，但彻底摆脱贫困、进而实现小康的任务还十分繁重，因此希望县委继续解放思想，实事求是，转变观念换脑筋，深刻学习领会邓小平同志“贫穷不是社会主义”“发展才是硬道理”等论断，以“三个有利于”作为判断工作成效的根本标准，千方百计加快改善农业生产条件和脱贫致富的步伐。要进一步学习舞阳县实施“富民工程”的经验，立足平原农区特有的优势，充分发挥基层党支部的战斗堡垒作用和共产党员的先锋模范作用，发动家家户户开展多种经营，使人人有活干，户户有项目，让农民稳稳地端上致富的饭碗。要逐步壮大乡村两级的集体经济实力，并一手抓富民、一手抓兴县，把兴县和富民紧密结合起来。要切实保护农民利益，减轻农民负担，把广大群众的生产积极性充分调动起来。要坚决打击各种犯罪活动，维护农村社会安定和政治稳定，为广大群众的生产生活创造一个良好的社会政治环境。

省六次党代会提出，到本世纪末全省人民生活要基本实现小康，基本消除贫困。对于贫困地区来说，这既是一种鼓舞，也是一种压力。希望大家充分认识自己在实现本世纪奋斗目标过程中肩负的重任，在已有成绩的基础上，再接再厉，加快发展，缩小差距，争取早日摆脱贫困，为实现小康奠定基础。

谨此给全县广大干部群众和父老乡亲拜年，祝今年农业继续有个好收成，全县经济更上一层楼！

李长春

1996年2月20日

附 1：

赵可行、陈涛给李长春同志的信

李长春书记：

您好！

我们汲家镇是您去年救灾时来过的地方。1995 年，镇党委政府带领全镇人民，按照您“要组织好富民工程，尽快使农民端起两个饭碗”的要求，狠抓农业这个基础，加强农田水利基本建设，全镇新打机井 400 眼，机泵配套 900 套，修路 200 余条，植树 21 万棵，初步改变了农业生产条件。我们根据汲家的实际，引导农民调整农作物布局，发展以红薯深加工为内容的乡镇企业，以粉条市场为龙头，红薯种植面积扩大到 5 万亩，粉条加工厂发展到 1000 多家，粉皮厂 3 家，粉丝厂 41 家，全镇“三粉”加工产值达 1 亿元。我们还组织全镇农户上各类致富项目，农户上项目率达 70%以上。农民人均纯收入由 1994 年的 610 元增加到 1390 元。您去年看过的大付庄行政村李楼庄村民组的几户困难户，生活水平明显提高，初步走上了富裕道路。

在春节即将到来之际，我们代表汲冢镇 6.5 万群众祝您春节愉快。

此致

敬礼！

汲冢镇党委书记　赵可行

汲 冢 镇 镇 长　陈　涛

1996 年 2 月 16 日

附 2：

村民王献忠给李长春同志的信

尊敬的李长春书记：

您好！

我叫王献忠，家住郸城县巴集乡刘庄行政村王竹园村。

我家 6 口人，母亲 77 岁，两个孩子年龄小，一个哥哥是傻子，尽管村里年年都没有收过俺一分钱提留款，粮食还是不够吃。家里三间屋子露着天，屋墙用木杠里外顶着。晴天还好些，一到雨天就吓得不敢睡觉。去年，您到俺家问寒问暖，嘱咐县里帮俺修房子，俺当时激动得直淌热泪。去年夏天，县里、乡里、村里三家动手，买来砖、瓦和木料，给俺盖了四间堂屋，一间偏房，还垒了院墙，安了大门。房子盖好后，爱人领着孩子到郑州感谢您，听说您开会去了，没有见到。俺爱人返回时的车票，还是省里负责接待的人掏钱买的。

平时，政府照顾俺，给俺面粉吃。遇到年节，给俺的东西更多了。去年夏天，县里张书记给俺几百元钱买了 5 只羊，前几天乡里给俺送来了猪肉、面粉、粉条、年画、糕点等年货，乡里李学增书记、梁宗堂乡长给俺 100 元钱让俺过年，俺一家人吃的住的都是党和政府给的，没有共产党就没有社会主义，就没有俺全家的今天。

尊敬的李书记，俺家春天的生活没有问题。1995 年收了 900 公斤小麦，500 多公斤红薯片，300 多公斤玉米等杂粮，还养了 5 只羊，一头小猪。俺知道，要从根本上解决生活问题，还是靠自己勤劳致富，不能光靠政府救济。

该过年了，俺全家给您拜个年，祝您万事如意！

王献忠

1996 年 2 月 15 日

附 3：

村民王德记给李长春同志的信

尊敬的李长春书记：

您好！

我叫王德记，郸城县巴集乡刘庄行政村王竹园村人。前几年由于连续干旱，粮食大面积减产，俺家生活很困难。去年 3 月，您亲自到俺家慰问，给俺送来了党的关怀和温暖。您走后，各级领导为俺村群众脱贫想了很多办法，给俺村打机井，动员大家种红薯，加工粉条，养牛，养羊，养猪，大搞富民工程。1995 年，俺家打小麦 1100 公斤，收红薯加工成淀粉 1000 多公斤，家里还喂了两头牛、两头猪，全家年收入 5300 多元，比 1994 年多收 3000 多元，一人合 1400 多元。今年过年，俺家蒸了 25 公斤面的白馍，准备了 30 多公斤猪肉，还有 6 瓶白酒。能过上这样丰盛的年，全托党的富民政策。

李书记，快过年了，您还关心着俺的生活，俺打心眼里感动，不知说什么好，这里给您拜个年，祝您工作顺利。

王德记

1996 年 2 月 15 日

走产业化扶贫之路*

（1996年9月13日）

现在是商品生产，千万不能走一户养七八只鸡、一两头猪、一两只羊的小农经济的路子。“养牛为种田、养猪为过年、养鸡为换盐”，这个路子不行，富不起来，而且富起来也稳定不住。所以，必须走产业化扶贫开发的路子。

产业化扶贫，就是立足优势资源，确定支柱产业，扶持龙头企业，辐射带动农户，建立商品基地。产业化扶贫好处很多。其一，解决了劳动力素质低的问题。过去抓扶贫主要是一家一户给些资金，或扶持些家庭副业，结果有许多事情办不成。现在走产业化的路子，由龙头企业对农户进行产前、产中、产后服务，对农户进行技术培训，就有效解决了农村劳动力素质低的问题。其二，解决了农民没有原始资金积累的问题。龙头企业对国家承贷承还扶贫资金，然后把办起来的项目向农户辐射。如他们把仔猪赊给农民，同时传授技术，农民把猪养大后，交给公司统一出

* 这是李长春同志在洛阳市、三门峡市检查扶贫工作时讲话的一部分。

售，龙头公司再扣除原来的成本，这样，农民不用本钱或用很少的原始资金积累就可以赢利。其三，银行信心增强了，资金周转效果改善了，同时农民有偿使用的概念也增强了，适合广大贫困地区农民的经济现状。其四，龙头企业负责开发市场，农民只管生产，不会出现群众买难卖难的问题。其五，有利于实现整体脱贫和共同富裕，还有利于催生乡村两级集体经济。集体经济对贫困地区非常重要，但是如果没有人才，没有资本，要一下子把贫困村的集体经济搞起来，也是不现实的。走产业化扶贫开发的路子就可以达到发展集体经济的目的。村里有了经济收入，提留取消了，干群关系也融洽了。集体经济是基层政权、基层党组织凝聚力的经济基础，没有这个手段，干什么都要伸手向农民要钱，与农民的关系只会越来越糟。

贫困地区要立足于自己的资源优势，走产业化扶贫开发的路子。豫西地区有条件搞成优质烟叶基地、林果基地、养殖基地、食用菌基地和石材基地。搞基地建设，靠一个村去规划不行，要县、乡、村三级结合，既自上而下，又自下而上，确定支柱产业，确定项目，确定扶植龙头企业。龙头企业哪一级办合适，就由哪一级办。有的龙头企业，就必须由县一级办，乡、村办分公司；有的可以乡、村为单位办龙头公司。今后扶贫贷款发放主要对龙头公司，以此鼓励尽快组建龙头公司。搞扶贫开发不能简单地县里压乡，乡里压村，一级压一级，要求完成多少指标，实现多少收入，而不去研究途径。现在是商品生产，千万不能走一户养七八只鸡、一两头猪、一两只羊的小农经济的路子。“养牛为种田、养猪为过年、养鸡为换盐”，这个路子不行，富不起来，而且富起来也稳定不住。所以，必须要走产业化扶贫开发的路子。

加快开发式扶贫步伐*

（1996 年 10 月 20 日）

> 产业化开发扶贫，既是农村经济体制的重要变革，也是转变农业增长方式的重要途径。这种扶贫路子，就是立足资源优势，确定支柱产业，扶持龙头企业，辐射带动农户，形成商品基地。

为了贯彻落实好中央扶贫开发工作会议精神，到 2000 年基本解决我省农村贫困人口的温饱问题。省委省政府确定，由救济式扶贫转向开发式扶贫，把贫困地区干部群众的自身努力同国家的扶持结合起来，开发当地资源，发展商品生产，改善生产生活条件，增强自我积累、自我发展的能力，变外部“输血”为内部“造血”。

一要坚持改善农业生产条件，实行科学种田，提高粮食产量，把大多数以田为生的农民的吃饭问题解决好。搞好粮食生产，是解决农民温饱问题的迫切需要，也是贫困地区发展经济的

* 这是李长春同志在河南省扶贫开发工作会议上讲话的一部分。

基础。目前我省贫困地区粮食产量普遍偏低，特别是豫西山区群众吃粮比较困难。要大力改造中低产田，平原地区加快发展井灌、引黄灌溉和水库灌溉配套步伐，增加有效灌溉面积；丘陵、山区要通过坡改梯、河川造地、小流域治理和推广优良品种、地膜覆盖、旱作农业技术等，努力提高粮食生产能力。要积极变对抗性种植为适应性种植，努力提高单位面积产量。上个月我在豫西考察时深深感到，洛宁县的旱地小麦、渑池县的高产谷子、S52—7高产红薯，是干旱地区抗旱夺丰产的“三件宝”。如能得到推广，豫西地区的返贫问题就可以基本解决。

二要大力开展产业化开发扶贫。这种扶贫路子，就是立足资源优势，确定支柱产业，扶持龙头企业，辐射带动农户，形成商品基地。从我省的实践来看，走产业化开发扶贫的路子，至少有这么几个好处。一是通过“公司＋基地＋农户”的形式，发展种植业、养殖业和以当地农产品为原料的加工业，既可以变区域优势、资源优势为经济优势和商品优势，而且投资少、见效快、成功率高，家家户户都能参与，都能受益。二是龙头企业确定项目，开发市场，为农户提供技术培训和其他产前、产中、产后服务，解决了农民想致富没门路，搞生产经营不懂技术、缺乏信息以及买难卖难的问题。三是龙头企业对银行承贷承还，把项目办起来后向农户辐射，农民不用本钱或用很少的原始积累就可以赢利，解决了农户没有启动资金而又贷款难的问题，对银行来说也减少了贷款风险。四是有利于催生乡村两级集体经济，有利于减轻农民负担，有利于实现整体脱贫。产业化开发扶贫，既是农村经济体制的重要变革，也是转变农业增长方式的重要途径。

三要坚持不懈地抓好基础设施建设，尽快改变贫困地区生产生活条件。加强贫困地区基础设施建设，不仅是脱贫致富的迫切需要，也是关系到子孙后代生存和发展的长远大计。当前要把解决水、电、路问题摆在突出位置。一是在“九五”期间基本解决缺水地区的人畜吃水困难问题。近几年来，我省解决了 200 多万人的吃水困难。但因地下水位下降等因素，目前还有 200 多万人吃水困难，我们要坚持不懈地把这件事情办好。二是要尽快实现村村通电。各地都要认真总结经验，千方百计解决贫困山区农村通电的问题。三是加快贫困地区的公路建设。省计委规划，到 2000 年贫困县乡级公路要全部达到晴雨无阻标准，95%以上的行政村公路能通机动车。贫困地区农民修路的积极性很高，要号召农民义务修路，但是不能强迫，不能向农民摊钱摊物，加重他们的负担。另外，要加快贫困地区的通讯建设，特别是有资源、形成商品基地的，要优先安排。

四要依靠科教扶贫，提高贫困地区的人口素质。从各地的经验看，贫困地区无论种植业，还是养殖业、加工业，只要把现有的实用技术推广开，就可以大幅度增加产量，提高效益。在科教扶贫方面，当前要突出抓好以下四点：一是从现有的科技成果中筛选出一批成熟可靠、群众容易掌握、增产增收效果显著的实用技术，落实到项目上，普及到家家户户。二是组织一批有志于献身扶贫开发事业的科技人员，到生产第一线，开展技术传授与技术开发。要制定、落实有关科技开发的优惠政策，对在扶贫开发中作出突出贡献的科技人员给予重奖，充分调动科技人员的积极性。三是实施农科教三结合，在普及初等教育的同时，重视兴办成人教育、职业技术教育，使青少年和成年人既能学到文化，又能学到实用技术。四是以基层干部、回乡知青、复员军人为重点，开展技术培训，增强广大群众的科技意识，提高扶贫开发的科技含量。

万众一心降旱魔*

（1996 年 10 月）

“对起百姓”既是对人畜吃水工作的评价，也是各级党员干部无私奉献精神的具体体现，同时又是对每一位党员干部的一个警示。如果我们每一个党员、干部都能时时刻刻用“对起百姓”来衡量自己的言行举止，处处急群众所急，想群众所想，那我们的党员干部才能真正成为人民信赖的公仆——这也正是我们党的“全心全意为人民服务”的根本宗旨最直接的体现。

从 1990 年秋到 1992 年 7 月，一场百年不遇的持续干旱席卷了河南大部地区，豫西、豫北尤为严重，许多地方河道断流，土地龟裂，农作物减产、绝收，乡镇企业停产，学校停课……

干旱不仅给河南的工农业生产造成巨大损失，而且尤为严重的是给本来就“吃水贵如油”的山丘区群众生活带来难以想象的困难，全省有 12 个市（地）的 83 个县、811 个乡镇的群众不得

* 这是李长春同志为《对起百姓》一书所作的序。

不为吃水而疲于奔命，外出挑水、拉水、排队等水的人群到处可见，因争水、抢水产生冲突的事也时有发生。缺水人数由常年的290万人猛增到430万。

430万人吃水告急！

430万人的生存受到严重威胁！

河南省的灾情得到了党中央、国务院领导的极大关注。李鹏总理在听取中共河南省委、省政府的汇报后指示：人没水吃可是个天大的事。并决定从1992年起，连续4年，每年拿出5000万元以工代赈专项经费，用于解决河南山区群众的吃水困难问题。

面对严重的自然灾害，河南各级党委、政府在党中央、国务院的关怀支持下，发动群众，振奋精神，以当年林县人民“自力更生，艰苦创业，团结协作，无私奉献”的红旗渠精神为动力，带领全省人民与旱灾进行了顽强的抗争，谱写了一曲团结一心斗旱魔、无私奉献为灾区的共产主义精神的壮歌。

1991年12月3日，李长春在洛阳市新安县北冶乡岭后村下到井底了解群众吃水困难情况。

经过4年多的不懈努力和顽强拼搏，在河南严重缺水的地区共建成各类人畜饮水工程6000余处，解决了近300万人的饮水困难问题。

这4年为河南省缺水山区竖起了一座光辉的里程碑。它改写了史书中记载的大旱之年“村不留户，户不留口，十室九空，人食人肉”，“饿殍遍野”的悲惨历史。尽管这次大旱从资料上分析，其危害程度远高于“十室十空”的1942年，但是，这次持续大旱不仅没有饿死、渴死一个人，反而还在缺水山丘区建成了一批能抗御特大旱灾的骨干饮水工程，使近300万饱受吃水困难折磨的山区群众，不出村就吃上了清洁卫生水，为山区群众脱贫致富奔小康打下了坚实的基础，并使部分地方率先走上了致富之路。这一事实向世人生动证明：只有在中国共产党的领导下，在优越的社会主义制度下，才能作出前无古人的辉煌业绩，才能创造人间奇迹！

在中原大地上进行的这场规模空前的抗灾斗争中，我省广大党员、干部和人民群众表现出了惊天地、泣鬼神的英雄气概，涌现出了许多可歌可泣的动人事迹和模范人物，尤其是基层的党员、干部和工程技术人员，为解决山区群众的吃水困难作出了巨大贡献，基层党组织充分发挥了战斗堡垒作用。在工程建设中最苦最难的活，党员上；最脏最累最危险的活，村干部干；要求群众做的事，党员干部首先做到。尽管山区环境艰苦，条件恶劣，山高坡陡，沟壑纵横，尽管有着这样那样的困难，然而，他们硬是凭着“天下事难不倒共产党员”的坚定信念，凭着一股“上不愧党、下不愧民”的忠诚和无私奉献精神，凭着相信科学、实事求是的作风，从四五百米甚至上千米的地下找到了水，从几公里、十几公里外翻山越岭引来了水，从几百米深的沟底攀登悬崖峭壁提上了水，使山区群众几辈子梦寐以求的愿望终于变成了现实。因此，凡是解决了吃水困难的地方，党员干部成了群众最信得过的人，干群关系非常密切，同时又带动了基层其他方面工作的顺利开展。

为了真实地记载这场规模空前的抗灾斗争，弘扬广大党员、干部在抗灾斗争中体现出来的高尚品德和精神风貌，由河南省山区人畜吃水工程指挥部组织，邀请我省部分知名作家和新闻记者撰写，精心编辑了这部纪实文学作品——《对起百姓》。这本书充满激越之情，主题鲜明，格调高昂，人物鲜活，情节生动，具有较高的思想性、纪实性、艺术性、文献性，图文并茂，是建筑社会主义精神文明大厦的好教材。

书名《对起百姓》看似直白拙朴，而朴素之中蕴藏着深刻的

1991 年 12 月 3 日，李长春在洛阳市新安县北冶乡岭后村了解群众吃水困难情况。手中所持是群众为公平分水使用的“分水秤”。

内涵。“对起百姓”既是对这4年我省人畜吃水工作的评价，也是各级党员干部无私奉献精神的具体体现，同时又是对每一位党员干部的一个警示。

如果我们每一个党员、干部都能时时刻刻用“对起百姓”来衡量自己的言行举止，处处急群众所急，想群众所想，那我们的党员干部才能真正成为人民信赖的公仆——这也正是我们党的“全心全意为人民服务”的根本宗旨最直接的体现。

加大组织力度，加强帮扶力量*

（1997 年 1 月 24 日）

对贫困地区，现在各级政府都派出了帮扶力量，基本上是省派到县，市、县派到村，有些县派到了户，这些都不错。但有些村帮扶人员还不够，形不成力量，基本上还是靠各家各户自己干，这就很难保证到本世纪末解决贫困人口温饱问题。

省里要求每个贫困村都要有与其解决温饱任务相适应的扶贫开发工作队，大点的村要保证有 5 个人，小点的村要保证有 3 个人。扶贫工作队 1 个人不行，1 个人怎能叫队？只有形成一股力量，才能有效地帮助贫困村、户研究解决温饱问题。县里要有上级派去的扶贫开发指导组，村里要有工作队，指导组代表上级党委政府对贫困县的扶贫开发起督促检查作用，同时还要发挥服务协调的功能。凡是力量未达到这个标准的，都要立即加派人员。省直各部门要加派力量，延伸到村，每个单位都要按照帮扶 1 个村的力量来加派人员。派下去的人员由县里统一领导、统一编队。省里帮扶集团有省直部门、大专院校、科研单位、大型企业、18 个强县（市）等，这些集团都由省委省政府指定的组长

---

* 这是李长春同志在河南省豫西扶贫开发工作汇报会上讲话的一部分。

单位负责协调，组长单位要派出相应干部带队组成指导组，并兼任县委县政府的领导职务。他们既代表省委省政府对贫困县和帮扶成员单位实施督促检查，定期向省委省政府汇报各县扶贫开发工作落实情况，还要搞好双向服务，既为贫困县搞好协调服务，又为帮扶集团的各个成员单位搞好协调服务。帮扶集团的成员都要在组长单位的领导下，认真履行自己的职责。成员单位主要利用自身优势搞好行业扶贫。组长单位不仅搞行业扶贫，还要代表省委省政府督促检查、协调服务，确保完成扶贫任务，不脱贫帮扶不脱钩。扶贫工作队到村以后，根据工作需要，队长可以挂村党支部副书记职务。对工作队员的要求，总的就是恢复老八路的作风，不扰民，不增加群众负担。工作队员由帮扶单位选派，每期 1 年，轮岗时由原单位包派。省里下派的队员，春节过后培训 1 天立即奔赴岗位。县、乡、村的主要领导，凡是不适应到本世纪末解决贫困人口温饱问题这个任务要求的，按照上次省扶贫开发会议提出的要求，抓紧时间调整一次，一定 4 年不变。如果本地选拔干部有困难的，也可以从省直、市直、县直动员一批年轻干部到县、乡、村挂正副职。

解决好关系
群众切身利益问题

信访工作是体察民情的重要渠道 *

（1990 年 7 月 14 日）

信访工作是加强党同人民群众联系的一个重要方面，是各级政府了解、体察民情的重要渠道。各级党委和政府都要把信访工作纳入重要议事日程，主要领导同志要亲自批示群众来信，重大集体上访案件要认真过问。

* 这是李长春同志在河南省信访局《关于全国各省、区、市信访部门负责人会议主要情况和贯彻意见（汇报稿）》上所作的批语。

坚决治理乱收费、乱罚款、乱集资*

（1991 年 8 月 28 日）

坚持治标和治本相结合，改章建制，形成一套巩固治理“三乱”成果的有效监督制约机制。

治理乱收费、乱罚款、乱集资的“三乱”工作要采取坚决的措施，突破薄弱环节，抓住难点和热点。

首先，必须做到六个坚持。第一，坚持一切收费、罚款都必须依照法律、法规和规章办事。法律、法规和规章没有规定的，一律停止执行，即使是合理的也要在履行必要的立法手续和经过批准之后才能执行。

第二，坚持严格审批权限，对收费、罚款、集资的立项和所设标准的审批权，除了国务院有规定的外，就我们地方来讲，要集中在省政府，不能层层下放。个别项目，可委托各市地从实际情况出发制定，但也要符合省里的规定。项目经过审批确定以后，要向执收执罚单位和人员颁发许可证，凭证依法征收。没有

* 这是李长春同志在河南省治理“三乱”工作会议上讲话的一部分。

许可证，就是违法的。

第三，坚持收支两条线的管理原则，不能坐收坐支，更不能让罚没收入同执收执罚单位及其人员的经济利益挂钩，也就是说，要解决利益机制驱使乱收费、乱罚款的问题。这恰恰是我们的薄弱环节，要在这个问题上抓落实，特别是省财政厅，要把这一条坚持下来。凡是坐收坐支，没有坚持收支两条线的，就是非法收入。

第四，坚持落实省里已经确定的各项治理“三乱”的措施。我们已经取消了一些项目，制定了一些办法，也都见报了，这些都必须坚持。总的看，现在我省的治理“三乱”工作不是过头了，而是还很不够，必须作出这个估计。不能今天清理了明天又回潮，这个绝对不行。凡是已经定的，有关部门都要以大局为重，自觉执行，不得以种种借口顶住或拖着不办。对这些办法当中不够周密、不够完善的地方，可以在落实中进行调整，逐步改进，但是顶着不办不行。

第五，坚持群众监督。各级政府制定的具体政策、治理方案，凡是可以公开的，都要公之于众，该见报的见报，以便社会监督、群众监督。省、市地、县三级纠风办都要设举报电话，接受企业和群众的随时举报。对群众举报，一要热情欢迎；二要严肃调查处理，属于群众反映不实的，要给予说明，反映符合实际的要严肃处理，处理以后要给回音；三是决不能打击报复，如果出现搞打击报复的，要严肃追究。对政府各个部门的考核，也要经常征求社会各界的意见，让群众评、社会评，把企业和群众对我们各部门的评价，作为考核各部门工作的重要依据。

第六，坚持治标和治本相结合。如果说前一段工作重点在治标上，那么我们要通过这次会议，在治标和治本的结合上迈出新步伐。特别是治本，要改章建制，形成一套巩固治理“三乱”成果的有效监督制约机制。

其次，抓好热点难点，解决群众反映强烈的突出问题。第一个热点难点，是抓好基层“三乱”的治理。具体来说，就是街道办事处、站所、城管队和土地管理部门等基层单位，他们直接同企业和群众打交道。据最近调查，企业反映县以上党政机关的清理整顿有成效，他们感受到了，但是基层这些单位还存在着乱收费、乱罚款、乱摊派的行为。比如说，有一个街道办事处，向企业的收费达到34种，显然，相当一部分就是乱收费，直接损害了企业和群众的利益。街道办事处是个很重要的层次，作为区政府的派出机构，很多工作都要通过他们去贯彻，他们工作也很繁杂、很辛苦，我们要支持他们的工作。另一方面，我们也要给街道办事处创造较好的工作条件，不要逼着他们成为企业、群众的对立面。鉴于街道办事处工作任务比较重，也为了避免对企业的多头管理，我提个建议请你们研究，街道办事处可不可以主要管好社会工作、居委会工作，管好所辖的那些单位，以及受区政府委托管理区属的那些单位。市属以上单位，除计划生育工作外，原则上不要由办事处来管了，既减轻街道办事处的负担，也避免出现企业的婆婆多，多头多层次管理。

第二个热点难点，是各种协会、学会、基金会的问题。要加强对会费的管理，省民政厅和财政厅要研究一下，提出管理办法。多数学会、协会确实对我们的经济社会发展起了很好的作用，我们要保护、支持，但要加强管理使其活动和经费收支能够规范，坚决制止乱收费、乱摊派。少数学会、协会确属作用不大或重复设置的，应予整顿。

第三个热点难点，是公路检查站的整顿问题。我们要巩固整顿的成果，已确认的60个检查站一个不能多设，这个必须坚持。养路费征收要加强源头管理，不能靠上马路去截车，那是大海捞针。交通治安秩序的管理要加强，60个公路检查站，要充分用好，但是决不能容许有乱罚款的。必须坚持收支两条线，国家规定的交警工资、补贴，必须都是财政开支，该保证的要保证，并要教育交警不许谋私利。我省地处中原，各省的车都从这儿过，我们这个地理位置是很优越的，充分利用这个地理优势，有利于搞活我们的经济。如果我们再人为地设很多站卡，乱查乱罚，一是影响河南形象，二是不利于搞活经济。特别是各县财政要支持交通警察，解决他们的正当开支问题、补贴问题。公安系统要做好思想工作，坚决杜绝乱罚款、乱收费。

第四个热点难点，是减轻农民负担的问题。有的地方农民负担很重，把各种负担都简单纳入提留，把提留水平搞得很高，农民承受不了。省纠风办和农委要共同抓好省政府减轻农民负担有关规定的落实，有关部门要认真清理一下过去的规定，除了省政府规定中允许的提留项目之外，其他提留项目一律取消，先把这一步做到。总的原则是，要尽可能减轻农民负担，即使是必要的、合理的负担，也应充分考虑农民的承受能力，经过省政府或省政府授权单位的批准。

发展要与环保同步进行*

（1992年6月4日）

我们是发展中的社会主义国家，既不能因为环境问题而放慢经济发展的速度，也不能以破坏环境为代价来换取一时的、短暂的发展。要把环境保护作为基本国策之一，确定经济建设、城乡建设、环境建设同步规划、同步实施、同步发展，实现经济效益、社会效益、环境效益相统一的指导方针。

环境与发展两者既相互依存、相互促进，又相互制约。一方面，环境作为人类生存和发展的物质基础，在很大程度上制约着人类文明的发展程度；另一方面，伴随发展而产生的环境问题，也只有通过发展才能得到解决。我国是一个发展中国家，在环境保护问题上，我们一方面强调发达国家对当前世界的环境问题负有主要责任，应该承担主要的义务；另一方面，从我国的国情出发，我们把环境保护作为基本国策之一，确定

* 这是李长春同志在河南省纪念世界环境日大会上讲话的一部分。

了经济建设、城乡建设、环境建设同步规划、同步实施、同步发展，实现经济效益、社会效益、环境效益相统一的指导方针。遵循这一方针，20 年来，我省的环保工作也逐步得到加强，省、市（地）、县各级政府初步建立了比较健全的环境管理体系，在执行国家环保法律、政策和管理制度的基础上，制定了一系列符合我省省情的地方法规和政策。通过加强环境管理，在经济持续增长、人口急剧增加、资源和能源消耗大幅度上升的情况下，我省环境质量进一步恶化的趋势得到了初步控制，一些城市和区域的环境质量还有了明显的改善。取得这样的成绩，最根本的原因就是我们坚持了发展与环保同步进行的基本原则。

90 年代，是我国加快经济建设和改革开放步伐的关键时期。根据党中央和国务院的统一部署，省委省政府提出了“思想更解放一些，胆子更大一些，步子更快一些，效果更好一些”的基本方针，并出台了一系列旨在加快建设和改革开放步伐的政策措施。可以预见，90 年代我省的经济建设和改革开放事业将会有一个较大的发展。在这种新形势下，如何正确处理环境与发展的关系，是摆在各级政府面前的一个重要课题。我们是发展中的社会主义国家，既不能因为环境问题而放慢经济发展的速度，也不能以破坏环境为代价来换取一时的、短暂的发展。

当前，我省的环境问题依然很多，特别是水污染问题十分突出。据环保部门监测，全省流域面积超过 100 平方公里的 475 条河流都遭受不同程度的污染，一些地方的地下水也受到了污染的威胁，不仅严重危害了人民群众的身心健康，也在一定程度上制约着我省经济建设和改革开放的步伐。各级政府要从促进经济建设持续稳定发展的高度，进一步提高对环保工作的认识，摆正发展与环保的关系，按照环保法的规定，切实对本地区的环境质量负责；要积极支持各级环保部门依法履行监督管理职能；要结合当地实际，每年有重点地解决一批人民群众关心的环境问题。各级环境保护行政主管部门，要牢固树立为经济建设和改革开放服务的指导思想，正确处理监督管理与服务的关系；要认真履行法律赋予的职责，严肃处理违反环保法律、法规的行为；要切实加强自身建设，提高管理水平，转变职能，提高效率。各行业主管部门要依照分工，积极配合环保部门搞好本行业的污染防治工作。污染企业要按照谁污染谁治理的原则，在发展生产的过程中解决自身的污染问题。

做好小浪底库区移民工作*

（1992 年 8 月 7 日）

各级干部要树立为移民服务的思想，少讲空话，多办实事，解决实际问题，对群众合理的、政策允许的要求一定要办好，使移民感受到我们确实是为他们服务的，这样群众就会支持我们的工作。

移民工作的好坏与成败，关系到党和国家的政策能否得到落实，关系到党在人民群众中的威信，关系到广大移民的生产生活和社会安定问题，也关系到小浪底水利枢纽工程〔1〕能否顺利建设，各级领导必须高度重视移民工作。要完成小浪底水利枢纽工程的征地和移民安置任务，首先要做好各级干部和群众的思想工作，尤其是干部的思想工作。正确的政治路线确定以后，干部是决定的因素，干部的认识提高了，思想通了，就能正确地教育引导群众以大局为重，识大体、顾大局，处理好国家、集体、个

* 这是李长春同志在水利部、河南省小浪底水利枢纽工程联合现场办公会议上讲话的一部分。

1997年10月28日，黄河小浪底水利枢纽工程顺利实现围堰合龙。中共中央政治局常委、国务院总理李鹏，中共中央政治局委员、国务院副总理姜春云，中共中央政治局委员、中共河南省委书记李长春等在截流现场观看龙口合龙。

人三者的利益关系，提高为工程服务的积极性，增强服从政府安排的自觉性。群众是通情达理的，只要把道理讲清楚，一定会支持我们的工作。

群众对工程建设的支持程度是检验各级干部工作好坏的尺度。前一段在征地无计划、资金不到位、移民规划不落实的情况下，我们完成征地 6200 亩，临时搬迁移民 74 户 287 人，有力地支持了工程建设，取得这些成绩主要是干部带头、群众支持的结果。施工区共需征地 33500 亩，移民安置 10106 人，任务还很艰巨。目前施工区征地移民工作进展缓慢，与工程建设不相适应，已影响到一些部位的正常施工，如再不抓紧，将严重制约整个工程的进展。因此，要求有关市、县、乡政府和有关部门紧急动员起来，集中力量组织实施移民安置规划，加紧进行居民点建设、土地调整及相应的生产、生活设施建设，切实把移民的生产生活安排好，解除他们的后顾之忧，及时将移民从施工区占地范围迁走，一定要按计划完成施工征地任务，保证工程建设顺利进行。同时，要抓紧进一步完善优化库区移民安置方案，抓好试点工作。在洛阳市和孟津县政府领导下，小浪底村试点建设工作取得了一定进展，已初具规模，但目前建设速度缓慢，与世界银行的要求差距较大，要加强组织领导工作，切实把试点抓好。

各级干部要树立为移民服务的思想，少讲空话，多办实事，解决实际问题，对群众合理的、政策允许的要求一定要办好，使移民感受到我们确实是为他们服务的，这样群众就会支持我们的工作。各级政府和移民安置部门，要按照国务院有关文件精神，搞好移民安置工作，在开发性移民方针指导下，结合实际情况，因地制宜，少花钱多办事。移民安置补偿费要确实用在安置移民上，严禁任何单位和个人挪用。

注　释

〔1〕小浪底水利枢纽工程，位于河南洛阳以北，上游距三门峡水利枢纽130千米，以防洪、防凌、减淤为主，兼顾供水、灌溉和发电等效益。主体工程于1994年9月开始动工，2001年底建成。控制流域面积为69.4万平方千米，占黄河流域面积的92.3%。

不折不扣减轻农民负担*

（1993 年 3 月 26 日）

我们办事一定要坚持群众观点。办不下去的事不要硬办，不要盲目与先进地区攀比。要立即取消对农村的一切达标、评比活动。要继续清理对农村的一切行政事业性收费，坚决取缔各个行业的乱收费、乱摊派和乱罚款。采取有效措施，大力发展经济，从根本上解决农民负担过重的问题。

最近，中共中央办公厅、国务院办公厅下发了《关于切实减轻农民负担的紧急通知》（以下简称《紧急通知》）。今天召开这个动员大会，就是要把中共中央办公厅、国务院办公厅《紧急通知》和省委省政府《关于切实减轻农民负担的决定》（以下简称《决定》）精神，不折不扣地落实到位。自本通知下发之日起，农民除依法纳税外，关于村提留和乡统筹费，必须按国务院《农民

* 这是李长春同志在河南省直机关减轻农民负担动员大会上讲话的一部分。

承担费用和劳务管理条例》，严格控制在上年农民纯收入的5%以内。1993年我们要确保实现这个目标。我想，作为省直机关要做好以下几项工作。

第一，要清理文件。凡是与党中央、国务院精神和省委省政府的要求相悖的文件，全部清理出来，明令废止，清理一批，见报一批，接受全社会的监督。党中央、国务院要求6月底清理完，我们现在要集中力量，争取5月底清理完，各个部门要立即部署，立即行动。一些重点部门在自行清理的同时，省减轻农民负担办公室也要集中一批力量，进行复核或共同清理。

第二，要立即取消对农村的一切达标、评比活动。先全部停下来，确实有需要的，要重新报减轻农民负担监督委员会审查，由委员会提出意见，报省委省政府批准。特别是那些群众意见大的，什么标准化的司法所、民政所、派出所等，一律都停下来。对这个室、那个室，要从实际出发，一室多用。

第三，要继续清理对农村的一切行政事业性收费，坚决取缔各个行业的乱收费、乱摊派和乱罚款。要把纠正行业不正之风延伸到广大农村，要求各个行业主管部门，“自扫门前雪”，管好本行业。对于农村行政事业性收费的底数，要把它清理出来，属于“三乱”的，要坚决取缔。确属合理性收费，要重新认定项目、认定标准。被取缔的和重新认定标准的，也要分期分批见报，增加透明度，接受社会监督。现在教育方面也好，公安方面也好，交通管理方面也好，到底哪些应该收费，要好好清理。对农民实行各种保险，要尊重农民意愿，使之规范化。总之，凡属行政摊派的要一律取缔，而且凡是能够退赔的，要进行退赔。用行政摊派搞保险的，要把钱退回去，如果确实是农民自愿，再重新办理。前天晚上我看电视曝光，农机站到国道上去堵拖拉机收费，这是三令五申取缔的，现在又出现了。一批假警察，穿着警服，跟着浑水摸鱼，收这个钱那个钱的，实在应该彻底整顿了。对于三令五申不改的，要纳入纪律检查委员会和行政监察的范围，要处理人。谁决定办的谁负责，抓几个典型案子予以处理。我们去年就抓了“车行中原无红灯”，撤销全省的路卡，今年又有回潮。这个问题很顽固，问题就在于我们的干部队伍认识上不去。今后我们再发现哪个领域、哪个行业出现这种问题，除追究当事人责任外，省直行业主管部门的负责人，要到电视台向全省人民检讨。

第四，要改进报刊的发行办法。要尊重基层和农民的意愿，变行政摊派发行报刊为商业渠道发行。这方面请新闻出版局行使监督职能，对行政摊派发行的报刊，要给予处罚，要停刊整顿。第一步停刊整顿，再不行就要取缔。我们办事一定要坚持群众观点。弄几个人在那儿办刊物，然后向农民摊派，这样拿钱心安理得吗？现在企业有转换经营机制条例，对农民负担国家也有条例，办不下去的事不要硬办，不要盲目与先进地区攀比。报刊的多少要与一定的经济基础相适应。马克思讲社会的基本矛盾是生产力和生产关系、经济基础和上层建筑的矛盾，这个基本原理我们都应该明白。有的就是一些部门为了安排人、安排干部，编点刊物，然后给机关创点收，就是没有想到拿的是农民的血汗钱，没有想到自己是农民的子弟呀。在这个问题上，省委省政府是三令五申要禁止的，但是结果还不理想。省委宣传部、省新闻出版局要把这个问题作为宣传思想战线上的作风问题，把住这个关。我在下面了解，有些部门把订刊物也列入了下面目标责任制的内容。按照行政组织法，下级部门不对上级部门负责，只对同级政府负责。只有上级政府才能对下级政府搞综合的目标责任制，上下级部门之间的一律取消。把业务指导关系变成行政领导关系，就把组织法搞乱套了，而且成为增加农民负担的重要渠道。

第五，要从改革入手减轻农民负担。体制上的不合理需要通过改革解决。一是乡村超编过重，靠农民负担养活的人太多。省里规定，行政村吃补贴的3—7人。实际上，我们调查过的村子最少十八九个人，多的是三十多人，超几倍。不光是行政村这一级吃，下面的组也吃，这怎么能行呢？我们有的乡，什么乡办经济也没有，然而乡机关严重超编，把从村里收上来的统筹款拿出一部分去养人头。这次中央确定的机构改革方案，乡这层分为一、二、三等，最大的乡只给45个编制，小乡只给15个编制，

1991年7月29日，李长春与河南省委书记侯宗宾（右一）在信阳地区淮滨县邓湾乡陈泰村慰问受灾群众。

可是我们现在的乡干部都是百人以上。必须大规模地精简。我们很多贫困地区的经济能力，已经承受不了庞大的行政机构的负荷。主管部门要抓乡村编制的精简。

二是站所的改革要坚定不移。我到一个村子了解到，畜牧站按全村的人头摊派防疫费，农民意见很大。农民说："我也没养猪，也没养鸡，怎么给我摊派？"防疫站也叫苦："不行啊，不摊派，我拿什么开支呢？"反过来，养了鸡的，闹了几次鸡瘟，却没有人管，就这么一个体制。所以，要把计划经济体制下形成的"二机关"坚决转为社会主义市场经济体制下的服务性经营实体，要变行政性的摊派收费为有偿服务。请畜牧局好好抓一下，要推广固始县胡族铺乡的经验，它的基本经验是，养猪、养鸡的给防疫站交防疫费，防疫站包成活率；如果死了，全部赔偿。这样二者利益联结起来，农民可以放心地搞养殖，而且本地区的饲养业越发达，乡站的经济状况就越好，改变了过去的那种体制。不管有没有饲养业，按人头摊钱，平白让农民开支，这个状况怎么能行呢？要进行改革。而且，站所的下放要坚定不移，这次中央的体制改革方案明确点出来了，站所必须坚决下放。

三是要改革农林特产税。我在基层了解到，农林特产税有的是按人头收，有的是按亩数收。农林特产税是指搞特种种植养殖才收的税，没搞的，就不应该收。不少地方为什么这么搞呢？因为财政紧张，所以才向全县的农民摊派。县财政困难，要靠发展县乡经济，跟农民有什么关系呢？靠加重农民负担解决县财政开支，这是绝对不允许的，请财政厅抓这个事情。

四是上经济项目搞群众摊派。这个也必须改革，探索走股份合作制的路子。为上经济项目搞群众摊派，这个问题看起来好像很有道理：我要发展乡镇企业，没有资金，大家摊派。结果你用人不当，搞不好管理，最后都亏损了，农民就白白地交钱了。这个机制是不行的。要搞股份合作制，给农民分红，使农民事先知道，而且要自愿。对一些贫困地区，不一定要搞集体企业，搞个体的也很好，我们总结叫“个体起步、股份突破、小区开发、规模经营”。镇平县就是走的这个路子，搞得很有特色。工业一时上不去的，可以先从养殖业、种植业上起步，从蔬菜大棚上起步。总之，要因地制宜，不搞一刀切。

此外，摊派搞企业的办法要改革。基层的财务管理要改革，要给农民个明白账，要定期公布账目。现在我们有的财政确实是被基层干部吃喝掉了。教育制度也要改革。现在农民花钱培养中学生，毕了业，到村子什么也不会干。我在一个村子开农民座谈会，里面就有高中生，我说你带头闯一闯致富的门路。他念小学、初中，最后念到县高中毕业，在那个村子，他是文化程度最高的了，结果他说：“那我不会呀，什么也不会。”我们的教育要面向社会，教给青年一点致富本领。一个普通的农家，培养一个高中生并不容易，要从农村农民的需要出发，下决心加速农村中等教育结构改革步伐，把主要向大学输送学生转变成为振兴地区经济服务，这个决心必须要下。

第六，要严肃查处省委省政府《决定》下发后仍然顶着不办和去年在农民负担问题上发生的恶性案件。要通过对触犯刑律的恶性案件进行查处，使各级干部树立起法制观念，做到有法必依。对加重农民负担的一般问题，在面上主要是进行教育，今后制定办法切实减轻就可以了。但是对于触犯刑律的必须依法处理，不处理不利于教育干部，而且还会屡禁不止。

第七，要帮助贫困地区尽快发展经济。农民负担重，除了法制观念淡薄，缺乏从实际出发的科学态度等原因之外，最根本的还是我们经济上比较落后。全国的事业都在前进，我们经济落后，推广什么经验都吃不消，一动就转嫁到农民头上去。现在民办教师的待遇是不高的，我也想过多少次，想制定提高民办教师待遇的办法，但是想了好几次，不行，再想还是不行。因为民办教师收入一部分是国家补助，另一部分是农民统筹款。对于国家补助这一部分，我们一些贫困县机关开支都紧张，而且这几年提高了标准，结果有些资金被挤占了，民办教师这块还是兑现不了；如果增加农民统筹款，又加重了农民负担。所以想来想去，确实没有办法，只好再等一段时间，等待经济发展上去后再加以解决。对比较贫困的县，一方面自身要研究办法切实把农民负担减轻下来，一方面省直机关要搞好对口帮带。在当前党中央提出减轻农民负担的新形势下，希望省直机关要把对口帮带工作提高到一个新水平，要实实在在地帮助贫困县论证点项目，指导用好扶贫贷款，用好各种开发专项贷款，把项目搞好。对贫困地区的农村支部书记要继续抓好培训，加速搞第二、第三批，帮助他们换脑筋，增强他们带领群众致富的本领。也希望我们的扶贫办和各个有帮带任务的部门，进一步研究一些实际措施，帮助贫困县加快致富的步伐。

最后，要派工作组下去抓减轻农民负担工作。党中央、国务院要求的时间紧、任务重，而且这项工作的难度也较大，因此要尽快派工作组下去。工作组的任务主要是这么几条：第一条，要向基层的广大干部群众，宣讲好中办国办的《紧急通知》、国务院《农民承担费用和劳务管理条例》以及省委省政府的《决定》，让广大基层干部和广大农民群众学习好精神、掌握好政策。第二条，要协助市地、县、乡各级，严格把住今年农民负担的审批关，凡是不合理的负担，要一律停下来。第三条，要发现正面典型，总结经验，推动全省的工作。同时，也要抓反面典型，反映工作中的突出问题，并督促对恶性案件的查处。第四条，协助地方政府出主意、想办法，采取有效措施，大力发展经济，从根本上解决农民负担过重的问题。

狠刹群众反映强烈的不正之风*

（1993 年 9 月 12 日）

反腐败斗争能否见到明显成效，很大程度上取决于近期能否刹住几股群众最不满意的不正之风。

一是重点治理党政机关及所属单位利用职权乱收费。当前群众意见最大、最不满意的就是乱收费，包括乱罚款、乱摊派。这股不正之风危害相当严重，必须坚决刹住。首先从省直单位开始，自现在起，除国家和省人大、省政府制定的法律、法规规定的收费项目外，各单位及下属单位制定的各种收费项目，一律先停止执行，进行认真清理。确实需要收费的，要重新申报，由省政府批准，其他要公开宣布废止。对省人大、省政府现有的文件规定也要进行清理。今后除了国务院和省人大、省政府确定的收费项目及标准外，各部门不得擅自决定收费项目，提高收费标准。司法、行政执法等部门的各种罚没款一律上缴财政，并要进一步规范罚没行为，实行收支两条线，省人大年内要制订相应的地方法规。

二是对中央要求通过专项治理解决的几个重点问题，要认真

---

* 这是李长春同志在河南省纪委五届五次全会上讲话的一部分。

抓紧抓好。铁路系统要突出治理以车、以票谋私，金融、财税系统要刹住行业不正之风，执法监督部门要突出解决徇私枉法和以罚代刑，邮电系统要着力纠正以装电话谋私，电力部门要纠正以电谋私，农业部门要继续抓好减轻农民负担，各级经委系统要认真抓好减轻企业负担问题。其他部门特别是执法监督部门和垄断性行业要结合实际，认真解决本系统、本单位存在的突出问题，并向同级党委写出专题报告，各级党委和政府要有针对性地组织检查。这项工作任务繁重，各有关单位都要按照本系统的统一部署，主要领导亲自抓，务必取得明显成效。

三是刹住党政机关干部用公费出国（境）旅游的不正之风。各有关部门要加强管理，严格把关，坚决制止借各种名义搞公费旅游的行为。

要下大力气解决新矛盾新问题*

（1995年2月11日）

要带头和群众一起过艰苦的日子，我们河南的广大干部群众是有吃苦耐劳精神的，他们不是怕苦，而是怕不公，只要我们把事情办公道了，还是能够渡过难关的。

当前，我省社会稳定方面存在一些新矛盾新问题，如果处理不好，就会影响我省经济社会发展，要下大力气解决好。

一是停产和开工不足的企业职工生活问题。这是当前影响城市稳定的第一位的问题，也是比较难解决的问题。解决这个问题的根本途径，还得从改革入手，加大改革力度，加快这些特困企业的解困步伐。省里提出，对国有企业的改革要分类指导。对于条件好的，要搞现代企业制度试点，全省搞100个。对于面上的，要按照转机制、抓管理、练内功、增效益的要求，大面积地提高效益。对于困难的，包括亏损、微利、停产和开工不足的企业，要按照“包、租、股、并、卖、破”六个字，促其转化。要

* 这是李长春同志在河南省政法工作会议上讲话的一部分。

在实践中大胆探索，对困难的企业也不一定就是这六个字，还可能有别的办法。只要国有资产能增值，企业能增效，职工能增收，就大胆探索，进行改革。去年针对这部分企业我们提出了一些办法，平顶山在这方面抓得就比较有成效。实践证明，只要做工作，这部分企业还是可以有所作为的。如加快优势企业对劣势企业的兼并，效果是好的。在小型国有集体企业，民选经营者，从实践看，效果也是好的。同时，要搞好一项重要的配套改革，就是完善失业和养老保险制度，并扩大其覆盖面，已经比较完善、健全的，再扩大保险的险种，如医疗保险等。省委全会提出的失业保险和养老保险，这是必保的，必须都搞的，每一个市、县责无旁贷都要搞，而且要加强管理，不准滥支滥用。

二是企业离休干部的待遇问题。我们不能笼统地讲离退休，对于退休的，按照国家退休的政策去办就是了，关键是企业离休干部这一特殊群体。企业离休干部的待遇问题，要坚持按照中央的政策办，抓好落实，这是大前提。否则，就会带来大面积的不稳定。在中央政策的范围内，有条件的地方可以按照上限来办；企业效益不太好的，不能按照中央的政策保证离休干部待遇落实的，地方财政要向企业借支，来保证给离休干部发工资。对于个别离休干部，生活还有其他一些困难，属于特殊问题，我们尽量都解决好一点，因为这部分同志确实对革命和建设作出了重要贡献，不能让他们的晚年过不下去。对于企业离休干部，对于他们老有所乐希望开展的一些活动，企业有困难的，机关的干休所都要对他们开放。也就是要千方百计从其他方面，对企业的离休干部多关怀一些。同时，也可以经常组织他们搞搞视察活动，组织他们学习有关文件，必要的时候领导同志跟他们座谈座谈，给他们讲讲国家的政策，多联系联系感情，体现党和政府对他们的关怀。我相信，只要我们把工作做好了，老同志会通情达理的。

三是一些困难县、乡开不出工资，影响干部、教师的生活问题。前段时间，我在省委全会上讲了，从省级财力已经挤出来一个多亿给了特困县，少的是二百万，多的是八九百万，建议有条件的市地也给特困县一点支持。我们也在向国家有关部门呼吁，34 个困难县能不能先不进入国家的财税改革，还是原来那种包干办法，让它们限期自立，自立以后再进入序列，但是我们毕竟还得服从全国大局。所以在省市两级帮助、支持的前提下，困难县关键是要自力更生、发展经济、开拓财源、压缩支出。要借着这次机构改革的东风，抓好干部分流，兴办实体，甚至可以在省里提出的原则要求前提下，精简机构的步伐再大一些。我们经济上过不去，本质上是自己的经济基础已经承受不了上层建筑的负荷。所以，把一些业务部门整体转为公司，可多转一些，不要在机构上还跟上边争，光想再多要几个，最好是争取在上边给的数上再少要两个，加快干部分流、兴办实体的步伐，然后在规定期限内该脱钩的脱钩。有一些特困县，虽然按照精简机构的原则办了，但仍解决不了问题的，我主张发动大生产运动，搞开发性生产，搞果园，搞猪场，搞鸡场，学习太康县王集乡的经验。我们有的乡、村干部完全靠从农民那儿要，搞了多少年，山河依旧，出发点不是怎样研究发展经济，而是怎样变着花样从农民兜里掏钱，这根本就是不称职的干部。同时对这样一些县还是要帮助它们规划骨干项目，各级还是要帮助它们把“摇钱树”搞起来。现在有几个资金渠道，咱们要把它用好。国家的扶贫款，34 个贫困县，每年每县大约平均 1000 万元；粮棉大县扶持款，每年每县大约也是1000万元。这些资金，不要把它零用了，要尽量集中支持些骨干项目。通过几年的努力，使它们的财政能有一个比较大的变化。对于这样一些县，开支有困难的，非生产性的支出更要严格控制，像新建楼堂馆所、购买小轿车等。要带头和群众一起过艰苦的日子，我们河南的广大干部群众是有吃苦耐劳精神的，他们不是怕苦，而是怕不公，只要我们把事情办公道了，还是能够渡过难关的。

四是关于灾区、贫困地区的生产自救问题。要把救灾、扶贫与长远的脱贫致富紧密地结合起来，走多种经营的路子、脱贫致富的路子。要让农民千方百计端上两个饭碗，即一个种田的饭碗，一个多种经营的饭碗。农民只有种地这一个饭碗靠不住，一旦有个灾，就没有办法。因为我们人口密度大、人均耕地少，发生大面积的灾情就受不了。在这方面，我们要学习舞阳县搞“富民工程”的经验。那里的村党支部帮助各家各户上一个致富项目，有养蛇的，有养鳝鱼的，有养老鳖的，各式各样的门路都有。这样连续抓了几年，现在效果非常明显。干群关系融洽了，农民致富加快了，银行存款增加了，上工业也有了资金来源。同时还要有组织地搞劳务输出。

五是计划生育问题。凡是计划生育还比较后进的地方，都要以党员干部的表率作用为突破口来改变局面，要把党员干部计划生育的问题好好地清理一下。之所以矛盾激化，就是因为不公。全国人大几位老同志到开封的村里去座谈，农民也反映，村干部、乡干部生好几个都不罚，光罚我。现在还有个情况，就是有些乡村干部把计划生育罚款作为财政收入的一个来源，罚款的时间越来越往前延伸。有的从1982年开始罚，孩子都十几岁了，现在又罚人家是超生，这个就没有道理了。而且，换一任领导罚一次，说以前罚的我没有看到凭证，我新上任，再重罚一次，这不是存心激化矛盾吗？所以要抓党员干部的表率作用，抓计划生育罚款要收支两条线，不能当财政收入，不能这么重复、无止境地罚。对群众我们依法开展工作，确实违反了，该罚款的要罚款，标准也不能动，计划生育的政策不能变。现在总的形势是越来越向好的方向发展，但是正面工作的力度要加大，就是用利益导向的政策来鼓励群众。有的地方搞少生快富合作社，凡是生一个孩子的，筹集一笔资金给他贷款，发展庭院经济，很快富起来了，群众对计划生育政策就更理解了。所以我建议，拿出一部分罚款，作为少生快富合作社的合作基金，支持计划生育户先富起来，这样做最有说服力。正面工作的力度加大了，对立情绪自然就会有很大的缓和。

千方百计把救灾工作抓紧抓实*

（1995 年 3 月 31 日）

要把救灾过程作为密切干群关系、进行社会主义教育的过程。抓好薄弱环节，争取达到每个村子的群众都满意，都感谢党和政府。

周口地区受灾渡春荒的问题，引起了各方面关注，大家都来关心是好事。但我们还不能松懈，要确保不出问题，做到万无一失，要求就是省政府提出的“五有”，即有饭吃、有衣穿、有房住、有被盖、有生产门路；“两个杜绝”，即杜绝饿死人、杜绝成批外出逃荒。要实现这个要求，必须把救灾工作抓紧抓实。

要搞好生产自救，把群众真正发动起来。现在看劳务输出成效显著，郸城县外出劳务人员一个月寄回 1500 万元，这对于缺粮人口解决买粮款起了很大作用，这是各级政府拿钱搞救灾所代替不了的。现在剩余劳动力还很多，群众的生产自救积极性还是蛮高的，关键是一要有人组织，二要有些启动贷款。农行给郸城

---

* 这是李长春同志在听取河南省周口地委工作汇报时讲话的一部分。

1994 年 1 月 17 日，李长春在周口地区调研时冒雪了解小商品市场供应情况。右一为周口地委书记王明义。

1000 万元，也给周口地区一点，要用在重灾区的生产自救启动上。希望各部门、各单位迅速行动起来，认真抓好落实。

要突出重点，搞好救济。把灾情底数进一步摸清，区别不同情况，采取不同措施，确保灾民生活得到妥善安排。目前看，郸城搞得比较好，希望其他几个重灾县也都能够按照郸城这个办法去搞。有的县透明度不高，群众有意见，所以要学郸城的办法，让大家民主评议，然后张榜公布，再发给个体，写上 4 月份给多少，5 月份给多少，使大家心里有个底。要把谁是特困户，谁是困难户，谁是自救户三种情况分清楚，特困户就是全包起来，困难户就是部分扶持，自救户就是帮助进行生产自救。根据当前情况，为了防止出现问题，特困户的比例要尽可能增加一些。特别是郸城要适当多一点，郸城扩大到 10.7 万人，占总人口的比例接近 10%，占缺粮人口 14%，这样就比较有把握一点。

要迅速把借粮安排下去。你们谈到希望还能给点救灾款，省里准备向国家再争取一点，如能够争取来的话，对周口重灾区再倾斜一些。当前要把借粮这个事抓好，利用借粮这个措施，尽快解决本应多救济但因救灾款少而暂时救济不了的农户的问题。灾区的社会秩序尽管现在总体上是好的，但我们也要高度重视，一定要搞好社会治安，给广大群众创造一个安定环境。当前还要特别注意抓薄弱环节。对个别工作还落实不够的，重点还不够突出的，个别村子群众还有点意见的，要抓这样的薄弱环节。要争取达到每个村子的群众都满意。这次我们到一个村子，不管是救灾户、扶持户，还是自救户，都感到公平，都喜笑颜开，都感谢党和政府，这就很好。要把救灾过程作为密切干群关系、进行社会主义教育的过程。驻队的同志都要查一查有没有工作做得不扎实的，要挨个检查。

根治污染，造福人民*

（1995 年 4 月 11 日）

要教育各级干部特别是领导干部，抱着对历史负责、对人民负责、对子孙后代负责的态度，下决心把污染问题解决好。今后再上新项目，不论是什么行业，也不论是什么所有制形式，凡是严重污染环境的，达不到环保要求的，坚决不批。

解决污染，提高认识很重要。要使各级地方领导、企业的厂长和经理认清，发展经济的目的是为了最大限度地满足人民群众日益增长的物质文化需要。上项目、建工厂，不能以牺牲环境为代价，不能破坏人民群众最起码的生存条件，决不能再干上游发财、下游遭殃的事情。要教育各级干部特别是领导干部，抱着对历史负责、对人民负责、对子孙后代负责的态度，下决心把污染问题解决好。

保护环境、治理污染，领导是关键。各级政府要切实负起责

* 这是李长春同志在治理淮河污染座谈会上讲话的主要部分。

任，市长、专员要亲自抓，要一级抓一级。各行业主管部门要一手抓监督，一手抓服务。计委、经贸委、化工、轻工、城建、环保、乡镇企业等部门都要做工作，协调一致，共同治污。这里的关键，一个是技术，一个是资金。技术问题，要组织专家、技术人员分行业攻关。造纸、皮革、印染等重污染行业，都要树立治理污染的样板，取得经验后在全行业推广。光有技术还不行，还要有资金来保证。地方政府、行业主管部门和企业要携起手来，多渠道筹集资金，确保污染治理落到实处。

治理污染要突出重点。当前，要集中抓重污染行业、污染大户的治理和重点城镇的污水处理厂建设。要搞好工业布局，注意产业结构的规划和调整。发展经济，搞乡镇企业，不能饥不择食。今后再上新项目，不论是什么行业，也不论是什么所有制形式，凡是严重污染环境的，如造纸、皮革等，审批权一律收到省里。达不到环保要求的，坚决不批。对老的污染企业，地方和主管部门都要研究出路，找出治污办法。比如造纸行业，可以集中制浆、分散造纸，皮革行业实行集中制革、分散加工，最大限度地减少污染。凡是能够治理的，都要限期治理达标；污染严重、治理无望的，要坚决关掉或由优势企业来兼并。关停限排一些污染严重的厂子，对其他污染企业也是一个震动，可以使这些企业加快对污染的治理。当然，关停不是目的，而是为了给这些企业一些时间来进行治理，治理好了，解决了污染问题，还可以恢复生产。总之，要采取多种办法，多渠道解决污染问题。

不要收过头粮*

（1995 年 5 月 24 日）

连续几季受灾，确实影响群众口粮的，要适当减、免购粮。当季灾情严重的，可缓至秋季，不要简单地一季管全年。议购粮坚决实行不下数、不定价，随行就市挂牌收购，今年定购粮紧，不宜再转国家专储。总之，今年粮食购销任务艰巨，既要把该收的坚决收上来，又要实事求是，不收过头粮，在这个问题上政府要加强领导，不要简单地交给各级粮食部门办而出偏差。

---

* 这是李长春同志在河南省政府办公厅《政府工作快报》第 199 期刊登的《我省粮食定购任务已全部落实到户》上所作的批语。

坚决纠正不正之风*

（1996 年 3 月 1 日）

各部门各行业领导既要对本部门和行业的各项业务工作全面负责，也要对反腐纠风工作全面负责。如果一个部门或行业不正之风盛行而又长期得不到纠正，那里的领导就不称职。问题严重的，应当追究责任。

人民群众痛恨腐败分子，也痛恨各种不正之风，这些现象发生在群众身边，看得见、摸得着、量大面广，群众有切身感受。因此，反腐败斗争的成效，很大程度上取决于纠风工作取得的实际效果。

近年来，我们在纠正不正之风方面取得了一定成绩，如治理公路“三乱”确有成效。但总体上看，纠风工作还存在不少问题，有的还很严重，有的时好时坏、反复性很大，群众仍不满意。当前群众意见最大的还是乱收费、乱摊派、乱罚款问题。一些单位和部门受利益驱动，无所顾忌地向企业要、向农民要、向

* 这是李长春同志在河南省纪委六届二次全会上讲话的一部分。

学生要，搞得企业和群众叫苦不迭，甚至引发了一些恶性事件。今年要把治理乱收费、乱摊派、乱罚款问题，作为全省纠风工作的重点。已经明令取消的收费项目，要抓紧落实好。一些单位擅自以各种名目新出台的收费项目，均属非法行为，必须取缔。对自视特殊顶着不办的，要追究主管领导的责任。各部门各行业都要根据各自的实际，确定今年纠风工作的目标和重点，纠正自身存在的突出问题。各部门各行业领导既要对本部门和行业的各项业务工作全面负责，也要对反腐纠风工作全面负责。如果一个部门或行业不正之风盛行而又长期得不到纠正，那里的领导就不称职。问题严重的，应当追究责任。对今年的各项纠风工作，各地、各部门、各牵头单位都要按照这次会议确定的责任制，采取措施，认真抓落实。纪检监察机关要发挥好组织协调和监督检查的职责，督促有关单位抓好工作，并查处几件阳奉阴违、顶风而上的案件，公开处理。这个事情不能只停留在一般号召上，要认真查办，处理责任人。纠风工作要依靠广大群众，要重视举报电话，加强社会监督。纪检监察要定期组织群众评议各部门纠风工作情况，公开测评结果。

开封市实施“城市困难职工再就业工程”的调查*

（1996 年 3 月）

从发展社会主义市场经济的大背景、大趋势来认识和对待企业解困和职工再就业问题，确立“三个结合”的指导思想，即把解困同深化改革、调整结构、培育骨干企业、建立健全社会保障体系相结合；同发展外商投资企业、个体私营企业、培育新的经济增长点相结合；同兴商建市、繁荣第三产业相结合。

开封市国有企业大多是五六十年代在手工作坊的基础上建立的，规模小、设备陈旧、技术落后，包袱沉重，相当一部分因适应不了激烈的市场竞争而陷入困境，许多企业停产或严重开工不足。近年来，开封市委市政府把解决困难企业职工生活和再就业问题，作为关系改革发展稳定的大事来抓，明确指导思想，加大工作力度，强化工作措施，经过全市上上下下的共同努力，现已

* 这是李长春同志发表在中共中央办公厅《工作情况交流》1996 年第 15 期上文章的一部分。

初见成效。一是全市停产和严重开工不足的44家企业，有20家企业程度不同地恢复了生产，有3万多名放假职工实现了再就业，占放假职工总数的80%以上。1995年市预算内工业企业实现利润7104万元，比上年增长87%，工业长期低效运行的局面有所改观。二是解决了39家特困企业的7100名离退休职工的基本生活问题，440户特困职工基本生活有了保障。三是结合企业解困，资产重组，全市形成了11家产值超亿元、利税超千万元的工业企业。去年，这11家企业产值和利税分别达到21.34亿元和2.75亿元，占市属工业企业产值和利税总额的31%和45%。在这些骨干企业的带动下，形成了一批具有本市特色的支柱产业，工业产值增速达23.8%。

开封市在切实解决困难企业职工生活和再就业问题中，始终坚持以下几点：

第一，从改革发展稳定的大局出发，确立正确的指导思想。开封市委市政府认识到，在发展社会主义市场经济条件下，一些企业不适应市场竞争，出现亏损、停产甚至破产是不可避免的。但发展社会主义市场经济，也为调整结构、推进企业快速发展开辟了广阔前景，关键在于能否认识和把握市场经济规律，适应形势，下决心对国有企业进行改革、改组、改造，加强内部管理。于是，他们从发展社会主义市场经济的大背景、大趋势来认识和对待企业解困和职工再就业问题，确立了“三个结合”的指导思想，即：把解困同深化改革、调整结构、培育骨干企业、建立健全社会保障体系相结合；同发展外商投资企业、个体私营企业、培育新的经济增长点相结合；同兴商建市、繁荣第三产业相结合。市委制定了《关于实施城市解困工程的意见》，并建立了解困领导小组，抽调得力人员，组织工作班子，负责解困工作的组织协调。他们在全市范围内进行调查摸底，吃透情况，组织工作组，一厂一策，从目标、措施、步骤等方面建立严格的责任制。

第二，扶强并弱，优化企业组织结构。制定了《开封市推进企业兼并联合工作的实施办法》，在全市范围内对国有工业企业实行战略性改组，先后组建了 6 家较大型的企业集团，使 8900 多万元固定资产得到重新配置，4800 名待岗职工重新就业。

第三，立足深化改革，转换机制，搞活企业。开封市一方面根据困难企业的不同情况，分类指导：对于因班子问题造成企业亏困的，及时调整领导班子；对于管理不善的，切实加强企业内部管理；对于有产品、有市场，仅由于缺乏资金造成企业停产的，多方协调，注入资金，尽快恢复生产。另一方面，下大力推动企业转换机制，增强活力。南关区毛纺厂在停产 3 年后，于去年 8 月份把三个车间分别租赁给个人和集体经营，现都恢复了生产，大部分待岗职工得到了安置。开封皮鞋厂把临街的车间改造成皮革制品专业市场，不仅安排了大部分待岗职工，也保证了全厂 420 名退休职工的养老金。一些有产品、有市场，但由于债务负担重、资金缺乏而被迫停产的企业，采取划小核算单位的办法，把部分车间划分出去，成为具有法人资格的生产经营单位。这些车间独立后，通过职工集资入股，现在都搞活了。

第四，大力发展第三产业，广开就业门路。该市从有经商传统的优势出发，积极兴商建市，大力发展第三产业。开辟了汴京大道等 6 个解困市场，新增早、夜市 12 个，还在原有的 78 个各类市场中增设解困自救摊位。制定了鼓励和支持困难企业职工进入市场经营的一系列政策，建立了培训网络。到去年底，停产和开工不足企业职工进入各类市场经营的总人数达 2 万余人。同时，积极发展劳务市场，搞好再就业的咨询服务，为停产、开工不足企业待岗职工登记建档。去年，市劳务市场共帮助 8100 名待岗职工重新就业。

第五，各级党委政府和群团组织共同搞好“送温暖活动”。去年，全市共筹资 220 多万元，深入到全市 400 多个企业，使 1400 多户困难职工家庭得到救济。从历年养老金的积累和当年征收的养老金中调剂 1100 万元，向 39 家特困企业中的 7100 名离退休职工发放了养老金。对连续放假 6 个月以上的 485 个特困户发放《特困证》《求职证》，有关部门在登记注册、经营场地、税费征收等十个方面制定优惠政策，搞好服务。市里还为每户发放 300 元的生产启动金，帮助他们搞力所能及的经营项目。市总工会建立了职工消费合作社，已有 1 个总店、8 个分店挂牌营业，主要经营粮、油、蛋、盐等生活必需品，以低于市场价 10%—15%的价格向停产、开工不足企业的困难职工定量供应。他们还在财政十分困难的情况下，挤出一部分钱，并多方筹资，建立了 520 万元的解困基金，使一些企业恢复了生产，一批职工重新就业，生活有了基本保证。

完善职工消费连锁店*

（1996 年 4 月 15 日）

通过完善社会保障体系来解决困难职工问题，办好职工消费连锁店是完善社会保障体系的一项措施。

怎么完善职工消费连锁店，这个题目是我出的。去年 10 月以来，工会对这项工作抓得很紧，时间短，进展快。这是工会职能的延伸，是为困难职工办实事。我们的职工消费连锁店引起了中央领导同志的重视，国务院两位副总理作了批示，李岚清副总理还专程为此事来河南调研。在八届全国人大四次会议期间，邹家华副总理让劳动部抓紧研究此事。为什么中央领导同志十分重视这项工作，我理解，在发展社会主义市场经济中，企业优胜劣汰，出现了一批贫困职工，出现了一个贫困层，中央对此十分重视。过去，每年到了元旦、春节，我们都采取一些措施，包括送温暖等，但都还不是经常性办法，不能解决根本问题。中央要求通过完善社会保障体系来解决困难职工问题，办好职工消费连锁

* 这是李长春同志与河南省委政研室、省总工会等部门负责同志的谈话。

1995 年 1 月 15 日，李长春在洛阳中叶制药厂看望困难职工。

店是完善社会保障体系的一项措施。省委省政府就这个问题要搞个红头文件，已由省委政研室牵头进行调研，重点是研究完善职工消费连锁店问题。这次李岚清副总理来调研，提出两个方向性的问题，一个是职工消费连锁店怎么体现合作，再一个是办配售中心应是连锁店的重要标志。

下一步如何完善发展连锁店呢？一要把一般意义上的职工消费合作社与为困难职工解困二者结合起来。单纯解困营业额太小，企业效益不好，难以坚持下去；只办全国通行的职工消费合作社，困难职工的解困很难解决，所以要把两者结合起来。也就是说，既不是一般意义上的职工消费合作社，又不是单纯的解困商店，要做到既对社会开放又为特困职工服务。对特困职工要优惠，要定对象（特困职工）、定品种（若干生活必需品）、定数量。办法一是持特困证，给予优惠；二是记证，按月度或季度购货额实行二次返还。这样大家都一样，一个价，税收管理也好办，也防止制造假票，倒买倒卖。对社会销售也可略低于市场价5%，低的目的是吸引顾客。对困难职工的优惠来自三个渠道：一是税收照顾。二是连锁店经营体制带来的费用的降低。如从生产单位直接进货，环节少、费用少等。三是营业利润，即用一般顾客的营业利润来弥补特困职工，这样做有长期生命力，只不过是消费连锁店的利润水平要稍低一点。

二要办成连锁形式。分店不得直接进货，没有进货权，全部由配售中心进货。配售中心是由市总工会直接组建的企业法人，其他只是销售点，没有定价、核算权，只有统计权。非紧俏商品由配售中心直接组货，这样保证没有假货；紧俏商品如粮、油、盐等由政府协调定点供货，保证配售中心的货源。同时，办好配售中心要有库房、微机，售货店设终端，与配售中心微机联网，以实现用微机传递信息、管理和经营决策。还有人才问题，所需人才可通过办培训班加以解决。

三要有税收照顾。涉及照顾的，有几点要明确：一是有《困难职工证》的，二是几个特殊必需品，三是还要有供应数量的限制。实行三定，即定对象、定品种、定数量。对特困职工按什么标准界定，由工会与民政、劳动部门商定。给多少优惠，要视企业经营情况定，原则是企业不以营利为目的，但又能有微利，能坚持办下去。工会管理好特困职工，要搞电脑信息库，会同民政、劳动部门每年对特困户复审一次。

四要加强合作。职工消费连锁店既然是职工消费合作社和特困职工专卖店相结合，就要由入股的会员组成，增强对职工的凝聚力。会员要有相应的权利，特困户可以是会员，也可以暂不入会。因此，职工消费连锁店的服务对象可分为三个层次：一是持特困证的特困职工，二是入股的持会员证的会员，三是一般顾客。连锁店聘用的职工可从会员中聘用，也可照顾特困职工及其子女。

五要加强领导。完善发展职工消费连锁店，是看准的事，是发展社会主义市场经济的需要，是新时期工会为职工办实事的需要，是各级党政部门关心困难群体的需要，是特困职工的需要。要加强领导，纳入各级党委和政府的议程，用最短的时间，搞成较规范的职工消费合作连锁店。要把对特困职工的春节慰问转向经常性的活动。省委省政府要发红头文件，内容是关于解决我省困难职工生活和再就业问题。有关部门和市地要制订配套文件，对职工消费合作连锁店可搞配套文件。劳动部门主要是办好四件事，一是社会统筹保险，二是再就业培训基地，三是办好劳动力“蓄水池”、办好劳务市场，四是办好再就业中介机构劳务市场。工会工作首要的是办好职工消费连锁店，名称叫“职工消费合作连锁店”，统一名称，统一标志，让大家一看就知道是工会办的。要点面结合，先抓好点。建议把先走一步的开封作为省总工会的点，重点完善。郑州也应好好抓一抓。其他各市先力所能及为困难职工办些实事。至于办规范的连锁店，不要一哄而起，把开封、郑州先办好，起示范作用。要明确职工消费合作连锁店由各级工会办，社会各界大力支持，一是场地，从商业网点划转出一部分，低价租给工会用；二是税收要给优惠，三定部分——对象、品种、数量要照顾；三是贷给流动资金；四是进货渠道要保证，商业部门要协调生活必需品的定点供应；五是工会要挤点钱，投资这项事业。

减轻农民负担要常抓不懈*

（1996 年 5 月 29 日）

农民负担过重，必然会引起农民的不满，轻则挫伤他们参与改革和发展的积极性，重则会成为社会的不安定因素。所谓“民惟邦本，本固邦宁”“为政之道，在于安民”，正是这个道理。减轻农民负担，不只是单纯的经济问题，而且是涉及全局的重大政治问题；不只是农民负担监督部门的事情，而且是各级党委和政府的重要工作之一。

总的来看，近年来我省减轻农民负担工作取得了一定成效，但是与中央的要求还有很大差距，形势依然比较严峻。据省农调队对 42 个县、4200 户的抽样调查，1995 年农民人均直接负担占上年农民人均纯收入的 7.1%，有些地方高达 10%以上。农民负担较重的问题，主要反映在以下几个方面。

其一，乱集资、乱收费、乱罚款、乱摊派的“四乱”屡禁不

* 这是李长春同志在河南省减轻农民负担工作会议上讲话的一部分。

止。一些地方在建校、修路、办水利等方面未按规定程序申报、审批而乱集资，在中小学生上学、宅基地审批和结婚登记等方面乱收费，在计划生育等方面乱罚款，在农林特产税、牲畜屠宰税、防疫费、农村各类保险、报刊杂志征订、种子化肥农药销售等方面实行硬性摊派。还有一些根本不应该由农民负担的事情也对农民搞乱摊派，比如乡政府改善办公条件、装程控电话、买汽车、办公楼改造等，也向农民摊派。其二，平调、挪用农民负担资金的问题比较严重。不少地方的乡统筹费，被不同程度地调到县里使用。村提留中的公积金、公益金，被调到乡里使用，有的用于发放乡干部工资，有的用于乡里还银行贷款，还有的用于修理汽车、买办公用品等。其三,一些乡、村的农民负担资金管理混乱。有些乡、村在管理统筹、提留资金中，以拨代支、以领代报；有些村收支手续不健全，没有账、白条抵账的问题仍十分严重；相当多的村账目不公开，甚至几年不向群众公布一次账目；有的村支出随意性很大，胡花乱支，挥霍浪费。其四，农民负担过重引发的事件屡有发生。因农民负担问题，联名告状、集体上访的情况仍比较多，重大恶性案件时有发生。有因不堪忍受过重负担而自杀的，有因干部工作方法简单、作风粗暴而出人命的，有因强行收费造成干群矛盾激化、酿成事端的。近年来，因农民负担过重上访的数量一直居高不下。

存在上述问题，原因是多方面的。从深层分析，主要有以下几点：一是一些乡、村集体经济薄弱，无力为农民分担各种费用，无力兴办公益事业而将负担转嫁到农民身上；二是一些地方农民收入增长缓慢，农民承受负担能力弱，贫困地方的农民甚至承担一些合理的费用也很困难；三是一些地方的领导搞基本建设、发展经济的思路窄、办法少，在改革开放上动作不大，习惯于靠行政命令，搞集资摊派；四是一些县、乡机构臃肿，冗员过多，财政困难，就向农民转嫁负担；五是一些部门缺乏全局观念，脱离实际搞一些不必要的达标升级活动，下达一些不切实际的指标要求，搞一刀切，逼着基层干部向农民摊派，甚至不顾农民负担片面追求部门利益；六是对干部的政治教育重视不够，抓得不紧，对创政绩缺乏正确引导，对增加农民负担缺乏有效监督。这些情况，必须引起各级领导同志的高度重视，认真对待，切实加以解决。

中央多次强调，领导干部一定要讲政治，要有政治观点，要有群众观点，要善于从政治上判断形势、分析问题。对于农民负担问题，各级领导干部一定要站在政治的高度来认识，来把握。要充分认识到，减轻农民负担事关党的农村政策的贯彻落实，事关党群、干群关系的改善，事关改革、发展、稳定的大局。全心全意为人民服务是党的根本宗旨，密切联系群众是党的优良传统，保护农民的合法权益是党在农村的一项基本政策。减轻农民负担，就是实践党的根本宗旨、发扬党的优良传统、贯彻党的群众路线的重要体现。河南是一个农业大省，农业农村农民的状况如何，直接关系到全省的经济发展和社会稳定。农民负担过重，必然会引起农民的不满，轻则挫伤他们参与改革和发展的积极性，重则会成为社会的不安定因素。所谓“民惟邦本，本固邦宁”“为政之道，在于安民”，正是这个道理。总之，减轻农民负担，不只是单纯的经济问题，而且是涉及全局的重大政治问题；不只是农民负担监督部门的事情，而且是各级党委和政府的重要工作之一。各级领导干部要把思想统一到中央关于减轻农民负担的一系列重大决策上来，从讲政治的高度进一步认识减轻农民负担的重要性，从维护全党全国工作大局出发，以坚定的党性、深厚的阶级感情、高度的政治责任感，切实把减轻农民负担作为一件大事要事，认真抓紧抓好。

一要认真贯彻落实党中央、国务院关于减轻农民负担的一系列指示精神，对涉及农民负担的问题进行一次全面的检查和清理。各级各有关部门要对照党中央、国务院提出的要求，对本地区、本部门涉及农民负担的文件、法规和收费项目，进行一次全面的检查清理。凡是不符合中央规定的，一律停止执行。对县以上有关部门违背政策加重农民负担的项目和要求，在停止执行的同时，要报上级农监部门。

二要把治理“四乱”作为减轻农民负担工作的重点来抓，切实抓出成效。要对照党中央国务院和省委省政府的有关规定，对“四乱”问题进行重点治理。国务院已经明令取消的 37 个项目、43 项达标升级活动和我省已经颁布废止的涉及土地、公安、教育、民政等 25 个部门的 260 多个“四乱”项目，要坚决予以取缔，任何地方和部门都无权保留或恢复。今后，除有法律和中央明确规定的以外，凡是涉及农民负担的收费、集资、基金等项目，必须经过省级以上农民负担监督管理部门和财政、计划、物价部门审批。对擅自乱开口子，向农民要钱要物的单位和个人，要依照党纪国法，追究当事人和直接领导者的责任。要继续按照财政部、国家计委、监察部、农业部关于 1995 年深入开展反腐败继续治理乱收费工作的通知要求，抓紧对农村各种基金进行清理登记，规范各种收费行为。对顶风违纪、我行我素的，要公开曝光，严肃处理。经过批准的合理收费项目，要予以公布，接受群众监督，同时规范管理制度，防止胡花乱用。

三要严格执行国务院和我省制定的有关法规，把减轻农民负担工作切实纳入制度化、法制化轨道。实行依法管理，是把减轻农民负担各项措施真正落到实处的有效途径。为此，各级领导干部必须树立依法治省的观念，不断提高运用法律手段解决农民负担问题的本领。村提留、乡统筹要严格控制在上年农民人均年收入5%的限额以内，收取、管理和使用要进一步规范化，实行“一个漏斗向下”的管理办法。收取村提留、乡统筹一定要从当地实际出发，充分考虑农民的承受能力，严格按照法律程序收费。要全面推行农民负担监督卡制度，农民上缴费用要全部做到凭卡收取。乡、村要严格按照县里审批的乡统筹、村提留预算方案执行，不准层层加码、乱塞项目。要加强对农村集体资金的管理。乡统筹、村提留都要专款专用，哪一级资金哪一级使用，县、乡都不允许平调下面的资金。要大力推行“两公开、一监督”制度。乡村两级凡与农民有关的政务和一切财务收支，都要向农民公开，接受农民监督，实行民主理财。要建立健全农民负担资金专项审计制度，做到审计规范、结果公开。对财务管理混乱的乡、村，要及时组织力量限期进行整顿。各地各部门都要坚决纠正在农民负担问题上存在的有法不依、执法不严和以言代法、以权压法的问题。同时也要教育农民依法办事，顾全大局，经批准的规定费用要及时上缴。

四要加快县、乡机构改革步伐，下决心精简超编人员。要采取切实措施，通过县、乡机构改革，裁减冗员，精兵简政，减少财政开支，减轻农民负担。要严格执行机构改革方案，规定的人员编制要坚决落实。不能要求上下对口，层层设置机构，特别是省直部门，不能给下边出难题，不能干预县、乡的机构改革。要减少村级享受补贴的人员，村委会的组成人员要严格按照《村民委员会自治法》和省人大颁布的《实施条例》的规定设置，不得突破。

五要树立正确的政绩观，切实改进思想作风和工作作风。一些地方特别是一些贫困落后地方的领导干部，想尽快改变面貌，尽快把工作搞上去，干出政绩，这种愿望是好的，但一定要注意从实际出发，不能靠行政命令从农民兜里掏钱上项目。既要振奋精神，加快发展，缩小差距；又要注意政策，不能侵犯群众利益。要对广大党员干部进行全心全意为人民服务的宗旨教育，牢固树立勤政为民、廉政安民的思想。要把人民群众拥护不拥护、赞成不赞成、高兴不高兴、答应不答应，作为工作的出发点和落脚点，做到想问题、办事情一定要实事求是，充分考虑农民的承受能力，量力而行。对条件不具备、群众不愿办的事不要硬办，决不能靠加重农民负担创造“政绩”。要非常谨慎地处理涉及农民负担的各种问题，绝不允许动用公安、武警、保安人员和使用警械、警具等向农民摊派、集资、罚款以及收取各种预付款的活动，绝不允许非法抓人。

切实保护和改善生态环境*

（1996年8月29日）

发展必须建立在合理利用资源和有效保护环境的基础上，既要考虑到眼前的发展，又要考虑到长远的发展；既要满足当代人的需要，也要为满足子孙后代的需要提供必要的条件。决不能以浪费资源和牺牲环境为代价来换取暂时的发展，更不能吃祖宗饭、断子孙路。对于我们这样一个人口多、基础差的农业省份来讲，这一点尤为重要。

当前，我省环境保护工作取得了一定的成效，但是我们也必须清醒地看到，我省目前面临的环境形势仍然十分严峻。这方面既有思想认识问题，也有实际问题，但是实际问题和思想认识问题两者相比，第一位的还是思想认识问题，只要认识问题解决了，实际问题总会找到办法。由于长期以来我们处在解决温饱的阶段，解决温饱是压倒一切的任务，因此各级领导干部的

* 这是李长春同志在河南省第四次环境保护会议上讲话的一部分。

环保意识普遍比较淡薄。在我们省确实还存在着“先把经济搞上去再说，环境保护可以暂时放一放”等错误思想。因此，在一些地方、一些部门不同程度地出现了“重开发、轻保护”“重经济、轻环保”的现象，其结果是经济暂时得到了发展，但资源被浪费了、环境被破坏了、经济持续发展的条件丧失了。

要从理论和实践上深刻理解保护和改善生态环境，实施可持续发展战略的重要意义，努力提高落实环境保护基本国策的自觉性。当前，要重点理解和把握好以下两个基本观点。

一是保护和改善生态环境是实现经济可持续发展的关键。资源和环境是人类社会生存和发展的基本物质条件，它不仅属于我们这一代人，而且属于我们的子孙后代。这就要求我们的发展必须建立在合理利用资源和有效保护环境的基础上，既要考虑到眼前的发展，又要考虑到长远的发展；既要满足当代人的需要，也要为满足子孙后代的需要提供必要的条件。决不能以浪费资源和牺牲环境为代价来换取暂时的发展，更不能吃祖宗饭、断子孙路。对于我们这样一个人口多、基础差的农业省份来讲，这一点尤为重要。正是基于我省的基本省情，省六次党代会把实施“科教兴豫”“开放带动”和“可持续发展”作为经济和社会发展的三大重要战略。这也表明，省委对可持续发展、对人口和环境问题的认识有了一个新的高度。这三大战略是一个有机的整体，目的在于促进全省经济体制和经济增长方式的根本转变，提高经济发展的质量和效益，实现经济和社会的持续、快速和健康发展。在面向二十一世纪的新的历史阶段，我们必须改变传统的生产和消费方式。要实现省六次党代会确定的经济和社会发展目标，我们必须要把经济发展与资源、环境、人口等多种因素结合起来，统筹考虑，提高科技进步在经济增长中的贡献率，开发低投入、低污染或无污染、高产出、高效益、高附加值的产品，只有这样才能实现全省国民经济持续、快速、健康发展。

二是保护和改善生态环境是社会主义生产目的的重要组成部分。社会主义生产目的是为了最大限度地满足广大人民群众日益增长的物质文化需要，这个目的本身既包括为人民群众创造丰富的物质财富，也包括为人民群众创造良好的生活和工作环境，也就是要让人民群众饮用的水质符合卫生条件，呼吸的空气要清洁，居住的环境免受噪音的侵扰。这是基本的生活环境，至于在这个基础上进一步创造更优美的环境，那就是更高的要求了，而我们现在所讲的环境保护的内容是人民群众最基本的生存条件。因此，它也是实现第二步战略目标——小康目标的重要条件。没有基本的环境，就根本谈不上小康。最近一个时期，党中央反复强调领导干部要讲政治，而讲政治从根本上说，主要是对人民群众的态度问题，同人民群众的关系问题。关心人民群众的生存和生活环境，搞好环境保护工作既是讲政治的一项重要内容，也是讲政治的具体体现。环境污染直接危及人民群众的身心健康，处理不好就必然会引发各种矛盾，成为影响社会安定的一个重要因素。在这方面，我们省是有教训的。在污染危害严重的地方，群众喝不上干净的水，导致一些疾病的发病率升高，群众意见很大。所以，各级党委和政府一定要站在讲政治的高度，牢固树立可持续发展的观念，以对人民高度负责、对历史高度负责、对子孙后代高度负责的态度，切实搞好环境保护工作。

把 110 办成全方位服务群众的窗口*

（1996 年 10 月 17 日）

110 全天候为群众全方位服务，是个好题目，对推动精神文明建设和社会全面进步很有意义。建设好 110 报警台意义很大：1. 完善了公安系统快速反应机制，有效打击坏人，保护好人。2. 可成为公安机关为人民群众解决急、难、险、特问题的全方位服务窗口，密切警民关系。3. 也是社会文明进步的标志。

望各市主要领导同志给予重视，把 110 办成为群众排忧解难的全方位服务窗口。

* 这是李长春同志对河南省 110 报警台全天候接受群众求助、为群众排忧解难报告作出的批语。

推动计划生育工作“三结合”，实现“一高一低”目标*

（1996 年 12 月 3 日）

推行计划生育“三结合”〔1〕是加强社会主义物质文明和精神文明建设的重要内容，在两个文明建设中具有重要的地位和作用，我们这次会议的召开就是贯彻党的十四届六中全会精神的具体措施。

我省是一个人口大省，人口多，增长快，已成为严重制约全省经济社会协调发展的重要因素。要实现省六次党代会和省八届人大四次会议确定的“九五”计划和 2010 年发展目标，我们面临着发展经济和控制人口两大战略任务。在农村推行计划生育工作“三结合”，找到了发展农村经济与控制人口增长的结合点，顺应了广大人民群众文明致富奔小康的强烈愿望，必将进一步促进我省农村经济的迅速发展和计划生育工作整体水平的提高。

推行计划生育工作“三结合”，关键在领导。各级党委政府要认真学习六中全会精神和省委省政府《关于在全省农村开展计划生育“三结合”活动的决定》，继续提高对“三结合”工作重

---

* 这是李长春同志致河南省计划生育工作“三结合”经验交流会的信的一部分。

要意义的认识，切实加强领导。各级党政一把手不仅要对完成本地人口计划亲自抓、负总责，而且要对推行“三结合”，引导和帮助群众少生快富文明奔小康，实现人口与经济、社会协调发展亲自抓、负总责。要把“三结合”纳入农村工作的总体规划，坚持与经济工作同部署、同检查、同落实。要协调有关部门齐抓共管，形成合力。要认真落实全国扶贫开发与计划生育相结合工作经验交流会精神，把推行“三结合”同扶贫开发、“富民工程”、小康村建设紧密结合起来，优先扶持实行计划生育的贫困户率先脱贫致富，以带动广大群众自觉落实计划生育政策。要适当解决开展“三结合”工作必需的经费投入。要坚持实事求是，因地制宜，分类指导，务求实效，切忌形式主义，努力推动全省计划生育“三结合”工作积极稳妥地开展，实现“一高一低”的奋斗目标。

注　释

〔1〕“三结合”，是指计划生育工作与发展农村经济相结合，与帮助群众勤劳致富奔小康相结合，与建设文明幸福家庭相结合。

坚决把农民过重的负担减下来*

（1997 年 1 月 29 日）

减轻或加重农民负担，绝不单纯是少收或多收几个钱的问题，而是保护还是挫伤农民积极性，巩固还是削弱农业基础，能否保持和发展农业和农村工作好形势的大问题；绝不是简单的业务问题和经济问题，而是关系到能不能赢得农民的拥护，能不能密切党群干群关系的严肃政治问题。要变从农民口袋里掏钱为千方百计让农民的钱包鼓起来。对条件不具备、群众不愿意办的事不要硬办，绝不能靠加重农民负担去达标、出政绩。

农民负担问题从全省看，形势有所好转，这一点应该肯定。农民集体上访，原来是农民负担问题占第一位，现在已退居到第二位。但全省发展不平衡，有些地方下降不大明显，个别地方甚至愈演愈烈。最近，中央下发的《关于切实做好减轻农民负担工

* 这是李长春同志在河南省农村工作会议上讲话的一部分。

作的决定》(以下简称《决定》)，是自提出减轻农民负担以来讲得最深刻、最严厉、最坚决的一个文件，是有针对性的，必须予以高度重视。省委的态度很明确，就是各级党委和政府，都要以极其严肃的政治态度，不折不扣地贯彻落实中央的《决定》。讲政治坚定性也好，讲政治敏锐性也好，具体到减轻农民负担问题上就是不能打任何折扣。

首先，各级领导干部要进一步提高认识，把思想统一到中央的《决定》精神上来。减轻或加重农民负担，绝不单纯是少收或多收几个钱的问题，而是保护还是挫伤农民积极性，巩固还是削弱农业基础，能否保持和发展农业和农村工作好形势的大问题；绝不是简单的业务问题和经济问题，而是关系到能不能赢得农民的拥护，能不能密切党群干群关系、落实好全心全意为人民服务宗旨，能否保持农村稳定，是否同党中央保持一致的严肃政治问题。在这个问题上，我们一定要头脑清醒。

其次，要教育每一个干部从思想感情上贴近农民，带着对父老乡亲的深厚感情落实好这个《决定》。要变从农民口袋里掏钱为千方百计让农民的钱包鼓起来。要抓好“富民工程”，抓好科学种田，尽快使农民富裕起来。漯河市近两年狠抓“富民工程”，干群关系好转了，上访的没有了，社会稳定了，各方面的工作也都好开展了，各地都要这样做。

其三，更严格实行减轻农民负担责任制。各级党政一把手要亲自抓，负总责，一级抓一级，层层抓落实。今后，哪个市地因农民负担过重而造成了恶性案件，哪个市地的主要领导要向省委省政府说清楚。要把减轻农民负担情况，作为考核和任用各级领导干部特别是县、乡两级领导干部的一项重要内容。

其四，各有关部门都要切实增强减轻农民负担的责任感，落实中央的《决定》，必须齐抓共管。各部门想问题、办事情一定要从实际出发，从我省广大农民刚刚解决温饱、还有一部分没有稳定解决温饱的实际出发，坚持实事求是，充分考虑农民的承受能力，量力而行。省、市（地）及各部门在布置工作、安排任务时，空间上不要搞一刀切，时间上要分轻重缓急，对条件不具备、群众不愿意办的事不要硬办，绝不能靠加重农民负担去达标、出政绩。靠增加农民负担搞的达标升级活动一律停止。落实国家九年制义务教育达标也要从实际出发，对 34 个贫困县网开一面，条件不具备的不要搞，不要加重农民负担。这样，有些地方可能到本世纪末达不到普及九年制义务教育的目标，确实没有这个能力，可以留一点尾巴。

1994 年 2 月 9 日除夕之夜，李长春来到新乡市封丘县陈故乡敬老院，同老人们一起吃年夜饭。

其五，认真落实中央《决定》中规定的执行纪律的要求，对继续我行我素、不听招呼、违反中央《决定》加重农民负担的地方和单位，要严肃查处，发现一起，及时查处一起。因加重农民负担导致恶性案件的，不仅要处理直接责任人，还要追究上级领导的责任。为了落实好中央这个《决定》，首先要立即把文件精神传达下去，进行自查自纠。要给大家一段落实的时间，在此基础上各级农监部门要进一步加大工作力度，各级纪检、监察部门要把落实中央《决定》纳入到重要的议事日程。今年，省人大将把减轻农民负担作为执法检查的一项重点工作来抓。当然，我们也要体谅基层干部工作的难度，在政治上关心他们，提高他们的思想认识，教育他们要深刻领会中央的有关文件精神，掌握有关的法律知识，把自己的行为纳入到法制的轨道，统一到中央的路线方针政策上来，工作上有困难也要帮助他们。特别是乡村集体经济薄弱的，要帮助他们发展集体经济，这是解决农民负担治本的办法。同时，也要加强对农民的教育和引导，耐心细致地做好群众的思想工作，增强他们自觉履行应尽义务的意识。

对群众关心的问题要抓出成效*

（1997年8月13日）

把当前群众最为关心的问题解决好了，我们的工作就会得到群众更多的理解和支持，就会进一步减少群体性上访，就会为维护社会稳定打下好的基础。当前要重点解决好农民负担问题，城市困难职工生活问题，下岗职工再就业问题，城市拆迁问题。

维护社会稳定，需要方方面面共同做好工作，特别是对一些群众关心、关系群众切身利益的问题，一定要加大工作力度，把维护稳定工作的基础夯实，抓出成效来。当前，要重点解决好这样几个方面的问题。

一是农民负担问题。过去每次开会都是笼统地讲，今天点明了哪个市、哪个县、哪个乡，存在什么问题，点得比较具体。农民负担的问题，总体上应该说是解决得越来越好，但是确实还有很多落实不到位的地方。特别值得注意的一个新动向，就是有些

---

* 这是李长春同志在河南省稳定工作会议上讲话的一部分。

县、乡为了自身财政的需要，把负担开始往农民身上转嫁，这已经不是简单的统筹款、提留款的问题。养殖业免税这是国家的政策，为什么有的地方养一只鸡、一只羊都还要收钱？根本原因就是我们上边财政开支压力大，又不去做艰苦的工作精简机构、分流人员，就把财政负担简单地一级一级往下压，最后转嫁到农民身上。这种虚假的财政绝对不允许，要立即纠正。希望各级党委和政府特别是主要领导要引起高度重视，切实负起责任来，真正把减轻农民负担作为一件大事，防止回潮。由于农民负担激化矛盾、造成不良后果的，发生一起，就查处一起，绝不客气。这个事情已经连续抓了好多年，要持之以恒。

二是城市困难职工的生活问题。这项工作，最近我让省委办公厅摸了一下情况，一些市地落实得很不好。解决城市困难职工的生活问题，途径有以下几个方面。第一个是最低工资，这是企业行为。即劳动者在法定工作时间内提供了正常劳动，用人单位至少要保证支付最低工资。全省都制定了最低标准，各级政府有监督落实的责任。第二个是失业救济金，这是属于社会保险机构的行为。失业救济金，是失业职工在失业救济期间领取的基本生活费。领取失业救济金的期限是根据工龄来定的，失业职工失业前在用工单位连续工作 1 年以上、不足 5 年的领取失业救济金的期限最少是 12 个月；失业职工失业前在用工单位连续工作 5 年以上的，领取失业救济金的期限最长为 24 个月。失业救济金的发放标准，按照当地规定是最低工资标准的 70%。第三个是城镇居民最低生活保障制度。这是省委省政府关于解困再就业工程里面明确要求的，是政府行为。各个市地要根据自己的情况，确定城镇居民生活最低保障线。低于这个保障线的，要享受民政救济。这项工作民政部门负责，各级财政从征收的个人收入调节税拨款。现在这方面落实得不好，全省仅郑州落实了，开封基本落实了，其他市地基本都没落实。能保障职工最低生活，再加上教育引导，就不会出大事。第四个是基本生活费用。劳动厅讲是为了保障困难企业下岗职工基本生活而发放的费用，省政府的文件规定省辖市不低于100元，其他地区不低于80元。这是针对下岗职工的，企业有条件的要出钱，没条件的要从解困基金中出。这四个方面，都是解决职工生活困难的重要途径，要落实好。

三是再就业问题。现在全省下岗职工几十万人，完全靠我们发基本生活费，搞基本生活保障线，财政也没有那么大能力。最根本的还是想办法让他们到社会上进行劳动交换，能够得到收入。市劳动部门、市工会都要把再就业的服务机构搞起来，把劳务市场完善起来，形成能及时沟通就业需求的中介机构。要把政府的调控政策，如招工单位要招收一定比例的下岗职工等政策落到实处，同时要引导大家转变就业观念，上私营企业，搞个体，都是就业。要把通过自己的力量实现了第二次创业的典型树立起来，让大家看到前途。要看到这么多下岗职工，政府包是包不了的，整个用工制度改革也不是像过去那样由政府分配，而是进劳务市场。因此要把这个新观念宣传好，让下岗职工感到这是实现第二次创业的一个机遇，是一个新的实现自身价值的机会。总之，要用落实政策、舆论引导、创造条件等多种办法解决再就业问题。

四是城市拆迁问题。城市拆迁坚持按合同办。建议各市主动检查一下，看看过去我们批准的房地产开发合同能不能履行，明确双方的责任和义务。确实违背合同的，违约方要负责任，要调整条件。过去的合同确实超期的，就得给群众补偿，谁是开发商，谁就得负起这个责任。

以上几个热点问题是当前群众最为关心的，希望各个市地认真解决好。这些问题解决好了，我们的工作就会得到群众更多的理解和支持，就会进一步减少群体性上访，就会为维护社会稳定打下好的基础。

关心职工生活，健全保障体系*

（1997 年 12 月 4 日）

关心困难职工生活，要落实四道防线。第一道防线是最低工资。第二道防线是下岗职工生活费。第三道防线是社会保险。第四道防线是城市居民基本生活救济。

关心职工生活，首先要突出再就业工程。漯河下岗职工有 2.2 万人，作为小市不算少。随着社会主义市场经济进程加快，整个社会产业结构调整步伐加快，就业结构也必须调整。过去在计划经济条件下形成的就业结构现在暴露出弊端，一方面很多人没事干，都涌到企业造成冗员过多，另一方面很多事没人干，突出的是第三产业非常薄弱。长期形成的传统观念，不把干第三产业看成是正儿八经的就业。现在，在市场配置资源的条件下，就能够把劳动力资源配置进一步向社会需求的深度和广度进军，使得劳动力资源配置更加合理，现在不论是为生产的服务领域，还是为人民生活的服务领域都很薄弱。

---

* 这是李长春同志在听取漯河市委市政府工作汇报时讲话的一部分。

前几天我跟省妇联的同志谈，要发动各市地妇联兴办“巾帼家政服务公司”，就是组织下岗女工解决家务劳动社会化问题，解决下岗女工发展第三产业问题，一举两得，使得有工作的妇女家务劳动社会化，使得没有工作的下岗女工把第三产业开发起来。这方面有很多事情可以做，比如现在一对夫妻一个孩子，孩子入托难问题，往往是所在单位办托儿所来解决，上班远的就很困难，同时又加剧企业办社会的负担，能不能就地就近在社区把托儿所、幼儿园搞起来。大人送孩子上学后再上班，经常迟到，能不能孩子上学有人送，放学有人接，孩子中午无人照顾的，能不能有人管起来，给解决一顿饭。家里有病人住院，得请假护理，能不能从家政服务公司请个护理工护理几天。没有子女在身边的老两口，煤气罐拎不动，能不能打电话来个钟点工，换个煤气罐，打扫两个小时卫生，擦擦窗户玻璃。再进一步，现在蔬菜、肉类是到农贸市场去买，国有商店基本退出了这个领域，我在电视上看到上海出现“妈妈服务社”，从蔬菜基地把蔬菜加工处理，实现了净菜上市。现在我们买鲜肉都是到市场，虽然肉皮上也盖了个蓝戳子，但到底是谁盖的，是不是用碗底盖的也弄不清楚，老百姓吃不到放心肉。我们可以组织下岗女工搞股份合作制公司，上国家定点的屠宰厂进货，然后在城市建副食连锁店。过去搞国营的亏损，现在可以办成集体的、股份合作制的，下岗女工把这个事弄起来，也就是把农贸市场个体户的利益留一块给下岗职工，方便城市人民生活，大有可为。现在机构改革，不知道市一级妇联超编不超编，超编的话，妇联的人就出来领着干，领办这些公司。一方面，妇联组织报告会，抓典型，抓培训，这个都需要。另一方面，妇联是群众组织嘛，允许办企业，可以直接组织下岗女工领办实体，特别是为家庭服务、为厨房服务的连锁店。如果漯河能够连锁到郑州，那更好，要把方方面面的力量发动起来，组织再就业。

关心困难职工生活，再一个就是落实四道防线。第一道防线是最低工资。企业职工只要出满勤，干满点，达到规定定额，就不能低于最低工资。这是个企业行为，劳动部门要负责监督。第二道防线是下岗职工生活费。中央提出来由国家、地方政府、企业“三家抬”，地方政府要拿三分之一。过去对于下岗职工，我们就是过年过节想办法让人家包个饺子，平时没有一个办法，现在要研究个平时的办法，政府要拿三分之一。总的属于企业行为，因为职工还是企业的人嘛，也是由劳动部门来监督生活费发

1997 年 12 月，李长春在漯河市源汇区海河小区居委会调研。

放，标准一般介于最低工资和城市基本生活保险线之间。第三道防线是社会保险。这个是社会行为，由劳动部门监督。第四道防线是城市居民基本生活救济。这个是纯政府行为，由各市地界定基本生活保障线，漯河界定 100 元，那么就是不管你的就业状况怎么样，没有劳动力，或者是有劳动力下岗了，或者是正常上班的，只要低于你们界定的基本生活保障线，就纳入救济范围，资金由财政提供，财政主要是从征收的个人收入调节税拨付。执行由民政部门负责，一年一界定。这个事将来最好也实现计算机管理，渠道就是居民委员会、街道办事处这么个层次，因为街道都知道谁家困难，程序上自己申报，单位证实，群众评议，政府批准，张榜公布。我们把这四道防线落实了，在改革过程中就把改革、发展、稳定三者之间的关系结合起来了。改革越深入，政府越要关注困难群体。我到新加坡访问时，李光耀给我讲一个社会的分配结构设计原则，他讲新加坡是 70%靠个人奋斗，讲竞争，讲效益，30%靠政府保障，既通过社会福利、社会保障使困难的人们得到照顾，又能够保障一个社会有足够的前进动力。他说我们中国改革以前是倒过来的，70%是国家保障，30%是个人奋斗，所以没有活力，就是吃“大锅饭”了。那么，我们改革就是要解决调动人的积极性问题，肯定要增强个人奋斗部分，但是，对困难群体国家要有保障措施。所以，党的十四届三中全会也确定了这么个原则，叫作“效率优先、兼顾公平”，就是这个道理。

加强社会主义
精神文明建设

弘扬红旗渠精神有重大现实意义 *

（1991 年 4 月 27 日）

红旗渠的创举告诉我们，人民群众中蕴藏着极大的建设社会主义的积极性，关键是要有能正确表达群众意志并善于将其变为亿万群众自觉行动的领导班子。当前，全省人民迫切要求摆脱贫困、改变落后面貌，我们必须顺应人民的这种愿望，将这种愿望变为广大人民群众的自觉行动，以一张蓝图绘到底、不变面貌不罢休的气概，把共产党人全心全意为人民服务的宗旨，落实到改变山河面貌上来。

在新的形势下继承和发扬红旗渠精神，首先必须全面深刻地理解红旗渠精神的实质和丰富内涵。当年，在极端困难的条件下，林县人民创造出如此辉煌的业绩，靠的是什么？概括地说，靠的是自力更生、艰苦创业、团结协作、无私奉献的精神，这

* 这是李长春同志在河南省农田水利基本建设“红旗渠精神杯”竞赛表彰大会上讲话的一部分。

十六个字，就是红旗渠精神的基本内容。

自力更生，就是把立足点放在依靠自身力量的基础上，相信群众，依靠群众的力量去克服困难，进行社会主义建设，而不是“等靠要”。这既是我们进行经济建设的基本方针，也是坚持群众路线的重大问题。红旗渠精神生动体现了自力更生的方针，体现了相信群众、依靠群众的群众路线。对各级领导干部来说，能不能坚持自力更生的方针，决不仅仅是个工作方法问题。我们强调自力更生，绝不是不要上级支持，不要对外开放，而是要把立足点放在依靠自身力量的基础上。艰苦创业，就是以强烈的改变落后面貌的责任感和事业心，以坚韧不拔的意志和毅力，不甘落后，艰苦奋斗。红旗渠就是艰苦创业之硕果。我省人口多，经济基础薄弱，更需要有长期艰苦奋斗的精神。要把有限的财力、物力集中到经济建设上，苦干实干。各级领导干部尤应以艰苦创业为荣，同群众同甘共苦，坚决反对挥霍浪费、奢侈享受的腐败作风，做艰苦创业的表率。团结协作，就是为着一个共同目标，同心同德，团结奋斗。团结，首先是领导班子的团结。各级党委政府都应成为团结坚强的领导集体。同时，加强广大人民群众的团结，在党和政府的领导下，团结一致，共同奋斗。团结协作是我们党的政治优势，也是社会主义制度优越性的重要体现。红旗渠的建成，就是一曲团结协作的凯歌。无私奉献，就是不讲名利，不计报酬，把党和人民的利益看得高于一切。林县人民为了改变家乡面貌，历尽千辛万苦修建红旗渠，有的同志为此献出了宝贵的生命。从这个意义上讲，红旗渠的建成，也是林县人民无私奉献的结果。我们实现第二步战略目标，同样需要发扬光大无私奉献的精神。总之，红旗渠精神包含着党的领导、群众路线、革命精神，体现了中国共产党人的优良品质和劳动人民的光荣传统，体现了社会主义制度的优越性和强大凝聚力。

80年代，我省的经济社会事业有了很大发展，基本上解决了全省人民的温饱问题，进入奔小康的新阶段。90年代是全省经济振兴的关键时期。在这种形势下，发扬自力更生、艰苦创业、团结协作、无私奉献的红旗渠精神，对于促进社会主义新农村建设、实现“团结奋进，振兴河南”具有重大现实意义。

第一，弘扬红旗渠精神，有利于调动全省人民建设社会主义的积极性，增强“团结奋进，振兴河南”的信心。红旗渠精神是我省人民自己的创造，看得见、摸得着，学起来有亲切感。红旗渠精神是在三年困难时期，缺粮、缺钱、缺设备，生活极为艰苦、施工极为困难的情况下创造的。我们现在遇到的困难，包括目前最贫困的县，比起当年林县人民修建红旗渠所遇到的困难要

1991年4月27日，李长春在林县参加李先念为红旗渠精神题词纪念碑揭牌仪式时与劳模合影。左四为河南省委书记侯宗宾，右四为林县原县委书记杨贵。

小得多，条件要好得多。林县人民在艰苦的条件下创造了人间奇迹，我们今天还有什么困难不能克服呢？我们在前进道路上遇到困难、看到同兄弟省市差距的时候，重温林县人民的创业史，就会感受到红旗渠精神的可贵，就会增强克服一切困难、加速改变落后面貌的信心。

第二，弘扬红旗渠精神，有利于激励全省各级党委和政府增强责任感和紧迫感，全心全意为人民服务。红旗渠的创举告诉我们，人民群众中蕴藏着极大的建设社会主义的积极性，关键是要有能正确表达群众意志并善于将其变为亿万群众自觉行动的领导班子。当年，林县的领导班子抓住全县人民最紧迫的缺水问题，以对人民高度负责的事业心和责任感，以极大的魄力和科学的态度，下决心修建“引漳入林”工程，并且一张蓝图绘到底，奋战十年，终于建成了人造天河红旗渠。在建设过程中，各级领导吃住在现场，冲锋在前线，这是一种什么精神在激励着他们？是中国共产党人全心全意为人民服务的宗旨在激励着他们，是对人民极端负责的事业心和责任感在激励着他们。当前，全省人民迫切要求摆脱贫困、改变落后面貌，我们必须顺应人民的这种愿望，将这种愿望变为广大人民群众的自觉行动，以一张蓝图绘到底、不变面貌不罢休的气概，把共产党人全心全意为人民服务的宗旨，落实到改变山河面貌上来。

第三，弘扬红旗渠精神，有利于坚持群众路线，充分发动群众加速改变农业生产条件，强化农业基础。农业对我省有着特殊的重要性。加速农业发展，必须加速改变农业生产条件，这需要大量的投入。我省人口多、经济基础薄弱，改变生产条件必须发扬红旗渠精神。红旗渠精神的基本内容之一，就是依靠群众改变落后面貌。无论是开展农田水利基本建设，还是开展其他各项工作，我们都必须走群众路线，依靠群众的力量，充分尊重群众首创精神。农田水利基本建设，是关系到农民切身利益的事业，是改善农业生产条件、确保农业稳定高产的必不可少的投入，是广大农民的迫切要求，能否取得成效，关键要看各级领导同志善不善于组织、敢不敢于领导。只要大力弘扬红旗渠精神，破除等靠要的思想和懦夫懒汉的世界观，消除畏难情绪，把群众真正发动起来，科学地组织起来，就能把农业基本建设轰轰烈烈、扎扎实实地开展起来，改变农业的生产条件。

第四，弘扬红旗渠精神，有利于在改变农业生产条件的实践中推动家庭联产承包责任制的不断完善。实行家庭联产承包责任制以来，我省农业发生了巨大的变化，但是随着农村商品经济的发展，也出现了一些新的情况。主要是怎样使一家一户的分散经营同生产社会化的要求相适应，帮助农民解决一家一户无力解决的问题。另外，还有分散经营与完善农业投入机制的矛盾。前几年，我省在这方面进行了有益探索，就是在巩固完善家庭联产承包责任制基础上，逐步完善统的机制。宜统则统、宜分则分，实行双层经营，在农业生产的几个重要环节实行统一规划、统一管理。今天我们大力发扬红旗渠精神，加强农田水利基本建设，也是进一步巩固完善家庭联产承包责任制，处理好统分关系的一项重要措施。因为以农田水利为重点的农业基本建设的社会化程度高，必须实行统一规划、统一组织、统一施工、统一管理，需要强化统的措施，完善统的机制，建立健全双层经营体制，这样就增强了为一家一户分散经营服务的能力，使家庭联产承包责任制建立在更加可靠的基础上。所以，大搞农田水利基本建设就是增加农业投入的过程，也是不断完善农业投入机制的过程。

第五，弘扬红旗渠精神，有利于推动农村基层组织建设。农村物质文明和精神文明建设的繁重任务，最终要依靠基层组织去贯彻落实。林县人民之所以能够在那样困难的条件下建成举世闻名的红旗渠，就是因为林县县委县政府以及各级党组织团结坚强，能够带领群众艰苦奋斗，为群众所信赖。当前我们发扬红旗渠精神，就是希望各级领导班子特别是各县县委县政府，以及乡、村基层党组织，也能够像当年林县的各级党组织那样团结一致，带领群众艰苦奋斗，改变家乡的落后面貌，为实现“团结奋进，振兴河南”奋斗目标作出应有的贡献。如果县、乡、村没有一个团结坚强的领导班子，各级领导没有一个良好的精神状态，

1991 年 4 月 27 日，李长春考察安阳市林县红旗渠。左一为安阳市委书记刘振岐，左二为林县原县委书记杨贵。

没有艰苦创业的革命精神，没有脚踏实地的实干精神，要在“红旗渠精神杯”竞赛活动中取得好成绩是根本不可能的。今后衡量各级干部特别是县以下领导干部的政绩，要看在任职期间，你所领导的那个地区生态环境改善了没有，农业生产条件改善了没有，农村商品经济发展了没有，农民人均收入提高了没有。

第六，弘扬红旗渠精神，有利于促进农村社会主义精神文明建设。社会主义精神文明建设的根本任务，是培养有理想、有道德、有文化、有纪律的社会主义公民，提高整个中华民族的思想道德素质和科学文化素质。思想道德建设是精神文明建设的灵魂，决定着精神文明建设的性质和方向。加强思想道德建设的主要途径，是继承和发扬思想政治工作的优良传统，结合改革开放条件下思想政治工作的特点和规律，采取广大群众喜闻乐见的方式，使思想政治教育更加深入人心，更加切实有效。要把发扬红旗渠精神与学习先进典型和先进模范人物结合起来，促进农村文明村镇、文明家庭创建活动的开展，形成积极向上、健康文明的良好风尚，团结和动员全省人民投身到“团结奋进，振兴河南”的伟大事业中来。

与小学生的一封通信*

（1991 年 9 月 18 日）

宁山路小学二年级一班全体同学：

你们好！收到了你们的来信和汇款，作为在辽沈大地工作多年的我，被深深地感动了。[1]我反复阅读你们的来信，凝视着你们的汇款单，心情久久不能平静，这哪里是普通的汇款单，其价值不知超过标定数目多少倍。它闪烁着一颗颗幼小的金子般的爱心；它表达了你们对灾区人民的深情厚谊和对灾区人民夺取抗灾胜利的美好祝愿；它体现了新中国少年儿童热爱党、热爱祖国、热爱社会主义和热爱人民的崇高的崭新的精神风貌；它使我进一步感受到了中华民族伟大的凝聚力和一方有难八方支援的共产主义精神在发扬光大。所有这些将成为我当好人民公仆，为党和人民的事业鞠躬尽瘁的巨大动力。正因为如此，我虽已委托办公厅的工作人员给你们回了信，但仍觉心里好像还没做好什么事似的……所以决心亲笔给你们回信，代表河南省灾区广大干部群众向你们表示衷心的感谢！

* 这是李长春同志写给辽宁省沈阳市宁山路小学二年级一班学生的一封回信。

今年夏季，多年不遇的特大洪水袭击了我省南部，无情的洪水吞没了灾区人民美丽的家园，夺去了他们辛勤劳动创造的财富。但是，灾区人民并没有被吓倒，他们以高昂的斗志，战胜了洪涝灾害，在党和政府的领导下，生活得到了初步安置，正在组织生产自救，重建家园。在抗洪抢险的实践中，灾区人民更加感受到，爹亲娘亲，不如共产党亲；天好地好，不如社会主义好。

在抗洪抢险救灾中，灾区人民得到了全国亿万人民和海内外炎黄子孙给予的精神上、物质上的大力支持，这里面也有你们向灾区人民献上的一份爱、一片情、一分热、一颗心。这 203 元钱，每一分钱都凝聚着你们的美好心愿，在那炎热的盛夏，你们省下了一支支雪糕，在那欢乐的游乐场，减少了你们几次活泼的身影和欢快的笑声，在你们丰富的业余活动中，可能少看了一场电影，少买了一本好看的连环画……总之，你们把尽可能节省下来的零钱汇集在一起寄给了灾区。我已把你们的拳拳之心、切切之情转达给了他们，请你们放心，在党中央、国务院的领导下，在全国人民和海外炎黄子孙的大力支持下，我们 8600 万河南人民和广大灾区干部群众一定会夺取抗灾救灾的全面胜利。

欢迎你们长大以后到河南来。

祝你们好好学习，天天向上，做共产主义事业的接班人。

回信太迟了，请原谅。

李长春

1991 年 9 月 18 日

注　释

〔1〕1991 年夏季，河南省南部地区发生特大洪涝灾害，牵动了全国亿万人民的心，辽宁人民更是心系河南。在短短的一个多月时间里，李长春就收到来自辽宁的 100 多封信，他们中间有工人、农民、知识分子、干部，还有大中小学生，不少人还寄来了捐款。对这一封封饱含着家乡人民深情厚谊的来信，李长春在百忙中都一一回信感谢。

让林县人民创业精神发扬光大*

（1993 年 8 月 29 日）

艰苦创业的民族精神一旦与改革开放的时代意识融为一体，就能在有中国特色的社会主义事业不断发展前进的过程中赋予这种精神以新的时代内容，就能冲破形形色色思想的禁锢和封闭保守落后意识的枷锁，极大地解放和发展生产力。三十多年来，林县人民坚持和发扬“解放思想、实事求是，自力更生、艰苦奋斗，自强不息、开拓创新，团结实干、无私奉献”的精神，谱写了辉煌壮丽的“战太行、出太行、富太行”创业“三部曲”。他们为国家创造了财富，自己也饱了肚子，挣了票子，换了脑子，有了点子，闯出了致富路子，实现了“五子登科”，把林县建设成为一二三产业全面发展的欣欣向荣的社会主义新农村。林县人民像太行山一样不屈不挠的倔强性格和坚韧不拔的创业精神，凝聚着民族之魂，闪烁着时代的光芒。这种精神蕴含着十分丰富的内容，有着永恒的生命力，是振兴河南的宝贵精神财富。

* 这是李长春同志发表在《河南日报》上的文章。

人是要有点精神的。一个民族需要有民族精神，一个时代需要有时代精神。建设有中国特色的社会主义是前无古人的伟大事业，目前正处在艰苦的创业时期，必须大力弘扬艰苦创业精神。发达的、欠发达的、落后的地区都需要有这种精神。林县人民在修建红旗渠过程中所形成的、在改革开放新时期不断发展和丰富的创业精神，就是民族精神和改革开放现代意识相结合的具体体现。

林县地处太行山区，原是一个自然条件十分恶劣、常年缺水、资源匮乏的贫困县。三十多年来，林县人民坚持和发扬“解放思想、实事求是，自力更生、艰苦奋斗，自强不息、开拓创新，团结实干、无私奉献”的精神，谱写了辉煌壮丽的“战太行、出太行、富太行”创业“三部曲”。60 年代，林县人民不为恶劣的自然条件所屈服，以誓把山河重安排的雄心壮志，实施“引漳入林”工程，经过十年的艰苦奋斗，建成了举世闻名的红旗渠，结束了十年九旱、水贵如油的历史，解决了基本的生存条件问题。80 年代，“十万大军出太行”，开拓并占领了一个个建筑市场，不仅解决了温饱问题，而且实现了进一步发展所必需的资金积累，培养出了一大批经营管理人才和技术人才。90 年代，又以再造一个“红旗渠工程”的创业胆识，开始向工业化和小康目标进军，短短三年时间，经济综合实力由全省第 44 位上升到第 14 位，跃入县级经济发展的先进行列。林县人民像太行山一样不屈不挠的倔强性格和坚韧不拔的创业精神，凝聚着民族之魂，闪烁着时代的光芒。这种精神蕴含着十分丰富的内容，有着永恒的生命力，是振兴河南的宝贵精神财富。

解放思想、实事求是，是林县人民创业精神的核心和精髓。

解放思想、实事求是贯穿于林县人民创业“三部曲”的全过程。没有思想上的解放，没有敢闯敢干的气魄，林县人民是不可能创造出红旗渠这个人间奇迹来的。党的十一届三中全会以来，林县各级党组织和广大干部群众，敢于去破除那些妨碍和束缚生产力发展的旧的习惯势力和习惯做法，敢于去办那些有利于加快本地经济发展、有利于群众脱贫致富的事情。思想上的大解放，推动了林县经济建设和改革开放事业的大发展。林县人民之所以能够奏出响亮的创业“三部曲”，是因为他们始终遵循党的解放思想、实事求是的思想路线。思想解放了，脑筋换了，发展经济的思路就宽了，办法就多了，再难办的事情也好办了。善于从本地实际出发，制定正确的发展规划和策略，把敢闯敢冒的精神建立在求实的科学态度之上，是林县人民在艰苦创业的实践中，能够始终保持蓬勃生机和活力的法宝。

自力更生、艰苦奋斗，是林县人民创业精神的集中体现。艰难困苦能吓倒弱者，也能激励强者。林县人民的创业“三部曲”，就是自力更生、艰苦奋斗精神的凯歌。林县人民清醒认识到，只有立足本地条件，依靠自己的力量去奋斗、拼搏，才能发展本地经济，改变家乡面貌。在困难面前，林县人民不低头、不埋怨、不等待，而是知难而进。劈开太行山，引来漳河水，靠的是这种精神；打开山门，走出太行，十万大军搞建筑，靠的是这种精神；兴办乡镇企业，走上富裕之路，靠的同样是这种精神。在共和国最困难的时期，他们勒紧腰带，战天斗地，改造自然；在改革开放的年代里，他们用带着泥巴的双腿走遍祖国南北，用布满老茧的双手建设文明都市。他们为国家创造了财富，自己也饱了肚子，挣了票子，换了脑子，有了点子，闯出了致富路子，实现了“五子登科”，在太行山下建起了一座座工厂、学校。

自强不息、开拓创新，是林县人民创业精神的时代特征。红旗渠的建设，铸就了林县人民吃苦耐劳的创业精神，培育了林县人民自强不息的创新意识。林县人民没有陶醉于红旗渠的成功，没有把解决温饱奔小康的目光局限在人均一亩多耕地上，没有把自己拴在太行山上。他们坚信贫穷不是社会主义，把艰苦奋斗的光荣传统和时代所要求的开拓创新精神相结合，冲破一切束缚生产力发展的旧的思想观念，“十万大军出太行”。走出太行的林县人，较早较多地沐浴了改革开放的春风，进一步增强了开拓创新意识。如果说战太行是被大自然逼的，那么出太行、富太行则是意识的觉醒。正是在这种开拓创新意识的支配下，万古不化的顽石变成了水泥，祖辈缺水盼水的农民办起了啤酒厂。偏僻的太行山下建成了具有相当规模的汽车配件基地，开辟了通向国内外大市场的“红旗渠”，实现了本地经济与国际国内大市场的接轨。

团结实干、无私奉献，是林县人民创业精神的深刻内涵。在修建红旗渠的过程中，林县各级党组织勇敢地承担起了领导群众、动员群众、组织群众的重任，把千军万马从四面八方组织到一个战场，各级干部和群众同吃同住同劳动，群策群力，战胜种种困难，创造出了人间奇迹。在改革开放的新形势下，林县的各级党组织继承和发扬了红旗渠精神，以更加饱满的热情和高昂的斗志，带领和团结全县人民决心“力闯百亿，争当百强，实现小康”。更为可贵的是，在发展社会主义市场经济条件下，林县的广大党员干部，既坚持党的现行政策，尊重价值规律，又始终牢记全心全意为人民服务的宗旨，保持了共产党人的本色。许多党员干部虽然有机会，也有能力完全可以奋斗成为百万富翁，但是他们首先想到的是共产党员的责任，想到的是党和人民的利益，他们发扬了无私奉献精神，积极带领广大人民群众艰苦创业，团结实干，共同致富，表现出了共产党人的高尚品德和情操。从林县几十年改天换地的创业史可以看到，林县每前进一步都是在党组织的正确领导下取得的，都是同党组织的战斗堡垒作用和广大党员的先锋模范作用分不开的。

1991 年以来，我先后四次到林县调查研究。每一次，都被红旗渠精神所感动，都被林县经济建设取得的新成就所鼓舞。当你站在那条悬挂在巍巍太行山悬崖峭壁上的红旗渠面前，得知这是建设者们在每天只有 6 两粮食，靠的是吃菜饼、喝菜汤奋战了 10 个春秋而建成的时候，就会切切实实地感到人民群众力量的伟大。有了林县人民当年建设红旗渠的气魄，有了艰苦创业的精神，我们在前进的道路上还有什么克服不了的困难。与林县相比，我们省许多地方的条件要好得多，可是经济建设却发展缓慢。我们承认这些地方有这样那样的客观原因，但说到底，最关键的是缺乏林县人民那种不屈不挠的艰苦创业精神。林县人民“解放思想、实事求是，自力更生、艰苦奋斗，自强不息、开拓创新，团结实干、无私奉献”的创业精神，是我们“团结奋进，振兴河南”，建设有中国特色社会主义的宝贵精神财富。在新的历史时期，大力弘扬林县人民的创业精神，显得格外迫切和重要。我省是一个人口多、经济基础差的传统农业省份，不仅农村人口占 80%以上，而且自然灾害频繁，在一些山区和贫困地区，群众的温饱问题至今尚未完全解决。严峻的客观事实告诉我们，没有一种艰苦创业精神，彻底改变农村的贫困落后面貌，实现本世纪末战略目标的艰巨任务就无法完成。改革开放以来，我省经济建设有了较快的发展，但是与沿海地区相比仍呈差距拉大的趋势。要缩小这种差距，加快我们的发展步伐，同样要靠艰苦创业精神。特别是在当前经济建设遇到了资金紧张、交通能源等瓶颈制约突出等困难的情况下，只有大力倡导艰苦创业精神，才能团结人民群众克服困难，抓住机遇，加快发展。同时，在全社会大力弘扬林县人民的艰苦创业精神，也有利于我们克服少数地方存在的讲排场、比阔气的铺张浪费现象，有利于抵制拜金主义、享乐主义和极端个人主义思想的侵蚀，有利于加强党风建设、廉政建设和社会主义精神文明建设。因此，在我省改革和发展的关键时期，省委将作出决定，在全省学习和弘扬林县人民的创业精神，这对于进一步贯彻党的基本路线，实现“一高一低”的战略目标，推进我省的改革开放和现代化建设具有重要的现实意义。

1996年8月26日，李长春冒雨到林州查看灾情。右三为安阳市委书记刘振岐，左三为安阳市委常委、林州市委书记毛万春。

弘扬林县人民的创业精神，就要把优秀的民族精神与锐意进取、开拓创新的现代意识相结合，进一步加快改革开放步伐。林县人民在新时期的创业实践中，不但有拼劲、有韧劲，而且还有可贵的闯劲。他们认准了只有解放思想、坚持改革开放，经济振兴才有希望。当改革大潮到来的时候，林县人民表现出了更加高昂的积极性。他们冲破“左”和旧的思想束缚，打开山门，走出太行，调整结构，强农兴工，以大无畏的创业气魄，决心闯入全国先进县的行列，把林县建设成为一二三产业全面发展的欣欣向荣的社会主义新农村。当林县人民把修建红旗渠的那种艰苦创业精神转移到发展市场经济上来，当吃苦耐劳的民族传统美德与开拓创新的时代意识结合起来，便释放出了巨大的能量。林县人民新时期的创业业绩充分表明，艰苦创业的民族精神一旦与改革开放的时代意识融为一体，就能在有中国特色的社会主义事业不断发展前进的过程中赋予这种精神以新的时代内容，就能冲破形形色色思想的禁锢和封闭保守落后意识的枷锁，极大地解放和发展生产力。目前我国正处于新旧体制转换时期，改革开放进行到今天，许多问题已进入攻坚阶段，思想不解放，没有一点闯的精神，没有一点敢冒风险的胆识，是很难打开局面的。不破除封闭保守的内陆意识，不破除小进则满、小富即安的小农经济思想，不加快改革开放步伐，我们与沿海地区经济发展的差距将会进一步拉大。形势和任务要求我们必须进一步解放思想，更新观念，加大改革力度，加快对外开放步伐，务求在改革开放上有大的突破和新的进展。这既是解决我省当前经济生活中遇到的矛盾和问题的根本出路，也是促进我省经济又快又好发展的迫切要求。因此，在新的历史时期，仅有吃苦耐劳精神是不够的，我们必须把优秀的民族精神与改革开放的时代意识相结合，既要发扬中原人民勤劳朴实、艰苦奋斗的光荣传统，又要树立通过改革开放解放生产力，干大事业、求大突破、上大台阶的雄心壮志。按照解放思想、实事求是的思想路线，大胆地闯，大胆地干，就一定能走出一条内陆地区加快经济发展的新路子。

弘扬林县人民的创业精神，就要正确处理内因与外因的关系，立足本地条件，依靠自己的力量，加快脱贫致富奔小康的步伐。林县人民创业“三部曲”的实践还告诉我们，脱贫致富奔小康必须把立足点放在依靠自己的力量上。面对振兴林县的重重困难，他们深信世上没有救世主，只有靠自己去奋斗去拼搏。去年，林县的财政收入位居全省先进行列，城乡居民储蓄存款余额居全省第一，农民人均纯收入高出我省平均水平200多元。这些成就的取得，凝聚着林县人民的辛勤汗水和智慧。林县干部群众的实践证明：小康就像红旗渠一样，天上掉不下来，坐着等不来，伸手要不来，只能靠自己的双手去拼出来。当然，林县人民在脱贫致富发展的过程中，并不反对外援，而是积极利用林县的知名度，扩大对外开放，想方设法搞内引外联、“攀亲结姻”、找项目引人才。正是因为充分发挥了外部条件的作用，才使得林县经济建设的路子越走越宽，步子越迈越大，自力更生的能力越来越强。唯物辩证法告诉我们，事物发展的根本动力在于事物内部的矛盾运动，外因是变化的条件，内因是变化的根据，外因只有通过内因起作用。一个地区的经济发展的快与慢，关键是取决于这个地区干部群众自己的力量，取决于这个地区有没有自强、自信、自力更生、奋发图强的良好的精神状态。有了这种良好的精神状态，没有项目可以跑来项目，没有资金可以筹集到资金，没有条件可以创造出条件。

弘扬林县人民的创业精神，就要正确认识可能性和现实性，充分发挥主观能动作用，抓住机遇，加快发展。当前，抓住机遇，加快发展，已经成为各级干部和广大群众的共识和我省经济工作的主旋律，这是认识与实践、解放思想与实事求是相统一的结果。谁抓住了机遇，谁就掌握了经济发展的主动权，就能把一个个可能变成现实。林县经济建设的发展成就，在许多同志看来似乎是不可能的，然而却又是实实在在的客观现实。林县的创业者们有一条深刻的体会:“要脱贫，要发展，就要抢时间走出去、抢信息上项目、抢机遇争速度、抢人才出效益。”这四个“抢”字体现出强烈的机遇意识。正是因为有了“抢”的意识和劲头，林县才抓住了稍纵即逝的机遇，使得一个个可能变成了现实，抢来一个令人振奋的高速度、高效益。事物的发展，就是可能性和现实性不断互相转化的辩证运动。可能性是事物潜在的、预示事物发展前途的一种趋势，现实性则是实现了的可能性。可能性和现实性不仅互相区别，同时又在一定条件下互相依赖、互相转化。没有一定的条件，可能性是不会转化为现实的。在社会主义现代化建设的实践中，对于现实的可能性，不去努力实现，就会丧失时机，就会使自己落后于历史的发展。我们一些地方对于许多现实的可能性不去努力实现，错过了发展的机遇，为此已经付出了很大的代价。当前大发展的机遇难得，容不得我们有半点的懈怠。我们一定要像林县人民那样，以高度的责任感和紧迫感，抓住时机，加快发展，把我省改革开放和现代化建设推向一个新的阶段。

弘扬林县人民的创业精神，就要坚持两个文明建设一起抓。

物质文明和精神文明并举，是建设有中国特色社会主义的题中应有之义，社会主义现代化不单纯是物质生产的发展和物质财富的增加，而且包括精神文明和社会全面进步的目标。物质文明为精神文明的发展提供物质条件，精神文明又为物质文明的发展提供精神动力和智力支持，为它的正确发展提供有力的思想保证。两个文明建设，互为条件、互为目的。因此，我们在加强物质文明建设的同时，要切实加强精神文明建设。林县人民的创业实践，找到了在新的历史时期精神文明建设紧紧围绕经济建设这个中心服务的支撑点，克服了长期存在的“两层皮”现象，为经济建设提供了精神动力、思想保证、社会环境，向人们生动地展示了社会意识对社会存在、精神对物质的反作用，成为全省两个文明建设紧密结合起来的典型。学习林县人民创业精神，要紧紧围绕发展经济这个中心，大力加强精神文明建设，使之在为经济建设这个中心服务中得到加强，使两个文明建设互相促进，相得益彰。

弘扬林县人民的创业精神，就要树立历史唯物主义的观点，在社会主义现代化建设和改革开放中，充分相信和依靠人民群众。历史唯物主义认为，人民群众是历史的创造者，是推动社会前进的真正动力。如果没有人民群众建设社会主义的极大热情，没有人民群众的首创精神，如果不依靠人民群众的力量，也就不可能有林县的创业“三部曲”。社会主义现代化建设和改革开放，是党领导的群众实践过程，也是群众进行新的历史创造的过程。从林县“三部曲”中我们可以看到，广大人民群众对于摆脱贫困奔小康有着强烈的要求和愿望，在他们之中蕴藏着巨大的智慧和积极性、创造性。关键是我们能不能像林县各级党组织那样，及时地把党的方针、政策变成广大人民群众的自觉行动，积极引导和大力支持人民群众的首创精神，紧紧地依靠群众艰苦创业。特别是各级领导干部要树立马克思主义的历史唯物主义观点，要看到群众的智慧，要相信群众的力量，充分尊重群众的首创精神，把广大人民群众脱贫致富奔小康的积极性引导好、保护好、发挥好。只要把群众组织起来，形成万众一心干事创业的局面，我们就能克服前进道路上的一切困难，实现“一高一低”的战略目标，将建设有中国特色社会主义的事业不断推向前进。

宣传思想工作要增强针对性实效性*

（1994年4月4日）

宣传思想工作要紧密联系河南改革开放和经济建设的实际，深刻领会邓小平同志关于贫穷不是社会主义、发展才是硬道理的论述，高扬抓住机遇、深化改革、扩大开放、促进发展、保持稳定这个主旋律。

当前，宣传思想工作要坚持一个根本方针、高扬一个主旋律、抓好五项工作。坚持一个根本方针，就是坚持邓小平建设有中国特色社会主义理论，这是全党各项工作的根本方针，宣传思想工作必须牢牢把握这一根本方针。高扬主旋律，就是指抓住机遇、深化改革、扩大开放、促进发展、保持稳定，这是全党工作的大局，各方面的工作必须服从服务于这个大局，宣传思想工作必须高扬这个主旋律。

抓好五项工作。一要加强建设有中国特色社会主义理论的学习、研究和宣传教育，用这一理论武装全省党员、干部和群众。

---

* 这是李长春同志在河南省宣传思想工作会议上讲话的一部分。

学习建设有中国特色社会主义理论，首先，要全面深入系统地学习《邓小平文选》第三卷。弄懂原来不清楚的困惑和问题，寻找解决新问题、新矛盾的答案和方法；深刻理解和把握我们党在开创全新事业中积累的基本经验，创造的基本理论，形成的基本路线。其次，要注重学习社会主义市场经济理论和基本知识。全面系统地钻研邓小平著作中的有关论述，学习党的十四大报告和十四届三中全会决定，学习中央为推进建立社会主义市场经济体制而制定的各项方针政策和改革方案，以及有关法律、法规。正确把握社会主义市场经济体制的本质特征，全面理解发展社会主义市场经济同严格按党性原则办事的内在联系，正确看待和处理改革中的利益关系，经受住改革开放面临的新考验。再次，要紧密联系实际，统一思想，学以致用，指导行动。同先进地区相比，我们最大的差距是思想观念上的差距。在警惕右的同时，冲破“左”的思想和旧观念的束缚，牢固树立改革开放意识、市场经济意识，正确把握解放思想、实事求是的内在统一，坚持判断工作成效的“三个有利于”标准。紧密联系河南改革开放和经济建设的实际，深刻领会邓小平同志关于贫穷不是社会主义、发展才是硬道理的论述，高扬抓住机遇、深化改革、扩大开放、促进发展、保持稳定这个主旋律。密切联系我省精神文明建设的实际，深刻领会邓小平同志两手抓的思想，坚持“两手抓、两手都要硬”的基本方针。

二要紧紧围绕贯彻党的十四大和十四届三中全会精神，正确把握舆论导向，为改革开放和现代化建设提供良好的舆论环境。建立社会主义市场经济体制，加快经济发展，宣传思想战线就必须为改革开放和经济跃上新台阶营造良好舆论氛围。一是坚持团结、稳定、鼓劲，正面宣传为主的方针，促进全省形成干事创业的大环境。要宣传好党的理论和路线方针政策，凝聚广大干部群众的思想，统一广大干部群众的行动，激发广大人民群众建设有中国特色社会主义的积极性和创造性，不断宣传具有时代特征的各类先进典型，加大改革开放和经济建设的宣传力度，总结和推广各地干部群众创造的先进经验，使他们的先进思想和经验成为全社会的共同财富。二是坚持正面宣传为主的同时，还要加强舆论监督。通过舆论监督，反对官僚主义，纠正不正之风，克服消极腐败现象，增强人们前进的信心，更好地体现省委提出的表扬好的、批评差的、处理捣乱的，支持改革者、鼓励探索者、教育失误者、惩治腐败者、追究诬告者的要求。三是要严格遵守党的宣传纪律。邓小平同志曾经指出："党报党刊一定要无条件地宣传党的主张。"党报党刊、电台电视台要很好地把握这个原则和要求，在思想上、政治上同党中央保持高度一致，无条件地宣传党的理论和路线方针政策，为党委和政府工作部署的顺利实施做好服务。要把握全局、提高水平、改进方法，努力增强新闻宣传的效果。新闻工作者要研究某一时期新闻宣传工作的重点和要求，经常深入基层，调查研究，在宣传的深度上狠下功夫，努力做到思想性和艺术性的统一，使人感到可读、可信、可亲，增强新闻宣传的吸引力和说服力。

三要紧紧围绕"抓住机遇，深化改革，扩大开放，促进发展，保持稳定"二十字方针，努力做好城乡基层群众的思想教育工作，促进全省精神文明建设。一是有针对性地进行解放思想、更新观念和现代意识的宣传教育，启动思想观念这个"总开关"，使广大人民群众的思想观念适应建立社会主义市场经济体制的要求。二是对广大人民群众特别是青少年加强以爱国主义、集体主义、社会主义为核心内容的思想道德教育，开展多种形式的热爱家乡、建设河南、为中原大地的振兴作贡献的宣传教育活动。三是继续在全省范围内深入开展学习焦裕禄精神、学习林县人民艰苦创业精神的宣传教育活动。同时还要大力开展学习英模人物的活动，弘扬先进思想，倡导良好道德风尚，旗帜鲜明地反对拜金主义、享乐主义和极端个人主义，抵制资本主义和封建主义腐朽思想的影响，教育人们树立正确的理想信念和世界观、人生观、价值观，把“以高尚的精神塑造人”的指导思想落到实处。四是大力加强企业思想政治工作，要深入到职工群众中去，做耐心细致的宣传教育工作，探索新形势下企业思想政治工作的有效途径。五是高度重视法制、计划生育、民族宗教政策的宣传教育以

1991 年 5 月 23 日，李长春接见出席河南省文联代表大会代表时与著名豫剧表演艺术家常香玉握手。

及职业道德教育、国防教育等，组织动员社会各方面的力量，共同做好工作。六是扎实有效地开展好创优良秩序、优美环境、优质服务的“三优杯”竞赛活动，推动全省精神文明建设。

四要坚持“二为”方向和“双百”方针，繁荣文化艺术事业，努力反映河南人民改革和建设的伟大实践。文化艺术工作，是党的宣传思想工作的一个重要组成部分。在建设有中国特色社会主义的伟大实践中，文艺工作对于满足人民群众精神文化多方面需求，对于培养社会主义新人，对于提高整个社会的思想、文化、道德水平，有着其他部门不能替代的重要作用。宣传文化部门在下功夫抓文学艺术精品创作和演出的同时，对迅速发展的社区文化、村镇文化、企业文化、校园文化和各种自娱自乐的文化活动，要大力支持，积极引导。广大文艺工作者要用高格调的文艺精品和健康有益、生动活泼、丰富多彩的文化活动，满足人民群众多方面的精神文化需要，创造文化艺术姹紫嫣红、百花争艳的繁荣局面。

五要紧紧围绕河南的对外开放和经济建设，进一步加强对外宣传工作。新形势下加强对外宣传工作，既是党的宣传工作的一项重要任务，也是我省对外开放和现代化建设的迫切需要。作为一个内陆省份，我们要扩大对外经济技术交流，扩大同国内兄弟省市的横向经济联合与协作，很重要的一项工作就是大力加强对外宣传，使对外宣传成为我省扩大对外开放的先导，成为我省经济大发展的桥梁。要把外宣工作与涉外经贸、旅游、对台、侨务活动结合起来，增强外宣工作的实际效果。通过对外宣传树立河南的良好形象，提高河南的知名度，让全国了解河南，让世界了解河南。

弘扬焦裕禄精神*

（1994 年 5 月 13 日）

马克思主义认为，人民群众是历史的创造者，是推动社会前进的决定性力量。领导者的责任，就是要正确运用人民赋予的权力，代表群众的利益，尊重群众的意愿，发挥群众的首创精神，把党的政策变为广大群众的自觉行动。实践全心全意为人民服务的根本宗旨，就要从人民群众的最大利益出发，以高度的政治责任感和对人民极端负责的精神，坚定不移地推进改革开放和经济建设，最大限度地解放和发展生产力，不断提高人民群众的生活水平，切实把广大群众脱贫致富奔小康的积极性保护好、引导好、发挥好。

在社会主义市场经济条件下学习和弘扬焦裕禄精神，必须适应时代要求，赋予其新的内容。

一是学习和弘扬焦裕禄同志全心全意为人民服务的公仆精

---

* 这是李长春同志在纪念焦裕禄同志逝世 30 周年大会上讲话的主要内容。

神。焦裕禄同志一生忠于党、忠于人民，始终与人民血肉相连，为了人民的事业鞠躬尽瘁、死而后已，展现了共产党人崇高的精神境界。全心全意为人民服务是焦裕禄精神的核心，也是我们今天学习和弘扬焦裕禄精神的关键所在。同焦裕禄同志所处的年代相比，我们现在各方面情况发生了很大变化，但全心全意为人民服务仍然是我们必须遵循的根本宗旨。马克思主义认为，人民群众是历史的创造者，是推动社会前进的决定性力量。领导者的责任，就是要正确运用人民赋予的权力，代表群众的利益，尊重群众的意愿，发挥群众的首创精神，把党的政策变为广大群众的自觉行动。当前，实践全心全意为人民服务的根本宗旨，就要从人民群众的最大利益出发，以高度的政治责任感和对人民极端负责的精神，坚定不移地推进改革开放和经济建设，最大限度地解放和发展生产力，不断提高人民群众的生活水平，切实把广大群众脱贫致富奔小康的积极性保护好、引导好、发挥好。实践全心全意为人民服务的根本宗旨，就要像焦裕禄同志那样，坚持党的群众观点和群众路线，时刻牢记自己是人民的公仆，在群众最困难的时候出现在群众面前，在群众最需要的时候，去关心群众、帮助群众，为群众办实事，切实解决好群众关心的热点和难点问题。实践全心全意为人民服务的根本宗旨，还要求我们认真做好群众的思想工作，既要倾听和采纳群众正确的意见和建议，又要对各种意见进行科学分析；既要关心群众的个人利益和眼前利益，又要帮助群众了解整体利益和长远利益，努力把各项改革措施变成广大群众的自觉行动，把为人民服务的宗旨落实到我们各项工作中去。

二是学习和弘扬焦裕禄同志实事求是、一切从实际出发的求实精神。焦裕禄同志在当时“以阶级斗争为纲”的情况下，从兰考的实际出发，果断作出治理风沙、盐碱、内涝“三害”的正确决策，并带领群众同严重的自然灾害顽强斗争，这些正确的实践，从根本上说是他坚持党的实事求是思想路线的结果。解放思想、实事求是，是马克思主义的世界观和方法论，是革命和建设取得胜利的根本法宝。我们在从事改革开放和社会主义现代化建设的过程中，必须始终坚持解放思想、实事求是，一切从实际出发，不唯书、不唯上、只唯实，善于把中央的精神同本地区、本部门的实际有机地结合起来，全面理解和正确把握党的路线、方针、政策，创造性地工作。当前，在我们的实际工作中，既有思想解放不够的问题，也有缺乏实事求是精神的问题。所以，我们既要进一步解放思想，启动思想观念这个“总开关”，增强改革

1994 年 5 月 13 日，李长春出席纪念焦裕禄同志逝世 30 周年纪念活动时与焦裕禄同志的妻子徐俊雅亲切交谈。

意识、开放意识、竞争意识、市场意识，又要强化求实精神，切实转变思想作风和工作作风，说实话、办实事，鼓实劲、求实效。各级领导机关和领导干部，要下决心从文山会海和不必要的应酬活动中解脱出来，用更多的时间和精力到基层去、到群众中去，针对新情况新问题，进行深入的调查研究，实事求是地认识问题和分析问题，提出解决问题的办法，以新的思路、新的姿态、新的作风带领全省人民投身到振兴河南的伟大实践中去。

三是学习和弘扬焦裕禄同志知难而进、艰苦奋斗的创业精神。自力更生、艰苦奋斗，知难而进、顽强拼搏，是中华民族的优良传统。这种优良传统，在焦裕禄同志身上得到了新的升华。在严重的困难和自然灾害面前，焦裕禄同志以敢于斗争、敢于胜利的大无畏英雄气概，响亮地提出了“革命者要在困难面前逞英雄”的口号，鼓起了兰考人民战胜困难的决心和斗志。现在，我们的条件同过去相比有了很大改变，发展步伐也在加快。但是，我们还要清醒地看到，我省是一个农业大省，人口多、底子薄、基础差、贫困面较大，一些地方自然灾害频繁。要实现振兴河南的历史重任，仍然需要一个很长的奋斗过程。所以，我们必须长期树立自力更生、艰苦奋斗的思想，保持宁肯苦干、不愿苦熬的精神状态。要大力提倡干事创业、积极进取的精神，反对和克服无所作为的懒汉懦夫思想；大力提倡自强不息、开拓创新的精神，反对和克服故步自封、裹足不前的思想；大力提倡艰苦奋斗、勤俭节约的美德，反对和克服讲排场、比阔气、铺张浪费的不良倾向。特别是在当前改革和建设遇到新的困难的时候，能否坚持和发扬自力更生、艰苦奋斗、知难而进、顽强拼搏的创业精神，对每个领导者都是一个严峻的考验。各级领导干部都要像焦裕禄同志那样，发扬大无畏的革命英雄主义精神，下定决心，排除万难，团结和带领人民群众不断开创改革和建设的新局面。

四是学习和弘扬焦裕禄同志清正廉洁、勤政为民的奉献精神。焦裕禄同志是严于律己、勤政廉洁的楷模。他以身作则、廉洁奉公的动人事迹至今仍在人民群众中广为传颂，这也是人民尊敬他、怀念他的一个重要原因。廉洁奉公、勤政为民是人民群众对党的干部的基本要求。对共产党人来说，正如毛泽东同志所说，“自私自利，消极怠工，贪污腐化，风头主义等等，是最可鄙的；而大公无私，积极努力，克己奉公，埋头苦干的精神，才是可尊敬的”。当前，全省党员干部队伍总体上是好的，都在为改变我省的落后面貌而辛勤工作着。但是也确有少数干部存在一些消极腐败现象，已经引起了群众强烈不满。各级领导干部一定要以焦裕禄同志为镜子，认真对照检查自己在思想、作风等方面存在的问题，自觉地克服拜金主义、享乐主义和极端个人主义，努力做廉洁奉公的模范，做勤政为民的模范，为我省的改革、发展和稳定作出新的贡献。同时，各级党组织一定要从党的事业兴衰成败和生死存亡这个高度，下决心克服和消除腐败现象，按照中央和省委的统一部署，继续深入开展反腐败斗争。对群众反映强烈的问题，一件一件地查清，一项一项地纠正，并切实搞好各级领导干部的廉洁自律工作，使群众满意。

五是学习和弘扬焦裕禄同志刻苦学习、勇于实践的开拓进取精神。焦裕禄同志是马列主义、毛泽东思想哺育成长起来的共产主义战士。他刻苦学习党的科学理论并用以改造自己的世界观，指导自己的言论和行动。他的崇高思想和模范行动，是他结合实际刻苦学习、勇于实践的结果。当前，我们正处在改革开放和现代化建设的关键时期。建立社会主义市场经济体制，已经发展到整体推进和重点突破相结合的新阶段。新情况、新问题层出不穷，我们不了解、不熟悉、不懂得的东西很多。新的形势和任务对我们的理论水平、知识水平和工作水平提出了新的更高的要求，我们比以往任何时候都更加需要学习。为此，全省广大党员干部特别是各级领导干部，必须以焦裕禄同志为榜样，刻苦学习，大胆实践，不断创新，紧密结合我们的工作和思想实际，努力学习和掌握建设有中国特色社会主义的理论，学习和掌握贯穿在邓小平著作中的科学世界观和方法论。同时，要努力学习社会主义市场经济的理论和基本知识，学习现代科学技术的基本知识。通过学习，一方面要改造我们的主观世界，树立远大理想，确立正确的世界观、人生观、价值观，抵制来自各方面的消极影响，经受住新的考验。另一方面，要用建设有中国特色社会主义理论指导改革和建设的实践，用新的理论、新的知识来认识和处理问题，不断提高自己的思想水平、工作水平和领导水平，增强驾驭社会主义市场经济的能力。

繁荣文化市场*

（1994 年 10 月 13 日）

格调高的、正面的东西多了，格调低的、负面的东西就少了。要多生产一些反映中原大地改革开放和新旧思想的撞击，以新的精神风貌改变贫困落后面貌伟大创举的优秀作品。

我省一些大的俱乐部、影剧院、会场，要提高利用率，引进一些高格调的东西，丰富文化市场。今年有几次演出，如湖北歌舞团、中央乐团、俄罗斯芭蕾舞剧团来我省表演，我看都是不错的。格调高的、正面的东西多了，格调低的、负面的东西就少了。在体育方面，也要多引进一些国际比赛和全国重大比赛。如在焦作举办的国际女排四强邀请赛，既宣传了焦作这个城市，丰富了群众的文化生活，也是对外开放的一种好形式。

---

* 这是李长春同志在河南省新闻出版局听取“扫黄打非”工作汇报时讲话的一部分。

要创作一些好的小说、剧本、电视剧，反映时代的精神风貌，为人民奉献健康的精神食粮。像河南电视台摄制的电视剧《颍河故事》就不错，要多出一些这样的好作品。多生产一些反映中原大地改革开放和新旧思想的撞击，以新的精神风貌改变贫困落后面貌伟大创举的优秀作品。写不出好的作品，原因主要是没有深入生活。要组织我们的作家、文艺工作者到第一线，深入工厂、农村体验生活。我感到，我们省文史类图书出版的数量较多，科技类、工程类图书的出版还比较薄弱。我们要在继续抓好文史类图书出版的同时，大力加强科技类、工程类图书的出版，这标志着一个省的科技水平。

新闻出版管理任务很重，希望新闻出版局转变职能，抓好

1993 年 3 月 26 日，李长春参观河南人民出版社图书展。

管理，集中精力管好书报刊和音像市场。要根据党委和政府下达的机构改革方案精神，本着搞行政管理的不能搞经营、搞经营的不能赋予行政职权的原则，理顺管理体制，进一步加强和改进新闻出版的行政管理工作，推动我省新闻出版事业的繁荣发展。

坚持正面宣传，开展舆论监督*

（1995年4月22日）

坚持正面宣传为主，并不排斥开展正确的舆论监督。要通过正确的舆论监督，反对官僚主义、形式主义，纠正不正之风，克服消极腐败现象，增强人民前进的信心。

坚持团结、稳定、鼓劲，正面宣传为主，是当前新闻宣传工作应遵循的重要方针。省五次党代会以来，全省上下已初步形成干事创业的大环境。新闻舆论要旗帜鲜明地支持干事创业，满腔热情地帮助我们改进工作，克服缺点。

坚持团结、稳定、鼓劲，正面宣传为主，主要是宣传河南人民在改革开放大潮中的精神风貌，改变贫穷落后面貌的决心，以及在改革开放和现代化建设中的一些新经验、新探索。著名记者穆青的通讯《潮涌中州》就把握得恰到好处，他不是单纯宣传河南怎么发展，而是通过若干具体例子，反映河南干部群众的精神风貌、河南的发展势头，使人看到90年代的改革大潮已经涌动

* 这是李长春同志在河南省新闻工作研讨班上讲话的一部分。

在中州大地。即便是对成绩的宣传，也要坚持唯物辩证法，反对形而上学和片面性。要了解全局，掌握好度。也就是说，一是实事求是，二是不能太满，要留一点余地。要充分肯定省五次党代会以来，我省广大干部解放思想、实事求是，艰苦奋斗、开拓进取，思想观念有了很大进步，整体素质不断提高，精神状态是好的，工作是有成绩的，这是河南干部队伍的主流。

坚持正面宣传为主，并不排斥开展正确的舆论监督。要通过正确的舆论监督，反对官僚主义、形式主义，纠正不正之风，克服消极腐败现象，增强人民前进的信心。运用舆论监督，要注意从选题上选择群众普遍关心的热点问题和难点问题。比如《郑州晚报》一个时期抓住出租车宰客，多次跟踪调查，进行揭露，这样的报道就很得人心。不仅要揭露存在的问题，还要有改进的措施和处理的结果。这样做给人以信心，使人们相信能够依靠自身力量解决问题。省电视台、河南日报社围绕改善我省的投资环境、树立河南的商业形象，发表了一些报道，也揭露了一些问题，像《扣酒风波》《香花沉浮记》《商战》，效果都是好的。同时必须清醒地看到，当前少数地方弄虚作假、虚报浮夸现象有所抬头，尽管发生在个别干部身上，但是影响很坏。要采取坚决措施，包括加强舆论监督，把问题解决在苗头阶段，决不允许滋长蔓延。

要坚决打击欺诈 *

（1995 年 5 月 23 日）

对于一些搞欺诈的公司要采取停业整顿、吊销执照、经济处罚、依法制裁等办法进行处理，而且有选择地在省内曝光，河南电视台的“95 焦点”栏目要揭露这方面的问题，《河南日报》要公开一些停业整顿和吊销执照的企业名单。请工商局就打诈成果搞一次新闻发布会。

---

* 这是李长春同志在河南省信访局《关于河南一些经营部门采用各种手段诈骗外省客商》报告上所作的批语。

做孔繁森式的好党员好干部*

（1995年8月）

孔繁森以一个优秀领导干部的形象树立在全党面前，他经受住了改革开放、发展社会主义市场经济的考验，执政的考验，政治信仰的考验，为广大党员干部树立了光辉榜样。深入学习孔繁森同志的模范事迹和崇高精神，对于加强各级领导班子建设，促进领导干部坚持党性锻炼，增强建设有中国特色社会主义的历史使命感和责任感，提高贯彻执行党的基本路线的自觉性，保持党同人民群众的血肉联系，都有着重要而深远的意义。

孔繁森同志的模范事迹报道之后，中央和省委要求全省广大党员干部努力向孔繁森同志学习，做孔繁森式的好党员好干部。通过学习，我个人有三点体会。

第一，学习孔繁森，意义重大而深远。首先要从我们所处的时代特点来充分认识学习孔繁森事迹和精神的重要意义。当前，

* 这是李长春同志在河南省委常委会民主生活会上的发言。

我国正处在实行对外开放、建立社会主义市场经济体制的伟大历史变革时期，在引进国外资金、先进技术和管理经验的同时，资本主义腐朽思想也会乘机而入，拜金主义、极端个人主义和享乐主义腐朽生活方式会侵蚀我们的党员干部队伍；发展社会主义市场经济，生产力得到了很大发展，但市场经济的某些负面效应，也容易侵蚀党员干部的思想，引起价值观的扭曲，产生以权谋私、权钱交易等腐败现象。学习孔繁森，就是要自觉警惕和抵制各种腐朽思想和生活方式，经受住改革开放、发展社会主义市场经济的考验。其二，学习孔繁森是坚持和发扬党的优良传统和作风，巩固党的执政地位的需要。老一辈无产阶级革命家在长期革命斗争和建设中树立的优良传统和作风，要继续坚持和发扬下去。长期的执政地位，容易使一些同志淡化全心全意为人民服务的宗旨观念，产生官僚主义和衙门作风。特别是在和平建设时期成长起来的年轻一代党员领导干部，与群众的感情没有战争年代干部与群众的感情深厚，如果不自觉坚持党的宗旨，不注意发扬党的优良传统，久而久之，就会失去群众。当前，一些地方出现的干部工作方法简单、作风粗暴、以权谋私、执法犯法、随意加重农民负担、干群关系紧张等问题，都与一些干部没有坚持和发扬党的优良传统和作风有关。其三，深入学习孔繁森也是坚定共产主义信念的客观要求。当前，世界风云变幻，国际社会主义事业处于低潮。国际敌对势力不愿意看到社会主义中国的强大，对我国实行“西化”和“分化”的图谋。在国内，建设有中国特色社会主义的事业在探索中前进，特别是在深化改革，建立社会主义市场经济体制过程中，必然涉及利益关系调整，出现了许多新情况、新矛盾、新问题。在这种环境下，能不能始终不渝地坚定共产主义信念，保持旺盛斗志，成为新时期对每个共产党员的严峻考验。正是在当前这样的历史环境条件下，孔繁森以一个优秀领导干部的形象树立在全党面前，他经受住了改革开放、发展社会主义市场经济的考验，执政的考验，政治信仰的考验，为广大党员干部树立了光辉榜样。深入学习孔繁森同志的模范事迹和崇高精神，对于加强各级领导班子建设，促进领导干部坚持党性锻炼，增强建设有中国特色社会主义的历史使命感和责任感，提高贯彻执行党的基本路线的自觉性，切实改进领导方法和工作作风，保持党同人民群众的血肉联系，都有着重要而深远的意义。

第二，学习孔繁森，要抓住根本实质。孔繁森同志有很多优秀品质值得我们好好学习，我认为最根本的有这样几点：一要学习他对党无限忠诚，为党和人民的事业鞠躬尽瘁、死而后已的坚

1994 年 12 月，李长春在洛阳市栾川县看望修路农民工。左四为洛阳市市长张世军。

强党性，把自己交给党安排；二要学习他对人民无限热爱，为人民而奋斗、为人民而献身的崇高精神境界和公仆情怀，当一个人民的好公仆；三要学习他廉洁奉公、严以律己、艰苦奋斗、知难而进的高尚情操，正确对待组织，正确对待群众，正确对待自己。孔繁森同志之所以能够做到这些，归根结底，就在于他牢固地树立并忠诚地实践了共产党人的世界观、人生观、价值观。因此，在全省深入开展向孔繁森同志学习的活动中，要在抓住根本、学习精神实质上下功夫，引导我们的党员干部牢固树立正确的世界观、人生观和价值观，做到对党无限忠诚，对人民无限热爱，对自己严格要求，对党和人民的事业高度负责。

第三，学习孔繁森，要联系实际，不断改进工作。孔繁森同志按照组织的安排，两次进藏工作，舍家离子，告别老母，在雪域高原奋斗了十个春秋，真正做到了党和人民的利益高于一切，个人利益无条件地服从党的利益。联系自己的思想和工作实际，我是1990年从辽宁来河南工作的，自己也是无条件地服从组织上的分配和安排的。来河南后，牢记毛泽东同志“我们共产党人好比种子，人民好比土地。我们到了一个地方，就要同那里的人民结合起来，在人民中间生根、开花”的教导，与这里的干部群众紧密结合起来，为河南的振兴努力工作。但与孔繁森同志相比，感到自己的精神境界还没有他高，艰苦创业的精神还没有他强。河南有优势，工作难度也确实比较大，但与孔繁森同志所处的高原边陲、人烟稀少的阿里地区工作环境相比，河南的条件要好得多。孔繁森同志在那样的条件下，千方百计克服困难，始终保持着旺盛的斗志和高昂的精神状态，对自己所从事的事业充满必胜信心。联系实际学习孔繁森，就要进一步努力做好工作，带领全省人民克服困难，加快脱贫致富步伐，这是最大的实际。我要通过学习孔繁森，进一步增强加快河南发展的信心，与河南的干部一道，实实在在地当好人民的公仆，为改变河南的面貌扎扎实实地干下去，用好人民给我的权力，为河南人民多办实事。

加快振兴河南文艺创作事业*

（1996 年 1 月 17 日）

照肃[1]同志：请召集有关方面研究一下加快振兴我省的文艺创作事业。文学作品是戏曲、电视剧、电影的源头，应走在前边。经费、创作基地建设、深入生活等问题有个整体安排，分步实施。

注 释

〔1〕照肃，即宋照肃，时任中共河南省委副书记。

---

* 这是李长春同志在中宣部翟泰丰同志批转的《关于河南作协及我省文学事业的有关问题》上所作的批语。

对《河南日报》一篇报道的批语*

（1996年1月25日）

增茂〔1〕同志：对这样的民警要表彰、晋级，使其政治上有光荣感，经济上体现政策。

注　释

〔1〕增茂，即郑增茂，时任中共河南省委常委、政法委书记。

* 这是李长春同志在《河南日报》1996年1月25日刊登的《逞凶焰三车匪疯狂劫乘客，显神威王志国只身擒愚顽》上所作的批语。

加强宣传思想工作，推动河南加快发展*

（1996年2月5日）

我们搞的是社会主义的现代化，走的是有中国特色的社会主义道路，社会主义制度是由社会主义政治制度、社会主义经济制度和社会主义精神文明三个方面组成的，社会主义精神文明建设本身就是有中国特色社会主义的题中应有之义。因此，精神文明建设不仅是改革开放和现代化建设沿着健康轨道前进的保证，也是社会主义现代化建设的目标之一。只要我们搞有中国特色的社会主义，搞社会主义精神文明，就必须加强宣传思想工作。

为推动河南加速发展，加强宣传思想工作需要注意以下四点。

第一，宣传思想工作要为河南加快发展、缩小差距继续鼓与呼。我们在“八五”期间有所前进，但我们不能坐井观天、盲目自满。跟自己比，这几年是最好最快的历史时期之一。国内生产

* 这是李长春同志在河南省宣传思想工作会议上讲话的一部分。

总值平均年增长 12.7%，是比过去都快，总体经济实力也上了一个新台阶，人均国内生产总值的位次也有所前移。在中西部地区比较，算马马虎虎，还可以。同全国比较，也就是个中游。我们提出的“一高一低”的奋斗目标，都有个“略”字，最后执行结果，也就是这个样子。经济增长，在结构优化、提高效益的前提下，略高于全国平均水平，我们是 12.7%，可能比全国高 0.9 个百分点，人口增长略低于全国平均水平，所以算个中游，或者是中游偏上一点。和沿海地区比，是差距进一步拉大。我们人口太多，基础太差，再加自然灾害太频繁，如果我们从现在开始，今后的 15 年国内生产总值的增长幅度比全国能高两个百分点，人口能保持比全国低一个千分点，到 2010 年人均占有的国内生产总值才和全国平均水平持平，也就是赶上全国平均水平。现在我们仅是全国平均水平的 67.5%，所以差距是很大的。我们没有理由小进即满，小进即安，必须增强紧迫感、危机感，必须通过宣传思想工作给经济发展提供思想保证、精神动力、舆论环境、智力支持。宣传思想工作必须紧紧围绕加快河南振兴这个中心工作进行鼓与呼，决不能搞“两层皮”，要在这个问题上看各个市地宣传思想工作是否有作为。有为才能有位，就是要在为党的中心工作服务上有所作为。

第二，宣传思想工作要为河南的精神文明建设继续摇旗呐喊。我们搞的是社会主义的现代化，走的是有中国特色的社会主义道路，社会主义精神文明建设本身就是有中国特色社会主义的题中应有之义。因此，精神文明建设不仅是改革开放和现代化建设沿着健康轨道前进的保证，也是社会主义现代化建设的目标之一。只要我们搞有中国特色的社会主义，搞社会主义精神文明，就必须加强宣传思想工作。我们要增强时代的紧迫感和历史的责任感，把宣传工作摆到非常重要的位置上来，必须通过宣传思想工作推动全社会的思想道德建设，提高全社会的文明素养，进一步加强公民道德规范，促进社会和谐，改善投资软环境，改善河南的整体形象。近几年来，宣传思想战线大力宣传有中国特色社会主义理论，推动全省思想解放、实事求是、转变观念换脑筋，全省上下思想观念发生了明显变化；坚持团结、稳定、鼓劲和正面宣传为主的方针，深入开展学先进、树典型活动，广泛开展爱国主义、集体主义、社会主义思想教育以及社会公德和职业道德教育；优秀精神产品的生产得到重视，文艺、理论和出版事业日益繁荣，群众性精神文明建设活动蓬勃开展，各种创建、共建活动取得明显进展，城乡文明程度大幅度提高，宣传思想战线

1991 年 5 月 13 日，李长春出席文化部、河南省嘉奖表彰豫剧《焦裕禄》《飞夺泸定桥》大会，并为获奖的两个剧团颁奖。右二为河南省委常委、郑州市委书记宋国臣。

都做了大量工作，成效显著。当前，要进一步解放思想、“五破五立”，为改革开放提供精神动力；要宣传“团结奋进，振兴河南”，大力弘扬红旗渠精神、焦裕禄精神，抢抓机遇、加快发展；要宣传典型经验，推动面上的工作。各级党委要转变作风，深入基层，认真总结群众创造的新经验，及时发现和培养各种类型的先进典型，做到胸中有全局，手中有典型。在这方面，既要树立个人典型，也要树立群体典型，特别要注意树立与人民群众生产生活密切相关的窗口行业和执法部门的先进典型。新闻媒体要把突出宣传精神文明建设作为一项重要任务，加大宣传力度，广泛深入地、大张旗鼓地开展宣传活动，形成浓厚的舆论氛围。

第三，宣传思想工作要推动党员干部的思想建设。党员领导干部要讲政治。讲政治，关键是要讲这几个环节：一要坚定建设有中国特色社会主义的政治信念。信念问题，是我们共产党人的奋斗目标，是远大理想，建设有中国特色的社会主义，就是通向共产主义的必由之路，就是实现社会主义、共产主义远大理想的现实选择。建设有中国特色的社会主义，就必须用邓小平同志建设有中国特色社会主义理论来武装我们的党员干部。二要坚持民主集中制原则。民主集中制核心是“四个服从”，而“四个服从”里面的关键是全党服从中央，是要紧密团结在党中央周围，和党中央保持一致，这也是全党全国的大局，也是政治立场、政治原则问题。与此同时，要处理好个人与组织、下级与上级的关系，做到“四个服从”。对于常委会、全委会、党代会集体通过的决议，每一个党员、每一个干部，都要认真地无条件地服从，保持高度的一致，要把这个问题上升到政治纪律。三要强调党员干部都要增强党的观念，自觉地投身于党的建设新的伟大工程上来。

各个方面的改革，都必须有利于改善和加强党的领导，都要自觉地维护党的领导核心，在这个问题上要有足够的政治敏感性和政治鉴别力。四要推进党员干部的思想政治建设。每个党员干部都要加强党性锻炼，树立正确的世界观、人生观、价值观，自觉地经受住执政的考验，改革的考验，对外开放的考验，时时刻刻保持全心全意为人民服务的本色，廉政、勤政。这四点应该是现阶段我省党员干部加强思想政治建设的重要内容。

第四，加强对宣传思想工作的领导。宣传思想工作不是宣传思想部门一个部门的事，而是各级党委的一项重要工作，应该纳入党委的重要议事日程，特别是党委主要领导同志要亲自抓。各级宣传部门都要加强对宣传思想战线的统一领导、指导和协调，包括新闻出版、文化艺术、社科理论等部门和报社、电台、电视台等单位，都要组织有关方面制定一些东西，以政府名义颁发条例，加强宏观管理。我们既有投入不足的问题，也确实有重复投资、浪费的问题。现在看来，我们的电视台太多了一点，我们国家的电视台数量是世界第一位，已经超出了我们的经济基础。我们的报刊杂志种类在世界也是第一位，这表明我们还有一个宏观管理的问题。报刊也是经过我们这个口批的，过多过滥带来的结果是，各级党报发行不出去，然后我们再动员大家订党报，都是自己跟自己过不去的事。我们的电视台也都是经过我们的手批的，各县都成立电视台，他们转播完中央的，自然就换县里自己的，省里的新闻联播就下不去了，都是我们自己跟自己过不去。要加强这方面的宏观管理。这也不是我们宣传部门本身的问题，而是大体制的问题，我们这种供给的体制必然带来这种结果。所以，各级党委政府既要重视这项工作，加强投入，同时注明往哪里投，怎么把钢使到刀刃上，要指导好。否则，我们这个大国，什么事一旦成风，可了不得，一成风，最后损失的还都是 12 亿人民的。所以，一定要加强科学的指导和管理。

开创社会主义精神文明建设新局面*

（1996 年 9 月 3 日）

> 制度建设更带有根本性、全局性、稳定性和长期性。要使精神文明建设这一手硬起来，真正做到常抓不懈，切实保证精神文明建设不因形势的变化、班子的调整和领导注意力的转移而削弱和淡化，就必须加强制度建设。

社会主义精神文明，是建设有中国特色社会主义的重要组成部分和本质特征。在建立社会主义市场经济体制的过程中，能否搞好社会主义精神文明建设，直接关系到社会主义现代化建设事业的兴衰成败，必须把社会主义精神文明建设摆上更加突出的战略地位。我们要以改革的精神适应新形势，研究新情况，总结新经验，解决新问题，努力开创社会主义精神文明建设的新局面。

要继续深入学习邓小平同志建设有中国特色社会主义理论，

---

* 这是李长春同志为《社会主义精神文明建设理论与实践》一书撰写的文章。

进一步解放思想、更新观念。建设有中国特色社会主义理论是精神文明建设的理论基础和指导思想，用这一科学理论武装全体党员、干部、群众的头脑，是精神文明建设的首要任务。就河南而言，必须紧紧抓住解放思想、实事求是这一精髓，继续启动思想观念这个“总开关”。要进一步破除小富即安、小进即满的思想，牢固树立负重奋进、抢抓机遇、勇创一流的观念；破除消极畏难、无所作为的思想，牢固树立艰苦创业、开拓进取、团结拼搏的观念；破除因循守旧、自我封闭的思想，牢固树立勇于探索、大胆实践、深化改革、全面开放的观念；破除传统的经济发展思路，牢固树立依靠两个根本性转变加快发展的思想；破除忽视社会发展和精神文明建设的思想，牢固树立两个文明一起抓、经济社会协调发展的观念，使广大干部群众在认识上产生新的飞跃，思想来一次大解放，更好地贯彻执行党的基本路线，加快我省现代化建设的步伐。

要把精神文明建设和改革开放、经济建设有机结合起来，确保两个文明建设相互促进、协调发展。物质文明为精神文明的发展提供物质条件，精神文明为物质文明的发展提供精神动力、智力支持、思想保证和良好的舆论环境。必须正确处理物质文明建设和精神文明建设的关系，认真解决“一手硬、一手软”的问题，把物质文明和精神文明建设作为统一的奋斗目标。要深入开展调查研究，制定好精神文明建设规划，并纳入经济社会发展计划，使精神文明建设与经济社会发展做到目标同时规划，工作同时部署，分工同时明确，任务同时落实，检查考核同时进行。要紧扣经济建设这个中心，采取切实可行的措施和办法把精神文明建设落实到各项实际工作中去。

要努力探索新路子、新方法、新载体，把精神文明建设引向深入。加强社会主义精神文明建设，要有新思路。结合河南的实际，一要进一步弘扬林县人民“自力更生、艰苦创业、团结协作、无私奉献”的红旗渠精神，并与新时期创业精神、时代精神紧密结合，充分调动全省人民干事创业的积极性。二要深入开展“城市创三优、农村树新风”活动，着力创造优美环境、优良秩序、优质服务，提高城市文明程度；用爱国主义、集体主义、社会主义思想占领思想文化阵地，形成科学、文明、健康、向上的良好社会风气。三要选好载体，抓好典型，广泛开展文明城市、文明村镇、“双拥”等群众性的创建活动。各条战线都要注意培养、发现和宣传先进典型。当前，我省城乡在群众性精神文明建设中创造了许多好的经验，如南阳市开展“三户一村”活动的经

1991 年 1 月 13 日，李长春在许昌出席河南省“双拥”模范城命名大会。前排右一为许昌市委书记戴保兴。

验，即争当遵纪守法户、五好家庭户、双文明户，创建文明村，我们要积极推广，抓出实效。

要加强制度建设，把精神文明建设纳入经常化、规范化的轨道。制度建设更带有根本性、全局性、稳定性和长期性。要使精神文明建设这一手硬起来，真正做到常抓不懈，切实保证精神文明建设不因形势的变化、班子的调整和领导注意力的转移而削弱和淡化，就必须加强制度建设。要加强领导，党委党组书记要对本地本部门的精神文明建设亲自抓，负总责。健全领导机构和办事机构，做到机构、人员、经费、办公条件四落实。进一步完善精神文明建设工作目标、岗位责任制，制定具体的管理办法、检查评比制度和奖惩制度，实行精神文明建设与领导干部的政绩考核、任免奖惩挂钩，与广大干部群众的切身利益挂钩。同时，还要建立健全财物投入机制和社会保障机制，以保证精神文明建设的顺利开展。

扎实开展文明城市文明村镇文明行业创建活动*

（1996 年 12 月 16 日）

各行各业都要结合行业特点，开展多种形式的文明行业创建活动，下决心纠正部门和行业不正之风，真正做到依法行政、文明执法、优质服务。

群众性精神文明创建活动，要同解决人民群众普遍关心的实际问题紧密结合起来，同促进经济发展和社会进步结合起来，同继续开展学习张家港精神结合起来。

一是城市以创“三优”为切入点，以提高市民素质和城市文明程度为目标，大力开展创建文明城市活动。省会城市、沿交通干线的中心城市和经济比较发达的县级市，要在创建文明城市中发挥带头作用。在创“三优”活动中，一方面，要根据《中共河南省委关于“九五”期间社会主义精神文明建设规划》的总体要求，在城市环境建设、基础设施建设、法制建设和市民的思想道德建设等方面制定出切实可行的规划和措施，通过一

* 这是李长春同志在河南省委六届三次全会上讲话的一部分。

1993 年 2 月 26 日，李长春在河南省“三优杯”竞赛活动表彰大会上讲话。

定的形式和载体，如创建文明小区、“三优”示范街、花园式单位等活动，把群众吸引和带动起来。另一方面，要针对本市存在的突出问题加大专项治理力度。如加强对市容环境卫生、道路交通秩序、集贸市场、住宅小区、旅游景点、公共场所的管理，切实解决好影响城市文明形象、与群众生活密切相关的实际问题。

二是农村以树新风为切入点，以提高农民素质、引导农民奔小康和建设社会主义新农村为目标，积极开展创建文明村镇活动。农村的精神文明建设，要结合加强党的基层组织建设、发展壮大集体经济实力、解决超计划生育和农村社会治安混乱等问题，以集镇为重点，以镇带村，逐步推进。要广泛开展“三户一村”“十星级文明户”等多种创建活动，遏制乱建寺庙、婚丧事大操大办等陈规陋习，坚决反对赌博、非法宗教等活动。省委要求，在“九五”期间，每个县（市）每年要抓出一两个水平较高的文明乡镇；每个乡镇每年要抓出两三个水平较高的文明村，起示范带头作用。同时，经济比较发达的地区，要建设一批高标准的文明村镇。贫困地区的精神文明建设要与扶贫开发结合起来，首要的任务是调动干部群众的积极性，尽快解决温饱问题，改变贫穷落后面貌，建设与经济基础相适应的精神文明。

三是行业以争一流为切入点，以服务人民、奉献社会为宗旨，开展创建文明行业活动。各行各业都要结合行业特点，开展多种形式的文明行业创建活动，同时要下决心纠正部门和行业不正之风，真正做到依法行政、文明执法、优质服务。司法机关、行政执法部门以及交通、邮电、电力、公共事业、商业、卫生、学校等与群众生产生活密切相关的窗口行业，更要根据自身特点，联系思想和工作实际，对干部职工进行职业责任、职业道德、职业纪律教育，规范行业行为，树立行业新风。要建立健全有效的制约监督机制，各地各部门可吸收企业和各界人士参加，每年对各个行业进行测评，评出最佳和最差行业，并将测评结果与年度考核、干部任免挂起钩来。

学习吴金印，一切为群众*

（1996年12月31日）

在发展社会主义市场经济的今天，每个党员干部都应当努力学习吴金印立党为公、无私奉献的精神，以实际行动抵制和克服各种腐朽思想，同拜金主义、享乐主义和极端个人主义作斗争。

最近，河南省卫辉市唐庄乡党委书记吴金印的模范事迹在社会上引起了强烈反响，一个向吴金印同志学习的热潮正在河南乃至全国兴起。吴金印同志是新时期农村基层干部的优秀代表。他心系群众，扎根基层，苦干实干，在乡镇党委书记的岗位上奋斗了20多年，作出了突出贡献，成为广大党员干部学习的楷模。他在工作中表现出来的扎根基层、为人民造福的公仆本色，知难而进、艰苦奋斗的创业精神，淡泊名利、无私奉献的思想境界，勇于开拓、真抓实干的优良作风，廉洁自律、克己奉公的高尚品格，坚持原则、是非分明的坚强党性等，构成了吴金印精神的丰

* 这是李长春同志发表在中共中央组织部《组工通讯》上的文章。

富内涵。其中，一切为了群众是吴金印精神的核心和源泉。他之所以能够几十年如一日，扎根基层，不计名利，艰苦创业；之所以能够干一处响一处，走一路富一路，莫不源出于此。学习吴金印，就要抓住这一最根本、最核心的东西去学。只有这样，才能学好、学深、学实。

一切为了群众是共产党人全部理论和实践的出发点和归宿，是我们党区别于其他任何政党的一个显著标志，也是共产党人价值观的集中体现。毛泽东同志说："应该使每个同志明了，共产党人的一切言论行动，必须以合乎最广大人民群众的最大利益，为最广大人民群众所拥护为最高标准。"刘少奇同志也曾经指出："我们党从最初起，就是为了服务于人民而建立的，我们一切党员的一切牺牲、努力和斗争，都是为了人民群众的福利和解放，而不是为了别的。这就是我们共产党人最大的光荣和最值得骄傲的地方。"在新的历史时期，邓小平同志把人民拥护不拥护、赞成不赞成、高兴不高兴、答应不答应作为想问题、办事情、做工作的出发点和落脚点。以江泽民同志为核心的党的第三代中央领导集体把同人民群众的关系和态度提到根本的政治问题的高度去认识，去解决。在党的奋斗历史中，一切为了群众是一代代共产党人立言行事的永恒主题。吴金印同志作为我们党众多优秀儿女的杰出代表，是实践这一主题的又一光辉典范。吴金印的实践再次昭示着人们：谁心中装有人民，人民就会在心中给他留下崇高的位置；谁能够做到一切为了群众，群众就会把他铭刻在自己的心碑上。

学习吴金印，弘扬吴金印精神，关键是把一切为了群众的思想真正落实到行动上。吴金印作为全国的典型出在我省，我们一定要学得更好一些，更深一些。

第一，要把吴金印精神作为一面镜子，经常用来对照自己。要通过广泛深入的学习和宣传，使每个党员和干部真正了解吴金印的模范事迹，了解吴金印的崇高精神，了解吴金印精神的核心和实质，使吴金印这一学习楷模和光辉形象成为一面明得失的镜子，以吴金印为榜样，树立起正确的世界观、人生观、价值观。特别是那些淡忘了党的宗旨而高高在上的人，淡化了理想信念而一味追名逐利的人，丢掉了艰苦创业精神而一味贪图享乐的人，不关心群众疾苦而以权谋私的人，面对吴金印精神，都应该认真地反省，深刻地自责，切实地改正。

第二，要树立远大理想，立党为公，无私奉献。历史前进总是需要一部分骨干站在人民的最前面。我们的革命老前辈和无数先烈为推翻三座大山和建立新中国，英勇地走在人民的最前列，以其无私奉献精神推动了历史前进。今天，完成建设有中国特色社会主义，摆脱贫穷、实现社会主义现代化的历史使命，同样需要一部分骨干分子站在人民的前面无私奉献，吴金印就是其中的一个优秀代表。30 多年来，无论党把吴金印放在哪里，他都用实际行动实践了毛泽东同志的教导：“我们共产党人好比种子，人民好比土地。我们到了一个地方，就要同那里的人民结合起来，在人民中间生根、开花。”吴金印 20 多年来不图名、不图利，安心于贫困山区无私奉献，安心于扎根基层默默工作，而且是干一处响一处。在发展社会主义市场经济的今天，每个党员干部都应当努力学习吴金印立党为公、无私奉献的精神，以实际行动抵制和克服各种腐朽思想，同拜金主义、享乐主义和极端个人主义作斗争。

第三，要密切联系群众，时刻为人民办实事。革命战争年代，残酷的斗争环境迫使我们党一刻也不能脱离群众。执政条件下，这种客观的限制不存在了，一些党员干部手里有了权，如果不谨慎，就容易忘记权力是人民给的，就容易脱离群众。因此，这个问题应该引起每一个党员干部的警惕。吴金印同志在贫困山区一干就是30多年，其间不是没有进城和升迁的机会，但他“不改变山村贫困面貌誓不下山”。不久前，我到吴金印工作过的乡调查研究，发现那里从20多岁的年轻人到70多岁的老太太都认识吴金印，都亲切地拉着他的手说，“非常想念你呀”。这种情景很令人感动，也很值得我们的干部深思。这种亲如鱼水般的干群关系不正是吴金印精神的必然结果吗？吴金印心系人民群众，群众也热爱他。他不计个人名利，群众反而几次给他立碑，最后将碑刻到太行山上，立了山碑。这说明，和过去相比，

1996年11月18日，李长春在卫辉市调研时走访看望困难群众。右二为吴金印。

尽管我们今天所处的时代变了，环境变了，但是，一切为了群众这个主题应该永远鲜明如初。谁真心实意为人民办实事，谁就会受到人民群众的衷心爱戴。那些一味追逐名利、不为群众办实事甚至侵害群众利益的人，不仅得不到什么好结果，最终也必将被人民群众所抛弃。

第四，要发扬敢想敢干、敢于拼搏的进取精神。建设有中国特色社会主义，需要发扬党的优良传统，更需要立足实际、大胆创新、不断进取的开拓精神。吴金印每到一地，都扑下身子调查研究，寻找优势，从实际出发，善于把党的方针政策同当地情况结合起来，创造性地开展工作。他结合唐庄乡的实际提出的“西抓石头东抓菜，北抓林果南抓粮，乡镇企业扛大梁，围绕国道做文章”的思路就很切实可行。唐庄乡改河造田的水利工程，可以说是吴金印一切为了群众的优良作风、严谨求实的科学态度和敢闯敢干的革命胆略相结合的代表作。我们党员干部学习吴金印，就要结合本地区、本单位实际，对照吴金印精神和河南省第二步战略目标的要求，找差距，订措施，抓住制约经济发展的主要矛盾，选准突破口，实现两个根本性转变，提高经济运行的质量和效益，努力走出一条快速高效的发展路子。

第五，要把学习吴金印的活动引入到党的生活当中。吴金印精神代表了一种时代精神。各级党组织都应把学习吴金印的活动作为党内生活的一项重要内容，扎扎实实地学深、学好。要把学习吴金印与贯彻党的十四届六中全会精神结合起来，以此推动全社会的精神文明建设；要把学习吴金印与加强党的基层组织建设、致富奔小康、扶贫攻坚结合起来，从提高乡村两级党组织的工作水平入手，推动全省党的建设工作；要把学习吴金印与党中央提出的建设高素质干部队伍和领导干部要讲学习、讲政治、讲正气的要求结合起来，同河南省六届二次全会确定的将各级领导班子建设成为“政治坚定、开拓创新、团结实干、廉洁为民、纪律严明”的坚强领导核心的要求结合起来，通过扎扎实实的工作，使吴金印精神在各个领域、各条战线都能结出丰硕的果实，弘扬光大。

60 年代中期，中原大地孕育了县委书记的榜样焦裕禄，激励一代一代党员干部为改变河南贫困落后面貌作出了突出贡献；还有几十年如一日率领群众脱贫致富的村支部书记的楷模史来贺〔1〕；如今，中原大地又孕育出了乡镇党委书记的楷模吴金印，这是河南人民的骄傲。他们的共同特点就是无私奉献。我们有极大的责任躬身实践他们的高尚精神，广泛开展学习吴金印活动，并在这一精神推动下，带领全省人民把两个文明建设不断推向前进。

注　释

〔1〕史来贺（1930—2003 年），河南省新乡市刘庄村原党委书记，带领群众艰苦奋斗作出了重要贡献，多次受到毛泽东等党和国家领导人接见，多次被授予“全国特级劳动模范”等光荣称号。

农民自我教育的好教材 *

（1997 年 1 月 20 日）

要站在党的立场上，从群众的愿望出发，有针对性地、有的放矢地以易为群众理解和接受的形式向群众进行思想教育，要入耳、入心。

《劝世良言五字歌》自 1995 年 11 月在《河南日报 · 农村专版》《河南日报》发表以后，很快在中原大地和全国流传开来。《人民日报》、中央电视台以及一些全国性的报纸、期刊都作了不同形式的报道。许多兄弟省份的报刊还纷纷予以转载和介绍、评论。在河南，已有几十个县自发地将其作为向农民进行社会主义思想道德教育的好教材，分发到农民手中，产生了很好的效果。涌现了一大批学习《五字歌》、传唱《五字歌》、按《五字歌》的要求去规范自己行为的感人事迹，成为我省社会主义思想教育的一朵浪花，一支旋律，推动了我省精神文明的建设。

吴书款老人作为一位普通农民能写出《五字歌》这样的既体

* 这是李长春同志为《劝世良言五字歌》一书所作的序言。

现了时代精神，又弘扬了传统美德的被社会大众所喜闻乐见的作品，这说明我省的社会主义精神文明建设活动已经深入人心，正在不同的层面上扎扎实实地开展。一方面，一个农民能自觉地站在社会主义精神文明建设和对农民进行思想道德教育的高度上，用通俗易懂的形式去晓谕和规范乡邻大众；另一方面，这种倡导社会主义道德思想的作品得到了更多的农民包括各界的广泛欢迎，而不是抵制或厌恶。这证明广大农民群众对精神文明建设有着迫切的愿望。逐步富裕起来的农民也很注重自己的道德完善，注重自己的精神、操守。作为一个农业大省，精神文明建设能深入到广大农民心中，农民能自觉地自己教育自己，这是一个十分可喜的现象。毛泽东同志很早前就讲过：严重的问题是教育农民。江泽民同志不久前在《农民思想政治教育读本》序言中也说："我们党正确处理同农民的关系，始终把广大农民群众团结在党的周围，靠的是什么？就是靠党的正确路线方针政策，靠不断地给农民群众看得见的物质利益，靠对农民坚强有力的组织和服务工作，还要靠加强对农民的教育。"对农民的教育，是农村社会主义精神文明建设的重要任务。要坚持以马列主义、毛泽东思想和邓小平同志建设有中国特色社会主义理论为指导，以培养有理想、有道德、有文化、有纪律的新型农民为目标，以爱国主义、集体主义、社会主义思想教育为主旋律，最大限度地调动农村广大党员干部和群众的积极性，以经济建设为中心，促进农村全面进步，要在这个指导思想下教育农民。要站在党的立场上，从群众的愿望出发，有针对性地、有的放矢地以易为群众理解和接受的形式向群众进行思想教育，要入耳、入心。江泽民同志也曾经指出，对农民的教育，方法要正确，要结合新形势，结合农民的思想实际以及他们的自身要求，“要编一些教材。编的教材要切合实际，通俗易懂。要让农民感到自然，听得进去，听得有兴趣”。从这个意义上说，《劝世良言五字歌》基本上吻合了江泽民同志的要求，也体现了中央宣传部、农业部《关于深入开展农村社会主义精神文明建设活动的若干意见》中对农民进行思想教育的内容要求和“通过组织编写简明扼要的道德教育通俗读本等形式，加强道德规范的宣传，使之家喻户晓，深入人心”的指示精神。因而，《五字歌》受到社会各界的欢迎，尤其是农民的欢迎，是合乎情理的。

令人欣喜的是，就在《劝世良言五字歌》即将付梓之际，中共中央十四届六中全会隆重召开，通过了《中共中央关于加强社会主义精神文明建设若干重要问题的决议》，提出了今后 15 年我国精神文明建设的主要目标，明确提出提高全民族的思想道德素质和科学文化素质是一项重大的战略任务。《决议》还对在广大农村开展精神文明建设的重要性、紧迫性和艰巨性给予了特别强调。相信《劝世良言五字歌》的出版发行，会对贯彻六中全会精神，加强农村精神文明建设起到一定的积极作用。也希望这本小册子能够满足宣传、教育部门教育农民的需要，满足广大农民群众学习和传唱的需要，能够得到农村和全社会广大读者的喜爱，从而为我省的两个文明建设作出贡献。

郑州精神文明建设要走在全省前面*

（1997 年 4 月 15 日）

加强精神文明建设，是广大干部群众的迫切要求。人们解决了温饱问题后，必然对精神文明的要求逐步提高，要求有一个好的生活、工作、学习环境。所有这些都要求我们把精神文明建设搞好，把城市管理搞好。

精神文明建设首先要抓好省会城市，这对于全省来讲，有着非常重要的带动作用、辐射作用和示范作用。希望郑州市在加强精神文明建设方面，也能够像其他工作一样，走在全省的前面，起示范带动作用。

必须看到，这些年郑州市发展快、要求高，与多年来形成的条件差的矛盾越来越突出。硬件方面，基础设施跟不上，与整个发展形势对郑州的要求越来越不适应。软件方面，郑州市建设步伐加快，向大的经济中心城市迅速发展，在建设和管理的关系上出现了新的矛盾，暴露出城市意识跟不上、管理跟不上等问题。

* 这是李长春同志在郑州市精神文明建设汇报会上谈话的一部分。

当前比较突出、各个方面议论比较多的，就是脏乱差的问题。现在全省其他城市管理水平提高得很快，郑州过去虽然也曾有过先进的时候，但由于我们自身提高得慢，就显示出了差距，如濮阳是中西部地区唯一国家级卫生城市，我去几次，早晨、晚上走过很多小胡同，都是相当干净的，感到城市管理确实很过得硬。还有许昌，过去基础很差，我 1990 年去时，感觉也是脏乱差，现在发展变化很快，高速公路一开通，那里两个文明建设的气氛更是热气腾腾。我还走过省内其他一些发展快的城市，一比较就显得郑州的城市管理水平跟不上了。城市主干道的卫生状况总体来讲还不错，而流动人口很少去的背街小巷卫生状况就差了。郑州是国家大动脉京广、陇海两大铁路的交会点，坐火车进郑州，还差几公里沿线看到的处处是垃圾堆，特别是过黄河大桥，看到的到处是垃圾。我几次走过经八路、经二路，那儿垃圾箱里的垃圾里一半外一半，到处都是，脏乱差的现象很突出，我们要承认这个差距。在精神文明建设迅速发展的今天，这个问题不解决，创建全国卫生城市谈何容易。

第一，要加强对省会精神文明建设重要意义的认识。要充分认识到郑州是河南的省会，对全省有着重要的带动、辐射和示范作用，提高全省精神文明建设的水平，首先应该抓郑州。郑州要逐步形成中西部地区的商贸城，成为我国东中西的结合部，从这个角度讲，郑州实际上也是中西部地区的一个窗口。“九五”时期，在国家的战略上，要加大支持中西部发展的力度，要引导外商向中西部地区投资。郑州的精神文明和管理水平直接关系到中央加快中西部地区发展战略能不能够在我省很好落实的大问题，关系到能不能使中西部地区对境内外形成凝聚力、吸引力的大问题。这对郑州本身的投资环境也很重要，外人就是要通过看城市面貌，看你的文明程度、管理水平和办事效率。还要看到，加强郑州市精神文明建设，也是广大干部群众的迫切要求。改革开放这么多年，绝大部分人解决了温饱问题，吃饱穿暖后，人们对精神文明的要求必然逐步提高，期望有一定的精神追求，要求有一个好的生活、工作、学习环境。所有这些都要求我们把精神文明建设搞好，把城市管理搞好。我们加强爱国主义教育首先要开展热爱家乡的教育。精神文明、城市管理搞好了，本身就是很好的热爱家乡、热爱河南的爱国主义教育。

第二，要选准以创建文明城市为切入点，以解决脏乱差为突破口，把郑州的精神文明建设提高到一个新水平。省委六届三次全会确定，全省的社会主义精神文明建设，要以农村树新风、城市创“三优”、行业创一流为切入点，也就是开展文明村镇、文明城市、文明行业的群众性创建活动。具体到郑州，就要从实际出发，以解决脏乱差为突破口。建议近期搞几个大动作，开展三个大战役。第一个战役是环境卫生的整治。凡在郑州境内，党政军民学都要动员起来搞义务劳动，所有在郑的单位，都要服从郑州市委市政府的领导。郑州脏乱差，不是几个人的事，是全社会的事，要树立人人有责的意识，进行有声有色的群众性运动，各级领导都要带头。要提高全体公民的城市意识和文明程度。组织全民义务劳动，整治环境，就是好的教育。第二个战役是金水河的治理。沿线都参战，不能参战的人员送水、送毛巾，宣传工作要跟上去，既要有效地抵制杂音的干扰，又要形成声势。第三个战役是南三环路的贯通。要抓好道路工程，解决交通问题。这三大战役打好了，表现出市委市政府改变脏乱差的决心，全市广大干部群众的精神就会为之一振，大家的城市意识、家乡意识和省会意识就会大大增强，也会赢得方方面面的赞誉，我们就能克服来自方方面面的困难，赢得一个好的舆论支持。在这个基础上，再加强其他方面的文明建设工作，这对于理顺体制、基础工作、加强执法监督工作以及落实好市民公约等都有好处。总之，要把这个势造起来，既做到有声有色，又扎扎实实，为城市管理创造一个良好的开端。

第三，要加强领导。郑州市成立了精神文明建设指导委员会和创建国家卫生城市工作领导小组及创建指挥部，体现了市委市政府的决心。同时，我也赞成发挥各个区的作用，特别是在城市卫生管理、市场管理上要体现分级管理。我在沈阳当市长时，城

1997 年 9 月 28 日，李长春为第八届全国运动会火炬传递河南省起跑仪式火炬点火。

市道路分一二三级，一二级路市里管，三级以下的路由区街管，统分结合，效果很好。市场也要分级管理，市里面管几个大的示范性市场，其他分给各个区，形成各个区明争暗赛管市场的局面。现在几个农贸市场比较脏乱，管理水平比较低，要发挥区的作用，要明确管理责任制。全市除了主干道之外，其他支线，哪里出现垃圾，就由那里的街道办事处负责，由那儿的区负责。这样，有了问题就知道谁来承担责任。要分几个等级，初犯批评，重犯黄牌警告，再不改正调开，要抓几个典型；否则，大家彼此一个样，工作就不好搞上去。

要体现“严”字当头，把监督体系建立起来。首先是对政府的监督，监督政府的职能部门。现在最怕责任不明，机构名堂不少，最后找不到责任人。我建议哪条路是谁的责任，要理得清清楚楚，然后就要严格监督。其次要发挥舆论监督的作用，要搞曝光。在什么问题上曝光最好呢？就是党和政府都在大力抓，而群众又不满意的问题，就加以曝光，这事儿既是群众跟党和政府想到一块了，又反映了民意，有助于问题的解决。脏乱差的问题就是这样，要发挥新闻舆论的作用。这一点，由郑州市自己的新闻单位先搞，不行的话，省里的新闻舆论明年上阵，帮你们曝光。要领着摄像记者，一条街一条街地走，进行跟踪曝光，一直到问题解决。要抓典型，好的进行表扬，差的严肃处理。创建文明城市要具体化，可以搞城市文明街道活动，《郑州晚报》要在这方面发动群众投票，哪是文明街道，哪是脏乱差街道，这本身就是一种群众性的自我教育。要注意务求实效，搞活动要通过载体来进行，但不能搞成形式主义，要掌握好这个度，要把群众赞成不赞成、高兴不高兴、满意不满意、答应不答应作为我们工作取舍的基本依据，做每一件事都要让多数群众都赞成。

社会各界都要支持郑州市委市政府抓城市管理。一个城市必须有一个执法主体对城市行使管理职能。那么，生活在这个城市的方方面面，就必须服从这个城市的统一指挥，服从这个城市政府按照国家赋予的管理权限所作出的决定。省直机关在郑州，得到郑州市的很多服务。反过来，省直机关就要为郑州的建设与管理尽义务，要模范地执行郑州市委市政府关于城市建设与管理的各项规定和要求，积极地参加郑州市关于建设、管理的各项活动。外界看河南，主要是从省会来观察河南。所以，我们要在可能的情况下，尽量对郑州市多给予支持。因为省会城市的工作确实有和其他市不一样的地方，为方方面面服务的任务很重，而且方方面面可能在级别上还高于郑州，所以在管理上就有难度，我们一定要大力支持，把建设好省会看作是我们省委省政府、省直机关的重要责任。

以志为鉴，服务发展*

（1997 年 11 月）

古人云："治天下者以史为鉴，治郡国者以志为鉴。"要充分肯定并发挥地方志"存史、资治、教化"的功能，为建设有中国特色的社会主义政治、经济、文化服务。

编纂社会主义新方志是国家社科规划重点项目。《河南省志》是一部运用现代科学理论和方法，全面真实地反映河南历史与现状的新型志书。在党中央、国务院关怀下，在中国地方志指导小组指导下，经全省各级各部门通力合作，精心编纂，终于完成了这部具有独特学术文化价值的省情书。

河南位于中国中东部，是中华民族的发祥地之一，是黄河流域古老文化的一颗明珠。境内"南召猿人""裴李岗文化""仰韶文化""二里头文化"等遗址举世闻名，留下了许多关于黄帝、太昊、颛顼、帝喾、尧、舜、禹等脍炙人口的传说。中国历史

* 这是李长春同志为《河南省志》一书所作序的一部分。

上先后有 20 多个朝代 30 多次在河南境内建（迁）都，从第一个奴隶制国家夏朝建立，到北宋灭亡的 3000 多年间，河南长期处于全国政治、经济、文化中心区域。中国七大古都中，河南有安阳、洛阳、开封三个城市。载于二十五史的河南籍人物多达 5000 余人，在历史上享有盛名的中州人物亦不下千人。河南文物丰富、古迹众多，有“中国历史自然博物馆”之称。

随着中国政治、经济中心的转迁，从南宋以后，河南长期处于封闭落后状态。特别是近代以来，帝国主义、封建主义、官僚资本主义“三座大山”的压迫，加上战争的摧残和自然灾害的严重破坏，使河南政治腐败、经济萧条、文化衰败、民不聊生，成为我国贫穷落后的省份之一。

1949 年 10 月 1 日，中华人民共和国成立，社会主义的曙光照亮了中州大地，河南这块古老土地重新复苏，焕发出勃勃生机。在中国共产党领导下，勤劳智慧的河南人民发扬艰苦奋斗的创业精神，在社会主义革命和建设中取得了令人瞩目的巨大成就。特别是党的十一届三中全会以来，省委省政府明确提出“团结奋进，振兴河南”，坚持以经济建设为中心，不断深化改革，继续扩大开放，保持社会稳定，社会经济进入了一个前所未有的快速良性发展阶段，河南面貌发生了天翻地覆的变化，已成为全国举足轻重的农业大省；以丰富的矿产资源和农副产品为基础，已建立起比较完整的工业体系，成为全国重要的能源、原材料、机械、建材、纺织工业基地；交通发达、通讯便捷，已成为联系四面八方的枢纽和桥梁；人民生活正由温饱向小康迈进。在发展社会主义市场经济的形势下，以大交通、大流通、大市场为特征，正在形成万商云集、逐鹿中原的新格局。

刚刚闭幕的党的十五大，确立邓小平理论为全党的指导思想，对我国改革开放和现代化建设跨世纪发展作出了全面部署。我们要全面贯彻落实十五大精神，必须正确理解和充分认识中国现在处于并将长期处于社会主义初级阶段这个最大国情。对河南来说，更要深入研究和吃透河南的省情。欣闻《河南省志》即将出版，成为全国率先完成的第一部社会主义新省志，这是我省社会主义精神文明建设的一大成就，为我们研究省情提供了十分宝贵的系统资料，全省史志工作者的敬业爱岗和默默奉献精神应该受到赞扬。古人云："治天下者以史为鉴，治郡国者以志为鉴。"毛泽东、邓小平、江泽民等党和国家领导人都对新编地方志作出过重要指示，要求各级领导干部和社会各界"以志为鉴"，认识国情。我们要充分肯定并发挥地方志"存史、资治、教化"的功能，为建设有中国特色的社会主义政治、经济、文化服务。

弘扬正气，振兴河南*

（1997年12月7日）

> 一个共产党员，只有胸怀对党、对共产主义事业的坚定信念，在改革开放的新形势下，顺应时代潮流的发展，严格要求和约束自己，只讲奉献，不思索取，只求进取，不图安逸，发挥先锋模范作用，才能经得起风风雨雨的考验，赢得人民群众的信任和拥护。

优秀共产党员、人民的好儿子张环礼〔1〕同志，为了抢救他人的生命，奋不顾身，英勇捐躯。他以“毫不利己，专门利人”的实际行动，在中原大地奏响了一曲新时期雷锋精神的凯歌，在河南星光灿烂的英雄群体中增添了一颗闪亮的新星，为全省人民树立了一个光辉的榜样。

张环礼同志的一生，仅度过了33个春秋，但他的一生却放射着夺目的光彩，他用青春年华和满腔热血，谱写了全心全意为人民服务的壮丽篇章。他的事迹感人至深，他的精神激励着

* 这是李长春同志为《人民的好儿子——张环礼》一书作的序。

千千万万人的心。

张环礼同志短暂的一生，是平凡而又伟大的一生。他把党和人民的利益看得高于一切，时时处处为国家和人民着想，在不同的工作岗位上勤勤恳恳、尽职尽责，在关键时刻不惜牺牲个人的一切。这种高尚的道德情操，闪烁着中华民族的传统美德和社会主义的时代光芒。他的高风亮节，是他长期遵循党的教导，不断实践正确的人生观和价值观，一步一步实现从思想上入党所产生的必然结果。他的成长过程告诉我们，一个共产党员，只有胸怀对党、对共产主义事业的坚定信念，在改革开放的新形势下，顺应时代潮流的发展，严格要求和约束自己，只讲奉献，不思索取，只求进取，不图安逸，发挥先锋模范作用，才能经得起风风雨雨的考验，赢得人民群众的信任和拥护，为实现四个现代化的宏伟目标作出自己应有的贡献。

如同雷锋、焦裕禄等永远是我们时代的伟大旗帜一样，张环礼同样是全省共产党员和广大干部群众的伟大旗帜。时代呼唤雷锋、焦裕禄精神，同样也呼唤张环礼精神。在加快经济发展，建立社会主义市场经济体制的新形势下，需要千千万万个张环礼这样的人。因此，大力开展向张环礼学习的活动，使他的崇高精神深入人心，在中原大地发扬光大，对于调动千百万人民群众投身改革开放的积极性，加快脱贫致富和现代化建设步伐，必将产生巨大的精神动力。同时对新形势下抵制拜金主义、享乐主义、极端个人主义的影响，促进社会主义精神文明建设和物质文明建设，具有重要的作用。

省委省政府已作出决定，号召全省人民向张环礼同志学习。学习张环礼同志的活动，要与学习本地区、本单位的先进典型结合起来，与学习林县人民创业精神活动结合起来，与加强党风廉政建设和纠正行业不正之风结合起来。通过弘扬张环礼精神，实现党风和社会风气的明显好转，使精神文明建设跃上一个新台阶，促进全省经济建设更好更快地发展。

全省党员、干部群众要积极行动起来，在各行各业掀起学习张环礼的热潮，使张环礼精神在广袤的中原大地生根、开花、结果。

注　释

〔1〕张环礼（1960—1993 年），河南省宁陵县人，1980 年入伍，1985 年入党，复员后任村民兵连长，1989 年到宁陵县抽纱厂工作。1993 年 3 月 26 日，一辆货车冲断宁陵县西沙河大桥桥栏，翻入了 3 米多深的河中。张环礼奋不顾身地跳入河中，在连救两人之后，终因筋疲力尽，壮烈牺牲。1993 年河南省委省政府授予张环礼“优秀共产党员”称号，1994 年团中央命名张环礼为“见义勇为青年英雄”。

自强不息，扶残助困*

（1997 年 12 月）

尊重残疾人的价值，保障残疾人的权利，发挥残疾人的潜能，帮助他们以平等的地位、均等的机会，充分参与社会生活，共享社会物质文化成果，是人类文明和社会进步的标志，是社会主义制度的本质要求，是人权保障的重要内容，也是社会各界和每个公民义不容辞的责任。

残疾人自强模范的事迹，感人至深。他们以热爱祖国的情怀、百折不挠的毅力、顽强拼搏的精神，超越种种人生的不幸，克服了难以想象的困难，不仅实现了自己的人生价值，而且为社会作出突出贡献，创造了可歌可泣的业绩。他们的奋斗实践向世人表明，残疾人同样是社会财富的创造者。他们身上体现的自强不息精神，是中华民族宝贵的精神财富。

---

* 这是李长春同志为河南省残疾人自强模范先进事迹《命运交响曲》一书所作序言的一部分。

扶残助残先进集体和个人的事迹，同样感人肺腑。他们以高尚的情操、热忱的爱心、真挚的感情，成年累月为残疾人服务，送上人间温暖。平凡中见伟大，细微处显真情，体现了中华民族的传统美德和社会主义的时代风尚。

我省有520多万残疾人，关联五分之一的家庭，涉及两千多万人口。由于自身残疾的影响和外界环境的障碍，残疾人在社会中处于不利地位，是一个最困难的群体。尊重残疾人的价值，保障残疾人的权利，发挥残疾人的潜能，帮助他们以平等的地位、均等的机会，充分参与社会生活，共享社会物质文化成果，是人类文明和社会进步的标志，是社会主义制度的本质要求，是人权保障的重要内容，也是社会各界和每个公民义不容辞的责任。

党和政府历来十分关心残疾人，重视残疾人事业。近十年来，在各级党委和政府的领导、关怀和重视下，经过各有关部门、社会各界和广大残疾人、残疾人工作者的共同努力，我省残疾人事业得到长足发展：制定《河南省〈残疾人保障法〉实施办法》及相关法规，为残疾人事业提供了法律保障；各项业务全面拓展，确立了残疾人事业的基本格局；各级政府建立残疾人工作协调委员会，有关部门各司其职，残疾人联合会集“代表、服务、管理”三种职能于一体，形成了新型的事业管理体制；在全社会开展多种形式的助残活动，改善了残疾人平等参与的社会环境；在残疾人中广泛开展自强活动，增强了残疾人的参与意识和奋斗精神。这一切，不仅给残疾人带来了实实在在的利益，也为今后残疾人事业的发展打下了良好的基础，同时对经济发展、社会稳定和精神文明建设产生了积极影响。

当前，全省上下正在全面贯彻和落实党的十五大精神，把改革开放和社会主义现代化建设全面推向二十一世纪。我们赞美自强不息的精神，就是要像自强模范那样，牢固地树立正确的世界观、人生观、价值观，热爱祖国，珍惜人生，奋发进取，顽强拼搏，在各自的岗位上，创造出无愧于祖国、无愧于时代的业绩；我们颂扬扶残助残的道德情操，就是要从我做起，讲人道，讲文明，心中有他人，心中有集体，服务人民，奉献社会，共同创造团结互助、平等友爱、共同前进的社会风尚。

残疾人工作，任重而道远。我们应当清醒地看到，由于历史的原因以及经济社会总体发展水平的制约，我省残疾人事业起点低、条件差，残疾人还面临相当多的困难。各级党委政府要进一步加强对残疾人事业的领导，认真贯彻残疾人保障法，全面完成我省发展残疾人事业的各项任务。全社会要进一步发扬扶残助残的良好风尚，向残疾人伸出友爱之手，扶助他们与全省人民共同前进。广大残疾人要继续发扬爱国主义、集体主义、社会主义和乐观进取精神，自尊、自信、自强、自立，积极投身改革开放的伟大实践，为社会主义现代化建设增砖添瓦。

加强民主法治建设
促进社会和谐稳定

监察工作要为经济建设和改革开放保驾护航*

（1992年3月4日）

> 惩治腐败与改革开放在根本目的上是一致的，只有惩治腐败、扶正祛邪，才能把广大干部群众的积极性引导到干事创业上，才能从根本上维护国家、企业和广大群众的利益，才能形成积极向上的精神风貌。因此，改革开放要坚定不移，肃贪倡廉要坚定不移，严肃查处党政机关和工作人员中的腐败现象要坚定不移。

在改革开放的新形势下，全省各级监察机关要根据自己的工作职能和特点，自觉服从服务于经济建设这个中心，贴紧省委省政府的中心工作来展开。监察工作如何更好地为我省经济建设和改革开放服务，目前，可归纳为以下几个方面。

一是坚定不移地坚持党的基本路线，保证党的各项方针政策的落实。邓小平同志指出："基本路线要管一百年，动摇不得。只有坚持这条路线，人民才会相信你，拥护你。""军队、国家政

---

* 这是李长春同志在河南省监察工作会议上讲话的一部分。

权，都要维护这条道路、这个制度、这些政策。”监察机关是政权机关的重要组成部分，必须坚定不移地坚持党的基本路线，维护党的基本路线，保证党的各项方针政策的贯彻落实。中央和省里为进一步改革开放制定了许多政策，总的看效果是好的，但也有一些政策落实不到企业、落实不到基层。抓落实是当前工作的主要矛盾，监察机关要在抓落实上做文章，要通过行政监察职能，保证中央各项方针、政策和措施的落实，保证政令畅通。对有令不行的，轻则批评，重则给予行政处分，以保证中央和省委省政府方针政策的真正落实。还要从中发现带有普遍性的问题，分析原因并向同级政府提出监察报告以及解决问题的措施和建议。

二是监督检查经济管理、执法监督部门执行国家法律法规和正确履行职责的情况。目前，一些执法监督部门乱检查、乱收费、乱罚款的“三乱”问题，已成为生产力发展和改革开放的障碍，人民群众和企业反映十分强烈。监察机关要把解决以“三乱”为重点的行业不正之风，作为纠风工作的重点抓起来，为企业创造良好外部环境。

三是严肃惩治腐败、加强廉政建设，为经济发展创造良好的社会环境。惩治腐败与改革开放在根本目的上是一致的，只有惩治腐败、扶正祛邪，才能把广大干部群众的积极性引导到干事创业上，才能从根本上维护国家、企业和广大群众的利益，才能形成积极向上的精神风貌。因此，改革开放要坚定不移，肃贪倡廉要坚定不移，严肃查处党政机关和工作人员中的腐败现象要坚定不移。

四是利用监察手段保护改革、支持改革。我们所进行的改革是前人没有从事过的伟大事业，没有现成经验可供借鉴，改革必然有曲折、有挫折。监察机关要认真学习政策、研究改革，通过自己的工作为改革保驾护航。要通过发挥监察职能，鼓励各级干部积极探索，大胆试验，创造性地工作。现代化建设需要探索和创新，要求改革试验百分之百正确是不可能的，要善于分析，正确区别改革探索中由于经验不足出现的问题，与钻改革空子、坑害国家集体利益和损公肥私、中饱私囊的界限。对前者要热心帮助他们总结经验教训，更好地做好工作，使大家敢于试验，敢于探索，形成干事创业的大环境，对于钻改革空子、损公肥私、中饱私囊、败坏改革声誉的，要坚决查处。

社会稳定是经济社会发展的基本保证*

（1993 年 6 月 10 日）

经济发展不可能孤立地进行，还必须有政治的、社会的、文化的、科学的、军事的等一系列因素提供可靠的保证。其中稳定的社会环境，是保证经济顺利发展的重要因素之一。

保持社会稳定本身就是建设有中国特色社会主义的题中应有之义，也是促进经济社会发展的基本保证。发展和稳定是辩证统一的，两者相辅相成。经济发展是社会稳定的重要条件，贫穷不是社会主义，贫穷不能保证社会主义社会长治久安。只有高度发达的生产力，才能为社会稳定提供高度发达的物质基础，才能不断提高人民群众的政治素质和生活水平，才能增强人们的法制观念，自觉遵守社会秩序，维护社会稳定。但是经济发展也不可能孤立地进行，还必须有政治的、社会的、文化的、科学的、军事

---

* 这是李长春同志在河南省信访暨社会治安综合治理工作座谈会上讲话的一部分。

的等一系列因素提供可靠的保证。其中稳定的社会环境，是保证经济顺利发展的重要因素之一。我们不是讲安居乐业吗？只有安居才能乐业。如果一个地方社会秩序混乱，动荡不安，凶杀、抢劫、盗窃、械斗、诈骗，民事纠纷不断，群众整天提心吊胆，就不可能安心发展。这一点，我省也是有教训的，也是吃了苦头的。我省有的地方接连发生大的事端，搞得几级领导焦头烂额，旷日持久地疲于应付，耗费了大量的人力、物力、精力和时间。在这种情况下，即使想集中精力搞经济建设也是不可能的。今年春节期间，家在农村的同志回家过节，回来后反映，有些地方农民不敢致富，谁致富谁的日子就不好过，养的猪羊担心被盗，夜里人畜同居一室，晚上看露天电影也牵着牲口一起去。试想事态发展到这种程度，群众还有什么安全感可言。

稳定的社会环境也是对外开放的必备条件。当前抓住机遇加快发展，首先就要抓住对外开放的机遇，对外开放就要改善投资环境，而社会稳定是最重要的投资环境。有些地方好不容易引来外地客商，结果当地的地痞流氓寻衅滋事，搅得一塌糊涂，客商被迫转移。我们内陆省的投资环境与沿海地区相比本来就先天不足，如果我们不创造一个比沿海更加安定、更加宽松、更有秩序的软环境，以软环境之长避硬环境之短，那么我们同沿海地区的差距将会越拉越大。如果我们内地真正能够发挥中华民族的传统美德，以德感人，那么我们的投资环境一定会大有改观。

因此，不论是从建设有中国特色社会主义来讲，还是为改革开放创造良好的投资环境来讲，我们都应该把社会稳定工作放在同抓经济工作同等重要的位置上。我非常赞成郑州市委提出的“一高一低一稳定”〔1〕，或者叫“一上一下一稳”。希望各级党委和政府要拿出更大的魄力，解决社会稳定问题。

注　释

〔1〕“一高一低一稳定”，即经济发展速度要高于河南全省平均水平，人口增长速度要低于河南全省平均水平，保持社会稳定。

坚持和完善人民代表大会制度*

（1994 年 9 月 13 日）

> 搞好民主法制建设，必须处理好立法与执法的关系。社会主义法制是一个完整体系，包括立法、知法、守法、执法、法律监督等方面。它的基本要求是有法可依、有法必依、执法必严、违法必究。其中，立法是前提，知法和守法是基础，执法是关键，监督是保障。人大的任务，一方面要制定法规，保证有法可依；另一方面要做好监督，保障有法必依。

回顾 40 年我国各级人大所走过的足迹，我们深刻认识到，人民代表大会制度作为我国的根本政治制度，是我国人民在党的领导下，经过革命斗争所作出的历史性选择，也是我们党在马克思主义国家学说指导下长期进行人民政权建设的经验总结。它不仅具有比资本主义民主制度无可比拟的优越性，而且是符合我国

* 这是李长春同志在河南省纪念人民代表大会成立 40 周年座谈会上的讲话。

国情的人民当家作主的最好组织形式，有着深厚的根基和强大生命力。

当前，我们国家在建立社会主义市场经济体制的新形势下，对民主法制建设和人大工作提出了新的要求，地方各级人大面临更加繁重而艰巨的任务。我们纪念人民代表大会成立40周年，最重要的就是要适应建立社会主义市场经济体制的要求，更好地坚持和完善人民代表大会制度，全面、有效地履行宪法和法律赋予人大及其常委会的各项职权，做好新时期的人大工作。

一、坚持和完善人民代表大会制度是政治体制改革的重要内容。邓小平同志讲过："在政治体制改革方面有一点可以肯定，就是我们要坚持实行人民代表大会的制度，而不是美国式的三权鼎立制度。"江泽民同志也指出："坚持和完善人民代表大会制度

1992年3月20日，外国及港台记者采访出席七届全国人大五次会议的河南省省长李长春。

是政治体制改革的一个重要内容”，“建设社会主义民主政治，最重要的是坚持和完善人民代表大会制度”。我国是以工人阶级为领导的、以工农联盟为基础的人民民主专政的社会主义国家，国家的一切权力属于人民。这种国体要求国家的政体必须保证人民行使当家作主的权利。人民代表大会是按民主集中制的原则组织起来的。人民通过各级人民代表大会统一行使国家权力，行使国家的立法权，产生国家的行政、审判、检察机关，并对所产生的国家机关依法施行监督。这种政权组织形式的正确运用和完善，既能充分发扬民主，保障全体人民统一行使国家权力，充分调动人民群众当家作主的积极性和主动性，又有利于国家政权机关分工合作，协调一致地进行社会主义现代化建设，因而具有显著的优越性。党的十一届三中全会以后，党中央总结和吸取历史经验教训，把完善人民代表大会制度作为推进政治体制改革、建设社会主义民主政治的重要任务和根本性措施。我省各级人大，特别是 1979 年县级以上设立人大常委会以来，努力开创人大工作的新局面，在国家的政治生活中发挥了越来越大的作用，很好地履行了宪法和法律赋予的各项职权；加快地方立法步伐，为全省的改革开放和经济建设提供了必要的法律保障；讨论决定本行政区政治、经济、文化和社会等方面的许多重大事项，解决了一些本行政区域内的全局性和群众关心的问题；加强了对“一府两院”的法律监督和工作监督，推动了宪法、法律、法规的实施和党的方针政策的贯彻落实；依法选举和任免了国家机关工作人员，保证了国家机关工作的顺利开展。在密切联系代表和群众，加强人大常委会的自身建设等方面也取得了较大进展。这一切表明，人民代表大会制度确实具有强大的生命力。因此，我们要从坚持人民民主专政、从政治体制改革目标的高度来充分认识坚持和完善人民代表大会制度的重要性。

二、努力加强民主与法制建设是各级人大的根本任务。邓小平同志多次强调，搞四个现代化，必须“一手抓建设，一手抓法制”。发展社会主义民主，健全社会主义法制，是我国社会主义民主政治建设的核心内容，是各级人大及其常委会的一项根本任务。人大就是通过立法、监督等，加强民主和法制建设来服务于党的“一个中心、两个基本点”的基本路线，调动各方面的积极性，保障改革开放的顺利进行和经济建设的健康发展。省人大常委会要把加快地方立法步伐，特别要把经济立法作为第一位的任务，争取在三至五年内制定一批具有我省特色的，能规范市场主体行为、维护市场经济秩序、加强宏观调控以及社会保障方面的地方性法规，努力做到在经济、社会生活的主要方面有法可依。同时，还要坚持两个文明建设一起抓的方针，抓紧制定推进民主政治建设和保证公民权利方面的法规，加强社会治安综合治理和廉政建设方面的法规，促进教育、科学、文化、卫生事业发展方面的法规，努力使我省的社会主义民主政治建设有较大的进展。

搞好民主法制建设，还必须处理好立法与执法的关系。社会主义法制是一个完整体系，包括立法、知法、守法、执法、法律监督等方面。它的基本要求是有法可依、有法必依、执法必严、违法必究。其中，立法是前提，知法和守法是基础，执法是关键，监督是保障。人大的任务，一方面要制定法规，保证有法可依；另一方面要做好监督，保证有法必依。江泽民同志指出：“监督‘一府两院’的工作是人大及其常委会的一项重要职责。这种监督，既是一种制约，又是支持和促进。”在国家监督体系中，人大的监督是最高层次、具有法律效力的监督，它既体现了人民对国家行政、审判、检察权力的有力制约，又体现了人民对国家机关工作的积极支持。目前来说，监督工作要抓好四个重点：一是监督国家机关完成国民经济和社会事业发展计划，加快振兴河南的步伐。二是监督国家机关正确执行法律、法规，维护经济生活秩序，维护公民的合法权益。三是监督国家机关特别是各级政府，按照党的十四大、十四届三中全会的要求，加快转变职能，加快建立社会主义市场经济体制。四是要把反对腐败、搞好廉政建设作为监督的重要任务。执法检查、民主评议和依法治理这三项活动，是人大及其常委会多年来在监督实践中总结出来的行之有效的好形式，要继续开展好这三项活动，使之经常化、规范化、制度化。

三、要充分发挥人大在联系人民群众方面的主渠道作用。人大是代表人民行使权力的机关，是党联系群众的重要渠道。人大及其常委会要注意密切同人民群众的联系，主动接受人民群众和人大代表的监督，满腔热忱地为人民群众和人大代表服好务。应当看到，在社会主义市场经济条件下，群众对经济发展和健全民主与法制的信心，已经成为造就良好社会经济环境和政治环境的重要因素。我们要坚持走群众路线，经常深入基层调查研究，把广大干部群众的积极性引导到抓住机遇、深化改革、扩大开放、促进发展、保持稳定上来。人大制定地方性法规、决定重大问题，都要事先征求代表的意见，重要的法规和重大事项，还应广泛征求人民群众的意见。只有这样，我们制定的法规和作出的决议、决定，才能符合全省人民的愿望和利益，符合我省改革开放和现代化建设的实际。对人民群众普遍关心、反映强烈的热点问题，要有计划、有重点地开展视察和检查活动；对人民群众来信来访中反映的一些重大案件，要直接组织力量调查，或督促有关部门及时处理。要关心人民的疾苦，把人民的利益放在首位，真正为群众办实事、办好事，充分调动一切积极因素，团结一切可以团结的力量，把我省的社会主义事业不断推向前进。

四、必须重视和加强对人大制度的宣传工作。人民代表大会制度的宣传工作，既是我们党宣传思想工作的重要组成部分，也是一项重要的政治任务。进一步加强对人民代表大会制度的宣传，对于推进社会主义民主和法制建设，坚持和完善我国的根本政治制度，建设有中国特色的社会主义民主政治，具有十分重要的意义。各级党委都要重视做好人大宣传工作，宣传部门和新闻单位要把宣传人大制度作为一项重要任务和经常性工作抓紧抓好。

新中国成立以后，特别是1979年地方各级人大常委会建立以来，随着人大工作的开展和作用的发挥，人大制度越来越深入人心，人大及其常委会的威望日益提高。但是，由于历史的原因，在现实的政治生活中，人们对人大的认识与宪法规定的法律地位还有一定距离。我们只有通过系统的、经常性的宣传教育，才能使广大群众增强宪法意识，了解人大制度，使各级国家行政、司法机关及其工作人员熟悉人大工作、接受人大监督，从而自觉地坚持和完善这个制度。当前，开展人大制度的宣传教育，要着重抓好以下几点：一是要大力宣传人民代表大会制度的优越性，使人们从思想上进一步弄清资本主义国家机器与社会主义的人民政权、西方的议会制度与我国人民代表大会制度、资本主义民主和社会主义民主的本质区别，不断加深对人大制度的认识。二是要积极宣传人大及其常委会在国家政治生活中的重要作用，使人民群众了解社会主义民主政治的核心是人民当家作主，人大及其常委会代表人民行使国家的权力。三是要把宣传人大制度同总结人大经验结合起来，用各级人大及其常委会的工作实绩来说明问题，提高人们对人大性质、地位和作用的认识。四是要把人大的宣传同理论研究结合起来，深入开展人大工作的理论研究，提高宣传实效。

五、加强和改善党的领导是做好人大工作的根本保证。我们党是执政党，党的执政地位，是通过党对国家政权机关的领导来实现的。各级政权机关，包括人大、政府和两院，都必须接受党的领导。党委不能直接向人大发号施令，不能代替人大行使国家

1993 年 4 月 22 日，李长春在河南省八届人大一次会议上当选为河南省人大常委会主任后，与原代主任林晓拥抱。

权力。党的政治领导、思想领导、组织领导，要通过政治原则、政治方向、重大决策的领导和思想政治工作、向政权机关推荐重要干部等来实现。要善于把党的正确主张，经过法定程序变成国家意志和人民的自觉行动，使国家权力机关的工作始终置于党的领导下。

各级党委要把人大工作列入重要议事日程，切实加强领导。要定期听取人大党组的工作汇报，按照中央的有关规定，坚持邀请人大主任或主持工作的副主任列席党委常委重要会议的制度，使人大党组及时了解党委的意图，更好地开展工作。各级党委都要在宪法和法律范围内活动，增强法制观念和民主意识，支持人大依法行使职权，凡是按照法律规定应当提交人大审议的事项，都要提交人大讨论。要协调好人大同“一府两院”的关系，善于运用国家形式来实现党委的意图，保证党的路线、方针、政策在本地的贯彻实施。人大要自觉、主动地接受党委的领导，努力使人大工作的各项内容、进程服从和服务于党的中心工作，重要问题提交党委讨论，把党委的决定，经过法定程序变成国家意志，动员和组织人民去实施。人大党组要主动向党委反映情况、报告工作。人大需要通过的法规和决定的重大事项，以及重要的会议议题和活动，都要事先向党委请示报告，取得支持。各级党委还要高度重视人大的自身建设，认真帮助人大解决工作中存在的实际困难和问题。

做好新时期政协工作*

（1995 年 8 月 15 日）

人民政协是团结的象征，应当把维护安定团结、稳定和谐的政治环境，作为一项长期任务，作为自己义不容辞的责任。在当前经济社会生活中遇到一些新矛盾、新问题的情况下，更要注意发挥政协联系面广、代表人物多的优势，在全省做好统一思想的工作。

中国人民政治协商会议是我国最广泛的爱国统一战线组织，是具有中国特色的社会主义政治体制的重要组成部分，是发扬社会主义民主的重要渠道，是中国共产党领导的多党合作和政治协商制度的重要机构。四十多年来，人民政协在各个历史时期都发挥了重要作用，创造了辉煌业绩。它的特殊地位和作用，是任何其他机构所不能代替的。

八届全国政协常委会第九次会议通过的《政协全国委员会关于政治协商、民主监督、参政议政的规定》，是人民政协履行主

* 这是李长春同志在河南省委召开的政协工作会议上讲话的一部分。

要职能的规范性文件。中共中央对这个文件十分重视，正式发出《通知》，要求各地区、各部门认真贯彻执行。各地要抓好落实，抓住机遇，奋发努力，使政协工作取得实实在在的进展。

第一，有组织、有计划地把政治协商引向深入。中共中央《通知》指出："对国家和地方的大政方针以及政治、经济、文化和社会生活中的重要问题，要在决策之前在政协进行协商。"中央的这一要求，实际上是把人民政协的政治协商纳入了国家和地方的决策程序。多年来，省委省政府按照中央的有关规定，坚持对重要问题和重大举措在决策之前进行民主协商，取得了很好的效果。坚持协商于决策之前，这已成为我省实现决策民主化、科学化的一条基本经验。今后，各级党委和政府要继续坚持和完善协商于决策之前的好经验和好办法，不仅要做到重大情况及时向党外通报，更重要的是在决策过程中主动搞好与政协和各民主党派的协商。每一次重大问题的协商，都要提前通气，让大家了解情况，认真做好准备。在协商过程中要真心实意听取意见，虚心求教问计，对合理的意见要积极予以采纳。各级政协都要制定切实可行的协商计划，使协商有的放矢，意见有理有据。要改进协商方式，在充分运用现行协商形式的基础上，针对不同层次不同内容，探索、创造新的形式，采取大范围讨论、小范围座谈、公开协商、内部沟通等灵活多样的办法，使协商活动开展得更加生动活泼、卓有成效。

第二，切实有效地开展民主监督。毛泽东同志在延安与民主人士黄炎培谈话时曾经说过，我们共产党人能够跳出历代王朝"其兴也勃""其亡也忽"的周期率的支配，办法就是民主，"只有让人民来监督政府，政府才不敢松懈。只有人人起来负责，才不会人亡政息”。人民政协的民主监督是人民监督的重要组成部分，这种监督既包括统一战线内部中国共产党和各民主党派之间的互相监督，也包括各界代表人士对国家机关及其工作人员的监督。以江泽民同志为核心的党中央要求进一步加强这种监督，广大人民群众希望切实开展这种监督，在发展社会主义市场经济条件下，也需要下大力气搞好这种监督。人民政协应当适应新形势的要求，加大民主监督的力度。要完善监督方式，运用各种会议，开展各项活动，进行经常性的监督。政协的民主监督要同党的纪检机关、国家权力机关、司法机关和行政监察机关等方面的监督密切配合。在坚持四项基本原则的基础上，发扬民主，广开

1996 年 3 月 21 日，李长春出席河南省统战部长会议并与代表合影。

言路，鼓励和支持政协委员对党和国家的方针政策、各项工作提出意见、批评、建议，做到“知无不言，言无不尽”，“言者无罪，闻者足戒”，并且勇于坚持正确的意见。

第三，进一步拓展参政议政的领域。参政议政是政治协商和民主监督的延伸。一般说来，政治协商、民主监督以国家和地方的大政方针、重大问题为中心议题，以各级领导机关为具体对象，以会议为主要形式，并依据一定的程序和规则进行。参政议政则不完全受上述条件的局限，对象更加广泛，形式更加多样，方法更加灵活。把参政议政确定为政协的一项主要职能，是新的历史条件下政协工作的进步和发展。它为各级政协和广大政协委员报效国家，发挥作用，提供了更多的机会。各级政协要进一步总结经验，结合各自的实际情况，把参政议政更富有成效地开展起来。各级政协要充分发挥自身的人才优势，针对我省当前经济社会生活中的热点难点问题，组织有关委员和专家学者，与党委和政府的同志一道，深入开展调查研究，提出有深度的意见和操作性强的办法。我们内陆省份加快发展的重要出路在于进一步扩大对外开放。现在仍然是扩大开放的有利时机，省委制定了开放带动战略，目的就是要抓住机遇，加快对外开放的步伐。各级政协都有与海内外联系广泛的优势，要发挥这一优势，协助地方党委政府搞好引进工作，加强东西合作，促进南北交往，扩大对外开放，在实施我省开放带动战略中更好地发挥作用。

第四，发挥政协的团结功能，促进全省的政治稳定。安定团结、稳定和谐的政治局面是全省人民的愿望和根本利益所在，是改革开放和现代化建设的前提和保证。人民政协是团结的象征，应当把维护安定团结、稳定和谐的政治环境，作为一项长期任务，作为自己义不容辞的责任。在当前经济社会生活中遇到一些新矛盾、新问题的情况下，更要注意发挥政协联系面广、代表人物多的优势，在全省做好统一思想的工作。要继续营造干事创业的环境，广泛团结各界人士，宣传省委省政府的主张，全面分析形势，正确引导社会舆论，化消极因素为积极因素，把人们的注意力引导到抓住机遇、加快河南发展上来，使社会各方面的人士齐心协力，坚定信心，振奋精神，克服困难，奋勇前进。

农村社会必须保持稳定*

（1995 年 9 月 8 日）

要把“富民工程”作为密切干群关系的有效途径，切实抓紧抓好。有的地方出现群体性事件，一个重要的原因就是经济发展慢，为群众服务的工作不力，干部一味向群众索取，而没有给群众带来实惠，造成干群关系紧张。

要高度重视农村基层基础工作，切实搞好后进乡、村的基层组织建设。对已列为第一、第二批整顿[1]的村，要扎扎实实地把党支部整顿好，决不能走过场。通过整顿，把村级班子建设成为能够贯彻党的路线方针政策，带领群众脱贫致富奔小康的坚强战斗堡垒。在此基础上，要搞好其他村级组织的配套建设。对虽没有纳入第一、第二批整顿，但发现有不稳定苗头和隐患的村，也要一个一个进行排查。对排查出来的不稳定村，要纳入第二批进行整顿。结合整顿工作，要对乡、村领导干部进行培训。在整

* 这是李长春同志在河南省市地党政主要领导同志和省直有关部门负责人座谈会上讲话的一部分。

顿和培训过程中，要把前一段出现的群体性事件解剖一下，运用典型案例教育干部，提高基层干部的素质，切实改进思想作风和工作作风。对于因工作不力酿成群体性事件的，要追究领导责任。

要把“富民工程”作为密切干群关系的有效途径，切实抓紧抓好。有的地方出现群体性事件，一个重要的原因就是经济发展

1991 年 8 月 7 日，李长春和河南省委书记侯宗宾（前右一）在信阳地区固始县三河尖乡搬运救灾物资。

慢，为群众服务的工作不力，干部一味向群众索取，而没有给群众带来实惠，造成干群关系紧张。从舞阳等地方的实践看，“富民工程”是密切干群关系的有效途径，尤其是在经济不发达的地区，党委和政府一定要把“富民工程”作为大事扎扎实实地抓紧抓好，不能只停留在一般号召上，主要领导要亲自抓，要注意运用多种方式推动这项工作广泛深入地开展。

要切实减轻农民负担，防止反弹。当前农民负担重主要表现在三个方面：一是交了定购粮不给农民结账。二是定购任务层层加码，侵害了群众利益，加重了农民负担。三是超出农民承受能力办公益事业。集资办公益事业要考虑农民的承受能力，要经过审批。对减轻农民负担，要做些调查研究，分析有哪些做法加重了农民负担，有针对性地提出一些解决问题的措施。对灾区更要注意减轻农民负担，安排好群众的生活。总之，要针对当前形势下农民负担加重的新问题，在认真调查研究的基础上，总结减轻农民负担的好经验，找出好办法。

要采取针对性措施，确保农村社会政治稳定。从近期以来一些地方发生的群体性事件看，确有一些坏人利用群众的不满情绪制造事端，对此必须提高警惕。对于当前一些地方出现的不稳定苗头，要做好工作，正确区分和处理两类不同性质的矛盾。要深入到群众中去，采取与群众同吃、同住、同劳动等行之有效的方法，做好群众工作。做群众工作要动之以情、晓之以理，进行说服教育，千万不能随意动用警力。要总结正反两方面的经验教训，学会做群众工作，特别是新上来的年轻干部更要注意学会做群众工作。当少数坏人和部分群众搅在一起时，不要简单抓人，避免激化矛盾。要做好工作，把群众与坏人分离开，对群众主要是教育问题，对煽动群众闹事的少数坏人要坚决予以孤立、打击，对违法犯罪的要依法惩处。

注 释

〔1〕第一、第二批整顿，指河南省开展的农村基层组织整顿工作。1994年11月中共中央发出《关于加强农村基层组织建设的通知》，要求“大力加强农村基层组织建设”，实现“五项目标”，即建设一个好领导班子、培养锻炼一支好队伍、选准一条发展经济的好路子、完善一个好经营体制、健全一套好的管理制度。根据中央精神，河南省从1995年初至1997年底，分三批抽调5万名机关干部，对全省后进村进行了整顿。

依法治省，确保经济社会有序发展*

（1996年10月4日）

人民群众的积极参与是搞好依法治省的关键。依法治省的主体是人民群众，没有人民群众的积极参与，要搞好依法治省是不可能的。各级党政和司法、执法机关，既要规范人们的行为，行使好管理社会的职能，同时还必须充分尊重和维护好人民群众的合法权益。

实现1996—2000年全省依法治省工作规划的总体目标，任务十分繁重，需要付出艰苦的努力。当前和今后一个时期，要着重抓好以下几项工作。

完善地方立法，健全行政规章。地方立法工作必须依据国家的法律、法规和我省经济社会发展的实际情况，坚持改革开放与法制建设相统一，把改革决策、发展决策同立法决策结合起来，完善立法程序，提高立法质量。首先，要加快经济立法步伐，加快制定规范市场主体和市场行为、维护市场经济秩序、加强宏观调控

* 这是李长春同志在河南省依法治省广播电视动员大会上讲话的一部分。

和完善社会保障制度等方面的地方性法规，保证我省经济社会健康有序发展。其次，要着重加快制定和完善社会主义精神文明建设、廉政建设、社会治安管理和法制宣传教育等方面的地方性法规，推进社会主义精神文明建设，严厉打击各种违法犯罪活动，维护社会治安秩序。第三，没有地方立法权的市、地和省直单位，要加快依法建章立制工作，建立和完善与法律法规相配套的规章制度。到本世纪末，初步形成与国家法律法规相配套的地方性法规体系，使我省的各项事业基本实现有法可依、有章可循。

加大执法力度，严格依法办事。严格执法，在依法治省工作中具有十分重要的地位和作用。司法和执法涉及政治、经济、文化、社会生活的各个方面，涉及人民群众的切身利益。各级司法、行政执法机关要严格依法办事，以实际行动维护社会主义法制的尊严，保证法律法规的正确实施，切实保护公民的合法权益，增强广大人民群众对依法治省工作的信心，激发他们参与依法治省工作的积极性和创造性。在依法治省过程中，必须进一步强化执法工作，规范执法行为，建立严格的执法制度和有效的监督制约机制。要加强执法队伍建设，特别是要提高执法人员的政治素质和法律业务素质，进一步推行部门执法责任制、错案追究制度和赔偿制度，实行执法人员持证上岗制度，不断提高执法水平。同时，要不断改善执法人员的工作条件，保证必要的办案经费，为他们公正执法创造良好的环境。

加强执法监督，确保法律法规的顺利实施。建立健全行之有效的执法监督和制约机制，是依法治省的一项重要工作。司法、执法机关要自觉接受党委、人大、政府、政协、法律监督机关、民主党派、群众团体、人民群众和新闻媒体的监督。各级人大及

1995年4月，李长春与全国公安系统“警民同心万里情”英模事迹报告团成员合影。前排左三为河南省委常委、政法委书记郑增茂，右四为河南省委副书记任克礼，右二为河南省副省长李志斌。

其常委会要切实履行监督职责，进一步拓宽评议范围，组织好人大代表的监督，完善执法监督机制，坚决纠正有法不依、执法不严、违法不究等现象。各级政府要切实加强对行政部门的执法情况和下一级人民政府依法行政情况的监督检查，确保法律法规的顺利实施。要采取有效措施，确保国家行政诉讼制度、行政复议制度、审计监督制度、监察制度、民主监督制度的严格执行，充分发挥其应有的作用。人民群众的积极参与是搞好依法治省的关键。依法治省的主体是人民群众，没有人民群众的积极参与，要搞好依法治省是不可能的。各级党政和司法、执法机关，既要规范人们的行为，行使好管理社会的职能，同时还必须充分尊重和维护好人民群众的合法权益。各级司法、执法机关要进一步开辟人民群众监督的渠道，通过设立举报电话、搞好人民群众来信来访接待、开展经常性法律咨询等多种形式和活动，主动接受人民群众的监督；要继续坚持过去聘请特邀监督单位和由社会各阶层参加的特邀监督员等行之有效的办法，进一步建立健全社会监督网络。新闻媒体要开辟法律讲座专栏，教育广大人民群众增强法制观念，并懂得如何拿起法律武器，维护自身合法权益。各级党委政府和司法、执法部门，在总结推广过去群众监督的成功做法的同时，还要在实践中不断积极探索更加有效的途径和办法，不断扩大群众监督面，及时查处司法和行政执法中的违法违纪行为，履行好对人民实行民主、对敌人实行专政的职责，真正解决人民当家作主的问题。

继续深入开展法制宣传教育。要认真贯彻“三五”普法规划，继续开展法制宣传教育，进一步加大法制宣传教育的力度。要联系依法治省工作的实际，在学习内容上，注意抓好党的民主法制理论和相关法律的结合；在普法对象上，注意抓好一切有接受教育能力的公民与重点对象的结合；在宣传形式上，注意抓好群众喜闻乐见的常规形式与现代化传播媒体的结合；在宗旨目的上，注意抓好法制宣传教育与依法治理的结合。要充分认识到法制宣传教育工作的长期性和艰巨性，各级普法主管部门、各专业法主管部门，要继续开展扎实有效、富有创造性的宣传教育工作，力争在2000年以前，使全省广大干部群众的法律素质有一个新的提高。

讲求实效，大力开展各项事业的依法治理。实施依法治省，必须坚持民主法制教育与民主法制实践相结合。在普及法律知识的基础上，坚持不懈地推进各地区、各行业的依法治理，尤其是要认真抓好基层依法治理，逐步形成以基层依法治理为基础，行业依法治理为支柱，各个层次纵横结合的依法治理网络，促进依法治省工作的全面开展。要继续贯彻抓基层、打基础的工作方针，认真推广“依法建制、以制治村、民主管理”的经验，进一步抓好农村的依法治理工作。要切实抓好依法治厂、依法管理企业工作，在深化企业改革、建立现代企业制度中，帮助企业运用法律手段强化管理，搞活经济，增强市场竞争力。要在基层依法治理的基础上，广泛开展各行业、各系统的依法治理工作，积极稳妥地推进依法治县和依法治市，逐步形成依法治省的大格局。

高度重视新时期人民内部矛盾*

（1997年1月15日）

在大变革过程中，人民内部矛盾出现了许多新的情况、新的问题。对这样一个社会现象怎么看？我想，一不要大惊小怪，二不要掉以轻心。对人民内部矛盾，能不能高度重视，能不能妥善处理，能不能防止被少数坏人所利用，这是关系到我们政治社会稳定的一个大课题。

堡垒最容易从内部攻破。当前真正威胁政治社会稳定、容易形成全局性问题的，还是人民内部矛盾，特别是群体性事件。这是政治社会稳定最重要的方面。刑事犯罪多几个，虽然也有个群众安全感问题，但对政治社会稳定构成不了大的威胁，只要我们正确运用法律的武器，不会形成什么大的气候。但是，对人民内部矛盾，能不能高度重视，能不能妥善处理，能不能防止被少数坏人所利用，这是关系到我们政治社会稳定的一个大课题。

当前，我国正处于伟大的社会变革之中，我们正在进行改革

---

* 这是李长春同志在河南省政法工作会议上讲话的一部分。

开放，建立社会主义市场经济体制，建设有中国特色的社会主义事业，整个形势是大好的。也应该承认，在大变革过程中，人民内部矛盾出现了许多新的情况、新的问题。对这样一个社会现象怎么看？我想，一不要大惊小怪，二不要掉以轻心。这么大的社会变革，没有一些人民内部矛盾是不可能的。换句话说，在所有的社会主义国家中，能够坚持社会主义方向，并沿着改革开放的路子顺利前进的，可以自豪地讲，我们中国是非常成功的，这是世界公认的。在社会变革过程中，人民内部矛盾出现了一些新的情况、新的问题，我想，从客观上讲，有这么几个原因。

一是随着我国经济体制改革的深入，利益格局发生了很大变化，出现了一些新情况、新问题。经济体制改革改变了“大锅饭”的体制，使每个地区、每个单位、每个个人更加关心、更加重视自己的切身利益，从而可以通过利益机制调动大家的积极性。这是经济体制改革的一个重要出发点。在这种情况下，我们原来体制下的利益格局发生了新的变化：企业之间利益差距拉开了，好的企业和差的企业之间收入差距拉大了；地区之间利益差别拉开了，过去全国一个工资标准，现在沿海地区的补贴就比我们中西部高不少；单位之间利益差别拉开了；不同群体之间利益差别拉开了。邓小平同志提出，要让一部分人一部分地区先富裕起来，没有这个，调动不了积极性，全社会的财富增加不了。当然，我们是社会主义，最终要实现共同富裕。一部分人一部分地区先富裕起来，和实现共同富裕不会是同时产生的。同时出现是不可能的，如果是那样，也只能是大家都受穷。现在一部分人先富裕起来，越来越在单位之间、地区之间、不同群体之间见到效果，但是共同富裕还有个过程。这样就带来心理上的不平衡，使得人民内部矛盾出现了一系列的新情况、新问题。

二是随着社会主义民主政治建设的加强，国家在民主法治方面前进了，人民的参与意识增强了，而实际社会生活中发展还很不平衡，特别是在一些基层还没有落实下去。比如在农村，基层干部还是习惯于过去长期以来形成的家长式工作方法，什么政务公开呀，什么村民自治呀，在很多地方还没有落实。企业也是这样。职工更加关心自己的利益、企业的利益，但是许多人还习惯于过去计划经济“大锅饭”那一套，职代会、职工大会的作用未能得到很好发挥，还是少数人说了算。这些都激化了矛盾，使得干群之间、领导与被领导之间出现了一些新的摩擦。

三是随着改革的不断深入，原有的计划经济体制被突破了，而新的市场经济体制正在建立，在这个过程中，很多改革措施还不很配套，国家调控和社会调控出现一些真空，必然导致各种新的矛盾、新的问题。在计划经济体制下，国有企业实行指令性计划，不存在优胜劣汰、破产的问题。市场经济条件下要受市场法则的约束，就是优胜劣汰。可是现在市场法则开始运作了，社会保障体系一下子还跟不上，必然暴露一些矛盾。这就要求我们，一方面要抓紧配套；另一方面要在改革未配套的时候，先采取一些措施，有什么问题，解决什么问题。不重视改革开放过程中出现的新矛盾，听之任之，就会导致社会不稳定。

四是社会主义精神文明建设跟不上改革开放形势的发展。社会主义精神文明建设本质上是提高人的素质，要给社会变革提供精神动力，提供思想保证，提供智力支持，提供舆论环境。由于种种原因，对某些方面的改革，像收入马上就能增加的改革，大家都很愿意接受，而有一些关系到长远利益和全局利益的改革，就需要强大的思想政治工作来保证，但是我们跟不上，如住房改革、医疗改革、破产待业、职工分流、干部能上能下等。在市场经济价值规律逐步深入到各个领域和政治体制改革不断深入的情况下产生了大量思想碰撞，如何正确对待、如何确立社会主义义利观，都需要思想政治工作来保证，我们现在也跟不上。特别是在经济基础发生变革的情况下，作为上层建筑领域的思想政治工作如何适应新的形势，还需要不断探索。所以也确实出现了许多消极的、负面的东西，如信用缺失、不择手段地弄钱等，这都增加了我们稳定工作的难度。

五是我们的法制建设还跟不上社会变革的新形势。利益关系调整的法律法规还不健全，已有的法律宣传还不够，法治观念淡漠，普法任务很重。要加快法律法规建立和完善的步伐，加大宣传力度，提高人们依法办事的意识，真正做到有法必依、执法必严、违法必究。广大党员干部要努力学习和掌握法律知识，学会运用法律手段来管理经济和社会各项事务，要将过去习惯于主要依靠行政命令管理的手段转向主要依靠法律的手段来管理。同时，大力宣传已有法律法规，推动法律知识普及，提高人们的法治观念和法治意识。

六是我们这样一个伟大的社会变革，是在对外开放的条件下，是在国际环境并不是很宽松的情况下进行的。当前社会主义事业在国际上处于低潮，西方敌对势力更有可能把主要矛头对准中国，通过各种形式进行渗透，利用国内的敌对势力，利用一些人民内部矛盾制造事端。对于我们省来讲，非法宗教是敌人渗透的一个重要渠道。如果我们不能正确认识这样一个形势，就容易给我们的事业造成损失。

从我们主观上讲，也有这么几个原因。

一是我们相当一部分同志对新时期稳定工作的重要性认识不足，看不到新时期矛盾的复杂性，还不能够很好地落实中央提出的要处理好改革、发展、稳定关系的要求，还存在着单纯的业务观点，“单打一”“顾一头”，还不善于从全局上提高驾驭社会主义市场经济的能力。

二是我们还有少数干部全心全意为人民服务的宗旨意识有所淡薄。在长期执政的情况下，群众路线、群众观念有所忽视。再加上个别人在改革开放的情况下，经不住考验，出现腐败。所有这些都严重影响党群、干群关系。

三是我们在工作方法上也出现严重的不适应，不善于处理新形势下的人民内部矛盾，不习惯在推进民主政治建设中实施有效的领导。有时明明是为群众办好事，但没有走群众路线，甚至急于求成，脱离实际，事与愿违。一出现群众集体上访，不是耐心细致地做思想工作，倾听群众的合理要求，认真解决群众提出的合理问题，而是马上出动警察抓人。这就进一步激化了矛盾，使得个别的问题弄成范围更大的问题，比较简单的问题弄成比较复杂的问题，一般性的问题弄成矛盾高度激化的问题。我们有几个案子都是属于这个情况，教训很深刻。

四是我们的基层基础工作还不扎实。有些地方基层组织软弱涣散，出了问题不善于解决在萌芽状态，不能直面地做群众工作，甚至害怕群众，上面也不掌握信息，小事酿成大事。

大力推行村务公开、民主管理*

（1997年1月29日）

> 我们是人民的公仆，不怕群众监督，推行村务公开、民主管理，是对基层干部的爱护，它给群众一个明白，还干部一个清白，能够消除干群之间不应有的误会和隔阂，能够促进农村的稳定和长治久安。

当前我省农村形势总体上是稳定的，但也确实存在一些不稳定因素，除了一些地方农民负担较重以外，比较突出的问题是一些地方财务混乱、一些干部办事不公，导致干群关系紧张，信访案件增多，甚至发展成为群体性事件。对于这些问题，各级党委和政府必须予以高度重视，把保持社会政治稳定作为把握大局的首要着眼点和基本要求，从政治的、全局的高度来认识和做好农村稳定工作。农村稳定工作主要是两个方面：一个是社会治安秩序，现在还有一部分村比较混乱，各级都要认真排查，解决处理好；另一个是由于人民内部矛盾没有得到妥善处理而导致的不稳

---

* 这是李长春同志在河南省农村工作会议上讲话的一部分。

定，这就是村务公开、民主管理所要解决的问题。对不稳定的村，省委提出要采取标本兼治的办法。治标，就是专项治理，加强信访工作；治本，就是减轻农民负担，实行村务公开、民主管理，提高干部的思想素质。采取这些治本办法，是今年我省农村工作的一个大动作，是我们努力保持农村社会政治稳定的一项重要措施。

我省新野、汝南、辉县等地较早实行了村务公开，为在全省进一步推广村务公开提供了典型经验。他们的实践证明，实行村务公开、民主管理，是巩固农村基层组织、加强基层政权建设的有效途径，是保持农村社会政治稳定、把依法治省工作落实到基层的重要措施，不仅具有重要的现实意义，而且带有长远性和根本性。因此，各地都要尽快把这项工作开展起来。会后，省委省政府准备下发《关于在全省农村进一步推行村务公开、民主管理的意见》，各地要认真贯彻落实。要切实加强领导，精心组织，积极推进。推行过程中可能会遇到一些新问题，比如在推行村务公开的初期，有的基层干部有思想顾虑，怕失去权力；有的怕麻烦，认为没有必要；有的怕群众纠缠过去的问题，说不清楚，引起新的矛盾和不安定因素等。要做好深入细致的思想工作，及时解决这些问题。要进一步向广大干部讲清楚，我们是人民的公仆，不怕群众监督，推行村务公开、民主管理，是对基层干部的爱护，它给群众一个明白，还干部一个清白，能够消除干群之间不应有的误会和隔阂，能够促进农村的稳定和长治久安。各级党委要把推行村务公开、民主管理纳入议事日程，注意研究推行过程中的新情况新问题，特别是要引导广大群众向前看。对过去的问题，只要不是群众反映特别强烈的，一般不要去纠缠。

农村稳定，重在治本[*]

（1997 年 7 月 25 日）

在调查期间，毛屯村党支部书记韩克俭的话使我很受启发。他说："几年前俺村群众连续上访告状，干部觉得这是'胡来'。现在我们逐渐认识到，实行市场经济，农民自主性大了，电台、电视整天播放，农民啥事都知道，村干部再像以前那样，啥事都捂着盖着，已经不行了。"这番朴实的话道出了一个大道理，这就是实行村务公开、民主管理，已经成为形势发展的客观要求。

探索保持农村社会政治稳定的治本之策，促进农村经济和社会的协调发展，是各级党委和政府面临的一个紧迫而重要的课题。前不久，我带着这个问题，对辉县市实行村务公开、民主管理的情况进行了调查，先后与市、乡、村干部群众和村民代表进行了座谈，察看了板桥、大沙窝、高材等村的村务公开栏和一些规章制度，并走访了农户。总的感到，实行村务公开是民主政治

* 这是李长春同志撰写的关于辉县市实行"村务六公开"的调查报告。

建设的一项重要内容，不仅有利于农村的稳定，而且对加强农村基层组织建设、密切党群干群关系、促进经济发展都有重要作用，值得认真总结推广。

一

90 年代初，辉县市曾是全省有名的上访大户。全市三分之一以上的乡镇都发生过规模较大的集体上访。问题在哪里？1993 年，市委市政府对 43 个不同类型的村进行了调查，听取了 1000 多名村组干部和群众的意见，了解到群众反映强烈的热点难点问题主要是财务管理混乱，计划生育指标分配和超生处罚缺乏公正，宅基地乱批滥占，电费收缴不公，乱集资、乱摊派严重，奖售物资及救济款物的发放不尽合理。这些问题占群众上访的 80%以上，是农村的主要不安定因素，必须探索从根本上解决的办法和途径。市委市政府从一些地方实行村务公开的经验中得到启发。这个市的南村镇从 1991 年开始实行村务公开，全镇 25 个村连续 5 年无集体上访。吴村镇 1992 年实行村务公开，当年上访就大幅度下降，治安形势明显好转。正反两方面的经验教训使市委市政府认识到，要保持农村长治久安，重在治本。他们从制度建设入手，于 1994 年 4 月作出了在全市实行村务公开、民主管理的决定。主要做法是：

规范内容。主要是对群众意见比较集中的财务管理、计划生育、宅基地审批、农民负担、电费收缴、奖售和救济款物发放等六个方面的情况实行公开，简称“村务六公开”。他们在实践中不断充实、完善和细化公开内容，形成了 6 大项 54 条。比如财务管理，主要公开集体各项收入、支出和企业承包情况，其中招待费专门作为一项公开内容。计划生育，不仅公开生育证审批发放、违反计划生育人员处罚、流动人口管理等，而且把村干部及其子女执行计划生育情况单独列项。宅基地，主要公开审批条件和标准、申请户名单、理由和原有宅基地面积以及审批结果。农民负担，主要公开当年定购任务、农业税、乡统筹、村提留以及人均负担，占上年纯收入比例等。全面具体的公开内容，使群众对村务了解得清清楚楚，便于群众进行有效监督。

严格程序。他们不仅细化了公开的内容，而且对公开的时间、形式和办法都作了严格的规定。一般来讲，各项内容公布之前，先由各主管村干部逐一列出清单，交理财小组或监督小组审核，审核后报村民代表议事会审议，经议事会讨论通过，予以公布。比如宅基地审批，要求“三榜定案”：一榜公布申请户名单和有关情况，二榜公布村民代表议事会讨论、村党支部和村委会研究的上报审批名单，三榜公布市、乡主管部门批准的结果及收费情况。公开的内容都要在公开栏上公布。公开栏装有永久性防雨设施，并有专人负责，一律设置在村、街十字路口等醒目处。公开的时间以及时为原则，根据不同的内容确定不同的公开时间。财务管理每季度公布一次，计划生育情况逢单月公布一次。

完善制度。村务公开要经常化，首先必须制度化。他们重点抓了三个方面的制度建设。一是制定了六项村务办事制度。比如财务管理方面，包括民主理财、干部亲属回避、会计员凭证上岗、承包项目公开招标以及乡农经站跟踪审计制度等；减轻农民负担方面，包括预决算审批审核、集资管理、《农民负担监督卡》

发放、专项审计、举报查处和执法检查制度；宅基地审批方面，包括民主评议、群众监督、收费审核制度；计划生育方面，包括准生证报批发放、超生罚款审核公布和计生款返还账目审查制度；电费收缴方面，单独制定了群众代表参与抄电表制度。这样严格细致的制度保证了村务公开的全面和真实。二是制定了村民组织办事制度，主要包括村民代表议事会制度、民主议事规则、理财小组和监督小组的工作制度等。三是建立了群众监督和群众自我管理、自我教育、自我约束制度，主要是民主议政日制度和村规民约。民主议政日制度确定年中和年末各有两天为民主议政日。在这两天内，召开群众公开评议会，对各项村务、村干部和各村民组织进行公开评议。随着这些制度的建立和完善，使村务有规可依，有章可循，为农村各项工作走向规范化奠定了基础。

健全组织。为了充分发挥群众参政议政的作用，确保公开、公正和公平，他们建立了三个村民组织，即村民代表议事会、监督小组和理财小组。每 15 至 20 户民主产生一名代表，组成村民代表议事会，由党支部领导。村民代表议事会主要讨论审议村里重大事务，领导、监督理财小组和监督小组的工作。村民代表议事会的成立，使村务公开有了坚实的群众基础，村民的意愿、意见和呼声得到了充分反映，为密切干部和群众的联系，解决存在的问题创造了条件和途径。理财小组和监督小组各 5 人左右，从村民代表中产生，对村民代表议事会负责。理财小组主要对财务收支情况进行审核，监督小组主要监督各项村务是否公开，各项规章制度和程序是否真正实行。这三个村民组织成员的误工时间，记入本人的义务积累工，以避免增加农民负担。

加强监督。为确保村务公开落到实处，取得实效，他们建立了严格的监督机制。一是上级组织的监督，市、乡的村务公开领导小组及其办公室，定期不定期对各村村务公开情况进行检查考评。1994 年的一次全市检查中，就通报表扬了 10 个乡镇，批评了 5 个乡镇。二是村民组织的监督。涉及“六公开”的村务，都要由村民代表议事会讨论审议。事关群众利益的重大事情，党支部和村委会都要征求村民代表议事会的意见。理财小组对财务实行监督，监督小组对各项规章制度的执行情况进行经常性监督。三是群众的广泛监督。除了民主议政日召开群众公开评议会外，群众平时还可通过举报电话和市、乡设在各村的意见箱随时反映意见和建议。对群众的疑问和意见，有关干部和组织必须作出明确答复。

村务公开是一项涉及广大干部和群众切身利益、既复杂又具体的工作。为了保证这项工作顺利进行，辉县市的市、乡两级都成立了领导小组及其办事机构。市委市政府在广泛宣传发动的同时，以正面教育为主，认真做好基层干部和群众的思想工作。对乡镇干部，着重引导他们从改革、发展、稳定的大局出发认识村务公开的意义，消除部分同志嫌麻烦、怕出乱子的思想顾虑。对村干部，着重进行全心全意为人民服务的宗旨教育，使他们认识到自己手中的权力是人民给的，是用来为人民服务的，实行村务公开是为了化解矛盾，把村里的工作搞得更好。为了防止引发新的矛盾和问题，他们特别注意做好问题较多村的群众工作，引导和教育群众正确对待干部，正确对待过去的问题。由于领导得力，组织严密，制度健全，思想工作细致，半年时间“村务六公开”就在全市普遍推开，很快取得了成效。

二

辉县市实行村务公开、民主管理两年多时间，取得了比预想好得多的效果。

一是增强了干群间的相互理解和信任，密切了干群关系。过去村务不公开，透明度低，对许多问题群众有疑问，担心或怀疑干部立身不正，处事不公，优亲厚友，气不顺。有些干部则认为自己为群众操心受累反而不被理解，埋怨群众无事生非。这个市的板桥村，过去群众怀疑村干部有经济问题，连年上访告状，从乡告到市，从信访部门告到纪委、监察部门。这些部门经过调查，都认为干部没有经济问题，但群众总不信服。我到这个村调查，同部分群众座谈，问他们为什么一直告状？大家说，觉得交给村里的钱不少，但不知道用到哪里去了，总是有怀疑。他们还告诉我，实行“村务六公开”，村中的事桩桩件件按时公布，干部的工作群众清清楚楚，有疑问还可以到理财小组问个究竟，找监督小组反映意见。现在群众用不着再告状了。我在辉县市调查期间，上上下下评价村务公开最多的一句话是村务公开给了群众一个明白，还了干部一个清白。全市曾有 39 个村党支部书记、28 个村委会主任因对群众上访不理解而撂挑子，如今都卸下了思想包袱，愉快地回到了工作岗位，尽心尽力为群众办实事。

二是强化了对干部的监督和约束，促进了干部的廉洁自律。这些年，一些地方群众意见较大，干群关系紧张，一个重要原因是少数干部办事不公，甚至以权谋私。实行村务公开，群众能够对干部进行有效监督，从制度上保证了干部的清正廉洁。两年来，全市农村因财务问题所造成的上访比公开前下降 61.2%，因乱批滥占宅基地造成的上访比公开前下降 75.4%，因干部不交电费造成的上访比公开前下降 80%。这个市的吴村镇 28 个行政村中，过去就有 15 个行政村的群众因财务管理问题上访不断。实行财务公开两年来，全镇一起经济上访案件都未发生过。公款吃喝一度是群众反映强烈的问题，财务收支公开后，村干部精打细算，严格按规定办事。上边干部下去也主动吃工作餐，招待费大大减少，不但提高了基层组织的威信，也改善了党和政府的形象。这次我在板桥村农民高有田家吃饭，一碗手擀面，两盘炒青菜，主人对我无话不谈，感到很亲切。

三是消除了不安定因素，促进了社会稳定。村务公开化解了矛盾，凝聚了人心。两年来，全市信访、上访案件，分别比公开前下降 54.1% 和 52%。1994 年被评为省、市信访工作先进单

1997 年 12 月，李长春在辉县市赵固乡调研时在村民家就餐。

位，1995 年、1996 年均无赴京、赴省集体上访。近三年，全市治安刑事案件连年下降 20%，群众对社会治安状况的满意率达到 80%以上。赵固乡过去是全市有名的不稳定乡，全乡 30 个村庄几乎村村有上访、庄庄有案件。通过推行“六公开”，清理账目，建章立制，整顿组织，教育群众，化解了干群矛盾，很快实现了社会稳定。薄壁镇四街村、孟村、观流河村，过去因计划生育、财务管理和宅基地审批等长期不公开，群众积怨越来越深，村干部的庄稼被毁、树木被砍、草垛被烧、畜禽被毒死等报复案件时有发生。实行“六公开”两年多来，三个村未发生一起报复村干部的案件，群众气顺了、干部劲足了，兴水利、办企业，团结一致奔小康。村民们抚今追昔，深有感触地说，过去是穷捣、捣穷、越捣越穷；现在是忙富、富忙、越忙越富，再也不能干窝里斗那种傻事了。

四是增强了群众的参政意识，促进了农村民主政治建设。每到村务公开日，群众纷纷聚集到公开栏前，逐项察看，提出异议的，村干部和村民组织予以解答。在群众的参与下，辉县全市农村共清理不合理开支 390 万元，挽回集体经济损失 834 万元，纠正乱批滥划宅基地 56 处，收回错发计划生育指标 116 个。黄水乡小庄村有座百亩大的苹果园，以往承包，干部说了算，年承包费只有一万元。到了收获季节，你批三篓，他拉五筐，最后算账，集体还要倒贴几千元。1994 年实行公开招标，承包费一下子上升到 7.5 万元。只有 1000 多口人的吴村镇官店村，过去每年的招待费少则几千元，多则上万元。实行“六公开”后，成立了理财小组，1995 年招待费开支降到 270 元。这个市村村都制定了村规民约，群众称之为“小宪法”。由于村务公开，宅基地划分，哪家虚报了子女年龄；评选文明户，谁家子女不孝敬老人、谁家的卫生搞得不好，群众都一清二楚，不良行为失去了存在的土壤，遵章守制渐成风气。群众编了几句顺口溜，“村务公开就是好，实行民主有渠道，村里大事全公开，看谁还敢瞎胡搞”。

五是提高了党组织的凝聚力，促进了基层组织建设。实行村务公开，增强了干部带领群众奔小康的动力，许多基层干部深有感触地说：“现在怕吃亏、怕吃苦当不了干部，没有本事和奉献精神当不了好干部。”洪洲乡茅草村，过去是出了名的贫困村。去年村干部的目标任务上了村务公开栏，支部书记吃不好饭睡不香觉，自费三进北京、两赴山东，请专家，学经验，团结支部一班人，带领村民利用本地优势，办起了花岗岩厂和沙场，嫁接优质枣树 30 万棵，平岗造地 2000 多亩，一举摘掉了贫困帽子。东庄支部书记王天文说起“六公开”，动情地对我说，这个办法真灵！过去群众对干部不信任，班子成员之间相互猜疑，好事也办不成。现在干部清白了，腰板也硬了，啥事都好办了。两年来，全市有 79 个二类支部和 3 个三类支部上升为一类支部，19 个三类支部成为二类支部，一类支部达到 95.69%；70 名农村党支部书记被评为优秀支书，90 个农村支部被评为先进党支部。党支部凝聚力和干部号召力的增强，使群众奔小康的劲头空前高涨。

三

辉县市实行“村务六公开”的办法，带有长远性和根本性，解决了联系群众和群众监督的问题，联系全省农村的实际，辉县市的经验确实具有很强的指导借鉴意义。

在调查期间，毛屯村党支部书记韩克俭的话使我很受启发。他说："几年前俺村群众连续上访告状，干部觉得这是'胡来'。现在我们逐渐认识到，实行市场经济，农民自主性大了，电台、电视整天播放，农民啥事都知道，村干部再像以前那样，啥事都捂着盖着，已经不行了。"这番朴实的话道出了一个大道理，这就是实行村务公开、民主管理，已经成为形势发展的客观要求。首先，实行家庭联产承包责任制后，农民有了生产经营自主权和一定的经济独立性，村级政务与农民利益息息相关。农民在出钱出物出力、承担社会义务时，理所当然地要求知道村里的事是怎么办的，钱是如何花的，要求参与管理，再像以前那样靠少数人拍脑袋决策已经不行了。其二，随着国家法制的逐步健全、法律知识的普及，以及各项方针政策的宣传贯彻，广大农民学法、懂法、运用法律武器保护自身权益的自觉性增强了，政策水平提高了，还靠过去那种强迫命令、简单粗暴的工作作风和办法，群众是不答应的。其三，随着新闻媒体的日益普及，农民的视野开阔了，思想解放了，科学文化素质也提高了。他们闯市场、见世面，获得了大量信息，自主意识、民主意识大大增强了，已经不是过去那种面朝黄土背朝天，日出而作、日落而息的农民了，过去那种封闭式的管理办法已经不行了。马克思主义认为，经济基础决定上层建筑，上层建筑只有适应经济基础，才能推动社会的发展。辉县市农村原来发生的问题和矛盾在我省其他地方也都程度不同地存在，它从一个侧面说明了我们的管理体制和工作方法、工作作风还不能完全适应变化了的新形势，缺乏民主监督机制和约束机制。辉县市实行村务公开短短两年多时间，农村诸多矛盾和问题就得到了较好的解决，说到底，就在于他们抓住了根本，适应了农村新形势发展的要求。我们说，村务公开带有长远性和根本性，其深刻意义就在这里。

从辉县市看全省，实行村务公开、民主管理，还为我们做好农村其他方面的工作提供了有效的途径。辉县市实行农村村务公开的初衷是为了解决农民集体上访问题，但一经实施，所产生的效应则是多方面的。概括起来，第一，它是密切党群干群关系，保持农村社会政治稳定的好途径。这一点，已被辉县市的实践所证明。第二，它是依法治国、依法治省落实到农村基层的一个好途径。辉县市在实行“村务六公开”过程中，建立了一整套规范基层干部、约束村民行为的规章制度。这些规章制度进一步向群众延伸，就是村民严格按照自治章程、村规民约进行自我约束、自我教育、自我管理、自我服务；向上延伸，就是推动各个行政执法部门和七所八站文明执法，规范行政，这就使依法治省在农村找到了一个载体。第三，它是不断加强农村基层组织建设的好途径。近些年来，我们用很大精力集中进行基层组织建设，取得一定的成效。但是集中整顿之后，如何抓好经常性工作，巩固集中建设的成果？辉县市通过“村务六公开”，使农村基层组织建设制度化、经常化。一定意义上可以说，村务公开、民主管理不仅是保持稳定的治本之策，也是加强基层组织建设的根本性措施。第四，它还是促进村民自治落到实处的好途径。实行村民自治，就是要让群众参与决策，进行民主管理、民主监督。辉县市的实践证明，实行村务公开，让村民参与决定村中大事，行使民主管理、民主监督的权力，真正落实了村民自治，体现了群众当家作主。

长治久安，重在治本。辉县市实行村务公开、民主管理的经验，还为我省新野县、汝南县、鄢陵县等地的实践所证明。虽然这一办法还有待于进一步完善提高，但它的方向是正确的，路子是对头的。我们应当充分认识其重要意义，从改革发展稳定的大局出发，教育和引导干部结合实际，积极稳妥地推行村务公开、民主管理，确保农村稳定，促进经济和社会协调发展。

建设一支高素质的政法队伍*

（1998 年 2 月 6 日）

我国法律法规日渐完善，在这种情况下，能不能有一支好的执法队伍，是保证依法治国、依法治省落到实处的关键。要大力倡导恪尽职守、严肃执法、文明办案、清正廉洁、刚正不阿、令行禁止的职业道德，建设一支高素质的政法队伍。

当前，加强政法队伍建设，具有特殊重要的意义。没有一支好的执法队伍，再好的法律法规也难以得到很好的执行。江泽民同志最近强调："各项工作都离不开人的因素和物的因素，而归根到底，人的因素是最根本的。""政法工作要不断开创新的局面，必须进一步全面提高政法干警的思想、作风、纪律和业务素质。"江泽民同志在全国政法工作会议上的重要讲话，我理解，一是我国法律法规日渐完善，在这种情况下，能不能有一支好的执法队伍，是保证依法治国、依法治省落到实处的关键；二是政法队

* 这是李长春同志在河南省政法工作会议上讲话的一部分。

伍建设已成为广大人民群众关注的一个热点问题。怎样评价我们省的政法队伍呢？从总体上看，他们是一支党和人民信得过的队伍，绝大多数政法干警忠于职守、敬业爱民、廉洁奉公，每年都有一批优秀干警为了人民利益献出鲜血和生命，为全省的社会政治稳定和经济建设作出了积极的贡献。1996 年底，郑州市公安局成功解救 28 名儿童之后，广大人民群众高呼“公安万岁”，充分体现了对我们这支政法队伍的爱戴和敬佩。对此，省委省政府是充分肯定的，全省人民也是不会忘记的，这是政法队伍的主流。但是我们也必须看到，当前政法队伍中确实存在许多不容忽视的问题，有的还相当严重。比如，有法不依、执法不严、执法不公、吃拿卡要、耍特权、索贿受贿、贪赃枉法、欺压群众的现象，在个别地方和少数干警中都不同程度地存在，群众对此反映十分强烈。极少数政法干警甚至与犯罪分子勾结一起，成了违法犯罪分子的保护伞、挡风墙，这些个别害群之马，把我们队伍的形象搞坏了。因此，各级党委政府和政法各部门务必对政法队伍的现状有一个清醒的估计，认清新形势下加强政法队伍建设的紧迫性。要按照中央精神，集中一段时间搞好整顿，通过抓队伍来促工作。下面，我想强调抓好几个环节。

第一，要加强对干警的教育培训。用邓小平理论武装干警的头脑，特别是加强为人民服务的宗旨教育，解决存在特权思想的问题。大力倡导恪尽职守、严肃执法、文明办案、清正廉洁、刚正不阿、令行禁止的职业道德。扎实认真向英雄模范人物学习，组织各种警民共建活动。现在我经常听到反映基层存在的一些问题，特别是县区以及县区以下的部门越权办案，哪个案子有油水，就去抓哪个案子。有的办案子先把企业的账户封了，把账本端来，然后把钱拿过来。这哪像共产党的作风？怎么能让大家信服呢？有的做不到文明办案，搞刑讯逼供，靠这样的办法搞证据。当然，可能用这种办法在某一个案子上确实取得了进展，但在全局上，我们丢掉了人心，丢掉了法治精神，损失大得很，所以一定要加强对干警的教育培训。

第二，要加强执法监督。政法机关内部，要健全和完善冤案错案追究制度，用制度监督执法。同时，要把党内监督同法律监督、群众监督结合起来。检察机关作为依法监督的一个重要环节，要切实履行责任，加强对政法几个部门的执法监督。人大的职责就是对“一府两院”实行监督，也要切实加大监督力度。过去我们省各级人大组织对司法部门开展司法评议，效果是好的，要继续推行。进行群众监督，要有组织有领导地发挥舆论监督作

1998 年 1 月 1 日，李长春看望慰问节日期间坚守岗位的基层民警。

用，把司法活动置于强有力的社会监督体系之中。

第三，要严肃处理违法违纪干警。对干警要以正面教育为主，但对于滥用权力，贪赃枉法的，必须依法从严查处，决不能偏袒、姑息。同时，对确实不适合做政法工作的，根据具体情况，该清除的要清除，该另作安排的要另作安排。

第四，要加强政法部门班子建设。政法部门都要选好一把手，这是各级党委非常重要的一个责任。一把手党性不强、作风不正，不可能带出好班子、好队伍。要选择党性强、懂业务、作风硬的人担任政法部门的领导职务，对于不称职、不合格的，要坚决进行调整。我们过去对政法队伍的领导作过交流，今后要继续完善经常性的交流办法。我们也主张，要把优秀的党政机关领导干部充实到政法队伍，把政法部门的优秀干部充实到党政机关，切不可搞“近亲繁殖”。

不断提高党的
领导水平和执政水平

干部要在开放中发挥好自己的作用*

（1991 年 3 月 16 日）

目前，全省改革开放的大政方针已定，成效如何，关键在领导，在于我们各级干部怎么样发挥好自己的作用。我认为，最重要的是要转变作风，克服等靠要思想，进入拼争抢状态，各司其职，各尽其责，从我做起，狠抓落实。要深入基层、深入企业、深入外商，一个问题一个问题地去处理，下点“笨”功夫，坚决克服坐而论道、自己不干、总埋怨别人的坏作风。在转变作风、狠抓落实中考察干部、识别干部、检验干部。荀子的几句话对我们识别、使用干部有一定借鉴意义：“口能言之，身能行之，国宝也；口不能言，身能行之，国器也；口能言之，身不能行，国用也；口言善，身行恶，国妖也。治国者，敬其宝，爱其器，任其用，除其妖。”我们希望在落实省委一系列战略部署中，有更多的“省宝”“省器”，不要有“省妖”，不要有电影《焦裕禄》中吴县长那样的人。

---

* 这是李长春同志在河南省对外开放工作会议上讲话的一部分。

共产党员要在“团结奋进，振兴河南”中起先锋模范作用*

（1991年7月5日）

共产党员要牢记党的根本宗旨，坚持党和人民的利益高于一切，与人民群众血肉相连，严于律己，廉洁奉公，当好公仆，为党为人民鞠躬尽瘁，竭诚奉献。要结合学习焦裕禄精神，经常认真地“照镜子”“量尺子”，照出自己思想上的灰尘，量出自己作风上的不足，真正树立全心全意为人民服务的思想。

当前，正处于全省人民高举“团结奋进，振兴河南”的旗帜，认真贯彻党的十三届七中全会和省五次党代会精神，为实现我省社会主义现代化建设第二步战略目标而努力奋斗的关键时刻。作为一个共产党员，如何响应党的召唤，顺应民意和时代潮流，积极投身于建设有中国特色的社会主义的伟大实践，充分发挥先锋模范作用，为祖国的四化大业和河南的振兴贡献力量，成

---

* 这是李长春同志在中共河南省委庆祝中国共产党成立70周年纪念大会上讲话的一部分。

为新形势下面临的重要课题。

第一，要坚定有中国特色社会主义必胜的信念，增强党性，做坚持四项基本原则的模范。

共产主义是共产党人的最高理想，走社会主义道路是中国人民的历史选择。目前，我们大力发展经济，实行改革开放，从根本上说，是对社会主义制度的完善和发展，是为最终实现共产主义创造条件。因此在大力推进社会主义现代化建设的同时，更需要增强无产阶级党性，永远保持共产党人蓬勃的革命朝气，坚定走有中国特色社会主义道路的信心。

坚定的理想信念是共产党人的灵魂和精神支柱，是奋发进取、振兴河南的力量源泉。在致力经济建设中，共产党员要牢记远大理想，正确认识人类社会发展的历史规律，正确认识社会主义的优越性和强大生命力，把远大的理想和信念同建设有中国特色的社会主义的目标结合起来，同推进改革开放结合起来，在工作中全面正确地执行党的基本路线，并落实在发展经济、振兴河南的实践中。坚持四项基本原则与坚持改革开放是党的基本路线的两个基本点，二者相辅相成，不可或缺。要坚定不移地坚持四项基本原则，保证改革开放的社会主义方向，这是我们的立国之本；要坚定不移地推进改革开放，更好地显示社会主义制度的优越性，加速经济振兴的进程，这是我们的强国之路。坚定的理想信念是坚持党性原则的核心，共产党员要不断增强党性锻炼，听从党的召唤，服从组织安排，严守党的纪律，维护党的团结统一，勇于同一切违背党的原则的行为作斗争，保持和发扬党的优良传统和作风。共产党员的廉洁，关系到党在群众中的形象与威望，要自觉抵制腐败行为，正确行使人民赋予的权力，廉洁奉公，不谋私利，始终保持共产党员的先进性。

坚定的信念来自于科学的理论。共产党员必须努力学习马列主义、毛泽东思想的基本原理，学习党的基本知识，学习党的一系列路线、方针、政策和决议，确立马克思主义的世界观，坚持以辩证唯物主义和历史唯物主义为指导去认识事物、分析问题。不论风云如何变幻，都坚韧不拔、矢志不移，永远保持对党的忠诚。中国共产党是领导我们事业的核心力量，是建设有中国特色社会主义事业的中流砥柱。我们各级干部和广大党员一定要从国际社会主义事业遇到的严重挫折中吸取深刻的教训，坚定理想信念，维护党的团结统一，自觉坚持党的领导。只要我们党坚强、稳定、团结，任何力量都不能阻止我们前进。

第二，要紧紧围绕河南经济社会发展第二步战略目标，进一步解放思想，投身改革开放，做发展生产力的模范。

马克思主义认为，生产力是一切社会发展的最终决定力量。邓小平同志也多次指出，贫穷不是社会主义，社会主义的根本任务是大力发展社会生产力，并在此基础上逐步提高人民的物质文化生活水平。没有生产力的高度发展，社会主义的优越性就不能充分体现出来。积极投身经济建设，为发展社会生产力多作贡献，是当今共产党员先锋模范作用的重要时代特征。

党的十一届三中全会以来，经过十多年的改革和建设，我省经济有了一定的发展，社会生产力有了较大的进步。但由于我省人口多、基础薄，与全国先进省份相比，仍然比较落后。为了改变落后面貌，振兴河南经济，省五次党代会根据“一个中心、两个基本点”的基本路线和河南实际，提出了“团结奋进，振兴河南”的指导思想；省委五届二次会议确定了“一高一低”的经济发展思路；前不久省七届人大四次会议又审议批准了我省国民经济和社会发展10年规划及“八五”计划，明确了今后10年的发展目标及主要任务。当前，摆在全省人民面前的重要任务，就是认真贯彻省五次党代会精神，集中力量搞经济建设，大力发展生产力。到本世纪末，使我省国内生产总值翻两番以上，主要人均指标接近全国平均水平，在提高经济效益和经济质量的前提下，使我省的经济发展速度略高于全国平均水平，人口增长速度略低于全国平均水平，实现河南经济的振兴和社会的全面进步。

发展经济，振兴河南，是党的号召，人民的心愿，也是时代的呼唤。共产党员理所应当地站在时代的最前列，以振兴河南为己任，做解放思想的模范，发展经济的先锋。

当前，要以增强改革开放意识为主线，带头进行“五破五立”。通过“五破五立”，影响和带动广大人民群众，积极投身到改革开放和经济建设中，共同为河南经济发展贡献力量。实现远大理想，促进经济振兴，需要有丰富的知识和过硬的本领。共产党员必须适应形势发展，努力学习科学文化知识和经济建设理论，勤学深思，刻苦钻研，勇于探索，大胆实践，提高参与经济建设的能力，在实际工作中提高本领，增长才干。工业战线的党员，要带头发扬工人阶级的主人翁精神，积极参加和支持企业的各项改革，积极投身于“质量、品种、效益年”活动之中，开展社会主义劳动竞赛，大力提高经济效益；农业战线的党员，要在加速农村产业结构调整，全面发展农村商品经济中发挥先锋模范作用，带领群众共同致富，建设富裕、文明的社会主义新农村；各级领导机关的党员，要树立“廉洁、高效、求实、为民”的作风，更好地为基层、为生产、为群众服务，为发展经济和生产力服务；知识分子中的党员，要带头刻苦钻研技术业务，多出成果，多出人才，把自己的聪明才智贡献给我省经济建设事业。如果全省各行各业、各条战线的共产党员都能带头为发展生产力尽心尽力，振兴河南就大有希望。

第三，要学习和发扬焦裕禄精神，牢记全心全意为人民服务的宗旨，甘当人民公仆，做无私奉献的模范。

无私奉献，就是不讲名利，不计报酬，把党和人民的利益看得高于一切，为了党和人民的事业，随时准备奉献出自己的一切，甚至宝贵的生命。为党为人民无私奉献，是党的性质和党的奋斗目标所决定的，也是共产党员先锋模范作用的具体体现。共产党人的根本宗旨是全心全意为人民服务，服务就是奉献，而不是索取。社会的发展进步，需要以许多人的奉献为推动力量。建设有中国特色的社会主义，需要一代代共产党人的奉献。在中国革命和建设的各个时期，共产党员总是吃苦在前，享受在后。今天，建设有中国特色的社会主义，尤其需要共产党人带头奉献，并影响带动更多的人一起为推进这一伟大事业而无私奉献。

中原大地，群星璀璨，曾涌现出大批为党为人民无私奉献的优秀党员，为我们留下了感人肺腑、取用不尽的宝贵精神财富，焦裕禄就是其中的杰出代表。在当前改革开放和社会主义现代化建设中，继承和发扬焦裕禄精神，具有重要的现实意义。省委号召全省各级党组织、全体共产党员、全省人民都要发扬焦裕禄精神，就是为了实现“团结奋进，振兴河南”的目标。共产党员要在学习、发扬焦裕禄精神中起带头作用。要“从我做起，从现在做起，从本职岗位做起”。要以焦裕禄为榜样，牢记党的根本宗旨，坚持党和人民的利益高于一切，与人民群众血肉相连，严于

1991 年 4 月 25 日，李长春接见出席河南省卫生系统思想政治工作研究会第二次年会的代表并讲话。

律己，廉洁奉公，当好公仆，为党为人民鞠躬尽瘁，竭诚奉献。要结合学习焦裕禄精神，经常认真地“照镜子”“量尺子”，照出自己思想上的灰尘，量出自己作风上的不足，真正树立全心全意为人民服务的思想，把有限的生命投入到无限的为人民服务之中，热爱党，热爱祖国，热爱社会主义，在个人利益与国家、人民利益发生矛盾时，应该表现出共产党人的高风亮节，自觉地牺牲个人利益，大公无私，为国分忧。

第四，要大力弘扬红旗渠精神，树立“三防四实”作风，不尚空谈，埋头苦干，自力更生，艰苦奋斗，做求实务实的模范。

党中央一再提倡求实务实的作风，强调扎扎实实工作。最近，省委又反复强调，今年全省的工作重点要放在狠抓落实上，要狠抓“三防四实”的思想作风建设。当年林县人民创造的红旗渠精神，成为我们自力更生、艰苦奋斗、求实务实的宝贵精神财富。全省共产党员、人民群众只要有了这种精神，在振兴河南的道路上就没有不可克服的困难。现在，我省 10 年规划和“八五”计划已经制定，发展目标已经明确。今后，最要紧的是发扬务实作风，真抓实干，把振兴河南的规划变为扎扎实实的行动。共产党员要响应中央和省委的号召，力戒空谈，埋头苦干，做求实务实的模范。

为了在全省形成求实务实的良好社会风尚，共产党员要率先垂范，身体力行，少讲空话，多办实事。要像当年林县人民那样，树立强烈的改变落后面貌的责任感、压力感和事业心，以坚韧的意志和毅力，自力更生，不甘落后，不怕困难，艰苦创业，团结奋战，在各自的岗位上为发展经济作贡献。处在各级领导岗位的共产党员，要深入实际，到经济建设和各项工作第一线，把目光集中在人民群众身上，多办一些利国利民的实事，实实在在地解决一些热点难点问题，坚决反对图虚名、搞形式，做表面文章，摆花架子。全体党员都要发扬艰苦创业精神，不怕困难，不怕艰苦，勤勤恳恳，苦干实干，坚决反对贪清闲，图享受，争荣誉，谋私利。共产党员要以身作则，以自己的“无声命令”带动群众真抓实干，在全省形成“三防四实”的好风气，为振兴河南建功立业。

榜样的力量是无穷的。我省有 290 多万党员，分布在全省城乡的各个岗位上。只要我们保持共产党人的高尚情操，一心一意干工作，扑下身子办实事，廉洁奉公为人民，在“团结奋进，振兴河南”中发挥先锋模范作用，就一定能够影响和带动全省人民充分发挥建设河南、振兴河南的积极性和创造性，增强全省人民的凝聚力和战斗力，实现振兴中华、振兴河南的宏伟目标。

营造干事创业的大气候*

（1992 年 5 月 27 日）

> 各级党委要旗帜鲜明地支持干的，批评看的，处理捣乱的。要在全省造成一个支持改革者、鼓励探索者、帮助失误者、惩办腐败者的大气候。

与沿海一些省市相比，不少同志感到当前河南省干事创业的环境不宽松，其主要原因是“左”的旧的观念影响较深，其次是乱告状、乱检查的多。一些人自己不干事，也不让别人干成事。这些问题不解决，干事创业的人就总是心有余悸、顾虑重重，放不开手脚。因此，各级党委和政府要把改善工作环境当作一件大事来抓。省里提出工作的总体部署和总的要求后，支持下面的同志放手去干。作为各市地和基层的同志，不要事事等红头文件，等具体规定，要敢于从实际出发创造性地工作。要在全省造成一个支持改革者、鼓励探索者、帮助失误者、惩办腐败者的大气候。各级党委要旗帜鲜明地支持干的，批评看的，处理捣乱

---

* 这是李长春同志在河南省三级干部会议上讲话的一部分。

的。对于改革开放中出现的失误，只要不是以权谋私、违法乱纪，上级要主动为下级承担责任，并帮助下级总结、吸取教训。对那些因改革触及一些人的利益而招致诬告、伤害的干部，要坚决予以支持和保护。对没有具体情节和证据的匿名信，原则上不受理、不批转；对诬告、造谣者要依法依纪严肃查处。纪检、监察、公、检、法、司等部门要熟悉经济政策和改革措施，注意区分改革中的失误与以权谋私的界限，善于运用邓小平同志提出的“三个有利于”标准判断是非，为改革开放、经济建设保驾护航。

怎样当好农村党支部书记 *

（1993 年 3 月 15 日）

支部书记是群众的领路人，必须站在改革的潮头，带头解放思想，转变观念。观念变了，本事也就大了。一句话，为官一任，一定要造福一方，能够带领群众脱贫致富，这才是一个合格称职的支部书记。

在进行基层组织整顿和农村社会主义教育工作中，省委明确提出了“四个一”的工作目标，即选出一个好支书，建设一个好支部，建立一套好制度，理出一条经济发展、脱贫致富的好思路。在“四个一”的目标中，第一条就是选出一个好支书。可见，农村党支部书记在农村工作中，确实起着“领路人”和“顶梁柱”的作用。

当好农村党支部书记不是一件简单的事情。那么怎样才能当好一个支部书记呢？换句话说，农村党支部书记应当具备哪些

* 这是李长春同志发表在《党的生活》杂志 1993 年第 3 期上文章的一部分。

基本条件，才能卓有成效地开展工作呢？我看概括起来还是毛泽东同志过去讲的四个字，公道能干。这是农村干部应当具备的最基本的条件。我省改革开放以来，涌现出一批以史来贺等同志为代表的优秀支部书记。概括起来，当好农村党支部书记，应当有这样四个方面的素质和能力。

一是政治上强，坚决贯彻执行党的路线和方针政策，包括不折不扣并创造性地贯彻执行上级党委和政府的决议。也就是说，政策观念要强，组织观念要强，工作的事业心、责任感要强，改革开放、开拓进取的意识要强。作为基层党组织的一把手，首先要具备这个素质。在现阶段就是要坚持“一个中心、两个基本点”的基本路线，紧紧扭住经济建设这个中心不放，在改革开放上寻求加快发展的出路；坚持家庭联产承包责任制长期不变，不断完善双层经营体制，把家庭分散经营和集体统一经营两个优越性有机结合起来；坚持“两手抓、两手都要硬”，既要搞好农村物质文明建设，又要搞好精神文明建设，保持本地区社会稳定；坚持计划生育的基本国策，坚决控制人口过快增长；大力发展以公有制为主体的多种经济成分，坚持鼓励和允许一部分人先富起来，提倡先富带后富，最终实现共同富裕。贯彻这些大政方针，要从本地实际出发，坚持实事求是，坚持邓小平同志讲的“三个有利于”标准，把党的路线方针政策和上级的指示精神同本地的实际紧密结合起来，创造性地开展工作，才能收到好的效果。

二是能带领群众勤劳致富，共同致富，有干劲和真本事。换句话说，就是精明能干。村干部，特别是支部书记，自己要敢于勤劳致富，要会勤劳致富，还要带领群众共同致富。这就要求我们每一个村支书、村干部，要带头发展商品生产，要懂得一两项专业技术知识，要有商品经济头脑，懂经营、会管理，带领群众科学种田。在不放松粮食生产的同时，面向市场，因地制宜，积极发展二、三产业，多为群众开辟一些致富的门路。不能老是困守在一亩多耕地上，日出而作，日落而息，面朝黄土背朝天，费力不小，收益甚微；而是要眼观六路，耳听八方，按照市场需求，调整种植结构，发展商品生产，参与市场竞争。解决温饱、填饱肚子，这是个前提。但仅仅满足于这一点是不够的，还要在这个基础上进一步致富，让群众把瓦房盖起来，把电视机、洗衣机、电冰箱请到家里来。改革作为一场革命，是触及人们思想观念的深刻变革。支部书记是群众的领路人，必须站在改革的潮头，带头解放思想，转变观念。观念变了，本事也就大了。一句话，为官一任，一定要造福一方，能够带领群众脱贫致富，这才

1994 年 5 月 15 日至 16 日，李长春陪同中共中央政治局常委、中央书记处书记胡锦涛在新乡市刘庄村考察。前右二为刘庄村党委书记史来贺。

是一个合格称职的支部书记。

三是要公道正派，廉洁自律，有一种不怕吃亏、不怕吃苦、不怕得罪人的无私奉献精神。干部是人民的公仆，当干部不能怕吃亏。我们党的宗旨是全心全意为人民服务，做支部书记没有这样一种思想境界，就很难取得群众的信任。如果一事当前，先替自己打算，或者是利用职权损公肥私，为自己谋取私利，那么一切工作都难以开展。只有自己身体力行，以身作则，堂堂正正，廉洁奉公，群众才能信赖你，党支部说话才有人听，才能一呼百应，有凝聚力和号召力。不然，群众就会戳你的脊梁骨，你就站不住脚。要公道正派，一碗水端平，政策面前一视同仁，没有亲疏之分。只要公道，困难再多，阻力再大，也能够赢得群众的理解。比如最棘手的计划生育问题，如果允许村干部或者是亲戚朋友超生，其他人超生多生的口子就很难堵住。相反，一视同仁，加上必要的思想工作，再大的困难也能克服。自己行得正、站得直，这本身就是一种力量。当干部还要有一种不怕受委屈、不怕得罪人的精神。大家处在工作第一线，处在矛盾的焦点之上，工作难度很大，特别是涉及到一些人的切身利益，往往会得罪一些人。为了工作的需要，为了大多数人的利益，为了党的事业，我们不能放弃原则。多栽花、少栽刺，当老好人，这不是一个合格的干部。上级部门要敢于为基层干部撑腰，要体谅他们的实际困难，关心他们的工作和生活。对于打击报复基层干部的行为，要依法坚决予以惩处。

四是要不断加强自身建设，提高能力素质。我看就是多学政策，多想问题，多钻研知识，多联系群众，多干实事。农村党支部书记，虽然工作在基层，但责任重大。除了要履行党员的各项义务外，还要比一般的党员、干部工作得更好。在思想政治方面，一定要有政策水平。党的十四大提出用邓小平同志建设有中国特色社会主义理论武装全党，我们支部书记要首先学好，力求从理论和实践的结合上加深理解，并用以指导我们的实际工作；在思想方法上，要坚持解放思想、实事求是的思想路线，一切从实际出发，正确地执行党的路线方针政策，切忌搞形式主义、搞一刀切、搞极端化，一切工作都要讲求实效。要多思考问题，多总结经验，逐步使我们变得更加成熟，特别是年轻同志更要注意这一点。在精神状态和领导才能方面，要有强烈的事业心和政治责任感，有胜任领导工作的组织能力、文化水平和一定的专业知识；在工作作风上，要具有民主作风，讲究工作方法，学会做思想工作，密切联系群众，防止简单粗暴；在处理同志关系方面，要在坚持党的原则的基础上，善于广泛团结同志，包括团结与自己有不同意见的同志，善于化消极因素为积极因素，调动方方面面的积极性。作为支部一班人的班长，要带好班子、带好党员队伍，模范地贯彻执行党的民主集中制，既不能搞“家长制”“一言堂”，又不能事事议而不决，在民主的基础上要善于集中，善于把大家的智慧集中起来。

认真贯彻民主集中制，把各级领导班子建设好 *

（1993 年 9 月 25 日）

团结出凝聚力，团结出战斗力，团结出生产力。什么时候领导班子的团结增强了，党的事业就欣欣向荣，什么时候团结和统一遭到干扰和破坏，党的事业就遭受挫折和损失。民主集中制是我们党的根本组织原则，也是我们维护各级领导班子团结统一的根本制度保证。大到一个省、市，小到一个单位，都是如此。纵观班子建设中存在的这样那样的问题，原因固然很多，但大都同民主集中制坚持得不够好直接相关。

党的十四大报告指出，只有实行民主基础上的集中和集中指导下的民主相结合，才能充分发挥各级党组织和广大党员的积极性创造性，集中全党智慧，保证党的决策的正确和有效实施，增强党的纪律和战斗力，使我们的事业顺利前进。深刻理解、认真贯彻这一基本精神和要求，对于在建设有中国特色社会主义的伟

* 这是李长春同志在河南省组织工作会议上讲话的一部分。

大事业新的历史时期，把各级领导班子建设成为坚强有力的领导核心具有极其重要的意义。从我省的实践情况看，什么时候民主集中制坚持得好，事业就前进；什么时候民主集中制出了问题，就遭受挫折。关于这个问题，我讲四点意见。

一、坚持和健全民主集中制，才能维护各级领导班子的团结统一，增强党组织的凝聚力和战斗力

党的团结是党的生命。保持党的团结和统一，特别是保持各级领导班子的团结，是我们的力量所在，是坚持党的基本路线一百年不动摇，建设有中国特色社会主义的基本条件。回顾河南近几年来改革与建设的实践，我们深深地体会到，团结出凝聚力，团结出战斗力，团结出生产力。什么时候领导班子的团结增强了，党的事业就欣欣向荣，什么时候团结和统一遭到干扰和破坏，党的事业就会遭受挫折和损失。大到一个省、市，小到一个单位，都是如此。正是基于这种认识，1990 年召开的省五次党代会确立了“团结奋进，振兴河南”这一总的工作指导思想。各级领导干部为此作出了不懈的努力。民主集中制是我们党的根本组织原则，也是我们维护各级领导班子团结统一的根本制度保证。只有坚持民主基础上的集中和集中指导下的民主相结合，才能保持全党思想上、政治上的统一和组织上、行动上的统一，各级领导班子才真正有凝聚力和战斗力。

纵观班子建设中存在的这样那样的问题，原因固然很多，但大都同民主集中制坚持得不够好直接相关。有些同志习惯于个人说了算，不能正确处理与其他领导成员的关系，对重大问题和干

部人事问题的决策，广泛听取各方面意见不够，特别是听不进反面意见，导致党内民主生活不够正常。这种毛病容易发生在班长身上。特别是在有了一定成绩，有了一定经验，有了一定资历的情况下，自己说了算的倾向就比较突出。有的过分强调民主而忽视集中，对一些重大问题的决策，要么是议而不决，形不成集中意见，要么是对集体决定了的事情，合意的就执行，不合意的就不执行，甚至会上不说，会下乱说，另搞一套。班子的每一个成员都可能出现这种情况。有的摆不正个人与组织、局部与全局工作的关系，只讲个人意见而不讲组织纪律，只强调个人分管工作的重要而忽视整个全局工作，甚至走上个人与组织对立的程度。上述问题的存在，严重地削弱了党组织的凝聚力和战斗力，导致党组织形成不了领导核心，造成一个地区、一个单位的各项工作处于被动局面。解决领导班子这一问题，应从坚持和健全民主集中制入手，注意处理好以下三个关系。

第一，正确处理集体领导与个人分工负责的关系。集体领导是民主集中制原则在党的领导活动中的体现。早在 1948 年中央就作出了关于健全党委制的决定，把它作为党的一项根本的领导制度固定下来。对凡是涉及贯彻党的路线、方针、政策的大事，重大工作的部署，重要干部的任免、调动、处理，以及涉及群众利益的重大问题，都应当由领导集体民主讨论，作出决定，务必防止个人独断专行。但是，实行集体领导必须以个人分工负责为基础。因为集体决定了的事情，要由个人分工去办，如果只有集体领导，没有个人分工负责去落实，集体领导也就是一句空话。实行个人分工负责制，一是要明确工作任务，二是要界定职责范围，三是要授予相应的权力，做到职责权相统一，确保每个领导成员在其位，谋其政，行其权，尽其责。只有每个领导成员尽职尽责把分管的工作都做好了，才能更好地体现集体领导。因此，集体领导要以个人分工负责为基础，个人分工负责要以集体领导为前提，绝不能把二者割裂开来，甚至对立起来，而应当把发挥集体智慧与发挥个人才干有机地结合起来。强调集体领导，要防止互相推诿、分工不负责的倾向，借口集体领导，事无巨细都由集体讨论决定，使领导班子经常泡在会海之中，精力分散而影响事关全局大事的决策；强调分工负责，要防止互相掣肘，各自为政，削弱和摆脱集体领导的倾向，不能片面强调个人分管工作的重要而影响整个全局工作，各项工作都应当服从服务于经济建设这个中心。只有把这两个方面的问题解决好了，才能真正实现集体领导与个人分工负责的紧密结合，各级领导班子才能真正成为领导核心，各项工作才能有序运行。

第二，正确处理班长与委员的关系。班长作为领导班子内的核心，其基本职责就是要善于集中大家的意见和智慧，把每个领导成员的积极性最大限度地调动起来，搞好组织协调，形成一个团结的集体，发挥班子的整体效能。领导班子能否充分发挥群体效能，关键是要有一个核心。但是这个核心不是靠上级封出来的，也不是靠别人捧出来的，而是在工作实践中使大家逐渐认同的。这就要求班长不仅要有高人一筹的工作才华和驾驭能力，而且更重要的是要有从善如流、善于集思广益的民主作风。所以，上级党委如何选好下级党组织的一把手十分关键。班长思想作风、思想品质如何，对这级班子能否搞好民主集中制，能否维护团结和统一，至关重要。一把手缺乏凝聚力，就很难形成核心，就很难推行民主集中制。组织确定为班长，只是给你提供了一个条件。作为班长个人，还有一个如何不断提高自己的问题，在党委会中，讨论决定重大问题，书记和委员以及委员相互之间，都只能平等地发表意见，表决时实行一人一票，按少数服从多数的原则作出决定。作为书记要真诚地尊重每一个委员，平等地同委员们共同商量问题，鼓励大家畅所欲言，决不能凌驾于组织之上，搞个人说了算。班子内提倡以诚相见，大事讲原则，小事讲风格，思想常沟通，心胸要坦荡。班长要严以律己，诚恳待人，建立起真诚的同志式的关系。事实上，每个班子成员，都有各自的业务专长和工作经验，都有加快振兴河南的强烈愿望，都有对党的事业高度负责的责任心。根据班子成员的不同特点，我们在决策过程中，重视征求和集中每一个成员的意见，从而提高决策的科学性。这样，也使班长从班子成员的身上学到许多知识，吸取更多的营养，开阔思路，进一步提高驾驭工作和处理重大问题的能力。同时，我们还要提倡班子成员之间要互相学习、互相尊重的风气，从而形成团结、融洽、理解、信任的良好氛围和环境，增强一班人的凝聚力、向心力。

第三，正确处理个人与组织的关系。个人服从组织，少数服从多数，下级服从上级，全党服从中央，是民主集中制的基本原则和我们党的一条最重要的纪律，其基础是个人服从组织。如果没有这一条，人人各行其是，其他三个服从就会落空，党组织的核心作用就无从谈起。党的纪律是自觉的纪律和铁的纪律的有机统一。个人服从组织体现在具体行动上，就是无条件地服从党的决定，执行党的决议。在讨论和决定问题时，每个领导成员都可以充分发表自己的意见，出现一些不同的认识也是正常的，但是一旦形成了集体的决定，有不同意见可以保留，但必须无条件地服从和执行集体的决定，维护领导集体的权威，绝不允许背着组织另搞一套。现实生活中，个别班长、个别领导干部身上确实存在着这方面的问题，破坏了民主集中制。当前在个人服从组织这个问题上，要着重克服和防止三种倾向：一是只要组织照顾，不要组织纪律，把个人凌驾于组织之上，一事当前，先从自己打算，对上级和组织的决定不执行；二是对组织的决定表面上拥护，而在行动上或是消极怠工，或是另搞一套；三是对组织安排的工作、布置的任务挑肥拣瘦、讨价还价，有的甚至公开向组织伸手要名誉、要地位、要待遇。这些不良倾向，表现形式就是组织涣散，纪律松弛，其思想根源是个人主义、自由主义和分散主义。如果得不到克服和纠正，党的民主集中制就得不到贯彻落实，党组织就成了一盘散沙，团结就是一句空话。

二、坚持和健全民主集中制，才能防止“左”和右的错误倾向，提高各级领导班子的决策水平和决策能力

我们党要密切同人民群众的联系，领导人民群众建设有中国特色的社会主义，必须保证决策和决策的执行符合人民利益，符合客观规律，努力提高执政水平和领导水平。正确决策，是贯彻落实党的基本路线，实现党的正确领导的关键，是加快改革开放步伐，建设有中国特色社会主义的必然要求，也是实现党委集体领导有效性、权威性的基本条件。我国经济体制改革的目标，是建立社会主义市场经济体制，这是一个包括从微观到宏观、从经济基础到上层建筑、从生产关系到意识形态，包括人们观念的变化在内的庞大系统工程。改革越向纵深发展，任何一项带有根本

性的改革措施都会同传统的经济体制发生矛盾和冲突。因此，我们面临的建立社会主义市场经济体制的艰巨任务，对各级领导班子的决策水平、决策能力提出了新的更高的要求。要适应这种新的要求，各级领导班子必须认真贯彻民主集中制的原则，善于集中正确意见，善于总结新鲜经验，善于集中党内智慧和人民群众的智慧，努力实现决策的民主化、科学化。这样，才能把党的路线、方针、政策和普遍性的工作要求，转化成为各方面工作的具体决策和具体实践，才能创造性地把社会主义现代化建设的各项工作推向前进。在决策的实践中，要把握这样三点。

第一，在深化改革、扩大开放中贯彻“要警惕右，但主要是防止‘左’”的指导思想，避免出现倾向性失误，要通过坚持民主集中制来实现。邓小平同志在南方谈话中强调，党的基本路线“要管一百年，动摇不得”。邓小平同志讲一百年不动摇，不仅表明坚持和贯彻党的基本路线是个长期的历史过程，而且也指出了坚持党的基本路线的艰巨性。在整个社会主义初级阶段，我们随时都会遇到“左”和右的干扰，但只要我们正确贯彻民主集中制的原则，坚持集体领导，保证党内民主生活的正常化，就比较容易识别和抵制各种错误思潮的干扰，避免工作指导思想出现偏差，即使出现了，也易于较早地得到纠正。在我们党的历史上，凡出现工作指导思想上的偏差，犯“左”或右的错误，大都同这个时期民主集中制坚持得不好，党内民主生活不正常有直接关系。建设有中国特色的社会主义，是前无古人的伟大事业，新情况、新问题层出不穷，需要不断探索，不断开拓，不断认识和总结。我们党的历史经验是有“左”反“左”，有右反右，反“左”防右、反右防“左”。在新的历史时期，在改革开放中，我们要根据邓小平同志的指示精神，“要警惕右，但主要是防止‘左’”。特别是在党内，要勇于从一切反科学的、过时的、僵化的认识和观念中摆脱出来，代之以符合实际的新思想、新观念，这就是邓小平同志说的“换脑筋”。当前，换脑筋的任务异常艰巨。各级领导班子更需要认真地坚持和健全民主集中制，坚持集体领导制度，不断地排除“左”和右的干扰，以保证领导改革开放和经济建设指导思想的正确性。结合河南实际，如何理解、贯彻“要警惕右，但主要是防止‘左’”这一精神，我们省委常委一班人，分别深入基层调查研究，深深感到，党的十一届三中全会以来，全省广大党员和人民群众通过实践标准大讨论，思想得到了解放，改革开放进入了一个新的阶段。但是我们也看到，“一‘左’一旧”至今仍严重束缚着相当一部分干部、群众的思想。一些人深受其害而浑然不觉。“一‘左’一旧”克服不了，河南经济再上新台阶就实现不了。为此，常委会进行了充分讨论，形成了共识，确定把克服“一‘左’一旧”的影响作为全省上下贯彻邓小平同志南方谈话精神，进一步解放思想的首要任务。在省委的统一安排部署下，我们在全省范围内开展了“五破五立”活动，即破除抽象的姓资姓社的思维定式，树立以“三个有利于”为标准的观念；破除计划经济体制下形成的旧观念，树立社会主义市场经济的新观念；破除一切靠本本、条条的旧习惯，树立实事求是、一切从实际出发，敢闯、敢试、敢于创新的观念；破除传统封闭的内陆意识，树立扩大对外开放，以开放促发展的观念；破除消极畏难的无所作为、小进即满、小富即安的小农经济思想，树立艰苦奋斗、开拓进取，干大事业、求大突破、上大台阶的观念。实践证明，这对促进全省广大党员、干部和广大人民群众进一步解放思想，更新观念，加快改革开放步伐，起到了极为重要的作用。

第二，正确决策，必须走群众路线，坚持从群众中来，到群众中去。实事求是、群众路线、民主集中制三者紧密地结合起来，揭示了无产阶级认识世界和改造世界的活动中各种领导方法的本质特征，体现了最基本的领导规律，是我们党的传家宝。群众路线是防止决策失误、保证决策正确的根本条件，凡是正确的决策都是认真贯彻群众路线的产物。而贯彻群众路线的过程，就是发扬民主的过程，就是贯彻执行民主集中制的过程。一个正确的决策，是主观与客观的统一，认识世界和改造世界的统一。只有掌握了马克思主义的认识论，通过实践、认识、再实践、再认识的循环往复的过程，才能使我们的认识越来越接近客观真理。而要使我们的认识越来越接近客观真理，就必须坚持实事求是，从群众中来，到群众中去。党的一切正确路线、方针、政策的形成，都是党的群众路线的充分体现。作为实践主体的人民群众，对客观世界的认识最直接、最深刻，对改造客观世界最有发言权。问题和矛盾产生在群众的实践之中，而解决这些问题和矛盾的办法，也蕴藏在人民群众的实践之中。我们在办公室里冥思苦想、百思不得其解的问题，往往在群众的实践中已经有了现成的答案。因此，一切正确决策，从根本上说都是建立在群众实践的基础之上。近年来，省委省政府把发展乡镇企业作为振兴河南经济的战略重点来抓的决策，实践证明是正确的。总的看，全省乡镇企业基础薄弱的地区比较多，如何加快这些地区的发展步伐，使人民群众尽快富裕起来，这是省委省政府一直在考虑、研究的问题。密县、汝州等地较早地进行了农民股份合作制的探索，镇平县广大干部群众通过几年的摸索，总结出了“个体起步，股份突破，小区开发，规模经营”的路子。对这些探索，省委省政府主要领导同志先后进行调查研究，并在全省推广了他们的经验，对于促进全省乡镇企业的发展起到了重要作用。我们还对林县三十多年来创业的“三部曲”进行调查研究，总结出其精神实质是优秀的民族精神和改革开放的现代意识相结合，作出了学习林县人民创业精神的决定。根据部分先进县的经验，提出特县、特乡、特村、特企抓点带面的思路，提出“十八罗汉闹中原”。所有这些，都是充分尊重群众的首创精神，执行民主集中制原则和走群众路线的结果。实践证明，要把决策建立在群众智慧和经验的基础上，最关键、最重要的是深入群众，调查研究，从群众中来，到群众中去。无论过去和现在，调查研究都是我们党的一项科学的工作方法，联系群众的一个重要方式，也是实现决策民主化、科学化的一个关键环节。为此，我们要求省委常委、各级班子，特别是主要领导，都要分别建立各自的工作联系点，经常深入到联系点上调查研究，从而保证各级党委的决策符合基层情况和广大人民群众的普遍要求及愿望。

群众的经验和智慧是制定正确决策的基础，但决不是说原始的、零散的群众意见和要求都可以形成决策，因为正确决策的形成要经过一个正确集中的过程。对来自群众实践活动中的大量的感性材料，还要进行分析、研究、消化、吸收。集中群众的智慧要靠党委一班人的集体智慧，决策过程要严格执行民主集中制。将群众的意见集中起来，这个集中只能是按民主集中制的原则和程序集中多数人的意见。既要倾听各方面的意见，又要倾听不同的意见，在集中正确意见的基础上作出决策，既不能迎合少数群众的落后意识，又绝不允许个人或少数人说了算，这本身就是群众路线的体现。

第三，必须坚持集中决策与分散决策相结合。这也是民主集中制的重要体现。一般来说，上级的集中决策是针对全局而言，具有普遍的指导意义。这些决策是通过对各地特殊情况的综合概括制定的，是一个从特殊到普遍，从个别到一般，从具体到抽象，从实践到认识，从民主到集中的过程。而贯彻执行上级的决策，则是一个从普遍到特殊，从一般到个别，从抽象到具体，从认识到实践，从集中到分散的过程，即通过各级党委和政府把上级的方针政策逐步具体化，使之适合当地的具体情况，以解决当地的具体问题。从这个意义上讲，强调集中决策是非常必要的，特别是我们这样一个大党、大国，没有集中决策，将一事无成。因此，在路线、方针、重大政策上，各级党组织必须和中央保持一致，下级要无条件地服从上级，全党要无条件地服从中央。特别是当前国家在宏观调控上制定了一些措施，这都是重大的政策，是保证经济又快又好健康有序发展的必要集中决策，对这些集中决策，我们要坚决贯彻落实。同样，省里根据实际情况作出的决策，相对基层来讲，也是集中决策，各级党委也必须贯彻执行。但仅有集中决策这一个层次还不够，因为各地的情况千差万别，经济、社会、文化发展很不平衡，而且上级的认识虽然来自基层的实践，是完成实践到认识的过程，但是认识的过程并不是一次就完结了，而是实践，认识，再实践，再认识，循环往复，以至无穷，这样才能使我们的认识不断发生新的飞跃，这就是毛泽东同志在《实践论》中阐述的马克思主义的认识论。所以，上级的认识是在总结基层的实践基础上升华形成的，但还要回到实践中检验，通过检验还要升华形成新的认识。这就要求我们必须坚持因地制宜、一切从本地的实际出发，创造性地贯彻执行上级的方针政策。要求各级领导班子把上级的决策同自己的实际相结合，变成符合本地区情况的具体决策。这样，才能被本地区的群众所掌握，上级正确的决策才会显示出其威力和作用。当前，在这个问题上，我们一些地方和部门，既有发扬民主不够的问题，又有集中不够的问题。所谓集中不够，就是政出多门，有令不行，有禁不止，对中央的方针政策执行不力，我行我素；所谓民主不够，既表现在对重大问题的决策上，听取基层和群众的意见不够充分，又表现在贯彻上级方针政策的实践中，缺乏从实际出发、创造性工作的自觉性，甚至束缚了下面的手脚。这种状况必须克服。作为上级来说，在强调集中决策的同时，要鼓励基层发挥从实际出发、大胆创造的积极性，切忌一刀切，使基层左右摇摆，无所适从。特别是在改革开放的过程中，更要注意尊重基层的实践，尊重群众的首创精神，放手让下级和基层根据上级集中决策的总原则搞好分散决策，创造性地贯彻上级的方针政策。作为下级和基层来说，在进行分散决策时，要注意把上级的决策精神吃透，选准自己贯彻执行上级决策的最佳结合点，看准了，就要发扬敢闯、敢冒、敢试的精神，大胆果断地作出具体决策。当然，这种分散决策绝不是“上有政策，下有对策”，分散决策应以不违背中央和上级的大政方针、符合“三个有利于”的标准为前提。把集中决策与分散决策有机地结合起来，就会极大地调动上级和下级两个方面的积极性，真正做到心往一处想，劲往一处使，推动社会主义现代化建设事业从胜利走向胜利。

三、坚持和健全民主集中制，才能调动各方面的积极性、创造性，在统一的政令下形成干事创业的合力

民主集中制不仅是我们党的根本组织原则，也是我们国家的根本组织制度。党委要充分发挥领导核心作用，就要按照民主集中制的原则来处理同人大、政府、政协和其他群团组织的关系。中国共产党的领导地位是写进宪法的，是历史和人民的选择。党能否认真地实行民主集中制，对于国家政权机关能否认真实行民主集中制关系极大。地方党委只有模范贯彻执行民主集中制，才能有力促进和推动国家政权组织民主集中制的实行，也才能有力促进和推动整个社会主义民主和法制建设。现在有少数地方党委、人大、政府、政协，几大班子形不成干事创业的合力，甚至党委意图不能很好地得以体现，归根到底还是民主集中制原则坚持得不够好。具体说来，一是部分领导同志在新形势下对实行党政职能分开的问题存有模糊认识，一方面对于如何改善党的领导方式和活动方式研究不够，习惯于过去包揽一切或以党代政的领导方式；另一方面是把党在社会主义现代化建设中的领导核心作用与权力过于集中的弊端混同起来，认为党委是实行民主集中制，行政是实行首长负责制，行政的重大问题不需要党委集体讨论，自觉不自觉地淡化了坚持党的领导的意识。二是有的党委与其他几大班子及时沟通不够，对重大问题的决策和向国家机关推荐的重要干部的任免，事先没有充分的民主协商，征求意见。三是有的单位摆不正党的中心工作与其他部门工作的关系，思想不统一，工作不同步，甚至互相掣肘等。应当承认，在新旧两种体制交替、转换的过程中，出现这些问题不足为怪，但是如果解决

不好，就会妨碍社会主义现代化建设的顺利进行。为此，应强化三个意识、处理好三个关系。

第一，强化领导核心意识，处理好党政职能分开和充分发挥党的领导核心作用的关系。中国共产党是我国社会主义事业的领导核心。这个核心是其他任何组织不能代替的。党的十一届三中全会以来，邓小平同志一再指出："中国由共产党领导，中国的社会主义现代化建设事业由共产党领导，这个原则是不能动摇的；动摇了中国就要倒退到分裂和混乱，就不可能实现现代化。"按照我国宪法的规定，各级政权组织，包括人大、政府和司法机关，以及群团组织都必须接受共产党领导。凡属重大的路线、方针、政策问题，都要经过党委讨论，然后分头实施。这就是说，我们党是执政党，党的领导要通过执政来体现。所以，江泽民同志指出："我们必须强化执政意识，提高执政本领。"实行党政职能分开，从体制上解决党政不分、以党代政、权力过分集中的问题，是改善党的领导体制的一项重大措施。但是这种改善不是要削弱、更不是要取消党的领导，而是要加强和改善党的领导，更好地发挥党的领导核心作用。党政职能分开，不是党政分家、权力再分配，也不是"党只管党"，不管经济建设和社会事务。按照党政职能分开的要求，各级党委要集中精力管大事，对一个地区带战略性、全局性和关键性问题进行高层次决策。在党委的统一领导下，按民主集中制的原则使政权机关、行政组织发挥各自的职能作用。这样就能使党在整个社会主义现代化建设事业中始终处于领导核心地位。这几年，我们为了加强对全省各项工作的统一领导，适应党政职能分工的需要，省委对人大、政府、政协等部门的工作，做到不包揽、不代替，并放手让各个机关发挥各自的职能作用。省委则集中精力，研究制定全省经济发展的战略性问题和事关全省全局性、关键性的问题。先后制定了“团结奋进，振兴河南”的指导思想、“一高一低”的奋斗目标和“优化环境，外引内联，四面辐射，梯次发展”的开放战略等。省人大、政府、政协和社会群团组织，围绕上述重大决策，根据各自的职能，分头决策并积极地创造性地开展工作，从而既保证了省委对全省各项工作的统一领导，也在实际工作中形成了“团结奋进，振兴河南”的良好局面。

第二，强化协调、沟通意识，处理好党委与国家政权机关和其他非党组织的关系。我们党是政治组织，不应当直接行使国家机关和其他非党组织的职能，党的主张应当经过法律程序变为国家意志。那么，在改革开放和现代化建设中，各级党委如何实行统一领导？如何把党委的意图变为国家政权机关和非党组织的自觉行动？搞好协调、沟通则是一个重要手段，协调、沟通的过程也就是贯彻民主集中制原则的过程。要加快改革开放和现代化建设步伐，各级党委必须根据党的十四大精神，研究解决本地区、本部门改革开放和经济建设的重大问题，通过广泛的民主形式和渠道，坚持民主集中制的原则，最大限度地调动广大干部群众的积极性和主动性，组织、协调好各个方面的力量，按照党委的意图、部署，同心协力做好各自的工作。这就要求处于领导核心地位的各级党委要强化协调、沟通意识，处理好党委与国家政权机关和其他非党组织的关系。作为党委本身，一要大力支持和保证他们充分行使自己的职能，充分发挥他们各自的作用；二要加强沟通协调工作，寓沟通协调于领导之中。党委在加强对国家政权机关和社会群团组织领导的同时，凡在重大决策作出之

1993 年 4 月 23 日，李长春在河南省八届人大一次会议上致辞。在这次会议上，李长春当选为河南省人大常委会主任。

前，应广泛征求他们的意见、建议，合理的要积极采纳，不够合理的要做好说服解释工作，采用民主协商的办法来统一思想认识；有关各机关实施的重大决策，要充分发挥各机关党组的作用，由党组织按民主集中制的原则提出供党委决策的意见；重大决策作出之后，要及时向他们通报情况，科学地预测可能出现的问题，引导方方面面献计献策，采取必要的措施，保证决策的顺利实施；在重大决策实施之后，要放手让他们根据各自的职责制定出具体的落实意见，同时根据实施后的反馈情况，注意协调处理好需要党委解决的问题。关系理顺了，情况沟通了，就能实现思想统一、目标同向、工作同步。要继续完善人大主任、政协主席列席常委会制度，这也是重要的沟通形式。党委主要负责同志要注意和国家机关主要负责同志经常沟通情况，使一些重大问题取得比较一致的意见。暂时想法不一致，只要不是紧急的情况不要急于决策，还可以等待观察，随着客观事物的发展，总是会取得一致认识的。

第三，强化服务中心的意识，处理好党的中心工作与其他部门工作的关系。从总体上讲，新时期党的中心任务，就是坚持以经济建设为中心。具体到一个地区来说，党委在贯彻落实的过程中，常常要结合本地实际情况而确定不同阶段的中心工作。但在实施中，经常遇到某些方面的工作重心与党委的工作中心发生脱节的现象。比如，党委确定的旨在解决当前紧迫问题的举措，到了部门那里迟迟协调不下来，有的甚至强调本部门工作重要而各行其是。究其原因，既有一些领导同志自觉地服从和服务于经济建设这个中心任务意识不强的问题，也有贯彻民主集中制原则不力的问题。无论是人大、政府、政协，还是社会群众组织，都应当把各自的工作纳入到党委中心工作的整个布局之中，强化服务于中心工作的意识，做到部门工作与党委的中心工作相合拍。这样就能在民主集中制原则的指导下，保证政令统一，步调一致，形成合力。

四、坚持和健全民主集中制是党内反对腐败的重要制度建设

中国共产党作为执政党要时时刻刻加强自身建设，特别是要认真抓好反腐败斗争，这是关系党的生死存亡的大问题，是既现实又深远的大问题。旧中国任何一个政权都有从兴旺到衰亡的过程，但任何一个政权都不能同共产党相比。他们代表少数人的利益，而共产党是工人阶级的先锋队，是全心全意为人民服务的党，党的宗旨、性质决定了党有能力净化自身的缺点。1945 年 7 月，毛泽东同志在同黄炎培谈到共产党如何跳出“其兴也勃焉，其亡也忽焉”的历史周期率时，提出了依靠民主、依靠人民监督政府，防止消极腐败现象发生的重要思想。对这个重要思想，我们一定要深刻领会，落实到工作中。随着社会主义市场经济体制的建立，每个党组织和党员都要经受改革开放和执政的考验，我们一定要坚决防止商品交换的原则侵入党的肌体。对党员干部中发生的以权谋私的问题，除进行教育、查处外，还要从制度上加强经常性的监督和制约。坚持和健全民主集中制就是反腐败的一项重要的制度建设。没有约束的权力就是腐败的温床。我们实行民主集中制，就是保证人民当家作主，党员干部行使职权，要在人民的监督下；重大决策，要实行一定的民主程序，民主就是对

个人权力的制约和监督。我们实行的集中，是民主基础上的集中。这就保证了决策的正确性。同时，党委会的民主集中制是集体领导，从制度上防止个人说了算，从而有效地抑制权钱交易，防止党员干部出现腐败问题。当然干部人事制度也有需要改革的地方，过去的体制有弊端，使得个别干部只对决定其升迁命运的人负责。要研究怎样使干部时时刻刻置于群众的监督之下，这也是坚持和健全民主集中制。在考核、任用干部上，实行更广泛的民主。在考核制度上也要进行改进，以使我们在考核中能听到真实情况、听到方方面面的意见，真正做到兼听则明。在一些部门可实行聘任制，以及适当引入竞争机制等等。总之，坚持和健全民主集中制，使权力要有约束，重大问题要经过集体讨论，个人执行权力要置于群众监督之下，这样就能堵住干部以权谋私的渠道。

县委班子建设要上一个新台阶*

（1993 年 11 月 19 日）

县委班子在一定程度上决定着一个县的兴衰和几十万、上百万群众生活的状况。班子内部提倡以诚相见，大事讲原则，小事讲风格。要把班子全体成员的思想和行动统一到贯彻执行党的基本路线上来，统一到干事创业上来。

县委班子是一个县的“火车头”，这个“火车头”的动力大、牵引力强，县域经济和各项事业就能发展得快。可以说，县委班子在一定程度上决定着一个县的兴衰和几十万、上百万群众生活的状况。

目前，我省的县委班子总体上是好的。但是按照新的历史时期的要求，也有少数领导班子不很适应，主要表现在三个方面。一是有的班子“散”一点，形不成坚强的领导核心，缺乏明确的目标来统一认识、统一行动、统一步伐，甚至有个别的班子不大

* 这是李长春同志在河南省县（市）委书记培训班上讲话的一部分。

团结。二是有的班子“软”一点，缺乏开拓创新的魄力和勇气，在困难面前一筹莫展，束手无策，长时期没有大的作为。三是有的班子“懒”一点，不注意研究新情况、学习新知识、解决新问题，满足于一般化，小富即安、小进即满，“工业无起色、农业无特色、脸上无愧色”。

解决县委班子的这些问题，一是要借学习《邓小平文选》第三卷和林县创业精神的东风，提高认识，振奋精神，对照先进找差距。每个县委班子要认真回顾和总结一下班子的工作思路、发展目标、上台阶的规划是否明确，班子成员的创新意识、开拓意识、改革开放意识强不强，敢闯敢试敢于创新的劲头足不足，作风是否扎实，各项工作是否落到了实处。要紧密联系班子的实际，制订措施，努力赶上去。二是要认真贯彻民主集中制的原则，正确处理集体领导与个人分工负责的关系、班长与委员的关系、个人与组织的关系，做到凡是重要工作和重大问题的决策，要严格按全委会、常委会、书记办公会的职权范围和工作程序进行，在充分发扬民主的基础上，坚持个人服从组织、少数服从多数、下级服从上级、全党服从中央的原则。县委书记作为班长，要认真听取和采纳各方面的意见，各委员要维护县委的领导核心。班子内部提倡以诚相见，大事讲原则，小事讲风格。要把班子全体成员的思想和行动统一到贯彻执行党的基本路线上来，统一到干事创业上来。三是在坚持教育提高为主和保持班子大体稳定的前提下，对那些安于现状、政绩平平、长期改变不了本地落后面貌的班子，对那些思想守旧、精神不振、作风不实的干部，对那些个人主义、自由主义思想严重，搞内耗、闹不团结的干部，经教育仍不改正的，要及时予以调整。四是要加强一班人的廉政建设。要求下边做到的，县委领导班子的成员要首先做到；不仅要管好自己，还要管好家属、子女和身边的工作人员。

关于对剪彩进行改革的批语 *

（1993 年 11 月 22 日）

建议剪彩进行改革：1. 由首长剪彩改为由劳动模范（生产第一线的）剪彩；2. 用纸条取代红绸布。

---

* 这是李长春同志在河南省计经委《关于长葛县黄河磨具有限公司举行落成投产仪式，恳请省里领导前去剪彩》的请示上所作的批语。

由“伯乐选马”转为“赛场选马”*

（1994 年 2 月 14 日）

克礼〔1〕并宪章〔2〕、艾英〔3〕同志：干部人事制度改革是关键，也是当前改革的弱项。凡是工作有活力的地方，首先都是在干部人事制度上有新招，把人的积极性调动起来了。我意把基层的创造总结一下，拿出不同层次的改革经验，探索适应社会主义市场经济体制下的干部人事制度改革的内涵，用经验交流会等形式加以推荐和推广。省直也应结合机构改革和干部分流，扩大干部人事制度改革的试验，核心是适度引入竞争机制，由“伯乐选马”转为“赛场选马”。

注 释

〔1〕克礼，即任克礼，时任中共河南省委副书记。

〔2〕宪章，即马宪章，时任中共河南省委常委、组织部部长。

〔3〕艾英，即林艾英，时任河南省人事厅厅长。

---

* 这是李长春同志在《河南日报》1994 年 2 月 14 日刊登的《放活源头春潮涌——中牟县干部人事制度改革纪实》通讯上所作的批语。

不断提高政研干部的素质*

（1994年3月30日）

政研室是个出点子的部门，既不同于搞纯理论的部门，也不同于搞实际工作的部门，是在理论与实践的结合上搞研究，出成果。政研室干部要有一定的政治、经济头脑，有一定的理论水平、实践经验、抽象思维能力、较高的政策水平和文字写作功底。

在现代领导体制中，必须加强思想库、智囊团的建设。在现行机构中，按职能，有执行机构，如各业务主管部门；有信息反馈部门，如统计局，办公厅的信息处等；有监督部门，如审计、监察部门等。虽然他们也都兼有为决策提供参谋意见的责任，但代替不了思想库、智囊团。

从我省的情况看，思想库、智囊团主要有社会科学院、发展战略研究中心、政府调研室、省委政研室等，他们之间分工也有所不同。社科院是重要的思想库、智囊团，应该把工作重点放在

* 这是李长春同志在河南省市地委政研室主任会议上讲话的一部分。

长期的发展研究，从理论与实践的结合上研究重大问题，包括经济、政治、文化、社会等宏观问题。就时间上来讲，要长远一些，中长期一些；就空间来讲，要更加宏观一些。发展战略研究中心，从时间上讲，是中期的，就空间来讲，主要研究一些发展战略方面的问题，突出中期战略，研究长远规划战略的实施。政策研究室则应该紧紧地围绕党委的中心工作。就时间来讲，是近期的；就空间来讲，研究的问题应该实践性更强一些，侧重政策研究，或者是决策研究，或者是落实某一种战略的政策、操作办法。所以，政策研究室要紧紧围绕党委的中心工作，研究涉及全局的重大问题。从我省的情况看，当前要重点做好以下几个方面。

首先，从事政研工作的同志要认真学习《邓小平文选》第三卷、党的十四届三中全会精神、社会主义市场经济理论。省委号召在全省广大干部中开展一次深入学习邓小平同志建设有中国特色社会主义理论、学习十四届三中全会决定和社会主义市场经济理论的活动。各级党校、各个干部培训中心，都要突出这个主题。电视台、电台、报纸都要开辟专栏搞讲座。不提高各级干部的社会主义市场经济理论水平，就不能正确认识当前的改革开放，就不会有建立社会主义市场经济体制的紧迫性。政研干部要在普及市场经济理论中起骨干作用。政研室主任、副主任要承担起讲课辅导任务，从理论和实践的结合上给基层广大干部讲课，也可以在电视上搞专题讲座。这就要求我们先学一步，学好一些，学深一些。

其次，要树立正确的苦乐观。政研工作比较清苦，在发展市场经济中，清苦的部门是冷门。但我认为这个苦是非常高尚的。

政研室是培养、锻炼和提高干部素质的好地方。有一句话叫“小智者善治事、大智者善治人、睿智者善治法”。政研室是个出点子的部门，既不同于搞纯理论的部门，也不同于搞实际工作的部门，是在理论与实践的结合上搞研究，出成果，向党委提供决策建议的智囊团、参谋部。所以，对政研室干部要求是比较高的，要有一定的政治、经济头脑，有一定的理论水平、实践经验、抽象思维能力、较高的政策水平和文字写作功底。政研室正是集以上几点于一体的部门，所以虽然清苦一点也非常光荣。同志们要安心本职工作。当然在有条件的时候也要创造交流的机会，让在政研室工作的同志过一段时间再到实际工作中去发挥领导组织才能。为了保留骨干，我们对政研室有规定，省里可以设副厅级研究员，市地可设副处级研究员，只要成熟了就可报批。

其三，政研室的同志要多深入实际，多学习自己不熟悉的东西。多了解情况，多了解全局，这样才能为党委拿出有分量的决策建议。省委政研室主任兼任省委副秘书长，省委常委会除了研究干部以外，研究全局工作，政研室主任一般都列席会议。各市地都要有各市地的办法，努力为政研室创造知情的条件。省委政研室的同志可根据工作需要，经组织批准，适当扩大阅看文件范围。政研室订报纸、刊物要多一些，便于研究了解全局。各级政研室都要能作形势报告，将来我们对外交往，哪个省区市来考察学习，就让政研室主任介绍情况。各级主要领导下去调研，有条件的要带政研室的同志一起去，使之了解基层实际情况，了解领导的思想、思维方式和关心的主要问题，使提出的意见更具有针对性和实效性。

深入持久地开展反腐败斗争*

（1994 年 4 月 1 日）

不受制约的权力是腐败滋生的温床。各种消极腐败现象和不正之风的发生，大都与权力滥用和行政行为不规范有关。治标与治本相结合，必须边反边改、边反边建，加快完善廉政法规和规章，从法规制度上堵塞漏洞。

要真正打好反腐败这个硬仗，就必须标本兼治，重在治本，从根本上铲除滋生腐败现象的土壤，建立一个反对腐败、保持廉洁的约束和监督机制。

一要继续加强教育和引导。反腐倡廉，教育是基础。要通过各种形式，对广大党员干部进行全心全意为人民服务的宗旨教育，进行艰苦奋斗、廉洁奉公、勤政为民的教育，进行法制和纪律教育，增强广大干部抵制拜金主义、享乐主义和极端个人主义等腐朽思想侵蚀的能力，增强保持廉洁的自觉性。在对那些影响

---

* 这是李长春同志在河南省纪委五届六次全会上讲话的一部分。

较大的反面典型有选择地内部通报或公开曝光的同时，要大力宣传和表彰廉洁奉公、勤政为民、勇于同腐败分子作斗争的先进典型。要把学习焦裕禄、徐洪刚[1]、张环礼、姚次会[2]同志的活动进一步广泛深入地开展下去，把学习林县人民创业精神的活动深入开展下去，把学习宣传各条战线、各个系统的先进典型的活动继续进行下去，弘扬正气、倡导新风。

二要加强法规、制度建设。各种消极腐败现象和不正之风的发生，大都与权力滥用和行政行为不规范有关。治标与治本相结合，必须边反边改、边反边建，从法规制度上堵塞漏洞。省人大、省政府要结合重大改革措施和行政、经济决策的实施，研究新情况、新问题，加快完善廉政法规和规章。省直各部门、各市地也要结合实际，制定出切实可行、便于操作的规章和制度。不受制约的权力是腐败滋生的温床，要逐步实现行政管理法制化、规章化，最大限度地减少日常的一事一批，约束不规则的行政行为。重点部门和行业都要针对本系统、本行业存在的不正之风，从规章制度上提出制约和解决的办法。

三要注意发挥社会各方面的监督作用。司法、行政执法、经济管理等部门和垄断性较强的行业，特别是直接与群众打交道的基层单位，要继续实行公开制度，置于广大群众的监督之下。各级人大要组织人大代表，对一些重点部门和行业进行民主评议，切实发挥权力机关的法律监督职能。要充分发挥各民主党派、群众团体、无党派人士的作用，组织他们参与反腐败斗争有关任务的实施，多听取他们的意见和建议。要注意发挥新闻单位的舆论监督作用，扶正祛邪、惩恶扬善。

要坚持党的群众路线，进一步密切党和政府同人民群众的联系。密切联系群众，是我们党的优良传统和作风。得人心者昌，逆人心者亡，这是一条颠扑不破的真理。我们党正是因为能够密切联系群众，才取得了新民主主义革命的伟大胜利。在建立社会主义市场经济体制的新形势下，发扬密切联系群众的优良传统和作风，同样具有十分重要的意义。它有利于调动广大群众的积极性，同心同德去克服改革开放和经济建设中的各种困难；有利于我们从群众中汲取营养，使决策更加科学化，更加切实可行；有利于依靠群众力量，帮助我们不断修正错误，弥补缺陷，清除腐败。因此，广大干部特别是领导干部要学习马克思主义的群众观点，坚持党的群众路线，切实改进思想作风和工作作风。一定要从党的事业兴衰成败和党的生死存亡的高度来认识群众路线问题，解决好群众关心的热点问题和本地的突出矛盾，密切党和政府同人民群众的联系。

当前，继承和发扬密切联系群众的优良传统，要注意四个方面：一要牢固树立全心全意为人民服务的思想，时刻把人民群众利益摆在第一位，作为一切工作的出发点和落脚点。制定政策，想问题，办事情，都要树立群众观点，不允许侵犯人民群众的利益。二要少搞一些应酬，多走出办公室，深入基层，调查研究，广泛接触群众，做群众的知心朋友。要克服形式主义，纠正作风不实的现象，树立讲实话、办实事、鼓实劲、求实效的作风，扎扎实实为群众解决实际问题。三要反对和清除腐败，纠正以权谋私、官僚主义、奢侈浪费等脱离群众的现象，与群众同甘共苦，打成一片。四要制定和坚持行之有效的办法，使联系群众经常化、制度化。只要我们密切联系群众，清除腐败现象，就能够保持党群一心、干群一致，巩固团结稳定的政治局面。

注 释

〔1〕徐洪刚，1971年生，云南省彝良县人，1990年入伍，1993年7月入党。1993年8月17日，徐洪刚在探家归队途中，乘坐的长途公共汽车上四名歹徒向一女乘客勒索钱物。徐洪刚挺身而出，同歹徒英勇搏斗，身负重伤，后经当地群众和医院全力抢救，转危为安。徐洪刚见义勇为的壮举，在全军和全国引起强烈反响。1993年济南军区授予徐洪刚“见义勇为的英雄战士”，1994年团中央授予他“全国新长征突击手”称号。

〔2〕姚次会（1952—1994年），河南省汝州市人。1971年参加公安工作，1993年入党。1994年2月12日，姚次会在探亲途中发现一伙歹徒殴打一名司机，立即上前制止，受到歹徒围攻，他不畏强暴，同歹徒英勇搏斗，不幸壮烈牺牲。1994年，公安部追授姚次会“全国公安战线一级英雄模范”称号。

内部材料要多报点忧*

（1994 年 11 月 14 日）

全书[1]同志：供领导参阅的内部材料，要多报点忧，可否达到三分之一左右或再多些。特别是倾向性问题，中央和省委的决策落实不好的市地及落实中存在的突出问题，基层的一些真实的、领导不易了解到的情况，要及时反馈，以便于省委正确决策。另外，要增加些外省市好的经验，包括超前性的探索。

注　释

〔1〕全书，即王全书，时任中共河南省委秘书长。

---

* 这是李长春同志在河南省委办公厅《工作信息》第 435 期上所作的批语。

对村党支部要分类指导*

（1994年11月20日）

> 要通过坚持不懈的努力，让一类支部上水平，提前实现小康；二类支部上台阶，确保实现小康；三类支部变面貌，加快脱贫致富步伐，力争如期实现小康。

弄清基层组织的现状是抓好基层组织建设工作的前提。我省农村基层党支部大体上可分为三种类型：第一类是先进支部，其主要特点是有凝聚力和战斗力，积极团结带领群众发展集体经济，走共同富裕的道路，已经实现或可以提前实现小康目标，并能够起到示范、辐射、帮带作用，这一类支部总体上看为数还不太多；第二类是处于中间状态的支部，其主要特点是工作能正常运转，基本适应如期实现小康的要求，各方面的工作还不平衡，还有不少薄弱环节；第三类是处于后进状态的支部，其主要表现是整体功能较弱，不能带领群众奔小康，没有任何集体经济实体，干什么事都向群众伸手要钱，干群关系紧张，没有什么凝聚

* 这是李长春同志在河南省农村基层组织建设工作会议上讲话的一部分。

力、战斗力，呈软弱涣散状态，有的甚至处于瘫痪状态。

在加强村级组织建设中，各地要严格按照省委制定的《农村党支部划类试行标准》，首先把情况进一步摸清，把底数搞准、搞实。从前段初步摸底的情况看，有的地方存在着对软、瘫划分不够准确的问题，这主要是因为之前全省缺乏一个明确、统一的标准。从现在起，都要按照省委制定的标准对基层组织重新进行划类。在进行这项工作时，一定要坚持从实际出发、实事求是的原则，敢于正视矛盾、暴露矛盾，不要人为地划框框、定比例。对三类支部有多少就划多少，不能认为划的三类支部多，就是工作没做好。就这项工作来说，今后哪个地方三类支部整顿得多，后进向先进转化得多，就说明工作做得好，取得的成绩大。如果任意放宽标准，使一些三类支部滑过去，该整顿的不整顿，不仅小康目标会落空，而且还可能酿成更大的问题。邓州市陶营乡徐楼村发生的干部集体谋害上访农民的恶性事件，从表面上看是不可预料的，是偶然的，但偶然背后有必然。这个村没有集体经济，农民负担沉重，导致了干群矛盾激化。像这样的支部原来竟被划为二类支部。如果能实事求是地把它划为三类支部，列为整顿对象，及早动手解决问题，就有可能避免这一严重后果。我们要从中吸取深刻的教训。在支部划类上，一定要发扬省委倡导的“三防四实”作风，一是一,二是二，有喜报喜，有忧报忧，决不能粉饰太平，干那种图虚名而遭实祸的蠢事。

要在准确划类的基础上，采取抓两头、带中间的方法，区别不同的情况，坚持分类指导。一是抓先进支部。应该看到，即使是先进支部，也有一个不断提高自身素质，在思想、组织、作风建设上进一步加强和改进，以更好地适应社会主义市场经济需要的问题。无论是在自身建设方面，还是在经济发展及各项事业方面，都要对他们提出新的更高的要求，促使所在村的两个文明建设搞得更好一些，发展更快一些，成为当地社会主义新农村的示范村，充分发挥辐射和帮带作用。最近，省委作出了《关于开展向十个农村先进党支部学习的决定》。这十个农村先进党组织，有的是始终保持先进的老典型，有的是在改革开放形势下涌现出来的新典型。他们在贯彻执行党的基本路线、加强党的建设、团结和带领农民群众奔小康方面都取得了突出成绩，创造了丰富经验。我们要大力宣传他们的事迹和经验，广泛开展向他们学习的活动，以促进全省农村基层组织建设，加快农村奔小康的步伐。全省一类支部要对照这十面旗帜制订上水平的规划，二类支部要对照这十面旗帜制订上台阶的规划，把向先进学习化为自己前进的动力。

二是抓处于后进状态特别是软弱涣散和瘫痪的党支部。对这类支部，力争用二至三年时间，有领导、有计划、分期分批地进行整顿。整顿工作要把握好两点，一要坚持正确的指导思想，即坚持以思想教育为主、正面教育为主、自我教育为主，不能采取过去那一套“左”的办法、搞运动的办法，不能搞人人过关。特别是对人的处理一定要慎重，除触犯刑律的依法处理以外，对于思想上、作风上有这样那样毛病的，要本着“惩前毖后、治病救人”的原则，从团结的愿望出发，经过批评和自我批评，使问题得到解决，在新的基础上达到新的团结。对违反党纪政纪的，要按组织程序办事，工作队不要直接处理，以免留下后遗症。二要千方百计为群众办实事。要把对后进支部的整顿工作与贯彻落实好党在农村的各项政策、切实减轻农民负担结合起来，与完善双层经营体制、发展集体经济结合起来，与办集体经济实体、实施“富民工程”结合起来，灾区要与组织群众生产自救结合起来。要很好地研究使农民端好两个饭碗的问题：一个是“泥饭碗”，即种好一亩多地；一个是多种经营的“新饭碗”，千方百计增加农民收入。把握好了这两条，整顿工作就会受到群众的欢迎，就能够顺利开展。通过整顿，要使党员干部的综合素质得到提高，带领群众奔小康的责任心进一步增加，后进面貌有明显改变。整顿决不能走过场，一定要达到验收标准，达不到标准决不收兵。在抓好两头的同时，对中间状态的村，要帮助他们对照先进，查找薄弱环节，本着缺啥补啥的精神，有什么问题解决什么问题，什么问题突出就先解决什么问题，努力使支部建设和各项工作再上一个档次。

总之，要通过坚持不懈的努力，让一类支部上水平，提前实现小康；二类支部上台阶，确保实现小康；三类支部变面貌，加快脱贫致富步伐，力争如期实现小康。

发展社会主义市场经济必须坚持民主集中制*

（1994年12月5日）

在建立社会主义市场经济体制过程中，我们既要充分发扬民主，使全体党员和人民的意愿、主张得以充分表达，积极性和创造性得以充分发挥，同时又要全党统一意志，统一步调，严格纪律。只有这样，才能保证改革的顺利进行，保证社会主义市场经济体制的建立和完善。而要做到这一点，只能依靠加强民主集中制。

发展社会主义市场经济，还要不要坚持民主集中制，是关系到党的建设能否得到加强，改革开放和经济建设能否顺利推进的一个重要问题。因此，我们必须把思想统一到党的十四届四中全会精神上来，正确认识、深刻理解在社会主义市场经济条件下坚持和健全民主集中制的必要性和重要性。

第一，建立社会主义市场经济体制是前无古人的开创性事业，实行民主集中制是完成这项艰巨历史任务的根本保证。新旧

* 这是李长春同志发表在《人民日报》上的文章。

体制转换是一个浩大、复杂的系统工程，一方面需要调动一切积极因素，使广大干部群众都能关心改革、支持改革、踊跃投身于改革开放和经济建设，充分发挥他们的智慧、才能和创造性，推动改革深入进行。另一方面又需要党和政府对亿万群众的改革实践活动有效地进行组织领导，对于群众的成功探索进行总结、升华、推广，在宏观上搞好统筹规划，协调配套，努力提高改革的效率，减小改革的震动，推动改革有秩序有步骤地进行。要使宏观管理得以顺利实施，全党特别是各级地方党委和政府，就必须加强和维护中央的领导权威，做到令行禁止，政令畅通。如果不是这样，而是你说你的，我干我的，“上有政策，下有对策”，经济秩序就必然混乱失控，改革方案和措施就无法顺利实施。贯彻中央的方针政策需要结合当地实际，需要创造性地开展工作，但前提是不能违背中央的根本精神，必须在思想上和行动上始终与党中央保持一致。特别是当前经济体制改革进入了攻坚阶段，面临的矛盾和困难比较多，就更需要增强全国一盘棋的思想，正确处理好各种复杂的关系和问题，自觉维护中央的权威，维护改革、发展、稳定的大局。因此，在建立社会主义市场经济体制过程中，我们既要充分发扬民主，使全体党员和人民的意愿、主张得以充分表达，积极性和创造性得以充分发挥，同时又要全党统一意志，统一步调，严格纪律。只有这样，才能保证改革的顺利进行，保证社会主义市场经济体制的建立和完善。而要做到这一点，只能依靠加强民主集中制。

第二，从社会主义市场经济的本质特征来看，要求我们必须贯彻执行民主集中制。市场经济的主要特征就是市场机制对资源配置起基础性作用，市场主体具有充分的自主权，能够充分发挥积极性、创造性，通过市场的平等竞争实现经济的快速发展。从一定意义上讲，经济的市场化过程，也就是微观搞活的过程，是扩大经济民主的过程。没有市场主体的充分自主和市场机制作用的充分发挥，整个经济发展就会失去内在活力和动力。但是，单一的市场调节具有一定的盲目性、自发性，经济生活的某些方面单靠市场是管不了和管不好的。市场经济也离不开法制建设，离不开必要的宏观调控。正确的做法应该是微观搞活，宏观管好。由此可见，放与管、民主与集中这两个方面都是市场经济的本质要求，相辅相成，缺一不可。市场主体越活跃，市场机制的作用发挥越充分，对法制建设、宏观调控、社会保障等方面的要求就越强烈。这就告诉我们，计划经济体制向市场经济体制的转变，并没有动摇和否定民主集中制赖以存在的经济基础条件，而是对民主集中制提出了更高的要求。那种认为民主集中制在市场经济条件下已经过时了、不适用了的观点，是错误的、有害的。况且，我们要建立的是社会主义市场经济体制，在所有制上是以公有制为主体、多种经济成分共同发展；在分配制度上，是以按劳分配为主、多种分配形式并存，效率优先、兼顾公平。与这种所有制结构和分配制度相适应，一方面要推动国有企业转换机制，积极发展多种经济成分，形成平等竞争、优胜劣汰的市场机制，鼓励一部分地区和一部分人率先致富；另一方面又必须保持公有制的主体地位，保证国有经济对国民经济命脉的控制和对经济发展所起的主导作用，并解决好分配问题，提倡先富带后富，最终实现共同富裕。社会主义市场经济与其他市场经济相比，要求国家参与经济生活的程度更深一些，范围更广一些，宏观管理水平也应更高一些。

第三，从我国国情看，民主集中制是最合理、最科学、最有效的领导制度。我国是一个幅员辽阔、人口众多的多民族国家，经济文化的总体水平还比较落后，而且发展不平衡。在这样的国家发展市场经济，一方面要充分发扬民主，调动方方面面的积极性，让人们通过关心本地区、本单位的利益，充分发挥各自优势，有条件发展快的尽可能加快发展，使一部分地区、一部分人先富裕起来。另一方面又要求我们必须有一个强有力的中央，有足够的手段和力量维护国家的根本利益、长远利益和各民族的共同利益，保证经济社会发展的良好秩序和总量平衡，安排部署那些涉及全局的大项目，为各地经济的协调发展创造条件，为国家统一、民族团结提供经济基础，保证国家的长治久安。而民主集中制最有利于体现人民群众的共同利益和愿望，能够保证党的路线、方针、政策的正确制定和执行。因此，只有加强民主集中制，才能正确处理中央与地方、全局与局部、地方与地方、公共事业与小集团和个人之间的关系，有效地维护党和国家的团结统一。我们任何时候都要把坚持民主集中制放在维护国家和民族根本利益的高度来对待。

第四，从国际环境看，我们党和国家实行民主集中制也是十分必要的。目前我国面临着难得的发展机遇，也面临着严峻的挑战。国际社会主义事业遇到暂时困难，一些西方敌对势力千方百计对我们进行西化、分化，在政治、经济等方面不断向我们施加压力。在错综复杂的国际环境中，要避免在政治上、经济上受制于人，就必须尽快把我们的国家建设得强大起来。从国际社会主义运动的教训来看，外界的敌对势力是搞不垮我们的，关键在于我们能不能把自己的事情办好。因此，我们要在抓好思想作风建设的同时，坚持贯彻民主集中制原则，形成坚强的领导核心，凝聚全党全民族的意志和力量，以应对国际风云的变幻。

总之，社会主义市场经济体制与民主集中制具有内在的一致性。民主集中制不仅在长期的革命和建设时期发挥了重要作用，而且必将在建立和发展社会主义市场经济体制的历史变革中发挥更重要的作用，讲坚持民主集中制决不是要回到计划经济的老路上去。在新形势下，民主集中制的基本原则必须坚持，具体内容和方式、方法要随着形势和任务的变化而不断完善，使其更好地发挥作用。

培养选拔德才兼备的年轻干部*

（1995 年 1 月 11 日）

重实绩就是要克服论资排辈、求全责备、迁就照顾等旧的观念和思想障碍，在实绩面前不拘一格选拔人才。对那些在改革开放和现代化建设中政绩突出、群众信任的年轻干部，要大胆使用，安排到各级领导班子里面来。那些干不成事，只会评论、挑毛病甚至造谣中伤的人，不能让他们进领导班子。

培养选拔优秀年轻干部，数量上要一大批，质量上要优秀，要在优秀和一大批上做文章。这次省里提出建立各级人才库，扩大选人视野，就是要掌握一大批。省里提出了个参考数，各级还可以根据自己的实际情况酌情掌握，但不能绝对化、固定化。

我们要总结 80 年代建立后备干部队伍工作的成功经验，克服出现的弊端。优秀干部的标准，归根结底还是我们党在干部工作中的老传统：德才兼备。在德上，首先，必须是真正的共产

* 这是李长春同志在河南省组织工作会议上讲话的一部分。

党人，一定要忠于党的事业。党的事业现阶段就是建设有中国特色的社会主义。忠于这个事业就必须坚持邓小平同志建设有中国特色社会主义理论和党的基本路线。这是德的方面最重要的一条，是必须坚持的。其次，必须坚持党的全心全意为人民服务的宗旨。作为我们领导干部来讲，坚持党的宗旨就是要有无私奉献的精神。做干部不是为了个人捞一把，而是要处处把人民的利益摆在第一位，通过党和人民给的舞台，为人民办实事、办好事。坚持了这个宗旨才可能做到廉政为民。再次，要有个好的精神状态。要努力拼搏，积极进取，对人民的事情满腔热忱，为党的事业忘我工作，不能当一天和尚撞一天钟，看摊守业，不学无术，无所事事；更不能只琢磨人、不琢磨事、投机钻营、作风不实，甚至无事生非、造谣惑众。在才上，第一，要有一定的知识水平。县以上领导干部应该说是我们事业的骨干，没有适应当代国际间综合实力较量的知识水平是不行的。第二，要有思路，思维要敏捷。这是干部非常重要的基本功。看一个干部有没有潜力、有没有后劲，主要是看他的思维能力、思想深度，看观察问题、分析问题的能力。第三，要有开拓精神，开创能力。一个干部，交给他一件事办一件事，认认真真的，这固然是好的，但做办事员可以，做领导干部是不行的。一个好的领导干部，你把一件工作总的意图交代给他，他就能够发挥主观能动性，把这个工作的来龙去脉、方方面面考虑得很周密，并且开拓性地开展工作，最后能取得好的结果。看干部就是要看他有没有创新能力，能否独立负责地干成大事。就像毛泽东同志说的，我们共产党人好比种子，人民好比土地。我们到了一个地方，就要同那里的人民结合起来，在人民中间生根、开花。党把你派到这个地方，就能够和当地的干部群众结合起来，把党的意图、方针、政策贯彻好，开出花来，结出果来。我们就是要这样的干部。不能用那些善于经营“椅子”，热衷于搞关系，“会当官”干不了事的人。这种干部的人缘可能比那些能干事的还好，因为他的精力都用在维持关系上，而没有用在贯彻落实党的基本路线上。更不能用那些对领导是一套，对群众是一套，对领导阿谀奉承、弄虚作假，对群众吹胡子瞪眼，不关心群众疾苦的人。这样的人我们用了，就把党和群众的关系搞坏了，把党的形象搞坏了。要坚决反对跑官、要官、买官的腐败现象，防止和纠正干部选拔任用工作中的不正之风。如何选拔优秀年轻干部？在具体操作上必须坚持以下几点。

一是要坚持用实绩检验德才的观点。用什么实绩呢？就是用贯彻党的基本路线的实绩来检验和衡量一个干部的德和才。因为，贯彻党的基本路线，本身既要求干部有德，政治上忠于党的事业，拥护改革开放的路线。同时也必须有才，能把党的基本路线落到实处，把改革开放和现代化建设事业推向前进，干出实实在在的成绩。贯彻党的基本路线的实绩是干部德和才的集中反映，是一个干部主观上想要全心全意为人民服务、客观上又能够在为人民服务当中取得实效的统一，是一个干部忠于建设有中国特色社会主义的政治信仰和积极投身到这个事业中来的革命行动的统一。重实绩就是要克服论资排辈、求全责备、迁就照顾等旧的观念和思想障碍，在实绩面前不拘一格选拔人才。对那些在改革开放和现代化建设中政绩突出、群众信任的年轻干部，要大胆使用，安排到各级领导班子里面来。那些干不成事，只会评论、挑毛病甚至造谣中伤的人，不能让他们进领导班子。

二是要坚持实践的观点。选拔干部要重视选拔通过实践锻炼成长起来的干部，就是在第一线挑过重担、经过考验的人。人是学而知之，理论基础是一个方面，但主要靠实践，不能光在机关里熬年头。机关里的好苗子要抓紧派下去，在实践中锻炼成长。俗话说，“是骡子是马拉出来遛遛”，给他压上重担看看。在机关里的同志对党的方针政策学习的机会多，往往成才是快的。但如果不给他压重担提供实践锻炼的机会，就会形成高位低能，这对党的事业是有害的。派下去主要是采取“调动工作，切断后路”的办法，这样才能看出真实能力。至于挂职锻炼的办法，是解决机关干部了解基层的途径，是普及性的措施。真正培养有后劲、有能力的干部还是要派下去，通过“真刀真枪地干”来培养。我们现在很多市地的领导就是80年代初从机关派下去的，现在都挑重担了。对年轻干部要让他们学会“带兵打仗，取得战功”，然后再接受党和人民的选择。要坚持选择那些有丰富实践经验的干部，尤其要重视在县一级、大中型企业这两类领导岗位的经历。当然这是进党政机关担任领导干部的条件。不进党政机关担任领导干部的，或专业性很强的部门就不一定非强调这个经历。

三是要坚持群众路线的观点。我们选择的每一个干部如果在群众中都有威信，整个班子就有了凝聚力、战斗力。这个问题随着历史的推移越来越重要。老一辈过去是有战功的，我们和平时期成长起来的同志就没有老一辈这个资历。要在和平环境下保证我们党有凝聚力，就要求选拔的每一个干部必须在群众中有威信。因此，我们在考核选用干部时要扩大考核面，研究通过一定方式进行民意测验，广泛听取意见，充分发扬民主，真正了解他在群众中形象如何、有没有威信。这样也就可以避免个别心术不正的人，只对决定他命运的少数上司负责，而不对广大群众负责。

四是要树立五湖四海的观点。要扩大视野，广开进贤之路，不要只在自己熟悉的范围内去选择干部。除了在党政机关以外，要注意大企业、大科研单位、大专院校，也要注意下一层次党政机关，多方位去比较，去了解。特别要认识到我们省是一个农业大省，要加速工业化进程，需要更多熟悉现代工业、现代经济的人才。这方面的人才大企业更多一些，希望大企业集中的城市对全省多作贡献。

五是要树立看潜力和后劲的观点。看干部不能看表面，要看他的功底、实践经验，看他的知识水平、思维能力，总之看有没有后劲。各级组织部门可以对筛选的干部在后劲上观察观察。一个同志虽然当前不错，但没有潜力和后劲，各方面因素制约着他，作为正常提拔不是不可以，但作为面向二十一世纪重点培养的干部就不妥了。往往干部功底深、有后劲，放到哪里都能很快适应，把工作干好。

六是要树立优化班子整体结构的观点。领导班子是一个集合体。当前班子建设的一个突出问题是要优化年龄结构，在年龄上拉开档次。凡是有条件的必须争取在核心层、在书记中有个年轻的。在知识结构上也面临优化的问题，从我省实际情况出发，省委一再强调要充实懂经济、善管理、熟悉现代化大生产的管理人才，熟悉社会主义市场经济，熟悉财税、金融等经济杠杆方面的管理人才，熟悉外经外贸业务的外向型管理人才，也要有熟悉党务、政法和精神文明建设的人才。我们希望能逐步做到党委部门进常委的同志尽量取得这方面的经历，这样就提高了党委对经济工作和社会管理的领导水平，提高了驾驭社会主义市场经济的能力。

强化对党员干部的思想政治教育*

（1995 年 2 月 18 日）

> 只有从根本上解决好为什么人的问题，牢固树立全心全意为人民服务的思想，并按照这个根本宗旨去办事，我们党才能清正廉明、长盛不衰，我们的党员干部才能勤政廉政、为民拥护，我们的国家才能兴旺发达、国泰民安。

在改革开放和发展社会主义市场经济的新形势下，各级党委必须高度重视思想政治建设，采取有效措施，切实抓紧抓好对党员干部的思想教育。

要抓好共产主义理想和信念的教育。坚持理想和信念，是实现全党团结统一的根本思想基础，是党的思想政治建设的核心内容。理想信念出凝聚力，出战斗力，是抵御歪风侵蚀的根本，也是我们的优势所在。现在有些人金钱至上、享乐至上、个人主义严重，对共产主义的理想和信念动摇，认为“理想是空的，信念

* 这是李长春同志在河南省纪委五届八次全会上的讲话。

是假的，只有金钱是真的”，“理想理想，有利就想；前途前途，有钱就图”。如果这个问题不解决，党风和廉政建设就很难从根本上搞好。中央要求加强理想和信念教育，正确认识和处理改革创新与继承优良传统的关系、对外开放中吸收和抵制的关系、先富与共同富裕的关系。全省各级党组织要按照中央提出的要求，教育广大党员干部正确认识和处理好这三个关系。正确认识和处理改革创新与继承优良传统的关系，就是要求我们在建设有中国特色社会主义的崭新事业中，一方面要研究新情况，解决新问题，勇于开拓创新，锐意进取，同时要把党的理论联系实际、密切联系群众、批评与自我批评的三大作风以及自力更生、艰苦奋斗的精神等一切好传统、好作风继承下来、坚持下去，并结合新的实践不断丰富、发展、光大，发挥得更好更充分。正确认识和处理改革开放中吸收和抵制的关系，就是要求我们既坚定不移地推进对外开放、大胆地吸收和借鉴一切有用有益的东西，又不能不加分析地照搬照抄外国的东西。每一个党员干部特别是领导干部都要加强党性修养和锻炼，自觉抵制那些错误腐朽的东西，决不允许在思想上政治上不加设防，听任错误腐朽的东西侵蚀我们党员干部和群众的思想。正确认识和处理先富与共同富裕的关系，就是要求每个党员干部要先天下之忧而忧、后天下之乐而乐，要有奉献精神，这是时代对我们的要求。要通过加强理想信念教育，使广大党员干部牢固树立共产主义理想信念，自觉抵制各种消极腐败现象，为建设有中国特色的社会主义而奋斗，为最终实现共产主义而奋斗。

要抓好全心全意为人民服务宗旨的教育。中国共产党是工人阶级的先锋队，全心全意为人民服务是我们党的根本宗旨和行为

1995 年 2 月 18 日，李长春在河南省纪委五届八次全会上讲话。

准则，也是我们进行廉政建设的根本出发点和立足点。只有从根本上解决好为什么人的问题，牢固树立全心全意为人民服务的思想，并按照这个根本宗旨去办事，我们党才能清正廉明、长盛不衰，我们的党员干部才能勤政廉政、为民拥护，我们的国家才能兴旺发达、国泰民安。现在有一些党员干部宗旨意识淡漠，工作方法简单粗暴，甚至违法违纪，欺压群众，侵害群众利益，造成干群关系紧张；有的干部作风漂浮，甚至弄虚作假，虚报浮夸，骗取政绩；有的干部官僚主义严重，不关心群众疾苦，失职渎职，造成严重后果。这些问题失民心、逆民意，严重损害了党和政府的威信和形象，危及党的执政地位。得民心者得天下，失民心者失天下。古人的话是很有道理的。各级党组织和广大党员对这个问题要有忧患意识，切实抓好全心全意为人民服务的宗旨教育。要教育党员干部牢固树立群众观点，时时刻刻把为人民群众谋利益摆在首位，真正把人民拥护不拥护、赞成不赞成、高兴不高兴、答应不答应作为一切工作的出发点和落脚点。想问题，办事情，都要相信群众、依靠群众、尊重群众，察民情、顺民意、惜民力，决不容许侵害群众的利益。要教育党员干部坚持“三防四实”的作风，反对弄虚作假、虚报浮夸、搞形式主义。要教育党员干部切实改进思想作风和工作作风，克服官僚主义，经常深入基层，深入实际，体察群众疾苦，倾听群众呼声，为群众排忧解难，真正与群众同甘共苦，打成一片。

要抓好艰苦奋斗、勤俭节约的教育。艰苦奋斗、勤俭节约，是中华民族的传统美德，是我们党的优良传统和作风，是我们党保持同人民群众密切联系的一个法宝，也是每一个党员干部特别是领导干部必须具备的基本政治素质。在新民主主义革命时期，我们党领导人民在前进的征途上遇到了数不清的艰难险阻，如果没有艰苦奋斗的精神，就不可能夺取革命的胜利。现在我们党领导人民群众进行的改革开放和社会主义现代化建设事业，是中国的第二次革命，这次革命的任务更艰巨、更伟大，必须继续保持和发扬艰苦奋斗的革命精神。虽然改革开放以来，我省经济社会面貌发生了历史性的变化，人民群众的生活水平有了很大提高，但从总体上看，经济发展水平仍比较低，人口多、底子薄、财力不足仍然是我们的基本省情。特别是当前我省部分国有企业效益不够理想，亏损增加，一部分职工的生活比较困难，还有 760 万农民的温饱问题没有解决。我们一定要教育广大党员干部发扬艰苦奋斗的传统，保持艰苦奋斗的本色，励精图治，自强不息，始终保持高尚的情操、旺盛的斗志和良好的精神风貌，始终坚持勤俭节约、勤俭办一切事业的方针，带头过紧日子，把有限的财力、物力投入现代化建设，用于人民群众最迫切需要解决的问题上。要教育党员干部坚决反对铺张浪费和奢侈腐化之风，在全省形成艰苦奋斗光荣、铺张浪费可耻的良好社会风尚。

选拔优秀年轻干部必须破除三种思想障碍*

（1995年3月17日）

古往今来，年轻人成大事的例子不胜枚举，真正干大事业的都是在人的精力比较旺盛的年轻时期，年轻人往往干得比我们还有朝气。所以对年轻干部，不要不放心，要大胆使用。

选拔德才兼备的优秀年轻干部，必须勇于破除三种思想障碍：

一是求全责备。在实际生活中，一些有魄力、有能力、有本事的人，往往伴随着这样那样的反映。我们就要看对这个人的反映是本质还是支流，所反映的问题是原则性的还是方法性的、认识上的。只要不是原则问题，我们就要排除干扰，大胆使用那些有开拓精神、能干实事的干部。对选拔年轻干部，各级党委主要领导要重视，要下决心，不能当“尾巴”。

二是论资排辈。有人认为，论资排辈比较稳妥，但其结果往

* 这是李长春同志发表在《组工信息》上的文章。

往是优秀的年轻干部上不来，把他们都排老了。对于看准了的优秀年轻干部，要敢于大胆重用，敢于打破顺序，破格提拔。这就需要我们大家共同解放思想，因为任用干部不是一个人说了算，需要好几层集体研究。当然破格使用干部，关键岗位不能越过。对于地市级干部的选任，关键岗位一是大企业的主要领导，二是县的主要领导。一个大县的县委书记做好了，做市委书记，就有了很好的基础，特别优秀的，就可以大胆使用，不要再论资排辈。从实际看，论资排辈的问题，不少来自比较老一点的同志。大家想一想，80 年代初我们上来的时候，老同志如果坚持论资排辈，我们能上来吗？现在轮到我们选拔年轻干部，就想不开了？我们经常讲要学习老一辈的革命精神，我看这就是一个非常实际的学习。目前还在位上的老同志，要发挥传帮带作用，带动年轻干部。待他们成熟了，需要我们腾出位子，我们就愉快地服从组织安排。

三是不放心。有些同志认为，年轻干部上来可以，有个别的陪衬一下，当个配角、排在末尾也算完成任务了。这种思想也不行。古往今来，年轻人成大事的例子不胜枚举，真正干大事业的都是在人的精力比较旺盛的年轻时期，年轻人往往干得比我们还有朝气。所以对年轻干部，不要不放心，要大胆使用。年轻人有他们的弱点，也是事实，这恰恰需要老同志加强传帮带。60 年代末 70 年代初上山下乡的那批青年经过艰苦环境的锻炼，不少在恢复高考制度后考上大学接受了高等教育，现在又工作了十多年，这批人当中有相当一部分是优秀的人才。我们既要注意选拔全面成熟的同志，更要担负起培养教育年轻干部的责任，这样总比平时不注意培养，最后到了不得不按照自然规律离开工作岗位，匆忙地把位子给他们要好得多。我们及早下决心培养选拔优秀年轻干部，就不至于出现干部队伍青黄不接的问题。

旗帜鲜明地反对虚报浮夸*

（1995 年 3 月 22 日）

对干部在经济工作方面的政绩进行考核是必要的，但考核指标要科学、办法要完善，决不以产值论英雄。凡是有市场、有效益的速度，能多快就多快，凡是没有市场、没有效益、带水分的速度坚决不要。

一段时间以来，我省一些乡镇企业产值统计不实，甚至个别弄虚作假、虚报浮夸的现象时有发生。当然，有的地方不仅反映在乡镇企业上，其他方面也存在这个问题。对此，省委进行认真研究讨论，形成了共识。

第一，要肯定省五次党代会以来，全省广大干部高举“团结奋进，振兴河南”的旗帜，按照“三防四实”的要求，解放思想，艰苦奋斗，开拓进取，干事创业，思想观念有了很大进步，整体素质不断提高，精神状态是好的，工作是有成绩的，这是全省干部队伍的主流。同时，全省国民经济包括乡镇企业发展的主

---

* 这是李长春同志在河南省农村工作会议上讲话的一部分。

流也是好的。

第二，要清醒地看到，当前少数地方弄虚作假、虚报浮夸现象有所抬头，已成为干部群众反映较强烈的一个问题。尽管发生在个别人身上，但是影响很坏。各级党委和政府必须高度重视，充分认识虚报浮夸也是腐败，要旗帜鲜明地加以反对，坚决采取措施，把问题解决在苗头阶段，决不允许滋长蔓延。

第三，要从制度建设抓起，堵塞产生弄虚作假、虚报浮夸的漏洞。首先，要完善统计办法。全省取消乡镇企业总产值指标，改用销售产值，省内主要突出经济效益指标。要综合分析主管部门的统计、税务部门的增值税征收额和统计部门的抽样调查，由统计部门独立负责地进行测评认定，得出真实可靠的数据，任何人不得干预统计部门的数字。其次，要完善干部考核办法。对干部在经济工作方面的政绩进行考核是必要的，但考核指标要科学、办法要完善，决不以产值论英雄。凡以产值指标决定干部升迁、奖罚的，要一律取消。再次，下达的计划指标要科学合理，不搞脱离实际的高指标。通过指标的科学化，既要促进“一高一低”奋斗目标的实现，又要有利于经济运行质量和效益的提高。凡是有市场、有效益的速度，能多快就多快，凡是没有市场、没有效益、带水分的速度坚决不要。

第四，要加强监督检查。严格区分由于办法不完善出现的问题与有意弄虚作假、骗取政绩问题的界限。对于前者，主要由上级主管部门完善制度来解决，基层的同志没有责任，要放下包袱、积极工作、大胆干事，按上级主管部门完善后的办法认真落实。对于后者，则要纳入各级纪检、监察机关的议事日程，发现一起，查处一起，决不姑息迁就。

第五，要继续创造干事创业的大环境。解决虚报浮夸问题，重在解决，贵在抓实。要坚持“三不一有”的原则：不刮风，不埋怨，不争论，有什么问题解决什么问题。刮风就会出现摇摆，干扰中心；埋怨就会影响“团结奋进，振兴河南”的氛围；争论就会贻误时机，损害全党全国工作大局。对弄虚作假、虚报浮夸的，鼓励和欢迎各方面向纪检、监察机关举报，同时也要防止没有事实根据的人云亦云。新闻单位要始终坚持团结稳定鼓劲、正面报道为主的方针，突出抓住机遇、加快发展这个主旋律，为干事创业创造良好的舆论环境。对经过查实处理的案件要有选择地进行曝光，发挥舆论监督作用。各级都要旗帜鲜明地支持改革者、鼓励探索者、帮助教育失误者、惩治腐败者。

第六，要对各级干部进行全心全意为人民服务宗旨的教育，进行实事求是思想路线的教育，引导干部发扬焦裕禄全心全意为人民服务的公仆精神，树立正确的政绩观。既要解放思想，开拓进取，创造性地开展工作，又要实事求是，埋头苦干，求真务实；既要有加快发展的紧迫感和高度的工作热情，又要有科学态度，把主观能动性的发挥建立在尊重客观规律的基础上。

以上六条，是省委对这个问题的完整方针，密不可分。要用这六条来统一全省各级干部和广大群众的思想，解决前进中的问题，树立和弘扬正气。

重视发挥老干部的作用*

（1995 年 3 月 27 日）

老干部是革命和建设事业的重要力量，是有功之臣，在深化改革、扩大开放、加快经济发展，在坚持“两手抓、两手都要硬”，搞好社会政治稳定，在加强党的思想、组织、作风建设等方面都有丰富的经验。因此，我们在职干部特别是中青年干部，不但要虚心地向老同志学习，而且要在实际工作中继续发挥老同志的重要作用。

这些年，省级领导班子中退下来的老同志对河南的发展依然非常关心。他们有的参加了关心下一代工作，有的参加了全省大项目的顾问工作，有的参加了省委咨询组，有的参加了计划生育协会工作，不少老同志不顾年高体弱，经常深入基层调查研究，向省委提出了很好的建议，对省委科学决策、指导工作起到了重要作用。同时，省委为了保证重大决策的正确，也注意经常向老同志征求意见、通报情况，包括对一些重要的人事安排。可以说，我们河南这几年之所以能够团结稳定，经济发展得比较快，与老同志们对各级党委政府的工作大力支持是分不开的。今后各

* 这是李长春同志在河南省老干部工作会议上讲话的一部分。

级党委政府都要按照“老有所为，安度晚年”的要求，继续发挥老同志在两个文明建设中的积极作用。重要工作的进展情况要及时向老同志通报，并为老同志在力所能及的范围内发挥作用创造条件、提供方便。特别是当前处于新旧体制转换的关键时期，一方面改革开放、经济建设迅猛发展，推动了社会的全面进步；另一方面也出现了许多新情况、新问题、新矛盾，比如，当前企业之间差距拉大，一部分企业的效益不理想；物价涨幅比较高；财政收入不平衡，一些地方财政困难，工资不能按时发放；农业、农村、农民如何向市场经济迈进等等。如何解决经济生活和社会生活中存在的这些问题，也需要广大老同志出主意、想办法，帮助我们去统一方方面面的思想认识，振奋精神，克服困难，继续前进。各级党委政府和各个部门，要把本地区、本单位政治经济生活中的重大问题阶段性地向老同志们通报。要组织老同志视察，拟出专题，调查研究，按照“三不一有”的原则，即不刮风、不埋怨、不争论，有什么问题解决什么问题。但对存在的问题必须要高度重视，并采取坚决措施加以解决。这样才能发展好形势，继续前进。

总之，要让更多的老同志参与我省的两个文明建设，为改革开放、经济建设和社会各项事业的发展继续作出更大的贡献。

密切党群干群关系*

（1995 年 12 月 23 日）

必须采取切实有效的措施，进一步密切党群干群关系。一要搞好调查研究，办事情想问题充分体现群众意愿。二要关心群众利益，扎扎实实为群众办实事。三要切实转变工作作风，真抓实干，勤政为民。

密切联系群众是党的优良传统和作风。新一届省委领导班子要牢记全心全意为人民服务的根本宗旨，牢固树立群众观点，坚持党的群众路线，一切工作都要相信群众、依靠群众，汲取群众的智慧，尊重群众的首创精神，接受群众的监督，始终保持同人民群众的血肉联系。

当前，我省党群干群关系总的看是好的，群众对我们的工作是支持的、满意的。但在一些环节、一些事情、一些问题上，群众还不大赞成、不大高兴，个别地方干群关系还比较紧张。有些本来是好事，但由于工作不细致、方法不对头，结果好事没

* 这是李长春同志在中共河南省委六届一次全会上讲话的一部分。

1995 年 12 月 23 日，李长春在中共河南省委六届一次全会上当选为河南省委书记后，与副书记马忠臣（左二）、任克礼（右二）、宋照肃（左一）、范钦臣（右一）交谈。

办好，群众有意见；有些本来是小事，但由于某些领导的官僚主义，解决得不及时，小事酿成了大事；有些是个别干部以权谋私、徇私枉法、侵犯群众利益，引起群众严重不满。必须采取切实有效的措施，进一步密切党群干群关系。一要搞好调查研究，办事情想问题充分体现群众意愿。省委要带头大兴调查研究之风，抓住改革开放和经济建设中的重点难点和群众关心的热点问题，剖析典型，总结经验，认真听取基层干部群众的意见建议，提出解决问题的办法措施，写出调查报告并组织落实。二要关心群众利益，扎扎实实为群众办实事。当前，要特别注意解决好困难企业和贫困地区、灾区群众的生产生活问题，一些地方农民负担过重的问题，以及其他一些与群众利益密切相关的问题。要认真对待群众来信来访工作，重要信件要及时批查催办。三要切实转变工作作风，真抓实干，勤政为民。对于省六次党代会和省“九五”计划确定的各项目标任务，各地、各部门都要认真研究，尽快制定自己的经济社会发展规划和远景目标，明确责任，狠抓落实。要继续倡导党的优良作风，多办实事，少说空话，下决心解决会议多、文件多、应酬多的问题。要进一步抓好党政机关的思想作风整顿，解决人浮于事、办事拖拉、推诿扯皮等问题，增强各级干部的事业心和责任感。

加强党风廉政建设务必取得新成效*

（1996年3月1日）

贫穷落后不是社会主义，贪污腐败更不是社会主义。社会主义国家必须解决好两个根本问题：一个是把经济建设搞上去，一个是把党建设好。经济搞不好会垮台。经济搞上去了，如果腐败现象泛滥，贪污贿赂横行，严重脱离群众，也会垮台。各级党组织要旗帜鲜明地高举“两面旗帜”，一面是改革富民的旗帜，一面是反腐倡廉的旗帜，真正做到改革开放、发展经济坚定不移，反对腐败、加强党风廉政建设坚定不移。

消极腐败现象仍然是当前群众反映强烈的问题之一。随着改革的深化，新旧体制的转变，社会利益格局的调整，新情况、新问题还会层出不穷，党风廉政建设和反腐败斗争面临的形势依然严峻，任务十分艰巨。全省各级党委和政府要认真贯彻落实中纪委六次全会和省纪委二次全会精神，更扎实、更深入地做好反腐

* 这是李长春同志在河南省纪委六届二次全会上讲话的一部分。

败工作，加强党风廉政建设，务必取得新的成效。

一、从战略和全局的高度，充分认识反腐败斗争的重要性

进一步提高思想认识，是深入开展反腐败斗争的首要问题。各级领导干部一定要从政治上认识问题，从战略和全局的高度看待反腐败斗争，不断提高思想认识，增强搞好反腐败斗争的责任感和自觉性。省委要求各级党组织要从以下几个方面提高认识，求得共识。

（一）要认识到开展反腐败斗争是加强党的建设和政权建设的一项重大政治任务，是关系党的生死存亡的一个根本政治问题。省委五届十二次全会和省六次党代会制定了今后 5 年和 15

1995 年 12 月，李长春出席中共河南省第六次代表大会，并与部分代表合影。

年我省经济和社会发展的宏伟纲领。要实现这个跨世纪的宏伟蓝图，关键在于把我们党建设好。我们必须适应新形势、新任务的要求，牢牢把握经济建设这个中心不动摇，紧紧抓住党的建设这个关键不放松，坚持从严治党，着力解决好党的建设中存在的突出问题。反对腐败、加强党风廉政建设，既是党的建设新的伟大工程的重要内容，也是当前党的建设、政权建设中需要着力加强的环节。现在，群众对改革开放和经济建设取得的成就比较满意，但对党风廉政建设状况深感忧虑。省纪委最近搞了个万人调查，认为目前河南党风廉政建设状况好的和比较好的只占32%，认为一般或不好的占68%。这种状况值得我们深思。邓小平同志早在改革开放之初就向全党打招呼，指出不过一两年，就有相当多的干部被腐蚀了。这股风来得很猛，要坚决刹住这股风，否则“党和国家确实要发生会不会‘改变面貌’的问题”。后来又明确指出：“不惩治腐败，特别是党内的高层的腐败现象，确实有失败的危险。”江泽民同志近几年也反复强调：“腐败现象是侵入党和国家机关健康肌体的病毒。如果我们掉以轻心，任其泛滥，就会葬送我们的党，葬送我们的人民政权，葬送我们的社会主义现代化大业。”

从提高政治敏感性的角度，要善于发现苗头性问题，正确开展反腐败斗争，防止来自“左”的和右的干扰。“左”的干扰，就是把当前腐败问题、社会治安问题、丑恶现象滋生问题作为口实，认为这些问题源于改革开放、基本路线，主张回到僵化的模式上去。腐败问题也给右的干扰授之以柄，他们认为这个问题源于一党专政，没有制衡机制，解决不了自身的问题，鼓吹实行多党制，搞三权鼎立。因此，我们每一个领导干部都要以高度的政治洞察力和政治敏锐性，从关系党的生死存亡的高度，充分认识反腐败斗争的极端重要性，以高度的政治责任感和历史使命感，坚决把反腐败斗争深入开展下去。

（二）要认识到开展反腐败斗争是建设有中国特色社会主义的应有之义，是坚持党的基本路线的必然要求。贫穷落后不是社会主义，贪污腐败更不是社会主义。两个文明都搞好，才是有中国特色的社会主义。当代国际社会主义运动中触目惊心的事实告诉我们，社会主义国家必须解决好两个根本问题：一个是把经济建设搞上去，一个是把党建设好。经济搞不好会垮台。经济搞上去了，如果腐败现象泛滥，贪污贿赂横行，严重脱离群众，也会垮台。我们必须始终坚持“两手抓、两手都要硬”的方针，一手抓物质文明建设，一手抓精神文明建设；一手抓发展经济，一手抓党风廉政建设和反腐败斗争。前年在平顶山反腐败工作座谈会上，我讲到各级党组织要旗帜鲜明地高举“两面旗帜”，一面是改革富民的旗帜，一面是反腐倡廉的旗帜。我们要把这两面旗帜更高地举起来，真正做到改革开放、发展经济坚定不移，反对腐败、加强党风廉政建设坚定不移，保证党的基本路线的全面贯彻执行。

（三）要认识到反腐败斗争是维护改革、发展、稳定大局，实现经济和社会协调发展的重要保证。腐败是社会稳定、发展与进步的阻碍，它破坏社会政治体制的正常运转和国家政策的实施，扰乱社会秩序和资源的合理分配，破坏社会公平正义，侵蚀社会道德和人们的精神世界。随着社会进步，人类文明程度的提高，反腐败已成为一切文明国家的共同特征，成为一个世界潮流。我们作为社会主义国家，要加速社会进步，应该更好地开展反腐败斗争。开展反腐败斗争，有利于排除妨碍改革和发展的非经济因素的干扰，有利于调动人民群众改革和建设的积极性，有利于改变目前一些单位党群干群关系紧张的状况，有利于维护社会政治稳定。现在一些人“端起饭碗吃肉，放下筷子骂娘”，其中一个重要原因就是腐败因素严重影响了人民群众改革和建设的积极性。因此，反腐败斗争是维护全党工作大局的一项必不可少的重要工作，是实现经济和社会发展目标必要的动力和保证。那种把党风廉政建设和反腐败斗争同改革、发展、稳定对立起来或者割裂开来，认为抓反腐败斗争和党风廉政建设，就会冲击、影响改革、发展、稳定的观点，是错误的、有害的，必须认真加以克服和纠正。

（四）要认识到反腐败斗争的长期性、艰巨性，坚定反腐败的决心和信心。江泽民同志指出:“腐败是一种历史现象，不会在短时期内完全消除。”我们要坚持“一要坚决，二要持久”的方针，克服悲观畏难情绪或急于求成的心理，既树立长期作战的思想，经常抓，反复抓，常抓不懈，又要有现实的紧迫感，一个一个地打好阶段性战役，一步一步地引向深入，积小胜为大胜，遏制腐败现象蔓延发展的势头。我们是全心全意为人民服务的党，是最坚决、最彻底、最鲜明地反对腐败的党。我们党能够领导人民建立新中国，开创改革开放和现代化建设的新局面，也就一定能够依靠自身的力量，依靠人民群众的参与和支持，把消极腐败现象降低到最低限度。我们要按照中央的部署，积极工作，坚决打好反腐败这场硬仗，不断取得新的成效。

二、切实加强组织领导，认真抓好反腐败各项任务的落实

全省反腐败工作要取得新的成效，关键是各级党委政府要切实加强组织领导，认真抓好工作落实。

（一）认真抓好领导干部廉洁自律工作。廉洁自律，以身作则，是各级领导干部必须具备的品格。不贪财、不受贿、不谋私，是党和人民对领导干部的起码要求。近两年，针对新形势下出现的新情况、新问题，中央和省委制定了一系列廉洁自律规定和制度，多数同志都能严格要求自己，认真自查自纠。有的问题纠正得比较好，但也有少数领导同志自觉性不够强，有些问题还没有得到很好解决。今年，我们要继续认真抓好中央和省委关于廉洁自律的各项规定和制度的落实，重点抓好住房、乘车、用公款吃喝玩乐问题。每一个党员领导干部都要认真检查纠正自身存在的不廉洁行为，放下包袱，轻装前进。在廉洁自律方面，省直机关要带好头，省直机关工委要抓好省直机关的自身建设。县处级以上干部特别是地厅级干部更要自重、自省、自警、自励，发挥表率作用。要求下属干部做到的，自己必须首先做到；禁止别人做的，自己坚决不做。有些事情群众能做，我们领导干部不能做。比如，夜总会、高级歌舞厅等高消费娱乐场所，领导干部还是不去为好。同时，要管好所在地区、部门和单位及领导班子成员，管好自己的配偶、子女和身边工作人员。

（二）认真抓好查处违法违纪案件工作。查办大案要案是反腐败斗争深入的重要标志，也是群众关注的热点。各地都要按照中央确定的查案重点，抓几起有影响的大案要案，集中精力，一查到底，使我省今年查办大案要案工作有大的突破，保持一定的

声势，震慑违法犯罪分子，教育广大干部群众，增强人民群众的信心。在当前群众举报比较多，纪检监察机关人员有限、经费不足的情况下，要集中精力办大案要案。办大案要案社会影响大，震慑作用大，教育效果好。各级纪检监察部门要重中选重，查办几起大案要案。各级党委政府要进一步加强对查案工作的领导。党政主要领导要经常过问大案要案的查处工作，支持执法执纪机关大胆履行职责，帮助排除各种障碍，保证重大案件查办工作的顺利进行。按照中央要求，各地要成立由纪检、法院、检察院、监察、审计等单位主要领导参加的反腐败协调小组，加强对查处大案要案的统一领导和组织协调。省委重申，对发现的严重违法

1996 年 3 月 1 日，李长春在中共河南省纪委六届二次全会上讲话。左一为中共河南省委副书记、河南省省长马忠臣，右一为中共河南省委副书记任克礼。

违纪问题，不管涉及到谁，都要一查到底，决不心慈手软、姑息养奸。对揭露出来的大案要案，决不允许搞官官相护、地方和单位保护主义。对瞒案不报、压案不办、拖案不结和干扰办案的要严肃处理。哪里有严重问题不查处，就追究哪里领导的责任。查办案件还要注意研究解决制度和管理上存在的问题。对一些共性问题，省、市两级纪委要在调查研究的基础上，搞些规定和制度。对金融、建筑工程承包等发案率较高的业务部门及岗位，要帮助总结经验教训，完善规章制度，减少或避免同类问题继续发生。

（三）认真抓好纠正不正之风工作。人民群众痛恨腐败分子，也痛恨各种不正之风，这些东西发生在群众身边，看得见、摸得着，量大面广，群众有切身感受。因此，反腐败斗争的成效，很大程度上取决于纠风工作取得的实际效果。近年来，我们在纠正不正之风方面，取得了一定成绩，比如，治理公路“三乱”确实有成效。但总体上看，纠风工作还存在不少问题，有的还很严重，有的时好时坏，反复性很大，群众仍不满意。当前群众意见最大的还是乱收费、乱摊派、乱罚款问题。一些单位和部门受利益驱动，无所顾忌地向农民索要、向学生索要、向企业索要，搞得企业和群众叫苦不迭，甚至引发了一些恶性事件。今年要把治理乱收费、乱摊派、乱罚款问题，作为全省纠风工作的重点。已经明令取消的收费项目，要抓紧落实好。一些单位擅自以各种名目新出台的收费项目，均属非法行为，必须取缔。对自视特殊，顶着不办的，要追究主管领导的责任。各部门各行业都要根据各自的实际，确定今年纠风工作的目标和重点，纠正自身存在的突出问题。各部门各行业的领导既要对本部门和本行业的各项业务工作全面负责，也要对反腐纠风工作全面负责。如果一个部门或行业不正之风盛行而又长期得不到纠正，那里的领导就不称职。问题严重的，应当受到追究。对今年的各项纠风工作，各地、各部门、各牵头单位都要按照这次会议确定的责任制，采取措施，认真抓落实。纪检监察机关要发挥好组织协调和监督检查的职责，督促有关单位抓好工作，并查处几件阳奉阴违、顶风而上的案件，公开处理。这个事情不能停留在一般号召，要办案，要处理责任人。纠风工作要依靠广大群众，要重视举报电话，加强社会监督。纪检监察要定期组织群众评议各部门纠风工作情况，公开测评结果。

（四）认真加强对反腐败工作的组织和领导。今年反腐败任务十分繁重，各级党委和政府必须高度重视，切实加强组织和领导。要围绕经济建设这个中心，把反腐败斗争同做好改革、发展、稳定的工作有机结合起来，真正做到两手抓、两手都要硬，特别是做到“一把手抓两手”。要把是不是坚持两手抓、两手都要硬，作为衡量一个党委、一个领导干部领导水平、政治素养和工作政绩的重要标准。要按照中央的要求，健全和完善党委统一领导，党政齐抓共管，主要领导亲自抓，纪委组织协调，部门各负其责，依靠群众支持和参与的反腐败工作领导机制，进一步形成全党动手抓党风的局面。要按照江泽民同志关于“各级党政主要领导同志要对本地区、本部门的反腐败斗争负总责”的要求，进一步建立健全严格的党政主要领导抓党风廉政建设责任制。党政主要领导干部要把反腐败工作真正摆上重要议事日程，定期分析和研究反腐败工作，督促检查反腐败各项任务的落实，对重点案件和突出的不正之风要亲自动手解决。领导班子成员和主管地区、单位发生严重腐败问题，属主要领导官僚主义和失职渎职的，要追究其领导责任。

为了加强对反腐败工作的指导，省委常委会研究决定，在今年适当时候，与各市地一把手座谈，了解各地的工作情况，检查各级党委贯彻落实省纪委这次全会的情况，推动反腐败工作的深入。

三、进一步加强思想政治建设，强化党内监督机制

加强思想政治建设，是深入开展反腐败斗争的一项根本性措施。江泽民同志最近多次强调领导干部一定要讲政治，要努力从政治方向、政治立场、政治观点、政治纪律、政治鉴别力、政治敏锐性上提高自己。各地各部门都要认真学习江泽民同志的重要讲话，每一个领导干部都要加强党性锻炼，加强自身修养。一要认真解决好信仰、信念问题，坚定走建设有中国特色社会主义道路不动摇。在事关社会主义根本原则、政治方向等问题上，我们必须始终保持清醒和坚定。对反对和抵制党的基本路线的言行，必须坚决制止。二要认真贯彻民主集中制原则，严格执行党的政治纪律。中央纪委六次全会对省部级领导干部在政治纪律方面提出了四条要求，全省县处级以上干部都要认真执行。特别是各级领导干部要在思想上、政治上、行动上与党中央保持一致，维护中央权威。对省委全会、常委会研究决定的重大问题，要认真、坚决、不折不扣地落实。三要树立公仆意识，从根本上解决对人民群众的态度问题、同人民群众的关系问题。每一个党员干部都要牢记全心全意为人民服务的宗旨，树立群众观点，时时刻刻把人民的利益放在第一位，决不能以权谋私、假公济私、化公为

私。四要进一步解决好世界观、人生观和价值观问题。在改革开放的形势下，有的党员干部腐败了、堕落了，从根本上讲，是世界观、人生观、价值观这个“总开关”出了问题。每一个党员干部不论资格多老，职位多高，都必须不断改造世界观，构筑思想道德防线，抵制各种腐朽思想和生活方式的侵蚀。

加强和健全党内监督，是加强党的建设、深入开展反腐败斗争的一项重要内容。从我省实际出发，搞好党内监督，应抓好以下几点。一是要重点抓好对领导干部的监督，强化领导集体内部的监督作用。各级党政领导干部，都掌握着一定的权力，干部权力越大，运用权力的行为就越应当受到严格监督。党内监督的重点是各级领导干部，加强对领导干部的监督，最重要的是加强领导班子内部的监督。党的各级领导干部都要按照要求过好双重组织生活。特别是要通过定期召开领导干部民主生活会，坦诚交流思想，该提醒的提醒，该批评的批评，该制止的制止，相互帮助，相互监督。班长要切实负责，带头讲学习、讲政治、讲正气，带头开展批评和自我批评，及时纠正各种不正确的思想和行为。二是要充分发挥党组织的监督作用。各级党组织必须对干部严格要求，严格管理，严格监督，这是对干部最大的爱护。各级党委不仅要管好干部的选拔任用，而且要管好干部的思想和作风。发现干部有了缺点、毛病，要不护短、不遮丑，及时进行批评教育和帮助，避免犯大的错误。从严治党，决不能仅仅成为嘴上的口号，必须落实到党组织对党员干部严格要求、严格监督的实践中去。三是要强化党内专门监督机关的作用。纪检机关是党内监督的职能机构。为了进一步发挥纪检机关的监督职能作用，经中央批准，中纪委六次全会重申和建立了五项制度〔1〕。这是为加强和完善党内监督机制，特别是加强和健全对党员领导干部监督而采取的重大举措，十分重要，我们要结合河南实际认真贯彻执行。比如，参照中央纪委的做法，省纪委根据工作需要，可选派地厅级干部到各地各单位巡视，了解各市地和省直各部门领导班子及其成员贯彻党的路线、方针、政策和省委重大决策、决定以及廉政情况，直接报告省纪委，省纪委及时报告省委。此外，省纪委提出搞谈话制度，这个很好，要注意总结经验，逐步推广。四是要拓宽监督渠道，充分发挥群众监督、民主党派监督和新闻舆论监督的作用，提高监督的整体效能。各级党组织和领导干部要真诚、主动地接受各方面的监督，不断改进工作。

注　释

〔1〕五项制度，为进一步发挥党的纪律检查委员会对各级党政领导干部，特别是对省（部）级领导干部的监督职能作用，1996 年 1 月，中国共产党中央纪律检查委员会第六次全体会议决定，在坚持现行领导体制的前提下，重申和建立以下五项制度：（1）按照党的十三届六中全会通过的《中共中央关于加强党同人民群众联系的决定》的有关精神，中央纪律检查委员会根据工作需要，选派省（部）级干部到地方和部门巡视，其任务是了解省、自治区、直辖市和中央、国家机关部委领导班子及其成员贯彻执行党的路线、方针、政策以及廉政情况，直接报告中央纪委，中央纪委及时报告党中央。（2）党的地方和部门的纪委（纪检组）发现同级党委（党组）或它的成员有违反党的纪律的情况，有权进行初步核实，并直接向上级纪律检查委员会报告，任何组织或个人不得干预和阻挠。需要立案检查的，按有关规定报批。（3）党的地方和部门的纪委（纪检组）接到对下一

级党委（党组）成员的检举和控告，必须报告上一级纪律检查委员会，任何人无权扣压。（4）凡属地方和部门主要领导干部的提拔任用，党的组织部门在提请党委（党组）讨论决定前，应征求同级纪委（纪检组）的意见。（5）各级纪检监察机关领导干部的提名、任免、兼职、调动，各级组织人事部门必须事先征得上级纪检监察机关的同意。

抓好督促检查，确保决策落实*

（1996 年 3 月 28 日）

督促检查本身是一种领导职能，一把手亲自督察是抓落实的重要环节，必须把自己摆到抓决策的落实、督察的主体地位上来。

做好督促检查工作，是我们党的优良传统和作风，也是解决各级党委目前工作中薄弱环节的一个有效手段和途径。这个薄弱环节，就是工作布置多，一般号召多，坐而论道的多，扑下身子、深入基层、督促过问的少，分析研究问题的少，解决问题的办法少，以致不少好的方针政策，不少好的设想、思路、措施和部署难以落实下去，或者落实得不够好。通过开展督促检查，就可以有效地克服这一突出的薄弱环节，促进各项工作任务的落实，进一步改进我们各级领导的工作作风。

党的十四届五中全会提出了跨世纪的宏伟纲领，省六次党代会确定了我省“九五”计划和 2010 年奋斗目标及其政策措施。

* 这是李长春同志在河南省党委系统督促检查工作会议上的讲话。

今后的15年将是一个大转变、大发展的历史时期。面对这一新形势新任务新要求，督促检查工作要跟上时代前进的步伐，特别是各级领导更要走在时代的前列，进一步强化督促检查意识，带头克服重决策、轻落实的思想，牢固树立抓不好落实就是失职、就是放弃领导的观念，不断增强抓督促检查、保工作落实的紧迫感、责任感和自觉性。

各级领导带头抓督促检查、保工作落实，实质上是个党性问题，是党的宗旨、路线和使命决定的。党的根本宗旨是全心全意为人民服务，这是党的全部工作的出发点和落脚点。我们改革开放、搞社会主义市场经济，加快推进现代化建设步伐，正是对党的宗旨的落实，是最根本的党性体现。所以，只有抓好督促检查，确保各项工作落实，为人民多办实事好事，才是为人民服务，才是责任心、事业心和党性强的表现。有些领导干部想自己的事情多，想党和人民的事情少；有的开了会议、读了稿子、发了文件就算了事，根本没有去考虑如何开展督促检查、如何集中精力去组织落实；有的只当“二传手”，安排部署工作总是照搬照套上级的指示，没有切合实际的实施办法和措施，让下面无所适从，也就不可能抓好落实；有的甚至对上级的文件、指示，对决策、部署或交办的事情敷衍塞责、漫不经心、随心所欲，这些都是同党性原则背道而驰的。

抓督察保落实，也是党的作风决定的。党的作风的根本点是理论联系实际，密切联系群众。理论联系实际，就要把党的基本路线和各项具体决策落到实处，转化为实绩；密切联系群众，就要和群众同甘共苦，面对改革开放和市场经济，深入调查研究抓落实，到群众中去，到实践中去，到最需要我们各级领导干部的地方去，通过亲自督促检查，提出工作主张，提出落实要求，使每个企业、每个班组、每个乡村，千千万万个生产经营单位，都为改革开放、振兴河南作出应有贡献。然而，在我们有些领导机关中，有的同志整天互相扯皮，搞公文旅行，玩文字游戏和批示大战，浮在上层轻描淡写说一说，自视清高，置基层呼声和群众疾苦于不顾，甚至搞虚、假、漂、浮、贪，不仅对工作落实毫无促进，反而干扰妨碍了工作落实。这是党的作风所不容许的，这实质上是假深入、假督察、假落实。希望各级领导干部带头发扬党的优良作风，苦练深入功，真督实察，真抓实干，千方百计把各项工作任务落实好，不失时机地把我们河南的事情办好。

抓督察保落实，必须强化各级领导督促检查的责任。这几年我们虽然做了许多有益的探索，但与党的要求、形势任务的需要还有很大差距。总结过去的经验，结合当前实际，应当进一步明确和强调六点：一是各级领导班子的一把手要负起督促落实的总责。这是因为督促检查本身是一种领导职能，一把手亲自督察是抓落实的重要环节，必须把自己摆到抓决策落实、督察的主体地位上来。其他领导要分工抓，真正把督察工作纳入领导活动的议程，像抓决策制定一样抓好决策落实。二是坚持工作落实责任制。按照集体领导、分工负责的原则，实行谁决策谁落实，明确任务，责任到人，一级抓一级，一抓到底，抓一件成一件。三是严格工作报告制度。大多数市地和部门，对中央、省委重大决策和工作部署落实情况的反馈报告做得比较好，但也有少数做得不够好。有些重要文件、工作部署、批示交办事项的落实情况，向省委报告得不够及时，有的质量不高。今后，各地各部门都要按要求及时向省委报送工作落实情况，主要领导同志要亲自过问，并作为一项纪律来对待。四是贯彻注重实效的原则。督促检查工作的出发点和落脚点是推动决策落实，如果督察工作华而不实、做表面文章，甚至弄虚作假，不仅不能推动工作落实，反而会给落实造成障碍，所以开展督促检查一定要求真务实，要督实劲、查实情、见实效。五是总揽全局抓大事。今年是“九五”计划的开局之年，是实现15年奋斗目标的奠基之年，是贯彻落实省六次党代会精神的头一年，需要落实的工作很多，督促检查的任务很重，各级领导必须放眼全省抓大事，立足本职抓落实。要紧密联系实际，理清工作思路，找准突破口，制定出符合实际的抓大事、抓落实的运作战略。要从具体的微观事务中摆脱出来，始终突出一个“实”字，真正抓住影响和制约全局的大事，全力以赴地抓下去。六是重视和发挥督察部门的作用。各级党委督察部门是协助和服务党委抓落实的办事机构，各级领导特别是主要领导要重视并善于使用这支力量，经常给他们出题目、交任务、压担子、提要求，支持他们大胆工作，鼓励他们反映真实情况，尤其是在遇到某些复杂和重大问题时，领导同志应亲自挂帅，指导做好督促检查工作，保证问题有效解决，使各级督察部门真正成为党委抓落实的得力参谋和助手。

一要团结，二要工作*

（1996年4月8日）

我经常说，如果一把手总是讲班子成员的问题，我就怀疑他驾驭班子的能力；如果班子成员总是告一把手，我就怀疑他惦记一把手的位置。除上级来考察班子外，平时一律不准不负责地乱讲。我们讲大局、讲团结、讲正气，就是不要被闲言碎语所左右，当书记更要度量大一点，站得更高一点，更得有点政治家的风度。

三门峡市要以此次换届为契机，始终保持团结坚强和积极向上的精神面貌。这方面，班长负有特殊重要的责任。宋任穷同志最近给我讲，他回忆当时去云南工作时，刘少奇同志曾经给他讲过“一要团结，二要工作”。过去我们总认为，工作是第一位的，为什么现在强调把团结放在第一位？历史正反两方面的经验教训告诉我们，要完成党交给的任务，团结应该是第一位的。三门峡市班子过去总体上是团结的，但按照今后5年、15年的繁重

* 这是李长春同志在听取三门峡市工作汇报时讲话的一部分。

任务的要求，更要加强班子建设，首先是团结，关键在班长。作为班长，工作中要与班子成员多谈心，多交换意见，了解每个成员的思想状况，最大限度地把每个同志的积极性调动起来。

书记、市长是市领导班子团结的核心。党委是核心，党政有分工，要发挥各自的作用。党的基本路线是“一个中心、两个基本点”，党委和政府都要围绕经济建设这个中心。党政如何密切配合，最终要通过具体的人来体现，关键是平时要多沟通。我当过市长、市委书记，也当过省长、省委书记。我当市长时有个体会，就是维护书记的领导，重要工作请书记出面动员，政府开会讲党委、讲书记的意图，这样做不仅不会削弱市长负责制，而是使行政效力更强化了，有党组织作后盾嘛。市长个人威信再高，也高不过党委这个组织的威信。书记要理解支持行政领导的工作。有些难题需要书记说话的，要旗帜鲜明地支持市长的工作，有时市长陷入矛盾圈中，书记还要给解解围。日常工作中，也会听到一些意见，有传话的，这是难免的，听了不要信，或者至少心中有数。大事明白，小事糊涂。我经常说，如果一把手总是讲班子成员的问题，我就怀疑他驾驭班子的能力；如果班子成员总是告一把手，我就怀疑他惦记一把手的位置。除上级组织部门考察干部外，平时一律不准不负责任地乱讲，就是要好好工作，不琢磨人，只琢磨事。我们讲大局、讲团结、讲正气，就是不要被闲言碎语所左右，当书记更要度量大一点，站得更高一点，更得有点政治家的风度。班子内部即便对某件事有不同看法，也要注意个别交换意见，交换后不能统一的，就缓一缓，千万不要在大会上暴露班子内部的矛盾。对干部问题，要坚持集体讨论、集体决策，一把手不要搞一言堂。要处理好坚持程序和加强领导的关系，把组织部门的考核和书记个人对干部平时的观察了解结合起来，特别是对主要干部，一把手要认真考察，因为整体工作上得来上不来，一把手是要负责的。但不能用主要领导个人的考察代替组织部门的考察，两者要结合起来，对一时看不准、看法不一致的可以放一放。总之，按照干部管理、提拔的程序规定就不会出大的问题。

要注意维护几大班子的团结。几位老同志在这次换届中，讲团结，讲大局，积极支持年轻同志工作，省委很满意，希望你们在今后的工作中一如既往，进一步支持年轻干部大胆工作。目前你们市党政主要领导同志都年富力强，要充分发挥这个优势。

常委会这个集体要坚持民主集中制原则，书记只是一票，要

1990 年 8 月 5 日，李长春在三门峡市深入农民家中了解其生产生活情况。左二为三门峡市委书记王如珍，右一为三门峡市市长张应祥。

充分发扬民主，集体决策，不搞一言堂；其他常委要维护书记，摆正自己的位置。集体一旦作出决策，常委在任何场合都要一个声音。现在发现有的党委班子，遇到好事个别人出去卖好，不好的事都推到一把手身上，千万不能那样干，这是党性不纯的表现。在常委会充分发表意见的基础上，书记要集中大家正确的意见，集中意见决策后，班子成员必须支持、执行。常委会、全委会、党代会通过的事情，党内不准有杂音。

常委要按制度开好民主生活会，这是领导班子监督自身的一个重要渠道，要坚持好。现在，我们有些班子，工作也不错，但为了住房超一点面积，引起群众反复告状，影响工作。因此，书记拍板的时候一定要注意。还有孩子问题，注意不要让他们在自己职权范围以内从事经营活动，这些方面都要注意。

建设高素质领导干部队伍*

（1996 年 7 月 3 日）

对于工作有思路、有干劲的干部，要保护他们的积极性；对于缺乏进取精神，步子不大年年走、成绩不大年年有的干部，要加压紧逼，催其奋进；对于能力平平、在位多年面貌依旧的干部，要让他们重新接受组织和人民的挑选；对于不干实事、热衷于拉关系、找门路甚至跑官要官的干部，要加强教育，严重的要采取组织措施；对于以权谋私、腐化堕落的干部，要坚决依法依纪严肃处理。只有这样，才能真正做到支持改革者、鼓励创业者、帮助失误者、鞭挞空谈者、惩治腐败者、追究诬告者，形成“能者上，平者让，庸者下，劣者汰”的机制，把广大干部引导到想事、谋事、干事、成事上来。

最近一个时期，中央反复强调，共产党员特别是党的领导干部一定要讲学习、讲政治、讲正气。我们必须按照中央的要求，

* 这是李长春同志在河南省三级干部会议上讲话的一部分。

在干部队伍中形成讲学习、讲政治、讲正气的良好风气，确保党的基本路线的贯彻落实。“九五”时期，要加快两个转变，促进经济社会发展再上新台阶，必然会遇到许多新情况新矛盾，这就需要我们十分珍惜省五次党代会以来创造的基本经验，十分珍惜来之不易的团结奋进的好局面。在前进的道路上无论遇到多大的困难和问题，都要始终坚持党的基本路线不动摇，坚持以经济建设为中心，咬定发展不放松，不刮风、不争论、不埋怨。刮风就会形成政策多变，左右摇摆，挫伤干部群众的积极性，干扰党的基本路线的贯彻执行；争论就会贻误时机，错过加快发展的良好机遇；埋怨就会影响干部的团结，损害团结奋进的好局面。各级干部特别是领导干部一定要以对党的事业和对河南人民高度负责的历史责任感和时代紧迫感，集中精力干事创业，一心一意团结奋进。

建立竞争激励机制，进一步创造干事创业的大环境。这是全省广大干部的强烈愿望，也是抢抓机遇上台阶必须继续解决的一个突出问题。总的要求是，加大干部制度改革力度，创造一个公开、平等、竞争、择优的用人环境，建立一套干部能上能下、能进能出、充满活力的管理机制。当前，要建立健全领导干部的任期目标责任制和年度工作目标责任制，制定出明确的奖罚标准。对于工作有思路、有干劲的干部，要保护他们的积极性；对于缺乏进取精神，步子不大年年走、成绩不大年年有的干部，要加压紧逼，催其奋进；对于能力平平、在位多年面貌依旧的干部，要让他们重新接受组织和人民的挑选；对于不干实事、热衷于拉关系、找门路甚至跑官要官的干部，要加强教育，严重的要采取组织措施；对于以权谋私、腐化堕落的干部，要坚决依法依纪严肃处理。只有这样，才能真正做到支持改革者、鼓励创业者、帮助失误者、鞭挞空谈者、惩治腐败者、追究诬告者，形成“能者上，平者让，庸者下，劣者汰”的机制，把广大干部引导到想事、谋事、干事、成事上来。各级领导班子特别是主要负责同志腰杆要硬，要为干事创业的干部撑腰说话。对举报者要保护，对造谣生事、诬告他人者要严肃查处，对没有什么实质内容的匿名信一般不批不查，决不能姑息迁就不干实事、拨弄是非的人，不能让这样的人阻碍我们事业的前进。

加强一把手队伍建设，增强领导班子的凝聚力、战斗力和号召力。一个地方、一个单位的风气正不正，干部的精神状态好不好，工作能不能搞上去，关键在领导班子特别是一把手。因此，借鉴张家港实施“一把手工程”的经验，把选好配强一把手作为领导班子建设的关键，使一把手真正能够在领导班子中发挥核心、表率作用，使领导班子成为坚决贯彻党的基本路线、全心全意为人民服务、具有领导现代化建设能力的领导集体。要全面贯彻干部“四化”方针和德才兼备原则，按照中央要求，真正把那些政治业务素质出类拔萃的领导骨干选拔到一把手位置上来。尤其对那些品质好、能力强、有发展潜力的年轻干部，要大胆地放到主要领导岗位上锻炼，并给他们压担子。各级党政一把手特别是县以上领导干部，要以党的十四届四中全会提出的政治家素质的五点要求作为努力方向，加强学习，加强党性锻炼，不断改造主观世界，牢固树立正确的世界观、人生观和价值观，在金钱、权力、美色面前经得起考验，一身正气，两袖清风，廉洁为民，始终保持共产党人的本色。要通过加强一把手建设，带出一个好班子，带出一支高素质的干部队伍，增强党组织的凝聚力和号召力，把广大干部群众的力量凝聚到抢抓机遇上台阶上来。

切实改进作风，把工作重点放到办实事、抓落实上。在“学习先进找差距，抢抓机遇上台阶”活动中，各级各部门都要通过学先进找差距，制定具体的目标，拿出抢先争胜的措施，并落实到人、落实到事。需要强调的是，越是在抢抓机遇上台阶的时候，越要坚持“三防四实”，注意改进作风，防止和克服形式主义和弄虚作假。要把群众拥护不拥护、高兴不高兴、赞成不赞成、答应不答应、满意不满意，作为各项工作的出发点和落脚点。对于有意弄虚作假的，发现一起，查处一起，决不姑息迁就。要加强监督检查工作，可以聘请已经退下来的德高望重、公道正派的老同志担任督察员，深入基层，了解情况，反馈信息，促进各项工作任务的落实。

关心爱护乡镇干部*

（1996年7月22日）

解决乡镇领导班子和干部中的突出矛盾问题，一定要坚持实事求是的原则，客观分析，准确定性，区别情况，审慎处理。

乡镇干部处在农村工作第一线，直接接触广大群众，工作条件艰苦，工作难度较大。有些经济落后的地方，群众的观念、意识也都有一个教育转变的过程。乡镇干部在工作中出现的问题，有些是自身的原因，也有很多原因是来自上边，包括来自省里。在新旧体制转换过程中，有些问题我们一时也没有办法完全解决。因此，解决乡镇领导班子和干部中的突出矛盾问题，一定要坚持实事求是的原则，客观分析，准确定性，区别情况，审慎处理。

对极少数以权谋私、贪污受贿、违法乱纪的干部要严肃查

---

* 这是李长春同志在河南省乡镇党委集中建设活动座谈会上讲话的一部分。

处，绝不能心慈手软、姑息养奸。对绝大多数干部要立足于教育、帮助和提高，特别是对工作上的问题，只要没触犯刑律和党纪政纪，一般不追究个人责任。要深入细致地做好干部和群众的思想政治工作，着眼于调动一切积极因素，努力克服消极因素和不良倾向，防止激化矛盾和少数人借机制造事端，巩固和发展安定团结的政治局面。要坚持分类指导，借鉴村级组织整顿的经验，对乡镇党委分类排队。对好的和比较好的乡镇，要注意帮助他们对照先进找差距，制定上水平、跨台阶的措施，使其更上一层楼。对那些软弱涣散、经济发展缓慢、问题较多的乡镇，要采取强有力的措施进行整顿，促其转化。

加强领导班子思想政治建设*

（1996 年 8 月 16 日）

强调讲政治，决不能搞“空头政治”，更不是要回到“突出政治”“以阶级斗争为纲”的老路上去。同时，也决不能认为以经济建设为中心，就可以忽视其他方面的工作；决不能认为经济搞上去了，其他事业就会自然而然地上去；更不能政治上不清醒，甚至迷失政治方向。要正确地认识和把握经济和政治的关系，物质文明和精神文明建设的关系。

落实中央关于“领导干部一定要讲政治”和“努力建设高素质的干部队伍”的精神，保证我省两个文明建设再上新台阶，要统一思想、提高认识、凝聚力量、狠抓落实，努力把我省各级领导班子建设提高到一个新水平。

第一，各级党委要进一步提高认识，切实把加强领导班子思想政治建设作为一件大事来抓。加强领导班子思想政治建设，是

* 这是李长春同志在河南省委六届二次全会上讲话的一部分。

适应国际国内形势发展、巩固我们党执政地位的现实需要，是全面贯彻省六次党代会精神的重要保证，是进一步提高我省各级领导班子和领导干部素质的迫切要求。今年以来，省委在研究如何贯彻省六次党代会精神时，深深感到，政治路线确定之后，干部就是决定因素。实现省六次党代会和省八届四次人代会确定的奋斗目标，迫切需要我们进一步统一各级领导班子的思想，振奋精神，知难而进，抢抓机遇，加快发展；迫切需要我们进一步提高干部的理论素养，在复杂多变的形势面前保持清醒头脑，增强贯彻党的基本路线的自觉性和坚定性。一句话，就是必须加强领导班子思想政治建设，为实现第二步战略目标提供强有力的政治组织保证。这些年来，我省各级领导班子和干部队伍的状况从总体上看是好的，是有战斗力的，但也存在着一些问题。现在我们面临的任务更加艰巨。各地、各部门一定要从政治的高度认识我们面临的形势和任务，认识加强领导班子思想政治建设的极端重要性和紧迫性，把学习贯彻全会精神摆上重要工作议程，切实抓好领导班子建设，努力提高干部队伍素质，把广大干部的积极性和注意力引导和凝聚到干事创业上来，引导和凝聚到抢抓机遇上台阶上来。

第二，要把学习理论作为提高干部思想政治素质的重要途径，切实抓紧抓好。理论揭示事物的本质和规律，不仅能说明现实，还能总结过去，指导未来；不仅能告诉我们应该怎么办，还能告诉我们为什么这样办，提高我们的思维能力、洞察能力和判断能力，从而提高动员力、说服力、号召力、组织力以及工作的系统性和预见性。理论上的成熟是政治上成熟的基础，对于一个政党是这样，对于一个领导干部也是这样。要通过提高理论水平，使我们干部多一点辩证法，少一点形而上学，进一步增强事业心和责任感，提高领导水平和执政水平，遇到复杂情况时，增强原则性、坚定性。学习理论，首先要学习马列主义、毛泽东思想，中心内容是邓小平同志建设有中国特色社会主义理论。各级领导干部特别是县以上领导干部都要增强学习的自觉性，无论工作多忙，都要挤时间学。要从繁琐的日常事务中解脱出来，从不必要的迎来送往中解脱出来，养成勤于学习、善于思考和研究问题的习惯。要真正能坐下来，沉进去，认真研读，在把握理论的科学体系和精神实质上下功夫，在紧密联系工作和实践，提高分析问题和解决问题的能力上下功夫。要制定好理论培训规划，中心学习组制度要长期坚持下去。要通过贯彻这次全会精神，逐步在全省形成讲学习、讲政治、讲正气的好风气。

第三，加强思想政治建设要落实到更好地贯彻党的基本路线、促进两个文明建设再上新台阶上来。江泽民同志明确指出，讲政治目的是更加坚定不移地、更加全面正确地贯彻执行邓小平同志建设有中国特色社会主义理论和党的基本路线，把改革开放和现代化建设搞得更好。他还特别强调，经济是基础，解决中国的所有问题，归根到底要靠经济的发展。从这个意义上说，集中力量把经济搞上去，实现中国的现代化，本身就是最大的政治。河南是欠发达省份，加快发展、缩小差距的任务尤其艰巨、尤其紧迫。要通过健全领导班子思想政治建设，进一步增强贯彻党的基本路线的自觉性和坚定性，加快我省现代化建设步伐，确保省六次党代会和省八届四次人代会确定的宏伟目标的顺利实现。对此，全省干部特别是各级领导干部一定要深刻认识，正确把握，始终坚持以经济建设为中心不动摇。强调讲政治，决不能搞“空头政治”，更不是要回到“突出政治”“以阶级斗争为纲”的老路上去。同时，也决不能认为以经济建设为中心，就可以忽视其他方面的工作；决不能认为经济搞上去了，其他事业就会自然而然地上去；更不能在政治上不清醒，甚至迷失政治方向。要正确地认识和把握经济和政治的关系，物质文明和精神文明建设的关系。总之，要通过加强思想政治建设，防止和排除各种错误思想、错误倾向的干扰，保证改革开放和经济建设的顺利进行，要把贯彻这次全会精神与贯彻省三级干部会议精神结合起来，动员和带领全省人民学习先进找差距、抢抓机遇上台阶，克服前进中遇到的困难和问题，把我省的两个文明建设进一步推向前进。

第四，必须坚持从严治党。从严治党是由我们党的纲领和性质决定的，事关党的前途和命运，事关改革开放和现代化建设事业的兴衰成败。近年来，党中央对这个问题十分重视。江泽民同志明确指出，“各级党组织对领导干部要严格要求、严格管理、严格监督”，各级领导同志“要自重、自省、自警、自励”。我们对广大干部一方面要关心、爱护和支持，另一方面要严格要求，严格管理，严格监督。对干部的高标准、严要求本身就是政治上的关心和爱护。各级党组织一定要从关心爱护干部出发，从建设高素质干部队伍出发，通过开展严肃认真的批评和自我批评，提高班子解决自身问题的能力。

坚持从严治党，尤其要在作风问题上从严要求。这是因为越是强调抢抓机遇、加快发展，越需要加强“三防四实”的思想作风建设，越需要防止和克服虚报浮夸、弄虚作假现象的发生。当前要把反对形式主义、坚持说实话作为实践“三防四实”的重点。部署工作一定要坚持分类指导，不搞一刀切。建立干部竞争激励机制是必要的，但必须科学。对领导班子和领导干部的政绩考核，要注重经济效益，注重发展后劲，注重两个文明建设一起抓，注意原有基础和客观条件的不同。要教育干部树立正确的政绩观，对于有意弄虚作假、欺上瞒下、虚报浮夸骗取政绩的，一经发现，要严肃查处，决不姑息迁就。各地、各部门在学习先进找差距、抢抓机遇上台阶中，一定要注意把干部群众的积极性引导到鼓实劲、求实效上来。

选有奉献精神、办事公道的人当村干部*

（1996 年 10 月 4 日）

此报告很好。农村基层干部很重要，担负着把党和政府的农村政策和各项工作落实到千家万户的重任，把这支队伍建设好，对改变农村面貌至关重要。通过几年的整顿和建设，基层基础工作得到加强，广大基层干部是好的，特别是在抗洪抢险中，涌现了很多可歌可泣的好典型。但是，随着农村市场经济的发展，也确有少数人经不住金钱的诱惑，贪污、受贿、吃喝，因此，严重脱离了群众，干群关系紧张，上访告状不断。各级党委对此要高度重视，要下大力气完善农村的财务制度，账目公开；要完善群众的监督办法；要加强对基层干部教育，此报告就是好教材；要把住用人关，选有奉献精神、办事公道的人当村干部。

建议将此报告以省委办公厅名义批转到各县，各级在培训乡、村干部时，可以此为教材。乡、镇思想政治建设，要抓好制度建设，查处一批案件，请省委组织部加强指导。乡、村财务管理请省财政厅再推动一下。

---

* 这是李长春同志在河南省检察院党组《关于我省农村基层干部经济犯罪情况和进一步做好预防犯罪工作的报告》上所作的批语。

领导干部要带头自律*

（1997年2月18日）

在市场经济和改革开放条件下，各级领导干部都要守住三条高压线，就是在政治上不能走错路，在经济上不能揣错兜，在生活上不能上错床。我们还是要按共产党的规矩来交往，决不允许搞腐朽庸俗的那一套。今天不好意思拒绝，就是为明天挖掘“坟墓”。

各市地党的一把手、各厅局的主要负责同志，一定要带头自律，自觉做到自重、自省、自警、自励。党把我们放在市地委书记这个位置上，是一个很不低的位置了。我们自己的行为不是个人的事情，去留算不了什么，离了谁地球照样转。但是确实关系到一个市地几百万人口的命运前途，关系到党的路线方针政策能不能在一个地区得到贯彻落实，关系到我们党5500万党员在国内外形象，关系到我们执政党的地位稳固。

如果一个市地党政一把手出了问题，是了不得的事情，对我

* 这是李长春同志在河南省市地委书记座谈会上讲话的一部分。

们党的事业、党的形象损害重大。我们时刻要把自己看成是党的人，而不单单是一个自然人。近年来几个厅局级领导干部违法问题的发生告诉我们，一个人决不会因为职务高、党龄长就自然地有拒腐防变的能力。人是会变的。我们没有发现这几个人是在入党、提干的时候就有很大问题，多年来确实为党做了不少有益的工作，但是他们经不住长期执政的考验，经不住改革开放的考验，经不住社会主义市场经济的考验，教训十分深刻。省委常委会学习研究中纪委八次全会精神的时候，确定这次省纪委全会上要把这几个人的问题在党内发个通报，敲响警钟，教育干部，举一反三，让大家都引以为戒。这几个人出现问题，省委感到很痛心，我们也要负教育不够的责任。为了党的事业，对他们必须依法依纪加以惩处，挥泪斩马谡。我们不希望这个层次的干部再出现问题，要运用这样的反面典型来教育大家带头，管好自己，管好子女亲属，管好身边的工作人员。当前要重视“59 岁现象”，保持晚节。我在一次县委书记会上讲过，我们不会让一个地方党委书记生活不下去，生活有困难组织上可以补助、帮助，还有什么后顾之忧呢！当前送钱送礼这股歪风很厉害，作为市地、厅局的党政一把手，无论如何也要顶住，对送钱的人要严肃批评。过去胡耀邦同志讲，君子之交淡如水。我们还是要按共产党的规矩来交往，决不允许搞腐朽庸俗的那一套。今天不好意思拒绝，就是为明天挖掘“坟墓”。在市场经济和改革开放条件下，各级领导干部要守住三条高压线：在政治上不能走错路，在经济上不能揣错兜，在生活上不能上错床。具体说，就是政治上要清醒坚定，始终同党中央保持一致；经济上要公私分明，做到不贪不占、两袖清风、一尘不染；生活作风上要自律严谨，带头践行家庭美德。作为一个领导干部，要认真地贯彻好中央的路线方针政策，贯彻好省委的决策，这就是对上级党委政府的最大支持，就是对上级领导的有力支持。我们省委选择一把手是十分严格和慎重的，把政治坚定性摆在首位，就是要看能不能把党的路线方针政策认真贯彻落实下去，看能不能在当前党的建设出现一些新的问题新的情况下做到拒腐防变。希望市地、部门主要负责同志都要认真学习省纪委通报中的要求，不断改造世界观，不辜负省委对大家的期望。

切实加强对党风廉政建设和反腐败工作的领导*

（1997年2月18日）

少数干部确实存在群众观点淡漠的问题。有少数人忘记了党的宗旨，把人民的“公仆”变成人民的“老爷”，官气十足，高高在上，对人民群众的冷暖疾苦漠不关心。要使我们的干部真正懂得，我们党的根基在群众，政权的基础在群众。脱离了群众，离开人民群众的支持，我们将丧失政权。每一个领导同志都应该明了，共产党人的一切言论行动，必须以合乎最广大人民群众的最大利益，为最广大人民群众所拥护为最高标准。

反腐败是关系党和国家生死存亡，关系社会主义现代化大业兴衰成败的重大政治问题。也就是说，反腐败是一场尖锐的政治斗争。全省各级党委政府必须响应党中央的号召，牢牢把握经济建设这个中心，始终坚持一手抓物质文明建设、一手抓精神文明建设，一手抓改革开放、一手抓惩治腐败，切实加强对党风

* 这是李长春同志在河南省纪委六届四次全会上讲话的一部分。

廉政建设和反腐败工作的领导，保证反腐败斗争按照中央提出的“更深入、更扎实、更有效”的要求健康发展。

一、必须认真落实党风廉政建设责任制。邓小平同志指出：“制度问题不解决，思想作风问题也解决不了。”全省各级党委政府要狠抓党风廉政建设责任制的落实，推动反腐败斗争深入开展。要把两个文明建设作为统一的奋斗目标，把党风廉政建设和反腐败斗争纳入党委政府的整体规划，摆上重要议事日程，实行目标管理和经济工作一起部署，一起落实，一起检查。党政一把手要负总责，主要在以下四个方面负责：一是要在党委统一领导下，把领导班子的政治思想作风建设抓好，一级抓一级，层层抓落实；二是要对本地区、本部门、本单位的反腐败工作作出决策和部署；三是对重大问题和大案要案要及时研究，及时组织力量，一查到底；四是要协调反腐败工作的开展，解决工作中存在的实际困难。省委重申，哪个地方有严重问题不查处，或者抓得不力，就要追究哪个地方一把手的责任。考核、评价党政领导班子和主要领导干部，不仅要看领导经济建设的实绩和本领，而且要看领导党风廉政建设的实绩和本领。各级纪委要协助党委抓好党风廉政建设责任制的落实，完善反腐败工作激励机制和惩戒机制。

二、必须继续坚持党政齐抓共管的领导格局。反腐败工作是全党的大事，不仅纪检监察部门要抓，党委政府各个部门都要抓。不仅要抓本部门的反腐败斗争，而且要按反腐败斗争全局的任务和要求，抓好本部门分管行业和系统的治理和管理工作。必须明确，所有领导干部，不论是党委机关的，还是政府部门的，不论分管经济工作还是分管党务工作，在所分管的工作范围内，都有反对腐败、廉洁从政的问题，都要义不容辞地担负起反腐败的责任。我们省反腐败斗争中形成的“党委统一领导，党政齐抓共管，主要领导亲自抓，纪委组织协调，部门各负其责，依靠群众的支持和参与”的反腐败领导机制是好的。根据中央的要求，要进一步完善，调动一切积极因素，进一步形成齐抓共管的局面，把反腐败各项任务落到实处。

三、领导干部要以身作则，发挥表率作用。反腐败斗争实践说明，哪个地区、哪个部门领导干部廉洁奉公，敢于同腐败现象作斗争，哪个地区、哪个部门风气就比较好，即使发生一些不正之风和腐败现象也能及时得到检查纠正。相反，哪个地区、哪个部门领导不廉洁，态度暧昧，对腐败现象斗争不力，哪个地区、哪个部门就可能出现各种歪风邪气，甚至导致行业性不正之风和严重的腐败现象。特别是一把手的党风决定了这个地区、部门党风廉政建设的水平。各级领导干部必须认识到自己所处的地位和肩负的重大责任，在任何情况下都必须坚持高标准、严要求，自觉遵守中央和省委关于廉洁自律的有关规定，自重、自省、自警、自励，以身作则，言行一致。要求别人做到的自己首先做到，禁止别人做的自己坚决不做，自觉接受党和人民的监督，经受住权力、金钱、美色的考验。领导干部以身作则，不仅自己要清正廉洁，还必须旗帜鲜明地同腐败现象作斗争。要敢抓敢管，对本地区、本单位的党风廉政建设工作全面负责，对不良倾向要敢于批评，对消极腐败现象要敢于抵制，对违法违纪行为要敢于查处，对不正之风要敢于纠正，带头维护党纪国法的严肃性。

四、必须坚持“立足于教育，着眼于防范”方针，加强对党员干部的教育。从严治党，深入开展反腐败斗争，要一手抓惩处，一手抓防范。在构筑思想道德防线上，在解决或消除腐败现象滋生蔓延的原因和渠道上下功夫。防范工作做好了，干部就会少犯错误，不犯大的错误，即使犯了错误也能得到及时纠正处理，避免给党和国家造成重大政治、经济损失。对干部要求严，加强教育，是关心、爱护干部的具体体现，也是深入开展反腐败斗争需要认真研究的系统工程。对干部加强教育，必须高度重视各级领导班子的思想政治建设。反腐败斗争实践表明，在新的历史形势下，哪个地方党不管党，治党不严，严重忽视思想政治教育，放弃积极的思想斗争，就会滋长歪风邪气，一些人的小毛病就会发展成为大问题。在改革开放和发展社会主义市场经济的新形势下，加强党的思想政治建设，提高广大党员干部的思想政治素质，牢固树立正确的世界观、人生观和价值观，对于保持党的先进性、纯洁性，防止和抵制腐朽思想文化影响的侵蚀，坚持拒腐防变，是极为重要的，全省各级党组织务必予以高度重视。我们要抓住群众观点和艰苦奋斗精神这两个关键问题，加强思想政治建设。当前，有少数干部确实存在群众观点淡漠的问题。有少数人忘记了党的宗旨，把人民的“公仆”变成人民的“老爷”，官气十足，高高在上，对人民群众的冷暖疾苦漠不关心。要结合全省对县处级以上干部进行的以讲学习、讲政治、讲正气为主要内容的党性党风教育活动，特别重视抓好群众观点、群众路线的教育，大力弘扬吴金印同志一切为了群众的精神。要使我们的干部真正懂得，我们党的根基在群众，政权的基础在群众。脱离了群众，离开人民群众的支持，我们将丧失政权。每一个领导同志都应该明了，共产党人的一切言论行动，必须以合乎最广大人民群众的最大利益，为最广大人民群众所拥护为最高标准。要切切实实地做到立党为公，无私奉献，始终把人民拥护不拥护、赞成不赞成、高兴不高兴、答应不答应、满意不满意作为想问题、办事情、作决策的出发点和落脚点，做到思想上尊重群众，感情上贴近群众，行动上深入群众，工作上依靠群众，真心实意为人民办实事，谋利益。

加强思想政治建设，要大力弘扬党的艰苦奋斗的优良传统。我省党员干部有艰苦奋斗的优良传统。省委作出的弘扬林县人民艰苦创业精神的决定，激励了广大党员干部，涌现出了一批艰苦创业的带头人。我们省60年代有焦裕禄，有几十年如一日率领群众脱贫致富的史来贺，90年代有吴金印。正是因为我们省有一大批艰苦奋斗的优秀干部，才产生了他们的代表人物。但是，我们也应该看到，个别地方、个别领导干部奢靡之风正在蔓延，一味追求享受，房子越盖越豪华，车子盲目攀比，办公用具高档昂贵，讲享受，摆阔气。我们省这些年虽然有了较大的发展，但是我们人口多，底子比较薄，自然灾害比较频繁，还有490万人口没有解决温饱。正因为自然灾害比较频繁，每年返贫量比较大。在一些偏远的山区，群众生活十分困难。随着社会主义市场经济的深入发展，在城市企业之间优胜劣汰的局面开始形成，加上社会保障体制还有一个需要完善的过程，城市有相当一部分职工生活比较困难。在这种情况下，我们有些领导干部丢掉艰苦奋斗的作风，必然遭到人民群众的强烈反对。我们每一位领导同志都应该认真思考一下。我们是人民的公仆，是人民群众事业的领头人，在新的形势下，必须把艰苦奋斗、勤俭创业的精神发扬光大。有些问题如果只就事论事去抓，不解决思想认识问题，是很难得到解决的。如解决大吃大喝问题，根本是要解决思想认识问题，发扬艰苦创业精神。讲排场，摆阔气，大手大脚，奢侈浪费，是低级趣味，是不良风气，人民群众深恶痛绝，必须坚决克服。我们有些同志误认为，搞对外开放，必须有这些东西，这是投资环境。最近一个同志给我讲，有一个外商跟一个厂合资，先打过来 30 万，没过两月，办理企业开张事宜，请客吃饭就花掉了 10 万元。外商认为这里大吃大喝投资环境不好，撤走了资金。真正搞事业的，对这一套是深恶痛绝的。大吃大喝，铺张浪费，是落后的表现，是投资环境不好的表现。

五、各级党委要严把用人关，坚决反对用人问题上的不正之风和腐败现象。毛泽东同志早就教导我们："政治路线确定之后，干部就是决定的因素。"党的十四届六中全会明确指出："建设物质文明关键在党，建设精神文明关键也在党。"选准人用好人，是两个文明建设的根本组织保证。选准人首要的一条，是反对用人上的腐败现象和不正之风。这些年来，我们省的干部工作是严格的，总体上是好的。但是，我们也发现在个别地方特别是基层，这方面的问题不能忽视。一些地方群众对跑官、买官卖官议论很多。有个地方一个农民搞四假，假户口，假文凭，假入党，假转干，当上了信用社主任,9 个月贪污受贿索贿 50 多万元。柘城县交通局原局长，原本就是一个流氓恶势力的头子，在提拔过程中由于没有履行严格的考核，当上了交通局局长。这个教训要好好总结。我们党是执政党，对于执政党来说，最大的考验是来自党群关系的考验，最大的危险是脱离群众。党如果重用了人民群众不拥护的人，就会脱离群众，党群关系就会疏远，党也就失去了立党之本。江泽民同志严肃指出："一个执政党，如果管不住、治理不好领导班子和领导干部，后果不堪设想。历史上的腐败现象，为害最烈的是吏治的腐败。”全省各级党组织要以史为鉴，充分认识用人上腐败现象的严重危害性，坚决防止和惩治这种腐败现象。选拔任用干部必须坚持德才兼备的标准和选贤任能的原则，选准人用好人。

六、要大力支持纪检监察工作，充分发挥纪检监察机关的作用。纪检监察机关是党风廉政建设和反腐败斗争的生力军和骨干力量。全省纪检监察机关克服种种困难，较好地完成了党中央和省委部署的反腐败各项任务，在促进我省改革开放、经济发展和维护社会政治稳定的大局中作出了积极贡献。全省各级党委政府要进一步加强对纪检监察工作的领导，全力支持他们的工作，做他们的坚强后盾，充分发挥他们的职能作用。要支持纪检监察机关依法依纪履行职责，积极帮助纪检监察机关解决工作中遇到的困难和问题，特别是查处案件遇到阻力和干扰时，要及时排除。各级党委要经常听取他们的汇报，研究部署反腐败工作。重要的反腐败会议，要出面讲话，支持他们的工作。纪检监察工作比较辛苦，手段又不多，办案靠纪律，靠思想政治工作，如果没有党委的支持，是很难的。

坚决制止奢侈浪费行为*

（1997 年 7 月 22 日）

厉行节约、制止奢侈浪费是弘扬中华民族优良传统的需要，是加强党风廉政建设、密切党群干群关系的一件大事。各级党政领导干部和领导机关必须带头艰苦奋斗，反对奢侈浪费，与群众同甘苦、共命运。

近两个月来，全省制止奢侈浪费工作的情况是好的，主要表现是领导重视、行动迅速，在一些方面取得了明显成效，发展势头良好。但是也存在一些不容忽视的问题：一是一些领导干部思想认识不到位。有的担心制止奢侈浪费影响改革开放，影响经济发展；有的信心不足，认为是一阵风，解决不了多大问题。二是工作开展不平衡。从整体上说，县好于市地，市地好于省直部门，市地、省直部门之间也不平衡。有些地方和部门工作力度不够大，仅停留在一般号召上。三是制度滞后，影响了工作的推进。对上述问题，我们要高度重视，采取措施认真加以解决。

* 这是李长春同志在河南省党员负责同志会议上讲话的一部分。

一要进一步提高对制止奢侈浪费工作重要性的认识。各级党政领导要充分认识到，厉行节约、制止奢侈浪费是弘扬中华民族优良传统的需要，是加强党风廉政建设、密切党群干群关系的一件大事。加强党风廉政建设和反腐败斗争，不仅仅是办几个大案要案，同时要解决好人民群众经常看到、感受到的干部作风方面的问题。当前我省国有企业亏损面加大，导致困难职工增加，农村还有 490 万人尚未脱贫。各级党政领导干部和领导机关必须带头艰苦奋斗，反对奢侈浪费，与群众同甘苦、共命运。奢侈浪费是一个顽症，量大面广，并且主要表现在党政领导干部和领导机关，决不能时紧时松，抓抓停停，搞一阵风。我们既要树立常抓不懈的思想，又要有现实的紧迫感，增强信心，抓住机遇，乘势而上，切实抓出成效。

二要突出重点，狠抓落实。制止奢侈浪费重点在党政领导干部和领导机关。党政领导干部要以身作则，身体力行，崇尚节俭，自觉抵制奢侈浪费的歪风邪气，管好班子，管好所辖的地区、部门，管好亲属和身边工作人员。突出治理用公款吃喝玩乐歪风，清理纠正违反规定配备交通、通讯工具，严控新建和装修办公楼，严控会议、文件、庆典活动及各种检查、评比、达标活动等四项重点，要一项一项狠抓落实。各级纪检、监察机关要加大监督检查力度，对顶风违纪的单位和人员，要追究直接责任人和有关领导的责任，情节严重的要给予党纪政纪处分。

三要把清理工作与制度建设结合起来。在搞好清理工作的同时，一定要坚持边清理边建章立制，以堵塞漏洞，巩固成果。省直有关牵头部门要根据省委省政府《实施意见》，抓紧草拟相关实施细则，并尽快下发。实施细则既要严格要求，又要符合实际，便于操作，一时拿不准的可以先试行。

四要加强对制止奢侈浪费工作的领导。各级党委政府对制止奢侈浪费工作要切实负起责任，加强领导。党政一把手要负总责，亲自抓，一级抓一级，一级带一级，逐级抓落实，力戒形式主义和官僚主义。各级党委要大力支持纪委工作，在前段取得初步成效的基础上，把制止奢侈浪费工作引向深入。各部门要积极主动地配合纪委工作，形成齐抓共管的局面。省直单位要发挥带头和表率作用。各级新闻媒体要对制止奢侈浪费工作的进展情况及时宣传，充分发挥舆论监督作用。要以正面教育为主，注意总结推广好的典型，以推动全省制止奢侈浪费工作的深入开展。

按党的规矩办事*

（1997 年 7 月 29 日）

各级干部特别是领导干部，一定要有严格的自律意识，跟方方面面打交道时，都要按党的规矩办事。在这个问题上，一定要保持清醒的头脑，提高拒腐蚀的能力。

我们的各级干部一定要牢固地树立全心全意为人民服务的宗旨。树立全心全意为人民服务的宗旨，关键是要解决好“三观”的问题，即世界观、人生观和价值观的问题。特别是在改革开放、建立社会主义市场经济体制的新形势下，更要强调这个问题。

去年我们查处了 3 名正厅级干部，省纪委发了通报，今年又正在查处 2 名正厅级干部。剖析一下这些同志，不能简单地说他们过去是钻到党的队伍里来的。总的来看，多数人在多年的领导工作中，为党和人民办了很多好事、实事。但是在发展社会主义市场经济的新形势下，对自己放松了要求，放松了警惕，忘记了

---

* 这是李长春同志在商丘撤地设市现场办公会上讲话的一部分。

自己的权力是人民给的，搞权钱交易，结果断送了自己，也给组织上、给我们的党旗抹了黑。当然也有的过去素质就不高，我们的考核工作也还不太科学，没有及早发现。从反腐败斗争方面看，可以说取得了丰硕的成果，反腐败深入了，而从干部教育方面看，我们确实有教训可以总结。

我们不愿意看到每年都查处几个正厅级干部，但是要坚持党的原则，不能因为我们都是上下级，经常见面，感情挺好，就不按党的原则办事。当然，事情没落实之前我们是十分慎重的，严把程序关，让纪检、检察机关反复核实。但是，如果事实确实存在，我们也毫不客气，只好挥泪斩马谡了。所以，各级干部特别是领导干部，在这方面一定要有严格的自律意识，跟方方面面打交道时，都要按党的规矩办事。省直下去工作的同志回来给我讲，遇到一些风气确实不好的事，比如送钱这个事，在下边已不是个别的。在这个问题上，一定要保持清醒的头脑，提高拒腐蚀的能力。有的同志讲，人家真心实意给你送，也不好意思拒收呀。不好意思就是在挖掘自己的政治坟墓。从揭露出来的问题看，有的人就是来者不拒，一次数额倒不大，但是累计起来数目就大了。凡是走上一定岗位的党员领导干部都要认识到，你已经不是一个自然人，不是独立的自我，你本身就是党的人，自己的言行都和党在人民群众心目中的形象联系在一起。所以从这个角度讲，党组织有责任要求你必须严格规范自己的行为，不是说到头来辞职就行了，这不是个简单辞职的问题，不是个简单不做官的问题。所以，我们各级干部在这个问题上都要严格要求自己。

上次我讲到，历史前进总需要社会的骨干力量作出一些牺牲。在我们的老一代所处的那个时代，历史赋予他们的任务是推翻三座大山，建立新中国，社会的精华部分就是要做抛头颅、洒热血的准备。现在我们正在进行的建设有中国特色社会主义的事业，也是一个伟大的社会变革，但是历史前进了，历史赋予我们的任务就是改变贫穷落后，建设社会主义现代化。历史并不要求我们掉脑袋，就是要求我们不要怕吃亏，晚富一点，让群众先富起来。况且组织上也为一定级别的干部工作、生活创造了一定的条件，而且党还对确实有困难的干部给予多种形式的关怀。我们不允许党的干部利用权力搞权钱交易，谋取私利，要发现一个查处一个，毫不手软。如果历史赋予我们这样一个任务，连吃点亏、晚富一点都做不到，你本身就不是历史前进的精华部分，就不要当领导干部。抱着捞一把的目的进干部队伍的，在历史前进中必然要被甩掉。

领导干部要坚定政治信念*

（1997年8月27日）

历史和现实的经验告诉我们，作为一个无产阶级政党，如果丧失了马克思主义政治信念，就丧失了根本，就难以经受住各种风险考验；作为一名党的领导干部，如果没有坚定的政治信念，就没有主心骨，就难以担当重任。

坚定的政治信念是中国共产党人战胜千难万险的力量源泉。邓小平同志深刻指出："过去我们党无论怎样弱小，无论遇到什么困难，一直有强大的战斗力，因为我们有马克思主义和共产主义的信念。""没有这样的信念，就没有凝聚力。没有这样的信念，就没有一切。"这是我们党从长期革命和建设实践中得出的郑重结论。当前，我们党正处在承前启后、继往开来的重要历史时期，在跨世纪的新征途上，能否把建设有中国特色社会主义事业全面推向二十一世纪，关键取决于我们的党员干部特别是领导

* 这是李长春同志给河南省直机关领导干部上党课时讲话的一部分。

干部能否保持坚定的政治信念。总结这些年来我们的实践经验，我认为，领导干部要解决好政治信念问题，必须做到“三个坚定不移”。

第一，必须坚定不移地高举邓小平理论伟大旗帜。举什么旗是国内外判定我们党走什么道路的风向标，邓小平理论伟大旗帜是在新的历史时期全党实现团结、巩固和统一的政治基础。在改革开放和社会主义现代化建设的新时期，在跨世纪的新征途上，一定要高举邓小平同志建设有中国特色社会主义理论的伟大旗帜，用邓小平理论来指导我们整个事业和各项工作。我们之所以要高举邓小平理论伟大旗帜，就在于这个理论是马克思主义同当

1996 年 3 月 20 日，李长春在郑州与参加河南省党史工作会议的代表合影。前排右八为省委副书记任克礼。

代中国实践和时代特征相结合的产物，是毛泽东思想在新的历史条件下的继承和发展，是当代中国的马克思主义。它第一次比较系统地回答了在中国这样一个经济文化比较落后的大国，如何建设社会主义、如何巩固和发展社会主义的一系列问题，从历史纵向和现实横向的交点上，确定了我国经济社会发展的正确坐标。苏联、东欧剧变后，党内外部分人对马克思主义还行不行、社会主义还灵不灵产生了模糊认识。邓小平同志用世纪伟人的宽广眼界观察世界，对我国社会主义胜利与挫折以及其他社会主义国家兴衰成败的历史经验，科学地加以分析和概括，回答了党内外关心的许多重大问题，阐述了社会主义必胜、共产主义必胜的道理。改革开放以来，正是由于我们坚持了这个理论，才取得了现代化建设的伟大成就；才经受住了国际国内风波的考验，在世界社会主义运动的严重曲折中站稳了脚跟，国际地位日益提高；才有整个国家经济发展、政治稳定、民族团结、社会进步的生机勃勃的局面。实践还将继续证明，只有坚定不移地高举邓小平理论伟大旗帜，才能解决中国社会主义的前途和命运问题，才是通向最高理想的唯一正确选择。

第二，必须坚定不移地坚持党的基本路线。这是由党的基本路线的性质决定的。一是科学性。党的基本路线是我们党在深刻总结我国几十年社会主义革命和建设正反两方面经验教训的基础上，从正确认识我国的基本国情出发作出的战略决策，它反映了解决我国社会主义初级阶段主要矛盾的客观要求，体现了社会主义的本质，是对建设有中国特色社会主义理论的高度提炼和科学概括。二是正确性。改革开放以来的近二十年，是我国社会生产力发展最快、人民生活改善最大、综合国力得到空前增强的时期。正如邓小平同志所说:“在这短短的十几年内，我们国家发展得这么快，使人民高兴，世界瞩目，这就足以证明三中全会以来路线、方针、政策的正确性，谁想变也变不了。”三是长期性。我国正处在社会主义的初级阶段，这个历史阶段决定了我们必须坚持党的基本路线一百年不动摇。坚定不移地坚持党的基本路线，关键是坚持以经济建设为中心不动摇。解决中国的所有问题，归根到底要靠经济的发展。经济建设上不去，综合国力不行，就难以维护和巩固国家政权，难以维护和发挥社会主义制度的优势，难以维护和发展群众的根本利益。坚定不移地坚持党的基本路线，必须把坚持改革开放与坚持四项基本原则统一起来，做到坚持两个基本点而不是一个基本点，在党内特别是领导干部中既要警惕右，更要防止“左”。我们既要大胆吸收和引进一切先进的行之有效的东西，又要坚决抵制那些错误腐朽的东西。坚定不移地坚持党的基本路线，还要同本地区、本部门的实际结合起来，抓住机遇，勇于探索，创造性工作，为全省的改革和发展提供范例和经验。

第三，必须坚定不移地维护党中央的领导权威。全党如果没有一个核心，没有中央的领导权威，一盘散沙，何谈国家统一、民族团结、社会稳定？何谈社会主义物质文明和精神文明的共同发展？邓小平同志反复讲，“中央要有权威。改革要成功，就必须有领导有秩序地进行。没有这一条，就是乱哄哄，各行其是，怎么行呢？”当前，以江泽民同志为核心的党的第三代中央领导集体，坚持马克思主义的基本原理同中国具体实践相结合，高举邓小平理论伟大旗帜，坚决贯彻党的基本路线，带领全党和全国人民解放思想，锐意改革，大胆实践，取得了举世瞩目的成就。维护党中央的领导权威，首要的就是在政治上同党中央保持高度一致，保证政令畅通。要坚决贯彻执行党中央的各项方针政策，那种上有政策下有对策，口头上执行行动上不执行或不完全执行的做法，那种符合自己利益的就执行、不符合自己利益的就不执行的做法，那种中央三令五申充耳不闻、令不行禁不止的做法，都是极其错误有害的，必须加以纠正。其次是在工作上要服从服务于全党全国工作大局。要树立全国一盘棋的思想，反对分散主义和地方保护主义，不仅要处理好中央和地方的关系，还要处理好地区与地区之间、地区与部门之间的关系，提倡相互合作，顾全大局。要看到国家利益是最高和最根本的利益，如果损害了这个利益，最终会影响到本地区、本部门的利益。因此，不管在什么地方或什么岗位上工作，都必须无条件地服从服务于全党全国工作大局。

历史和现实的经验告诉我们，作为一个无产阶级政党，如果丧失了马克思主义政治信念，就丧失了根本，就难以经受住各种风险考验；作为一名党的领导干部，如果没有坚定的政治信念，就没有主心骨，就难以担当重任。坚定的政治信念始终是我们开拓新境界、创造美好生活、增强社会主义优越性和吸引力的强大动力，领导干部不仅要坚定政治信念，而且还要以身作则，以坚定的政治信念影响全体人民，使之成为中华民族的精神支柱。

严肃认真搞好民主推荐工作*

（1997 年 11 月 7 日）

认真组织开展民主推荐，全面了解和掌握干部的群众公认程度，是党的群众路线在新时期干部工作中的具体体现。实践证明，开展民主推荐，有利于扩大选人用人视野，有利于选准用好干部，有利于防止和纠正用人上的不正之风。只有实行民主推荐，依靠多数人选人，才能发现更多的优秀人才，才能使干部选拔任用工作体现人民公认的原则。应当明确，在干部工作中，坚持走群众路线同坚持党管干部的原则是一致的。民主推荐的结果，是党委选准用好干部，配好班子的重要依据，但不能简单地以票取人，还要经过组织认真考察和党委集体讨论决定。

要坚持公道正派，任人唯贤，客观、公正地看待干部。推荐人选，要从党和人民的利益出发，决不能凭个人的感情、恩怨、好恶推选干部。要坚持科学的世界观和方法论，既要从政治上衡量一个干部，还要考虑干部胜任本职工作的能力、业务水平、工作实绩和发展潜力。既注意干部在重大问题和关键时刻的表现，

---

* 这是李长春同志在河南省领导班子换届选举民主推荐会上讲话的一部分。

又注意其全部历史和全部工作，对干部的本质、主流、大节和发展潜力作出符合实际的判断，防止以偏概全，求全责备。

要讲党性，顾大局，讲团结，守纪律。换届选举以及民主推荐都是对领导干部党性的一次重要考验。今天之所以请这么多的同志来参加民主推荐，就是为了在选拔干部，配备省级领导班子方面更好地发扬民主，把省人大、省政府、省政协领导班子建设好。同时，也充分体现了省委对大家的信任。希望同志们一定要站在党的原则的立场上，以对党负责、对全省人民负责和对历史负责的政治态度，郑重地、严肃认真地进行推荐。要从我省改革、发展和稳定的大局出发，胸怀全局，出于公心。要坚持搞五湖四海，增强党性观念和全局意识，按照中央的要求，认真推荐省人大、省政府、省政协领导班子成员和法检两长人选，以保证我省这次换届选举工作的顺利进行，为全省的换届工作带个好头，做出榜样。

在这里，特别需要强调的是，在省级领导班子换届之际，每个领导干部都必须树立正确的世界观、人生观、价值观，做到党的事业重如山，个人名利淡如水。要严格遵守组织人事纪律，坚决反对和自觉抵制各种不正之风。在整个换届过程中，要加强思想政治工作，决不允许为了个人的升迁，请客送礼，乱打电话，到处游说，或利用老乡、同学、同事、亲戚、朋友关系拉推荐票和选票等。对跑官要官的不仅不给，还要严肃批评教育，对违反纪律的要严肃处理。同时，还应强调，每个领导干部在这次换届中，都要顾全大局，树立正气，正确对待名、位、权，正确对待个人的进退留转，做到“进亦乐，退亦乐”，一切交给党组织安排。

领导干部要做团结的模范*

（1998 年 1 月）

闹不团结的形式多样，但究其原因，背后都隐藏着一个共同的东西，这就是“私”字。有了“私”字就心胸狭窄、容不得人、容不得事、容不得不同意见；有了“私”字就争名夺利，斤斤计较个人得失。“私”字在不同时期有不同的表现，或借助不同的东西产生消极影响。在扩大开放和发展社会主义市场经济的条件下，班子成员之间因素质差异、观念碰撞、意见分歧、利益纠葛产生的摩擦和不团结现象，借助的东西主要是名、权、位。

团结出凝聚力，团结出战斗力。一个单位、一个班子要想把工作搞上去，团结是第一位的。省五次党代会以来，正是由于高举了“团结奋进，振兴河南”的旗帜，才初步形成了干事创业的局面，各项事业有了较大发展。具体到一个地方、一个单位也是

* 这是李长春同志发表在《领导科学》1998 年第 1 期上的文章。

如此，不管遇到多大困难，只要班子是坚强团结的，大家心往一处想，劲往一处使，拧成一股绳，就能形成健康向上、干事创业的环境，就有希望打开工作局面；反之，条件再好，班子不团结，工作就一团糟。在发展社会主义市场经济和推进两个文明建设的新形势下，只有团结一致，才能众志成城，实现我们的宏伟目标。

目前，各级领导班子总体上讲是团结的，是有战斗力的。党政领导之间、正副职之间、班子成员之间大多讲党性，顾大局，互相尊重，互相支持，互相谅解，同舟共济，谋大事求发展，从而带动和增强了广大党员干部的团结。但是，不团结的现象依然存在，大体有三种类型：一是貌合神离型。有的单位表面一团和气，实际互不信任，互相戒备、猜疑，思想上互不交流，感情上恩恩怨怨，工作配合上消极被动，甚至推诿扯皮。二是暗中拆台型。有少数人视同志为对手，当面一套，背后一套，不琢磨事，专琢磨人，私下里张扬别人的缺点，甚至造谣、诋毁，工作上故意掣肘，设障碍，抓辫子。三是公开对抗型。个别单位矛盾公开化，置工作于不顾，相互争斗，当面攻击，直接对着干，你赞成的我否定，你反对的我支持，甚至划小圈子，拉帮结派，“堡垒里战斗不止”。凡此种种，虽然闹不团结的形式多样，但究其原因，背后都隐藏着一个共同的东西，这就是“私”字。有了“私”字就心胸狭窄、容不得人、容不得事、容不得不同意见；有了“私”字就争名夺利，斤斤计较个人得失。“私”字在不同时期有不同的表现，或借助不同的东西产生消极影响。改革开放初期，不团结的问题比较突出，借助的东西主要有三个方面：一是“文革”遗留下来的几派；二是新老交替形成的几代；三是区划调整造成的几块。这几种因素随着历史的发展，特别是通过整党整风和思想教育逐渐淡化了、解决了。现在，在扩大开放和发展社会主义市场经济的条件下，班子成员之间因素质差异、观念碰撞、意见分歧、利益纠葛产生的摩擦和不团结现象，借助的东西主要是名、权、位。斤斤计较电视上你露面多了，我露面少了；广播里你的声音多了，我的声音少了；用人上你说的算了，我说的不算了；工作上你表态多了，我表态少了，等等。争名夺利的结果必然伤感情、挫锐气，给我们的事业带来不可估量的损失，对党、对民、对己都百害无益。因此，每一个领导干部都应从大局出发，下决心除掉“私”字，努力做搞好团结的模范。

共产党人的团结必须是在邓小平理论旗帜指引下坚持党性原则的团结。党的十一届三中全会以来，我国社会主义现代化建设之所以能够取得举世瞩目的伟大成就，最根本的就是我们有邓小平理论的指导，坚持了党的基本路线，全党坚强团结，党和人民坚强团结。党的制度和党的纪律是全党团结统一的组织基础，邓小平理论是全党团结统一的思想基础，党在社会主义初级阶段的基本路线是全党团结统一的政治基础。各级领导干部一定要高举邓小平理论伟大旗帜，坚持党的基本路线，同党中央保持高度一致，维护全党全国工作大局。在党性原则的基础上加强团结，要注意做到“四要四不要”。

一要出以公心，不要自私自利。团结共事，就要出以公心，识大体，顾大局，这个大局就是四化大业。每个党员领导干部都要站在党和人民根本利益的立场上考虑问题、决定政策，而不是自私自利，把个人或小团体的利益作为衡量是非曲直的标准。反映在工作上，就是要坚持“三不一有”，即“不争论、不埋怨、不刮风，有什么问题解决什么问题”。争论，就会使人无所适从，贻误时机，影响改革、发展和稳定的大局；埋怨，就会破坏团结奋进的气氛，使干部欲干不能，欲罢不忍；刮风，就会出现政策摇摆，挫伤干部群众的积极性，干扰党的方针政策的贯彻执行。出以公心，坚持“三不一有”，要求班子成员之间思想上要同心，目标上要同向，行动上要同步，事业上要同干。要大公无私，不争名、不争利、不争权；尽职尽责，不拉偏套，不使横劲；要埋头苦干，不邀功争宠；坦坦荡荡，不勾心斗角，最大限度地减少和消除内耗，同心同德，携手奋进。

二要豁达大度，不要小肚鸡肠。邓小平同志把“眼界要非常宽阔，胸襟要非常宽阔”作为对党中央第三代领导集体的基本要求，这同样也适用于各级领导干部特别是一把手。一把手对一班人的团结负有特别重要的责任。新时期，我们的领导干部队伍在实现新老交替中，一大批年轻干部走上了主要领导岗位。现在一把手靠什么增强凝聚力？不能像战争年代那样靠功劳、靠资格，也不能靠背景、靠势力，而只能靠自己的思想水平和人格力量。作为班长，一定要心胸开阔，豁达大度，要有容人、容言、容事之量，大事讲原则，小事讲风格，求大同存小异。要听得进逆耳之言甚至非难之言，受得了委屈和“窝囊气”，咽得下酸甜苦辣。对班子成员要放手、放权、放心，不揽功，不诿过；对同志要坦诚相见，不嫉妒猜疑；处事要公道正派，不偏听偏信，不为阿谀奉承、挑拨离间所左右。搞好团结，副职也有重要作用，因而副职要摆正自己的位置，自觉维护班子的核心。邓小平同志说过：“任何一个领导集体都要有一个核心，没有核心的领导是靠不住的。”班子成员都要顾全大局，不因小是小非争高低、闹摩擦。

同志之间产生了矛盾，不要耿耿于怀，搞打击报复，而要宽宏大量，团结一致向前看，提倡互谅、互让，与人为善。

三要搞五湖四海，不要搞小圈子。能否坚持五湖四海，能否与其他同志团结共事，是一个领导干部党性强弱的重要表现。无数事实证明，凡是拉帮结派、搞小圈子的人，都是不讲党性、利欲熏心的人。这种人往往把追逐权力作为重要目标，把上下级关系变成人身依附关系，精心培植私人势力，以我划线，搞团团伙伙，亲亲疏疏，对下争取自己的拥护者，对上寻找自己的靠山。对这种人，毛泽东同志早就提出过严厉批评，他指出："这种人闹什么东西呢？闹名誉，闹地位，闹出风头。在他们掌管一部分事业的时候，就要闹独立性。为了这些，就要拉拢一些人，排挤一些人，在同志中吹吹拍拍，拉拉扯扯，把资产阶级政党的庸俗作风也搬进共产党里来了。"作为一个领导干部，如果各找各的后台，各拉各的势力，岂不破坏党的团结和统一？岂不贻误党的事业，污染社会风气？为此，我们必须在党内特别是在各级领导干部中，大力提倡搞五湖四海，最大限度地团结同志包括与自己意见不一致的人一道工作，坚决反对拉帮结派、搞小圈子；大力提倡光明正大、公道正派的作风，坚决反对离心离德、搞阴谋诡计，使各级领导班子真正团结起来，把广大干部群众的积极性充分调动起来，振兴我们的事业。

四要坚持民主集中制，不要搞个人说了算。民主集中制是我们党的根本组织制度和领导制度，是正确处理领导班子内部个人与集体关系的根本方法，是保证党的团结统一的根本途径。坚持民主集中制，要求当班长的应把自己摆在一班人之中，不能凌驾于领导集体之上。要有良好的民主作风，常规工作多通气，重大问题由集体讨论决定，集思广益，充分听取、善于集中大家的意见，不独断专行，不骄傲跋扈，不搞个人说了算。对班子成员要明责授权，以便调动大家的工作积极性、主动性和创造性，防止班子内出现气不顺、心不齐的现象。副职及班子其他成员也要本着对集体负责的原则，有事摆到桌面上，有意见会上发表，一旦集体作出决定，对外只能一个声音，齐心协力抓落实，绝不允许把班子内部的某些不同看法捅到外面去，不允许阳奉阴违、各行其是。每个成员对各自分管的工作，都要大胆负责地处理，不能分工不负责任，大小事情都拿到党委会上去讨论，更不能分工如分家，摆脱集体领导，闹独立性。不论分管什么工作，都应互相配合，互相支持，自觉维护班子的权威和班子的团结。

加强党风廉政建设，做廉洁自律模范*

（1998年2月8日）

反腐败斗争是关系到党对人民群众的根本态度、民心向背的严肃政治问题。越是改革开放，越是发展社会主义市场经济，就越要加强党风廉政建设和反腐败工作。

深入开展反腐败斗争，加强党风廉政建设，必须进一步解决思想认识问题。省委要求各级党委政府和领导干部认真落实好江泽民同志在中国共产党第十五届中央纪委第二次全体会议上的重要讲话精神，坚持用邓小平理论和党的十五大精神统一思想认识，进一步增强反腐败的紧迫感和历史责任感。

一要有坚定的政治立场和坚决的斗争精神。我们的领导干部应当清醒地认识到，我们党是任何敌人都打不倒、摧不垮的，堡垒最容易从内部攻破。苏联、东欧共产党之所以像多米诺骨牌一样，在一夜之间都垮掉了，根本原因在于严重脱离群众，失去了群众基础。我们共产党人一定要从苏联、东欧剧变中吸取教训，

---

* 这是李长春同志在河南省纪委六届五次全会上讲话的一部分。

深刻认识建设好我们党的极端重要性，增强紧迫感和责任感。对我们党来说，敌对势力的颠覆和渗透并不可怕，最危险的是腐败现象得不到有效惩治。经济抓不上去，人民生活得不到改善和提高，我们没有前途；经济搞上去，如果腐败现象泛滥，贪污受贿横行，严重脱离群众，丧失民心，也会垮掉。特别是要看到我们当前建设有中国特色社会主义是在对外开放的条件下进行的。几十年社会主义建设正反两方面的经验教训告诉我们，不搞改革开放，关起门来实现不了社会主义现代化，因为经济优势、科学技术优势都在西方发达国家。在对外开放的形势下，西方资本主义腐朽的东西每时每刻都在侵蚀我们的党员干部，西方国家对我们西化、分化的图谋每时每刻都没有停止。国内的少数敌对分子也攻击我们一党专政，没有制约，没有监督，必然导致腐败。我们要理直气壮地讲，我们不是一党专政，我们有八个民主党派，实行的是共产党领导的多党合作和政治协商制度，我们有一套完善的监督机制来保证我们的肌体健康。我们也要从建立社会主义市场经济体制这个前无古人的开创性事业出发，来加强反腐败斗争。当前我们正处在一场伟大的社会变革中，特别是在新旧两种体制转换过程中，必然有很多漏洞，体制机制不完善，容易滋生腐败。即使我们建立了完善的社会主义市场经济，我们也要看到市场本身的负面效应，也容易诱惑人们不择手段捞钱，也容易使意志薄弱的人中糖衣炮弹，产生拜金主义、极端个人主义和腐朽的生活方式。反腐败斗争是关系到党对人民群众的根本态度、民心向背的严肃政治问题。越是改革开放，越是发展社会主义市场经济，就越要加强党风廉政建设和反腐败工作。各级党委政府和领导干部在这个重大原则和重大政治问题上，必须始终与党中央在思想上行动上保持高度一致，保持高度的政治警惕性，做到立场坚定，旗帜鲜明，态度坚决，工作锲而不舍。

二要有长期作战的思想准备。近几年党和政府下了很大力气开展反腐败斗争，在一些地方和部门为什么效果不明显，群众还不满意呢？有客观的、历史的原因，也有主观的、现实的原因。我国有几千年的封建历史，封建残余影响至今在党内和社会生活中仍然存在。实行对外开放，西方资本主义的腐朽思想及生活方式会乘隙而入，侵蚀党的肌体。计划经济体制向社会主义市场经济体制转变的过程中，还存在一些漏洞和薄弱环节，给腐败分子以可乘之机。有些地方和干部好人主义盛行，怕得罪人、怕丢选票，治党不严，放松对党员干部的严格要求、严格管理、严格监督。少数党员干部放松思想改造，在两种体制转换过程中，价值观发生扭曲，背离了过去曾经坚持的党性原则，如出现了“59岁现象”，临退之前捞一把等。这就造成群众对反腐败工作仍不满意。各级党委政府和领导干部应当深刻认识到，反腐败是一项长期的战略任务，腐败与反腐败的斗争将会贯穿改革开放和发展社会主义市场经济的全过程，必须坚持“一要坚决、二要持久”的方针，把坚定的政治立场、坚决的斗争精神同长期作战的思想统一起来，发扬愚公移山的精神，锲而不舍，斗争不止。切不可因为腐败问题将长期存在而产生畏难、松劲情绪，松懈斗志，放松当前的工作。也不可因为反腐败刻不容缓而产生一蹴而就的思想情绪，期望像秋风扫落叶一样把腐败问题全部解决。

三要树立必胜的信念。反腐败斗争的道路是曲折的，前景是光明的。这是我们共产党人对反腐败斗争规律的基本认识和把握。我们的党和政府都是全心全意为人民服务的，同腐败是根本对立的，我们党和政府是最坚决、最彻底、最鲜明反对腐败的。在从计划经济体制向社会主义市场经济体制转变过程中，新情况、新问题层出不穷，各种矛盾错综复杂，我们党对反腐败始终保持清醒的头脑，坚持不懈地开展反腐败斗争，再次表明了以江泽民同志为核心的党中央反对腐败的坚定决心和信心。改革开放和社会主义现代化建设取得的巨大历史性成就表明，我们的党员干部队伍的主流是好的，绝大多数是廉洁奉公的，是坚决同腐败现象和不正之风作斗争的，腐败分子只是极少数，这是我们观察、处理问题应当坚持的基本立场，决不能含糊。特别是我们应当看到，人民群众是坚决拥护、支持反腐败的，不反腐败，人民群众不答应，广大党员干部也不答应。这是我们党反腐败的力量源泉。近几年各级党委政府在反腐败方面做了大量工作，通过做工作，确实有成效，做与不做就是不一样。比如，人民群众反映强烈的车子、机子、房子等热点问题，以及公路“三乱”、公款出国（境）旅游等不正之风，应该说得到了比较好的治理和解决。实践说明，腐败是顽症，但不是不治之症，反腐败不抓真难，真抓就不难，真抓就能够见到成效，就能够增强党员和群众的信心。对我们河南来讲，党风廉政建设和反腐败斗争，广大干部群众能不能建立起信心，关键在我们今天到会的这些同志，关键在我们的信心。我们认真抓，这个事情就不难了。所以，省委常委决定把各市地和省直各部门的主要负责同志请来参加这次会议，大家一起进一步统一思想，进一步加大工作力度，进一步下决心，来解决好这个问题。我们坚信有党中央的坚定决心，有各级党委政府的高度重视，有广大人民群众的积极参与和广泛支持的社会基础，一定能够把腐败遏制到最低限度，保障改革开放和现代化建设的顺利进行。认识不到本质，把握不住主流，看不到成绩，就会丧失信心，这是错误的。看不到问题的严重性，就会丧失政治警惕，这是极其危险的。

领导干部是党和国家各项工作的领导者，是社会主义事业的带头人。新形势下，各级领导干部肩负着带领广大党员干部和人民群众进行改革开放和现代化建设，把建设有中国特色社会主义事业全面推向二十一世纪的重大历史责任，也肩负着从严治党、加强党风廉政建设和开展反腐败斗争、全面推进党的建设新的伟大工程的重大历史责任。各级领导干部必须首先过好廉洁关，做到廉洁自律。这是我们的党政领导干部必须具备的品格，是党和人民最起码的要求，也是领导干部立身、立业之基。古人说，“政者，正也”，“其身正，不令而行；其身不正，虽令不从”。老百姓历来把各种官吏分为清官和贪官两大类，拥戴前者，反对后者，这是千百年来人民群众的社会理想和政治追求。我们党是全心全意为人民服务的，艰苦奋斗、清正廉洁是共产党人的政治本色。群众对领导干部是要听其言、察其行的。如果自己不廉洁，就不可能把群众团结在自己的周围，取得群众的信任和支持，还怎么能担当起领导改革开放和社会主义现代化建设的重任呢？如果你说的是一套，做的是另一套，还怎么能领导党风廉政建设和反腐败斗争呢？领导干部严于律己，清正廉洁，率先垂范，才会有影响力和号召力，才能取得党和人民事业的领导权，才能把各项工作搞好。近年来，我们把领导干部廉洁自律作为反腐败斗争的重要任务，采取有力措施，提高领导干部廉政勤政意识，目的就是在教育、保护、挽救干部。各级领导干部要担负起历史的重任，必须有无私奉献的精神。历史对我们这一代人要求不是像老一代那样抛头颅、洒热血，而是要做到群众先富你后富，对群众要有无私奉献精神。历史前进总是要求社会一部分骨干力量作出牺牲，作出贡献。我们的绝大多数领导干部是廉洁奉公的，但是我们也发现极个别领导干部在新的形势下做不到这一点，近两年我们查处的几个正厅级干部就是典型，结果弄得身败名裂，不仅毁掉了自己，而且给党和政府脸上抹了黑，玷污了领导干部的形象。在改革开放和发展社会主义市场经济的新形势下，能否保持廉洁，是对领导干部的严峻考验。特别是在基层有的地方，腐蚀与反腐蚀的斗争还是比较激烈的。必须时时刻刻严格要求自己，自重、自省、自警、自励，要求别人做的，自己首先做到，禁止别人做的，自己坚决不做，以自己的言行为广大党员干部和群众树立起艰苦奋斗、清正廉洁、勤政为民的形象，始终保持共产党人的政治本色。

领导干部做到廉洁自律，最重要的是要把世界观、人生观问题解决好。毛泽东同志说过："世界观的转变是一个根本的转变。"近两年几个正厅级干部出了问题，跌入违法违纪的深渊，根本原因是他们放松了党性锻炼和世界观改造。活生生的现实告诉我们，党员领导干部不论职务高低、党龄长短，如果放松世界观的改造，背离为人民服务的宗旨，把党和人民赋予的权力作为谋取私利的手段，就会身败名裂。在改革开放和发展社会主义市场经济的新形势下，党的工作环境变得越来越复杂。一些不法分子为了攫取非法利益，千方百计地拉拢腐蚀党员领导干部。越是领导干部，越是手中掌握着人财物等实权，就越要提高警惕，就越要加强自身修养，解决在思想、道德、作风方面的提高和率先垂范的问题，树立正确的世界观、人生观、价值观。

领导干部做到廉洁自律，要自觉接受组织和群众的监督，这是避免腐败的关键。领导干部工作生活在社会之中，自己的表现群众清楚，身边的同事也清楚。把自己置于组织和群众的监督之下，通过组织的提醒、批评，到群众中听取意见，对管住自己、保持廉洁大有益处。我们有些领导干部作风不民主，自恃特殊，不愿受到监督，听不进不同的意见。这样下去是很危险的。因此，各级领导干部一定要正确对待组织的批评和监督，真诚和主动地接受监督，珍惜组织给的自律的机会。忠言逆耳利于行，良药苦口利于病。领导干部要胸襟坦荡，广纳百言，有则改之，无则加勉。在党内不论职务高低，资历深浅，都要自觉接受监督，决不允许党内存在超越组织和纪律之上、不接受监督的特殊党员。

领导干部做到廉洁自律，还必须管好配偶、子女、身边工作人员。从反腐败斗争揭露出来的事实看，一些领导干部走上违法违纪道路，与配偶、子女和身边工作人员有着很大的关系。社会上一些不法分子为了达到腐蚀领导干部的目的，总是先拉拢腐蚀领导干部的配偶、子女和身边工作人员，从最薄弱的环节打开缺口，突破防线。有的领导干部的配偶在爱人地位变化后，依仗自己的特殊身份，大肆为自家及亲朋好友捞好处、谋利益，对他人送上的钱物，无不一一笑纳，由贤内助变成了“钱内助”“贪内助”，结果不仅害了自己，也害了家人。大量的事实说明，领导干部能否管好自己的家属，决不仅仅是家庭小事，而是关系到领导干部能否保持政治上的坚定性、思想道德上的纯洁性、从政行为的廉洁性的原则问题。中央对领导干部管好配偶、子女和身边工作人员提出约法三章：一要经常对他们进行思想道德教育，提出严格的要求，防止他们利用自己的职权和影响做违纪违法的事情；二要防微杜渐，发现他们问题的苗头，就应及时加以制止和纠正；三要不徇私情，对他们的违法违纪行为要及时向组织报告，绝不袒护。各级领导干部要认真遵照实行。

认清新形势下加强党的建设的必要性*

（1998年2月11日）

一切政党、所有社会制度，在发展生产力面前，都要经受检验。在以经济建设为中心、建立社会主义市场经济体制、实行对外开放和大力发展社会主义民主、加强法制建设的情况下，始终坚持党要管党、从严治党，使党的领导不断得到改善和加强，这是新时期对党的建设特别是组织建设提出的新要求。

随着改革开放和现代化建设步伐的加快，党的建设也遇到了一些新情况新问题，主要表现在以下几个方面。一是在坚持以经济建设为中心的前提下加强党的建设的问题。党的“一个中心、两个基本点”的基本路线，是总结我国几十年来社会主义建设正反两个方面经验教训得出的结论，是纵观国际上社会主义国家正反两个方面经验教训作出的正确决策，也是邓小平理论的重要组成部分。什么是社会主义呢？邓小平同志明确指出，社会主义

* 这是李长春同志在河南省组织工作会议上讲话的一部分。

就是解放生产力，发展生产力，消灭剥削，消除两极分化，最终达到共同富裕。党的基本路线体现了社会主义的根本任务，就是发展生产力，实现共同富裕。党的工作者在任何时候都要牢记这一点。在新时期加强党的建设，防止和克服党不管党的现象，必须坚持以经济建设为中心，不能就党建论党建。加强党的自身建设是为了更好地建设有中国特色的社会主义，这个目标和最终实现共产主义远大理想是完全一致的。一切政党、所有社会制度，在发展生产力面前，都要经受检验。在以经济建设为中心、建立社会主义市场经济体制、实行对外开放和大力发展社会主义民主、加强法制建设的情况下，始终坚持党要管党、从严治党，使党的领导不断得到改善和加强，这是新时期对党的建设特别是组织建设提出的新要求。事实上，改革开放近二十年来，我们的经济建设有了长足发展，党的建设也取得了很大成绩，但也确实在少数地方和少数领导干部中存在党不管党、治党不严的现象。

二是在对外开放的形势下搞好党的建设的问题。我们必须承认一个现实，那就是世界经济和科学技术的优势不在我们这边，而在发达资本主义国家。这是历史造成的，不是社会主义制度本身的原因。在这种情况下，为了加快社会主义现代化建设，中央把对外开放确定为我们的基本国策之一。在对外开放过程中，有两种情况值得我们高度重视。一是先进的科学技术、管理经验和外资引进来了，“苍蝇”“蚊子”也进来了，这些消极腐朽的东西必然会侵蚀我们党的肌体。邓小平同志在对外开放之初就认识到了这个问题，告诫全党要坚持“两手抓、两手都要硬”。二是实行对外开放使国外敌对势力对我们进行西化、分化有了可乘之机，他们通过各种渠道加紧渗透。这就要求我们既要利用对外开放加快社会主义现代化建设，又要坚定理想信念，不被敌对势力的西化、分化图谋所左右。因此，对外开放的形势对我们党员干部是一个考验，也给党的建设带来了复杂性。

三是在社会主义市场经济的形势下加强党的建设的问题。发展社会主义市场经济是我们党在建设社会主义过程中，经过多年探索找到的有效途径。只有通过建立这样一个经济体制，才能建设有中国特色的社会主义。发展市场经济必然由低级到高级、由不完善到完善。当前处在两种体制转换的关键时期，必然会存在很多漏洞和不完善的地方，意志薄弱的人就会被拜金主义、极端个人主义和腐朽生活方式所俘虏。即便是将来市场经济比较完善了，由于市场本身的负面效应，如果不重视教育，一些党员干部的世界观价值观也会发生扭曲，特别是领导干部如果不能自觉抵制市场本身的负面效应，对党的危害极大。在社会主义市场经济的条件下，开创以公有制为主体、多种所有制经济共同发展的新格局，鼓励发展多种所有制经济成分是必要的。但怎样在这样一个经济基础下确保和加强党的领导，是我们必须面对的一个问题。我们必须始终保持清醒头脑，既要发展以公有制为主体、多种所有制经济共同发展的格局，又要坚持党的领导不动摇。

四是在大力发展社会主义民主和加强法制建设的情况下，怎样不断加强党的领导的问题。建设法制国家，是党的十五大提出的一项奋斗目标。如何在适应发展社会主义民主和法制的前提下，不断加强和改善党的领导，就是我们面临的问题。我们当前的换届选举，就遇到了这样的问题。《选举法》明确规定达到法定人数可以联名提出一个候选人，在基层还要逐步实现直接选举，这是发展社会主义民主的一个重要措施，要正确认识，但这里也有一个加强党的领导的问题。这次省里的换届选举工作就既体现了加强党的领导，又发扬了民主，坚持了依法办事。如果在国家机关领导人选问题上，党的组织处于无所作为的状况，还能谈得上加强党的领导吗？党的组织向国家机关推荐领导人，是党章作出的规定，也是党管干部原则通过民主程序和法律程序实现的一种重要形式。如果党管干部原则丢掉了，那么走社会主义道路、坚持社会主义制度等就都谈不上了。因此，我们要学会把党的主张通过法律程序转变为国家意志，更加自觉地走群众路线，从群众中来到群众中去，把加强党的领导同充分发扬民主、坚持依法办事紧密结合起来。这是新形势下对如何改善和加强党的领导提出的严峻课题。作为党务工作者必须明确，党的领导是我们各项事业的根本保证，不管怎么改革、形势怎么发展，党的领导只能加强，不能削弱。同时，越是发扬社会主义民主，越是需要强有力的政治组织来凝聚全体人民，代表全体人民的意志。加强党的领导，同发扬民主、建设法治国家是一致的，加强党的领导是改革开放和经济建设健康发展的政治保证和组织保证。坚持四项基本原则，核心就是坚持党的领导。在改革开放和社会主义现代化建设实践中要不断改善党的领导，但这种改善必须有利于加强党的领导。认识提高了，就会进一步增强党要管党、从严治党的自觉性和责任感。

结语篇

情系中原　服务人民

河南是中华民族的摇篮*

（1992年7月28日）

这次来香港，同香港各界人士都有些接触，发现大家同河南深化合作交流的愿望很强烈，但对河南还不太了解。河南的发展优势、投资环境、合作意向等资料，已发给大家，在此不再重复。借此机会，我向大家介绍一下稿子之外的情况，便于香港的工商界人士增进对河南的了解。

在一定意义上说，五千年前，中华就是河南。当时，中华文明的位置基本上是以河南为中心，包括山西南部和陕西东部等，即谓之中原、中州。这里是中华民族的摇篮，是中华文明的发祥地，人文荟萃，人才辈出，人民勤劳智慧，创造了灿烂的古代文明。这里有九朝古都洛阳，八朝古都开封，郑州、安阳也曾是商代不同时期的都城。以姓氏为例，可以窥见河南对中华文明的贡献。史前文明是以传说的形式流传下来的。据传，“人祖”伏羲氏发明了姓氏，而现在我国70%的姓氏起源于河南。如在座的有姓陈的，不知您是否知道，陈姓就起源于河南淮阳县，西周初年舜后妫满被分封到此地，建立陈国，就有了陈姓。这位先生姓

---

* 这是李长春同志在香港会见香港工商界代表时即兴谈话的一部分。

郑，而郑姓也是以国名为姓，起源于河南，西周时，周宣王分封其弟友于郑，后建都河南荥阳，所以郑姓都是郑桓公的后代。再如林姓，起源于河南卫辉，是商纣王的叔叔比干的后代。五千年的中华文明史，河南是重要的源头。

河南在历史长河中，对中华民族伟大精神的形成和发展，也作出了重要贡献。之前我在其他地方工作过，根据对比了解，我认为，河南文化传统中的以下三点，就是中华民族精神的集中体现。

一是爱国。河南曾涌现出很多伟大的爱国英雄，如古代替父从军的花木兰是商丘虞城人，宋代的民族英雄岳飞是安阳汤阴人，现代爱国将领吉鸿昌是周口扶沟人，抗联英雄杨靖宇是驻马店确

1995 年 9 月 2 日，李长春出席河南省会各界在郑州烈士陵园举行的纪念中国人民抗日战争暨世界反法西斯战争胜利 50 周年祭扫活动时，向革命烈士纪念碑和杨靖宇、彭雪枫、吉鸿昌三位烈士纪念亭敬献花圈。

山人等。在他们身上，体现着强烈的保家卫国的爱国情怀。在河南人的观念中，养儿当兵、种地交粮是理所当然的，也是根深蒂固的。河南人喜欢把养大成人的儿子送去当兵，因而在河南征兵很容易，同时对伤残军人的抚恤问题也很好处理，他们认为送儿当兵就要有流血牺牲的准备。河南人交公粮也充分体现了爱国传统，总是把最好的粮食交给国家。在有的地方，农民交公粮是打下来的粮食就直接上交，粮食的湿度达 18%，而粮库保存的湿度要求是 14%以下。为了降低湿度，国家要投资给粮库购置烘干机，增加了成本。而河南农民在交粮时，总是晒干扬净，达到储存标准之后才上交。特别是交夏粮时，恰逢雨季，经常阴雨连绵，他们总是千方百计晒干后上交，看到此景非常感人。此外，河南人还通过各种方式，表达对爱国英雄的敬仰，如在开封，有两个湖，一个湖的水总是清澈的，而另一个湖的水总是混浊的，人们就把清水湖称为“杨湖”，把浊水湖称为“潘湖”，以表达对北宋爱国将领杨继业等人的敬仰和对奸臣潘仁美的贬斥。历史考证，两湖也确是杨府和潘府遗址。

二是重视教育。河南人都很重视对孩子的教育，无论多穷也要千方百计送孩子上学读书。河南在农民人均收入只有 300 多元时，农村中最好的房子就是学校。当时很多省，农民人均收入远高于河南，但集资办教育的热情仍然不高，等政府出钱来建，当时各级财政也捉襟见肘，农村学校危旧房问题长期解决不了。八九十年代，河南地方政府办教育拿不出钱来，农民就自愿捐钱来建，没有任何怨言。80 年代，河南周口、商丘等地区，还有一些贫困的农民外出要饭供孩子上学，让人很感动，对他们这种重视教育的精神深感敬佩。今年，国家教委在河南召开了全国集资办学现场会，推广河南集资办学的经验。由于历史的原因，河南人口多而大学少，高考竞争更加激烈，所以学生读书很刻苦。这种刻苦精神，也使得他们产生了一些积极的成果。如王码汉字输入法的发明人王永民，就是河南南阳人。著名作家姚雪垠是河南邓州人，他创作了长篇历史小说《李自成》。著名作家李凖是河南洛阳人，他初中只读完一年级，后靠顽强自学，创作了《李双双》《黄河东流去》等名篇。此外，河南还有以著有《康熙大帝》《雍正皇帝》《乾隆皇帝》三大巨著的二月河等为代表的南阳作家群，以其阵容整齐、人数众多、作品独特，成为中国当代文坛上一道靓丽的风景线。

三是吃苦耐劳。河南人口多资源少，自然灾害频仍，历史上战乱不断，铸就了河南人吃苦耐劳的精神品质。林县的红旗渠，就是河南人吃苦耐劳精神的典型体现。林县人民从太行山上硬是拦腰修建运河，把漳河水从山西引了过来。当时生活困难，每人每天只有六两粮食，其他的就靠吃野菜充饥。上级政府只给他们爆破用的炸药钱，他们完全靠自力更生，克服难以想象的困难，住在山洞里，悬空打炮眼，爆破后再用绳子把松动的岩石荡下来。就这样坚持干了十多年，终于将水渠修成，解决了生存问题。通过修建红旗渠还造就了一大批能工巧匠。在此基础上，他们又走出太行，组织建筑公司到各地搞基建工程。他们以能吃苦、工期短、质量优享誉建筑业。北京很多著名的建筑工程都有他们的足迹。走出太行山使他们了解了市场，他们又在此基础上大办乡镇企业，创造了战太行、出太行、富太行的致富三部曲，在全国影响很大。河南还有一批带领群众勤劳致富的基层干部，如县委书记的优秀楷模焦裕禄、乡镇书记的优秀楷模吴金印、村级干部的优秀楷模史来贺等，就是其中的杰出代表，他们带领群众艰苦奋斗、摆脱贫困走上共同致富之路。在世界各国对中国人的评价中，认为中华民族是一个勤劳的民族，成为中国人的名片，在吃苦耐劳这一点上，河南人堪称代表。

当然，在河南人身上，还有封闭保守意识较强，适应商品经济发展要求的风险意识、创新意识、信誉意识淡薄等缺点，使人们对河南人的印象打一定折扣。但是要看到，这些缺点是中国传统小农经济条件下的必然产物，是中国传统社会普遍存在的弱点。同时，我也坚信，随着河南改革开放的不断扩大，经济发展水平的不断提高，这些不足必将会被扔进历史的垃圾堆，河南传统中优秀的品质必将会更加发扬光大。所以，今天我在这里友好地呼吁，对待河南人的态度就是对待我们祖先的态度问题，因为我不是河南人，所以讲这个话更客观一些。（众笑并热烈鼓掌）

最后，百闻不如一见，欢迎大家到河南去走一走、看一看，更欢迎大家到河南去投资兴业、经商办厂。

领略华夏文明风采，请到河南来 *

（1993 年 1 月 2 日）

河南，有着光辉灿烂的古代文化。黄河，作为中华民族的摇篮，以她博大的胸怀，孕育了华夏民族五千多年的文明。早在遥远的原始社会时期，我们的祖先就在中原这块古老的土地上生息、繁衍，先民的足迹早已星罗棋布于中州大地。中华文明始祖轩辕黄帝，被称为“人祖”的太昊伏羲氏以及尧帝、舜帝、女娲等，都在这块土地上留下了创造历史的传说和痕迹。

中国历史上最早的夏朝和商朝分别定都于如今的登封、禹州、郑州、安阳等地，并为今人留下了大量灿烂的古代文化遗产。安阳出土的“司母戊鼎”是我国迄今发现的最大最重的青铜器，在世界青铜冶铸史上也是独一无二的杰作。在殷墟发现的甲骨文，是世界上最早的文字，广泛记载了商代社会生活的各个方面，因而也是世界上最早的历史文献，在世界文明史上独放异彩。

在漫长的历史长河中，中原大地人杰地灵，英才辈出。从西汉至明朝，名列“正史”的有影响的人物，出于中州大地者总数将近 1000 人，人数之多，在全国各省中罕见。庄子、韩非、商

---

* 这是李长春同志发表在《河南日报》上的文章。

1997年7月10日，李长春为位于河南省淮阳县的伏羲氏陵庙太昊陵题词：人文始祖。

鞅、李斯、贾谊、玄奘、张衡、张仲景、杜甫、白居易、李贺、李商隐、刘禹锡、范仲淹、苏东坡、程颐、程颢、韩愈、吴道子等等，这些众多著名的历史人物，或生于河南，故里犹在，或长眠中原，祠墓尚存。中原大地上，历代名人故里墓葬随处可见，或庙宇轩昂，或碑刻林立，或松柏森森，或古冢可寻，成为河南丰富的人文景观的一个组成部分。

河南，被历史学家称为“中国历史自然博物馆”。地下文物居全国第一，地上文物居全国第二，馆藏文物达130万件，约占全国的八分之一。现存地上的古建筑，品类齐全，蔚为大观，自东汉至清历代都有，保存着一部完整的中国建筑发展史。河南拥有不少“中国之最”，如最早的“龙”图腾，被称为“华夏第一龙”的蚌塑龙，距今有五千多年的历史；最早的人工冶铁实物，出土于三门峡虢国贵族墓葬的“天下第一剑”；中国历史上最早的关隘，乃灵宝县的函谷关；最早的国家监狱，乃汤阴县羑里城，是商末殷纣王囚禁周文王的地方；最早的石拱桥，乃比河北的赵州桥还要古老的漯河小商桥；最早的禅宗寺，乃嵩山山脉少室山的少林寺；最早的砖塔，乃中岳山的嵩岳寺塔；最早的琉璃塔，乃开封铁塔；最古老的天文台，乃登封县的周公测景台；最大的古塔群，乃少林寺塔林等。这些众多的中华瑰宝，独领华夏风骚，就像一颗颗璀璨的明珠，点缀在中州大地，闪耀着熠熠光辉。

在五千多年华夏文明史中，河南有着相当长一段灿烂的历史，留下了史诗般辉煌的篇章，先后有二十多个朝代迁都或建都于此。中国七大古都，河南省占其三，即殷商古都安阳、九朝古都洛阳和八朝古都开封。商丘和南阳也是国家级的历史文化名城。洛阳的龙门石窟、白马寺、关林等早已举世闻名，洛阳牡丹的美名更是自唐代起便传遍天下。被古人誉为“汴京富丽天下无”的古都开封，除铁塔、龙亭、相国寺、繁塔、禹王台等名胜古迹外，近年来投资建成的仿宋建筑宋都御街再现了东京当年“梁园歌舞足风流，夜深灯火上樊楼”的繁华景象，更是吸引了大批中外游客。安阳名胜古迹除了驰名中外的殷墟外，汤阴县还是举世闻名的周易的诞生地。周易被古今学者誉为“神秘的殿堂”，深入研究周易早已成为当代国际热潮。因此，这里对大批海内外易学界人士和易学爱好者产生了越来越大的吸引力。

黄河，华夏民族的母亲河，就像一条金色的巨龙，从古至今奔腾不息，用她的甘甜乳汁哺育了中华民族。大河东去，一泻千里，自西向东横贯河南，依次连接着三门峡、洛阳、郑州、开封4座文化古城。沿着这条黄河线路旅游，会给你展示出一幅幅斑斓多彩的画面。她将悠久的历史、灿烂的文化、淳朴的民俗风情与壮美的自然风光有机地融为一体，奏出动人心魄的美妙乐章。游黄河不仅可以看到两岸众多的名胜古迹，同时也能尽情领略黄河的诸多变化与胜景：三门峡的黄河变幻多姿，洛阳的黄河汹涌澎湃，郑州的黄河雄奇秀丽，开封的黄河壮阔惊险。目前，这条被称为“中华民族之魂”的“黄河之旅”线路，已被国家旅游局列为 14 条中国专项旅游线之一。

河南是台湾百分之七十的客家人、48 个姓氏的祖居地。闽南客家人通称“河洛郎”，“河洛”即指中原的洛阳、偃师、巩义市一带。据史学界考证，百家姓中共有 80 多姓的祖根在河南。

河南除了丰富的人文景观外，还有大量的自然景观。国家公布的第一批重点风景名胜区，河南占了 3 个，即洛阳龙门、嵩山、信阳鸡公山。洛阳龙门，两山相峙，伊水中流，山青林郁，温泉增辉，“龙门山色”荣居洛阳八大景之冠。鸡公山被称为清凉世界，云中公园，同时又是集多国建筑之粹的建筑博物馆；中岳嵩山，七十二峰，峰峰有名，是保存最完整的地质资料博物馆，又是国家级的森林公园。来到这里，你不仅能看到千古名刹少林寺，五岳之中规模最大的道教建筑中岳庙，宋代四大书院之一的嵩阳书院，还可观赏到名震中外的少林寺武术真功。

旅游是文化性很强的经济事业。旅游，需要文化来作依托，没有文化的旅游是没有生命的，而河南的旅游资源优势恰恰是在具有丰富的古老的历史文化方面。可以说，河南是整个中国历史的缩影，是一座浩瀚的中国古文化博物馆，浓缩着中国上下五千年的文明史，荟萃着中华民族的灿烂文化，闪烁着炎黄子孙的勤劳智慧之光。

不负党和人民的重托*

（1997 年 9 月 2 日、20 日、23 日）

一、给李文、陈勇[1]同志的信

李文、陈勇同志，二老好：

你们先后两次来信均已收到，只是公务繁忙，没能及时回信。

对你们在来信中所表达的热情的鼓励深表谢意。实际上，很多事情还没办好，不像你们说的那么好，还需努力。特别是要把你们和你们在信中表达的辽宁、河南两省群众的鼓舞作为自己继续找差距、为人民办实事的动力。作为一名党的领导干部，没有比人民的信任更值得快慰的了。

一晃儿，来河南已上 8 个年头了（第 8 个夏天刚刚过去，1990 年 6 月份来河南），确实是披荆斩棘，苦辣酸甜。能够把大家凝聚起来，思想观念调整过来，干成点事，真不容易。现在我高兴地看到，当初我和省委一班人提出的思路，确定的目标一个一个得以实现，确有一种喜获丰收的快慰。这些年，我们实现了“一高一低”的奋斗目标（即经济增长略高于全国平均水平，人

---

* 这是李长春同志给几位老同志的回信。

口增长低于全国平均水平），基本完成了十大基础工程（空港工程——新机场；公路工程——郑汴洛高速公路；电力工程——400万千瓦发电机组，解决拉闸限电问题；通讯工程——市县程控交换网，实现县县国际直拨；商贸设施建设——国际博览中心；文博工程——国家级博物馆；郑州火车站改造工程；十大文物景点开发工程；郑州商贸城建设工程，等等），城乡人民生活水平提高了（人均国内生产总值由1990年第28位上升到1996年第20位，农民人均纯收入由1990年第26位上升到1996年第20位，城乡居民人均储蓄额由1990年第24位上升到1996年第18位）。

但是我们也清醒地看到，问题和困难还是很多的：人口多（9172万人，全国第一位）、基础差、灾害频将长期制约河南的发展，比全国多数省份压力都大；在发展社会主义市场经济中，怎么样用社会主义制度的政治优势抑制市场本身带来的负面影响，如黄赌毒问题、党内腐败问题等等，两手抓的任务十分艰巨；怎么样把公有制经济和市场经济很好地接轨，特别是国有企业怎么样进入市场，尚需努力探索；发展社会主义市场经济的形势下，怎么样加强党的建设，继承和发扬党的优良传统作风，带出过硬的干部队伍也十分艰巨等。总之，我们面临的任务是严峻的，不能有丝毫的松动。

不论在辽宁，还是在河南，你们二老都给了我很大的关怀和支持，还给我寄药，关心我的身体。所有这些，我都铭记在心。我感到这不仅是你们二老对我个人的感情，而是老一代热切期望新一代能把老同志开创的事业继承下来，发展下去的大问题，特别是密切联系群众的作风，能够传给中青年同志的大问题。一句话，就是国家长治久安，党的事业后继有人、兴旺发达。请二老放心，我将努力学习、努力实践，时刻不忘手中的权力是人民给的，只能用它为人民办事，而不是谋私利。

祝愿你们晚年幸福，欢迎你们方便的时候到河南看看。

忙草如上，不正之处，请批评。

李长春

1997年9月2日

二、给高铁〔2〕同志的信

高铁校长：

您好！会议〔3〕期间，本应前去探望，但会议日程很紧张，实难脱身，故委托河南驻京办事处负责同志靳克文主任代我前去拜访。

党的十五大开得圆满成功，江泽民总书记作了一个非常鼓舞人心的报告，又选出了一个好班子，代表们气氛热烈。在以江泽民同志为核心的党中央领导下，我们一定会克服前进中的困难、发展大好形势，胜利跨入二十一世纪。

这次会议上我被光荣地选为中央政治局委员，出乎我的预料。这不仅对我个人是高度的信任和肯定，也是对河南省委、各级党组织几年来工作的肯定，是全省共产党员和全省人民努力的结果。回忆起自己成长的道路，无时无刻不是在党中央和各级党组织的培养教育下，安排在各种岗位、多种形式锻炼成长的。应该特别指出的，在哈尔滨工业大学读书时母校的领导、老师精心

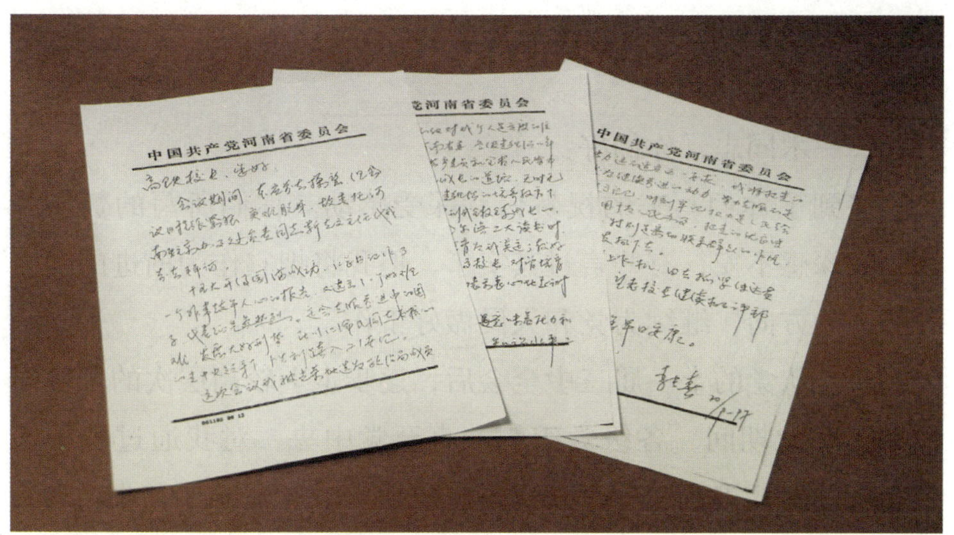
中国共产党河南省委员会

1997 年 9 月 20 日，李长春写给哈尔滨工业大学原副校长高铁的信。

的培育为我奠定了较好的基础，也借此机会通过高校长，对曾培育我成长的校领导、老师们表示衷心的感谢和致敬。

我深知党和人民的信任意味着压力和责任，而我自己的理论水平、知识水平、工作能力还远不适应这一要求。我将把党的信任变为继续前进的动力，努力克服不足，抓紧提高自己，时刻牢记权力是人民给的，只能用于为人民办事，把党的优良传统和作风，特别是密切联系群众的作风，继承下来，发扬下去。

下午我就上飞机，回去抓紧传达贯彻。忙草如上，望老校长继续批评帮助。

衷心地祝愿您早日安康。

谢谢！

李长春

1997 年 9 月 20 日

三、给润田、一木[4]同志的回信

润田、一木同志，你们好：

接到了你们写来的祝贺信，深受感动。你们所写的赞扬的话，我深感不安，有些言过其实了，但我将把它作为前进的动力和努力的方向，继续为党和人民做好工作。

我是从党的十一届三中全会后，逐步走上较高层次的领导岗位的。在此期间，各级党组织，直至党中央，对我通过各种岗位、各种形式进行培养、教育，也包括从工业大省到农业大省的交流。很多同事、师长都给我很大教益和帮助，也得到各级干部和全省人民的大力支持和帮助。我深深地感到，没有党的培养、同志们的帮助和人民的支持，就没有我的今天。没有党的十一届三中全会，没有邓小平同志确定的改革开放路线，也就没有知识分子的今天。多年来，你们通过不同的方式，都给了我很大的支持，在此表示衷心的感谢。

我也深知，中央对我的任用，不仅仅是对我个人的高度信任和肯定，更是对我们省委班子，对全省各级党组织，对全省人民在改革开放和现代化建设中取得成绩的肯定。我只是尽了一点应尽的责任，而且很多事情还没有办好，个人也还有很多缺点与不足，特别是我国是个大国，中国共产党是个大党，人才济济，相较之下，更感到“其实难副”了。所以，在得到你们祝贺的同时，更应看到责任和压力，要努力提高自己，适应党和人民所给予的信任。

我是普通老百姓家庭成长起来的，深知广大群众的愿望和要求，深知在一些地方一些单位不正之风的干扰下，基层群众办事之难。现在党和人民加在自己身上的担子更重了，更要时刻牢记手中的权力是人民给的，只能为人民办事，为人民谋利益，时刻保持和人民群众的血肉联系，一心为民，不谋私利。也请你们监督。

以江泽民同志为核心的新的党中央是完全可以信赖的领导集体。党的十五大向世人发布了中国共产党的政治宣言书和跨世纪行动纲领。尽管我们现实生活中还有这样那样的困难和问题，但我坚信，只要高举邓小平理论伟大旗帜，团结在以江泽民同志为核心的党中央周围，有中国特色的社会主义事业一定会欣欣向荣。下个世纪，一个强大的社会主义中国会屹立在东方。

也望在知识界广泛宣传党的十五大精神，增强大家的信心，统一大家的思想。

再次感谢你们的来信。欢迎你们多多献计献策。祝身体健康。

李长春

1997 年 9 月 23 日

注　释

〔1〕李文（1917—2002 年），河南省鲁山县人，1938 年参加革命工作，曾任沈阳市砂轮厂厂长，沈阳市科委副主任，沈阳市建材局局长。1980 年调河北省科学院任副院长。陈勇（1920—2010 年），女，系李文的爱人，河北省新乐县人，1938 年参加革命工作，曾任沈阳高中压阀门厂厂长，辽宁省真空技术研究所党委书记，辽宁省通用机械公司党委书记。1980 年调

河北省科学院任自动化研究所党支部书记。

〔2〕高铁（1915—1998 年），辽宁沈阳人。1935 年参加“一二·九”学生运动,1937 年 10 月加入中国共产党，曾任三五九旅七一九团政治处主任、湘鄂赣军区政治部宣传部长、沈阳工委秘书长兼宣传部部长、东北人民政府工业部地方工业处处长等职。新中国成立后，任哈尔滨工业大学副校长，1965 年任校长，“文革”中受到冲击。1973 年 4 月重返领导岗位，先后任哈工大党的领导小组组长兼革委会主任，北京大学党委副书记、常务副校长。1980 年 1 月任建筑材料工业部副部长。1982 年离休。

〔3〕会议，指 1997 年 9 月 12 日召开的中国共产党第十五次全国代表大会。

〔4〕润田，即李润田，1953 年 7 月分配到河南大学任教。1979 年 12 月任河南大学副校长，1982 年 2 月任校长。1988 年 1 月当选为河南省政协副主席，同年被任命为河南省人民政府教育咨询组成员。一木，即张一木，1968 年 10 月东北师范大学毕业，1985 年 6 月起在河南大学中文系任教。1998 年 5 月任中国民主同盟河南大学委员会秘书长。

河南是我第二故乡*

（1998 年 2 月 23 日）

首先，我完全拥护中央政治局于 2 月 21 日作出的决定，将愉快地走上新的工作岗位。完全赞成由马忠臣同志接替我的工作，继续把河南改革开放和社会主义现代化建设事业推向前进。完全赞成张全景〔1〕同志的重要讲话。

我是根据中央对辽宁、河北、河南三省省长交流的决定于 1990 年 6 月举家南迁到河南工作的，至今已八年了。八年在历史的长河中仅是短暂的一瞬，但在人生的旅途上却是不短的时光。现在当我要离开这片耕耘八年的土地时，却有一种难以言表的感觉。我深深地热爱着曾创造灿烂古代文明的这片热土，深深地热爱着这里勤劳纯朴的人民。

八年来，毛泽东同志“我们共产党人好比种子，人民好比土地。我们到了一个地方，就要同那里的人民结合起来，在人民中间生根、开花”的教导，时刻在激励着我，与省委一班人并同省人大、省政府、省政协、省军区一道，在前几届班子打下的比较好的工作基础之上，承担起把河南的改革开放和社会主义现代化

---

* 这是李长春同志在河南省领导干部会议上的告别讲话。

建设事业继续推向前进的重任。令人欣慰的是，在以江泽民同志为核心的党中央的正确领导和亲切关怀下，在全省各级干部和广大群众支持下，河南的两个文明建设有了新的进展。

这些年，我们高举邓小平理论伟大旗帜，用邓小平理论武装各级干部思想，推动干部群众解放思想，实事求是，转变观念换脑筋，广大干部群众的思想观念和精神面貌有了新的变化；坚决贯彻执行中央的路线方针政策，在思想上政治上行动上同党中央保持高度一致，并努力同河南的实际结合起来，力求创造性地工作，出现了国民经济持续快速健康发展、城乡人民生活有所提高、城乡面貌有所改善、社会政治大局基本稳定的好势头；推动科教兴豫、开放带动、可持续发展三大战略和十大基础工程、二十项振兴工程的实施，努力为增强河南发展

2012 年 6 月 15 日，李长春和夫人张淑荣在郑州新郑综合保税区。

后劲奠定基础；坚持“团结奋进，振兴河南”，各级党组织坚持民主集中制原则，形成了建立在党的基本理论和基本路线基础上的团结统一，以贯彻执行党的基本路线的实绩检验干部的德和才，力求公道正派，努力实现五湖四海，形成了团结干事的局面；坚持“两手抓、两手都要硬”的方针，加大社会主义精神文明建设、民主法制建设和党的建设的力度，取得了阶段性成果。很多同志说，现在是河南历史上较好的时期之一。我想这首先是由于党中央的正确领导，是全国改革开放大形势给我们提供了重大机遇。同时也是历届班子打下的基础，是老同志的大力支持，是全省各级干部、广大人民群众艰苦努力的结果，是中央驻豫单位、中国人民解放军驻豫部队全体指战员和武警官兵大力支持的结果，是省委一班人团结实干、几大班子协调配合的结果。我常常在想，正是因为大家给予我和省委一班人长时间的信任和支持，我们才有可能对振兴河南的一些长远的重大问题，走完从调查研究、提出思路、作出决策，到组织实施，并初见效果的全过程。现在欣慰地看到全省团结干事的大环境初步形成，干部群众思想观念有了明显的转变，国民经济上了一个新台阶，基础设施有了改善，人民生活水平有所提高，社会政治基本稳定。我以十分感激的心情，对八年来一直给予我信任和支持的省委、省人大、省政府、省政协、省军区班子的同志们，对全省各级党组织和人民群众，对一切关心河南事业、给予省委和我个人的工作以信任和支持的所有同志们，表示衷心的感谢。

回顾八年来在河南所走过的路，自觉无愧的是全身心地融入了振兴河南的事业。但是由于能力有限，也深感自己的工作还没做好，有很多不尽如人意的地方，希望同志们给予谅解。我自己也在不断总结，今后在新的岗位再努力弥补。有些问题是新旧体制转换过程中难以避免但必须加紧工作着力解决的，也有的属于历史原因，还有的是人口多、底子薄的省情所带来的。特别是国有工业企业效益不理想，下岗职工、困难职工在增多；农业抗御自然灾害的能力还不强，还有400万贫困人口没有脱贫，一些山区人畜吃水问题还没彻底解决；虽然经济总量有一定提升，但人均水平还很低；有的地方社会治安秩序还不好，党风廉政建设群众还不满意，少数干部作风还存在官僚主义、形式主义、虚报浮夸、脱离群众，甚至腐败、以权谋私等问题。所有这些问题，作为省委主要领导，我是负有重要责任的，还需要各级党组织不懈努力，加以克服和解决。像河南这样一个人口众多、基础薄弱、灾害较多的省份，跟上全国发展步伐，我从正反两方面的经验教训中感到有几条深刻的体会，也是省六次党代会取得的共识，在这里和同志们共勉。

一是始终坚持高举邓小平理论伟大旗帜，用邓小平理论武装干部头脑，解放思想，实事求是，转变观念换脑筋，启动思想观念这个“总开关”。缩小观念上思想上的差距，抓住机遇而不可丧失机遇，开拓进取而不可因循守旧，始终保持良好的精神状态。

二是始终坚持“团结奋进，振兴河南”的指导思想，努力营造干事创业的大环境，从省委做起，讲团结、讲大局、讲党性。团结出凝聚力、出战斗力、出生产力。团结出了问题，则一事无成。

三是始终坚持以经济建设为中心，抓住经济总量不算落后、而人均占有量较落后这一主要问题，在优化结构、提高效益的前提下，努力实现经济增长速度略高于全国平均水平、人口增长速度略低于全国平均水平的战略目标，即“一高一低”，逐步缩小同全国平均水平的差距，争取在中西部地区成为发展较快的省份之一。

四是始终坚持以改革开放为动力，把加快发展、提高效益的着力点放在深化改革、扩大开放上，努力实现具有全局意义的经济增长的两个转变。一是经济体制从传统的计划经济体制向社会主义市场经济体制转变，二是经济增长方式从粗放型向集约型转变。

五是始终坚持“两手抓、两手都要硬”的方针，确保社会政治稳定和社会全面进步。

六是始终坚持加强党的建设，特别是各级班子建设，密切党群干群关系，大力倡导防止主观主义、官僚主义、形式主义，说实话、办实事、鼓实劲、求实效的“三防四实”的工作作风，加大党风廉政建设和反腐败的力度，把各级党组织特别是各级领导班子建设成为能率领全省人民开拓进取、艰苦创业的坚强领导核心。

八年来，我踏遍了河南的山山水水，在振兴河南的实践中受到了深刻的教育，黄河的乳汁也哺育了我，使我终生难忘。以林县红旗渠为代表的河南人民的艰苦奋斗精神令人难以忘怀，使我感受到伟大的民族精神的力量；遍布中原大地的文物古迹所闪烁的中华民族五千年文明的光辉，更加增强了我抓住机遇、加快发展、努力工作、振兴中华的历史责任感和时代紧迫感；以焦裕禄、史来贺、吴金印为代表的广大基层干部全心全意为人民服务的精神，深深地感染着我，激励着我向他们学习，当一名合格的人民公仆；大别山区、豫西山区、淮河两岸、黄河滩区贫苦农民的呼唤促使着我在任何时候，都要急群众之所急，想群众之所想，办群众之所盼；古老的土地在传统文化和现代文明的摩擦、撞击和结合之中逐步走上振兴之路，使我对国情的认识更加深刻。所有这些，都将成为我在新的工作岗位上克服困难、做好工作的力量源泉。

河南已经成为我的第二故乡，不论走到哪里，我都会想念共同奋斗的同志，怀念这里的一草一木，关心这里的一切。我完全相信在以马忠臣同志为班长的省委一班人的领导下，全省人民定能紧密地团结在以江泽民同志为核心的党中央周围，高举邓小平理论伟大旗帜，坚决贯彻党的基本路线和基本方针，把河南的事情做得更好。由于时间很紧，不能到各部委办局和各市地看望更多的同志们，也没有更多的时间跟大家谈谈心，同志们对我在河南期间的工作有什么意见、建议和希望，可通过各种形式转达给我，并请大家转达我对没能到会的同志们的亲切问候和良好祝愿。

最后，我衷心地祝愿河南繁荣昌盛，人民富裕幸福。

注　释

〔1〕张全景，时任中共中央组织部部长。

附　录